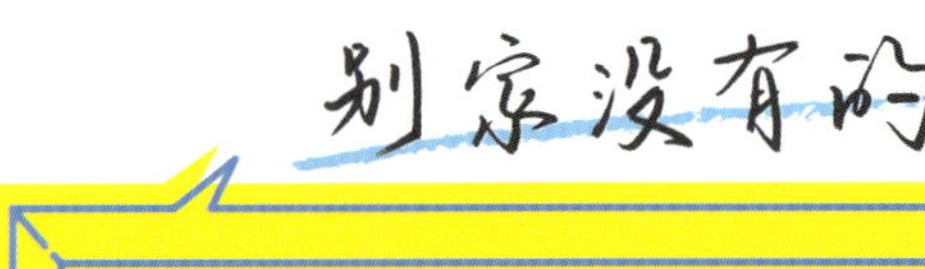

嵌入式Linux振动光纤

国产化率 90%以上

传统振动光纤国产化率
约30%

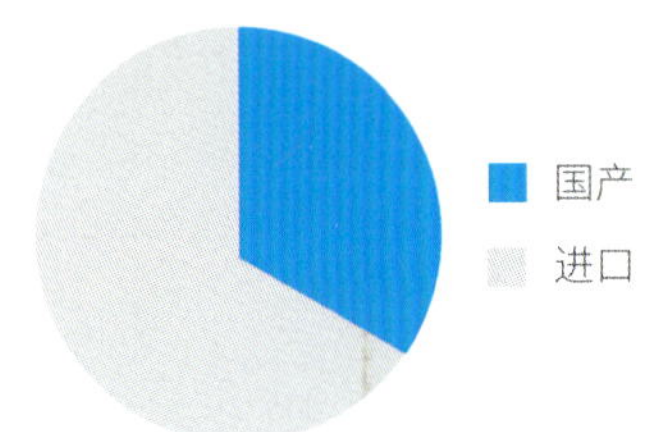

广拓嵌入式linux振动光纤国产化率
达90%以上

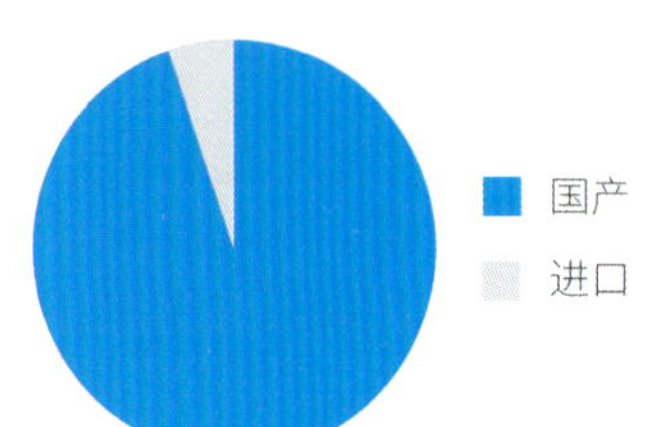

摒弃对windows系统依赖采用定制linux系统，大部分元器件实现国产化，国产化率达到90%。

更低功耗：整套设备≤30W

采用备用电池支持更长的续航时间，更加适用太阳能供电方案，节约铺设输电线路成本。

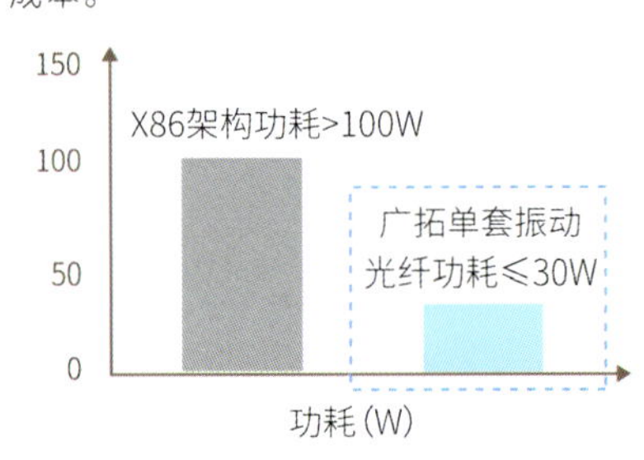

更低误报：有效区分干扰信号

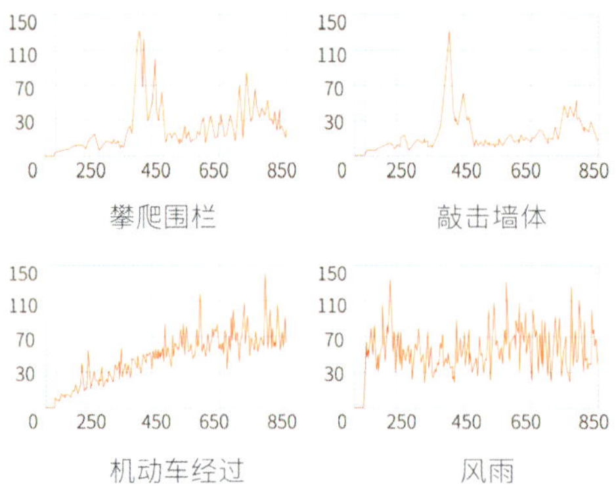

尤其适合特殊场景安防

- 油库
- 管道管廊
- 边境线
- 化工厂
- 国储库
- 机场
- 燃气站
- 文博文保
- 空管局
- 雷达站
- 核电站
- 电视台

HAOTENG
TECHNOLOGY

证券代码：833827

浙江浩腾电子科技股份有限公司

浙江浩腾电子科技股份有限公司是一家专注于智慧安防、智慧新能源、视频AI智能分析领域的国家级高新技术企业。提供系统方案咨询与设计、软件定制化开发、产品销售、系统集成、平台运营和维护等服务，是智慧城市行业应用解决方案及其核心产品的提供商，是国家乡村振兴战略的积极开拓者。公司始终贯彻以产品创新为目标，以行业应用为向导，坚持“自主研发、合作共赢”路线，为用户提供智慧化的产品和服务，共同开创安全美好的生活。

浩腾边缘计算站

COMPUTING STATION

电话：0578-2156075
传真：0578-2119871

浩腾智慧综治

WISDOM GOVERNANCE

浩腾科技智慧综治是在视频AI智能分析领域打造的“云-边-端”融合的系列产品，基于AI视频分析技术为社会治安综合治理、城市生态环境保护、美丽乡村建设提供直观便捷的高科技管理手段。对环保烟火、国土保护、城管执法、水域保护、垃圾分类、明亮厨房、消控安全等多种业务类型进行智能分析检测，具备事件监测预警、闭环事件处理、大数据统计分析等功能。

系统可以按照不同行政区域级别，进行分级用户权限控制，既可以按照不同业务类型独立部署，也可以混合部署、融合管理。为运营方和使用方提供灵活的商业选择方案。

利用AI和视频能力，致力于提升视频监控智能化应用，创建更加和谐的社会秩序，和美好的生态环境。

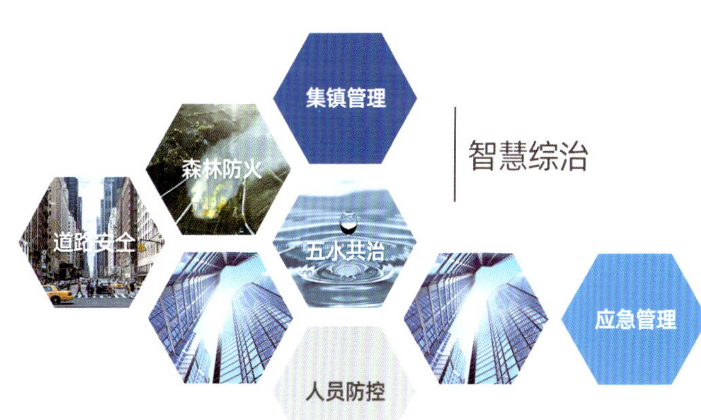

狄耐克智能门锁，致力于安全稳定的智控门锁及系统解决方案，具有时尚的外观及人性化的功能体验。可以用于智能家居系统，按不同成员激发不同的场景联动模式。在稳定性方面力求精益求精，满足便捷、安全、美观、智能的现代化生活需求。

新风系统

狄耐克新风系统包含轻奢型、豪华型、尊享型、与逸爽型四系列解决方案，其中逸爽型可实现除湿功能，通过合理的设计保证人均新风量或换气次数，该系列解决方案主要面向开发商楼盘项目，目前已经在绿地、中南、栖霞、金融街等大型地产项目应用。

狄耐克智能病房以IP医护对讲系统为核心，医护对讲系统的智能硬件终端为基础载体，模块化的无线物联网为辅助，深度细分患者、家属、护工、护士以及医生的智慧应用系统。

中枢之下 · 决策千里

决策室用于日常会议、决策会议、无纸化会议、指挥调度等重要使命
设计需满足会议扩声、视频切换、高清显示、远程调度、语音转文字记录等功能

小间距LED

无纸化会议系统

远程视频会议系统

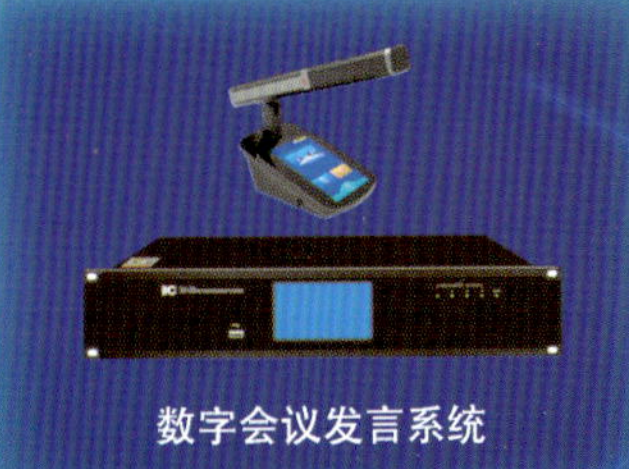
数字会议发言系统

语音转写系统

专业扩声系统

决策会议室

实况之中 · 家喻户晓

新闻发布厅用于召开新闻发布会等重要使命
设计需满足LED显示系统、会讨系统、分布式管理系统、扩声系统、
同声传译、远程视频会议系统等功能

小间距LED

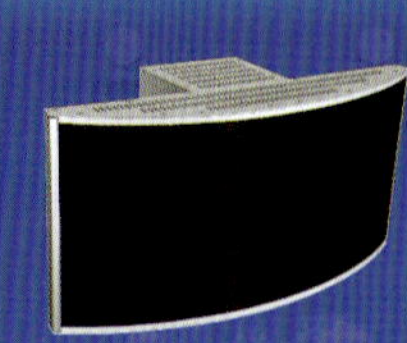
同声传译系统

远程视频会议系统

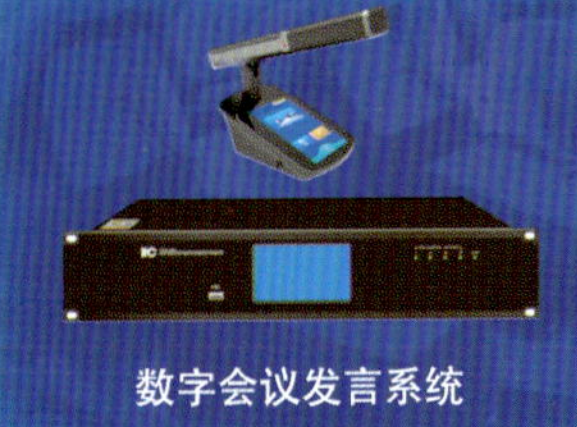
数字会议发言系统

语音转写系统

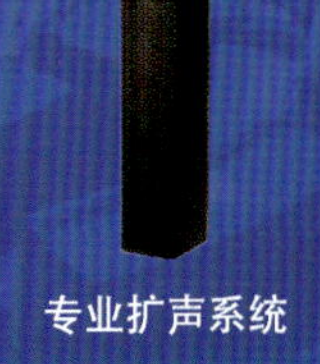
专业扩声系统

新闻发布厅

中国安全防范行业年鉴

（2020版）

中国安全防范产品行业协会　编

中国人民公安大学出版社
·北　京·

图书在版编目（CIP）数据

中国安全防范行业年鉴：2020 版 / 中国安全防范产品行业协会编 . —北京：中国人民公安大学出版社，2021.9

ISBN 978-7-5653-4319-3

Ⅰ.①中… Ⅱ.①中… Ⅲ.①安全装置—工业企业—中国—2020—年鉴 Ⅳ.①F426.63-54②F426.4-54

中国版本图书馆 CIP 数据核字（2021）第 166185 号

中国安全防范行业年鉴（2020 版）

中国安全防范产品行业协会　编

出版发行：中国人民公安大学出版社
地　　址：北京市西城区木樨地南里
邮政编码：100038
经　　销：新华书店
印　　刷：北京画中画印刷有限公司

版　　次：2021 年 9 月第 1 版
印　　次：2021 年 9 月第 1 次
印　　张：25.5
开　　本：889 毫米×1194 毫米　1/16
字　　数：771 千字

书　　号：ISBN 978-7-5653-4319-3
定　　价：108.00 元

网　　址：www.cppsup.com.cn　www.porclub.com.cn
电子邮箱：zbs@cppsup.com　zbs@cppsu.edu.cn

营销中心电话：010-83903991
读者服务部电话（门市）：010-83903257
警官读者俱乐部电话（网购、邮购）：010-83901775
公安业务分社电话：010-83905672

广告经营许可证：京西工商广字第 0305 号
网络支持：中国安防行业网（www.21csp.com.cn）

《中国安全防范行业年鉴》（2020 版）编委会名单

主　　任：顾建国

副 主 任：谭晓准　　陈朝武　　刘晓京　　王　楠

委　　员：（按姓氏笔画排序）

马辛歆　　王建勇　　王慧莉　　尹军祖　　孔维生

刘存信　　刘剑锋　　安福东　　孙　非　　李　剑

杨世峰　　吴　岷　　张书敏　　张立群　　张　莹

张敬锋　　张新房　　陈文静　　赵利军　　赵　源

胡志昂　　胡善勇　　胡瑞敏　　侯鸿川　　施巨岭

聂　蓉　　郭志刚　　黄鸿志　　鲍逸明　　魏　一

《中国安全防范行业年鉴》（2020 版）编辑工作组

主　　编：王　楠

执行主编：刘存信

副 主 编：杨世峰　　孙振东　　安福东

责任编辑：王　岩　　李　琴

编　　辑：李红莲　　刘锁柱　　赵博思　　安　鑫　　马亚平

周丹雅　　刘玉韦　　陈　珏　　刘　馨

美术制作：贺　森　　施　雪

技术支持：孙　剑　　张润清

资料采集：许金龙　　乔　阳　　郝美晶　　金绍鸿　　高　倩

崔小旭　　杜志龙

《中国安全防范行业年鉴》
合作协办单位

（排名不分先后）

北京蓝色星际科技股份有限公司
厦门立林科技有限公司
厦门狄耐克智能科技股份有限公司
深圳市视得安罗格朗电子有限公司
苏州科达科技股份有限公司
福建省冠林科技有限公司
熵基科技股份有限公司
浙江浩腾电子科技股份有限公司
北京快鱼电子股份公司
四川中京安民科技有限公司
广州市保伦电子有限公司
杭州海康威视数字技术股份有限公司
浙江大立科技股份有限公司
浙江大开信息技术有限公司
中国通广电子有限公司
中以联科电子安装工程（北京）有限公司

华为技术有限公司
新华三技术有限公司
北京汉王智远科技有限公司
河北虎牌集团柜业有限公司
佳都新太科技股份有限公司
杭州数尔安防科技股份有限公司
同方威视技术股份有限公司
北京博信宏达机房设备有限公司
浙江大华技术股份有限公司
重庆紫光华山智安科技有限公司
北京航星机器制造有限公司
联通（浙江）产业互联网有限公司
广州金升阳科技有限公司
照彰实业（东莞）有限公司
北京小鸟科技股份有限公司
中星微技术股份有限公司

序言

Preface

2020年是具有里程碑意义的一年，是我国实现第一个百年奋斗目标的决胜之年。2020年也是极不平凡的一年，面对突如其来的新冠肺炎疫情、世界经济陷入低迷等多发严重情况，在以习近平同志为核心的党中央坚强领导下，我国疫情防控取得重大战略成果，在全球主要经济体中唯一实现经济正增长，脱贫攻坚战取得全面胜利，全面建成小康社会取得了决定性的成就。

2020年也是我国安防行业“十三五”发展规划的收官之年。年初疫情来势凶猛，第一季度安防行业经济发展出现了负增长，但随着疫情得到控制，自第二季度起平安城市、雪亮工程、智慧城市等许多建设工程逐步开展，在此带动下，企业经营逐步企稳回升，下半年已经基本恢复到正常状态。在全行业的共同努力下，比较圆满地完成了《中国安防行业“十三五”发展规划》，为未来中国安防行业实现高质量发展打下了坚实基础。

2020年，面对国内、国际疫情带来的严重冲击，安防行业管理部门及各企事业单位坚决贯彻落实中央各项部署，在做好疫情防控工作的同时，持续推进各项工作稳步开展：公安机关科技信息化部门继续深化“放、管、服”改革，大力推动服务公安、服务社会、服务民生等各项工作取得显著成效；安防技术服务机构着力强化行业标准化建设，持续完善检测认证工作，提升服务质量；各地安防协会加强统一组织和部署，助力企业防控疫情、复工复产；广大安防企业坚定信心，研发抗疫新技术新产品，并通过捐款捐物等方式，踊跃投入疫情防控阻击战，彰显了优秀的安防行业文化。

中 国 安 全 防 范 行 业 年 鉴（2020版）

为了真实记录 2020 年我国安防行业变化轨迹和整体面貌，《中国安全防范行业年鉴》（2020 版）（以下简称《年鉴》）在 2019 版框架的基础上，拓宽资料收集范围，增加了有关单位、协会及企业信息，增加了行业统计摘要等内容。2020 版《年鉴》编辑工作一如既往地得到了行业管理部门、各地安防协会、技术服务机构以及广大安防企业的大力支持，在此《年鉴》出版之际，谨向关心支持《年鉴》编辑工作的各界人士表示衷心的感谢！

我们深知《年鉴》在资料收集与分析方面还存在许多不足和不妥之处，未来我们将加大投入，加强改革创新，力求精益求精，使之真正成为安防行业权威的大型工具书。恳请读者提出宝贵意见！

《中国安全防范行业年鉴》（2020 版）编辑委员会

二〇二一年六月十八日

目　录

Contents

第一章　2020 年中国安防行业发展综述

第一节　重要讲话节选

中共中央总书记习近平在 1 月 17 日中央政法工作会议召开前就政法工作作出重要指示。他强调，各级政法机关要增强“四个意识”、坚定“四个自信”、做到“两个维护”，发扬斗争精神，着力推进政法领域全面深化改革，提高政法工作现代化水平。

习近平指出，2019 年，政法战线认真贯彻党中央决策部署，在维护国家政治安全、扫黑除恶专项斗争、政法领域全面深化改革、保护人民生命财产安全等方面取得了新成效，为庆祝新中国成立 70 周年创造了良好环境。2020 年是决胜全面建成小康社会、决战脱贫攻坚之年，要把维护国家政治安全放在第一位，继续推进扫黑除恶专项斗争，着力推进市域社会治理现代化试点，努力建设更高水平的平安中国、法治中国。

习近平强调，各级党委要肩负起促一方发展、保一方平安的政治责任，支持政法各单位依法履行职责，选好配强政法机关领导班子，研究解决制约政法工作的体制性机制性政策性问题，深入开展政法队伍教育整顿，努力建设一支党和人民信得过、靠得住、能放心的政法队伍。

——摘自：习近平在中央政法工作会议前就政法工作的讲话（2020 年 1 月 17 日）

中共中央总书记习近平在 2020 年 2 月召开的中央全面依法治国委员会第三次会议上强调，要在党中央集中统一领导下，始终把人民群众生命安全和身体健康放在第一位，从立法、执法、司法、守法各环节发力，全面提高依法防控、依法治理能力，为疫情防控工作提供有力法治保障。

习近平指出，要完善疫情防控相关立法，加强配套制度建设，完善处罚程序，强化公共安全保障，构建系统完备、科学规范、运行有效的疫情防控法律体系。要严格执行疫情防控和应急处置法律法规，加强风险评估，依法审慎决策，严格依法实施防控措施，坚决防止疫情蔓延。要加大对危害疫情防控行为执法司法力度，严格执行传染病防治法及其实施条例、野生动物保护法、动物防疫法、突发公共卫生事件应急条例等法律法规，依法实施疫情防控及应急处理措施。要加强治安管理、市场监管等执法工作，加大对暴力伤害医务人员的违法行为打击力度，严厉查处各类哄抬防疫用品和民生商品价格的违法行为，依法严厉打击抗拒疫情防控、暴力伤医、制假售假、造谣传谣等破坏疫情防控的违法犯罪行为，保障社会安定有序。要依法规范捐赠、受赠行为，确保受赠财物全部及时用于疫情防控。要依法做好疫情报告和发布工作，按照法定内容、程序、方式、时限及时准确报告疫情信息。要加强对相关案件审理工作的指导，及时处理，定分止争。要加强疫情防控法治宣传和法律服务，组织基层开展疫情防控普法宣传，引导广大人民群众增强法治意识，依法支持和配合疫情防控工作。要强化疫情防控法律服务，加强疫情期间矛盾纠纷化解，为困难群众提供有效法律援助。

——摘自：习近平在中央全面依法治国委员会第三次会议上的讲话（2020 年 2 月 5 日）

中共中央总书记习近平在 2020 年 6 月召开的专家学者座谈会上强调，人民安全是国家安全的基石。

要强化底线思维，增强忧患意识，时刻防范卫生健康领域重大风险。只有构建起强大的公共卫生体系，健全预警响应机制，全面提升防控和救治能力，织密防护网、筑牢筑实隔离墙，才能切实为维护人民健康提供有力保障。

习近平强调，要把增强早期监测预警能力作为健全公共卫生体系当务之急，完善传染病疫情和突发公共卫生事件监测系统，改进不明原因疾病和异常健康事件监测机制，提高评估监测敏感性和准确性，建立智慧化预警多点触发机制，健全多渠道监测预警机制，提高实时分析、集中研判的能力。要加强实验室检测网络建设，提升传染病检测能力。要建立公共卫生机构和医疗机构协同监测机制，发挥基层哨点作用，做到早发现、早报告、早处置。要健全突发公共卫生事件应对预案体系，分级分类组建卫生应急队伍，覆盖形势研判、流行病学调查、医疗救治、实验室检测、社区指导、物资调配等领域。要强化基层卫生人员知识储备和培训演练，提升先期处置能力。要深入开展卫生应急知识宣教，提高人民群众对突发公共卫生事件认知水平和预防自救互救能力。各级党委和政府要建立定期研究部署重大疫情防控等卫生健康工作机制，做到指令清晰、系统有序、条块畅达、执行有力。

——摘自：习近平在专家学者座谈会上的讲话（2020 年 6 月 2 日）

中共中央总书记习近平在 2020 年 11 月召开的中央全面依法治国工作会议上强调，推进全面依法治国要全面贯彻落实党的十九大和十九届二中、三中、四中、五中全会精神，从把握新发展阶段、贯彻新发展理念、构建新发展格局的实际出发，围绕建设中国特色社会主义法治体系、建设社会主义法治国家的总目标，坚持党的领导、人民当家作主、依法治国有机统一，以解决法治领域突出问题为着力点，坚定不移走中国特色社会主义法治道路，在法治轨道上推进国家治理体系和治理能力现代化，为全面建设社会主义现代化国家、实现中华民族伟大复兴的中国梦提供有力法治保障。

习近平指出，要坚持建设中国特色社会主义法治体系。中国特色社会主义法治体系是推进全面依法治国的总抓手。要加快形成完备的法律规范体系、高效的法治实施体系、严密的法治监督体系、有力的法治保障体系，形成完善的党内法规体系。要坚持依法治国和以德治国相结合，实现法治和德治相辅相成、相得益彰。要积极推进国家安全、科技创新、公共卫生、生物安全、生态文明、防范风险、涉外法治等重要领域立法，健全国家治理急需的法律制度、满足人民日益增长的美好生活需要必备的法律制度，以良法善治保障新业态新模式健康发展。

——摘自：习近平在中央全面依法治国工作会议上的讲话（2020 年 11 月 16 日至 17 日）

中共中央政治局 12 月 11 日下午就切实做好国家安全工作举行第二十六次集体学习。中共中央总书记习近平在主持学习时指出，党的十九届五中全会《建议》首次把统筹发展和安全纳入“十四五”时期我国经济社会发展的指导思想，并列专章作出战略部署，突出了国家安全在党和国家工作大局中的重要地位。这是由我国发展所处的历史方位、国家安全所面临的形势任务决定的。

习近平强调，我们党诞生于国家内忧外患、民族危难之时，对国家安全的重要性有着刻骨铭心的认识。新中国成立以来，党中央对发展和安全高度重视，始终把维护国家安全工作紧紧抓在手上。党的十八大以来，党中央加强对国家安全工作的集中统一领导，把坚持总体国家安全观纳入坚持和发展中国特色社会主义基本方略，从全局和战略高度对国家安全作出一系列重大决策部署，强化国家安全工作顶层设计，完善各重要领域国家安全政策，健全国家安全法律法规，有效应对了一系列重大风险挑战，保持了我国国家安全大局稳定。

习近平强调，科技领域安全是国家安全的重要组成部分。要加强体系建设和能力建设，完善国家创新体系，解决资源配置重复、科研力量分散、创新主体功能定位不清晰等突出问题，提高创新体系整体效能。要加快补短板，建立自主创新的制度机制优势。要加强重大创新领域战略研判和前瞻部署，抓紧布局国家实验室，重组国家重点实验室体系，建设重大创新基地和创新平台，完善产学研协同创新机制。

要强化事关国家安全和经济社会发展全局的重大科技任务的统筹组织，强化国家战略科技力量建设。要加快科技安全预警监测体系建设，围绕人工智能、基因编辑、医疗诊断、自动驾驶、无人机、服务机器人等领域，加快推进相关立法工作。

——摘自：习近平在中共中央政治局 12 月就切实做好国家安全工作举行第二十六次集体学习会议上的讲话（2020 年 12 月 11 日）

中共中央政治局委员、中央政法委员会书记郭声琨在 2020 年 10 月召开的中央政法委员会全体会议上要求，要主动对标第二个百年奋斗目标，坚持以人民更满意为标准，积极谋划推进更高水平的平安中国建设，把“中国之制”的优势转化为“中国之治”的效能，努力让人民群众的获得感成色更足、幸福感更可持续、安全感更有保障。要以市域社会治理现代化试点为载体，进一步加强和创新社会治理，树立全周期管理意识，善于运用法治思维和法治方式解决治理顽症难题，依托科技手段提升智慧治理水平。要与时俱进推进政法领域全面深化改革，狠抓执法司法制约监督体系改革和建设等各项任务落地见效，增强改革整体性系统性，推动中国特色社会主义政法工作制度更加成熟定型。要扎实开展政法队伍教育整顿试点工作，持之以恒正风肃纪，建立健全激励机制，着力打造一支高素质的新时代政法队伍。要精准聚焦深圳等经济特区改革发展需求，研究制定更多务实举措，切实强化法治支撑和保障。

郭声琨强调，要扎实做好维护国家政治安全和社会大局稳定等各项工作，深入开展矛盾纠纷排查化解，依法解决好涉及群众切身利益的突出问题，持续营造安全稳定的良好社会环境。

——摘自：郭声琨在中央政法委员会全体会议上的讲话（2020 年 10 月 16 日）

中共中央政治局委员、中央政法委员会书记郭声琨在 2020 年 11 月召开的平安中国建设工作会议上传达了习近平总书记对平安中国建设的重要指示并讲话。

郭声琨强调，要坚持以习近平新时代中国特色社会主义思想为指导，全面贯彻党的十九大和十九届二中、三中、四中、五中全会精神，认真学习贯彻习近平总书记重要指示精神，增强“四个意识”、坚定“四个自信”、做到“两个维护”，紧紧围绕坚持和完善中国特色社会主义制度、推进国家治理体系和治理能力现代化总目标，落实总体国家安全观，以共建共治共享为导向，以防范化解影响安全稳定的突出风险为重点，以市域社会治理现代化、基层社会治理创新、平安创建活动为抓手，全面提升平安中国建设科学化、社会化、法治化、智能化水平，建设更高水平的平安中国。

郭声琨强调，建设更高水平的平安中国，最终落脚点在于更有效地应对重大风险、解决突出问题，确保人民安居乐业、社会安定有序、国家长治久安。要推进维护国家政治安全工作体系和能力建设，打好维护国家政治安全主动仗。要紧盯影响社会稳定的重大风险，打造源头防控、排查梳理、纠纷化解、应急处置的社会矛盾综合治理机制，有效维护社会大局稳定。要坚持以人民安全为宗旨，着力提高对影响群众安全突出问题的精准打击力、对动态环境下社会治安的主动防控力、对安全生产风险隐患的综合治理力，努力为人民群众创造安业、安居、安康、安心的良好环境。要推进网络社会综合治理，打击整治网络违法犯罪活动，维护网络信息数据安全，努力营造清朗网络空间。

——摘自：郭声琨在平安中国建设工作会议上的讲话（2020 年 11 月 10 日）

国务委员、公安部部长赵克志在 2020 年 1 月召开的全国公安厅局长会议上强调，要紧紧围绕打赢防范化解重大风险攻坚战，扎实抓好维护国家政治安全和社会稳定各项措施的落实，坚决捍卫政治安全，全力维护社会安定，切实保障人民安宁。要始终把防范政治安全风险置于首位，深入开展反渗透反颠覆反分裂反邪教斗争，牢牢绷紧反恐怖斗争这根弦，加强侦察打击、基础防范和国际反恐合作，严密落实反恐措施，不断巩固我国反恐怖斗争稳中向好的良好态势。要加强公共安全治理体系建设，探索建立新技术新业态安全监管制度，加强道路交通和铁路、民航、交通港航安全管理防范，维护国家关键信息基础设施和大数据安全，不断提高对动态环境下社会治安的整体防控能力。

赵克志强调，要牢牢把握公安工作现代化方向，大力加强维护国家政治安全和社会稳定能力建设，加快构建符合新时代要求、体现实战化特点、具有中国特色的现代警务体系。要积极推进公安大数据智能化建设应用，加快数据融合，深化实战应用，强化安全管理，着力提升公安机关的核心战斗力。要深入推进法治公安建设，完善执法制度体系，深化执法权力运行机制改革，大力推进执法办案管理中心建设，加强全警执法教育培训，不断提高公安工作法治化水平和执法公信力。

——摘自：赵克志在全国公安厅局长会议上的讲话（2020 年 1 月 18 日至 19 日）

公安部副部长、社会治安组组长林锐在 2020 年 6 月召开的平安中国建设协调小组社会治安组第一次会议上强调，各成员单位要增强投身平安中国建设、加强社会治安治理的责任感和使命感，认真履职尽责，坚持底线思维，勇于担当作为，加强对社会治安问题的专项治理、系统治理、综合治理，把我国制度优势更好地转化为治理效能。要以扫黑除恶专项斗争为龙头，坚持严打高压、标本兼治，推进专项打击行动，开展重点领域治理，排查整治突出问题，坚决打好惩治犯罪“攻坚战”。要以共治共享为目标，深化平安校园建设，加强平安医院建设，持续抓好铁路护路联防工作，打好重点领域综合治理“合成战”。要以社会治安防控体系建设为载体，整合资源、综合手段，努力使专业化防控更加精准有力，社会化防控更加广泛深入，智能化防控应用更加普及到位，坚决打好治安防控“整体战”，不断提高动态环境下社会治安控制力。要以“大抓基层、大抓基础”为导向，筑牢基层支点，壮大基干力量，夯实基础工作，打好社会治安筑基“纵深战”，推动重心下移、力量下沉、保障下倾，切实做好固本强基各项工作。

——摘自：林锐在平安中国建设协调小组社会治安组第一次会议上的讲话（2020 年 6 月 8 日）

公安部副部长、社会治安组组长林锐在 2020 年 12 月召开的平安中国建设协调小组社会治安组工作会议上指出，各单位需认真履职尽责，细化工作分工，针对突出问题联动整治，各项工作起步顺利、开局良好，推动风险联动化解能力逐步提升，扫黑除恶专项斗争和打击电信网络诈骗等违法犯罪的合力明显增强，整体治安防控基础不断夯实，平安校园、平安医院建设得到深化，社会治安基础工作得到进一步夯实。

要依法严打、精准施策，常态化开展扫黑除恶专项斗争，纵深推进打击整治涉枪涉爆、跨境赌博、长江流域非法捕捞、电信网络诈骗和“云剑”“昆仑”“断卡”等专项行动，排查整治风险隐患，推动打击整治违法犯罪更加有力。要示范引领、系统提升，开展社会治安防控体系建设“示范城市”创建活动，进一步健全社会面防控网络，深入推进“雪亮工程”和社会面智能安防建设，推进社会治安整体防控更加严密。要健全机制、落实保障，抓好常态化疫情防控和平安医院建设，持续深化平安校园建设，加强铁路护路联防工作，推进重点领域综合治理更加深化。要持续发力、久久为功，加强各单位基层组织建设，借鉴“杭州义警”等经验加强群防群治工作，提升对矛盾风险调处化解能力，推进社会治安治理基础更加夯实。

——摘自：林锐在平安中国建设协调小组社会治安组工作会议上的讲话（2020 年 12 月 14 日）

第二节 重要会议

中央政法工作会议（2020 年 1 月 17—18 日）

2020 年 1 月 17 日至 18 日中央政法工作会议召开。

会议强调，2020 年，全国政法机关要坚持以习近平新时代中国特色社会主义思想为指导，深入贯彻党的十九大和十九届二中、三中、四中全会及中央经济工作会议精神，深入贯彻习近平总书记在中央政法工作会议上的重要讲话精神，增强“四个意识”、坚定“四个自信”、做到“两个维护”，坚持党对政法工作的绝对领导，坚持以人民为中心的发展思想，坚持稳中求进工作总基调，紧紧围绕全面建成小康社会目标任务，牢牢把握坚持和完善中国特色社会主义政法工作体系总要求，善于观大势、谋大局、抓大事，发扬斗争精神，把维护国家政治安全放在第一位，以统筹推进全局性、战略性、基础性工作为立足点，以防控化解各类风险源为着力点，以扫黑除恶专项斗争、市域社会治理现代化试点、政法领域全面深化改革、政法队伍教育整顿为切入点，全面提升政法工作现代化水平，努力建设更高水平的平安中国、法治中国，为实现“两个一百年”奋斗目标创造安全的政治环境、稳定的社会环境、公正的法治环境、优质的服务环境。

会议提出，各级政法机关要在工作中坚持“稳字当头、稳中求进”。“稳”的关键在于对各类风险源的防控化解；“进”的要害在于关口前移，主动创稳、源头维稳、制度建稳，提高稳定的层次和水平。各级政法机关要增强忧患意识，强化斗争精神，善于用大概率思维应对小概率事件，确保国家安全和社会大局持续稳定。

会议指出，面对国内外形势新变化，特别是随着全面建成小康社会目标即将实现，人民群众在民主、法治、公平、正义、安全、环境等方面的需要发生新变化，对政法机关正义维护、权利救济、安全保障、服务供给能力提出新的更高要求，而政法机关还存在许多不适应问题，一定要保持清醒认识，采取更有效的措施加以解决。

平安中国建设协调小组社会治安组第一次会议（2020 年 6 月 8 日）

平安中国建设协调小组社会治安组第一次会议于 2020 年 6 月 8 日召开。

公安部副部长、社会治安组组长林锐出席并讲话。他强调，要认真贯彻落实平安中国建设协调小组第一次会议精神，提升政治站位、抓住重点关键、密切协作联动，在常态化疫情防控条件下，齐心协力做好今年社会治安组各项工作，不断开创社会治安工作新局面，为建设更高水平的平安中国作出积极贡献。

林锐强调，各成员单位要增强投身平安中国建设、加强社会治安治理的责任感和使命感，加强对社会治安问题的专项治理、系统治理、综合治理，把我国制度优势更好地转化为治理效能。要以扫黑除恶专项斗争为龙头，推进专项打击行动，开展重点领域治理，排查整治突出问题，坚决打好惩治犯罪“攻坚战”。要以共治共享为目标，深化平安校园建设，加强平安医院建设，持续抓好铁路护路联防工作，打好重点领域综合治理“合成战”。要以社会治安防控体系建设为载体，整合资源、综合手段，坚决打好治安防控“整体战”，不断提高动态环境下社会治安控制力。要以“大抓基层、大抓基础”为导向，筑牢基层支点，壮大基干力量，夯实基础工作，打好社会治安筑基“纵深战”，推动重心下移、力量下沉、保障下倾，切实做好固本强基各项工作。

会议通报了有关工作情况，审议了社会治安组工作制度、职责任务和今年重点工作计划安排。中央政法委、教育部、国家卫生健康委、国家铁路集团有限公司有关部门负责同志作交流发言。

中央政法委员会全体会议（2020 年 10 月 16 日）

中共中央政治局委员、中央政法委员会书记郭声琨 10 月 16 日主持召开中央政法委员会全体会议，学习贯彻习近平总书记在中央政治局民主生活会、省部级主要领导干部学习贯彻党的十九届五中全会精神专题研讨班开班式、中央政治局常委会会议听取最高人民法院党组和最高人民检察院党组工作汇报、中央全面深化改革委员会第十七次会议上的重要讲话精神，研究贯彻习近平总书记对政法工作的重要指示和中央政法工作会议精神重点工作任务分工方案。

会上郭声琨要求，要主动对标第二个百年奋斗目标，坚持以人民更满意为标准，积极谋划推进更高水平的平安中国建设，把“中国之制”的优势转化为“中国之治”的效能，努力让人民群众的获得感成色更足、幸福感更可持续、安全感更有保障。要以市域社会治理现代化试点为载体，进一步加强和创新社会治理，树立全周期管理意识，善于运用法治思维和法治方式解决治理顽症难题，依托科技手段提升智慧治理水平。要与时俱进推进政法领域全面深化改革，狠抓执法司法制约监督体系改革和建设等各项任务落地见效，增强改革整体性系统性，推动中国特色社会主义政法工作制度更加成熟定型。要扎实开展政法队伍教育整顿试点工作，持之以恒正风肃纪，建立健全激励机制，着力打造一支高素质的新时代政法队伍。要精准聚焦深圳等经济特区改革发展需求，研究制定更多务实举措，切实强化法治支撑和保障。

公安部党委（扩大）会议（2020 年 10 月 31 日）

国务委员、公安部部长赵克志 10 月 31 日主持召开公安部党委（扩大）会议。认真传达学习领会习近平总书记在党的十九届五中全会上的重要讲话和全会精神，研究贯彻落实意见。

会议要求，要坚持以党的十九届五中全会精神为引领，不断加强和改进各项公安工作，为奋力谱写“两大奇迹”新篇章作出新贡献。要毫不动摇坚持党对公安工作的绝对领导，不断强化忠诚核心、拥护核心、跟随核心、捍卫核心的思想自觉、政治自觉和行动自觉，始终在思想上政治上行动上同以习近平同志为核心的党中央保持高度一致，坚决做到“两个维护”。要积极适应人民群众对安全稳定的新要求新期待，忠实履行捍卫政治安全、维护社会安定、保障人民安宁的新时代使命任务，不断增强人民群众的获得感、幸福感、安全感，努力推进更高水平的平安中国建设。要始终把维护公平正义作为公安工作的生命线，持之以恒推进执法规范化建设，努力让人民群众在每一起案件办理、每一件事情处理中都能感受到公平正义。要聚焦推进国家治理体系和治理能力现代化，进一步深化公安机关机构改革，持续推进公安大数据智能化建设应用，不断深化公安“放、管、服”改革，大力加强公安基层基础建设，全面提升公安工作现代化水平。要严格落实全面从严管党治警要求，毫不动摇地把“严”的主基调长期坚持下去，着力锻造一支让党中央放心、人民群众满意的高素质过硬公安铁军。

平安中国建设工作会议（2020 年 11 月 10 日）

2020 年 11 月 10 日，平安中国建设工作会议在京召开。

会议强调，习近平总书记始终心系平安建设，在浙江工作期间就创造性地提出并实施了“平安浙江”战略；党的十八大以来又提出了建设平安中国的战略目标，对平安中国建设作出一系列重要指示，阐明了具有全局性、战略性、基础性的重大理论和实践问题，为建设更高水平的平安中国提供了根本遵循。

——深刻指明了平安中国建设的战略定位，强调要树立安全发展理念，把平安中国建设置于中国特色社会主义事业发展全局中来谋划，紧紧围绕“两个一百年”奋斗目标来推进。

——深刻指明了平安中国建设的总体目标，强调要树立总体国家安全观，防范和化解影响我国现代化进程的各种风险，筑牢国家安全屏障，确保人民安居乐业、社会安定有序、国家长治久安。

——深刻指明了平安中国建设的根本保证，强调要坚持党的绝对领导，把党的领导落实到平安中国建设各领域各方面各环节。

——深刻指明了平安中国建设的价值追求，强调要坚持以人民为中心的发展思想，把人民群众对平安中国建设的要求作为努力方向，在共建共治共享中推进平安中国建设，不断增强人民群众获得感、幸福感、安全感。

——深刻指明了平安中国建设的重点任务，强调把维护政治安全放在首位，健全风险防控机制，完善正确处理新形势下人民内部矛盾有效机制，推进社会治安防控体系建设，健全公共安全体制机制。

——深刻指明了平安中国建设的工作机制，强调要创新完善平安建设工作协调机制，形成问题联治、工作联动、平安联创的良好局面。

——深刻指明了平安中国建设的科学方法，强调要坚持和发展新时代“枫桥经验”，把专项治理和系统治理、综合治理、依法治理、源头治理结合起来，正确处理维权和维稳、秩序和活力等关系，全面提升平安中国建设科学化、社会化、法治化、智能化水平。

——深刻指明了平安中国建设的重要载体，强调把市域社会治理现代化作为重要抓手，树立全周期管理意识，注重在科学化、精细化、智能化上下功夫，让城市运转更聪明、更智慧。

——深刻指明了平安中国建设的工作重心，强调要把重心落到城乡社区，加强基层组织、基础工作、基本能力建设，构建富有活力和效率的新型基层社会治理体系，将和谐稳定创建在基层，将矛盾纠纷化解在基层。

——深刻指明了平安中国建设的责任要求，强调各地各部门主要负责同志要落实好平安建设领导责任制，履行好维护一方稳定、守护一方平安的政治责任。

会议强调，习近平总书记在党的十九届五中全会上发表了重要讲话，为我们做好各项工作指明了前进方向。全会通过的《中共中央关于制定国民经济和社会发展第十四个五年规划和二〇三五年远景目标的建议》，对建设更高水平的平安中国作出重要部署，这是以习近平同志为核心的党中央从统筹“两个大局”、办好发展安全“两件大事”出发作出的重大决策。要认真学习贯彻习近平总书记重要讲话精神，切实把思想和行动统一到全会精神上来，把智慧和力量凝聚到实现全会提出的目标任务上来，勇于担当，守正创新，努力建设更高水平的平安中国，为决胜全面建成小康社会、实现“两个一百年”奋斗目标，为开启全面建设社会主义现代化国家新征程、实现中华民族伟大复兴的中国梦作出新贡献。

平安中国建设协调小组社会治安组工作会议（2020 年 12 月 14 日）

平安中国建设协调小组社会治安组工作会议于 12 月 14 日召开，公安部副部长、社会治安组组长林锐出席并讲话。

他强调，要深入学习贯彻党的十九届五中全会和习近平总书记关于平安中国建设的重要指示精神，按照平安中国建设工作会议部署，坚定信心决心，围绕主题主线，强化重点措施，加强协作联动，扎实抓好当前和明年的社会治安治理工作，为建设更高水平平安中国作出新贡献。

林锐指出，自 6 月 8 日社会治安组第一次会议召开以来，各单位认真履职尽责，细化工作分工，针对突出问题联动整治，各项工作起步顺利、开局良好，推动风险联动化解能力逐步提升，扫黑除恶专项斗争和打击电信网络诈骗等违法犯罪的合力明显增强，整体治安防控基础不断夯实，平安校园、平安医院建设得到深化，社会治安基础工作得到进一步夯实。

林锐强调，要依法严打、精准施策，常态化开展扫黑除恶专项斗争，纵深推进打击整治涉枪涉爆、跨境赌博、长江流域非法捕捞、电信网络诈骗和“云剑”“昆仑”“断卡”等专项行动，排查整治风险隐患，推动打击整治违法犯罪更加有力。要示范引领、系统提升，开展社会治安防控体系建设“示范城市”创建活动，进一步健全社会面防控网络，深入推进“雪亮工程”和社会面智能安防建设，推进社会治安整体防控更加严密。要健全机制、落实保障，抓好常态化疫情防控和平安医院建设，持续深化平安校园建设，加强铁路护路联防工作，推进重点领域综合治理更加深化。要持续发力、久久为功，加强各单位基层组织建设，借鉴“杭州义警”等经验加强群防群治工作，提升对矛盾风险调处化解能力，推进社会治安治理基础更加夯实。

林锐要求，要高效协作联动，积极组织推进，增强系统思维，完善运行机制，科学考评引导，加强信息共享，切实把我国制度优势转化为社会治安治理效能，确保各项措施落到实处。要扎实做好岁末年初社会治安各项工作，加强社会面整体防控，深入排查化解矛盾纠纷，严打“两抢一盗”等突出违法犯罪，加强旅游景区和大型活动安全管理，维护安全秩序和社会治安大局稳定。

2020 年平安建设考评工作会议（2020 年 12 月 18 日）

12 月 18 日，2020 年平安建设考评工作会议召开。会议以习近平新时代中国特色社会主义思想为指导，认真学习贯彻党的十九届五中全会精神和习近平法治思想，按照平安中国建设工作会议部署和郭声琨同志要求，研究部署 2020 年平安建设考评工作，推动更高水平的平安中国建设。

中央政法委秘书长、平安中国建设协调小组办公室主任陈一新强调，平安建设考评是指引和推动更高水平平安中国建设的有力抓手，要紧紧围绕政治更安全、社会更安定、人民更安宁、网络更安靖“四大目标”，坚持简约、精准、创新、高效原则，精心做好考评工作，压实平安建设主体责任，推动平安建设各项任务落实，实现政治效果、法律效果、社会效果有机统一。

中央政法委副秘书长、平安中国办副主任王洪祥主持会议，最高人民检察院、公安部、退役军人事务部、应急管理部等 4 家单位负责同志介绍了考评工作经验，参加平安中国建设考评工作的中央有关单位负责同志参加会议。

第三节　中国安防行业发展现状

2020 年是极不平凡而又具有里程碑意义的一年。面对突如其来的新冠肺炎疫情，世界经济陷入低迷，国际环境日趋复杂、不稳定性不确定性明显增加。面对多重挑战，在以习近平同志为核心的党中央坚强领导下，我国各族人民众志成城、顽强拼搏，疫情防控取得重大战略成果，各级政府持续统筹疫情防控和经济社会发展，坚持稳中求进工作总基调，扎实推进落实稳就业、保民生等“六稳”“六保”政策，三大攻坚战的主要目标任务如期完成，在全球主要经济体中唯一实现经济正增长，决胜全面建成小康社会取得决定性成就，“十三五”规划圆满收官。在率先控制住疫情后，通过快速推动企业复工复产，增强经济发展活力和内生动力，稳住了经济基本面，全年国内生产总值增长 2.3%，实现了 V 形反转。同时，新型城镇化和乡村振兴持续推进，依法行政和社会建设不断加强，社会治安综合治理深入开展，平安中国建设取得新成效。

在社会经济发展大背景下，安防行业作为国民经济的细分领域，同样经历着不平凡的一年。新冠肺炎疫情考验下，安防行业经历年初断崖式下滑，年中及年末行业出现大幅回暖并稳步回升。随着“平安中国”建设持续推进，“雪亮工程”“智慧安防小区”建设不断深化，再加上各地“新基建”政策加速落地、新型“智慧城市”建设项目相继上马，以“智慧医疗”“智慧社区”“智慧交通”“智慧校园”等为代表的行业智能化应用不断升级，持续推动着安防行业保持稳定增长，2020 年行业总产值达到 7950 亿元。行业企业持续发展壮大，产业集中度进一步提高，领军企业扛起后疫情行业复苏大旗；应疫情防控需要，以红外热成像为代表的技术应用成为一大亮点；数字化浪潮下，大数据、人工智能、5G 等新一代信息技术在行业持续融合落地，释放技术红利；伴随着安防智能化产业链不断延伸，AI 融合场景应用的新产品新技术大量涌现；市场应用进一步拓展，市场空间持续扩维，在助推城市级、行业级、消费级等数字化转型的同时，安防行业也行走在新一轮的变革道路上。

一、建设更高水平的“平安中国”

党的十九届五中全会审议通过的《中共中央关于制定国民经济和社会发展第十四个五年规划和二〇三五年远景目标的建议》，对建设更高水平的平安中国作出重要部署，这是以习近平同志为核心的党中央从统筹“两个大局”办好发展安全“两件大事”出发作出的重大决策，是为实现人民安居乐业、社会安定有序、国家长治久安提供的坚实保障。

在党中央和国务院领导下，各级党委和政府深入学习贯彻习近平总书记关于建设更高水平的平安中国的重要指示，牢固树立安全发展理念，整合各方资源力量，积极探索平安建设新体制、新机制并付诸实践。加强风险评估、源头化解、应急处置等工作，强化防风险、保安全、护稳定各项措施，有效防范化解了一系列重大矛盾风险，风险防控的整体水平稳步提升；通过深入开展扫黑除恶专项斗争，依法打击各类违法犯罪活动，加快社会治安防控体系建设，在全面提升平安中国建设科学化、社会化、法治化、智能化水平基础上，实现了“平安中国”建设迈向新的台阶。

根据公安部公布的数据，截至2020年，全国刑事案件立案总量已连续5年下降，八类主要刑事案件数和查处治安案件数连续6年下降；国家统计局调查显示，全国群众安全感逐年上升，2020年达到98.4%。

二、科技与平安建设、治理现代化深度融合

在统筹发展和安全、建设更高水平平安中国的实践中，中央政法委、国家发展改革委、公安部、交通运输部、教育部、卫健委等相关部门，在各自领域，结合自身部门业务，持续推动科技与平安建设、治理体系深度融合，积极推进市域社会治理现代化，推动新型“智慧城市”建设，落地“智慧安防社区”“智慧交通”“智慧校园”“智慧医院”等形式多样的活动，在不断提升平安中国建设科学化、精细化、智能化水平基础上，还实现了管理水平、服务水平的智慧化提升。

（一）深化大数据应用　探索新型“智慧城市”

伴随着我国数字经济发展，大数据应用在提升国家社会治理体系和治理能力现代化方面的作用越来越明显。近些年，国家不断推动大数据与综合治理能力的融合应用，支持各部门利用行业和监管数据，建设面向公共卫生、自然灾害等重大突发事件处置的“数据靶场”，定期开展“数据演习”，为重大突发事件期间开展决策研判和调度指挥提供数据支撑。

除公安大数据建设应用外，近些年，全国各地积极深化大数据应用，探索新型“智慧城市”建设，通过建设大数字平台和城市“大脑”，突破数据汇聚、整合、共享的瓶颈；通过把数字技术、信息技术、网络技术引入城市运行的各个方面，推进城市基础设施智能化升级，进而提升城市运行管理和应急处置能力，在保障城市安全的基础上，实现“一网通办”“一网统管”，让“群众跑腿”变为“数据跑路”，让公共服务更便捷化、城市管理更精细、生活环境更宜居。

（二）落地“智慧安防小区”　探索社会治理新模式

党的十九大报告提出，“打造共建共治共享的社会治理格局”，这为加强和创新社会治理指明了方向。2020年在各地探索社会治理的新模式中，智慧安防小区/社区（以下简称“智安小区”）成为顺应现代科技发展大势、提升基层社会治理现代化水平的重要途径之一。

社区作为城市的基本构成单元，是居民安居乐业的基本载体。2020年公安部科技信息化局积极加强与住房和城乡建设部等部门的协调沟通，推动在国务院办公厅印发的《关于全面推进城镇老旧小区改造工作的指导意见》中增加安防建设要求。同时，以公安部名义会同住建部等部门，联合印发多个涉及社区建设的文件，明确提出智能安防建设、数据共享应用等要求，为各地推动住宅小区智能安防建设提供政策支持和保障。同时，公安部科技信息化局及时部署各地公安机关科技信息化部门，积极争取老旧小区改造政策支持，因地制宜提出智能安防建设内容及技术要求，配合住建部门推动智能安防建设，并做

好技术指导和把关，督促建设单位认真落实相关网络安全法规与标准，确保网络安全、数据安全。

目前，随着老旧小区改造工作在全国推进，“智安小区”建设已经形成全面、规范、有序、科学的推进局面。多省市以“智安小区”为重要抓手，加快推进基层平安建设。包括浙江、上海、北京、广东、安徽、天津、甘肃、江西、河南等省市推出了“智安小区”建设的任务表和时间表。

（三）紧贴实际需求　深化“雪亮工程”应用

从2015年国家发展改革委、公安部等九部委提出加强公共安全视频监控建设联网应用工作，全国各级政府将其纳入本地区经济社会发展和城乡规划统筹考虑，提高公共区域视频监控系统覆盖密度和建设质量，同时结合本地实际，整合已有的信息管理系统，健全跨地区、跨部门视频图像信息共享应用机制，夯实公共安全视频监控在打击犯罪、治安防范、社会管理、服务民生等方面落地应用。

“雪亮工程”建设作为当前公共安全视频监控建设联网应用工作重要抓手，2020年持续下沉基层社会治理，实战应用成效日益显现，各地通过构建城乡统筹、网上网下融合、打防管控一体的城乡治安防控体系，为社会发展提供了强有力的安全保障，让广大人民群众获得感、幸福感、安全感明显提高。特别是在“新冠肺炎疫情”的冲击下，“雪亮工程”发挥了前所未有的功效。山东、湖南、四川、贵州、河南等地利用“雪亮工程”设备与平台服务疫情防控整体工作，建立疫情防控机制，充分发动网格员负责平台值班值守工作，全天候视频巡查各地区各村庄有无人员扎堆聚集、不戴口罩、主要道路人员车辆流动、村级监测点的值班等情况，为疫情防控工作提供了坚实支撑。

三、行业管理与服务不断加强

随着安防行业的快速发展与持续壮大，行业的管理工作也在逐步加强。行业管理部门、社会团体组织以促进行业健康、可持续发展为出发点，针对行业中出现的新问题、新情况，加强行业管理的调查研究，与时俱进，不断探索行业管理的新路。

（一）政府部门加强业务指导

2020年，全国公安技防管理部门立足平安中国建设，加强社会创新治理，规范安防行业监管。公安部科技信息化局认真贯彻国务院常务会议部署要求，指导各地公安机关科技信息化部门积极推动住宅小区智能安防建设；在加大“放、管、服”工作力度方面，继续推进安防认证检测机构合格评价工作；上海、浙江、江西、湖北、广西、贵州等地技防管理部门积极指导、引导安防企业抗击疫情、复工复产；全国公安技防管理部门通过指导下辖协会脱钩、建立联席会议制度、指导重点业务工作等方式，不断加强完善监督指导工作；天津、山西、内蒙古、吉林、黑龙江、安徽、广西、贵州、甘肃、宁夏等地技防管理部门依据各地工作特点，积极推进视频联网建设架构设计、安全共享和综合应用；内蒙古、辽宁、黑龙江、上海、湖北、广东、海南等地出台相关政策法规，为公安技防工作顺利开展提供坚实保障。

（二）稳步推进行业标准化建设

2020年安防标准化工作稳步推进。全国安全防范报警系统标准化技术委员会持续推进公共安全视频图像信息联网共享应用标准编制工作，已发布5项国家标准。2020年，安防标委会在编的国家标准和行业标准达到70余项。其中，经批准发布的25项（国家标准2项、行业标准23项），完成标准报批稿31项（国家标准6项、行业标准25项），会同安防协会、检测机构等单位加强重要标准的宣贯培训，推动重要标准的贯彻实施，为公安机关和其他行业、领域开展安全技术防范建设特别是视频监控建设应用工作提供了强有力的技术指引和规范。此外，全国安全防范报警系统标准化技术委员会积极推动国际标准化工作，牵头制定1项国际标准《视频监控系统的信令和协议》。截止到2020年年底，共牵头制定9项国际标准，其中国际电工委员会（IEC）国际标准6项，国际电信联盟（ITU）国际标准3项，目前9项国际标准均已正式发布实施，进一步提升了制定国际标准的话语权。

（三）有序推进行业认证认可工作

2020年安防认证业务开拓创新有了积极进展。相关认证机构认真贯彻国务院“放、管、服”改革相关精神，探索开展机构自愿性认证工作，加速认证业务转型。完成防盗报警产品强制性认证实施规则的修订，完成对防盗锁和安防实体防护产品自愿性认证实施规则的备案，深入研究公共安全行业自愿性产品认证或者机构自行开展的自愿性产品认证的推广方式，通过加强与安防协会等单位的深度合作，推进安防行业认证的社会认可度。中国安全技术防范认证中心保持 CCC 证书 286 张，涉及境内外企业 82 家；保持有效 GA 证书 377 张，获证境内外企业 128 家；累计颁发 CSP 自愿性认证证书 680 张，获证境内外企业 218 家。公安部第三研究所认证中心持有有效的强制性认证证书 462 张，境内外 CCC 获证企业共计 84 家。

（四）积极推进行业检测检验工作

2020 年检测机构认真贯彻国务院“放、管、服”改革相关精神，积极完成相关领域检测任务，发挥科技优势，助力疫情防控，积极承担国家级、公安部级实验室建设，通过不断强化基础建设，大力拓展实验室资质能力范围，配合认证机构开展自愿性认证检测工作，同时拓宽市场服务，深化合作，加速实现深度产业融合。北京检测中心出具报告 22483 份，涉及企业 3753 家，获批能力范围扩大到 670 余项。上海检测中心完成实验室、检验机构、资质认定“三合一”评审，实验室获批能力范围扩大到 640 项；139 项扩项申请的标准检测能力由 CNAS 确认发布。

（五）规范推进行业自律工作

行业自律性管理是行业协会重要的工作任务和职能。2020 年中国安全防范产品行业协会及各地方行业协会在主管部门及业务指导部门的领导下，充分发挥行业服务、行业自律、行业代表、行业协调功能，坚持以党的政治建设为统领，坚持以服务会员为宗旨，通过开展专题研究、承担政府服务项目，反映会员诉求，成为政府管理决策的得力助手。通过开展能力评价、线上线下培训、调研等活动，帮助企业解决难题，建设会员之家。在突如其来的新冠肺炎疫情面前，全国多省市安防协会积极应对、主动作为，迅速部署疫情防控工作方案并发布倡议书，向会员单位倡议发起爱心捐赠活动，启动疫情防控物资捐助和捐款活动，向疫情防控重点地区捐赠物资，全力以赴支持各地区抗疫工作。在脱贫攻坚决战之年，中国安全防范产品行业协会及各地协会开展助力扶贫攻坚活动，以技术和智力支持、慰问调研、爱心捐赠、以购代捐农产品等多种形式进行结对帮扶。

四、行业保持稳定快速发展

（一）行业规模持续壮大

虽受疫情影响，2020 年安防行业发展受到一定的挫折与影响，但在数字浪潮的推动下，新型智慧城市建设持续落地，行业智能化转型加快，大数据、人工智能等新一代信息技术持续融入，我国安防行业保持持续健康稳定发展，行业规模不断壮大。

2020 年安防企业达到 3 万余家，从业人员 170 多万人；行业总产值达到 7950 亿元。按照企业类别分：产品制造企业实现总收入 3800 多亿元，安防系统集成与工程企业总收入 3400 多亿元，运营服务及其他企业总收入 700 多亿元；按照应用领域分：视频监控约占 55%，出入口控制约占 15%，防爆安检约 4%，实体防护约占 18%，入侵报警约占 5%，其他约占 3%。

在新技术赋能下，安防行业产业链的深度和广度不断延伸。从上游零部件、中游软硬件制造、下游集成、工程及运维服务、终端客户，涉及业务覆盖公共安全、城市治理、交通出行、自然资源、生态环保等公共事业领域，煤矿冶金、商业地产、制造企业、烟酒盐、物流、零售连锁、教育教学等行业用户，以及小微企业、小微园区、商铺、工厂、小区、景区、养殖场等中小企业事业领域。

行业发展离不开骨干企业的带动，近些年来，以海康威视、大华股份为代表的行业领军企业持续发力，不仅占据着国内行业的“半壁江山”，也引领着世界安防市场的发展。同时，以华为、新华三为代表的 ICT 企业，以阿里、百度为代表的互联网“巨头”企业，以商汤为代表的人工智能公司，等等，也看到安防行业的发展前景，纷纷入局，推动安防行业规模持续扩张。

（二）技术创新能力增强

随着科技创新投入和研发力量的不断增强，我国安防行业已经基本形成从上游算法、元器件、芯片研发，到中游产品设计制造，再到下游系统集成、运维服务等完整的产业体系。同时产业链重心开始往中高端转移，头部企业纷纷布局高端人工智能算法、芯片设计及核心技术领域。根据不同场景需求加强智能视觉与物联网应用技术、立体化感知与风险预警技术的研发，在5G通信、AI智能感知、机器学习、物联网、云计算与边缘计算、多功能智能化装备关键技术，以及高通量安检技术、机器人、无人机等方面都有了质的突破，安防行业已成为人工智能与实体经济深度融合最成功的应用领域之一。

随着AI与安防场景的不断融合应用，新产品新技术不断涌现。2020年以低照度场景下视频监控技术应用最具代表性。基于边缘计算算力提升的AI超微光技术、全彩技术，结合深度学习算法，在不产生光污染的情况下，很好地解决了智能摄像机夜间成像和识别感知的难题，满足复杂场景自适应的现实需求。

2020年响应疫情防控需要，以红外热成像为代表的产品技术应用持续落地，行业普遍应用的智能摄像机通过叠加人脸识别技术、红外热成像技术，实现身份信息与体温匹配，同时自动排除干扰人体测温的因素，做到人脸识别和温度即时可见，并被广泛应用在疫情防控一线。

以高带宽、低延时、广连接等特点，5G正在构建万物互联的智能世界中发挥革命性作用。在5G技术赋能下，安防行业持续推动智能安防落地的广度和深度，并通过与AI技术的融合，让智能化普及进一步加快，催生出更多行业智能化场景，诸如移动视频应用、智慧警务建设等。

（三）市场应用拓展扩维

近年来各相关部门和地方积极探索智慧城市建设，在公共服务便捷化、城市管理精细化、生活环境宜居化等方面取得突出成效。安防产品技术作为基础设施建设的一部分也在加速融入智慧城市，赋能千行百业，不断解锁新应用场景，推动产生更多应用新模式、新业态。

2020年，以视觉为基础的多维感知技术已经成为安防行业拓展市场空间，扩维赛道，助力行业数字化转型的重要抓手，其中在智慧交通、智慧医疗、智慧金融、智慧教育等行业数字化变革领域，安防产品技术持续落地应用，极大满足了碎片化的市场需求。受2020年新冠肺炎疫情影响，“宅经济”迎来巨大发展，家居、社区等细分市场智能化转型需求旺盛，这为安防行业内楼宇对讲、视频监控、出入口控制等产品技术提供了更大的市场空间。

同时，在AI加持下的多维感知技术使得安防概念不断实现泛化，通过更广泛地感知、认知，看得懂、主动响应等在实现安全防范的基础上，进化到“碎片化”场景下的管理环节，再到决策环节。“泛安防”正逐步下沉至城市、社区的毛细血管，融入生活场景的方方面面。

（四）企业快速发展 格局重塑

近些年，受益于国家持续推动新技术的快速发展，行业领军企业抓住战略机遇期，加快数字化、智能化转型，市场占有率、品牌知名度、综合实力快速提升，海康威视、大华股份、宇视科技等视频安防设备销售额已居全球前列。另外，在出入口控制、楼宇对讲、防爆安检、实体防护等领域也形成了一批颇具影响力的龙头企业，并借助资本运作实现上市，尤其是在2020年下半年，安防行业迎来了多家企业首发过会或登陆资本市场，既有老牌报警运营企业、实体防护企业，也有楼宇对讲企业，共同推动了一波安防企业“上市潮”。

与此同时，随着技术融合、系统融合的快速发展，以华为为代表的一批实力强大的信息通信、互联网、AI企业以及网络安全服务商加入安防行业，这些企业以优秀的算法、架构、算力等融合安防场景应用，促进了行业智能化的深度转型，同时也改变重塑了产业格局。

目前，泛在的安防智能化带来的机会已经非常清晰，具有革新力量的行业企业，通过持续性研发投入，实现在芯片、算法、软件端、硬件端、整体方案的持续迭代演进，推进各个细分场景下的智能化应用不断落地，进而迎来更大规模的智能化落地时代，这也预示着将有越来越多的企业涌入安防领域。

五、存在问题及不利因素

2020 年受新冠肺炎疫情、美国政治打压等因素影响，电子行业“缺芯潮”持续蔓延，安防行业上下游供应链中断、原材料价格上涨、项目订单延期、海内外市场变化等问题集中出现，考验着安防企业的运营管理、供应链、业务拓展以及研发创新。安防行业一些固有的问题也未能得到很好地解决：国家安防立法尚未出台，行业管理不够统一规范，影响到全国统一市场的形成；技术逐渐趋于透明化，产品雷同化、同质化现象严重，导致行业恶性竞争不断加剧；部分企业出现生产经营困难，陷入困境，也深刻影响着行业健康与可持续发展。

六、结语

2020 年安防行业砥砺前行，经历新冠肺炎疫情、世界经济衰退、复杂的国际形势等诸多不利因素，但安防行业坚持以国内大循环为主体，树立国内国际双循环、相互促进新格局，不仅经受住了考验、实现了 V 形反转，而且赢得了技术创新与应用双丰收。随着“平安中国”建设迈向新阶段，社会治理体系现代化深入推进，安防技术产品的作用将得到进一步增强，再加上新一代信息技术的融合赋能，安防行业将迎来更加广阔的发展前景。同时，安防企业需要注意市场环境瞬息万变，适应行业竞争，充分融合企业内生力和外部需求，做出全局性和长远性的谋划，实现长期的生存和发展。

第四节　中国安防行业 2020 年度统计数据摘要

目　录

经报请公安部科技信息化局同意，中国安全防范产品行业协会组织了 2020 年度安防行业统计工作。本次统计共采集 2321 家企业行业企业①数据，遍及我国除山西、内蒙古、西藏、港澳台地区外的 28 个省、直辖市、自治区。经审核，从中选取 2299 家企业有效数据作为样本，纳入本次统计范围。

第一部分：2020 年安防行业发展状况

2020 年，安防行业受新冠肺炎疫情、中美贸易摩擦及电子行业“缺芯潮”等因素影响，在经历年初断崖式下滑后，逐渐呈稳步回升态势。至 2020 年底，我国安防企业达 3 万余家，从业人员约 179 万，行业总产值近 7950 亿元。

参与 2020 年行业统计的 2299 家安防企业，基本情况如下：资产总额为 14，786. 5 亿元，平均每家企业 6. 4 亿元；营业收入总额为 6，439. 0 亿元，平均每家企业 2. 8 亿元，同比增长 3. 3%；利润总额为 615. 2 亿元，利润率为 9. 6%，平均每家企业利润 0. 3 亿元，同比增长 6. 9%；共有研发人员 18. 2 万人，平均每家企业 79 人；研发总投入 458. 7 亿元，平均每家企业 0. 2 亿元。

为更加清晰地反映不同类型安防企业的发展状况，根据数据的不同来源，本次统计将样本企业划分为两类，一是上市公司②，其数据来自样本企业在上海或深圳证券交易所发布的年度公告，共 289 家企业；二是非上市公司，其数据由各参与企业自行登录行业统计平台（http：//122. 112. 2. 217：8085/user/main）进行填报所得，共 2010 家企业。

表 1-1　2020 年安防行业统计概况

	企业数量（家）	资产总额（亿元）	营业收入（亿元）	营业收入同比增长（%）	利润（亿元）	利润率（%）	利润同比增长（%）	研发费用（亿元）	研发人员（万人）
上市公司	289	9,612. 9	5,609. 2	3. 0%	563. 5	10. 1	7. 6%	421. 5	16. 1
非上市公司	2010	5,173. 5	829. 8	5. 1%	51. 7	6. 2%	0. 3%	37. 2	2. 2
合计	2299	14,786. 5	6,439. 0	3. 3%	615. 2	9. 6%	6. 9%	458. 7	18. 2

① 文中“企业”为业务范围涉及安防及安防相关领域的行业企业。
② 文中“上市公司”涉及企业 289 家企业，具体名单参见附录“2020 年安防上市公司样本企业名录”。

第二部分：2020 年安防上市公司概况

一、整体状况

纳入本次统计范围的安防上市公司共 289 家，其中，主板 27 家、中小板 38 家，创业板 49 家、新三板 171 家、科创板 4 家。

289 家安防上市公司基本情况如下：资产总额为 9，612. 9 亿元，平均每家企业 33. 3 亿元；营业收入总额为 5，609. 2 亿元，平均每家企业 19. 4 亿元，营业收入同比增长 3. 0%；利润总额为 563. 5 亿元，利润率 10. 1%，平均每家企业利润 1. 9 亿元，利润同比增长 7. 6%；共有研发人员 16. 0 万人，平均每家企业 555 人；研发总投入 421. 5 亿元，平均每家企业 1. 5 亿元。

27 家主板上市公司基本情况：资产总额为 4，209. 0 亿元，平均每家企业 155. 9 亿元；营业收入总额为 2，725. 0 亿元，平均每家企业 100. 9 亿元，营业收入同比增长 2. 2%；利润总额为 252. 2 亿元，利润率为 9. 3%，平均每家企业利润 9. 3 亿元，利润同比增长 19. 6%；共有研发人员 5. 8 万人，平均每家企业 2，182 人；研发投入 140. 5 亿元，平均每家企业 5. 2 亿元。

38 家中小板上市公司基本情况：资产总额为 3，289. 2 亿元，平均每家企业 86. 6 亿元；营业收入总额为 1，935. 1 亿元，平均每家企业 50. 9 亿元，营业收入同比增长 8. 5%；利润总额为 273. 2 亿元，利润率为 14. 1%，平均每家企业利润 7. 2 亿元，利润同比增长 11. 1%；共有研发人员 6. 5 万人，平均每家企业 1，713 人；研发投入 195. 7 亿元，平均每家企业 5. 2 亿元。

49 家创业板上市公司基本情况：资产总额为 1，535. 3 亿元，平均每家企业 31. 3 亿元；营业收入总额为 580. 5 亿元，平均每家企业 11. 8 亿元，营业收入同比增长−11. 2%；利润总额为 4. 4 亿元，利润率为 0. 8%，平均每家企业利润 0. 1 亿元，利润同比增长−87. 2%；共有研发人员 1. 4 万人，平均每家企业 300 人；研发投入 47. 2 亿元，平均每家企业 1. 0 亿元。

171 家新三板上市公司基本情况：资产总额为 496. 4 亿元，平均每家企业 3. 0 亿元；营业收入总额为 341. 6 亿元，平均每家企业 2. 0 亿元，营业收入同比增长 4. 9%；利润总额为 25. 1 亿元，利润率为 7. 3%，平均每家企业利润 0. 1 亿元，利润同比增长−9. 7%；共有研发人员 0. 1 万人，平均每家企业 6 人；研发投入 34. 6 亿元，平均每家企业 0. 2 亿元。

4 家科创板上市公司基本情况：资产总额为 83. 1 亿元，平均每家企业 20. 8 亿元；营业收入总额为 27. 1 亿元，平均每家企业 6. 8 亿元，营业收入同比增长 54. 8%；利润总额为 8. 6 亿元，利润率为 31. 9%，平均每家企业利润 2. 2 亿元，利润同比增长 81. 1%；共有研发人员 2. 0 人，平均每家企业 5，183 人；研发投入 3. 5 亿元，平均每家企业 0. 9 亿元。

表 1-2　2020 年安防上市公司经营概况

类型	企业数量（家）	资产总额（亿元）	营业收入（亿元）	营业收入同比增（%）	利润（亿元）	利润率（%）	利润同比增长（%）	研发费用（亿元）	研发人员（万人）
主板	27	4,209. 0	2,725. 0	2. 2%	252. 2	9. 3%	19. 6%	140. 5	5. 8
中小板	38	3,289. 2	1,935. 1	8. 5%	273. 2	14. 1%	11. 1%	195. 7	6.
创业板	49	1,535. 3	580. 5	−11. 0%	4. 4	0. 8%	−87. 2%	47. 2	1. 4
新三板	171	496. 4	341. 6	4. 9%	25. 1	7. 3%	−9. 7%	34. 6	0. 1
科创板	4	83. 1	27. 1	54. 8%	8. 6	31. 9%	81. 1%	3. 5	2. 0
合计	289	9,612. 9	5,609. 2	3. 0%	563. 5	10. 1%	7. 6%	421. 5	16. 0

二、区域分布

289 家安防上市公司分布在北京、天津、河北、辽宁、黑龙江、上海、江苏、浙江、安徽、福建、山东、河南、湖北、广东、重庆、四川、云南、新疆，18 个省、区、直辖市。其中，东部地区①占总数的 50%，东北部地区占 11.1%，中部地区占 16.7%，西部地区占 22.2%。京津冀、长三角和珠三角集中了安防行业逾七成的上市公司。

表 1-3　2020 年安防上市公司区域发展概况

地区	企业数量（家）	营业收入（亿元）		利润（亿元）		利润率（%）		研发费用（亿元）		业收入同比增长（%）	利润同比增长（%）
		2019	2020	2019	2020	2019	2020	2019	2020		
北京	50	1,159.9	1,052.0	46.2	39.3	4.0%	3.7%	61.6	68.3	-9.3%	-14.9%
天津	5	103.1	92.4	54.2	31.9	52.6%	34.5%	2.5	2.4	-10.3%	-41.3%
河北	4	35.9	34.3	4.8	9.4	13.4%	27.4%	1.9	3.6	-4.2%	96.2%
辽宁	7	120.6	111.5	7.7	-3.8	6.4%	-3.4%	10.5	13.3	-7.5%	-149.4%
黑龙江	2	1.8	2.8	0.3	0.6	13.8%	22.3%	0.1	0.1	55.2%	151.4%
上海	30	359.3	445.4	86.7	108.3	24.1%	24.3%	26.5	33.3	24.0%	24.9%
江苏	19	99.4	102.8	8.9	6.4	9.0%	6.2%	12.2	12.3	3.4%	-28.1%
浙江	26	950.0	1,022.1	194.8	219.5	20.5%	21.5%	104.5	115.4	7.6%	12.7%
安徽	6	182.8	215.9	11.9	14.1	6.5%	6.6%	20.2	25.5	18.1%	18.8%
福建	15	208.5	231.8	22.0	18.0	10.6%	7.8%	22.6	24.6	11.2%	-18.3%
山东	16	33.3	41.6	4.9	9.3	14.6%	22.3%	3.3	4.5	25.0%	91.0%
河南	10	45.4	48.3	28.9	27.3	63.6%	56.6%	4.9	5.7	6.3%	-5.4%
湖北	12	52.2	61.8	5.1	11.1	9.8%	18.0%	4.2	5.5	18.4%	117.8%
广东	71	884.8	873.5	66.8	42.5	7.6%	4.9%	70.0	80.2	-1.3%	-36.4%
重庆	3	201.6	217.2	27.9	26.7	13.8%	12.3%	1.0	0.9	7.7%	-4.3%
四川	7	986.4	1,039.2	-47.5	11.7	-4.8%	1.1%	21.8	25.0	5.4%	-124.7%
云南	2	3.6	2.8	0.5	0.5	14.4%	16.7%	0.2	0.1	-21.8%	-9.2%
新疆	4	18.0	13.7	-0.2	-9.3	-1.4%	-67.8%	0.7	0.7	-24.0%	3718.3%
合计	289	5,446.6	5,609.2	523.7	563.5	9.6%	10.1%	368.6	421.5	3.0%	7.6%

三、经营状况

（一）营业收入区间分布

纳入本次统计范围的 289 家安防上市公司中，营业收入大于 50 亿元（含）的企业数量为 26 家，营业

① 文中“东部地区”是指北京、天津、河北、上海、江苏、浙江、福建、山东、广东和海南 10 省（市）；“中部地区”是指山西、安徽、江西、河南、湖北和湖南 6 省；“西部地区”是指内蒙古、广西、重庆、四川、贵州、云南、西藏、陕西、甘肃、青海、宁夏和新疆 12 省（区、市）；“东北地区”是指辽宁、吉林和黑龙江 3 省。

收入在 10 亿元（含）到 50 亿元的企业数量为 44 家，营业收入在 1 亿元（含）到 10 亿元的企业数量为 115 家，营业收入低于 1 亿元的企业数量为 104 家。

表 1-4　2020 年安防上市公司区域营收区间分布

地区	企业数量	营业收入	1 亿元以下			1 亿（含）-10 亿元			10 亿（含）-50 亿元			50 亿元（含）以上		
			企业数量	营业收入	平均每家企业	企业数量	营业收入	平均每家企业	企业数量	营业收入	平均每家企业	企业数量	营业收入	平均每家企业
北京	50	1,052.0	15	5.7	0.4	22	83.8	3.8	7	181.6	25.9	6	780.9	130.1
天津	5	92.4	2	0.8	0.4	1	1.4	1.4	1	19.5	19.5	1	70.7	70.7
河北	4	34.3	3	1.6	0.5	0	0.0	0.0	1	32.7	32.7	0	0.0	0.0
辽宁	7	111.5	3	1.3	0.4	2	7.4	3.7	1	26.6	26.6	1	76.2	76.2
黑龙江	2	2.8	1	0.3	0.3	1	2.5	2.5	0	0.0	0.0	0	0.0	0.0
上海	30	445.4	12	4.2	0.3	12	46.5	3.9	4	101.3	25.3	2	293.4	146.7
江苏	19	102.8	8	2.7	0.3	8	15.2	1.9	2	34.6	17.3	1	50.3	50.3
浙江	26	1,022.1	9	5.0	0.6	11	28.6	2.6	4	88.7	22.2	2	899.7	449.8
安徽	6	215.9	1	0.5	0.5	1	2.2	2.2	3	82.8	27.6	1	130.2	130.2
福建	15	231.8	7	2.8	0.4	4	16.2	4.0	2	39.3	19.6	2	173.7	86.8
山东	16	41.6	6	2.5	0.4	9	23.5	2.6	1	15.6	15.6	0	0.0	0.0
河南	10	48.3	4	2.2	0.6	5	25.2	5.0	1	20.9	20.9	0	0.0	0.0
湖北	12	61.8	4	1.2	0.3	6	10.3	1.7	2	50.3	25.1	0	0.0	0.0
广东	71	873.5	26	9.7	0.4	25	108.8	4.4	13	289.0	22.2	7	466.0	66.6
重庆	3	217.2	0	0.0	0.0	2	4.5	2.3	0	0.0	0.0	1	212.7	212.7
四川	7	1,039.2	0	0.0	0.0	4	18.5	4.6	1	23.8	23.8	2	996.9	498.4
云南	2	2.8	1	0.6	0.6	1	2.2	2.2	0	0.0	0.0	0	0.0	0.0
新疆	4	13.7	2	0.9	0.5	1	2.7	2.7	1	10.1	10.1	0	0.0	0.0
合计	289	5,609.2	104	42.2	0.4	115	399.6	3.5	44	1,016.7	23.1	26	4,150.8	159.6

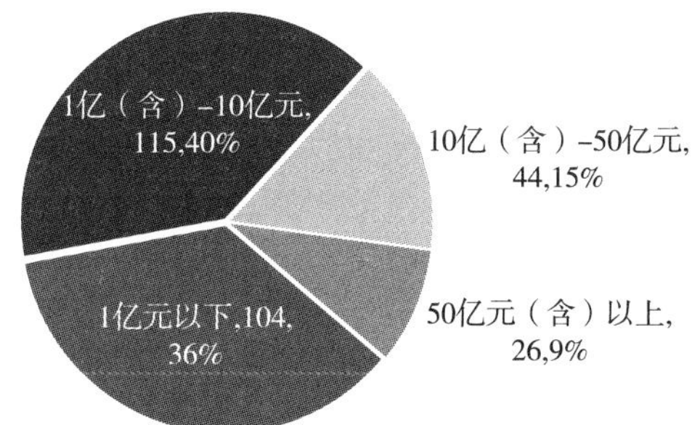

图 1-1　2020 年安防上市公司营收区间分布情况

27 家主板上市公司中，营业收入大于 50 亿元（含）的企业数量为 13 家，营业收入在 10 亿元（含）到 50 亿元的企业数量为 11 家，营业收入在 1 亿元（含）到 10 亿元的企业数量为 3 家，营业收入低于 1 亿元的企业数量为 0 家。

38 家中小板上市公司中，营业收入大于 50 亿元（含）的企业数量为 11 家，营业收入在 10 亿元（含）到 50 亿元的企业数量为 12 家，营业收入在 1 亿元（含）到 10 亿元的企业数量为 13 家，营业收入低于 1 亿元的企业数量为 2 家。

171 家新三板上市公司中，营业收入大于 50 亿元（含）的企业数量为 1 家，营业收入在 10 亿元（含）到 50 亿元的企业数量为 2 家，营业收入在 1 亿元（含）到 10 亿元的企业数量为 68 家，营业收入低于 1 亿元的企业数量为 100 家。

4 家科创板上市公司中，营业收入大于 50 亿元（含）的企业数量为 0 家，营业收入在 10 亿元（含）到 50 亿元的企业数量为 1 家，营业收入在 1 亿元（含）到 10 亿元的企业数量为 3 家，营业收入低于 1 亿元的企业数量为 0 家。

49 家创业板上市公司中，营业收入大于 50 亿元（含）的企业数量为 1 家，营业收入在 10 亿元（含）到 50 亿元的企业数量为 18 家，营业收入在 1 亿元（含）到 10 亿元的企业数量为 28 家，营业收入低于 1 亿元的企业数量为 2 家。

表 1-5　2020 年安防上市公司类型营收区间分布

类型	企业数量	营业收入	1 亿元以下			1 亿（含）-10 亿元			10 亿（含）-50 亿元			50 亿元（含）以上		
			企业数量	营业收入	平均每家企业	企业数量	营业收入	平均每家企业	企业数量	营业收入	平均每家企业	企业数量	营业收入	平均每家企业
主板	27	2,725.0	0	0.0	0.0	3	14.9	5.0	11	337.3	30.7	13	2,372.8	182.5
中小板	38	1,935.1	2	0.3	0.1	13	69.1	5.3	12	257.1	21.4	11	1,608.6	146.2
新三板	171	341.6	100	41.3	0.4	68	165.4	2.4	2	31.8	15.9	1	103.0	103.0
科创板	4	27.1	0	0.0	0.0	3	11.5	3.8	1	15.6	15.6	0	0.0	0.0
创业板	49	580.5	2	0.5	0.3	28	138.8	5.0	18	374.8	20.8	1	66.3	66.3
合计	289	5,609.2	104	42.2	0.4	115	399.6	3.5	44	1,016.7	23.1	26	4,150.8	159.6

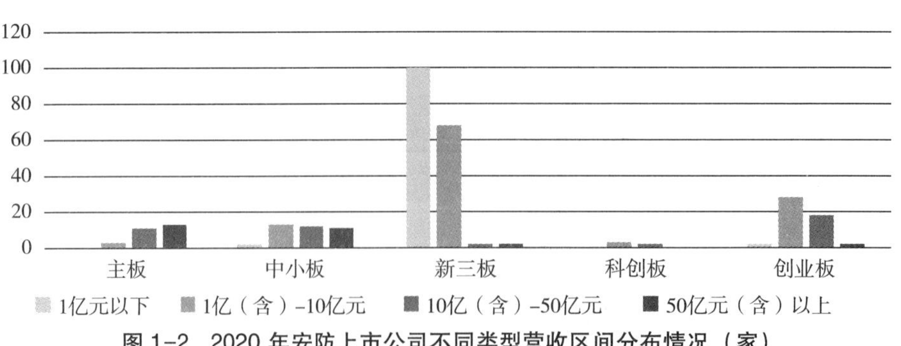

图 1-2　2020 年安防上市公司不同类型营收区间分布情况（家）

（二）营业收入同比增长区间分布

289 家安防上市公司中，有 25 家企业营业收入同比增长高于 50%（含）以上，39 家企业营业收入同比增长在 20%（含）至 50%之间，28 家企业营业收入同比增长在 10%（含）至 20%之间，56 家企业营业收入同比增长在 0（含）至 10%之间，38 家企业营业收入同比增长在-10%（含）至 0 之间，103 家企业营业收入同比增长低于-10%。

表1-6　2020年安防上市公司区域营收同比增长区间分布

地区	企业数量	-10%以下		-10%（含）-0		0（含）-10%		10%（含）-20%		20%（含）-50%		50%（含）以上	
		数量	占比	数量	占比	数量	占比	数量	占比	数量	占比	数量	占比
北京	50	24	48.0%	5	10.0%	8	16.0%	1	2.0%	7	14.0%	5	10.0%
天津	5	2	40.0%	0	0.0%	1	20.0%	0	0.0%	2	40.0%	0	0.0%
河北	4	1	25.0%	1	25.0%	1	25.0%	0	0.0%	0	0.0%	1	25.0%
辽宁	7	2	28.6%	2	28.6%	2	28.6%	1	14.3%	0	0.0%	0	0.0%
黑龙江	2	1	50.0%	0	0.0%	0	0.0%	0	0.0%	0	0.0%	1	50.0%
上海	30	10	33.3%	5	16.7%	5	16.7%	1	3.3%	6	20.0%	3	10.0%
江苏	19	5	26.3%	3	15.8%	3	15.8%	3	15.8%	2	10.5%	3	15.8%
浙江	26	6	23.1%	5	19.2%	6	23.1%	1	3.8%	4	15.4%	4	15.4%
安徽	6	1	16.7%	0	0.0%	4	66.7%	0	0.0%	1	16.7%	0	0.0%
福建	15	6	40.0%	1	6.7%	2	13.3%	4	26.7%	1	6.7%	1	6.7%
山东	16	5	31.3%	2	12.5%	2	12.5%	3	18.8%	3	18.8%	1	6.3%
河南	10	2	20.0%	2	20.0%	3	30.0%	0	0.0%	1	10.0%	2	20.0%
湖北	12	7	58.3%	2	16.7%	1	8.3%	1	8.3%	0	0.0%	1	8.3%
广东	71	26	36.6%	8	11.3%	13	18.3%	10	14.1%	11	15.5%	3	4.2%
重庆	3	1	33.3%	0	0.0%	2	66.7%	0	0.0%	0	0.0%	0	0.0%
四川	7	1	14.3%	0	0.0%	3	42.9%	2	28.6%	1	14.3%	0	0.0%
云南	2	1	50.0%	0	0.0%	0	0.0%	1	50.0%	0	0.0%	0	0.0%
新疆	4	2	50.0%	2	50.0%	0	0.0%	0	0.0%	0	0.0%	0	0.0%
合计	289	103	35.6%	38	13.1%	56	19.4%	28	9.7%	39	13.5%	25	8.7%

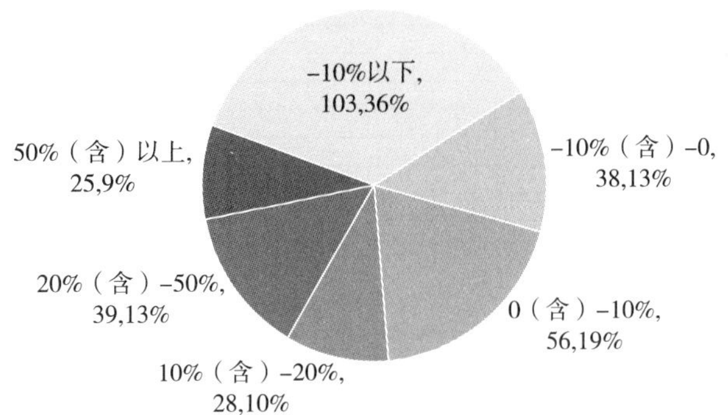

图1-3　2020年安防上市公司营收同比增长区间分布情况

27家主板上市公司中，有1家企业营业收入同比增长高于50%（含）以上，3家企业营业收入同比增长在20%（含）至50%之间，3家企业营业收入同比增长在10%（含）至20%之间，11家企业营业收入同比增长在0（含）至10%之间，3家企业营业收入同比增长在-10%（含）至0之间，6家企业营业收入同比增长低于-10%。

38家中小板上市公司中，有3家企业营业收入同比增长高于50%（含）以上，7家企业营业收入同比增长在20%（含）至50%之间，6家企业营业收入同比增长在10%（含）至20%之间，9家企业营业收入同比增长在0（含）至10%之间，4家企业营业收入同比增长在-10%（含）至0之间，9家企业营业收入同比增长低于-10%。

171家新三板上市公司中，有18家企业营业收入同比增长高于50%（含）以上，25家营业收入同比增长在20%（含）至50%之间，15家企业营业收入同比增长在10%（含）至20%之间，25家企业营业收入同比增长在0（含）至10%之间，24家企业营业收入同比增长在-10%（含）至0之间，64家企业营业收入同比增长低于-10%。

4家科创板上市公司中，有1家企业营业收入同比增长高于50%（含）以上，1家企业营业收入同比增长在20%（含）至50%之间，0家企业营业收入同比增长在10%（含）至20%之间，1家企业营业收入同比增长在0（含）至10%之间，1家企业营业收入同比增长在-10%（含）至0之间，0家企业营业收入同比增长低于-10%。

49家创业板上市公司中，有2家企业营业收入同比增长高于50%（含）以上，3家企业营业收入同比增长在20%（含）至50%之间，4家企业营业收入同比增长在10%（含）至20%之间，10家企业营业收入同比增长在0（含）至10%之间，6家企业营业收入同比增长在-10%（含）至0之间，24家企业营业收入同比增长低于-10%。

表1-7　2020年安防上市公司类型营收同比增长区间分布

类型	企业数量	-10%以下		-10%（含）-0		0（含）-10%		10%（含）-20%		20%（含）-50%		50%（含）以上	
		数量	占比	数量	占比	数量	占比	数量	占比	数量	占比	数量	占比
主板	27	6	22.2%	3	11.1%	11	40.7%	3	11.1%	3	11.1%	1	3.7%
中小板	38	9	23.7%	4	10.5%	9	23.7%	6	15.8%	7	18.4%	3	7.9%
新三板	171	64	37.4%	24	14.0%	25	14.6%	15	8.8%	25	14.6%	18	10.5%
科创板	4	0	0.0%	1	25.0%	1	25.0%	0	0.0%	1	25.0%	1	25.0%
创业板	49	24	49.0%	6	12.2%	10	20.4%	4	8.2%	3	6.1%	2	4.1%
合计	289	103	35.6%	38	13.1%	56	19.4%	28	9.7%	39	13.5%	25	8.7%

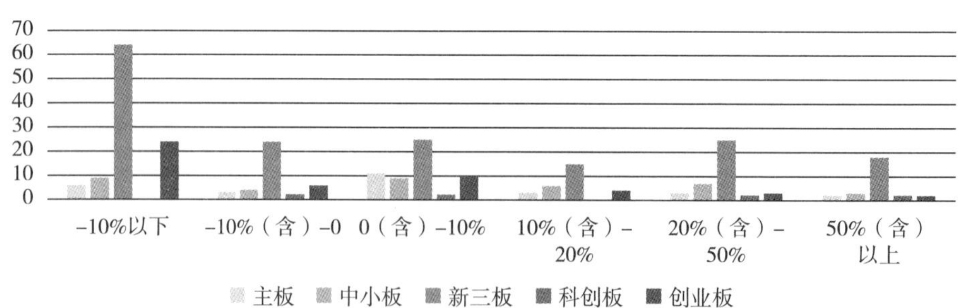

图1-4　2020年安防上市公司不同类型营收同比增长区间分布情况（家）

四、盈利状况

（一）利润同比增长区间分布

纳入本次统计范围的289家安防上市公司中，19家企业利润同比增长高于20%（含）以上，25家企业利润同比增长在10%（含）至20%之间，94家企业利润同比增长在0（含）至10%之间，84家企业利润同比增长在-10%（含）至0之间，67家企业利润同比增长低于-10%。

表 1-8　2020 年安防上市公司区域利润同比增长区间分布

名称	企业数量	-10%以下		-10%（含）-0		0（含）-10%		10%（含）-20%		20%（含）以上	
		企业数量	占比	企业数量	占比	企业数量	占比	企业数量	占比	企业数量	占比
北京	50	10	20.0%	17	34.0%	11	22.0%	6	12.0%	6	12.0%
天津	5	2	40.0%	1	20.0%	1	20.0%	0	0.0%	1	20.0%
河北	4	1	25.0%	1	25.0%	1	25.0%	1	25.0%	0	0.0%
辽宁	7	3	42.9%	2	28.6%	2	28.6%	0	0.0%	0	0.0%
黑龙江	2	0	0.0%	0	0.0%	2	100.0%	0	0.0%	0	0.0%
上海	30	8	26.7%	5	16.7%	12	40.0%	5	16.7%	0	0.0%
江苏	19	5	26.3%	4	21.1%	5	26.3%	4	21.1%	1	5.3%
浙江	26	4	15.4%	8	30.8%	10	38.5%	1	3.8%	3	11.5%
安徽	6	2	33.3%	1	16.7%	3	50.0%	0	0.0%	0	0.0%
福建	15	4	26.7%	7	46.7%	4	26.7%	0	0.0%	0	0.0%
山东	16	2	12.5%	5	31.3%	7	43.8%	1	6.3%	1	6.3%
河南	10	1	10.0%	1	10.0%	6	60.0%	1	10.0%	1	10.0%
湖北	12	4	33.3%	5	41.7%	2	16.7%	1	8.3%	0	0.0%
广东	71	18	25.4%	22	31.0%	23	32.4%	4	5.6%	4	5.6%
重庆	3	0	0.0%	2	66.7%	1	33.3%	0	0.0%	0	0.0%
四川	7	0	0.0%	3	42.9%	2	28.6%	1	14.3%	1	14.3%
云南	2	0	0.0%	0	0.0%	2	100.0%	0	0.0%	0	0.0%
新疆	4	3	75.0%	0	0.0%	0	0.0%	0	0.0%	1	25.0%
合计	289	67	23.2%	84	29.1%	94	32.5%	25	8.7%	19	6.6%

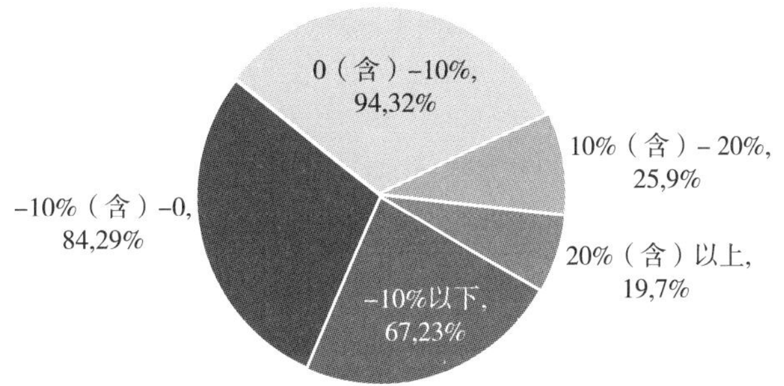

图 1-5　2020 年安防上市公司利润同比增长区间分布情况

27 家主板上市公司中，1 家企业利润同比增长高于 20%（含）以上，2 家企业利润同比增长在 10%（含）至 20%之间，12 家企业利润同比增长在 0（含）至 10%之间，8 家企业利润同比增长在-10%（含）至 0 之间，4 家企业利润同比增长低于-10%。

38 家中小板上市公司中，1 家企业利润同比增长高于 20%（含）以上，4 家企业利润同比增长在 10%（含）至 20%之间，15 家企业利润同比增长在 0（含）至 10%之间，11 家企业利润同比增长在-

10%（含）至 0 之间，7 家企业利润同比增长低于-10%。

171 家新三板上市公司中，14 家企业利润同比增长高于 20%（含）以上，14 家企业利润同比增长在 10%（含）至 20%之间，51 家企业利润同比增长在 0（含）至 10%之间，50 家企业利润同比增长在-10%（含）至 0 之间，42 家企业利润同比增长低于-10%。

4 家科创板上市公司中，0 家企业利润同比增长高于 20%（含）以上，1 家企业利润同比增长在 10%（含）至 20%之间，0 家企业利润同比增长在 0（含）至 10%之间，3 家企业利润同比增长在-10%（含）至 0 之间，0 家企业利润同比增长低于-10%。

49 家创业板上市公司中，3 家企业利润同比增长高于 20%（含）以上，4 家企业利润同比增长在 10%（含）至 20%之间，16 家企业利润同比增长在 0（含）至 10%之间，12 家企业利润同比增长在-10%（含）至 0 之间，14 家企业利润同比增长低于-10%。

表 1-9　2020 年安防上市公司类型利润同比增长区间分布

类型	企业数量	-10%以下		-10%（含）-0		0（含）-10%		10%（含）-20%		20%（含）以上	
		企业数量	占比	企业数量	占比	企业数量	占比	企业数量	占比	企业数量	占比
主板	27	4	14.8%	8	29.6%	12	44.4%	2	7.4%	1	3.7%
中小板	38	7	18.4%	11	28.9%	15	39.5%	4	10.5%	1	2.6%
新三板	171	42	24.6%	50	29.2%	51	29.8%	14	8.2%	14	8.2%
科创板	4	0	0.0%	3	75.0%	0	0.0%	1	25.0%	0	0.0%
创业板	49	14	28.6%	12	24.5%	16	32.7%	4	8.2%	3	6.1%
合计	289	67	23.2%	84	29.1%	94	32.5%	25	8.7%	19	6.6%

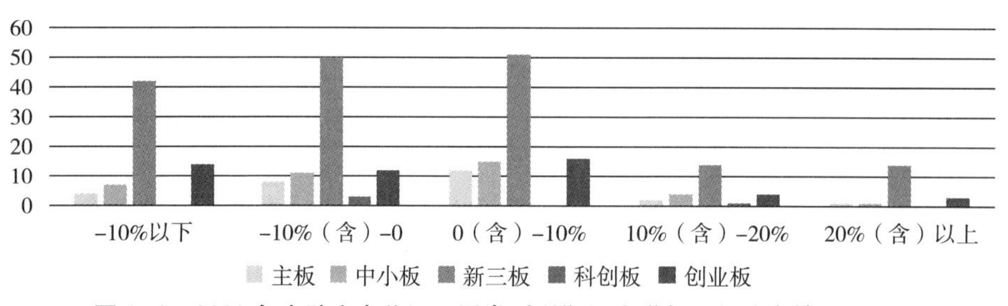

图 1-6　2020 年安防上市公司不同类型利润同比增长区间分布情况（家）

（二）利润率区间分布

289 家安防上市公司中，4 家企业利润率高于 50%（含）以上，108 家企业利润率在 10%（含）至 50%之间，42 家企业利润率在 5%（含）至 10%之间，52 家企业利润率在 0（含）至 5%之间，21 家企业利润率在-10%（含）至 0 之间，62 家企业利润率低于-10%。

表 1-10　2020 年安防上市公司区域利润率区间分布

地区	企业数量	利润率	-10%以下		-10%（含）-0		0（含）-5%		5%（含）-10%		10%（含）-50%		50%（含）以上	
			企业数量	占比	企业数量	占比	企业数量	占比	企业数量	占比	企业数量	占比	企业数量	占比
北京	50	3.7%	14	28.0%	2	4.0%	8	16.0%	6	12.0%	20	40.0%	0	0.0%
天津	5	34.5%	0	0.0%	1	20.0%	3	60.0%	0	0.0%	1	20.0%	0	0.0%

续表

地区	企业数量	利润率	-10%以下		-10%（含）-0		0（含）-5%		5%（含）-10%		10%（含）-50%		50%（含）以上	
			企业数量	占比	企业数量	占比	企业数量	占比	企业数量	占比	企业数量	占比	企业数量	占比
河北	4	27.4%	1	25.0%	0	0.0%	0	0.0%	0	0.0%	3	75.0%	0	0.0%
辽宁	7	-3.4%	3	42.9%	2	28.6%	1	14.3%	0	0.0%	1	14.3%	0	0.0%
黑龙江	2	22.3%	0	0.0%	0	0.0%	1	50.0%	0	0.0%	1	50.0%	0	0.0%
上海	30	24.3%	6	20.0%	3	10.0%	7	23.3%	2	6.7%	11	36.7%	1	3.3%
江苏	19	6.2%	5	26.3%	0	0.0%	4	21.1%	2	10.5%	7	36.8%	1	5.3%
浙江	26	21.5%	5	19.2%	1	3.8%	1	3.8%	5	19.2%	14	53.8%	0	0.0%
安徽	6	6.6%	2	33.3%	1	16.7%	1	16.7%	0	0.0%	2	33.3%	0	0.0%
福建	15	7.8%	3	20.0%	2	13.3%	2	13.3%	4	26.7%	4	26.7%	0	0.0%
山东	16	22.3%	3	18.8%	1	6.3%	1	6.3%	4	25.0%	7	43.8%	0	0.0%
河南	10	56.6%	0	0.0%	0	0.0%	2	20.0%	2	20.0%	4	40.0%	2	20.0%
湖北	12	18.0%	3	25.0%	3	25.0%	1	8.3%	0	0.0%	5	41.7%	0	0.0%
广东	71	4.9%	13	18.3%	5	7.0%	17	23.9%	16	22.5%	20	28.2%	0	0.0%
重庆	3	12.3%	1	33.3%	0	0.0%	0	0.0%	0	0.0%	2	66.7%	0	0.0%
四川	7	1.1%	0	0.0%	0	0.0%	2	28.6%	1	14.3%	4	57.1%	0	0.0%
云南	2	16.7%	0	0.0%	0	0.0%	1	50.0%	0	0.0%	1	50.0%	0	0.0%
新疆	4	-67.8%	3	75.0%	0	0.0%	0	0.0%	0	0.0%	1	25.0%	0	0.0%
合计	289	10.0%	62	21.5%	21	7.3%	52	18.0%	42	14.5%	108	37.4%	4	1.4%

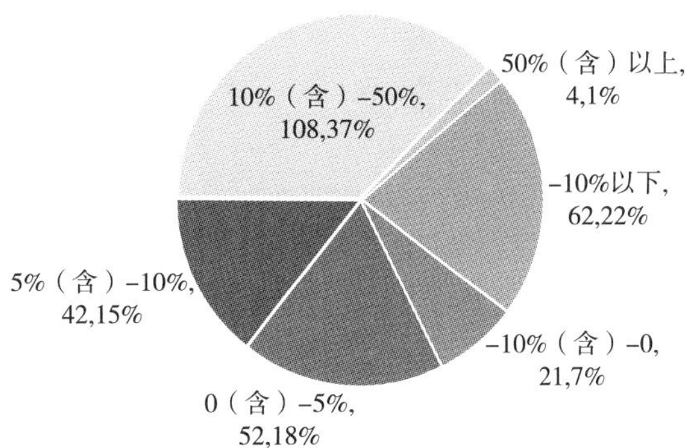

图 1-7　2020 年安防上市公司利润率区间分布情况

27 家主板上市公司中，1 家企业利润率高于 50%（含）以上，10 家企业利润率在 10%（含）至 50%之间，5 家企业利润率在 5%（含）至 10%之间，9 家企业利润率在 0（含）至 5%之间，1 家企业利润率在-10%（含）至 0 之间，1 家企业利润率低于-10%。

38 家中小板上市公司中，0 家企业利润率高于 50%（含）以上，20 家企业利润率在 10%（含）至 50%之间，3 家企业利润率在 5%（含）至 10%之间，7 家企业利润率在 0（含）至 5%之间，1 家企业利润率在-10%（含）至 0 之间，7 家企业利润率低于-10%。

171 家新三板上市公司中，2 家企业利润率高于 50%（含）以上，57 家企业利润率在 10%（含）至 50%之间，27 家企业利润率在 5%（含）至 10%之间，28 家企业利润率在 0（含）至 5%之间，14 家企业利润率在-10%（含）至 0 之间，43 家企业利润率低于-10%。

4 家科创板上市公司中，0 家企业利润率高于 50%（含）以上，3 家企业利润率在 10%（含）至 50%之间，1 家企业利润率在 5%（含）至 10%之间，0 家企业利润率在 0（含）至 5%之间，0 家企业利润率在-10%（含）至 0 之间，0 家企业利润率低于-10%。

49 家创业板上市公司中，1 家企业利润率高于 50%（含）以上，18 家企业利润率在 10%（含）至 50%之间，6 家企业利润率在 5%（含）至 10%之间，8 家企业利润率在 0（含）至 5%之间，5 家企业利润率在-10%（含）至 0 之间，11 家企业利润率低于-10%。

表 1-11　2020 年安防上市公司类型利润率区间分布

类型	企业数量	利润率	-10%以下		-10%（含）-0		0（含）-5%		5%（含）-10%		10%（含）-50%		50%（含）以上	
			企业数量	占比	企业数量	占比	企业数量	占比	企业数量	占比	企业数量	占比	企业数量	占比
主板	27	9.3%	1	3.7%	1	3.7%	9	33.3%	5	18.5%	10	37.0%	1	3.7%
中小板	38	14.1%	7	18.4%	1	2.6%	7	18.4%	3	7.9%	20	52.6%	0	0.0%
新三板	171	7.3%	43	25.1%	14	8.2%	28	16.4%	27	15.8%	57	33.3%	2	1.2%
科创板	4	31.9%	0	0.0%	0	0.0%	0	0.0%	1	25.0%	3	75.0%	0	0.0%
创业板	49	0.8%	11	22.4%	5	10.2%	8	16.3%	6	12.2%	18	36.7%	1	2.0%
合计	289	10.0%	62	21.5%	21	7.3%	52	18.0%	42	14.5%	108	37.4%	4	1.4%

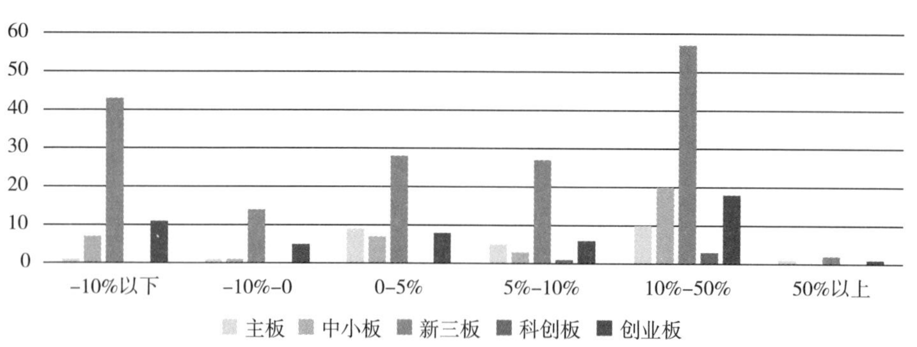

图 1-8　2020 年安防上市公司不同类型利润率区间分布情况（家）

五、研发状况

2020 年，289 家安防上市公司研发投入（R&D）为 421.5 亿元，平均每家企业为 1.5 亿元，比上年增长 14.3%。研发投入占销售收入的比重为 7.5%。其中，有 109 家企业比重超过了 10%，有 111 家企业比重在 5%（含）-10%之间，有 69 家企业比重在 0（含）-5%之间。

表1-12　2020年安防上市公司区域研发情况

地区	研发费用（亿元）		比重（%）		2020年企业比重区间分布情况（家）			
	2019	2020	2019	2020	0（含）-5%	5%（含）-10%	10%（含）以上	小计
北京	61.6	68.3	5.3%	6.5%	12	17	21	50
天津	2.5	2.4	2.4%	2.6%	4	1	0	5
河北	1.9	3.6	5.3%	10.5%	1	1	2	4
辽宁	10.5	13.3	8.7%	12.0%	2	2	3	7
黑龙江	0.1	0.1	6.2%	3.7%	1	1	0	2
上海	26.5	33.3	7.4%	7.5%	11	11	8	30
江苏	12.2	12.3	12.3%	12.0%	4	7	8	19
浙江	104.5	115.4	11.0%	11.3%	7	6	13	26
安徽	20.2	25.5	11.0%	11.8%	2	1	3	6
福建	22.6	24.6	10.8%	10.6%	0	8	7	15
山东	3.3	4.5	10.0%	10.8%	2	7	7	16
河南	4.9	5.7	10.9%	11.9%	1	4	5	10
湖北	4.2	5.5	8.0%	8.9%	2	8	2	12
广东	70.0	80.2	7.9%	9.2%	13	33	25	71
重庆	1.0	0.9	0.5%	0.4%	1	1	1	3
四川	21.8	25.0	2.2%	2.4%	3	2	2	7
云南	0.2	0.1	4.8%	3.9%	2	0	0	2
新疆	0.7	0.7	3.7%	5.0%	1	1	2	4
合计	368.6	421.5	6.8%	7.5%	69	111	109	289

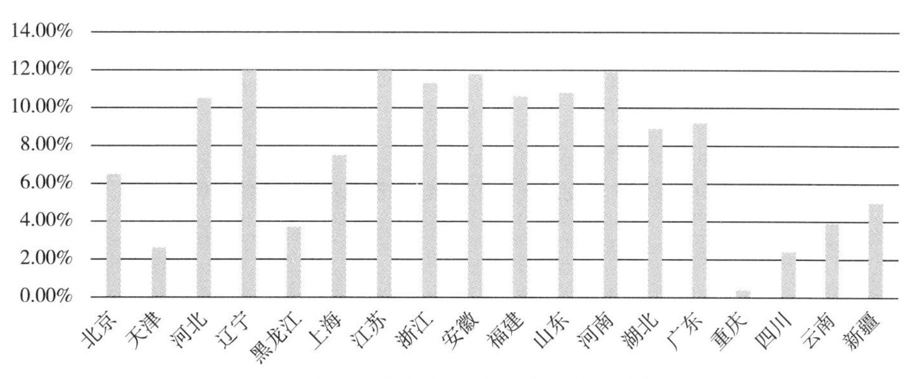

图1-9　2020年安防上市公司比重情况

27家主板上市公司，2020年研发投入（R&D）为140.5亿元，平均每家企业为5.2亿元，比上年增长15.0%。研发投入占销售收入的比重为5.2%。其中，有8家企业比重超过了10%，有6家企业比重在5%（含）-10%之间，有13家企业比重在0（含）-5%之间。

38家中小板上市公司，2020年研发投入（R&D）为195.7亿元，平均每家企业为5.2亿元，比上年增长 15.6%。研发投入占销售收入的比重为 10.1%。其中，有 16 家企业比重超过了 10%，有 13 家企业比重在 5%（含）-10%之间，有 9 家企业比重在 0（含）-5%之间。

171 家新三板上市公司，2020 年研发投入（R&D）为 34.6 亿元，平均每家企业为 0.2 亿元，比上年增长 14.3%。研发投入占销售收入的比重为 10.1%。其中，有 63 家企业比重超过了 10%，有 72 家企业比重在 5%（含）-10%之间，有 36 家企业比重在 0（含）-5%之间。

4 家科创板上市公司，2020 年研发投入（R&D）为 3.5 亿元，平均每家企业为 0.9 亿元，比上年增长 75%。研发投入占销售收入的比重为 13.0%。其中，有 2 家企业比重超过了 10%，有 2 家企业比重在 5%（含）-10%之间，有 0 家企业比重在 0（含）-5%之间。

49 家创业板上市公司，2020 年研发投入（R&D）为 47.2 亿元，平均每家企业为 1.0 亿元，比上年增长 12.1%。研发投入占销售收入的比重为 8.1%。其中，有 20 家企业比重超过了 10%，有 18 家企业比重在 5%（含）-10%之间，有 11 家企业比重在 0（含）-5%之间。

表 1-13　2020 年安防上市公司类型研发情况

类型	研发费用（亿元）		比重（%）		2020 年企业比重区间分布情况（家）			
	2019	2020	2019	2020	0（含）-5%	5%（含）-10%	10%（含）以上	小计
主板	122.4	140.5	4.6%	5.2%	13	6	8	27
中小板	169.3	195.7	9.5%	10.1%	9	13	16	38
新三板	32.8	34.6	10.1%	10.1%	36	72	63	171
科创板	2.0	3.5	11.6%	13.0%	0	2	2	4
创业板	42.1	47.2	6.5%	8.1%	11	18	20	49
合计	368.6	421.5	6.8%	7.5%	69	111	109	289

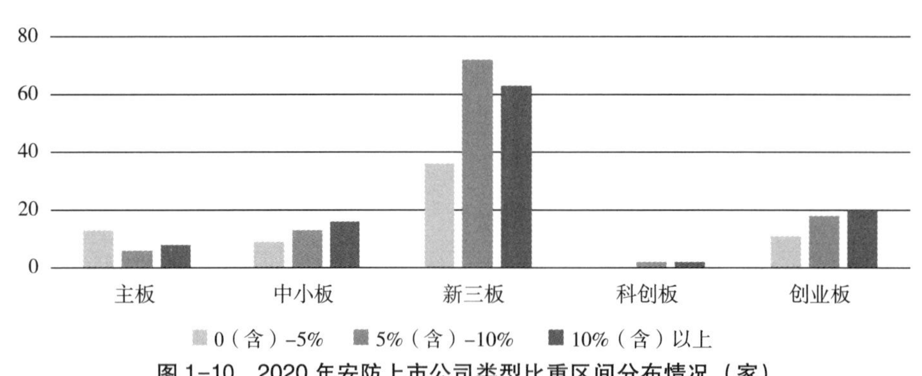

图 1-10　2020 年安防上市公司类型比重区间分布情况（家）

第三部分：2020 年安防非上市公司概况

纳入本次统计范围的 2010 家安防非上市公司，共有从业人员 152，625 人，平均每家企业 76 人；资产总额为 5，173.5 亿元，平均每家企业 2.57 亿元；营业收入总额为 829.8 亿元，平均每家企业 0.4 亿元，营业收入同比增长 5.1%；利润总额为 51.7 亿元，利润率 6.2%，平均每家企业利润 0.03 亿元，利润同比增长 0.3%；研发总投入 37.2 亿元，平均每家企业 0.02 亿元。

一、存续时间与企业类型

纳入本次统计范围的 2010 家安防非上市公司，成立 10 年以上的有 1303 家，占比 64.8%；成立 7 到 10 年的有 320 家，占比 15.9%；成立 3 到 7 年的有 349 家，占比 17.4%；成立 3 年以下的有 38 家，占比 1.9%。

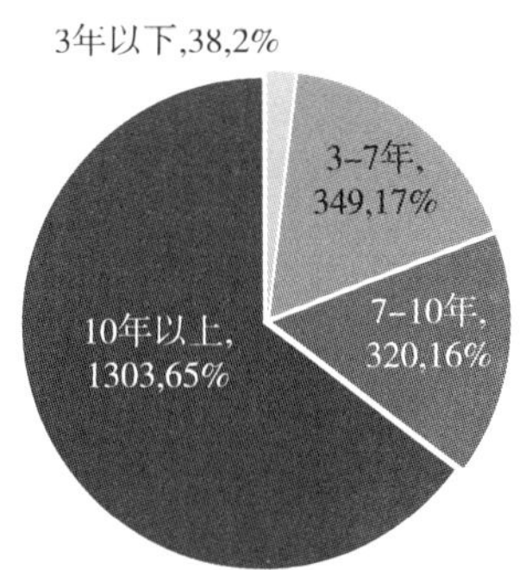

图 1-11　2020 年安防非上市公司存续情况

2010 家安防非上市公司中，民营企业有 1897 家，占比 94.3%；国有企业有 89 家，占比 4.4%；集体企业有 19 家，占比 1.0%；中外合资企业有 3 家，占比 0.2%；外商独资企业有 2 家，占比 0.1%。

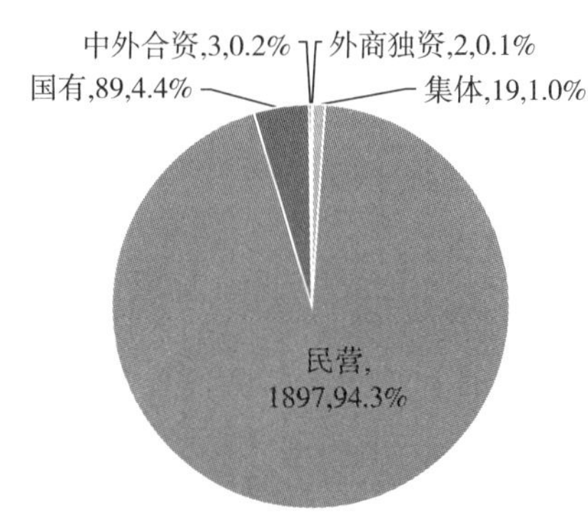

图 1-12　2020 安防非上市公司参与类型情况

二、经营状况

（一）区域营收区间分布

纳入本次统计范围的 2010 家安防非上市公司，其中，营业收入低于 0.1 亿元的企业数量为 948 家，营业收入在 0.1 亿元（含）到 1 亿元的企业数量为 845 家，营业收入大于 1 亿元（含）的企业数量为 217 家。

东部地区营业收入低于 0.1 亿元的企业数量为 81 家，营业收入在 0.1 亿元（含）到 1 亿元的企业数量为 141 家，营业收入大于 1 亿元（含）的企业数量为 59 家。

中部地区营业收入低于 0.1 亿元的企业数量为 223 家，营业收入在 0.1 亿元（含）到 1 亿元的企业数量为 289 家，营业收入大于 1 亿元（含）的企业数量为 77 家。

东北地区营业收入低于 0.1 亿元的企业数量为 318 家，营业收入在 0.1 亿元（含）到 1 亿元的企业数量为 176 家，营业收入大于 1 亿元（含）的企业数量为 31 家。

西部地区营业收入低于 0.1 亿元的企业数量为 326 家，营业收入在 0.1 亿元（含）到 1 亿元的企业数量为 239 家，营业收入大于 1 亿元（含）的企业数量为 50 家。

表 1-14 2020 年安防非上市公司区域营收区间分布

地区	企业数量	营业收入	0.1 亿元以下			0.1 亿（含）到 1 亿元			1 亿元（含）以上		
			企业数量	营业收入	平均每家企业	企业数量	营业收入	平均每家企业	企业数量	营业收入	平均每家企业
东部	281	245.6	81	3.3	0.04	141	45.9	0.33	59	196.4	3.3
中部	589	265.0	223	9.4	0.04	289	92.6	0.32	77	163.1	2.1
东北	525	136.5	318	10.5	0.03	176	55.6	0.32	31	70.4	2.3
西部	615	182.6	326	12.0	0.04	239	71.8	0.30	50	98.9	2.0
合计	2010	829.8	948	35.2	0.04	845	265.8	0.31	217	528.8	2.4

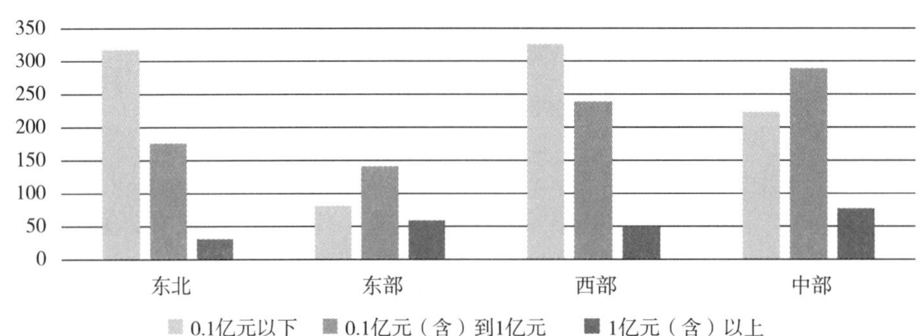

图 1-13 2020 年安防非上市公司区域营收区间分布情况（家）

（二）区域营收同比增长区间分布

2010 家安防非上市公司中，378 家企业营业收入同比增长高于 50%（含）以上，292 家企业营业收入同比增长在 20%（含）至 50%之间，189 家企业营业收入同比增长在 10%（含）至 20%之间，267 家企业营业收入同比增长在 0（含）至 10%之间，187 家企业营业收入同比增长在-10%（含）至 0 之间，697 家企业营业收入同比增长低于-10%。

东部地区 44 家企业营业收入同比增长高于 50%（含）以上，48 家企业营业收入同比增长在 20%（含）至 50%之间，29 家企业营业收入同比增长在 10%（含）至 20%之间，38 家企业营业收入同比增长在 0（含）至 10%之间，31 家企业营业收入同比增长在-10%（含）至 0 之间，91 家企业营业收入同比增长低于-10%。

中部地区 115 家企业营业收入同比增长高于 50%（含）以上，107 家企业营业收入同比增长在 20%（含）至 50%之间，67 家企业营业收入同比增长在 10%（含）至 20%之间，73 家企业营业收入同比增长在 0（含）至 10%之间，60 家企业营业收入同比增长在-10%（含）至 0 之间，167 家企业营业收入同比增长低于-10%。

东北地区 107 家企业营业收入同比增长高于 50%（含）以上，65 家企业营业收入同比增长在 20%（含）至 50%之间，39 家企业营业收入同比增长在 10%（含）至 20%之间，88 家企业营业收入同比增长在 0（含）至 10%之间，38 家企业营业收入同比增长在-10%（含）至 0 之间，188 家企业营业收入同比增长低于-10%。

西部地区 112 家企业营业收入同比增长高于 50%（含）以上，72 家企业营业收入同比增长在 20%（含）至 50%之间，54 家企业营业收入同比增长在 10%（含）至 20%之间，68 家企业营业收入同比增长在 0（含）至 10%之间，58 家企业营业收入同比增长在-10%（含）至 0 之间，251 家企业营业收入同比增长低于-10%。

表 1-15 2020 年安防非上市公司区域营收同比增长区间分布

地区	企业数量	-10%以下		-10%（含）-0		0（含）-10%		10%（含）-20%		20%（含）-50%		50%（含）以上	
		数量	占比	数量	占比	数量	占比	数量	占比	数量	占比	数量	占比
东部	281	91	32.4%	31	11.0%	38	13.5%	29	10.3%	48	17.1%	44	15.7%
中部	589	167	28.4%	60	10.2%	73	12.4%	67	11.4%	107	18.2%	115	19.5%
东北	525	188	35.8%	38	7.2%	88	16.8%	39	7.4%	65	12.4%	107	20.4%
西部	615	251	40.8%	58	9.4%	68	11.1%	54	8.8%	72	11.7%	112	18.2%
合计	2010	697	34.7%	187	9.3%	267	13.3%	189	9.4%	292	14.5%	378	18.8%

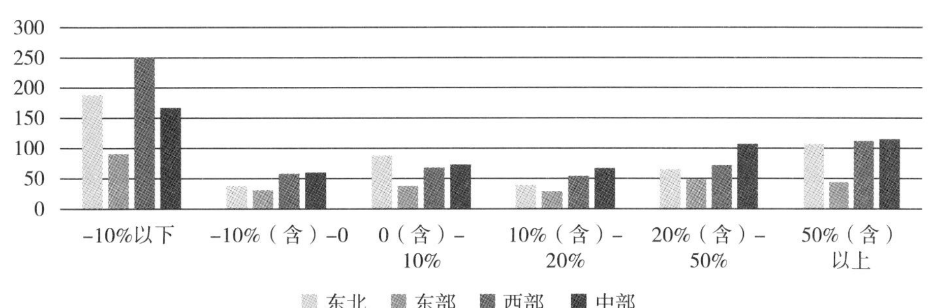

图 1-14 2020 年安防非上市公司区域营收同比增长区间分布情况

三、盈利状况

（一）区域利润区间分布

纳入本次统计范围的 2010 家安防非上市公司，76 家企业利润同比增长高于 20%（含）以上，77 家企业利润同比增长在 10%（含）至 20%之间，851 家企业利润同比增长在 0（含）至 10%之间，814 家企业利润同比增长在-10%（含）至 0 之间，192 家企业利润同比增长低于-10%。

东部地区 10 家企业利润同比增长高于 20%（含）以上，8 家企业利润同比增长在 10%（含）至 20%之间，112 家企业利润同比增长在 0（含）至 10%之间，120 家企业利润同比增长在-10%（含）至 0 之间，31 家企业利润同比增长低于-10%。

中部地区 14 家企业利润同比增长高于 20%（含）以上，17 家企业利润同比增长在 10%（含）至 20%之间，252 家企业利润同比增长在 0（含）至 10%之间，270 家企业利润同比增长在-10%（含）至 0 之间，36 家企业利润同比增长低于-10%。

东北地区 22 家企业利润同比增长高于 20%（含）以上，23 家企业利润同比增长在 10%（含）至 20%之间，243 家企业利润同比增长在 0（含）至 10%之间，191 家企业利润同比增长在-10%（含）至 0 之间，46 家企业利润同比增长低于-10%。

西部地区 30 家企业利润同比增长高于 20%（含）以上，29 家企业利润同比增长在 10%（含）至 20%之间，244 家企业利润同比增长在 0（含）至 10%之间，233 家企业利润同比增长在-10%（含）至 0 之间，79 家企业利润同比增长低于-10%。

表 1-16　2020 年安防非上市公司区域利润区间分布

地区	企业数量	利润额（万元）	-10%以下		-10%（含）-0		0（含）-10%		10%（含）-20%		20%（含）以上	
			企业数量	占比	企业数量	占比	企业数量	占比	企业数量	占比	企业数量	占比
东部	281	14.3	31	11.0%	120	42.7%	112	39.9%	8	2.8%	10	3.6%
中部	589	15.9	36	6.1%	270	45.8%	252	42.8%	17	2.9%	14	2.4%
东北	525	12.9	46	8.8%	191	36.4%	243	46.3%	23	4.4%	22	4.2%
西部	615	8.6	79	12.8%	233	37.9%	244	39.7%	29	4.7%	30	4.9%
合计	2010	51.7	192	9.6%	814	40.5%	851	42.3%	77	3.8%	76	3.8%

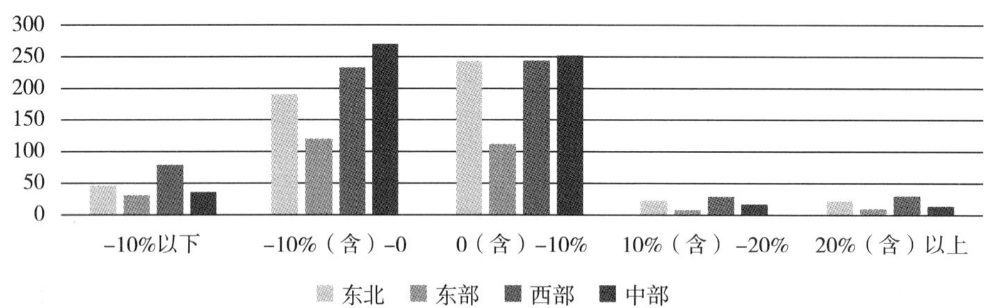

图 1-15　2020 年安防非上市公司区域利润区间分布情况（家）

（二）利润率区间分布

2010 家安防非上市公司中，64 家企业利润率高于 50%（含）以上，586 家企业利润率在 10%（含）至 50%之间，370 家企业利润率在 5%（含）至 10%之间，754 家企业利润率在 0（含）至 5%之间，143 家企业利润率在-10%（含）至 0 之间，93 家企业利润率低于-10%。

东部地区 8 家企业利润率高于 50%（含）以上，52 家企业利润率在 10%（含）至 50%之间，60 家企业利润率在 5%（含）至 10%之间，123 家企业利润率在 0（含）至 5%之间，24 家企业利润率在-10%（含）至 0 之间，14 家企业利润率低于-10%。

中部地区 17 家企业利润率高于 50%（含）以上，142 家企业利润率在 10%（含）至 50%之间，99 家企业利润率在 5%（含）至 10%之间，278 家企业利润率在 0（含）至 5%之间，34 家企业利润率在-10%（含）至 0 之间，19 家企业利润率低于-10%。

东北地区 19 家企业利润率高于 50%（含）以上，262 家企业利润率在 10%（含）至 50%之间，107 家企业利润率在 5%（含）至 10%之间，104 家企业利润率在 0（含）至 5%之间，16 家企业利润率在-10%（含）至 0 之间，17 家企业利润率低于-10%。

西部地区 20 家企业利润率高于 50%（含）以上，130 家企业利润率在 10%（含）至 50%之间，104 家企业利润率在 5%（含）至 10%之间，249 家企业利润率在 0（含）至 5%之间，69 家企业利润率在-10%（含）至 0 之间，43 家企业利润率低于-10%。

表 1-17　2020 年安防非上市公司区域利润率区间分布

地区	企业数量	利润率	-10%以下		-10%（含）-0		0（含）-5%		5%（含）-10%		10%（含）-50%		50%（含）以上	
			企业数量	占比	企业数量	占比	企业数量	占比	企业数量	占比	企业数量	占比	企业数量	占比
东部	281	5.81%	14	5.0%	24	8.5%	123	43.8%	60	21.4%	52	18.5%	8	2.8%
中部	589	6.01%	19	3.2%	34	5.8%	278	47.2%	99	16.8%	142	24.1%	17	2.9%

续表

地区	企业数量	利润率	-10%以下		-10%（含）-0		0（含）-5%		5%（含）-10%		10%（含）-50%		50%（含）以上	
			企业数量	占比	企业数量	占比	企业数量	占比	企业数量	占比	企业数量	占比	企业数量	占比
东北	525	9.44%	17	3.2%	16	3.0%	104	19.8%	107	20.4%	262	49.9%	19	3.6%
西部	615	4.72%	43	7.0%	69	11.2%	249	40.5%	104	16.9%	130	21.1%	20	3.3%
合计	2010	6.23%	93	4.6%	143	7.1%	754	37.5%	370	18.4%	586	29.2%	64	3.2%

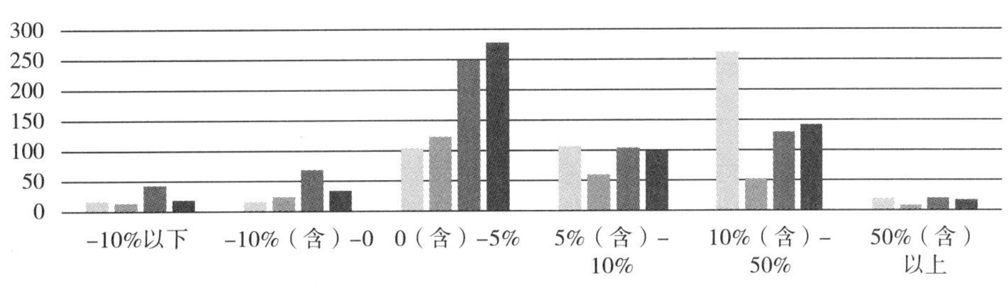

图1-16　2020年安防非上市公司区域利润率区间分布情况（家）

四、研发及人力资源状况

（一）研发投入状况

纳入本次统计范围的2010家安防非上市公司，2020年研发投入（R&D）为37.2亿元，平均每家企业为0.02亿元，比上年增长18.2%。研发投入占销售收入的比重为4.5%，其中，有245家企业比重超过了10%（含），有325家企业比重在5%（含）至10%之间，1440家企业比重在0（含）至5%之间。

东部地区2020年研发投入（R&D）为16.0亿元，平均每家企业为0.06亿元，比上年增长45.5%。2020年平均研发投入占销售收入的比重为6.5%，其中，有47家企业比重超过了10%（含），有63家企业比重在5%（含）至10%之间，有171家企业比重在0（含）至5%之间。

中部地区2020年研发投入（R&D）为9.9亿元，平均每家企业为0.17亿元，比上年增长12.5%。2020年平均研发投入占销售收入的比重为3.7%，其中，有73家企业比重超过了10%（含），有126家企业比重在5%（含）至10%之间，有390家企业比重在0（含）至5%之间。

东北地区2020年研发投入（R&D）为3.9亿元，平均每家企业为0.07亿元，比上年增长18.2%。2020年平均研发投入占销售收入的比重为2.9%，其中，有51家企业比重超过了10%（含），有43家企业比重在5%（含）至10%之间，有431家企业比重在0（含）至5%之间。

西部地区2020年研发投入（R&D）为7.4亿元，平均每家企业为0.01亿元，比上年增长45.5%。2020年平均研发投入占销售收入的比重为4.0%，其中，有74家企业比重超过了10%（含），有93家企业比重在5%（含）至10%之间，有448家企业比重在0（含）至5%之间。

表1-18　2020年安防非上市公司区域研发状况

地区	研发费用（亿元）		比重（%）		2020年企业比重区间分布情况（家）			
	2019	2020	2019	2020	0（含）-5%	5%（含）-10%	10%（含）以上	小计
东部	10.0	16.0	4.4%	6.5%	171	63	47	281
中部	8.8	9.9	3.5%	3.7%	390	126	73	589

续表

地区	研发费用（亿元）		比重（%）		2020 年企业比重区间分布情况（家）			
	2019	2020	2019	2020	0（含）-5%	5%（含）-10%	10%（含）以上	小计
东北	3.3	3.9	2.6%	2.9%	431	43	51	525
西部	6.0	7.4	3.3%	4.0%	448	93	74	615
合计	28.1	37.2	3.6%	4.5%	1440	325	245	2,010

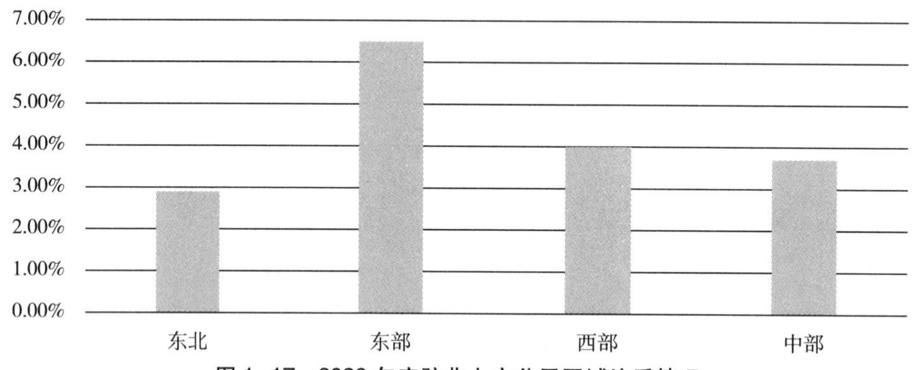

图 1-17　2020 年安防非上市公司区域比重情况

（二）人力资源状况

纳入本次统计范围的 2010 家安防非上市公司，有从业人员 15.2 万人，平均每家企业约 76 人。其中，研发人员 2.1 万人，占比 14.3%；硕士以上学历 4，063 人，占比 2.7%；高级职称 5，649 人，占比 3.7%。

东部地区有从业人员 4.2 万人，平均每家企业约 281 人。其中，研发人员 8，056 人，占比 19.1%；硕士以上学历 1，313 人，占比 3.1%；高级职称 1，288 人，占比 3.0%。

中部地区有从业人员 5.4 万人，平均每家企业约 589 人。其中，研发人员 6，379 人，占比 11.6%；硕士以上学历 935 人，占比 1.7%；高级职称 1，810 人，占比 3.3%。

东北地区有从业人员 2.7 万人，平均每家企业约 525 人。其中，研发人员 2，800 人，占比 10.2%；硕士以上学历 823 人，占比 3.0%；高级职称 992 人，占比 3.6%。

西部地区有从业人员 2.7 万人，平均每家企业约 615 人。其中，研发人员 4，602 人，占比 16.4%；硕士以上学历 992 人，占比 3.5%；高级职称 1，559 人，占比 5.6%。

表 1-19　2020 年安防非上市公司区域人力资源情况

地区	从业人员（万人）	研发人员		硕士以上学历		高级职称	
		数量	占比	数量	占比	数量	占比
东部	4.2	8，056	19.1%	1，313	3.1%	1，288	3.0%
中部	5.4	6，379	11.6%	935	1.7%	1，810	3.3%
东北	2.7	2，800	10.2%	823	3.0%	992	3.6%
西部	2.7	4，602	16.4%	992	3.5%	1，559	5.6%
合计	15.2	21，837	14.3%	4，063	2.7%	5，649	3.7%

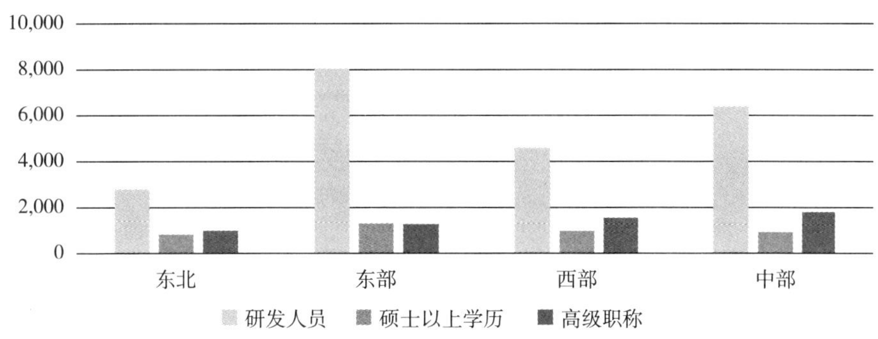

图1-18 2020年安防非上市公司区域人力资源情况（人）

五、多企业类型发展状况

安防企业在企业类型、专业领域和行业应用等方面，普遍存在多种业务并行发展的情况。据不完全统计，从业安防企业约3万余家，纳入本次统计范围的2010家安防非上市公司，约占总量的6.7%。其中，从事算法软件、芯片研发及元器件类企业44家，从事产品制造类企业99家，从事集成及运营服务类企业1947家；同时从事算法、芯片研发、元器件和产品制造两种类别的企业2家，同时从事产品制造和集成及运营服务两种类别的企业47家；同时从事算法、芯片研发及元器件和产品制造和集成及运营服务三种类别的企业17家。

（一）算法软件、芯片研发及元器件类企业业务状况

纳入本次统计范围的2010家安防非上市公司中，从事算法软件、芯片研发、元器件类的企业有44家，资产总额为15.9亿元，平均每家企业0.4亿元；营业收入总额为15.2亿元，平均每家企业0.3亿元，营业收入同比增长1.0%；利润总额为0.8亿元，利润率5.1%，平均每家企业利润0.02亿元，利润同比增长-7.2%；共有研发人员586人，平均每家企业13人；研发总投入0.8亿元，平均每家企业0.02亿元。

其中，算法软件类企业营业收入同比增长71.4%；芯片研发类企业营业收入同比增长-53.3%；元器件类企业营业收入同比增长-5.8%。算法软件类企业利润同比增长45.5%；芯片研发类企业利润同比增长12.8%；元器件类企业利润同比增长4.5%。

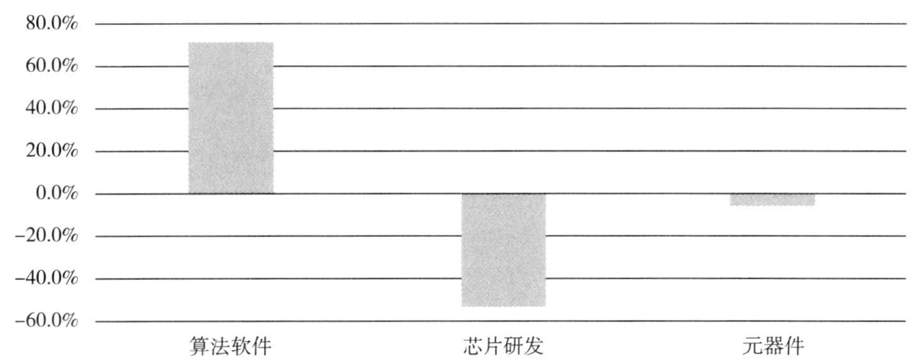

图1-19 2020年安防非上市公司（算法、芯片研发及元器件类企业）营收同比增长状况（%）

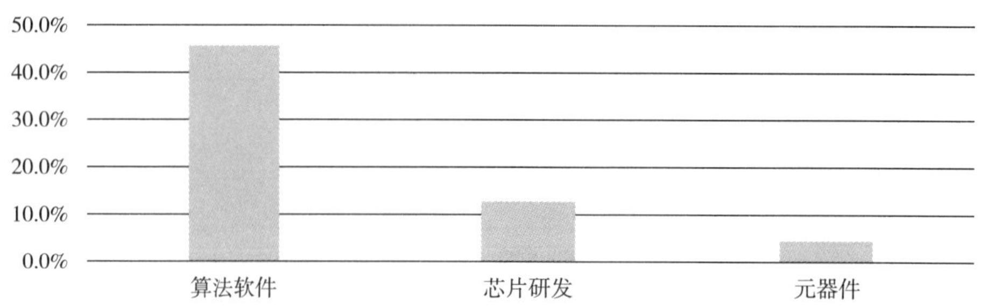

图 1-20　2020 年安防非上市公司（算法、芯片研发及元器件类企业）利润同比增长状况（%）

（二）产品制造类企业业务状况

纳入本次统计范围的 2010 家安防非上市公司，从事产品制造类企业有 99 家，资产总额为 94.6 亿元，平均每家企业 1.0 亿；营业收入总额为 73.8 亿元，平均每家企业 0.7 亿元，营业收入同比增长-0.1%；利润总额为 4.5 亿元，利润率 6.0%，平均每家企业利润 0.04 亿元，利润同比增长-20.4%；共有研发人员 3084 人，平均每家企业 31 人；研发总投入 5.5 亿元，平均每家企业 0.1 亿元。

其中，视频监控领域营业收入同比增长 5.9%；实体防护领域营业收入同比增长-14.1%；出入口控制领域营业收入同比增长 45.4%；入侵报警领域营业收入同比增长 8.9%；人体生物特征识别领域营业收入同比增长 62.8%；防爆安检领域营业收入同比增长-9.7%；无人机领域营业收入同比增长 10.3%；防伪产品领域营业收入同比增长-26.4%。

视频监控领域利润同比增长 31.6%；实体防护领域利润同比增长-8.4%；出入口控制领域利润同比增长 52.1%；入侵报警领域利润同比增长-90.4%；人体生物特征识别领域利润同比增长 53.3%；防爆安检领域利润同比增长-85.4%；无人机领域利润同比增长 7.7%；防伪产品领域利润同比增长-75.0%。

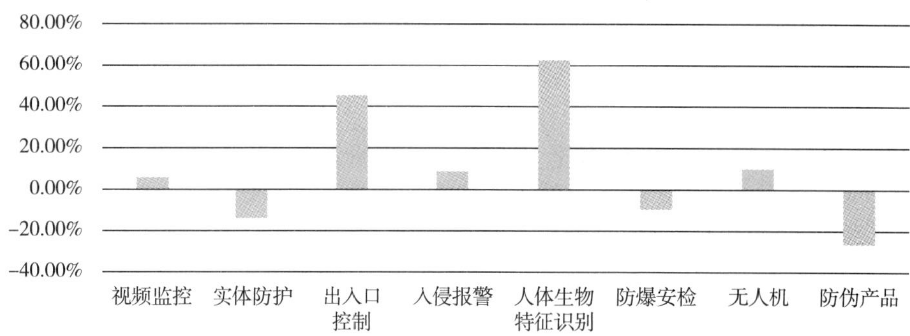

图 1-21　2020 年安防非上市公司（产品制造类企业）各领域营收同比增长状况（%）

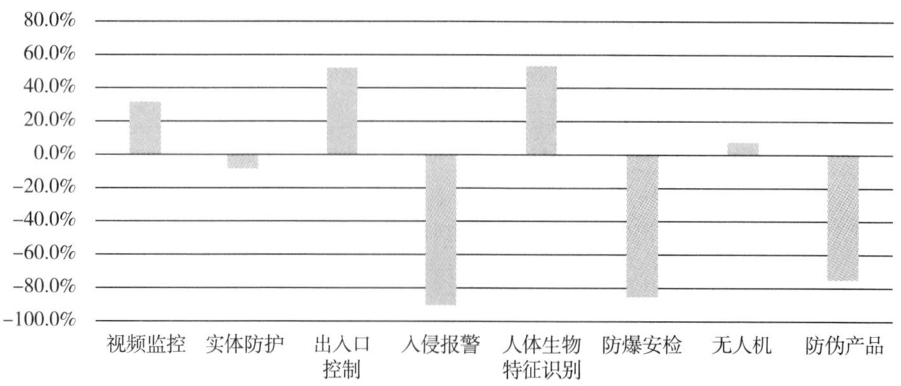

图 1-22　2020 年安防非上市公司（产品制造类企业）各领域利润同比增长状况（%）

（三）系统集成和运营维护类企业业务状况

纳入本次统计范围的 2010 家安防非上市公司，从事集成及运营服务类企业有 1947 家企业，资产总额为 4，130. 3 亿元，平均每家企业 2. 12 亿元；营业收入总额为 797. 1 亿元，平均每家企业 0. 4 亿元，营业收入同比增长 5. 4%；利润总额为 49. 6 亿元，利润率 6. 2%，平均每家企业利润 0. 03 亿元，利润同比增长 1. 6%；共有研发人员 2. 0 万人，平均每家企业 11 人；研发总投入 35. 5 亿元，平均每家企业 0. 02 亿元。

系统集成和运营维护类企业，其市场多集中于政府应用、行业应用及民用安防三部分。在政府应用市场，主要包括平安城市、雪亮工程、政务、司法、城管、环保及消防等细分市场，在行业应用市场，主要包括金融、医疗、交通、教育、文博、旅游等细分市场，在民用安防市场，主要包括社区和家居等细分市场。

1. 政府应用市场

营业收入同比增长情况。平安城市类细分市场同比增长 -93. 7%；雪亮工程类细分市场同比增长 37. 9%；政务类细分市场同比增长 82. 8%；司法类细分市场同比增长 28. 6%；城管类细分市场同比增长 -0. 8%；环保类细分市场同比增长 -8. 1%；消防类细分市场同比增长 18. 9%。

利润同比增长情况。平安城市类细分市场同比增长 -157. 9%；雪亮工程类细分市场同比增长 32. 4%；政务类细分市场同比增长 116. 5%；司法类细分市场同比增长 -16. 0%；城管类细分市场同比增长 -3. 7%；环保类细分市场同比增长 -39. 0%；消防类细分市场同比增长 -78. 0%。

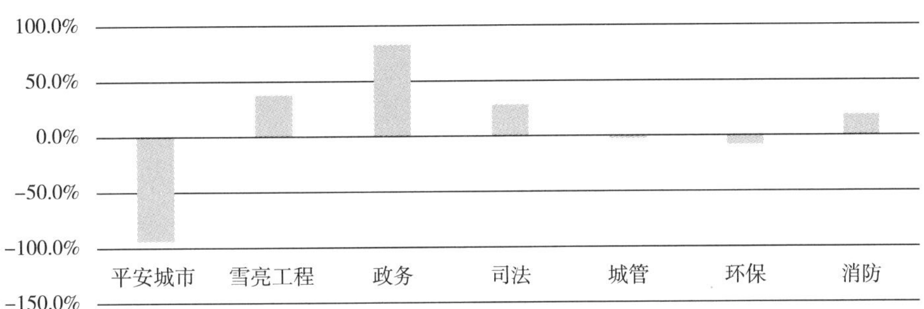

图 1-23　2020 年安防非上市公司（系统集成和运营维护类企业政府应用市场）各细分市场营收同比增长状况（%）

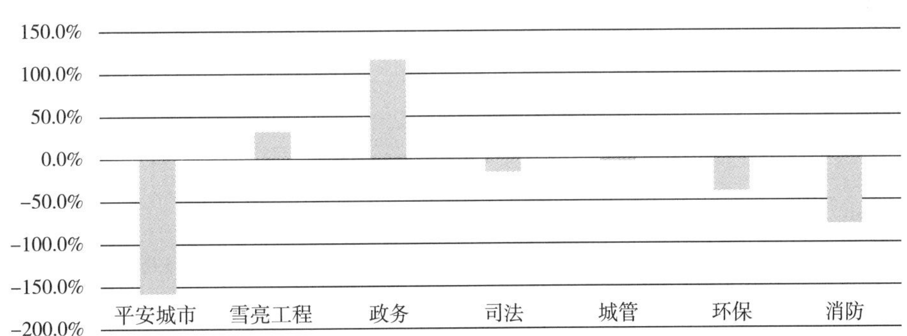

图 1-24　2020 年安防非上市公司（系统集成和运营维护类企业政府应用市场）各细分市场利润同比增长状况（%）

2. 行业应用市场

营业收入同比增长情况。金融类细分市场同比增长 0. 1%；医疗类细分市场同比增长 35. 6%；交通类细分市场同比增长 2. 2%；教育类细分市场同比增长 -12. 2%；文博类细分市场同比增长 8. 5%；旅游类细分市场同比增长 -99. 9%。

利润同比增长情况。金融类细分市场同比增长 -15. 7%；医疗类细分市场同比增长 141. 7%；交通类细分市场同比增长 10. 5%；教育类细分市场同比增长 -58. 9%；文博类细分市场同比增长 27. 8%；旅游类细分市场同比增长 -99. 9%。

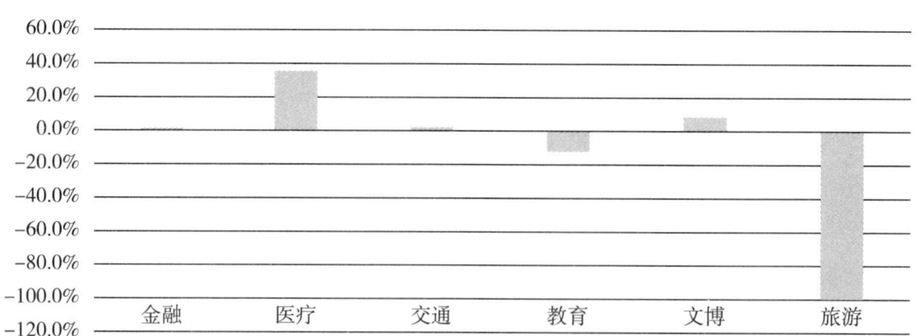

图 1-25　2020 年安防非上市公司（系统集成和运营维护类企业行业应用市场）各细分市场营收同比增长状况（%）

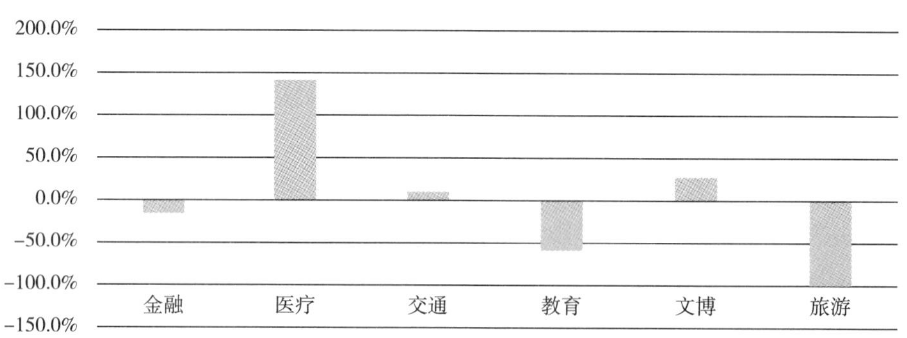

图 1-26　2020 年安防非上市公司（系统集成和运营维护类企业行业应用市场）各细分市场利润同比增长状况（%）

3. 民用安防市场

营业收入同比增长情况。社区类细分市场同比增长-2. 2%；家居类细分市场同比增长 128. 0%。

利润同比增长情况。社区类细分市场同比增长-5. 0%；家居类细分市场同比增长 1503. 9%。

图 1-27　2020 年安防非上市公司（系统集成和运营维护类企业民用安防市场）各细分市场营收同比增长状况（%）

图 1-28　2020 年安防非上市公司（系统集成和运营维护类企业民用安防市场）各细分市场利润同比增长状况（%）

附录：

2020年安防上市公司样本企业名录

（各细分类型按中国七大地理区排序）

名称	地区
27家主板上市公司	
安泰科技股份有限公司	北京市
北京淳中科技股份有限公司	北京市
北京航天长峰股份有限公司	北京市
航天信息股份有限公司	北京市
同方股份有限公司	北京市
中科软科技股份有限公司	北京市
招商局公路网络科技控股股份有限公司	天津市
博通集成电路（上海）股份有限公司	上海市
上海宝信软件股份有限公司	上海市
上海金桥信息股份有限公司	上海市
上海韦尔半导体股份有限公司	上海市
云赛智联股份有限公司	上海市
中安科股份有限公司	上海市
国电南京自动化股份有限公司	江苏省
苏州晶方半导体科技股份有限公司	江苏省
苏州科达科技股份有限公司	江苏省
恒生电子股份有限公司	浙江省
四创电子股份有限公司	安徽省
东软集团股份有限公司	辽宁省
精伦电子股份有限公司	湖北省
佳都科技集团股份有限公司	广东省
深圳市汇顶科技股份有限公司	广东省
南威软件股份有限公司	福建省
新大陆数字技术股份有限公司	福建省

续表

名称	地区
鹏博士电信传媒集团股份有限公司	四川省
四川长虹电器股份有限公司	四川省
重庆市迪马实业股份有限公司	重庆市
38 家中小板上市公司	
北京千方科技股份有限公司	北京市
北京四维图新科技股份有限公司	北京市
北京真视通科技股份有限公司	北京市
汉王科技股份有限公司	北京市
太极计算机股份有限公司	北京市
紫光国芯微电子股份有限公司	河北省
上海延华智能科技（集团）股份有限公司	上海市
中远海运科技股份有限公司	上海市
新海宜科技集团股份有限公司	江苏省
杭州海康威视数字技术股份有限公司	浙江省
浙江大华技术股份有限公司	浙江省
浙江大立科技股份有限公司	浙江省
安徽皖通科技股份有限公司	安徽省
安徽中电兴发与鑫龙科技股份有限公司	安徽省
科大讯飞股份有限公司	安徽省
奥维通信股份有限公司	辽宁省
亚世光电（集团）股份有限公司	辽宁省
武汉高德红外股份有限公司	湖北省
河南辉煌科技股份有限公司	河南省
东信和平科技股份有限公司	广东省
广州广电运通金融电子股份有限公司	广东省
广州杰赛科技股份有限公司	广东省
海能达通信股份有限公司	广东省
深圳达实智能股份有限公司	广东省
深圳市捷顺科技实业股份有限公司	广东省
深圳市金溢科技股份有限公司	广东省
深圳市锐明技术股份有限公司	广东省
深圳市天威视讯股份有限公司	广东省

续表

名称	地区
深圳市同为数码科技股份有限公司	广东省
深圳市同洲电子股份有限公司	广东省
深圳市远望谷信息技术股份有限公司	广东省
深圳拓邦股份有限公司	广东省
深圳英飞拓科技股份有限公司	广东省
盛视科技股份有限公司	广东省
威创集团股份有限公司	广东省
福建星网锐捷通讯股份有限公司	福建省
成都卫士通信息产业股份有限公司	四川省
四川川大智胜软件股份有限公司	四川省
171 家新三板上市公司	
艾迪艾思（北京）科技股份有限公司	北京市
北京安恒利通科技股份公司	北京市
北京彩讯科技股份有限公司	北京市
北京高普乐光电科技股份公司	北京市
北京海鑫科金高科技股份有限公司	北京市
北京华成智云软件股份有限公司	北京市
北京华夏电通科技股份有限公司	北京市
北京集光通达科技股份有限公司	北京市
北京精英智通科技股份有限公司	北京市
北京快鱼电子股份公司	北京市
北京蓝海华业科技股份有限公司	北京市
北京蓝卡科技股份有限公司	北京市
北京蓝色星际科技股份有限公司	北京市
北京迈思汇智科技股份有限公司	北京市
北京钱林恒兴科技股份有限公司	北京市
北京视酷伟业科技股份有限公司	北京市
北京思维实创科技股份有限公司	北京市
北京蛙视通信技术股份有限公司	北京市
北京万相融通科技股份有限公司	北京市
北京像素软件科技股份有限公司	北京市
北京欣智恒科技股份有限公司	北京市

续表

名称	地区
北京易家信息科技股份有限公司	北京市
北京殷图网联科技股份有限公司	北京市
北京智尚捷付科技股份有限公司	北京市
北京中电拓方科技股份有限公司	北京市
北京卓华信息技术股份有限公司	北京市
东电创新（北京）科技发展股份有限公司	北京市
帜扬信通科技股份有限公司	北京市
天津光电高斯通信工程技术股份有限公司	天津市
天津磐石基业科技股份有限公司	天津市
天津荣尧智慧科技股份有限公司	天津市
河北瑞普通信技术股份有限公司	河北省
河北上元智能科技股份有限公司	河北省
河北智达光电科技股份有限公司	河北省
上海安技智能科技股份有限公司	上海市
上海飞田通信股份有限公司	上海市
上海格瑞特科技实业股份有限公司	上海市
上海瀚正信息科技股份有限公司	上海市
上海恒锐智能工程股份有限公司	上海市
上海竞天科技股份有限公司	上海市
上海控创信息技术股份有限公司	上海市
上海灵信视觉技术股份有限公司	上海市
上海菱博电子技术股份有限公司	上海市
上海热像科技股份有限公司	上海市
上海天诚通信技术股份有限公司	上海市
上海天跃科技股份有限公司	上海市
上海纬而视科技股份有限公司	上海市
上海英特罗机械电气制造股份有限公司	上海市
上海优景智能科技股份有限公司	上海市
上海真灼科技股份有限公司	上海市
施勒智能科技（上海）股份有限公司	上海市
安澳智能系统（南京）股份有限公司	江苏省
常州华龙通信科技股份有限公司	江苏省

续表

名称	地区
江苏鼎集智能科技股份有限公司	江苏省
江苏固耐特围栏系统股份有限公司	江苏省
江苏瀚天智能科技股份有限公司	江苏省
江苏瀚远科技股份有限公司	江苏省
江苏慧眼数据科技股份有限公司	江苏省
江苏三棱智慧物联发展股份有限公司	江苏省
江苏尚飞光电科技股份有限公司	江苏省
江苏中盈高科智能信息股份有限公司	江苏省
南京南大智慧城市规划设计股份有限公司	江苏省
南京荣飞科技股份有限公司	江苏省
南京云创大数据科技股份有限公司	江苏省
苏州天华信息科技股份有限公司	江苏省
杭州朗鸿科技股份有限公司	浙江省
杭州立方控股股份有限公司	浙江省
杭州数尔安防科技股份有限公司	浙江省
杭州思源信息技术股份有限公司	浙江省
杭州四方博瑞科技股份有限公司	浙江省
杭州叙简科技股份有限公司	浙江省
杭州指安科技股份有限公司	浙江省
杭州智诺科技股份有限公司	浙江省
浙江浩腾电子科技股份有限公司	浙江省
浙江钜士安防科技股份有限公司	浙江省
浙江迈新科技股份有限公司	浙江省
浙江省宁波博太科智能科技股份有限公司	浙江省
浙江易合网络信息股份有限公司	浙江省
浙江兆晟科技股份有限公司	浙江省
浙江兆久成信息技术股份有限公司	浙江省
浙江智建科技股份有限公司	浙江省
青岛浩海网络科技股份有限公司	山东省
山东博安智能科技股份有限公司	山东省
山东鼎讯智能交通股份有限公司	山东省
山东汉鑫科技股份有限公司	山东省

续表

名称	地区
山东华网智能科技股份有限公司	山东省
山东华夏高科信息股份有限公司	山东省
山东神戎电子股份有限公司	山东省
山东泰信电子股份有限公司	山东省
山东威尔数据股份有限公司	山东省
山东易构软件技术股份有限公司	山东省
山东展望信息科技股份有限公司	山东省
山东中安科技股份有限公司	山东省
烟台东方纵横科技股份有限公司	山东省
安徽智恒信科技股份有限公司	安徽省
来邦科技股份公司	安徽省
沈阳宝石金卡信息技术股份有限公司	辽宁省
辽宁达能电气股份有限公司	辽宁省
辽宁华鼎科技股份有限公司	辽宁省
哈尔滨哈工智慧嘉利通科技股份有限公司	黑龙江省
黑龙江振宁科技股份有限公司	黑龙江省
湖北华奥安防科技运营股份有限公司	湖北省
武汉爱迪科技股份有限公司	湖北省
武汉楚誉科技股份有限公司	湖北省
武汉深捷科技股份有限公司	湖北省
武汉实为信息技术股份有限公司	湖北省
武汉网信安全技术股份有限公司	湖北省
武汉微创光电股份有限公司	湖北省
武汉纵横智慧城市股份有限公司	湖北省
东方世纪科技股份有限公司	河南省
河南金鹏信息技术股份有限公司	河南省
河南铭视科技股份有限公司	河南省
河南中裕广恒科技股份有限公司	河南省
河南众诚信息科技股份有限公司	河南省
天筑科技股份有限公司	河南省
竹林松大科技股份有限公司	河南省
高新现代智能系统股份有限公司	广东省

续表

名称	地区
广东海辰科技股份有限公司	广东省
广东宏乾科技股份有限公司	广东省
广东华云神舟科技股份有限公司	广东省
广东汇通信息科技股份有限公司	广东省
广东建邦计算机软件股份有限公司	广东省
广东快车科技股份有限公司	广东省
广东奎创科技股份有限公司	广东省
广东启迪图卫科技股份有限公司	广东省
广东锐捷安全技术股份有限公司	广东省
广东赛诺科技股份有限公司	广东省
广东省珠海安联锐视科技股份有限公司	广东省
广东天亿马信息产业股份有限公司	广东省
广东亚太天能科技股份有限公司	广东省
广东振业优控科技股份有限公司	广东省
广州超音速自动化科技股份有限公司	广东省
广州视声智能股份有限公司	广东省
广州万物信息科技股份有限公司	广东省
广州宇洪科技股份有限公司	广东省
精标科技集团股份有限公司	广东省
精华隆智慧感知科技（深圳）股份有限公司	广东省
深圳昌恩智能股份有限公司	广东省
深圳警圣技术股份有限公司	广东省
深圳市爱克信智能股份有限公司	广东省
深圳市道尔智控科技股份有限公司	广东省
深圳市华尊科技股份有限公司	广东省
深圳市佳保安全股份有限公司	广东省
深圳市卡联科技股份有限公司	广东省
深圳市朗尼科智能股份有限公司	广东省
深圳市诺龙技术股份有限公司	广东省
深圳市图敏智能视频股份有限公司	广东省
深圳市万佳安物联科技股份有限公司	广东省
深圳市维海德技术股份有限公司	广东省

续表

名称	地区
深圳市翔飞科技股份有限公司	广东省
深圳泰尔智能视控股份有限公司	广东省
深圳亿维锐创科技股份有限公司	广东省
中山银利智能科技股份有限公司	广东省
珠海迈科智能科技股份有限公司	广东省
珠海数字动力科技股份有限公司	广东省
珠海太川云社区技术股份有限公司	广东省
成利吉（厦门）智能股份有限公司	福建省
福建创高智联技术股份有限公司	福建省
福建达峰智能科技股份有限公司	福建省
福建点景科技股份有限公司	福建省
福建省光速达物联网科技股份有限公司	福建省
福建实邑科技信息股份有限公司	福建省
福建信通捷网络科技股份有限公司	福建省
厦门蓝斯通信股份有限公司	福建省
厦门路桥信息股份有限公司	福建省
四川君逸数码科技股份有限公司	四川省
高新兴讯美科技股份有限公司	重庆市
科海电子股份有限公司	云南省
云南蓝典科技股份有限公司	云南省
新疆美特智能安全工程股份有限公司	新疆维吾尔自治区
新疆志诚元创信息科技股份有限公司	新疆维吾尔自治区
4 家科创板上市公司	
福建福光股份有限公司	华南
武汉兴图新科电子股份有限公司	华中
烟台睿创微纳技术股份有限公司	华东
杭州当虹科技股份有限公司	华东
49 家创业板上市公司	
北京辰安科技股份有限公司	北京市
北京飞利信科技股份有限公司	北京市
北京汉邦高科数字技术股份有限公司	北京市
北京佳讯飞鸿电气股份有限公司	北京市

续表

名称	地区
北京君正集成电路股份有限公司	北京市
北京世纪瑞尔技术股份有限公司	北京市
北京同有飞骥科技股份有限公司	北京市
北京万集科技股份有限公司	北京市
北京易华录信息技术股份有限公司	北京市
东方网力科技股份有限公司	北京市
利亚德光电股份有限公司	北京市
天津凯发电气股份有限公司	天津市
华平信息技术股份有限公司	上海市
汇纳科技股份有限公司	上海市
上海富瀚微电子股份有限公司	上海市
上海华虹计通智能系统股份有限公司	上海市
上海华铭智能终端设备股份有限公司	上海市
江苏亿通高科技股份有限公司	江苏省
杭州中威电子股份有限公司	浙江省
宁波 GQY 视讯股份有限公司	浙江省
思创医惠科技股份有限公司	浙江省
银江股份有限公司	浙江省
浙江和仁科技股份有限公司	浙江省
神思电子技术股份有限公司	山东省
尤洛卡精准信息工程股份有限公司	山东省
沈阳新松机器人自动化股份有限公司	辽宁省
武汉天喻信息产业股份有限公司	湖北省
光力科技股份有限公司	河南省
新开普电子股份有限公司	河南省
东莞市宇瞳光学科技股份有限公司	广东省
高新兴科技集团股份有限公司	广东省
广东安居宝数码科技股份有限公司	广东省
广东金刚玻璃科技股份有限公司	广东省
浩云科技股份有限公司	广东省
深圳市艾比森光电股份有限公司	广东省
深圳市迪威迅股份有限公司	广东省

续表

名称	地区
深圳市赛为智能股份有限公司	广东省
深圳市新国都股份有限公司	广东省
深圳市雄帝科技股份有限公司	广东省
深圳市洲明科技股份有限公司	广东省
中山联合光电科技股份有限公司	广东省
珠海欧比特宇航科技股份有限公司	广东省
恒锋信息科技股份有限公司	福建省
厦门市美亚柏科信息股份有限公司	福建省
成都佳发安泰教育科技股份有限公司	四川省
成都振芯科技股份有限公司	四川省
重庆梅安森科技股份有限公司	重庆市
立昂技术股份有限公司	新疆维吾尔自治区
新疆熙菱信息技术股份有限公司	新疆维吾尔自治区

第五节　安防行业发展大事记

安防行业具有影响力的大事

一、党中央决定成立平安中国建设协调小组

2020 年 4 月 21 日，中央政法委书记、平安中国建设协调小组组长郭声琨主持召开平安中国建设协调小组第一次会议，强调要坚持以习近平新时代中国特色社会主义思想为指导，深入学习贯彻习近平总书记关于平安中国建设重要指示精神，从更宽领域、更高层次谋划推进平安中国建设，努力创造让人民群众安业、安居、安康、安心的良好社会环境。

郭声琨指出，成立平安中国建设协调小组，是顺应我国社会主要矛盾历史性变化的长远之策，是彰显“中国之治”政治优势和制度优势的战略之举。协调小组要增强责任感、使命感，在把握方向、统筹谋划、组织协调、督导考核上下功夫，担负起重大职责任务。要全力抓好今年各项重点工作，依法防范打击危害国家政治安全活动，深入开展涉疫矛盾纠纷排查化解，打好扫黑除恶专项斗争决胜战，推进市域社会治理现代化试点，加强公共安全管理，有效防控网络安全风险，切实维护安全稳定。要着眼长远，围绕谋划目标任务、补齐短板弱项、整合资源力量、探索方法路径等开展重大课题研究，着力解决平安中国建设全局性、战略性、前瞻性问题。

郭声琨要求，要加强协调小组自身建设，健全制度机制，强化责任担当，推动工作落实，不断提高

履职能力水平。

组长：郭声琨（中央政治局委员、中央政法委书记）

公共安全组组长：尚勇（应急管理部副部长）

社会治安组组长：林锐（公安部副部长）

市域社会治理组组长、公共安全组副组长：王洪祥（中央政法委副秘书长）

政治安全专项组组长：雷东生（宁夏回族自治区党委常委、政法委书记）

维护社会稳定组组长：白少康（中央政法委副秘书长）

二、平安中国建设工作会议在京召开

2020年11月10日，平安中国建设工作会议在京召开。会前，中共中央总书记习近平对平安中国建设工作作出重要指示，充分肯定了各地区各有关部门推进平安中国建设取得的成绩，深刻指出了建设更高水平的平安中国的重大意义，深刻揭示了平安中国建设的规律特点，为建设更高水平的平安中国提供了强大思想武器和科学行动指南。

会议强调，习近平总书记始终心系平安建设，在浙江工作期间就创造性地提出并实施了“平安浙江”战略；党的十八大以来又提出了建设平安中国的战略目标，对平安中国建设作出一系列重要指示，阐明了具有全局性、战略性、基础性的重大理论和实践问题，为建设更高水平的平安中国提供了根本遵循。

——深刻指明了平安中国建设的战略定位，强调要树立安全发展理念，把平安中国建设置于中国特色社会主义事业发展全局中来谋划，紧紧围绕“两个一百年”奋斗目标来推进。

——深刻指明了平安中国建设的总体目标，强调要树立总体国家安全观，防范和化解影响我国现代化进程的各种风险，筑牢国家安全屏障，确保人民安居乐业、社会安定有序、国家长治久安。

——深刻指明了平安中国建设的根本保证，强调要坚持党的绝对领导，把党的领导落实到平安中国建设各领域各方面各环节。

——深刻指明了平安中国建设的价值追求，强调要坚持以人民为中心的发展思想，把人民群众对平安中国建设的要求作为努力方向，在共建共治共享中推进平安中国建设，不断增强人民群众获得感、幸福感、安全感。

——深刻指明了平安中国建设的重点任务，强调把维护政治安全放在首位，健全风险防控机制，完善正确处理新形势下人民内部矛盾有效机制，推进社会治安防控体系建设，健全公共安全体制机制。

——深刻指明了平安中国建设的工作机制，强调要创新完善平安建设工作协调机制，形成问题联治、工作联动、平安联创的良好局面。

——深刻指明了平安中国建设的科学方法，强调要坚持和发展新时代“枫桥经验”，把专项治理和系统治理、综合治理、依法治理、源头治理结合起来，正确处理维权和维稳、秩序和活力等关系，全面提升平安中国建设科学化、社会化、法治化、智能化水平。

——深刻指明了平安中国建设的重要载体，强调把市域社会治理现代化作为重要抓手，树立全周期管理意识，注重在科学化、精细化、智能化上下功夫，让城市运转更聪明、更智慧。

——深刻指明了平安中国建设的工作重心，强调要把重心落到城乡社区，加强基层组织、基础工作、基本能力建设，构建富有活力和效率的新型基层社会治理体系，将和谐稳定创建在基层，将矛盾纠纷化解在基层。

——深刻指明了平安中国建设的责任要求，强调各地各部门主要负责同志要落实好平安建设领导责任制，履行好维护一方稳定、守护一方平安的政治责任。

三、全国公安厅局长会议召开

全国公安厅局长会议于2020年1月18日至19日在京召开，国务委员、公安部部长赵克志在会上强调，要积极推进公安大数据智能化建设应用，加快数据融合，深化实战应用，强化安全管理，力争基本建成集强大计算能力、海量数据资源、高度信息共享、智能应用服务、严密安全保障、警务运行支撑于一体的大数据智能化应用新生态，着力提升公安机关的核心战斗力。

四、2020 网络安全大会召开

2020 年 11 月 28 日，2020 网络安全大会在深圳国际会展中心拉开帷幕，主题为“新基建　新安全”。来自国内网络安全领域的政商学研界的专家、学者、企业代表、从业人员等 1500 人齐聚一堂，聚焦 5G、人工智能、云计算、大数据等前沿科技应用带来的安全问题并展开深入探讨。会上，数字政府网络安全产业联盟成立。本届大会由公安部、国家密码管理局指导，深圳市人民政府主办。大会以筑牢新基建网络安全防线，为数字经济健康发展保驾护航为目标，旨在打造背靠湾区、立足华南、辐射全国的网络安全盛会，探讨 5G、AI 等新型基础设施建设背景下的新型网络安全挑战与机遇，形成一批可复制的网络安全实践创新成果，发挥深圳先行示范作用，促进粤港澳大湾区合作和全国辐射。

五、政策支持线路明确“新基建”加速推进

2020 年 1 月 3 日，国务院常务会议提出大力发展先进制造业，出台信息网络等新型基础设施投资支持政策；2 月 14 日，中央全面深化改革委员会第十二次会议提出，基础设施是经济社会发展的重要支撑，要以整体优化、协同融合为导向，统筹存量和增量、传统和新型基础设施发展，打造集约高效、经济适用、智能绿色、安全可靠的现代化基础设施体系。至此 2020 年掀起了以 5G 基站建设、特高压、城际高速铁路和城市轨道交通、新能源汽车充电桩、大数据中心、人工智能、工业互联网七大领域为重点的“新基建”。

从“新基建”内容来看，其中涉及的 5G 基建、城际高速铁路和城际轨道交通、新能源汽车及充电桩、大数据中心、人工智能等领域与安防行业紧密相关。

六、住建部、公安部等多部门联合印发多个住宅小区建设文件

为贯彻落实《国家发展改革委关于印发〈绿色生活创建行动总体方案〉的通知》《中共中央　国务院关于加强和完善城乡社区治理的意见》等文件的有关要求，住房和城乡建设部、国家发展改革委、公安部等多部门联合陆续印发《关于印发绿色社区创建行动方案的通知》《关于开展城市居住社区建设补短板行动的意见》《关于加强和改进住宅物业管理工作的通知》等文件，文件中明确提出智能安防建设、数据共享应用等要求，为各地推动住宅小区智能安防建设提供政策支持和保障。

七、国家及地方多项政策助推新型智慧城市建设

2020 年，国家相关管理部门共发布了 4 个与智慧城市建设相关的政策性文件，分别为：《关于支持国家级新区深化改革创新加快推动高质量发展的指导意见》《智能汽车创新发展战略》《2020 年新型城镇化建设和城乡融合发展重点任务》《关于做好交通运输促进消费扩容提质有关工作的通知》。

2020 年，全国各省市行政机关共发布了 22 个与智慧城市建设相关的政策性文件：上海市《关于进一步加快智慧城市建设的若干意见》、《北京市关于促进北斗技术创新和产业发展的实施方案（2020 年—2022 年）》、湖南省《加快第五代移动通信产业发展的若干政策》、《河北省第一批新型智慧城市建设试点工作方案》、《寿光市新型智慧城市试点建设工作实施方案（2020—2021）》、《聊城市推进新型智慧城市试点建设 2020 年工作方案》、四川省《新型智慧城市建设 2020 年度工作方案》、成都市《关于支持建设成都 5G 智慧城涵养生态圈的实施意见》、《2020 年河南省数字经济发展工作方案》、《河南省加快 5G 产业发展三年行动计划（2020—2022 年）》、《绵阳市新型智慧城市建设总体方案》、《成都高新区建设成都 5G 智慧城市涵养产业生态圈行动方案（2020—2022 年）》、《中新天津生态城智慧小区建设导则》、河南

省《关于加快推进新型智慧城市建设的指导意见》、《关于推进德州市新型智慧城市建设工作方案》、长沙市《关于加强新型智慧城市规划管理的意见》、长沙市《关于加快建设新型智慧城市示范城市的决定》、山东省《关于加快推进新型智慧城市建设的指导意见》、《兰州市新型智慧城市顶层设计（2020—2022年）》、《兰州市新型智慧城市三年行动计划（2020—2022年）》、《兰州市数据信息产业三年行动计划（2020—2022年）》、成都市《智慧城市建设行动方案（2020—2022）》。

八、中美贸易战加速我国芯片自主研发的进程

2020年是中美贸易战极其激烈的一年。华为、海康威视、大华股份、商汤科技、依图科技等与安防息息相关的公司先后被列入美国实体清单，对于安防行业来说，这是“出海”极为艰难的一年。2020年1月1日，被称为史上最严的数据法案CCPA正式实施，其要求任何和加州居民发生业务往来的公司都要遵守这一法律，无疑给很多中国安防企业的业务带来不少约束和影响。

美国对于芯片等源头产业的封锁，无疑将会加速我国芯片自主研发的进程。以通用芯片和场景化AI芯片研发为主的自主企业将会崛起，而且将会在整个电子科技产业中占据更加重要的位置，芯片等核心科技产业也必将成为国家重点关注的战略产业。在不断升温的中美贸易战中，半导体行业逐渐成为风暴的中心，这源于电子产品中芯片所拥有的主导地位，支撑着整个系统的运作。以安防领域为例，安防系统一般由摄像头、网络视频录像机、云端服务器和连接线等组成，其中涉及的主要芯片有CMOS图像传感器、视频处理芯片、存储硬盘和CPU等。这些芯片一旦出现断供，则会对整个安防系统终端产品产生致命的影响。

九、安防产品与技术在抗疫工作中的应用

2020年，面对突如其来的新冠肺炎疫情，各安防及相关产品厂家争分夺秒，以最快的速度将产品进行升级改进，火速运用于疫情战斗中。

柔性AI视觉口罩机：能大大提高口罩的生产效率，实现120片/分钟，24小时不间断生产，日产超15万片。整个口罩的生产过程集质量检测、机器人引导、定位、识别、信息采集管理和自动化生产线集成应用于一体，搭载视觉检测设备保证每个出品都是合格的产品。值得一提的是，当口罩的需求量减少时，又可以改装回原来的视觉检测设备。

5G警用巡逻机器人：5G警用巡逻机器人，作为用于测体温的巡逻机器人，可实现红外线5米以内快速测量体温，并识别过往人员是否戴口罩。一旦发现有人没有戴口罩，还能发出报警提示。

CT移动方舱：移动CT移动方舱，能获取人体所有重要脏器的形态学信息，能快速、无创地为急诊救治提供最有价值的信息，能有效缓解当地肺部CT筛查设备不足的问题，让隔离区患者能在第一时间进行肺部CT检查，并帮助医护人员尽早发现病情。

超高精度人体热成像测温系统：超高精度人体热成像测温系统，采用高精度热成像摄像机+黑体方案，大幅度提高了人体测温的测温精度，减少测温误差到±0.3℃。并配合安防系统将警示响应时间缩短至1秒内，实现未戴口罩检测与预警，同时通过自带的声光警戒及时提醒现场人员，避免人为因素造成异常人员遗漏，帮助工作人员进行测温。

智能摄像机：相比传统看守的方式，此次医院、社区、学校等大量采用智能监控和摄像机设备。高端的摄像机，一般具有远程监控以及语音对讲功能，一旦在摄像机画面出现人员移动，摄像机就会将异常消息发送至管理员处，管理员可以通过手机App进行摄像机画面查看，还能和摄像机端异常人员进行语音对讲。不仅可以帮助管理人员节约时间，还能实现无接触隔离，保证管理员与隔离人员的安全。

人员溯源寻迹系统：该系统可对每日新增确诊病例进行感染源追溯、密切接触者查找、活动范围管理及相关车辆管控等实时数据，反馈给相应部门，制定有效的疫情管理方案，做到早溯源、早追踪、早管控。

新冠肺炎疫情防控动态感知预警平台：利用大数据等信息技术手段，充分发挥多维全息态势感知的技术优势，在保护患者和公众隐私的前提下，对人、车、物全目标进行全时空、全关系关联融合分析，做到“来人早知道、过客漏不掉、关系全明了、疫情阻隔牢”。

十、中国安全防范产品行业协会第六次会员大会在北京召开

2020 年 11 月 27 日，中国安全防范产品行业协会第六次会员大会在北京成功召开。由于新冠肺炎疫情常态化防控的形势依然较为严峻，会议采取现场加视频的形式举行。

本次大会的主要任务是，以习近平新时代中国特色社会主义思想为指导，学习贯彻党的十九届五中全会精神，回顾总结五届理事会任期以来的协会工作，通过新修改的《中国安全防范产品行业协会章程》《中国安全防范产品行业协会监事会制度》等，选举产生新一届理事会、监事会及领导人，推进协会的建设与发展。

大会进行了换届投票，监票人中国安全防范认证中心副主任刘剑锋现场宣布投票结果：根据《中国安全防范产品行业协会章程》和协会选举办法的规定，经计票人员统计，所有理事候选单位获得“同意”票数超过半数，全部当选为中国安全防范产品行业协会第六届理事会理事。监事会候选人获得“同意”票数超过半数，全部当选为第六届监事会监事。所有常务理事和副理事长候选单位获得“同意”票数超过三分之二，全部当选。其中 45 家会员单位当选为副理事长单位，73 家会员单位当选为常务理事单位。所有理事会负责人候选人获得“同意”票数超过三分之二，顾建国当选为理事长，谭晓准、陈朝武、刘晓京当选为副理事长，王楠当选为秘书长。监事会监事李欣、余凌云、沙森森全部参加会议，经过表决同意李欣当选为第六届监事会监事长。

安防行业发展大事记

2020 年 1 月 6 日

江苏省委政法委、公安厅、科技厅联合印发《关于开展全省新时代技防城智能化建设的指导意见》（苏公通〔2020〕6 号），确定了未来 5 年技防城智能化建设目标、路径和方法。

2020 年 1 月 8 日

北京安全防范行业协会第三届第三次会员代表大会发布《北京安全防范行业白皮书（2019）》。

2020 年 1 月上旬

中国安全技术防范认证中心制定《汽车行驶记录仪、车身反光标识产品自愿性认证实施规则》，启动汽车行驶记录仪、车身反光标识产品 CSP 认证工作。

2020 年 1 月 15 日

公安部第三研究所认证中心发布 TRIMPS-ZY04-002：2020《社会公共安全领域自愿性认证实施规则 工业控制系统专用防火墙》。

2020 年 1 月 16—17 日

中国安全技术防范认证中心与中国信息通讯研究院组成联合评估组，对北京市公安局通州分局牵头承担的“雪亮工程”项目实施了现场试点验收评估。

2020年1月19日

由公安部科技信息化局提出，全国安全防范报警系统标准化技术委员会实体防护设备分技术委员会归口的GA 667-2020《防爆炸透明材料》发布，于2020年8月1日起实施。

2020年2月1日

中国安全防范产品行业协会发布《关于安防行业要发挥安防技术和产业优势助力打赢疫情防控阻击战的倡议书》。

2020年2月3日

由公安部科技信息化局提出，全国安全防范报警系统标准化技术委员会归口的GA/T 1708-2020《安全防范视频监控红外热成像设备》发布，于2020年5月1日起实施。

2020年2月3日

由公安部科技信息化局提出，全国安全防范报警系统标准化技术委员会实体防护设备分技术委员会归口的GA/T 501-2020《银行保管箱》发布，于2020年8月1日起实施。

2020年2月3日

由公安部科技信息化局提出，全国安全防范报警系统标准化技术委员会实体防护设备分技术委员会归口的GA/T 1707-2020《防爆安全门》发布，于2020年8月1日起实施。

2020年2月11日

全国安全防范报警系统标准化技术委员会提出并归口的GA/T 1711-2020《安防监控中心电磁环境控制限值和测量方法》发布，于2020年8月1日起实施。

2020年2月11日

由公安部治安管理局提出，全国安全防范报警系统标准化技术委员会归口的GA/T 1710-2020《南水北调工程安全防范要求》发布，于2020年5月1日起实施。

2020年2月11日

由公安部治安管理局提出，全国安全防范报警系统标准化技术委员会归口的GA/T 1740.1-2020《旅游景区安全防范要求　第1部分：山岳型》发布，于2020年5月1日起实施。

2020年2月11日

由公安部科技信息化局提出，全国安全防范报警系统标准化技术委员会实体防护设备分技术委员会归口、国家安全防范报警系统产品质量监督检验中心（北京）起草的GA/T 1709-2020《实体防护产品防弹性能分类及测试方法》发布，于2020年8月1日起实施。

2020年2月

北京市公安局指挥部视频警务和安技防通信保障处与北京市委政法委研究制定并印发《2020年全市“雪亮工程”重点工作和任务分工》（京平安办发〔2020〕5号）。

2020 年 3 月 9 日

由国家安全防范报警系统产品质量监督检验中心（北京）起草的行业标准 GA/T1715-2020《居民身份证自助取证机》经公安部技术监督委员会批准发布，并于 2020 年 5 月 1 日起实施。

2020 年 3 月 26 日

安徽省公共安全视频监控建设联网应用协调工作组全体会议暨全省“雪亮工程”建设工作推进视频会议召开。

2020 年 3 月

国家安全防范报警系统产品质量监督检验中心（北京）依据相关标准制定了红外测温产品检测技术模板，对测温安检门、测温门禁、热成像摄像机、测温枪、红外测温模块等形态的产品展开测试工作，以科技手段高效助力疫情防控。

2020 年 4 月 8 日

中国安全防范产品行业协会主办的以“构建共建共享　筑牢安全基石”为主题的公共安全视频监控网络安全线上直播研讨会召开，共同探讨新背景下公共安全视频监控网络安全发展之路。

2020 年 4 月 15 日

辽宁省公安厅技术防范办公室下发《关于进一步做好公安技防有关工作的通知》（辽公科信〔2020〕032 号），就进一步做好 2020 年度公安技防工作做出安排部署。

2020 年 4 月 27 日

中国安全防范产品行业协会印发《关于组织会员单位开展消费扶贫行动的通知》，组织发动会员单位开展消费扶贫行动。

2020 年 4 月 28 日

由国家安全防范报警系统产品质量监督检验中心（北京）具体参与起草的国家标准 GB/T38671-2020《信息安全技术远程人脸识别系统技术要求》经国家市场监督管理总局和国家标准委批准发布，并于 2020 年 11 月 1 日正式实施。

2020 年 4 月

国家安全防范报警系统产品质量监督检验中心（北京）与北方车辆研究所共建的高机动防暴车辆技术国家工程实验室顺利通过由国家发展和改革委员会等单位组织的验收评审。

2020 年 4 月

受中共中央网络安全和信息化委员会办公室委托，国家安全防范报警系统产品质量监督检验中心（北京）圆满完成疫情联防联控和复工复产相关登记填报、物资查购及科普辟谣三类 App（含小程序）个人信息保护调研工作，为国家数据安全评估、个人信息保护工作提供有力技术支撑。

2020 年 5 月 1 日

公安部第三研究所认证中心完成《自愿性产品认证实施规则　防盗保险柜（箱）》《自愿性产品认证

实施规则　防盗锁》换版并发布。

2020 年 5 月 11 日

中国安全防范产品行业协会组织制定并发布《中国安全防范产品行业协会团体标准知识产权管理规定》。

2020 年 5 月 13 日

由国家安全防范报警系统产品质量监督检验中心（北京）参与起草的 GA/T1727-2020《光幕靶测速仪校准规范》发布，并于 2020 年 8 月 1 日起实施。

2020 年 5 月 15 日

公安部第三研究所认证中心发布 B 版质量体系文件，于 2020 年 6 月 1 日起实施。

2020 年 5 月 15 日

海南省公安厅印发《海南省公安厅关于推进智慧安防小区建设的指导意见（试行）》（琼公通〔2020〕60 号）。

2020 年 5 月 20 日

由公安部科技信息化局提出，全国安全防范报警系统标准化技术委员会归口的 GA/T 1730-2020《公共安全产品合格评定标志》发布，于 2020 年 11 月 1 日起实施。

2020 年 5 月 26 日

由全国安全防范报警系统标准化技术委员会提出并归口，国家安全防范报警系统产品质量监督检验中心（北京）起草的 GA/T 1731-2020《乘用车辆 X 射线安全检查系统技术要求》发布，于 2020 年 11 月 1 日起实施。

2020 年 5 月 26 日

由公安部科技信息化局提出，全国安全防范报警系统标准化技术委员会归口的 GA/T 1081-2020《安全防范系统维护保养规范》发布，于 2020 年 11 月 1 日起实施。

2020 年 6 月 5 日

经湖北省人力资源和社会保障厅审核评估，湖北省安全技术防范行业协会符合湖北省“视频监控系统安装和运行、入侵报警系统安装和运行”两项专项职业能力考核点关于场地、设备、人员等设置条件，于 2020 年 6 月 5 日获得批准，并予以备案，备案号为 19170000007。

2020 年 6 月 6—7 日

国家安全防范报警系统产品质量监督检验中心（北京）顺利通过国家认监委、认可委的 CNAS、CMA、CAL“三合一”扩项评审，检验检测能力达到 670 项。

2020 年 6 月 23 日

由公安部治安管理局提出，全国安全防范报警系统标准化技术委员会归口的 GA 586-2020《广播电视重点单位重要部位安全防范要求》发布，于 2020 年 9 月 1 日起实施。

2020 年 6 月 29 日

山西省公安厅治安管理总队安全技术防范支队下发《关于加快推进“雪亮工程”示范和重点支持项目建设的通知》（晋公治专发〔2020〕138 号），督促山西省示范和重点支持项目加快建设和推进力度。

2020 年 6 月 30 日

浙江省安全技术防范行业协会牵头编制的《浙江省数字安防产业“品字标”团体标准体系框架指南》发布。

2020 年 7 月 1 日

深圳市安全防范行业协会正式发布团体标准《中小学校和幼儿园智能体温筛查工程技术规范》。

2020 年 7 月 10 日

由国家安全防范报警系统产品质量监督检验中心（北京）起草的两项公共安全行业标准 GA/T1733-2020《便携式警用装备锂离子电池和电池组通用技术要求》、GA/T1084-2020《大型活动用拼接显示系统通用规范》发布，并于 2020 年 10 月 1 日起实施。

2020 年 7 月 16 日

福建省委政法委、福建省发展和改革委员会、福建省公安厅联合组织召开全省“雪亮工程”工作视频推进会，贯彻中央“雪亮工程”建设工作推进会精神，部署推动全省公共安全视频监控建设联网应用工作。

2020 年 7 月 25 日

江苏省委政法委等部门召开全省新一代雪亮技防工程建设应用现场会，对全面启动新一代雪亮技防工程建设，更好地支撑社会治理现代化、打造更高水平平安江苏进行动员部署，颁发了《2020—2022 年新一代雪亮技防工程建设任务书》，明确了具体任务和时序要求。

2020 年 8 月 7 日

由公安部科技信息化局提出，全国安全防范报警系统标准化技术委员会归口的 GA/Z 1736-2020《基于目标位置映射的主从摄像机协同系统技术要求》发布，将于 2021 年 1 月 1 日起实施。

2020 年 8 月 11 日

由国家安全防范报警系统产品质量监督检验中心（北京）参与起草的行业标准 RFJ06-2021《RFP 型过滤吸收器制造与验收规范》经国家人民防空办公室批准发布，并于 2021 年 5 月 1 日起实施。

2020 年 8 月 17 日

江苏省委政法委、公安厅联合印发《关于开展新一代雪亮技防工程建设的指导意见》（苏公通〔2020〕237 号）。

2020 年 8 月 19 日

经湖北省人力资源和社会保障厅审核，湖北省安全技术防范行业协会符合湖北省职业技能等级认定机构设置条件标准，开展智能楼宇管理员登记认定，并于 8 月 19 日获得批复。

2020 年 8 月 26 日

安徽省公共安全视频监控建设联网应用协调工作组印发《安徽省公共安全视频监控建设联网应用项目管理办法》《安徽省公共安全视频监控图像资源整合共享管理办法》《安徽省省级公共安全视频监控图像资源使用暂行办法》。

2020 年 8 月 26 日

中国安全防范产品行业协会在北京召开《中国安防行业“十四五”发展规划》编制工作视频启动会。

2020 年 8 月 26—28 日

辽宁省安防协会主办的“2020 第二十二届东北国际公共安全防范产品博览会”举行。

2020 年 8 月 30 日

安徽省公安厅科技信息化处联合安徽省住房和城乡建设厅、安徽省发展和改革委员会、安徽省民政厅、安徽省生态环境厅、安徽省市场监督管理局共同印发《安徽省绿色社区创建行动实施方案》。

2020 年 8 月

中国安全技术防范认证中心针对疫情期间认证企业工作需要，组织编制《非现场检查（审核）指南》，并发出《关于调整 2020 年度获证产品监督评价相关工作的通知》。

2020 年 9 月 9 日

由公安部科技信息化局提出，全国安全防范报警系统标准化技术委员会归口、国家安全防范报警系统产品质量监督检验中心（北京）起草的 GA/T 1741-2020《公安视频图像信息应用系统检验规范》发布，将于 2021 年 2 月 1 日起实施。

2020 年 9 月 9 日

由全国安全防范报警系统标准化技术委员会提出并归口的 GA/T 1738-2020《出入口控制系统　编码识读设备》发布，并于 2021 年 2 月 21 日起实施。

2020 年 9 月 9 日

由全国安全防范报警系统标准化技术委员会提出并归口的 GA/T 1739-2020《出入口控制系统　控制器》发布，并于 2021 年 2 月 21 日起实施。

2020 年 9 月 10 日

由长沙市公安局、中国安全防范产品行业协会等联合举办的“2020 智能安防技术峰会”在长沙举行。

2020 年 9 月 14 日

第三届中国安防产业赋能大会在深圳会展中心召开，会议主题为“大数据赋能安防”，同期发布《2020 中国安防人工智能产业指南》。

2020 年 9 月 14 日

由国家安全防范报警系统产品质量监督检验中心（北京）、中国人民公安大学公安军民融合中心及深圳市无人机行业协会联合主办的“警用无人机应用及反制技术论坛”在深圳会展中心举办。

2020 年 9 月 28 日

由全国安全防范报警系统标准化技术委员会提出并归口、国家安全防范报警系统产品质量监督检验中心（北京）起草的 GA/T 1742-2020《封闭式停车场安全防范要求》发布，于 2021 年 4 月 1 日起实施。

2020 年 9 月 28 日

贵州省安全技术防范行业协会获批“贵州省职业技能鉴定考评指导中心”首批职业技能等级认定评价机构并予以备案。

2020 年 9 月 29 日

国家安全防范报警系统产品质量监督检验中心（北京）与京东商城联合制定京东开放平台机械门锁商品品质优选质量标准并开展抽样测试。

2020 年 10 月 9 日

由公安部治安管理局提出，全国安全防范报警系统标准化技术委员会归口的 GA 1744-2020《城市公共汽电车及场站安全防范要求》发布，将于 2021 年 4 月 1 日起实施。

2020 年 10 月 16 日

中国安全技术防范认证中心承担强制性认证安防产品技术专家组（TC15）秘书处组织召开防盗报警产品 CCC 认证规则审定会，修订防盗报警产品 CCC 认证实施规则，适应防盗报警控制器新版国标发布实施。

2020 年 10 月 21—23 日

中关村安防工程检测技术联盟组织召开一届五次全体大会和理事会议，分析总结年度工作，研究部署下年度工作任务，决定理事会有关事项，组织专项技术培训，开展“不忘初心、牢记使命”主题教育活动。

2020 年 10 月

国家安全防范报警系统产品质量监督检验中心（上海）“IEC 62820-1-1：2016《楼寓对讲系统　第 1-1 部分：系统要求　总则》等 9 项标准”项目荣获 2020 年度中国标准创新贡献一等奖。

2020 年 10—11 月

内蒙古自治区公安厅科技信息化总队组织开展全国公安机关视频图像智能化应用比武竞赛。

2020 年 11 月 6 日

由公安部科技信息化局提出，全国安全防范报警系统标准化技术委员会归口的 GA/T 1756-2020《公安视频监控人像/人脸识别应用技术要求》发布，将于 2021 年 5 月 1 日起实施。

2020 年 11 月 9 日

由公安部科技信息化局提出，全国安全防范报警系统标准化技术委员会实体防护设备分技术委员会归口的 GA/T 746-2020《提款箱》发布，将于 2021 年 5 月 1 日起实施。

2020 年 11 月 9 日

由全国安全防范报警系统标准化技术委员会人体生物特征识别应用分技术委员会提出并归口的 GA/T 1755-2020《安全防范　人脸识别应用　人证核验设备通用技术要求》发布，将于 2021 年 5 月 1 日起实施。

2020 年 11 月 9 日

国家安全防范报警系统产品质量监督检验中心（北京）与国家互联网应急中心、上海自贸区国际文化投资发展有限公司、美国 UL 公司等联合制定的《艺术品及贵重物品储存安全技术规范》在“2020 第六届上海对话艺术开启未来高峰论坛”期间发布。

2020 年 11 月 10 日

由国家安全防范报警系统产品质量监督检验中心（北京）牵头起草的 T/CSPIA001-2020《安防电源管理设备通用技术要求》经中国安全防范产品行业协会批准发布实施。

2020 年 11 月 18 日

北京安全防范行业协会与法治日报社共同举办 2020 年全国政法智能化建设技术装备及成果展。展会还同期举办了全国政法智能化建设研讨会、智慧治理建设研讨会、智慧法院建设研讨会、智慧司法建设研讨会、智慧检务建设研讨会、智慧警务建设研讨会、智慧监狱戒毒建设研讨会等活动。

2020 年 11 月 18 日

贵州省安全技术防范行业协会发布三项团体标准《视频监控系统维护保养规范》《贵州省视频图像数据采集设备使用命名规范》《贵州省视频结构化数据采集设备技术要求》。

2020 年 11 月 19 日

由公安部提出，全国安全防范报警系统标准化技术委员会归口的 GB/T 39272-2020《公共安全视频监控联网技术测试规范》发布，将于 2021 年 6 月 1 日起实施。

2020 年 11 月 19 日

由公安部提出，全国安全防范报警系统标准化技术委员会归口的 GB/T 39274-2020《公共安全视频监控数字视音频编解码技术测试规范》发布，将于 2021 年 6 月 1 日起实施。

2020 年 11 月 20 日

浙江省人力资源和社会保障厅下发《关于印发〈浙江省安全技术防范行业工程师、高级工程师职称改革工作实施方案〉（试行）和〈浙江省安全技术防范行业工程师、高级工程师职务任职资格评价条件〉（试行）的通知》（浙人社发〔2020〕49 号），授权由浙江省安全技术防范行业协会组建浙江省安全技术防范行业工程师、高级工程师职务任职资格评审委员会，承接全省安全技术防范专业工程师、高级工程师职务任职资格评审工作。

2020 年 11 月 24 日

由中国国际警用装备博览会组委会主办，国家安全防范报警系统产品质量监督检验中心（北京）和驭剑实验室、中国人民公安大学中国低空安全研究中心共同承办的“全国无人机安全管控分论坛”在国家会议中心举办。国家安全防范报警系统产品质量监督检验中心（北京）与中国人民公安大学中国低空安全研究中心、中国警察网联合签署合作协议。

2020 年 11 月 25 日

由国家安全防范报警系统产品质量监督检验中心（北京）起草的 2 项团体标准 T/CSPIA003-2020《安全防范人脸抓拍设备技术要求》、T/CSPIA004-2020《安防摄像机智能化指标和评测方法》发布实施。

2020 年 11 月 27 日

由全国安全防范报警系统标准化技术委员会提出并归口的 GA/T 1757-2020《入侵和紧急报警系统 紧急报警装置》发布，将于 2021 年 5 月 1 日起实施。

2020 年 11 月 27 日

由全国安全防范报警系统标准化技术委员会提出并归口的 GA/T 1758-2020《安防拾音器通用技术要求》发布，于 2021 年 5 月 1 日起实施。

2020 年 11 月 27 日

中国安全防范产品行业协会第六次会员代表大会在北京召开，回顾总结五届理事会任期以来协会工作，通过新修改的《中国安全防范产品行业协会章程》《中国安全防范产品行业协会监事会制度》等，选举产生新一届理事会、监事会及领导人。

2020 年 12 月 9 日

福建省公共安全防范行业协会在全国标准信息公共服务平台正式发布《公共安全防范企业信用评价规范》《安全防范工程视频监控系统维护服务规范》《远程视频监测系统技术规范》三项团体标准。

2020 年 12 月 9 日

国家安全防范报警系统产品质量监督检验中心（北京）取得痕量化学实验室环境评价报告批复，开展痕量化学物质实验室的筹建，并参与食药环公共安全领域课题研究。

2020 年 12 月 10 日

由深圳市安全防范行业协会提出并归口的全国首部《高空抛物智能监控（报警）系统工程技术规范》团体标准通过专家评审，于 2020 年 12 月 30 日正式发布实施。

2020 年 12 月 15 日

由国家安全防范报警系统产品质量监督检验中心（北京）牵头组建的“中关村中安公共安全视频智能应用技术联盟”在北京顺利召开第一次会员大会。

2020 年 12 月 15 日

山东省大数据局、山东省委政法委、山东省发展改革委、山东省公安厅、山东省财政厅等 5 部门联合印发《关于加强全省公共视频监控资源建设管理工作的指导意见》（鲁数字〔2020〕15 号），对全省公共视频监控资源的集约建设和统筹管理提出明确要求。

2020 年 12 月 23 日

由中国安全防范产品行业协会主办，《中国安防》杂志、视频图像信息智能分析与共享应用技术国家工程实验室承办，商汤科技协办的2020中国安防人工智能峰会暨IVAA论坛在厦门举行。

2020年12月23日

中国安全防范产品行业协会与厦门市工业和信息化局、厦门市商务局、厦门火炬高技术产业开发区管理委员会在厦门签订人工智能创新应用业务合作协议。

2020年12月24日

中国安全防范产品行业协会在厦门组织召开全国安防行业协会会长、秘书长座谈会，传达中安协第六届会员代表大会暨第一次理事会精神，介绍中国安防行业“十四五”发展规划编写框架，征求各地安防协会的工作意见。

2020年12月27日

安徽省地方标准DB34/T 3698-2020《联网报警运营服务规范》、DB34/T 3699-2020《智慧社区　公共安全　安全技术防范建设规范》正式实施。

2020年12月27日

《海南省公安立体化防控体系视频联网共享应用建设规划方案》通过了海南省公安厅组织的评审，初步构筑了下一步全省公安机关视频监控建设目标蓝图。

2020年11—12月

中国人民公安大学安全防范技术与风险评估实验室组织开展视频侦查对抗专项行动。

2020年12月

中关村中安公共安全视频智能应用技术联盟第一次会员大会召开，联盟正式成立。

2020年12月

湖南省公安厅科技信息化总队推动将视频监控建设纳入省重点民生实事项目，将乡村“雪亮工程”建设纳入2021年省重点民生实事项目。

2020年12月

国家安全防范报警系统产品质量监督检验中心（北京）滨江实验室完成建设并投入使用。

2020年

公安部社会公共安全应用基础标准化技术委员会废止《安检排爆名词术语》《涉爆现场处置规范》2项行业标准。

第二章 2020 年发布的法律、法规、规章及规范性文件

第一节 国家法律、法规、规范性文件

国家法律、法规指导、引领着行业发展。本节收录了 13 条 2020 年新颁布的安防行业相关法律、法规、规章及规范性文件，具体目录如下：

中华人民共和国民法典（节选）

（2020 年 5 月 28 日第十三届全国人民代表大会第三次会议通过）

第四编 人格权

第一章 一般规定

第九百八十九条 本编调整因人格权的享有和保护产生的民事关系。

第九百九十条 人格权是民事主体享有的生命权、身体权、健康权、姓名权、名称权、肖像权、名誉权、荣誉权、隐私权等权利。

除前款规定的人格权外，自然人享有基于人身自由、人格尊严产生的其他人格权益。

第九百九十一条 民事主体的人格权受法律保护，任何组织或者个人不得侵害。

第九百九十二条 人格权不得放弃、转让或者继承。

第九百九十三条　民事主体可以将自己的姓名、名称、肖像等许可他人使用，但是依照法律规定或者根据其性质不得许可的除外。

第九百九十四条　死者的姓名、肖像、名誉、荣誉、隐私、遗体等受到侵害的，其配偶、子女、父母有权依法请求行为人承担民事责任；死者没有配偶、子女且父母已经死亡的，其他近亲属有权依法请求行为人承担民事责任。

第九百九十五条　人格权受到侵害的，受害人有权依照本法和其他法律的规定请求行为人承担民事责任。受害人的停止侵害、排除妨碍、消除危险、消除影响、恢复名誉、赔礼道歉请求权，不适用诉讼时效的规定。

第九百九十六条　因当事人一方的违约行为，损害对方人格权并造成严重精神损害，受损害方选择请求其承担违约责任的，不影响受损害方请求精神损害赔偿。

第九百九十七条　民事主体有证据证明行为人正在实施或者即将实施侵害其人格权的违法行为，不及时制止将使其合法权益受到难以弥补的损害的，有权依法向人民法院申请采取责令行为人停止有关行为的措施。

第九百九十八条　认定行为人承担侵害除生命权、身体权和健康权外的人格权的民事责任，应当考虑行为人和受害人的职业、影响范围、过错程度，以及行为的目的、方式、后果等因素。

第九百九十九条　为公共利益实施新闻报道、舆论监督等行为的，可以合理使用民事主体的姓名、名称、肖像、个人信息等；使用不合理侵害民事主体人格权的，应当依法承担民事责任。

第一千条　行为人因侵害人格权承担消除影响、恢复名誉、赔礼道歉等民事责任的，应当与行为的具体方式和造成的影响范围相当。

行为人拒不承担前款规定的民事责任的，人民法院可以采取在报刊、网络等媒体上发布公告或者公布生效裁判文书等方式执行，产生的费用由行为人负担。

第一千零一条　对自然人因婚姻家庭关系等产生的身份权利的保护，适用本法第一编、第五编和其他法律的相关规定；没有规定的，可以根据其性质参照适用本编人格权保护的有关规定。

第二章　生命权、身体权和健康权

第一千零二条　自然人享有生命权。自然人的生命安全和生命尊严受法律保护。任何组织或者个人不得侵害他人的生命权。

第一千零三条　自然人享有身体权。自然人的身体完整和行动自由受法律保护。任何组织或者个人不得侵害他人的身体权。

第一千零四条　自然人享有健康权。自然人的身心健康受法律保护。任何组织或者个人不得侵害他人的健康权。

第一千零五条　自然人的生命权、身体权、健康权受到侵害或者处于其他危难情形的，负有法定救助义务的组织或者个人应当及时施救。

第一千零六条　完全民事行为能力人有权依法自主决定无偿捐献其人体细胞、人体组织、人体器官、遗体。任何组织或者个人不得强迫、欺骗、利诱其捐献。

完全民事行为能力人依据前款规定同意捐献的，应当采用书面形式，也可以订立遗嘱。

自然人生前未表示不同意捐献的，该自然人死亡后，其配偶、成年子女、父母可以共同决定捐献，决定捐献应当采用书面形式。

第一千零七条　禁止以任何形式买卖人体细胞、人体组织、人体器官、遗体。

违反前款规定的买卖行为无效。

第一千零八条　为研制新药、医疗器械或者发展新的预防和治疗方法，需要进行临床试验的，应当依法经相关主管部门批准并经伦理委员会审查同意，向受试者或者受试者的监护人告知试验目的、用途和可能产生的风险等详细情况，并经其书面同意。

进行临床试验的，不得向受试者收取试验费用。

第一千零九条 从事与人体基因、人体胚胎等有关的医学和科研活动，应当遵守法律、行政法规和国家有关规定，不得危害人体健康，不得违背伦理道德，不得损害公共利益。

第一千零一十条 违背他人意愿，以言语、文字、图像、肢体行为等方式对他人实施性骚扰的，受害人有权依法请求行为人承担民事责任。

机关、企业、学校等单位应当采取合理的预防、受理投诉、调查处置等措施，防止和制止利用职权、从属关系等实施性骚扰。

第一千零一十一条 以非法拘禁等方式剥夺、限制他人的行动自由，或者非法搜查他人身体的，受害人有权依法请求行为人承担民事责任。

第三章　姓名权和名称权

第一千零一十二条 自然人享有姓名权，有权依法决定、使用、变更或者许可他人使用自己的姓名，但是不得违背公序良俗。

第一千零一十三条 法人、非法人组织享有名称权，有权依法决定、使用、变更、转让或者许可他人使用自己的名称。

第一千零一十四条 任何组织或者个人不得以干涉、盗用、假冒等方式侵害他人的姓名权或者名称权。

第一千零一十五条 自然人应当随父姓或者母姓，但是有下列情形之一的，可以在父姓和母姓之外选取姓氏：

（一）选取其他直系长辈血亲的姓氏；

（二）因由法定扶养人以外的人扶养而选取扶养人姓氏；

（三）有不违背公序良俗的其他正当理由。

少数民族自然人的姓氏可以遵从本民族的文化传统和风俗习惯。

第一千零一十六条 自然人决定、变更姓名，或者法人、非法人组织决定、变更、转让名称的，应当依法向有关机关办理登记手续，但是法律另有规定的除外。

民事主体变更姓名、名称的，变更前实施的民事法律行为对其具有法律约束力。

第一千零一十七条 具有一定社会知名度，被他人使用足以造成公众混淆的笔名、艺名、网名、译名、字号、姓名和名称的简称等，参照适用姓名权和名称权保护的有关规定。

第四章　肖像权

第一千零一十八条 自然人享有肖像权，有权依法制作、使用、公开或者许可他人使用自己的肖像。

肖像是通过影像、雕塑、绘画等方式在一定载体上所反映的特定自然人可以被识别的外部形象。

第一千零一十九条 任何组织或者个人不得以丑化、污损，或者利用信息技术手段伪造等方式侵害他人的肖像权。未经肖像权人同意，不得制作、使用、公开肖像权人的肖像，但是法律另有规定的除外。

未经肖像权人同意，肖像作品权利人不得以发表、复制、发行、出租、展览等方式使用或者公开肖像权人的肖像。

第一千零二十条 合理实施下列行为的，可以不经肖像权人同意：

（一）为个人学习、艺术欣赏、课堂教学或者科学研究，在必要范围内使用肖像权人已经公开的肖像；

（二）为实施新闻报道，不可避免地制作、使用、公开肖像权人的肖像；

（三）为依法履行职责，国家机关在必要范围内制作、使用、公开肖像权人的肖像；

（四）为展示特定公共环境，不可避免地制作、使用、公开肖像权人的肖像；

（五）为维护公共利益或者肖像权人合法权益，制作、使用、公开肖像权人的肖像的其他行为。

第一千零二十一条　当事人对肖像许可使用合同中关于肖像使用条款的理解有争议的，应当作出有利于肖像权人的解释。

第一千零二十二条　当事人对肖像许可使用期限没有约定或者约定不明确的，任何一方当事人可以随时解除肖像许可使用合同，但是应当在合理期限之前通知对方。

当事人对肖像许可使用期限有明确约定，肖像权人有正当理由的，可以解除肖像许可使用合同，但是应当在合理期限之前通知对方。因解除合同造成对方损失的，除不可归责于肖像权人的事由外，应当赔偿损失。

第一千零二十三条　对姓名等的许可使用，参照适用肖像许可使用的有关规定。

对自然人声音的保护，参照适用肖像权保护的有关规定。

第五章　名誉权和荣誉权

第一千零二十四条　民事主体享有名誉权。任何组织或者个人不得以侮辱、诽谤等方式侵害他人的名誉权。

名誉是对民事主体的品德、声望、才能、信用等的社会评价。

第一千零二十五条　行为人为公共利益实施新闻报道、舆论监督等行为，影响他人名誉的，不承担民事责任，但是有下列情形之一的除外：

（一）捏造、歪曲事实；

（二）对他人提供的严重失实内容未尽到合理核实义务；

（三）使用侮辱性言辞等贬损他人名誉。

第一千零二十六条　认定行为人是否尽到前条第二项规定的合理核实义务，应当考虑下列因素：

（一）内容来源的可信度；

（二）对明显可能引发争议的内容是否进行了必要的调查；

（三）内容的时限性；

（四）内容与公序良俗的关联性；

（五）受害人名誉受贬损的可能性；

（六）核实能力和核实成本。

第一千零二十七条　行为人发表的文学、艺术作品以真人真事或者特定人为描述对象，含有侮辱、诽谤内容，侵害他人名誉权的，受害人有权依法请求该行为人承担民事责任。

行为人发表的文学、艺术作品不以特定人为描述对象，仅其中的情节与该特定人的情况相似的，不承担民事责任。

第一千零二十八条　民事主体有证据证明报刊、网络等媒体报道的内容失实，侵害其名誉权的，有权请求该媒体及时采取更正或者删除等必要措施。

第一千零二十九条　民事主体可以依法查询自己的信用评价；发现信用评价不当的，有权提出异议并请求采取更正、删除等必要措施。信用评价人应当及时核查，经核查属实的，应当及时采取必要措施。

第一千零三十条　民事主体与征信机构等信用信息处理者之间的关系，适用本编有关个人信息保护的规定和其他法律、行政法规的有关规定。

第一千零三十一条　民事主体享有荣誉权。任何组织或者个人不得非法剥夺他人的荣誉称号，不得诋毁、贬损他人的荣誉。

获得的荣誉称号应当记载而没有记载的，民事主体可以请求记载；获得的荣誉称号记载错误的，民事主体可以请求更正。

第六章　隐私权和个人信息保护

第一千零三十二条　自然人享有隐私权。任何组织或者个人不得以刺探、侵扰、泄露、公开等方式侵害他人的隐私权。

隐私是自然人的私人生活安宁和不愿为他人知晓的私密空间、私密活动、私密信息。

第一千零三十三条　除法律另有规定或者权利人明确同意外，任何组织或者个人不得实施下列行为：

（一）以电话、短信、即时通讯工具、电子邮件、传单等方式侵扰他人的私人生活安宁；

（二）进入、拍摄、窥视他人的住宅、宾馆房间等私密空间；

（三）拍摄、窥视、窃听、公开他人的私密活动；

（四）拍摄、窥视他人身体的私密部位；

（五）处理他人的私密信息；

（六）以其他方式侵害他人的隐私权。

第一千零三十四条　自然人的个人信息受法律保护。

个人信息是以电子或者其他方式记录的能够单独或者与其他信息结合识别特定自然人的各种信息，包括自然人的姓名、出生日期、身份证件号码、生物识别信息、住址、电话号码、电子邮箱、健康信息、行踪信息等。

个人信息中的私密信息，适用有关隐私权的规定；没有规定的，适用有关个人信息保护的规定。

第一千零三十五条　处理个人信息的，应当遵循合法、正当、必要原则，不得过度处理，并符合下列条件：

（一）征得该自然人或者其监护人同意，但是法律、行政法规另有规定的除外；

（二）公开处理信息的规则；

（三）明示处理信息的目的、方式和范围；

（四）不违反法律、行政法规的规定和双方的约定。

个人信息的处理包括个人信息的收集、存储、使用、加工、传输、提供、公开等。

第一千零三十六条　处理个人信息，有下列情形之一的，行为人不承担民事责任：

（一）在该自然人或者其监护人同意的范围内合理实施的行为；

（二）合理处理该自然人自行公开的或者其他已经合法公开的信息，但是该自然人明确拒绝或者处理该信息侵害其重大利益的除外；

（三）为维护公共利益或者该自然人合法权益，合理实施的其他行为。

第一千零三十七条　自然人可以依法向信息处理者查阅或者复制其个人信息；发现信息有错误的，有权提出异议并请求及时采取更正等必要措施。

自然人发现信息处理者违反法律、行政法规的规定或者双方的约定处理其个人信息的，有权请求信息处理者及时删除。

第一千零三十八条　信息处理者不得泄露或者篡改其收集、存储的个人信息；未经自然人同意，不得向他人非法提供其个人信息，但是经过加工无法识别特定个人且不能复原的除外。

信息处理者应当采取技术措施和其他必要措施，确保其收集、存储的个人信息安全，防止信息泄露、篡改、丢失；发生或者可能发生个人信息泄露、篡改、丢失的，应当及时采取补救措施，按照规定告知自然人并向有关主管部门报告。

第一千零三十九条　国家机关、承担行政职能的法定机构及其工作人员对于履行职责过程中知悉的自然人的隐私和个人信息，应当予以保密，不得泄露或者向他人非法提供。

国务院办公厅关于全面推进城镇老旧小区改造工作的指导意见

（国办发〔2020〕23号）

各省、自治区、直辖市人民政府，国务院各部委、各直属机构：

城镇老旧小区改造是重大民生工程和发展工程，对满足人民群众美好生活需要、推动惠民生扩内需、推进城市更新和开发建设方式转型、促进经济高质量发展具有十分重要的意义。为全面推进城镇老旧小区改造工作，经国务院同意，现提出以下意见：

一、总体要求

（一）指导思想。以习近平新时代中国特色社会主义思想为指导，全面贯彻党的十九大和十九届二中、三中、四中全会精神，按照党中央、国务院决策部署，坚持以人民为中心的发展思想，坚持新发展理念，按照高质量发展要求，大力改造提升城镇老旧小区，改善居民居住条件，推动构建“纵向到底、横向到边、共建共治共享”的社区治理体系，让人民群众生活更方便、更舒心、更美好。

（二）基本原则。

——坚持以人为本，把握改造重点。从人民群众最关心最直接最现实的利益问题出发，征求居民意见并合理确定改造内容，重点改造完善小区配套和市政基础设施，提升社区养老、托育、医疗等公共服务水平，推动建设安全健康、设施完善、管理有序的完整居住社区。

——坚持因地制宜，做到精准施策。科学确定改造目标，既尽力而为又量力而行，不搞“一刀切”、不层层下指标；合理制定改造方案，体现小区特点，杜绝政绩工程、形象工程。

——坚持居民自愿，调动各方参与。广泛开展“美好环境与幸福生活共同缔造”活动，激发居民参与改造的主动性、积极性，充分调动小区关联单位和社会力量支持、参与改造，实现决策共谋、发展共建、建设共管、效果共评、成果共享。

——坚持保护优先，注重历史传承。兼顾完善功能和传承历史，落实历史建筑保护修缮要求，保护历史文化街区，在改善居住条件、提高环境品质的同时，展现城市特色，延续历史文脉。

——坚持建管并重，加强长效管理。以加强基层党建为引领，将社区治理能力建设融入改造过程，促进小区治理模式创新，推动社会治理和服务重心向基层下移，完善小区长效管理机制。

（三）工作目标。2020年新开工改造城镇老旧小区3.9万个，涉及居民近700万户；到2022年，基本形成城镇老旧小区改造制度框架、政策体系和工作机制；到“十四五”期末，结合各地实际，力争基本完成2000年底前建成的需改造城镇老旧小区改造任务。

二、明确改造任务

（一）明确改造对象范围。城镇老旧小区是指城市或县城（城关镇）建成年代较早、失养失修失管、市政配套设施不完善、社区服务设施不健全、居民改造意愿强烈的住宅小区（含单栋住宅楼）。各地要结合实际，合理界定本地区改造对象范围，重点改造2000年底前建成的老旧小区。

（二）合理确定改造内容。城镇老旧小区改造内容可分为基础类、完善类、提升类3类。

1. 基础类。为满足居民安全需要和基本生活需求的内容，主要是市政配套基础设施改造提升以及小区内建筑物屋面、外墙、楼梯等公共部位维修等。其中，改造提升市政配套基础设施包括改造提升小区内部及与小区联系的供水、排水、供电、弱电、道路、供气、供热、消防、安防、生活垃圾分类、移动通信等基础设施，以及光纤入户、架空线规整（入地）等。

2. 完善类。为满足居民生活便利需要和改善型生活需求的内容，主要是环境及配套设施改造建设、小区内建筑节能改造、有条件的楼栋加装电梯等。其中，改造建设环境及配套设施包括拆除违法建设，整治小区及周边绿化、照明等环境，改造或建设小区及周边适老设施、无障碍设施、停车库（场）、电动自行车及汽车充电设施、智能快件箱、智能信包箱、文化休闲设施、体育健身设施、物业用房等配套设施。

3. 提升类。为丰富社区服务供给、提升居民生活品质、立足小区及周边实际条件积极推进的内容，主要是公共服务设施配套建设及其智慧化改造，包括改造或建设小区及周边的社区综合服务设施、卫生服务站等公共卫生设施、幼儿园等教育设施、周界防护等智能感知设施，以及养老、托育、助餐、家政保洁、便民市场、便利店、邮政快递末端综合服务站等社区专项服务设施。

各地可因地制宜确定改造内容清单、标准和支持政策。

（三）编制专项改造规划和计划。各地要进一步摸清既有城镇老旧小区底数，建立项目储备库。区分轻重缓急，切实评估财政承受能力，科学编制城镇老旧小区改造规划和年度改造计划，不得盲目举债铺摊子。建立激励机制，优先对居民改造意愿强、参与积极性高的小区（包括移交政府安置的军队离退休干部住宅小区）实施改造。养老、文化、教育、卫生、托育、体育、邮政快递、社会治安等有关方面涉及城镇老旧小区的各类设施增设或改造计划，以及电力、通信、供水、排水、供气、供热等专业经营单位的相关管线改造计划，应主动与城镇老旧小区改造规划和计划有效对接，同步推进实施。国有企事业单位、军队所属城镇老旧小区按属地原则纳入地方改造规划和计划统一组织实施。

三、建立健全组织实施机制

（一）建立统筹协调机制。各地要建立健全政府统筹、条块协作、各部门齐抓共管的专门工作机制，明确各有关部门、单位和街道（镇）、社区职责分工，制定工作规则、责任清单和议事规程，形成工作合力，共同破解难题，统筹推进城镇老旧小区改造工作。

（二）健全动员居民参与机制。城镇老旧小区改造要与加强基层党组织建设、居民自治机制建设、社区服务体系建设有机结合。建立和完善党建引领城市基层治理机制，充分发挥社区党组织的领导作用，统筹协调社区居民委员会、业主委员会、产权单位、物业服务企业等共同推进改造。搭建沟通议事平台，利用“互联网+共建共治共享”等线上线下手段，开展小区党组织引领的多种形式基层协商，主动了解居民诉求，促进居民形成共识，发动居民积极参与改造方案制定、配合施工、参与监督和后续管理、评价和反馈小区改造效果等。组织引导社区内机关、企事业单位积极参与改造。

（三）建立改造项目推进机制。区县人民政府要明确项目实施主体，健全项目管理机制，推进项目有序实施。积极推动设计师、工程师进社区，辅导居民有效参与改造。为专业经营单位的工程实施提供支持便利，禁止收取不合理费用。鼓励选用经济适用、绿色环保的技术、工艺、材料、产品。改造项目涉及历史文化街区、历史建筑的，应严格落实相关保护修缮要求。落实施工安全和工程质量责任，组织做好工程验收移交，杜绝安全隐患。充分发挥社会监督作用，畅通投诉举报渠道。结合城镇老旧小区改造，同步开展绿色社区创建。

（四）完善小区长效管理机制。结合改造工作同步建立健全基层党组织领导，社区居民委员会配合，业主委员会、物业服务企业等参与的联席会议机制，引导居民协商确定改造后小区的管理模式、管理规约及业主议事规则，共同维护改造成果。建立健全城镇老旧小区住宅专项维修资金归集、使用、续筹机制，促进小区改造后维护更新进入良性轨道。

四、建立改造资金政府与居民、社会力量合理共担机制

（一）合理落实居民出资责任。按照谁受益、谁出资原则，积极推动居民出资参与改造，可通过直接出资、使用（补建、续筹）住宅专项维修资金、让渡小区公共收益等方式落实。研究住宅专项维修资金用于城镇老旧小区改造的办法。支持小区居民提取住房公积金，用于加装电梯等自住住房改造。鼓励居民通过捐资捐物、投工投劳等支持改造。鼓励有需要的居民结合小区改造进行户内改造或装饰装修、家电更新。

（二）加大政府支持力度。将城镇老旧小区改造纳入保障性安居工程，中央给予资金补助，按照“保基本”的原则，重点支持基础类改造内容。中央财政资金重点支持改造2000年底前建成的老旧小区，可以适当支持2000年后建成的老旧小区，但需要限定年限和比例。省级人民政府要相应做好资金支持。市县人民政府对城镇老旧小区改造给予资金支持，可以纳入国有住房出售收入存量资金使用范围；要统筹涉及住宅小区的各类资金用于城镇老旧小区改造，提高资金使用效率。支持各地通过发行地方政府专项债券筹措改造资金。

（三）持续提升金融服务力度和质效。支持城镇老旧小区改造规模化实施运营主体采取市场化方式，运用公司信用类债券、项目收益票据等进行债券融资，但不得承担政府融资职能，杜绝新增地方政府隐性债务。国家开发银行、农业发展银行结合各自职能定位和业务范围，按照市场化、法治化原则，依法合规加大对城镇老旧小区改造的信贷支持力度。商业银行加大产品和服务创新力度，在风险可控、商业可持续前提下，依法合规对实施城镇老旧小区改造的企业和项目提供信贷支持。

（四）推动社会力量参与。鼓励原产权单位对已移交地方的原职工住宅小区改造给予资金等支持。公房产权单位应出资参与改造。引导专业经营单位履行社会责任，出资参与小区改造中相关管线设施设备的改造提升；改造后专营设施设备的产权可依照法定程序移交给专业经营单位，由其负责后续维护管理。通过政府采购、新增设施有偿使用、落实资产权益等方式，吸引各类专业机构等社会力量投资参与各类需改造设施的设计、改造、运营。支持规范各类企业以政府和社会资本合作模式参与改造。支持以“平台+创业单元”方式发展养老、托育、家政等社区服务新业态。

（五）落实税费减免政策。专业经营单位参与政府统一组织的城镇老旧小区改造，对其取得所有权的设施设备等配套资产改造所发生的费用，可以作为该设施设备的计税基础，按规定计提折旧并在企业所得税前扣除；所发生的维护管理费用，可按规定计入企业当期费用税前扣除。在城镇老旧小区改造中，为社区提供养老、托育、家政等服务的机构，提供养老、托育、家政服务取得的收入免征增值税，并减按90%计入所得税应纳税所得额；用于提供社区养老、托育、家政服务的房产、土地，可按现行规定免征契税、房产税、城镇土地使用税和城市基础设施配套费、不动产登记费等。

五、完善配套政策

（一）加快改造项目审批。各地要结合审批制度改革，精简城镇老旧小区改造工程审批事项和环节，构建快速审批流程，积极推行网上审批，提高项目审批效率。可由市县人民政府组织有关部门联合审查改造方案，认可后由相关部门直接办理立项、用地、规划审批。不涉及土地权属变化的项目，可用已有用地手续等材料作为土地证明文件，无需再办理用地手续。探索将工程建设许可和施工许可合并为一个阶段，简化相关审批手续。不涉及建筑主体结构变动的低风险项目，实行项目建设单位告知承诺制的，可不进行施工图审查。鼓励相关各方进行联合验收。

（二）完善适应改造需要的标准体系。各地要抓紧制定本地区城镇老旧小区改造技术规范，明确智能安防建设要求，鼓励综合运用物防、技防、人防等措施满足安全需要。及时推广应用新技术、新产品、新方法。因改造利用公共空间新建、改建各类设施涉及影响日照间距、占用绿化空间的，可在广泛征求居民意见基础上一事一议予以解决。

（三）建立存量资源整合利用机制。各地要合理拓展改造实施单元，推进相邻小区及周边地区联动改造，加强服务设施、公共空间共建共享。加强既有用地集约混合利用，在不违反规划且征得居民等同意的前提下，允许利用小区及周边存量土地建设各类环境及配套设施和公共服务设施。其中，对利用小区内空地、荒地、绿地及拆除违法建设腾空土地等加装电梯和建设各类设施的，可不增收土地价款。整合社区服务投入和资源，通过统筹利用公有住房、社区居民委员会办公用房和社区综合服务设施、闲置锅炉房等存量房屋资源，增设各类服务设施，有条件的地方可通过租赁住宅楼底层商业用房等其他符合条件的房屋发展社区服务。

（四）明确土地支持政策。城镇老旧小区改造涉及利用闲置用房等存量房屋建设各类公共服务设施的，可在一定年期内暂不办理变更用地主体和土地使用性质的手续。增设服务设施需要办理不动产登记的，不动产登记机构应依法积极予以办理。

六、强化组织保障

（一）明确部门职责。住房城乡建设部要切实担负城镇老旧小区改造工作的组织协调和督促指导责任。各有关部门要加强政策协调、工作衔接、调研督导，及时发现新情况新问题，完善相关政策措施。研究对城镇老旧小区改造工作成效显著的地区给予有关激励政策。

（二）落实地方责任。省级人民政府对本地区城镇老旧小区改造工作负总责，要加强统筹指导，明确市县人民政府责任，确保工作有序推进。市县人民政府要落实主体责任，主要负责同志亲自抓，把推进城镇老旧小区改造摆上重要议事日程，以人民群众满意度和受益程度、改造质量和财政资金使用效率为衡量标准，调动各方面资源抓好组织实施，健全工作机制，落实好各项配套支持政策。

（三）做好宣传引导。加大对优秀项目、典型案例的宣传力度，提高社会各界对城镇老旧小区改造的认识，着力引导群众转变观念，变“要我改”为“我要改”，形成社会各界支持、群众积极参与的浓厚氛围。要准确解读城镇老旧小区改造政策措施，及时回应社会关切。

国务院办公厅

2020 年 7 月 10 日

关于加快构建全国一体化大数据中心协同创新体系的指导意见

（发改高技〔2020〕1922 号）

各省、自治区、直辖市及计划单列市人民政府，新疆生产建设兵团，国务院各部委、各直属机构：

数据是国家基础战略性资源和重要生产要素。加快构建全国一体化大数据中心协同创新体系，是贯彻落实党中央、国务院决策部署的具体举措。以深化数据要素市场化配置改革为核心，优化数据中心建设布局，推动算力、算法、数据、应用资源集约化和服务化创新，对于深化政企协同、行业协同、区域协同，全面支撑各行业数字化升级和产业数字化转型具有重要意义。为进一步促进新型基础设施高质量发展，深化大数据协同创新，经国务院同意，现提出以下意见。

一、总体要求

（一）指导思想。

以习近平新时代中国特色社会主义思想为指导，全面贯彻党的十九大和十九届二中、三中、四中、五中全会精神，全面落实习近平总书记关于建设全国一体化大数据中心的重要讲话精神，按照国务院统一部署，以加快建设数据强国为目标，强化数据中心、数据资源的顶层统筹和要素流通，加快培育新业态新模式，引领我国数字经济高质量发展，助力国家治理体系和治理能力现代化。

（二）基本原则。

统筹规划，协同推进。坚持发展与安全并重。统筹数据中心、云服务、数据流通与治理、数据应用、数据安全等关键环节，协同设计大数据中心体系总体架构和发展路径。

科学求实，因地制宜。充分结合各部门、各行业、各地区实际，根据国际发展趋势，尊重产业和技术发展规律，科学论证，精准施策。

需求牵引，适度超前。以市场实际需求决定数据中心和服务资源供给。着眼引领全球云计算、大数据、人工智能、区块链发展的长远目标，适度超前布局，预留发展空间。

改革创新，完善生态。正确处理政府和市场关系，破除制约大数据中心协同创新体系发展的政策瓶颈，着力营造适应大数据发展的创新生态，发挥企业主体作用，引导市场有序发展。

（三）总体思路。

加强全国一体化大数据中心顶层设计。优化数据中心基础设施建设布局，加快实现数据中心集约化、规模化、绿色化发展，形成“数网”体系；加快建立完善云资源接入和一体化调度机制，降低算力使用成本和门槛，形成“数纽”体系；加强跨部门、跨区域、跨层级的数据流通与治理，打造数字供应链，形成“数链”体系；深化大数据在社会治理与公共服务、金融、能源、交通、商贸、工业制造、教育、医疗、文化旅游、农业、科研、空间、生物等领域协同创新，繁荣各行业数据智能应用，形成“数脑”体系；加快提升大数据安全水平，强化对算力和数据资源的安全防护，形成“数盾”体系。

二、发展目标

到 2025 年，全国范围内数据中心形成布局合理、绿色集约的基础设施一体化格局。东西部数据中心实现结构性平衡，大型、超大型数据中心运行电能利用效率降到 1.3 以下。数据中心集约化、规模化、绿色化水平显著提高，使用率明显提升。公共云服务体系初步形成，全社会算力获取成本显著降低。政府部门间、政企间数据壁垒进一步打破，数据资源流通活力明显增强。大数据协同应用效果凸显，全国范围内形成一批行业数据大脑、城市数据大脑，全社会算力资源、数据资源向智力资源高效转化的态势基本形成，数据安全保障能力稳步提升。

三、创新大数据中心体系构建

统筹围绕国家重大区域发展战略，根据能源结构、产业布局、市场发展、气候环境等，在京津冀、长三角、粤港澳大湾区、成渝等重点区域，以及部分能源丰富、气候适宜的地区布局大数据中心国家枢纽节点。节点内部优化网络、能源等配套资源，引导数据中心集群化发展；汇聚联通政府和社会化算力资源，构建一体化算力服务体系；完善数据流通共性支撑平台，优化数据要素流通环境；牵引带动数据加工分析、流通交易、软硬件研发制造等大数据产业生态集聚发展。节点之间建立高速数据传输网络，支持开展全国性算力资源调度，形成全国算力枢纽体系。（发展改革委、工业和信息化部、中央网信办牵头，各地区、各部门负责）

四、优化数据中心布局

（一）优化数据中心供给结构。发展区域数据中心集群，加强区域协同联动，优化政策环境，引导区域范围内数据中心集聚，促进规模化、集约化、绿色化发展。引导各省（自治区、直辖市）充分整合利用现有资源，以市场需求为导向，有序发展规模适中、集约绿色的数据中心，服务本地区算力资源需求。对于效益差、能耗高的小散数据中心，要加快改造升级，提升效能。（工业和信息化部、发展改革委牵头，各地区负责）

（二）推进网络互联互通。优化国家互联网骨干直连点布局，推进新型互联网交换中心建设，提升电信运营商和互联网企业互联互通质量，优化数据中心跨网、跨地域数据交互，实现更高质量数据传输服务。积极推动在区域数据中心集群间，以及集群和主要城市间建立数据中心直连网络。加大对数据中心网络质量和保障能力的监测，提高网络通信质量。推动降低国内省际数字专线电路、互联网接入带宽等主要通信成本。（工业和信息化部牵头，各地区负责）

（三）强化能源配套机制。探索建立电力网和数据网联动建设、协同运行机制，进一步降低数据中心用电成本。加快制定数据中心能源效率国家标准，推动完善绿色数据中心标准体系。引导清洁能源开发使用，加快推广应用先进节能技术。鼓励数据中心运营方加强内部能耗数据监测和管理，提高能源利用效率。鼓励各地区结合布局导向，探索优化能耗政策，在区域范围内探索跨省能耗和效益分担共享合作。推动绿色数据中心建设，加快数据中心节能和绿色化改造。（工业和信息化部、发展改革委、国家能源局牵头，各地区负责）

（四）拓展基础设施国际合作。持续加强数据中心建设与使用的国际交流合作。围绕“一带一路”建设，加快推动数据中心联通共用，提升全球化信息服务能力。加速“一带一路”国际关口局、边境站、跨境陆海缆建设，沿途积极开展国际数据中心建设或合作运营。整合算力和数据资源，加快提升产业链端到端交付能力和运营能力，促进开展高质量国际合作。（中央网信办、工业和信息化部、发展改革委牵头，各地区负责）

五、推动算力资源服务化

（一）构建一体化算力服务体系。加快建立完善云资源接入和一体化调度机制，以云服务方式提供算力资源，降低算力使用成本和门槛。支持建设高水平云服务平台，进一步提升资源调度能力。支持政企合作，打造集成基础算力资源和公共数据开发利用环境的公共算力服务，面向政府、企业和公众提供低成本、广覆盖、可靠安全的算力服务。支持企业发挥市场化主体作用，创新技术模式和服务体验，打造集成专业算力资源和行业数据开发利用环境的行业算力服务，支撑行业数字化转型和新业态新模式培育。（发展改革委、工业和信息化部牵头，各地区、各部门按职责分工负责）

（二）优化算力资源需求结构。以应用为导向，充分发挥云集约调度优势，引导各行业合理使用算力资源，提升基础设施利用效能。对于需后台加工存储、对网络时延要求不高的业务，支持向能源丰富、气候适宜地区的数据中心集群调度；对于面向高频次业务调用、对网络时延要求极高的业务，支持向城市级高性能、边缘数据中心调度；对于其它算力需求，支持向本区域内数据中心集群调度。（各地区、各部门按职责分别负责）

六、加速数据流通融合

（一）健全数据流通体制机制。加快完善数据资源采集、处理、确权、使用、流通、交易等环节的制度法规和机制化运营流程。建立完善数据资源质量评估与价格形成机制。完善覆盖原始数据、脱敏处理数据、模型化数据和人工智能化数据等不同数据开发层级的新型大数据综合交易机制。探索有利于超大规模数据要素市场形成的财税金融政策体系。开展数据管理能力评估贯标，引导各行业、各领域提升数据管理能力。（发展改革委、中央网信办、工业和信息化部牵头，各有关部门按职责分工负责）

（二）促进政企数据对接融合。通过开放数据集、提供数据接口、数据沙箱等多种方式，鼓励开放对于民生服务、社会治理和产业发展具有重要价值的数据。探索形成政企数据融合的标准规范和对接机制，支持政企双方数据联合校验和模型对接，有效满足政府社会治理、公共服务和市场化增值服务需求。（中央网信办、发展改革委牵头，各地区、各部门按职能分工负责）

（三）深化政务数据共享共用。充分依托全国一体化政务服务平台，发挥国家数据共享交换平台数据交换通道的支撑作用，建立健全政务数据共享责任清单机制，拓展政务数据共享范围。加快建设完善数据共享标准体系，解决跨部门、跨地区、跨层级数据标准不一、数据理解难、机器可读性差、语义分歧等问题，进一步打破部门数据壁垒。（国务院办公厅、发展改革委牵头，各地区、各部门按职责分工负责）

七、深化大数据应用创新

（一）提升政务大数据综合治理能力。围绕国家重大战略布局，推动开展大数据综合应用。依托全国一体化政务服务平台和国家“互联网+监管”系统，深化政务服务和监管大数据分析应用。支持各部门利用行业和监管数据，建设面向公共卫生、自然灾害等重大突发事件处置的“数据靶场”，定期开展“数据演习”，为重大突发事件期间开展决策研判和调度指挥提供数据支撑。（国务院办公厅、发展改革委牵头，

各部门、各地区按职能分工负责）

（二）加强大数据公共服务支撑。聚焦大数据应用共性需求，鼓励构建集成自然语言处理、视频图像解析、数据可视化、语音智能问答、多语言机器翻译、数据挖掘分析等功能的大数据通用算法模型和控件库，提供规范统一的大数据服务支持。（各地区、各部门负责）

（三）推动行业数字化转型升级。支持打造“行业数据大脑”，推动大数据在各行业领域的融合应用。引导支持各行业上云用云，丰富云上应用供给，加快数字化转型步伐。推动以大数据、云服务促进新业态新模式发展，支持企业线上线下业务融合，培育数据驱动型企业。（各地区、各部门负责）

（四）推进工业大数据平台建设。支持工业互联网大数据中心标准建设，加强工业互联网数据汇聚、共享和创新应用，赋能制造业高质量发展。鼓励构建重点产业、重大工程数据库，为工业发展态势监测分析和预警预判提供数据支撑。（工业和信息化部牵头，各地区、各部门按职能分工负责）

（五）加快城市大数据创新应用。支持打造“城市数据大脑”，健全政府社会协同共治机制，加快形成统一规范、互联互通、安全可靠的城市数据供应链，面向城市治理、公共服务、产业发展等提供数据支撑。加快构建城市级大数据综合应用平台，打通城市数据感知、分析、决策和执行环节，促进提升城市治理水平和服务能力。（各地区负责）

八、强化大数据安全防护

（一）推动核心技术突破及应用。围绕服务器芯片、云操作系统、云数据库、中间件、分布式计算与存储、数据流通模型等环节，加强对关键技术产品的研发支持。鼓励IT设备制造商、数据中心和云服务提供商、数字化转型企业等产业力量联合攻关，加快科技创新突破和安全可靠产品应用。（发展改革委、工业和信息化部、中央网信办牵头，各地区负责）

（二）强化大数据安全保障。加快构建贯穿基础网络、数据中心、云平台、数据、应用等一体协同安全保障体系，提高大数据安全可靠水平。基础网络、数据中心、云服务平台等严格落实网络安全法律法规和政策标准要求，开展通信网络安全防护工作，同步规划、同步建设和同步运行网络安全设施，提升应对高级威胁攻击能力。加快研究完善海量数据汇聚融合的风险识别与防护技术、数据脱敏技术、数据安全合规性评估认证、数据加密保护机制及相关技术监测手段等。各行业加强上云应用的安全防护，保障业务在线安全运行。（中央网信办、发展改革委、工业和信息化部牵头，各地区、各部门负责）

九、保障措施

（一）完善工作机制。各地区、各部门要提高认识，加强跨地区、跨部门、跨层级协同联动。依托促进大数据发展部际联席会议制度，发展改革委、工业和信息化部、中央网信办会同有关部门建立一体化大数据中心协同创新体系工作机制，充分发挥专家决策咨询的作用。各地区要建立工作协调机制，统筹相关力量，积极推动大数据中心体系建设。（各地区、各部门负责）

（二）抓好任务落实。各地区、各部门要结合实际，坚持小切口大带动，在大数据机制管理、产业布局、技术创新、安全评估、标准制定、应用协同等方面积极探索，积累和推广先进经验。鼓励各地区创新相关配套政策，制定符合自身特点的一体化大数据中心建设规划和协同创新实施方案，并加快推进落实。（各地区、各部门负责）

国家发展改革委
中央网信办
工业和信息化部
国家能源局
2020年12月23日

国家标准化管理委员会　中央网信办　国家发展改革委　科技部　工业和信息化部 关于印发《国家新一代人工智能标准体系建设指南》的通知

（国标委联〔2020〕35 号）

各省、自治区、直辖市及新疆生产建设兵团市场监管局（厅、委）、网信办、发展改革委、科技厅（委、局）、工业和信息化主管部门，有关全国专业标准化技术委员会：

为加强人工智能领域标准化顶层设计，推动人工智能产业技术研发和标准制定，促进产业健康可持续发展，现将《国家新一代人工智能标准体系建设指南》印发给你们，请认真贯彻执行。

国家标准化管理委员会
中央网信办
国家发展改革委
科技部
工业和信息化部
2020 年 7 月 27 日

《国家新一代人工智能标准体系建设指南》

为落实党中央、国务院关于发展人工智能的决策部署，推动人工智能技术在开源、开放的产业生态不断自我优化，充分发挥基础共性、伦理、安全隐私等方面标准的引领作用，指导人工智能国家标准、行业标准、团体标准等的制修订和协调配套，形成标准引领人工智能产业全面规范化发展的新格局，制定《国家新一代人工智能标准体系建设指南》。

一、总体要求

（一）指导思想

全面贯彻党的十九大和十九届二中、三中、四中全会精神，落实党中央、国务院关于发展新一代人工智能的决策部署，以市场驱动和政府引导相结合，按照“统筹规划，分类施策，市场驱动，急用先行，跨界融合，协同推进，自主创新，开放合作”原则，立足国内需求，兼顾国际，建立国家新一代人工智能标准体系，加强标准顶层设计与宏观指导。加快创新技术和应用向标准转化，强化标准的实施与监督，促进创新成果与产业深度融合。注重与智能制造、工业互联网、机器人、车联网等相关标准体系的协调配套。深化人工智能标准国际交流与合作，注重国际国内标准协同性，充分发挥标准对人工智能发展的支撑引领作用，为高质量发展保驾护航。

（二）建设目标

到 2021 年，明确人工智能标准化顶层设计，研究标准体系建设和标准研制的总体规则，明确标准之间的关系，指导人工智能标准化工作的有序开展，完成关键通用技术、关键领域技术、伦理等 20 项以上重点标准的预研工作。

到 2023 年，初步建立人工智能标准体系，重点研制数据、算法、系统、服务等重点急需标准，并率先在制造、交通、金融、安防、家居、养老、环保、教育、医疗健康、司法等重点行业和领域进行推进。建设人工智能标准试验验证平台，提供公共服务能力。

二、建设思路

（一）人工智能标准体系结构

人工智能标准体系结构包括“A基础共性”“B支撑技术与产品”“C基础软硬件平台”“D关键通用技术”“E关键领域技术”“F产品与服务”“G行业应用”“H安全/伦理”等八个部分，如图1所示。

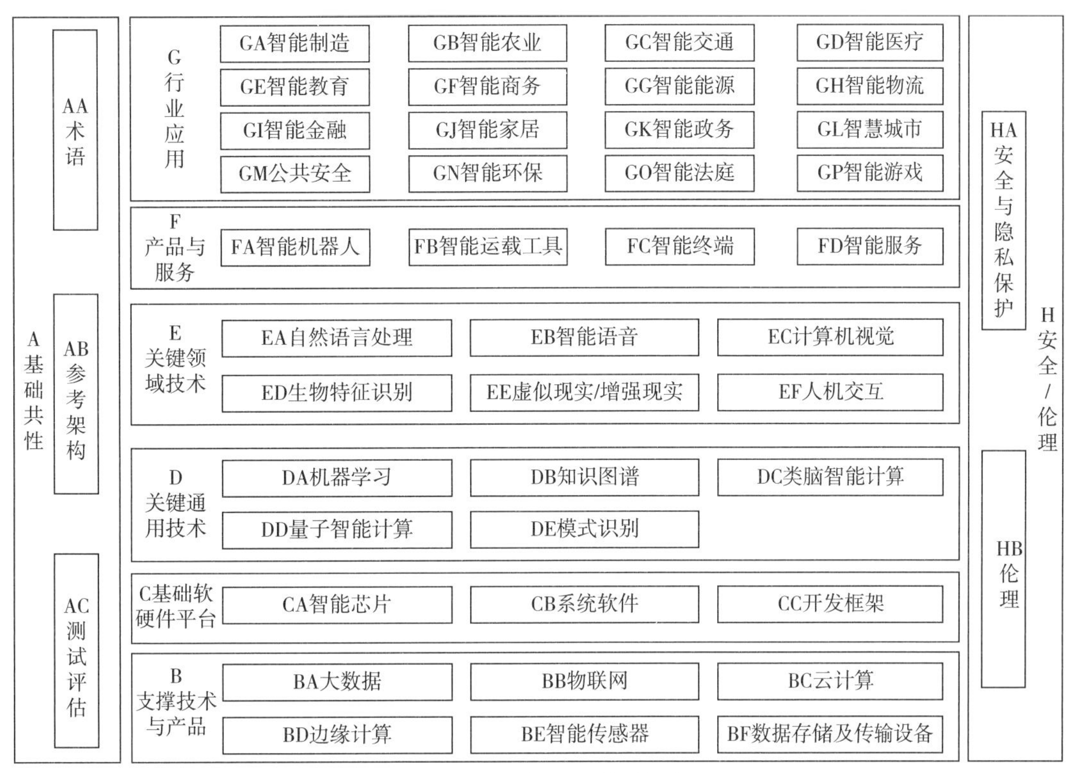

图1 人工智能标准体系结构

其中，A基础共性标准包括术语、参考架构、测试评估三大类，位于人工智能标准体系结构的最左侧，支撑标准体系结构中其他部分；

B支撑技术与产品标准对人工智能软硬件平台建设、算法模型开发、人工智能应用提供基础支撑；

C基础软硬件平台标准主要围绕智能芯片、系统软件、开发框架等方面，为人工智能提供基础设施支撑；

D关键通用技术标准主要围绕机器学习、知识图谱、类脑智能计算、量子智能计算、模式识别等方面，为人工智能应用提供通用技术支撑；

E关键领域技术标准主要围绕自然语言处理、智能语音、计算机视觉、生物特征识别、虚拟现实/增强现实、人机交互等方面，为人工智能应用提供领域技术支撑；

F产品与服务标准包括在人工智能技术领域中形成的智能化产品及新服务模式的相关标准；

G行业应用标准位于人工智能标准体系结构的最顶层，面向行业具体需求，对其他部分标准进行细化，支撑各行业发展；

H安全/伦理标准位于人工智能标准体系结构的最右侧，贯穿于其他部分，为人工智能建立合规体系。

标准研制方向明细表见附表。

（二）人工智能标准体系框架

人工智能标准体系框架主要由基础共性、支撑技术与产品、基础软硬件平台、关键通用技术、关键领域技术、产品与服务、行业应用、安全/伦理八个部分组成，如图2所示。

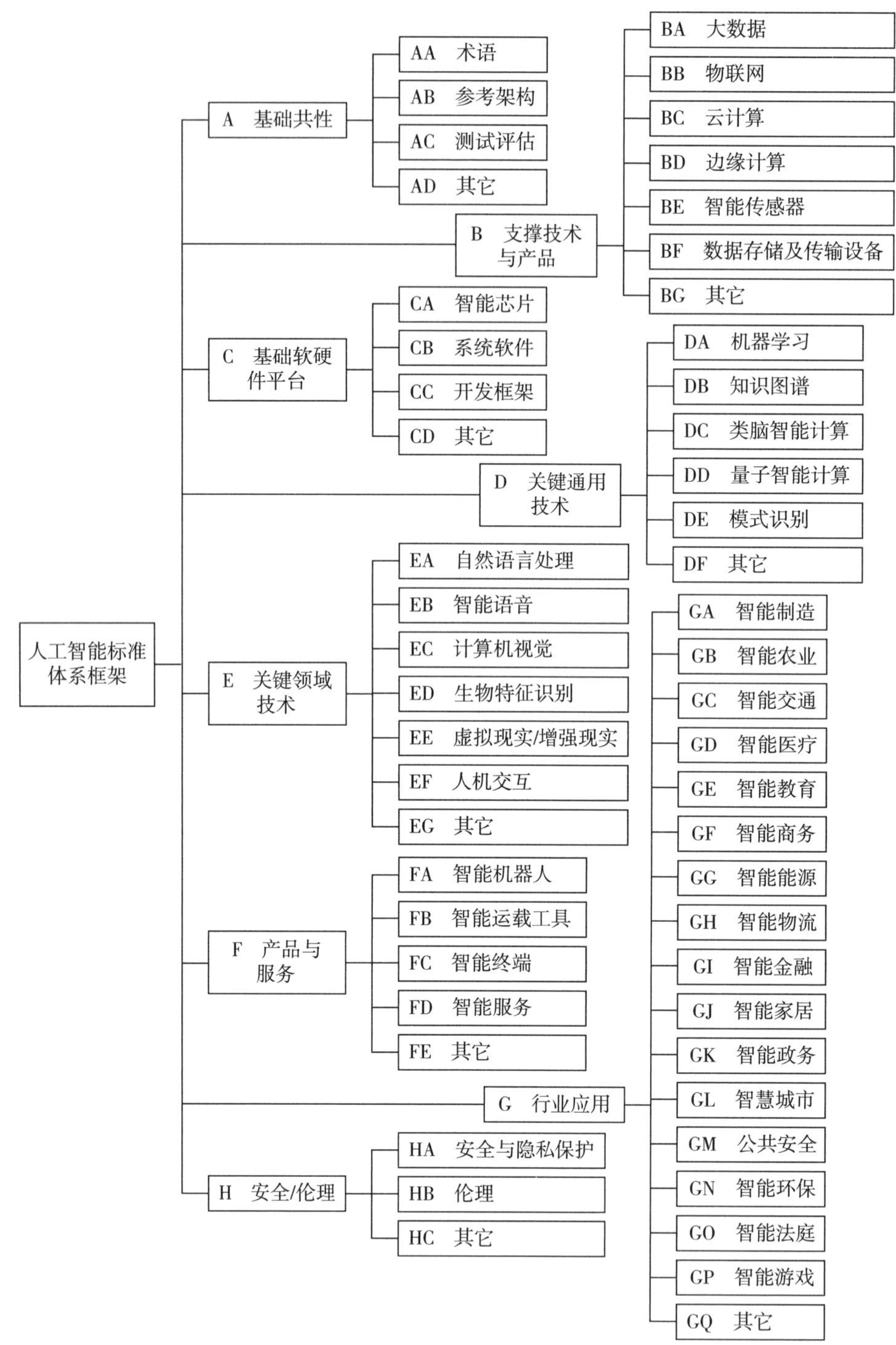

图 2 人工智能标准体系框架

三、建设内容

（一）基础共性标准

基础共性标准主要针对人工智能基础进行规范，包括术语、参考架构、测试评估等部分，如图 3 所示。

1. 术语标准。用于统一人工智能相关概念、技术、应用行业场景，为其他各标准的制定和企业人工智能研究提供支撑，包括人工智能术语相关定义、范畴、实例等标准。

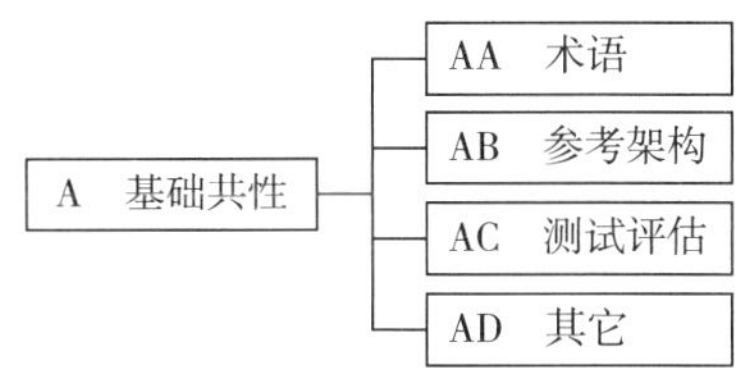

图 3　基础共性标准

2. 参考架构标准。规范人工智能相关技术、应用及价值链的逻辑关系和相互作用，为开展人工智能相关标准研制工作提供定位和方向建议。

3. 测试评估标准。围绕人工智能技术发展的成熟度、行业发展水平、企业能力等方面提取测试及评估的共性需求。包括与人工智能相关的服务能力成熟度评估、人工智能通用性测试指南、评估原则以及等级要求、企业能力框架及测评要求等标准。

基础共性标准建设重点
术语标准。结合人工智能发展现状，开展人工智能术语标准制修订工作。 **参考架构标准。**为指明人工智能相关技术、应用及价值链的逻辑关系、相互作用、发展方向，制定人工智能参考架构等标准。 **测试评估标准。**开展与人工智能相关的服务能力成熟度评估、技术或产品智能能力等级评估、模型质量等标准研制。

（二）支撑技术与产品标准

支撑技术与产品标准主要包括大数据、物联网、云计算、边缘计算、智能传感器、数据存储及传输设备等部分，如图 4 所示。

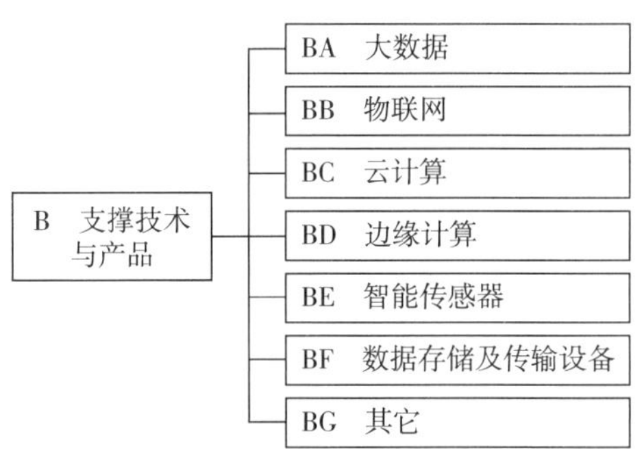

图 4　支撑技术与产品标准

1. 大数据标准。规范人工智能研发及应用等过程涉及的数据存储、处理、分析等大数据相关支撑技术要素，包括大数据系统产品、数据共享开放、数据管理机制、数据治理等标。

2. 物联网标准。规范人工智能研发和应用过程中涉及的感知和执行关键技术要素，为人工智能各类感知信息的采集、交互和互联互通提供支撑。包括智能感知设备标准、感知设备与人工智能平台的接口和互操作等智能网络接口、感知与执行一体化模型标准、多模态和态势感知标准等。

3. 云计算标准。规范面向人工智能的云计算平台、资源及服务，为人工智能信息的存储、运算、共享提供支撑。包括虚拟和物理资源池化、调度，智能运算平台架构，智能运算资源定义和接口、应用服务部署等标准。

4. 边缘计算标准。规范人工智能应用涉及的端计算设备、网络、数据与应用。包括数据传输接口协议、智能数据存储、端端协同、端云协同等标准。

5. 智能传感器标准。规范高精度传感器、新型 MEMS 传感器等，为人工智能的硬件发展提供标准支撑，包括传感器接口、性能评定、试验方法等标准。

6. 数据存储及传输设备标准。用于规范数据存储、传输设备相关技术、数据接口等。

支撑技术与产品标准建设重点
大数据标准。重点开展面向人工智能算法和应用的数据服务接口、数据管理能力成熟度评估、数据开放共享要求、开放程度评估以及敏感行业数据治理等标准研制。 **物联网标准。**重点开展新型 MEMS 传感器、多模态感知融合模型与实时化交叉计算方法等标准研制。 **云计算标准。**重点开展面向人工智能的异构计算资源池化、调度和管理等标准研制。 **边缘计算标准。**重点开展云/边人工智能数据传输接口协议和规范、轻量级人工智能模型运行环境要求等标准研制。 **智能传感器标准。**重点开展高精度传感器、新型 MEMS 传感器相关标准制定。 **数据存储及传输设备标准。**重点开展 DAS 存储设备、网络存储及传输设备、存储备份系统相关标准研制。

（三）基础软硬件平台标准

基础软硬件平台标准主要包括智能芯片、系统软件、开发框架等部分，如图 5 所示。

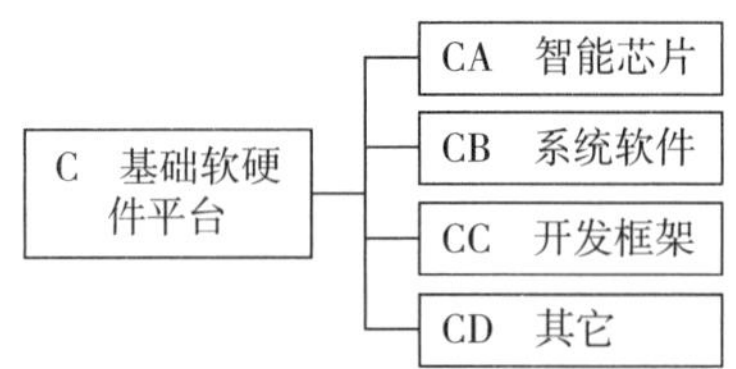

图 5 基础软硬件平台标准

1. 智能芯片标准。规范智能计算芯片、新型感知芯片及相关底层接口等，为人工智能模型的训练和推理提供算力支持。包括指令集和虚拟指令集、芯片性能、功耗测试要求、数据交换格式、芯片操作系统的设计及检测等标准。

2. 系统软件标准。规范人工智能软硬件优化编译器、人工智能算子库、人工智能软硬件平台计算性能等，促进软硬件平台的协同优化。

3. 开发框架标准。包括机器学习框架和应用系统之间的开发接口、神经网络模型表达和压缩等标准。

基础软硬件平台标准建设重点
智能芯片标准。重点开展智能芯片架构和设计、芯片性能、功耗测试要求、数据交换格式、芯片操作系统的设计及检测等标准研制。 **系统软件标准。**重点开展人工智能软硬件优化编译器、人工智能算子库、计算性能评测标准研制。 **开发框架标准。**重点开展机器学习框架应用开发接口、神经网络模型表达与压缩等标准研制。

（四）关键通用技术标准

关键通用技术标准主要包括机器学习、知识图谱、类脑智能计算、量子智能计算、模式识别等部分，如图 6 所示。

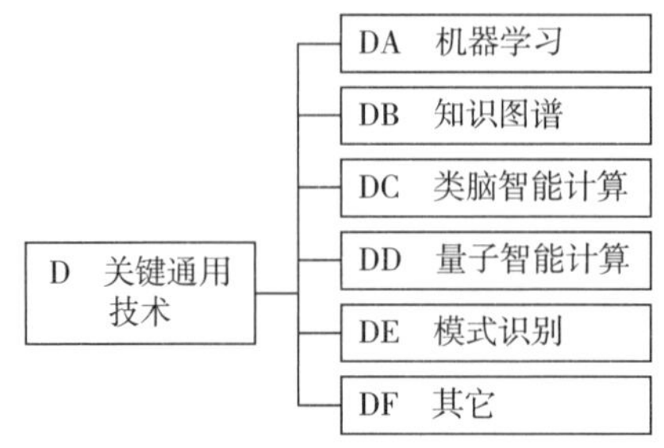

图 6 关键通用技术标准

1. 机器学习标准。规范监督学习、无监督学习、半监督学习、集成学习、深度学习和强化学习等不同类型的模型、训练数据、知识库、表达和评价。

2. 知识图谱标准。规范知识描述的结构形式、解释过程、知识深度语义的技术要求等，解决知识表示粒度、方式的不确定性问题。

3. 类脑智能计算标准。规范类脑计算算法基本模型、性能和应用，为人工智能系统提供新的计算架构，提高人工智能处理复杂问题的能力。包括类脑智能计算参考架构、脑特征机制计算模型建模和表达、基于生物机制建模的算法要求及其性能评价、类脑智能计算硬件设备通用技术要求等标准。

4. 量子智能计算标准。规范量子计算算法基本模型、性能和应用，为提高人工智能计算能力提供支撑。包括量子计算模型与算法、高性能高比特率的量子人工智能处理器、可与外界环境交互信息的实时量子人工智能系统等标准。

5. 模式识别标准。规范自适应或自组织的模式识别系统的特点、模型、技术要求和评价方法。

关键通用技术标准建设重点
机器学习标准。重点开展机器学习模型和算法、训练数据、表达和评价等标准的研制。 **知识图谱标准。**重点开展知识自动获取、知识建模与表达、语义计算、知识演化、知识图谱技术要求和评价等标准的研制。 **类脑智能计算标准。**重点开展类脑智能计算参考架构、脑特征机制计算模型建模和表达、基于生物机制建模的算法要求及其性能评价、类脑智能计算硬件设备通用技术要求等标准的研制。 **量子智能计算标准。**重点开展量子计算模型与算法、高性能高比特率的量子人工智能处理器、可与外界环境交互信息的实时量子人工智能系统等标准的研制。 **模式识别标准。**重点开展自适应或自组织的模式识别系统的特点、模型、技术要求和评价等标准的研制。

（五）关键领域技术标准

关键领域技术标准主要包括自然语言处理、智能语音、计算机视觉、生物特征识别、虚拟现实/增强现实、人机交互等部分，如图7所示。

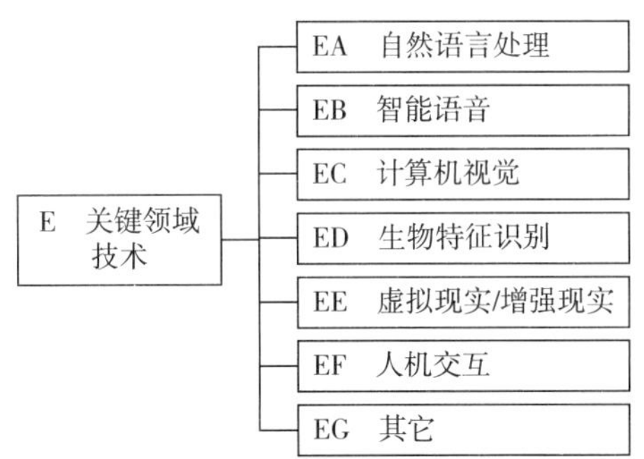

图7 关键领域技术标准

1. 自然语言处理标准。规定自然语言处理基础、信息提取、文本内容分析等方面的技术要求，解决计算机理解和表达自然语言过程中的数据、分析方法和语义描述的一致性问题。自然语言处理标准包括语言信息提取、文本处理、语义处理、应用扩展四个部分。

2. 智能语音标准。规范人机语言通信的技术和方法，确保语音识别、语音合成及其应用的准确性、一致性、高效性和可用性。智能语音标准包括语音设施设备、语音处理、语音识别、语音合成、语音接口五个部分。

3. 计算机视觉标准。规定计算机及视觉感知设备对目标进行检测、识别、跟踪的技术要求，解决图片或视频采集、处理、识别、理解和反馈等各环节的一致性和互联互通问题。计算机视觉标准包括视觉设施设备、数据及模型、图像识别与处理三个部分。

4. 生物特征识别标准。规范计算机利用人体所固有的生理特征（指纹、人脸、虹膜、声纹、DNA 等）或行为特征（步态、击键等）来进行个人身份鉴定的技术要求，解决生物特征描述、数据、接口的一致性问题。

5. 虚拟现实/增强现实标准。为用户提供视觉、触觉、听觉等多感官信息一致性体验的通用技术要求。

6. 人机交互标准。规范人与信息系统多通道、多模式和多维度的交互途径、模式、方法和技术要求，解决语音、手势、体感、脑机等多模态交互的融合协调和高效应用的问题，确保高可靠性和安全性交互模式。人机交互标准包括智能感知、动态识别、多模态交互三个部分。

关键领域技术标准建设重点
自然语言处理标准。重点开展光学字符识别、词干提取、词向量化、词性标注及描述等语言信息提取标准，智能分词、文本语种识别、词法分析、句法分析、语法分析、内容相关度分析、情感分析等文本处理标准，大规模智能语义库、语义数据、语义接口、语义标签、语义理解、语义表达的框架和模型、数据格式、形式化表达等语义处理标准，自动问答，机器翻译的系统架构、模型、技术要求和评价等应用扩展标准研制。 **智能语音标准。**重点开展语音传感设备、芯片、网络设施等语音设施设备标准，语音采集、语音语料库、语音增强、声源定位、语音编码解码、语音端点检测等语音处理标准，远场语音识别、语音语种识别、方言识别、命令词识别、语音听写、语音转写等语音识别标准，在线语音合成、离线语音合成、语音合成鉴别等语音合成标准，语音数据云接口、本地接口等语音接口标准研制。 **计算机视觉标准。**重点开展图像传感设备、芯片、网络设施等视觉设施设备标准，视觉数据库。数据描述。数据格式、视频接口、形状及空间建模等数据及模型标准，图像识别、图像语义处理、图像合成鉴别等图像识别与处理标准研制。 **生物特征识别标准。**重点开展典型模态（指纹、人脸、虹膜、声纹等）和新兴模态（DNA、步态等）设施设备、公共文档框架、应用程序接口、数据交换格式、轮廓技术要求等标准的研制。 **虚拟现实/增强现实标准。**重点开展内容制作、3D 环境理解、3D 交互理解等标准研制。 **人机交互标准。**重点开展融合场景感知、眼动跟踪、三维输入等智能感知标准，表情识别、手势识别、手写识别等动态识别标准，语音交互、情感交互、体感交互、脑机交互、全双工交互等多模态交互标准研制。

（六）产品与服务标准

产品与服务标准包括智能机器人、智能运载工具、智能终端、智能服务等部分，如图 8 所示。

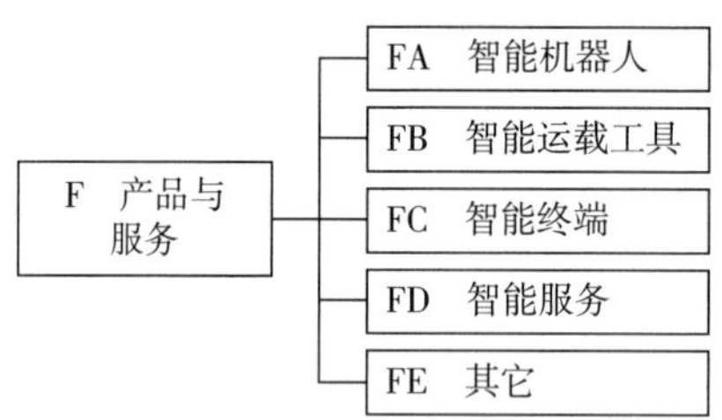

图 8　产品与服务标准

1. 智能机器人标准。结合《国家机器人标准体系建设指南》工作部署，在服务机器人方面，完善服务机器人硬件接口、安全使用以及多模态交互模式、功能集、服务机器人应用操作系统框架、服务机器人云平台通用要求等标准；在工业机器人方面，重点在工业机器人路径动态规划、协作型机器人设计等开展标准化工作。

2. 智能运载工具标准。开展人工智能技术应用在智能运载工具领域的通用标准体系建设和标准研制，包括高性能协同传感技术、车载互联及通信技术、智能化与网联化安全技术等方面。重点围绕行驶环境融合感知、智能决策控制、复杂系统重构设计和多模式测试评价等共性关键技术开展标准化工作。

3. 智能终端标准。开展人工智能技术应用在智能终端领域的标准研究，重点围绕移动智能终端产品图像识别、人脸识别、AI 芯片等相关技术开展标准化工作。

4. 智能服务标准。包括图像识别、智能语音、自然语言处理、机器学习算法等标准。重点开展人工智能服务能力成熟度评价、智能服务参考架构等标准制定工作。

产品与服务标准建设重点
智能机器人标准。围绕服务机器人，完善服务机器人硬件接口、安全使用以及多模态交互模式、功能集、服务机器人应用操作系统框架、服务机器人云平台通用要求等标准；围绕工业机器人，重点在工业机器人路径动态规划、协作型机器人设计规范等开展标准化工作。 **智能运载工具标准**。重点围绕行驶环境融合感知、智能决策控制、复杂系统重构设计和多模式测试评价等共性关键技术开展标准化工作。 **智能终端标准**。重点围绕移动智能终端产品图像识别、人脸识别、AI芯片等相关技术开展标准化工作。 **智能服务标准**。重点开展人工智能服务能力成熟度评价、智能服务参考架构等标准制定工作。

（七）行业应用标准

根据国务院印发的《新一代人工智能发展规划》（国发〔2017〕35号），结合当前人工智能应用发展态势，确定人工智能标准化重点行业应用领域包括：智能制造、智能农业、智能交通、智能医疗、智能教育、智能商务、智能能源、智能物流、智能金融、智能家居、智能政务、智慧城市、公共安全、智能环保、智能法庭、智能游戏等，如图9所示。

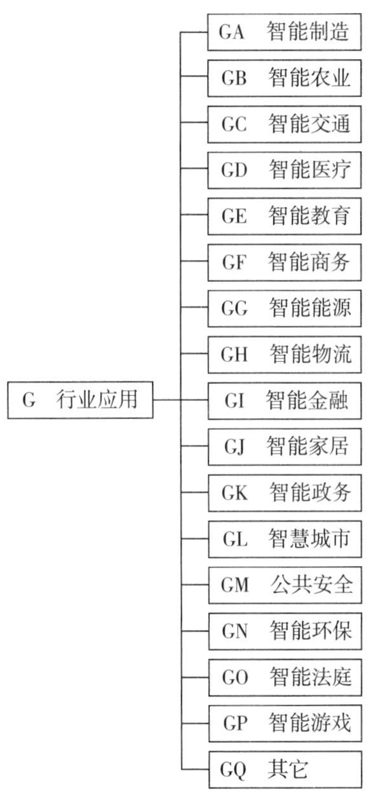

图9 行业应用标准

人工智能行业应用具有跨行业、跨专业、跨领域、多应用场景的特点，不同行业的侧重点不同。在标准规划研究过程中，应以市场驱动为主，行业引导、政府支持相结合，立足行业需求，兼顾技术迭代体系建设。

1. 智能制造领域。规范工业制造中信息感知、自主控制、系统协同、个性化定制、检测维护、过程优化等方面技术要求。

2. 智能农业领域。规范在应用环境复杂、应用场景多样的农业环境下专用传感器、网络、预测数据模型等技术要求，用于辅助农产品生产与加工，提高农作物产量。

3. 智能交通领域。规范交通信息数据平台及综合管理系统，从而可以智能地处理行人、车辆和路况等动态复杂信息，引领智能信号灯等技术的推广。

4. 智能医疗领域。围绕医疗数据、医疗诊断、医疗服务、医疗监管等，重点规范人工智能医疗应用在数据获取、数据隐身管理等方面内容，包括医疗数据特征表示、人工智能医疗质量评估等标准。

5. 智能教育领域。规范在新型教育体系中的教学、管理等全流程相关的人工智能应用，建立以学习者为中心精准推送的教育服务，实现日常教育和终身教育定制化。

6. 智能商务领域。主要规范应用场景复杂的商务智能化领域，包括对服务模型的分类和管理、商务数据的智能分析，以及相应推荐引擎系统架构的设计要求。

7. 智能能源领域。规范在能源开发利用、生产消费全过程中的融合智能应用，包括能源系统的自组织、自检查、自平衡和自优化。

8. 智能物流领域。规范物流从规划、进货、加工、存储和运输全流程的技术和管理要求，引入智能识别、仓储、调度、追踪、配置等，提升物流效率，加强物流信息可视化程度，优化物流配置。

9. 智能金融领域。规范线上支付、融资信贷、技资顾问、风险管理、大数据分析预测、数据安全等应用技术，辅助提升金融资产端的征信、产品定价、投资研究，客户端的支付方式、投资顾问、客服等业务能力。

10. 智能家居领域。规范家居智能硬件、智能网联、服务平台、智能软件等产品、服务和应用，促进智能家居产品的互联互通，有效提升智能家居在家居照明、监控、娱乐、健康、教育、资讯、安防等方面的用户体验。

11. 智能政务领域。规范政务智能化应用，从政务信息公开、透明、开放和共享角度出发，以标准化形式提高政府工作效率，加强事前控制、事中事后监管。

12. 智慧城市领域。规范智慧城市未来模式下智能应用的技术要求，包括评估人工智能技术在复杂城市环境下的风险，评估城市安全、辅助决策等应用或产品的智能程度等。

13. 公共安全领域。规范涉及公共安全的探测传感、各类信息处理和综合分析相关应用技术，从而实现智能化监测预警与综合应对。

14. 智能环保领域。规范环境监测、自然资源管理、污染物排放预测等相关数据模型、平台和产品，进而提高环保行业智能化水平。

15. 智能法庭领域。规范司法过程中信息的智能分析和管理要求，实现案情要素的智能分析、对多元化数据进行挖掘分析，进而提升庭审效率。

16. 智能游戏领域。规范游戏设计开发、硬件设备、人机交互、游戏体验等相关人工智能技术应用、功能性能和测试，包括游戏操作系统、制作引擎、多媒体渲染、语音体感动态交互、游戏角色自主学习、决策与对抗、用户数据分析、游戏环境治理等。

行业应用标准建设重点
智能制造领域。重点开展大规模个性化定制、预测性维护（包括 VR/AR 技术的应用）、工艺过程优化、制造过程物流优化、运营管理优化等标准。 **智能农业领域。**亟须制定农业专用传感器、窄带物联网、病虫害预测数据模型、数据平台接口等相关标准。 **智能交通领域。**开展智能交通数据信息平台、车辆与路网通信、电子车牌识别、道路优先通行、车联网与人工智能结合、信号灯与人工智能结合、其他行业（如公共安全等）与智能交通结合等标准研究。 **智能医疗领域。**重点开展医疗数据监测与获取、医疗数据隐私与数据交换、医疗数据标注、医疗数据特征识别、医疗数据噪声识别与质量评价、医疗辅助诊断与风险评估诊断、医疗监管智能化等标准制定工作。 **智能教育领域。**重点开展人工智能技术教育服务平台及接口、教育数据服务、智能考试评测、教育监管智能化、智能教育应用示范系统等标准制定工作。

续表

行业应用标准建设重点
智能商务领域。亟须制定推荐引擎系统架构、服务管理模型、商务数据识别技术、精准营销模型等方面的标准。
智能能源领域。亟须统一规划和顶层设计，研究重点包括基本概念、术语定义、概念模型、体系架构、评价指标等。
智能物流领域。重点针对物流智能规划、智能识别、智能仓储及物流过程调度、追踪规范、结合供应链的物流配置要求等方面开展标准研究工作。
智能金融领域。重点在人工智能金融数据标准化、金融风控及数据安全等方面开展相应的研究工作，加强金融科技框架的前瞻性研究。
智能家居领域。重点在产品定义和分类、快速接入技术、基于云的互联互通和控制技术、智能交互技术、节能、智能化分级等方面开展标准化工作。
智能政务领域。重点在数据共享、业务协同、政务信息资源开放等方面开展标准化工作。
智慧城市领域。重点针对城市安全水平、辅助决策能力等的智能程度开展标准化工作，并结合城市污水处理等影响民生的重点领域研制相关智能化技术标准。
公共安全领域。重点开展多种探测传感技术、多源信息融合技术、视频图像信息分析识别技术、生物特征识别技术的集成及智能化监测预警与综合应对平台标准研制。
智能环保领域。聚焦环境监测技术、自然资源管理、污染物排放的智能预测数据模型、环境智能监控大数据分析平台、信息共享的智能环境监测网络等方面标准研究。
智能法庭领域。重点研制庭审数据格式统一规范、庭审数据深度分析等标准。
智能游戏领域。重点研制游戏操作系统、制作引擎、多媒体渲染、语音体感动态交互、游戏角色自主学习、决策与对抗、用户数据分析、游戏环境治理等标准。

（八）安全/伦理标准

安全/伦理标准包括人工智能领域的安全与隐私保护、伦理等部分，如图10所示。

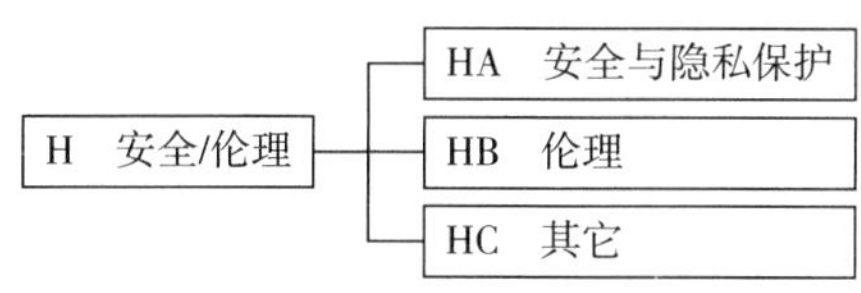

图10 安全/伦理标准

1. 安全与隐私保护标准。包括基础安全，数据、算法和模型安全，技术和系统安全，安全管理和服务，安全测试评估，产品和应用安全等六个部分。

其中，人工智能基础安全标准是人工智能安全标准体系的基础性标准，用于指导人工智能安全工作的全过程，主要包括人工智能概念和术语、安全参考架构、基本安全要求等。

人工智能数据、算法和模型安全标准是针对人工智能数据、算法和模型中突出安全风险提出的，包括数据安全、隐私保护、算法模型可信赖等。

人工智能技术和系统安全标准用于指导人工智能系统平台的安全建设，主要包括人工智能开源框架安全标准、人工智能系统安全工程标准、人工智能计算设施安全标准、人工智能安全技术标准。

人工智能安全管理和服务标准主要是为保障人工智能管理和服务安全，包括安全风险管理、供应链安全、人工智能安全运营、人工智能安全服务能力等。

人工智能安全测试评估标准主要从人工智能的算法、数据、技术和系统、应用等方面分析安全测试评估要点，提出人工智能算法模型、系统和服务平台安全、数据安全、应用风险、测试评估指标等基础性测评标准。

人工智能产品和应用安全标准主要是为保障人工智能技术、服务和产品在具体应用场景下的安全，可面向智能门锁、智能音箱、智慧风控、智慧客服等应用成熟、使用广泛或安全需求迫切的领域进行标准研制。

2. 伦理标准。规范人工智能服务冲击传统道德伦理和法律秩序而产生的要求，重点研究领域为医疗、交通、应急救援等特殊行业。

安全/伦理标准建设重点
人工智能基础安全标准。重点开展人工智能安全术语、人工智能安全参考框架、人工智能基本安全原则和要求等标准的研制。 **人工智能数据、算法和模型安全标准。**重点开展匿名用户数据使用管理、人工智能数据安全、人工智能数据标注安全、人工智能算法模型可信赖等标准研制。 **人工智能技术和系统安全标准。**重点开展人工智能开源框架安全，人工智能应用安全指南等标准的研制。 **人工智能安全管理和服务标准。**重点开展人工智能供应链安全管理实践指南、人工智能安全服务能力要求等标准的研制。 **人工智能安全测试评估标准。**重点开展人工智能算法模型、系统和服务平台安全、数据安全、应用风险、测试评估指标等基础性测评标准的研制。 **人工智能产品和应用安全标准。**重点开展智能门锁、智能音箱、智慧风控、智慧客服等应用广泛或安全需求迫切领域的标准研制。 **人工智能伦理标准。**重点开展基于人工智能技术的医疗、应急等涉及伦理道德范畴的标准研制。

国家发展改革委办公厅
关于做好县城城镇化公共停车场和公路客运站补短板强弱项工作的通知

（发改办基础〔2020〕522 号）

各省、自治区、直辖市及计划单列市、新疆生产建设兵团发展改革委：

公共停车场和公路客运站是县城重要的市政公用设施，对于拓展县城居民出行空间、提高人民群众幸福感、促进城乡融合发展具有重要作用。为提升县城公共设施和服务能力，扩大有效投资，发挥公共停车场和公路客运站对县城城镇化建设的支撑引领作用，根据《国家发展改革委关于加快开展县城城镇化补短板强弱项工作的通知》（发改规划〔2020〕831 号），现将有关事项通知如下：

一、准确把握总体要求。

以习近平新时代中国特色社会主义思想为指导，深入贯彻党中央、国务院关于统筹推进疫情防控和经济社会发展的决策部署，坚持以人民为中心发展思想，加强科学谋划、统筹布局，倡导绿色发展理念，推进县城、县级市、特大镇区停车场和公路客运站建设，强化与综合交通运输体系有机融合，以全生命周期推进设施建设发展，切实保障人民美好生活需要，推进县城交通高质量发展。

二、严格遵循基本原则。

坚持远近结合、适度超前，立足当前、着眼长远，做好发展统筹谋划，尽力而为、量力而行，有序推进项目建设。坚持科学设计、集约挖潜，立足东、中、西部区域差异和县城具体实际，科学合理规划建设，严格执行现行规范标准，加强资源统筹利用，盘活既有设施资源。坚持建管并重、强化监管，高度重视后续运营管理，加强违法、违规行为监督治理，确保建设成果充分体现。坚持融合创新、多元拓展，推进公路客运站与邮政、旅游等功能融合，鼓励具备条件的公路客运站拓展异地候机楼等功能，鼓励运营管理、商业开发模式探索创新，加快推进“互联网+”交通等新业态新模式应用。

三、科学设置发展目标。

立足县域经济社会发展和交通运输需要，根据县域总体规划和综合交通运输体系规划等，统筹考虑县城自然区位条件、对外经济联系、产业布局、人员往来、资源流通、公共交通发展等情况，合理设置阶段性发展目标。推进项目建设精准化和精细化，加强省域统筹，细化编制县城公共停车场配建标准，落实交通运输、住房城乡建设等主管部门出台的公路客运站及乡镇运输服务站设计运行标准。

四、明确建设重点领域。

立足满足出行停车需求，推进主要公共建筑配建停车场、综合客运枢纽配建停车场、路侧停车位设施升级改造、政府主导停车信息平台等建设；鼓励建设立体停车场、机械式停车库等，在具备条件的地区推进“P+R”停车场建设。居住社区配建停车场、棚改区停车场、各类商业设施配套停车场、旅游景区配套停车场、工业园区配套停车场等按照相关领域规划政策要求推进建设。

加快推进二级及以上公路客运站覆盖所有县城、县级市，具备客运（公交）功能的乡镇运输服务站覆盖具备条件的乡镇。重点推进位于县城、县级市及特大镇区的公路客运站、乡镇客运服务站以及客运班线、包车客运、旅游客运等中途停靠站点建设，在具备条件的地区推进政府主导的配套乘车出行平台建设；推进公路客运站与市域主要铁路、航空客运枢纽间的便捷换乘衔接设施等建设。

五、积极拓展融资渠道。

统筹利用好地方政府专项债券、抗疫特别国债、企业债券、银行贷款、社会资本、车购税资金等各类资金渠道。积极推动交通部门申请县城公路客运站的车购税补助，精准补齐客运站设施短板。切实加强公共停车场和公路客运站项目前期工作，完善项目库，支持符合条件的项目申请使用地方政府债券、抗疫特别国债。加大金融支持力度，鼓励县城公共停车场和公路客运站项目使用企业债券，鼓励开发性金融机构创新金融产品和融资模式提供支持。鼓励社会资本参与公共停车场建设运营、公路客运站运营管理和商业开发，鼓励社会资本开展出行、停车平台开发等。

六、加大土地要素保障。

推动国土空间规划中预留一定比例用于停车设施、公路客运站、乡镇服务站建设，落实土地要素市场化改革要求，保障项目合理用地需求。结合县城发展实际和未来规划情况，鼓励具备条件的地区利用地上地下空间发展公共停车场和公路客运站，推进土地的复合利用，提升节约集约用地水平。

七、提升智慧智能水平。

强化停车和客运资源信息化管理水平，加强县域范围公共停车场和公路客运服务资源摸底调查，建立数据库。利用智慧平台提升服务供给保障，加快县域智慧出行、智慧停车等相关信息平台建设，着重推进公共停车资源在夜间、节假日期间错时共享，根据旅客需求灵活设置出行线路，丰富服务体系，提高资源利用效率，完善全程出行链。

八、持续加强综合治理。

严格运营监管执法，加强违法停车、非法营运治理，严格监督停车、运输服务收费行为，严厉打击随意圈地、无照营运等违规经营行为，规范完善运营管理、商业开发等相关购买服务。加强信息引导，完善公共停车场周边市政公用设施和引导标志标识建设。加强设施养护，促进可持续发展，提升运营管理水平。

各地发展改革委要根据本通知要求，会同公安、自然资源、住房城乡建设、交通运输等相关行业主管单位，抓紧制定具体实施方案，扎实做好各项工作，为推进县城城镇化建设提供有力保障。

国家发展改革委办公厅
2020 年 7 月 7 日

关于印送《贯彻落实网络安全等级保护制度和关键信息基础设施安全保护制度的指导意见》的函

（公网安〔2020〕1960 号）

中央和国家机关各部委，国务院各直属机构、办事机构、事业单位，各中央企业：

为深入贯彻党中央有关文件精神和《网络安全法》，指导重点行业、部门全面落实网络安全等级保护制度和关键信息基础设施安全保护制度，健全完善国家网络安全综合防控体系，有效防范网络安全威胁，有力处置重大网络安全事件，配合公安机关加强网络安全监管，严厉打击危害网络安全的违法犯罪活动，切实保障关键信息基础设施、重要网络和数据安全，公安部研究制定了《贯彻落实网络安全等级保护制度和关键信息基础设施安全保护制度的指导意见》。现印送给你们，请结合本行业、本部门工作实际，认真参照执行。

公安部

2020 年 7 月 22 日

贯彻落实网络安全等级保护制度和关键信息基础设施安全保护制度的指导意见

网络安全等级保护制度和关键信息基础设施安全保护制度是党中央有关文件和《网络安全法》确定的基本制度。近年来，各单位、各部门按照中央网络安全政策要求和《网络安全法》等法律法规规定，全面加强网络安全工作，有力保障了国家关键信息基础设施、重要网络和数据安全。但随着信息技术飞速发展，网络安全工作仍面临一些新形势、新任务和新挑战。为深入贯彻落实网络安全等级保护制度和关键信息基础设施安全保护制度，健全完善国家网络安全综合防控体系，有效防范网络安全威胁，有力处置网络安全事件，严厉打击危害网络安全的违法犯罪活动，切实保障国家网络安全，特制定以下指导意见。

一、指导思想、基本原则和工作目标

（一）指导思想

以习近平新时代中国特色社会主义思想为指导，按照党中央、国务院决策部署，以总体国家安全观为统领，认真贯彻实施网络强国战略，全面加强网络安全工作统筹规划，以贯彻落实网络安全等级保护制度和关键信息基础设施安全保护制度为基础，以保护关键信息基础设施、重要网络和数据安全为重点，全面加强网络安全防范管理、监测预警、应急处置、侦查打击、情报信息等各项工作，及时监测、处置网络安全风险、威胁和网络安全突发事件，保护关键信息基础设施、重要网络和数据免受攻击、侵入、干扰和破坏，依法惩治网络违法犯罪活动，切实提高网络安全保护能力，积极构建国家网络安全综合防控体系，切实维护国家网络空间主权、国家安全和社会公共利益，保护人民群众的合法权益，保障和促进经济社会信息化健康发展。

（二）基本原则

坚持分等级保护、突出重点。根据网络（包含网络设施、信息系统、数据资源等）在国家安全、经济建设、社会生活中的重要程度，以及其遭到破坏后的危害程度等因素，科学确定网络的安全保护等级，实施分等级保护、分等级监管，重点保障关键信息基础设施和第三级（含第三级、下同）以上网络的安全。

坚持积极防御、综合防护。按照法律法规和有关国家标准规范，充分利用人工智能、大数据分析等技术，积极落实网络安全管理和技术防范措施，强化网络安全监测、态势感知、通报预警和应急处置等重点工作，综合采取网络安全保护、保卫、保障措施，防范和遏制重大网络安全风险、事件发生，保护云计算、物联网、新型互联网、大数据、智能制造等新技术应用和新业态安全。

坚持依法保护、形成合力。依据《网络安全法》等法律法规规定，公安机关依法履行网络安全保卫和监督管理职责，网络安全行业主管部门（含监管部门，下同）依法履行本行业网络安全主管、监管责任，强化和落实网络运营者主体防护责任，充分发挥和调动社会各方力量，协调配合、群策群力，形成网络安全保护工作合力。

（三）工作目标

网络安全等级保护制度深入贯彻实施。网络安全等级保护定级备案、等级测评、安全建设和检查等基础工作深入推进。网络安全保护“实战化、体系化、常态化”和“动态防御、主动防御、纵深防御、精准防护、整体防控、联防联控”的“三化六防”措施得到有效落实，网络安全保护良好生态基本建立，国家网络安全综合防护能力和水平显著提升。

关键信息基础设施安全保护制度建立实施。关键信息基础设施底数清晰，安全保护机构健全、职责明确、保障有力。在贯彻落实网络安全等级保护制度的基础上，关键信息基础设施涉及的关键岗位人员管理、供应链安全、数据安全、应急处置等重点安全保护措施得到有效落实，关键信息基础设施安全防护能力明显增强。

网络安全监测预警和应急处置能力显著提升。跨行业、跨部门、跨地区的立体化网络安全监测体系和网络安全保护平台基本建成，网络安全态势感知、通报预警和事件发现处置能力明显提高。网络安全预案科学齐备，应急处置机制完善，应急演练常态化开展，网络安全重大事件得到有效防范、遏制和处置。

网络安全综合防控体系基本形成。网络安全保护工作机制健全完善，党委统筹领导、各部门分工负责、社会力量多方参与的网络安全工作格局进一步完善。网络安全责任制得到有效落实，网络安全管理防范、监督指导和侦查打击等能力显著提升，“打防管控”一体化的网络安全综合防控体系基本形成。

二、深入贯彻实施国家网络安全等级保护制度

按照国家网络安全等级保护制度要求，各单位、各部门在公安机关指导监督下，认真组织、深入开展网络安全等级保护工作，建立良好的网络安全保护生态，切实履行主体责任，全面提升网络安全保护能力。

（一）深化网络定级备案工作。网络运营者应全面梳理本单位各类网络，特别是云计算、物联网、新型互联网、大数据、智能制造等新技术应用的基本情况，并根据网络的功能、服务范围、服务对象和处理数据等情况，科学确定网络的安全保护等级，对第二级以上网络依法向公安机关备案，并向行业主管部门报备。对新建网络，应在规划设计阶段确定安全保护等级。公安机关对网络运营者提交的备案材料和网络的安全保护等级进行审核，对定级结果合理、备案材料符合要求的，及时出具网络安全等级保护备案证明。行业主管部门可以依据《网络安全等级保护定级指南》国家标准，结合行业特点制定行业网络安全等级保护定级指导意见。

（二）定期开展网络安全等级测评。网络运营者应依据有关标准规范，对已定级备案网络的安全性进行检测评估，查找可能存在的网络安全问题和隐患。第三级以上网络运营者应委托符合国家有关规定的等级测评机构，每年开展一次网络安全等级测评，并及时将等级测评报告提交受理备案的公安机关和行业主管部门。新建第三级以上网络应在通过等级测评后投入运行。网络运营者在开展测评服务过程中要与测评机构签署安全保密协议，并对测评过程进行监督管理。公安机关要加强对本地等级测评机构的监

督管理，建立测评人员背景审查和人员审核制度，确保等级测评过程客观、公正、安全。

（三）科学开展安全建设整改。网络运营者应在网络建设和运营过程中，同步规划、同步建设、同步使用有关网络安全保护措施。应依据《网络安全等级保护基本要求》《网络安全等级保护安全设计技术要求》等国家标准，在现有安全保护措施的基础上，全面梳理分析安全保护需求，并结合等级测评过程中发现的问题隐患，按照“一个中心（安全管理中心）、三重防护（安全通信网络、安全区域边界、安全计算环境）”的要求，认真开展网络安全建设和整改加固，全面落实安全保护技术措施。网络运营者可将网络迁移上云，或将网络安全服务外包，充分利用云服务商和网络安全服务商提升网络安全保护能力和水平。应全面加强网络安全管理，建立完善人员管理、教育培训、系统安全建设和运维等管理制度，加强机房、设备和介质安全管理，强化重要数据和个人信息保护，制定操作规范和工作流程，加强日常监督和考核，确保各项管理措施有效落实。

（四）强化安全责任落实。行业主管部门、网络运营者应依据《网络安全法》等法律法规和有关政策要求，按照“谁主管谁负责、谁运营谁负责”的原则，厘清网络安全保护边界，明确安全保护工作责任，建立网络安全等级保护工作责任制，落实责任追究制度，作到“守土有责、守土尽责”。网络运营者要定期组织专门力量开展网络安全自查和检测评估，行业主管部门要组织风险评估，及时发现网络安全隐患和薄弱环节并予以整改，不断提高网络安全保护能力和水平。

（五）加强供应链安全管理。网络运营者应加强网络关键人员的安全管理，第三级以上网络运营者应对为其提供设计、建设、运维、技术服务的机构和人员加强管理，评估服务过程中可能存在的安全风险，并采取相应的管控措施。网络运营者应加强网络运维管理，因业务需要确需通过互联网远程运维的，应进行评估论证，并采取相应的管控措施。网络运营者应采购、使用符合国家法律法规和有关标准规范要求的网络产品及服务，第三级以上网络运营者应积极应用安全可信的网络产品及服务。

（六）落实密码安全防护要求。网络运营者应贯彻落实《密码法》等有关法律法规规定和密码应用相关标准规范。第三级以上网络应正确、有效采用密码技术进行保护，并使用符合相关要求的密码产品和服务。第三级以上网络运营者应在网络规划、建设和运行阶段，按照密码应用安全性评估管理办法和相关标准，在网络安全等级测评中同步开展密码应用安全性评估。

三、建立并实施关键信息基础设施安全保护制度

公安机关指导监督关键信息基础设施安全保护工作。各单位、各部门应加强关键信息基础设施安全的法律体系、政策体系、标准体系、保护体系、保卫体系和保障体系建设，建立并实施关键信息基础设施安全保护制度，在落实网络安全等级保护制度基础上，突出保护重点，强化保护措施，切实维护关键信息基础设施安全。

（一）组织认定关键信息基础设施。根据党中央和公安部有关规定，公共通信和信息服务、能源、交通、水利、金融、公共服务、电子政务、国防科技工业等重要行业和领域的主管、监管部门（以下统称保护工作部门）应制定本行业、本领域关键信息基础设施认定规则并报公安部备案。保护工作部门根据认定规则负责组织认定本行业、本领域关键信息基础设施，及时将认定结果通知相关设施运营者并报公安部。应将符合认定条件的基础网络、大型专网、核心业务系统、云平台、大数据平台、物联网、工业控制系统、智能制造系统、新型互联网、新兴通讯设施等重点保护对象纳入关键信息基础设施。关键信息基础设施清单实行动态调整机制，有关网络设施、信息系统发生较大变化，可能影响其认定结果的，运营者应及时将相关情况报告保护工作部门，保护工作部门应组织重新认定，将认定结果通知运营者，并报公安部。

（二）明确关键信息基础设施安全保护工作职能分工。公安部负责关键信息基础设施安全保护工作的顶层设计和规划部署，会同相关部门健全完善关键信息基础设施安全保护制度体系。保护工作部门负责对本行业、本领域关键信息基础设施安全保护工作的组织领导，根据国家网络安全法律法规和有关标准

规范要求，制定并实施本行业、本领域关键信息基础设施安全总体规划和安全防护策略，落实本行业、本领域网络安全指导监督责任。关键信息基础设施运营者负责设置专门安全管理机构，组织开展关键信息基础设施安全保护工作，主要负责人对本单位关键信息基础设施安全保护负总责。

（三）落实关键信息基础设施重点防护措施。关键信息基础设施运营者应依据网络安全等级保护标准开展安全建设并进行等级测评，发现问题和风险隐患要及时整改；依据关键信息基础设施安全保护标准，加强安全保护和保障，并进行安全检测评估。要梳理网络资产，建立资产档案，强化核心岗位人员管理、整体防护、监测预警、应急处置、数据保护等重点保护措施，合理分区分域，收敛互联网暴露面，加强网络攻击威胁管控，强化纵深防御，积极利用新技术开展网络安全保护，构建以密码技术、可信计算、人工智能、大数据分析等为核心的网络安全保护体系，不断提升关键信息基础设施内生安全、主动免疫和主动防御能力。有条件的运营者应组建自己的安全服务机构，承担关键信息基础设施安全保护任务，也可通过迁移上云或购买安全服务等方式，提高网络安全专业化、集约化保障能力。

（四）加强重要数据和个人信息保护。运营者应建立并落实重要数据和个人信息安全保护制度，对关键信息基础设施中的重要网络和数据库进行容灾备份，采取身份鉴别、访问控制、密码保护、安全审计、安全隔离、可信验证等关键技术措施，切实保护重要数据全生命周期安全。运营者在境内运营中收集和产生的个人信息和重要数据应当在境内存储，因业务需要，确需向境外提供的，应当遵守有关规定并进行安全评估。

（五）强化核心岗位人员和产品服务的安全管理。要对专门安全管理机构的负责人和关键岗位人员进行安全背景审查，加强管理。要对关键信息基础设施设计、建设、运行、维护等服务实施安全管理，采购安全可信的网络产品和服务，确保供应链安全。当采购产品和服务可能影响国家安全的，应按照国家有关规定通过安全审查。公安机关加强对关键信息基础设施安全服务机构的安全管理，为运营者开展安全保护工作提供支持。

四、加强网络安全保护工作协作配合

行业主管部门、网络运营者与公安机关要密切协同，大力开展安全监测、通报预警、应急处置、威胁情报等工作，落实常态化措施，提升应对、处置网络安全突发事件和重大风险防控能力。

（一）加强网络安全立体化监测体系建设。各单位、各部门要全面加强网络安全监测，对关键信息基础设施、重要网络等开展实时监测，发现网络攻击和安全威胁，立即报告公安机关和有关部门并采取有效措施处置。要加强网络新技术研究和应用，研究绘制网络空间地理信息图谱（网络地图），实现挂图作战。行业主管部门、网络运营要建设本行业、本单位的网络安全保护业务平台，建设平台智慧大脑，依托平台和大数据开展实时监测、通报预警、应急处置、安全防护、指挥调度等工作，并与公安机关有关安全保卫平台对接，形成条块结合、纵横联通、协同联动的综合防控大格局。重点行业、网络运营者和公安机关要建设网络安全监控指挥中心，落实7×24小时值班值守制度，建立常态化、实战化的网络安全工作机制。

（二）加强网络安全信息共享和通报预警。行业主管部门、网络运营者要依托国家网络与信息安全信息通报机制，加强本行业、本领域网络安全信息通报预警力量建设，及时收集、汇总、分析各方网络安全信息，加强威胁情报工作，组织开展网络安全威胁分析和态势研判，及时通报预警和处置。第三级以上网络运营者和关键信息基础设施运营者要开展网络安全监测预警和信息通报工作，及时接收、处置来自国家、行业和地方网络安全预警通报信息，按规定向行业主管部门、备案公安机关报送网络安全监测预警信息和网络安全事件。公安机关要加强网络与信息安全信息通报预警机制建设和力量建设，不断提高网络安全通报预警能力。

（三）加强网络安全应急处置机制建设。行业主管部门、网络运营者要按照国家有关要求制定网络安全应急预案，加强网络安全应急力量建设和应急资源储备，与公安机关密切配合，建立网络安全事件报告制度和应急处置机制。关键信息基础设施运营者和第三级以上网络运营者应定期开展应急演练，有效处置网络安全事件，并针对应急演练中发现的突出问题和漏洞隐患，及时整改加固，完善保护措施。行业主管部门、网络运营者应配合公安机关每年组织开展的网络安全监督检查、比武演习等工作，不断提升安全保护能力和对抗能力。

（四）加强网络安全事件处置和案件侦办。关键信息基础设施、第三级以上网络发生重大网络安全威胁和事件时，行业主管部门、网络运营者和公安机关应联合开展处置。电信业务经营者、网络服务提供者应提供支持及协助。网络运营者应配合公安机关打击网络违法犯罪活动；发现违法犯罪线索、重大网络安全威胁和事件时，应及时报告公安机关和有关部门并提供必要协助。

（五）加强网络安全问题隐患整改督办。公安机关建立挂牌督办制度，针对网络运营者网络安全工作不力、重大安全问题隐患久拖不改，或存在较大网络安全风险、发生重大网络安全案（事）件的，按照规定的权限和程序，会同行业主管部门对相关负责人进行约谈，挂牌督办，并加大监督检查和行政执法力度，依法依规进行行政处罚。网络运营者应按照有关要求采取措施，及时进行整改，消除重大风险隐患。发生重大网络安全案（事）件的，行业主管部门应组织全行业开展整改整顿。

五、加强网络安全工作各项保障

（一）加强组织领导。各单位、各部门要高度重视网络安全等级保护和关键信息基础设施安全保护工作，将其列入重要议事日程，加强统筹领导和规划设计，认真研究解决网络安全机构设置、人员配备、经费投入、安全保护措施建设等重大问题。行业主管部门和网络运营者要明确本单位主要负责人是网络安全的第一责任人，并确定一名领导班子成员分管网络安全工作，成立网络安全专门机构，明确任务分工，一级抓一级，层层抓落实。

（二）加强经费政策保障。各单位、各部门要通过现有经费渠道、保障关键信息基础设施、第三级以上网络等开展等级测评、风险评估、密码应用安全性检测、演练竞赛、安全建设整改、安全保护平台建设、密码保障系统建设、运行维护、监督检查、教育培训等经费投入。关键信息基础设施运营者应保障足额的网络安全投入，作出网络安全和信息化有关决策时应有网络安全管理机构人员参与。有关部门要扶持重点网络安全技术产业和项目，支持网络安全技术研究开发和创新应用，推动网络安全产业健康发展。公安机关要会同相关部门组织实施“一带一路”网络安全战略，支持网络安全企业“走出去”，与有关国家共享中国网络安全保护经验。

（三）加强考核评价。各单位、各部门要进一步健全完善网络安全考核评价制度，明确考核指标，组织开展考核。公安机关将网络安全工作纳入社会治安综合治理考核评价体系，每年组织对各地区网络安全工作进行考核评价，每年评选网络安全等级保护、关键信息基础设施安全保护工作先进单位，并将结果报告党委政府，通报网信部门。

（四）加强技术攻关。各单位、各部门要充分调动网络安全企业、科研机构、专家等社会力量积极参与网络安全核心技术攻关，加强网络安全协同协作、互动互补、共治共享和群防群治。公安机关要会同有关部门加强网络安全等级保护和关键信息基础设施安全保护标准制定工作，出台标准应用指南，加强标准宣贯和应用实施，建设试点示范基地，促进我国网络安全产业和企业的健康发展。

（五）加强人才培养。各单位、各部门要加强网络安全等级保护和关键信息基础设施安全保护业务交流，通过组织开展比武竞赛等形式，发现选拔高精尖技术人才，建设人才库，建立健全人才发现、培养、选拔和使用机制，为做好网络安全工作提供人才保障。

高速铁路安全防护管理办法

（中华人民共和国交通运输部令2020年第8号）

《高速铁路安全防护管理办法》已于2020年3月26日经交通运输部第10次部务会议通过，并经公安部、自然资源部、生态环境部、住房和城乡建设部、水利部、应急管理部同意，现予公布，自2020年7月1日起施行。

交通运输部部长　李小鹏
公安部部长　赵克志
自然资源部部长　陆　昊
生态环境部部长　黄润秋
住房和城乡建设部部长　王蒙徽
水利部部长　鄂竟平
应急管理部部长　王玉普
2020年5月6日

第一章　总则

第一条　为了加强高速铁路安全防护，防范铁路外部风险，保障高速铁路安全和畅通，维护人民生命财产安全，根据《中华人民共和国铁路法》《中华人民共和国安全生产法》《中华人民共和国反恐怖主义法》《铁路安全管理条例》等法律、行政法规，制定本办法。

第二条　本办法适用于设计开行时速250公里以上（含预留），并且初期运营时速200公里以上的客运列车专线铁路（以下称高速铁路）。

第三条　高速铁路安全防护坚持安全第一、预防为主、依法管理、综合治理的方针，坚持技防、物防、人防相结合，构建政府部门依法管理、企业实施主动防范、社会力量共同参与的综合治理格局。

第四条　国家铁路局负责全国高速铁路安全监督管理工作。地区铁路监督管理局负责辖区内的高速铁路安全监督管理工作。

国家铁路局和地区铁路监督管理局（以下统称铁路监管部门）应当按照法定职责，健全完善高速铁路安全防护标准，加强行政执法，协调相关单位及时消除危及高速铁路安全的隐患。

第五条　各级公安、自然资源、生态环境、住房和城乡建设、交通运输、水利、应急管理等部门和消防救援机构（以下统称相关部门）应当依照法定职责，协调和处理保障高速铁路安全的有关事项，做好保障高速铁路安全的相关工作，防范和制止危害高速铁路安全的行为。

第六条　从事高速铁路运输、建设、设备制造维修的相关企业应当落实安全生产主体责任，建立、健全安全生产责任制和高速铁路安全防护相关管理制度，执行国家关于高速铁路安全防护的相关标准，保障安全生产管理机构或者人员配备，加强对从业人员的教育培训，改善安全生产条件，保证高速铁路安全防护所必需的资金投入。

第七条　铁路监管部门、铁路运输企业等单位应当按照国家有关规定制定突发事件应急预案，并组织应急演练。

铁路运输企业应当按照《中华人民共和国突发事件应对法》等国家有关规定，在车站、列车等场所配备报警装置以及必要的应急救援设备设施和人员。

第八条　铁路监管部门、高速铁路沿线地方各级人民政府相关部门应当落实“谁执法谁普法”的普法责任制，加强保障高速铁路安全有关法律法规、安全生产知识的宣传教育，增强安全防护意识，防范危害高速铁路安全的行为。

第九条 支持和鼓励社会力量积极参与高速铁路安全防护工作，铁路监管部门和相关部门以及铁路运输企业应当建立并公开监督举报渠道，根据各自职责及时处理影响高速铁路安全的问题。

对维护高速铁路安全作出突出贡献的单位或者个人，按照有关规定给予表彰奖励。

第二章 线路安全防护

第十条 铁路监管部门应当推动协调相关部门、高速铁路沿线地方人民政府构建高速铁路综合治理体系，健全治安防控运行机制，落实高速铁路护路联防责任制。

第十一条 国家铁路局应当联合国务院相关部门和有关企业、地区铁路监督管理局应当联合地方人民政府及相关部门和有关企业，推动建立安全信息通报和问题督办机制，做到协调配合、齐抓共管、联防联控。

第十二条 高速铁路线路安全保护区的划定，按照《铁路安全管理条例》等法律、行政法规和国家有关规定执行。高速铁路线路安全保护区用地依法纳入国土空间规划统筹安排。

铁路建设单位或者铁路运输企业应当配合地区铁路监督管理局或者地方人民政府开展高速铁路线路安全保护区划定工作。地方人民政府组织划定高速铁路线路安全保护区的，高速铁路线路安全保护区划定并公告完成后，铁路建设单位或者铁路运输企业应当将相关资料提供给地区铁路监督管理局。

建设跨河、临河的高速铁路桥梁等工程设施并划定高速铁路线路安全保护区的，应当符合防洪标准、岸线规划等要求，其工程建设方案应当按照《中华人民共和国水法》《中华人民共和国防洪法》有关规定报经有关水行政主管部门或者经授权的流域管理机构审查同意。

建设跨越或者穿越航道、临航道的高速铁路桥梁、隧道等工程设施并划定高速铁路线路安全保护区的，应当按照《中华人民共和国航道法》有关规定开展航道通航条件影响评价，并报送有关交通运输主管部门或者航道管理机构审核。

第十三条 禁止在高速铁路线路安全保护区内烧荒、放养牲畜。

禁止向高速铁路线路安全保护区排污、倾倒垃圾以及其他危害铁路安全的物质。

禁止擅自进入、毁坏、移动高速铁路安全防护设施。

在高速铁路线路安全保护区内建造建筑物、构筑物等设施，取土、挖砂、挖沟、采空作业或者堆放、悬挂物品，必须符合保证高速铁路安全的国家标准、行业标准，征得铁路运输企业同意并签订安全协议，遵守施工安全规范，采取措施防止影响铁路运输安全。铁路运输企业应当公布办理相关手续的部门以及相应的渠道，及时办理相关手续，并派员对施工现场实行安全监督。

第十四条 高速铁路与道路立体交叉设施及其附属安全设施竣工验收合格后，应当按照国家规定移交有关单位管理、维护。

上跨高速铁路的道路桥梁及其他建筑物、构筑物的管理部门或者经营企业应当建立定期检查及维护机制，定期检查道路桥梁及其他建筑物、构筑物，以及相关的安全防护设施、警示标志，加强风险研判，采取有效措施，防止道路桥梁构筑物、附着物等坠入高速铁路线路。

对可能影响高速铁路安全的检查、维护行为，应当提前与铁路运输企业沟通，共同制定安全保障措施。铁路运输企业应当提供便利条件。

第十五条 下穿高速铁路桥梁、涵洞的道路，其限高、限宽标志和限高防护架应当符合国家标准，由公路管理部门或者当地人民政府指定的部门、铁路运输企业等按照有关规定设置、维护。

下穿高速铁路桥梁、涵洞的道路进行改造时，施工单位要与铁路运输企业协商一致后实施，严格控制桥梁、涵洞下净高，并根据路面标高的变化及时调整限高防护架的设置。

第十六条 跨越、下穿或者并行高速铁路线路的油气、供气供热、供排水、电力等管线规划、设计、施工应当满足相关国家标准、行业标准及管理规定。施工前应当向铁路运输企业通报，与铁路运输企业协商一致后方可施工，必要时铁路运输企业可以派员进行安全防护。对跨越高速铁路的电力线路，应当采取可靠的防坠落措施。

跨越、下穿高速铁路的油气、供气供热、供排水等管线应当设置满足国家相关技术规范和标准要求的安全保护设施。下穿时，优先选择在铁路桥梁、预留管线涵洞、综合管廊等既有设施处穿越；特殊条件下，需穿越路基时，应当进行专项设计，满足路基沉降的限制指标。

并行高速铁路的油气、供气供热、供排水等管线敷设时，最小水平净距应当满足相关国家标准、行业标准和安全保护要求。

油气、供气供热、供排水、电力等管线的产权单位或者经营企业应当加强检查维护管理，确保状态良好。铁路运输企业应当积极配合。

第十七条 在高速铁路线路两侧建造、设立生产、加工、储存或者销售易燃、易爆或者放射性物品等危险物品的场所、仓库的，应当符合国家标准、行业标准规定的安全防护距离。

第十八条 在高速铁路线路两侧从事采矿、采石或者爆破作业的，应当遵守有关采矿和民用爆炸物品的法律法规，符合保障安全生产的国家标准、行业标准和铁路安全保护的相关要求。

在高速铁路线路路堤坡脚、路堑坡顶、铁路桥梁外侧起向外各1000米范围内，以及在铁路隧道上方中心线两侧各1000米范围内，确需从事露天采矿、采石或者爆破作业的，应当充分考虑高速铁路安全需求，依法进行安全评估、安全监理，与铁路运输企业协商一致，依照法律法规规定报经有关主管部门批准，并采取相应的安全防护措施。

矿产资源开采过程中，在矿井、水平、采区设计时，对高速铁路及其主要配套建筑物、构筑物应当划定保护矿柱。

新建高速铁路用地与探矿权人的矿产资源勘查范围、采矿权人的采矿采石影响范围发生重叠或者在尾矿库溃坝冲击范围的，或者新建高速铁路线路跨越上述范围的，铁路建设单位应当与有关权利主体协商一致，签订安全协议，共同制定安全保障措施，按照国家有关规定处理，确保矿山生产经营单位安全生产条件符合相关规定。

第十九条 禁止违反有关规定在高速铁路桥梁跨越处河道上下游的一定范围内采砂、淘金。县级以上地方人民政府水行政主管部门、自然资源主管部门应当按照各自职责划定并公告禁采区域、设置禁采标志，制止非法采砂、淘金行为。

禁止在高速铁路线路路堤坡脚、路堑坡顶或者铁路桥梁外侧起向外各200米范围内抽取地下水；200米范围外，高速铁路线路经过的区域属于地面沉降区域，抽取地下水危及高速铁路安全的，应当设置地下水禁止开采区或者限制开采区，具体范围由地区铁路监督管理局会同县级以上地方人民政府水行政主管部门提出方案，报省、自治区、直辖市人民政府批准并公告。

第二十条 在高速铁路附近从事排放粉尘、烟尘及腐蚀性气体的生产活动，应当严格执行国家规定的排放标准。

生态环境主管部门应当加大检查和管理力度，对相关违法行为依法进行处罚。

第二十一条 有关单位和个人在高速铁路邻近区域内施工、建造构筑物或者从事其他生产经营活动，应当遵守保证高速铁路安全的法律法规和相关标准，采取措施防止影响高速铁路运输安全。

第二十二条 在高速铁路线路及其邻近区域进行施工作业，应当符合工程建设安全管理规定，并执行铁路营业线施工安全管理规定。建设单位应当会同设计、施工单位与铁路运输企业共同制定安全施工方案，按照方案进行施工。施工完毕应当及时清理现场，不得影响高速铁路运营安全。

铁路运输企业应当向社会公布办理铁路营业线施工手续的部门以及相应的渠道，及时办理相关手续。

在高速铁路线路安全保护区内和纳入邻近营业线施工计划的施工，铁路运输企业应当按照国家规定派员对施工现场实行安全监督。

第二十三条 邻近高速铁路的杆塔应当按照国家标准、行业标准和铁路安全防护要求进行设计安装，杆塔产权单位应当建立定期检查维护制度，确保杆塔牢固稳定。

在高速铁路线路安全保护区内，禁止种植妨碍行车瞭望或者有倒伏危险可能影响线路、电力、牵引供电安全的树木等植物；对已种植的，应当依法限期迁移或者修剪、砍伐。

铁路运输企业发现高速铁路线路安全保护区内既有的林木存在可能危及高速铁路安全隐患的，应当告知其产权人或者管理人及时采取措施消除安全隐患。产权人或者管理人拒绝或者怠于处置的，铁路运输企业应当及时向铁路沿线林业主管部门报告，由林业主管部门协调产权人或者管理人采取措施消除安全隐患。

第二十四条 在高速铁路电力线路导线两侧各 500 米范围内，不得升放风筝、气球、孔明灯等飘浮物体，不得使用弓弩、弹弓、气枪等攻击性器械从事可能危害高速铁路安全的行为。在高速铁路电力线路导线两侧升放无人机的，应当遵守国家有关规定。

对高速铁路线路两侧的塑料大棚、彩钢棚、广告牌、防尘网等轻质建筑物、构筑物，其所有权人或者实际控制人应当采取加固防护措施，并对塑料薄膜、锡箔纸、彩钢瓦、铁皮等建造、构造材料及时清理，防止大风天气条件下危害高速铁路安全。

第二十五条 铁路运输企业应当对高速铁路线路、防护设施、警示标志、安全环境等进行经常性巡查和维护；对巡查中发现的安全问题应当立即处理，不能立即处理的应当及时报告地区铁路监督管理局或者其他相关部门。巡查和处理情况应当记录留存。

第三章 安全防护设施及管理

第二十六条 高速铁路应当实行全封闭管理，范围包括线路、车站、动车存放场所、隧道斜井和竖井的出入口，以及其他与运行相关的附属设备设施处所。铁路建设单位或者铁路运输企业应当按照国家铁路局的规定在铁路用地范围内设置封闭设施和警示标志。

高速铁路与普速铁路共用车站的并行地段，在高速铁路线路与普速铁路线路间设置物理隔离；区间的并行地段，在普速铁路外侧依照高速铁路线路标准进行封闭。

高速铁路高架桥下的铁路用地，应当根据周边生产、生活环境情况，按照确保高速铁路设备设施安全的要求，实行封闭管理或者保护性利用管理。

铁路运输企业应当建立进出高速铁路线路作业门的管理制度。

第二十七条 铁路运输企业应当在客运车站广场、售票厅、进出站口、安检区、直梯及电扶梯、候车区、站台、通道、车厢、动车存放场所等重要场所和其他人员密集的场所，以及高速铁路桥梁、隧道、重要设备设施处所和路基重要区段等重点部位配备、安装监控系统。监控系统应当符合相关国家标准、行业标准，与当地公共安全视频监控系统实现图像资源共享。

客运车站以及动车存放场所周界应当设置实体围墙。车站广场应当设置防冲撞设施，有条件的设置硬隔离设施。

第二十八条 铁路运输企业应当在高速铁路沿线桥头、隧道口、路基地段等易进入重点区段安装、设置周界入侵报警系统。站台两端应当安装、设置警示标志和封闭设施，防止无关人员进入高速铁路线路。高速铁路周界入侵报警系统应当符合相关国家标准、行业标准。

高速铁路沿线视频监控建设应当纳入当地公共安全视频监控建设联网应用工作体系，并充分利用公共通信杆塔等资源，减少重复建设。

第二十九条 铁路运输企业应当根据沿线的自然灾害、地质条件、线路环境等情况，建立必要的灾害监测系统。

第三十条 高速铁路长大隧道、高架桥、旅客聚集区等重点区域，应当按照国家有关规定设置紧急情况下的应急疏散逃生通道并保证畅通，同时安装、设置指示标识。高速铁路长大隧道的照明设施设备、消防设施应当保持状态良好。

第三十一条　在下列地点，应当按照国家有关规定安装、设置防止车辆以及其他物体进入、坠入高速铁路线路的安全防护设施和警示标志：

（一）高速铁路路堑上的道路；

（二）位于高速铁路线路安全保护区内的道路；

（三）跨越高速铁路线路的道路桥梁及其他建筑物、构筑物。

第三十二条　船舶通过高速铁路桥梁应当符合桥梁的通航净空高度并遵守航行规则。桥区航标中的桥梁航标、桥柱标、桥梁水尺标由铁路运输企业负责设置、维护，水面航标由铁路运输企业负责设置，航道管理部门负责维护。

建设跨越通航水域的高速铁路桥梁，应当根据有关规定同步设计、同步建设桥梁防撞设施。铁路运输企业或者铁路桥梁产权单位负责防撞设施的维护管理。

第三十三条　铁路建设单位应当按照相关法律法规和国家标准、行业标准，在建设高速铁路客运站和直接为其运营服务的段、厂、调度指挥中心、到发中转货场、仓库时，确保相关安全防护设备设施同时设计、同时施工、同时投入生产和使用。

第四章　运营安全防护

第三十四条　除生产作业或者监督检查工作需要外，任何人一律不得进入动车组司机室。

进入动车组司机室，应当严格遵守国家安全管理规定和铁路运输企业安全生产制度。

第三十五条　旅客购买高速铁路列车车票、乘坐高速铁路列车，应当出示有效身份证件。对车票所记载身份信息与所持身份证件或者真实身份不符的持票人，铁路运输企业有权拒绝其进站乘车，并报告公安机关。

依照有关规定办理的高铁快运，铁路运输企业应当对客户身份进行查验，登记身份信息，并按规定对运送的物品进行安全检查。

铁路运输企业应当为公安机关依法履行职责提供数据支持和协助。

第三十六条　铁路禁止或者限制携带的物品种类及其数量由国家铁路局会同公安部规定。铁路运输企业应当在高速铁路车站、列车等场所对禁止或者限制携带的物品种类及其数量进行公布，并通过广播、视频等形式进行宣传。

第三十七条　铁路运输企业应当依照法律、行政法规和有关规定，承担安全检查的主体责任，设立相应的安检机构和安检场地，配备与运量相适应的安全检查人员和设备设施，对进入高速铁路车站的人员、物品进行安全检查。

从事安全检查的工作人员应当经过识别和处置危险物品等相关专业知识培训并考试合格。安全检查工作人员应当佩戴安全检查标志，依法履行安全检查职责，并有权拒绝不接受安全检查的旅客进站乘车或者经高速铁路运输物品。

第三十八条　禁止任何单位和个人扰乱高速铁路建设和运输秩序，损坏或者非法占用高速铁路设施设备、相关标志和高速铁路用地。

铁路运输企业应当按规定配备安保人员和相应设备、设施，加强安全检查和保卫工作。有关重点目标管理单位应当依照《中华人民共和国反恐怖主义法》等相关法律法规的规定，履行防范和应对处置恐怖活动职责，制定建立公共安全视频图像信息系统值班监看、信息保存使用、运行维护等管理制度，落实对重要岗位人员进行安全背景审查，以及对进入重点目标的人员、物品和交通工具进行安全检查等相关工作。

公安机关应当按照法定职责，维护高速铁路车站、列车等场所和高速铁路沿线的治安秩序，依法监督检查指导铁路运输企业治安保卫工作；依法查处摆放障碍、破坏设施、损坏设备、盗割电缆、擅自进入高速铁路线路等危及高速铁路运输安全和秩序的违法行为。

第三十九条 高速铁路的重要桥梁和隧道按照国家有关规定进行守护。

第四十条 县级以上各级人民政府相关部门、铁路运输企业应当依照自然灾害防治法律法规的规定，加强高速铁路沿线灾害隐患的排查、治理、通报、预防和应急处理等工作。

高速铁路勘察、设计阶段应当加强地质灾害危险性评估工作，尽量避开地质灾害隐患威胁，无法避让的，应当在设计、建设阶段及时采取治理措施排除地质灾害隐患风险，为铁路建设及运营提供安全环境。

高速铁路规划、勘察、设计、建设，应当优化地质选线，加强沿线区域地震活动性研究。位于活动断裂带的高速铁路，沿线应当装设地震预警监测系统。大型桥梁、隧道、站房等重点工程，应当强化场址地震安全性评价，满足抗震设防相关标准。

县级以上各级人民政府相关部门、铁路运输企业应当依照法律、行政法规的规定，建立地质灾害、气象灾害等预警信息互联互通机制，研判灾害对高速铁路安全的影响，及时进行预报预警。铁路运输企业应当针对不同灾害等级或者情况采取相应的防范措施。

第四十一条 铁路运输企业应当依照有关法律法规和技术标准要求，建立高速铁路网络安全保障体系，落实网络安全管理制度和技术防护措施，制定网络安全事件应急预案，采取有效措施确保网络安全稳定运行，保护旅客、托运人电子信息安全。

第四十二条 铁路运输企业应当遵守消防法律法规规章和消防技术标准，落实消防安全主体责任，制定消防安全制度、消防安全操作规程，配置符合要求的消防设施、器材，设置消防安全标志、组织防火检查，及时消除火灾隐患，制定灭火和应急疏散预案，并定期演练。

消防救援机构等相关部门依法履行消防监督管理职责。

第五章 监督管理

第四十三条 铁路监管部门应当制订年度安全监督检查计划，重点对以下事项进行监督检查：

（一）铁路运输高峰期和恶劣气象条件下关键时期的运输安全；

（二）高速铁路开通运营、重要设施设备运用状态、沿线外部环境等铁路运输安全关键环节；

（三）铁路运输突发事件应急预案的建立和落实情况。

铁路监管部门根据需要，可以牵头协调组织相关部门开展高速铁路安全防护联合监督检查。

第四十四条 铁路监管部门应当对监督检查过程中发现的问题，以及铁路运输企业等单位报送的问题进行梳理分析。对影响高速铁路运营安全的，应当及时采取函告、约谈等方式督促相关企业或者地方政府相关部门落实责任、消除隐患；对安全防护推进不力的部门和单位，可以在铁路监管部门政府网站上向社会公告。

对高速铁路事故隐患，铁路监管部门应当责令有关单位立即排除，并加强督办落实；重大事故隐患排除前或者排除过程中无法保证安全的，铁路监管部门应当责令从危险区域内撤出人员、设备，停止作业，重大事故隐患排除后方可恢复。

相关部门发现铁路安全隐患，属于职责范围内的，应当依法责令有关单位或者个人立即排除。

第四十五条 铁路监管部门和相关部门应当依照法律法规和相关职责规定对影响高速铁路安全的行为进行处罚。

第四十六条 发生涉及高速铁路运输安全的突发事件后，铁路运输企业及其所属的生产经营单位应当立即采取措施组织抢救，防止事故扩大，减少人员伤亡和财产损失，并向事件发生地地方人民政府及相关部门和地区铁路监督管理局报告。

第四十七条 事件发生地相关部门和地区铁路监督管理局接到报告后，应当依照有关法律、行政法规的规定和应急预案要求，立即采取措施控制事态发展，组织开展应急救援和处置工作，并按规定报告。

第六章　附则

第四十八条　本办法自2020年7月1日起施行。

交通运输部关于推动交通运输领域新型基础设施建设的指导意见

为贯彻落实党中央、国务院决策部署，加快建设交通强国，推动交通运输领域新型基础设施建设，现提出如下意见。

一、总体要求

（一）指导思想。

以习近平新时代中国特色社会主义思想为指导，深入贯彻党的十九大和十九届二中、三中、四中全会精神，坚持以新发展理念引领高质量发展，围绕加快建设交通强国总体目标，以技术创新为驱动，以数字化、网络化、智能化为主线，以促进交通运输提效能、扩功能、增动能为导向，推动交通基础设施数字转型、智能升级，建设便捷顺畅、经济高效、绿色集约、智能先进、安全可靠的交通运输领域新型基础设施。

（二）基本原则。

——服务人民，提升效能。坚持规划建设与运营服务并重，提升服务品质和整体效能，不断增强人民的获得感、幸福感、安全感。

——统筹并进，集约共享。发挥新型基础设施提质增效作用，巩固传统基础设施强基固本作用，统筹传统与新型、存量与增量、供给与需求，注重集约建设、资源共享，增强发展动能。

——政府引导，市场主导。更好发挥政府统筹协调、支持引导作用，营造良好发展环境。充分发挥企业主体作用，激发市场活力，促进产业链上下游紧密协作，扩展服务功能、提高服务水平。

——跨界融合，协调联动。加强行业协同、部省联动、区域协调，提高系统性、整体性和协同性，形成发展合力，发挥交通基础设施规模优势，助力先进技术装备发展。

——积极稳妥，远近结合。科学定位、稳妥推进，准确把握建设时序和建设重点。注重远近结合，近期加快成熟技术在交通基础设施重点领域的深化应用，远期跟踪新技术发展，适度超前布局。

（三）发展目标。

到2035年，交通运输领域新型基础设施建设取得显著成效。先进信息技术深度赋能交通基础设施，精准感知、精确分析、精细管理和精心服务能力全面提升，成为加快建设交通强国的有力支撑。基础设施建设运营能耗水平有效控制。泛在感知设施、先进传输网络、北斗时空信息服务在交通运输行业深度覆盖，行业数据中心和网络安全体系基本建立，智能列车、自动驾驶汽车、智能船舶等逐步应用。科技创新支撑能力显著提升，前瞻性技术应用水平居世界前列。

二、主要任务

（一）打造融合高效的智慧交通基础设施。

1. 智慧公路。推动先进信息技术应用，逐步提升公路基础设施规划、设计、建造、养护、运行管理等全要素、全周期数字化水平。深化高速公路电子不停车收费系统（ETC）门架应用，推进车路协同等设施建设，丰富车路协同应用场景。推动公路感知网络与基础设施同步规划、同步建设，在重点路段实现全天候、多要素的状态感知。应用智能视频分析等技术，建设监测、调度、管控、应急、服务一体的智慧路网云控平台。依托重要运输通道，推进智慧公路示范区建设。鼓励应用公路智能养护设施设备，提升在役交通基础设施检查、检测、监测、评估、风险预警以及养护决策、作业的快速化、自动化、智能化水平，提升重点基础设施自然灾害风险防控能力。建设智慧服务区，促进融智能停车、能源补给、救援维护于一体的现代综合服务设施建设。推动农村公路建设、管理、养护、运行一体的综合性管理服务平台建设。

2. 智能铁路。运用信息化现代控制技术提升铁路全路网列车调度指挥和运输管理智能化水平。建设铁路智能检测监测设施，实现动车组、机车、车辆等载运装备和轨道、桥隧、大型客运站等关键设施服役状态在线监测、远程诊断和智能维护。建设智能供电设施，实现智能故障诊断、自愈恢复等。发展智能高速动车组，开展时速 600 公里级高速磁悬浮、时速 400 公里级高速轮轨客运列车研制和试验。提升智能建造能力，提高铁路工程建设机械化、信息化、智能化、绿色化水平，开展建筑机器人、装配式建造、智能化建造等研发应用。

3. 智慧航道。建设航道地理信息测绘和航行水域气象、水文监测等基础设施，完善高等级航道电子航道图，支撑全天候复杂环境下的船舶智能辅助航行。建设高等级航道感知网络，推动通航建筑物数字化监管，实现三级以上重点航段、四级以上航段重点通航建筑物运行状况实时监控。建设适应智能船舶的岸基设施，推进航道、船闸等设施与智能船舶自主航行、靠离码头、自动化装卸的配套衔接。打造“陆海空天”一体化的水上交通安全保障体系。

4. 智慧港口。引导自动化集装箱码头、堆场库场改造，推动港口建设养护运行全过程、全周期数字化，加快港站智能调度、设备远程操控、智能安防预警和港区自动驾驶等综合应用。鼓励港口建设数字化、模块化发展，实现建造过程智能管控。建设港口智慧物流服务平台，开展智能航运应用。建设船舶能耗与排放智能监测设施。应用区块链技术，推进电子单证、业务在线办理、危险品全链条监管、全程物流可视化等。

5. 智慧民航。加快机场信息基础设施建设，推进各项设施全面物联，打造数据共享、协同高效、智能运行的智慧机场。鼓励应用智能化作业装备，在智能运行监控、少人机坪、机坪自主驾驶、自助智能服务设备、智能化行李系统、智能仓储、自动化物流、智慧能源管理、智能视频分析等领域取得突破。推进内外联通的机场智能综合交通体系建设。发展新一代空管系统，推进空中交通服务、流量管理和空域管理智慧化。推动机场和航空公司、空管、运行保障及监管等单位间核心数据互联共享，完善对接机制，搭建大数据信息平台，实现航空器全球追踪、大数据流量管理、智能进离港排队、区域管制中心联网等，提升空地一体化协同运行能力。

6. 智慧邮政。推广邮政快递转运中心自动化分拣设施、机械化装卸设备。鼓励建设智能收投终端和末端服务平台。推动无人仓储建设，打造无人配送快递网络。建设智能冷库、智能运输和快递配送等冷链基础设施。推进库存前置、智能分仓、科学配载、线路优化，实现信息协同化、服务智能化。推广智能安检、智能视频监控和智能语音申诉系统。建设邮政大数据中心。开展新型寄递地址编码试点应用。

7. 智慧枢纽。推进综合客运枢纽智能化升级，推广应用道路客运电子客票，鼓励发展综合客运一体衔接的全程电子化服务模式，推动售取票、检票、安检、乘降、换乘、停车等客运服务“一码通行”。推动旅客联程运输服务设施建设，鼓励建设智能联程导航、自助行李直挂、票务服务、安检互认、标识引导、换乘通道等服务设施，实现不同运输方式的有效衔接。引导建设绿色智慧货运枢纽（物流园区）多式联运等设施，提供跨方式、跨区域的全程物流信息服务，推进枢纽间资源共享共用。推进货运枢纽（物流园区）智能化升级，鼓励开展仓储库存数字化管理、安全生产智能预警、车辆货物自动匹配、园区装备智能调度等应用。鼓励发展综合性智能物流服务平台，引导农村智慧物流网络建设。

8. 新能源新材料行业应用。引导在城市群等重点高速公路服务区建设超快充、大功率电动汽车充电设施。鼓励在服务区、边坡等公路沿线合理布局光伏发电设施，与市电等并网供电。鼓励高速公路服务区、港口码头和枢纽场站推进智能照明、供能和节能改造技术应用。推动船舶靠港使用岸电，推进码头岸电设施和船舶受电设施改造，着力提高岸电使用率。鼓励船舶应用液化天然气、电能等清洁能源。推动新能源、新材料在港口和导助航设施等领域应用。推动长寿命、可循环利用材料在基础设施建造、生态修复和运行维护领域应用。

（二）助力信息基础设施建设。

9. 第五代移动通信技术（5G）等协同应用。结合5G商用部署，统筹利用物联网、车联网、光纤网等，推动交通基础设施与公共信息基础设施协调建设。逐步在高速公路和铁路重点路段、重要综合客运枢纽、港口和物流园区等实现固移结合、宽窄结合、公专结合的网络覆盖。协同建设车联网，推动重点地区、重点路段应用车用无线通信技术，支持车路协同、自动驾驶等。在重点桥梁、隧道、枢纽等应用适用可靠、经济耐久的通信技术，支撑设施远程监测、安全预警等应用。积极推动高速铁路5G技术应用。面向行业需求，结合国家卫星通信等设施部署情况和要求，研究应用具备全球宽带网络服务能力的卫星通信设施。

10. 北斗系统和遥感卫星行业应用。提升交通运输行业北斗系统高精度导航与位置服务能力，推动卫星定位增强基准站资源共建共享，提供高精度、高可靠的服务。推动在特长隧道及干线航道的信号盲区布设北斗系统信号增强站，率先在长江航运实现北斗系统信号高质量全覆盖。建设行业北斗系统高精度地理信息地图，整合行业北斗系统时空数据，为综合交通规划、决策、服务等提供基础支撑。推进北斗系统短报文特色功能在船舶监管、应急通信等领域应用。探索推动北斗系统与车路协同、ETC等技术融合应用，研究北斗自由流收费技术。鼓励在道路运输及运输服务新业态、航运等领域拓展应用。推动北斗系统在航标遥测遥控终端等领域应用。推进铁路行业北斗系统综合应用示范，搭建铁路基础设施全资产、全数据信息化平台，建设铁路北斗系统地基增强网，推动在工程测量、智慧工地等领域应用。推动高分辨率对地观测系统在基础设施建设、运行维护等领域应用。

11. 网络安全保护。推动部署灵活、功能自适、云网端协同的新型基础设施内生安全体系建设。加快新技术交通运输场景应用的安全设施配置部署，强化统一认证和数据传输保护。加强关键信息基础设施保护。建设集态势感知、风险预警、应急处置和联动指挥为一体的网络安全支撑平台，加强信息共享、协同联动，形成多层级的纵深防御、主动防护、综合防范体系，加强威胁风险预警研判，建立风险评估体系。切实推进商用密码等技术应用，积极推广可信计算，提高系统主动免疫能力。加强数据全生命周期管理和分级分类保护，落实数据容灾备份措施。

12. 数据中心。完善综合交通运输数据中心，注重分类分层布局，推动跨部门、跨层级综合运输数据资源充分汇聚、有效共享，形成成规模、成体系的行业大数据集。推动综合交通运输公共信息资源开放，综合运用政府、科研机构、企业等数据资源，深化行业大数据创新应用，以数据资源赋能交通运输发展。

13. 人工智能。持续推动自动驾驶、智能航运、智慧工地等研发应用。建设一批国家级自动驾驶、智能航运测试基地，丰富不同类型和风险等级的测试场景，完善测试评价体系，提升测试验证能力。围绕典型应用场景和运营模式，推动先导应用示范区建设，实施一批先导应用示范项目。

（三）完善行业创新基础设施。

14. 科技研发。加强以国家重点实验室、国家技术创新中心等重要载体为引领的交通运输领域科研基地体系建设，鼓励社会投资科技基础设施，推动一批科研平台纳入国家科技创新基地建设，推进创新资源跨行业共享。鼓励在项目全生命周期协同应用建筑信息模型（BIM）技术，促进产业基础能力提升。推进交通基础设施长期性能观测网建设，试点开展长期性能观测，加强基础设施运行状态监测和运行规律分析，支撑一流设施建设与维护。

三、组织实施

（一）加强组织领导。

建立健全推动交通运输领域新型基础设施建设的实施机制。部将加大指导支持力度，协调解决重大问题。省级交通运输主管部门要落实属地责任，加强组织协调和督促指导，明确实施路径、阶段目标，建立协同推进机制和政策体系，充分调动企业和社会积极性，确保顺利实施。

（二）加快示范引领。

结合规划编制，统筹布局谋划交通运输领域新型基础设施项目，稳妥有序推进项目落地实施。落实国家重大区域战略，选择特点突出、条件成熟、创新能力强的重点地区，依托重要运输通道、枢纽等开展多层次的交通运输领域新型基础设施试点示范，形成可复制可推广的经验。

（三）完善标准规范。

构建适应交通运输领域新型基础设施建设的标准体系，加强重点领域标准供给，分类制定关键性、基础性标准，及时将试点成果转化为标准，指导工程建设。加快完善通信网络、北斗系统、环境感知、交通诱导与管理、BIM、数据融合等标准规范，推进建立适应自动驾驶、自动化码头、无人配送的基础设施规范体系。建立标准国际化、政企共建和动态调整机制。

（四）形成多元化投融资机制。

发挥好政府投资的支持引导作用，扩大有效投资。各级交通运输主管部门应积极争取各类政府财政性资金、专项资金等支持交通运输领域新型基础设施建设。充分运用市场机制，多元化拓宽投融资渠道，积极吸引社会资本参与，争取金融保险机构支持，强化风险防控机制建设。探索数据、技术等资源市场化配置机制。

（五）加强协同合作。

各级交通运输主管部门要推动建立涵盖政府、企业、行业协会和专业机构的协同机制，强化部门协同、区域协调和跨界合作，共同推进交通运输领域新型基础设施建设。鼓励产业链上下游协同攻关、融通合作，优化生产服务方式、创新建设与运营模式，建立以信用为基础的新型监管机制，营造创新要素集聚、市场主体互利共赢、公平有序发展的产业环境。

交通运输部

2020 年 8 月 3 日

工业和信息化部　国家广播电视总局
关于印发超高清视频标准体系建设指南（2020 版）的通知

（工信部联科〔2020〕71 号）

各省、自治区、直辖市工业和信息化、广播电视主管部门，有关行业协会、标准化技术组织和专业机构：

为发挥标准在超高清视频产业生态体系构建中的引领和规范作用，加快制造强国、网络强国、数字中国和文化强国建设步伐，工业和信息化部、国家广播电视总局共同组织制定了《超高清视频标准体系建设指南（2020 版）》。现印发给你们，请结合本行业（领域）、本地区实际，在标准化工作中贯彻执行。

附件：超高清视频标准体系建设指南（2020 版）

工业和信息化部

国家广播电视总局

2020 年 5 月 6 日

超高清视频标准体系建设指南（2020 版）

一、产业发展综述

超高清视频是具有 4K（3840×2160 像素）或 8K（7680×4320 像素）分辨率，符合高帧率、高位深、广色域、高动态范围等技术要求的新一代视频。超高清视频具有更精细的图像细节、更强的信息承载能力和更广泛的应用范围，为消费升级、行业创新、社会治理提供了新工具、新要素、新场景，有力推动经济社会各领域的深刻变革。

超高清视频的技术演进不仅催生了芯片、内容制播、显示、传输等产业各环节的升级换代，还驱动了广播电视、安防监控、教育医疗、工业制造等行业以视频为核心的服务转型。超高清视频产业具有产业链长、涉及范围广、跨领域综合性强等特性，正在形成全新复杂的产业生态体系。预计到 2022 年，我国超高清视频产业总体规模将超过 4 万亿元。

超高清视频产业生态体系主要包括核心元器件、内容制播、网络传输、终端呈现、服务以及应用等（图 1）。其中，核心元器件为超高清视频专用基础元器件；内容制播包含超高清视频的生产与播出；网络传输是指超高清视频的传输渠道；终端呈现涉及电视机、机顶盒等产品；服务包括集成平台、内容供给、内容分发等服务业态；应用为超高清视频与各行业融合形成的行业应用模式。

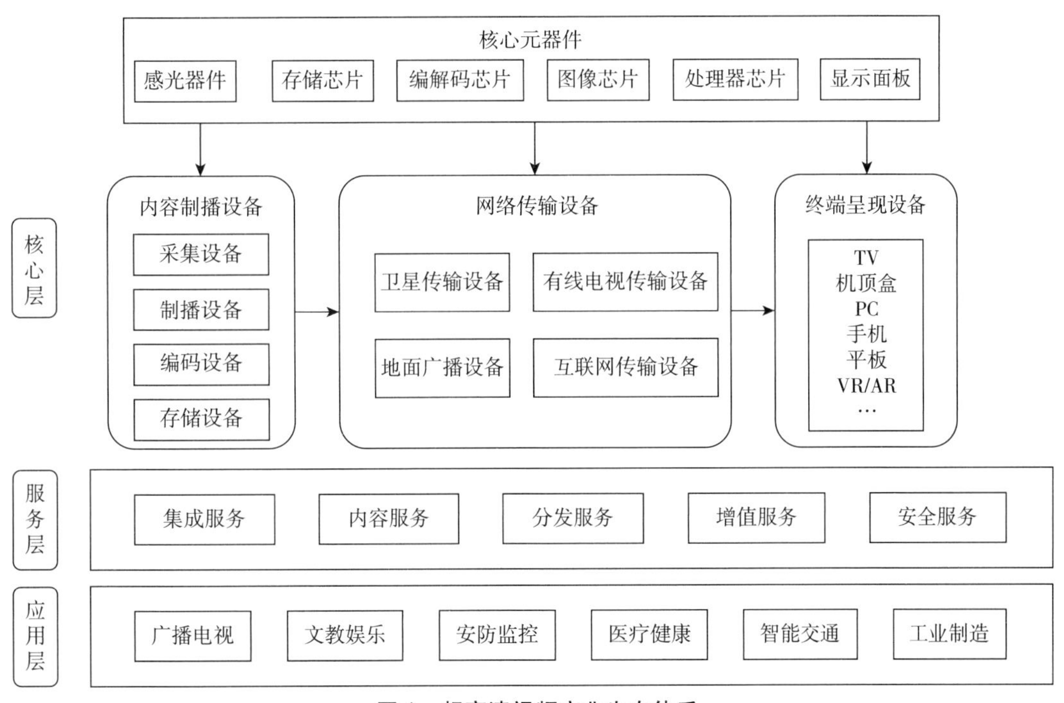

图 1　超高清视频产业生态体系

二、建设指南编制总体要求

以《超高清视频产业发展行动计划（2019—2022 年）》为指导，从超高清视频产业发展实际出发，坚持标准先行，建立覆盖采集、制作、传输、呈现、应用等全产业链的超高清视频标准体系，加强标准的统筹规划，鼓励国家标准、行业标准和团体标准协同发展，深化标准国际交流与合作，促进我国超高清视频产业健康可持续发展。

（一）基本原则。

系统布局，统筹推进。加强标准体系顶层设计，明确标准化重点领域和方向，指导各领域标准化工作同步推进。加强标准制定工作的整体协调，推进国家标准、行业标准与团体标准协同发展，鼓励社会团体制定发布团体标准。

急用先行，应用牵引。以需求为导向，紧贴产业发展实际，优先支持基础通用、共性技术等急需标准制定。以应用为牵引，围绕推进超高清视频与重点行业领域融合创新发展，持续开展行业应用等标准制定，不断完善标准体系。

开放发展，合作共赢。积极跟踪超高清视频领域技术发展趋势，加强与国际标准化组织、行业协会等交流与合作。鼓励我国企事业单位深度参与国际标准化活动，共同制定国际标准，为全球超高清视频产业发展提供技术支撑。

（二）工作目标。

到 2020 年，初步形成超高清视频标准体系，制定急需标准 20 项以上，重点研制基础通用、内容制播、终端呈现、行业应用等关键技术标准及测试标准。

到 2022 年，进一步完善超高清视频标准体系，制定标准 50 项以上，重点推进广播电视、文教娱乐、安防监控、医疗健康、智能交通、工业制造等重点领域行业应用的标准化工作。

三、标准体系建设内容

（一）标准体系框架。

结合技术和产业发展实际，超高清视频标准体系框架主要由基础通用、内容制播、网络与业务平台、终端呈现、安全与监管、行业应用等六个部分组成（见图 2）。

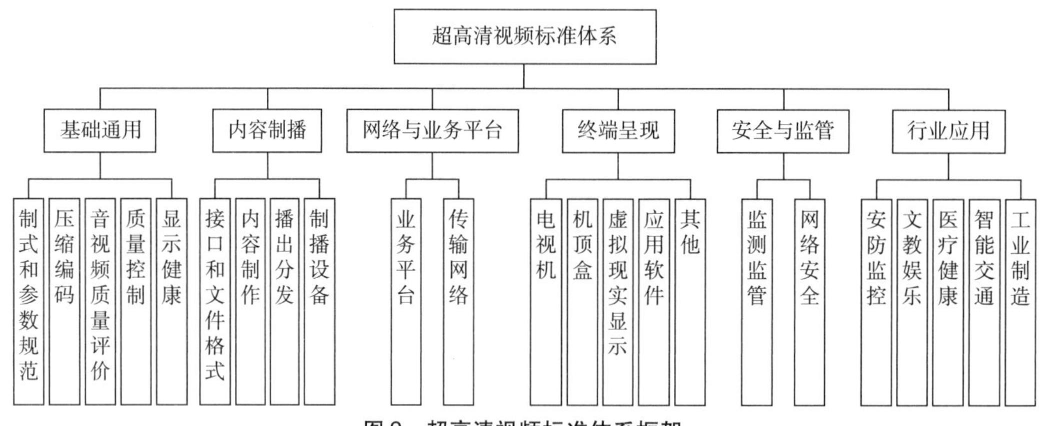

图 2　超高清视频标准体系框架

（二）标准体系主要内容。

1. 基础通用标准。包括制式和参数规范、压缩编码、音视频质量评价、质量控制及显示健康等标准，主要规范超高清视频领域的素材交换和质量控制等。

2. 内容制播标准。包括接口和文件格式、内容制作、播出分发、制播设备等标准，主要规范超高清视频内容制作及播出等。

3. 网络与业务平台标准。包括业务平台与传输网络等标准，主要规范超高清视频的业务平台接口与传输等。

4. 终端呈现标准。包括超高清电视机、机顶盒、投影机、虚拟现实显示终端、应用软件等标准，主要规范超高清视频终端呈现等。

5. 安全与监管标准。包括超高清视频网络安全、监测监管相关标准，主要规范安全传输体系架构、应用软件安全、交互服务安全等。

6. 行业应用标准。包括超高清视频在安防监控、文教娱乐、医疗健康、智能交通、工业制造等标准，主要规范超高清视频与重点行业领域的融合应用等。

（1）安防监控应用。

包含超高清安防监控系统和设备标准，主要规范视频采集、编码、传输、显示等方面的技术要求和测量方法等。

（2）文教娱乐应用。

包含超高清互动显示屏、超高清影院系统、超高清视频会议系统等标准，主要规范产品质量，指导超高清技术在该领域的应用等。

（3）医疗健康应用。

包含超高清术野摄像机、超高清医疗监视器等产品标准和超高清医疗系统应用规范，引导超高清视频在医疗健康行业的应用。

（4）智能交通应用。

包含超高清车载行车记录仪、超高清车载显示器等产品标准，主要规范车载环境下摄像头和显示器的光学性能、环境适应性、可靠性等关键指标等。

（5）工业制造应用。

包括工业生产线中使用的智能图像识别、自动光学识别、非接触光学测量、非物理缺陷维修等测量标准，主要规范超高清视频在工业制造领域的应用等。

四、重点工作

（一）加强统筹协调。在工业和信息化部、国家广播电视总局的指导下，充分利用多部门协调、多标委会协作等工作机制，积极发挥相关标准化技术组织的作用，着力构建满足产业发展需求、先进适用的超高清视频标准体系。

（二）实施动态更新。紧跟超高清视频技术发展趋势，系统分析标准化工作中存在的不足和漏洞，对现有标准体系建设指南进行动态更新完善，不断适应产业发展需求。

（三）加快标准研制。加快推进超高清视频相关国家标准、行业标准的制定，推动标准试验验证平台和公共服务平台建设，为标准的制定和实施提供技术支撑和保障。

（四）加强宣传培训。充分发挥主管部门、产业联盟和产业公共服务平台的作用，加强标准体系和重点标准的宣传培训工作，推动标准的有效实施。

（五）推进国际合作。加强与国际电信联盟（ITU）、国际标准化组织（ISO）、国际电工委员会（IEC）等国际标准化组织的交流与合作，积极参与国际标准化活动，为全球超高清视频产业发展贡献中国方案。

附件：超高清视频标准体系标准项目明细表。

序号	体系	分类	标准项目名称	标准号/计划号	采用国际标准号	状态
1	1-基础通用	制作和参数规范	超高清晰度电视系统节目制作和交换参数值	GY/T 307-2017	ITU-R BT. 2020-2	已发布
2			高动态范围电视制作和交换图像参数值	GY/T 315-2018	ITU-R BT. 2100-1	已发布
3			用于节目制作的先进声音系统	GY/T 316-2018	ITU-R BS. 2051-1	已发布
4			专业广播环境下音视频设备精确时间同步协议的规定	2018-1-GY		制定中
5			高动态范围（HDR）视频技术规范			制定中
6			超高清电视系统声音和图像的相对定时			拟制定
7		压缩编码标准	高效音视频编码　第一部分：视频	GY/T 299. 1-2016		已发布
8			信息技术　高效多媒体编码　第2部分：视频	GB/T 33475. 2-2016		已发布

续表

序号	体系	分类	标准项目名称	标准号/计划号	采用国际标准号	状态
9	1-基础通用	压缩编码标准	三维声音频编解码标准	2016-3-GY		制定中
10			基于机器视觉的视频编码标准			拟制定
11			AVS3 视频编码标准			拟制定
12		音视频质量评价	4K 超高清电视主观评价用测试图像	2017-1-GY		制定中
13			超高清节目音频主观评价用测试序列			拟制定
14			超高清节目图像质量主观评价方法	2018-3-GY		制定中
15			超高清节目音频质量主观评价方法			拟制定
16			超高清视频图像质量客观评价方法			拟制定
17			4K 超高清电视综合测试图			拟制定
18			8K 超高清视频质量评价用测试图像	2019-58-GY		制定中
19			超高清电视彩色信号	2018-4-GY		制定中
20			超高清视频系统分级规范　第 1 部分　视频源	2019-1101T-SJ		制定中
21			超高清视频系统分级规范　第 2 部分　业务承载网络			拟制定
22			超高清视频系统分级规范　第 3 部分　终端	2019-1102T-SJ		制定中
23		质量控制	数字电视信号在传送、一次分配和 SNG 网络传输时的编解码技术要求	GY/T 286-2014	ITU-R BT. 1868：2010	拟修订
24			数字电视信号在发射和二次分配时的编解码技术要求	GY/T 287-2014	ITU-R BT. 1122-2	拟修订
25		显示健康	显示系统视觉舒适度　第 1 部分：评价体系	2019-0202T-SJ		制定中
26			显示系统视觉舒适度　第 2-1 部分：平板显示　设备布局及设置要求	2019-0203T-SJ		制定中
27			显示系统视觉舒适度　第 2-2 部分：平板显示　蓝光测量方法	2019-0204T-SJ		制定中
28			显示系统视觉舒适度　第 3-1 部分：头戴式显示　蓝光测量方法	2019-0205T-SJ		制定中
29			显示系统视觉舒适度　第 3-2 部分：头戴式显示　设备设置要求			拟制定
30			显示系统视觉舒适度　第 4-1 部分：投影显示　设备布局及设置要求	2019-0206T-SJ		制定中
31			显示系统视觉舒适度　第 5-1 部分：大尺寸显示　屏最大亮度要求	2019-0207T-SJ		制定中
32			显示系统视觉舒适度　第 5-2 部分：大尺寸显示　屏设备布局及设置要求			拟制定
33			显示系统视觉舒适度　第 6-1 部分：显示内容　多媒体演示文稿	2019-0208T-SJ		制定中
34			显示系统视觉舒适度　第 6-2 部分：显示内容　要求视频			拟制定
35			显示系统视觉舒适度　第 6-3 部分：显示内容　要求立体 图像			拟制定

续表

序号	体系	分类	标准项目名称	标准号/计划号	采用国际标准号	状态
36	1-基础通用	显示健康	显示系统视觉舒适度　第6-4部分：显示内容　要求虚拟 现实内容			拟制定
37			导示系统视觉舒适度　第6-5部分：显示内容　要求增强 现实内容			报制定
38	2-内容制播	接口和文件格式	高清晰度电视3Gbps串行数据接口和源图像格式映射	GB/T 32631-2016		已发布
39			高性能流化音频在IP网络上的互操作性规范	GY/T 304-2016		已发布
40			电视台高比特率媒体信号IP网络传输	2016-04-GY		拟制定
41			超高清电视信号实时串行数字接口	2018-2-GY		拟制定
42			超高清电视HDR/WCG元数据在SDI辅助数据区的打包和信号传递规范			拟制定
43			带元数据的音频素材长文件格式			拟制定
44			超高清节目文件格式规范			拟制定
45		内容制作	4K节目录制规范			拟制定
46			4K超高清电视演播室视音频系统技术要求和测量方法			拟制定
47			4K超高清电视转播车技术要求和测量方法			拟制定
48			演播室用超高清大屏显示系统技术要求和测量方法			拟制定
49			广播电视术语	GB/T 7400-2011		拟修订
50			超高清电视节目制作技术实施指南			拟制定
51		播出分发	4K超高清电视播出系统技术要求和测量方法			拟制定
52			4K超高清电视节目集成平台技术要求和测量方法			拟制定
53			4K业务信息规范			拟制定
54		制播设备	4K超高清节目制作用摄像机技术要求和测量方法			拟制定
55			非广播级超高清摄像机技术规范	2019-1107T-SJ		制定中
56			4K超高清节目非线性编辑系统技术要求和测量方法			拟制定
57			监视器亮度和对比度校准用PLUGE测试信号规范及校准步骤	GY/T 326-2019		已发布
58			AVS2 4K超高清编码器技术要求和测量方法	GY/T 323-2019		已发布
59			SDI-IP网关技术要求和测量方法			拟制定
60			AVS2 4K超高清专业卫星综合接收解码器技术要求和测量方法	GY/T 324-2019		已发布
61	3-网络与业务平台	业务平台	互联网电视内容服务平台技术要求	2018-22-GY		制定中
62			IPTV技术体系总体要求	2018-15-GY		制定中
63			超高清节目内容标签技术规范			拟制定
64			超高清4K视频服务用户体验评估算法和参数			拟制定
65		传输网络	超高清视频融合媒体网关技术规范			拟制定
66			超高清视频智能融合网关设备技术要求			拟制定
67	4-终端呈现	电视机	电视接收设备　通用规范	2017-1437T-SJ		制定中
68			超高清晰度电视机技术规范	2013-1544T-SJ		待发布
69			超高清晰度电视机测量方法	2013-1545T-SJ		待发布

续表

序号	体系	分类	标准项目名称	标准号/计划号	采用国际标准号	状态
70	4-终端呈现	电视机	有机发光二极管（OLED）电视机通用技术规范	20130125-T-339		制定中
71			有机发光二极管（OLED）电视机显示性能测量方法	GB/T 33762-2017		已发布
72			电视接收设备　高动态范围（HDR）性能基本技术要求和测量方法	2017-1435T-SJ		制定中
73			电视接收设备　三维声性能技术要求及测量方法	2018-2196T-SJ		制定中
74			电视接收设备　显示性能基本技术要求及测量方法激光投影	2017-1439T-SJ		制定中
75			电视接收设备　显示性能基本技术要求和测量方法液晶（LCD）	2017-1438T-SJ		制定中
76		机顶盒	超高清有线机顶盒通用规范	GY/T 241-2009		拟修订
77			有线电视网络智能机顶盒（IP 型）技术要求和测量方法	GD/J 078-2018		已发布
78			IPTV 机顶盒技术要求	YD/T 1655-2007		拟修订
79			IPTV 机顶盒测试方法	YD/T 2017-2018		拟修订
80			互联网电视接收设备技术规范			待发布
81			超高清 OTT 机顶盒技术要求			拟制定
82			超高清 OTT 机顶盒测量方法			拟制定
83		虚拟现实显示	超高清虚拟现实显示设备通用规范	2019-1104T-SJ		制定中
84		应用软件	互联网视频播放软件标准	2019-1110T-SJ 2019-11UT-SJ		制定中
85		其他	超高清三维声系统搭建技术要求			拟制定
86			超高清发光二极管（LED）显示屏系统技术规范	2019-1097T-SJ		制定中
87	5-安全与监管	监测监管	超高清电视节目制播质量监测技术规范			拟制定
88			超高清节目内容监管水印标识技术规范			拟制定
89		网络安全	广播电视相关信息系统安全等级保护基本要求 2.0			制定中
90			信息安全技术云计算服务安全指南	GB/T 31167-2014		已发布
91			信息安全技术云计算服务安全能力评估方法	GB/T 34942-2017		已发布
92			信息安全技术云计算安全参考架构	GB/T 35279-2017		已发布
93	6-行业应用	安防监控	超高清家用安防摄像机技术规范	2019-1098T-SJ		制定中
94		文教娱乐	超高清电子白板技术规范	2019-1096T-SJ		制定中
95			超高清视频会议系统显示及交互性能技术规范			拟制定
96			超高清视频会议终端视频采集性能技术规范			拟制定
97			超高清视频交互应用接口			拟制定
98		医疗健康	超高清视野摄像机技术规范			拟制定
99			超高清内窥镜手术设备技术规范			拟制定
100			超高清医用显示器技术规范	2019-1105T-SJ		制定中
101			超高清远程会诊系统技术规范	2019-1106T-SJ		制定中

续表

序号	体系	分类	标准项目名称	标准号/计划号	采用国际标准号	状态
102	6-行业应用	智能交通	超高清车载音视频记录仪技术规范	2019-0001T-SJ		制定中
103			超高清车载显示器技术规范	2019-1095T-SJ		制定中
104		工业制造	基于超高清视频的显示屏幕缺陷检测系统技术规范 第 1 部分：通用要求	2019-1112T-SJ		制定中
105			基于密高清视频的显示屏幕缺陷检测系统技术规范 第 2 部分：液晶（LCD）	2019-1113T-SJ		制定中
106			基于超高清视频的显示屏幕缺陷检测系统技术规范 第 3 部分：有机发光二极管（OLED）	2019-1114T-SJ		制定中

工业和信息化部办公厅关于深入推进移动物联网全面发展的通知

（工信厅通信〔2020〕25 号）

各省、自治区、直辖市及新疆生产建设兵团工业和信息化主管部门，各省、自治区、直辖市通信管理局，相关企业：

移动物联网（基于蜂窝移动通信网络的物联网技术和应用）是新型基础设施的重要组成部分。为贯彻落实党中央、国务院关于加快 5G、物联网等新型基础设施建设和应用的决策部署，加速传统产业数字化转型，有力支撑制造强国和网络强国建设，现就推进移动物联网全面发展有关事项通知如下：

一、主要目标

准确把握全球移动物联网技术标准和产业格局的演进趋势，推动 2G/3G 物联网业务迁移转网，建立 NB-IoT（窄带物联网）、4G（含 LTE-Cat1，即速率类别 1 的 4G 网络）和 5G 协同发展的移动物联网综合生态体系，在深化 4G 网络覆盖、加快 5G 网络建设的基础上，以 NB-IoT 满足大部分低速率场景需求，以 LTE-Cat1（以下简称“Cat1”）满足中等速率物联需求和话音需求，以 5G 技术满足更高速率、低时延联网需求。

到 2020 年底，NB-IoT 网络实现县级以上城市主城区普遍覆盖，重点区域深度覆盖；移动物联网连接数达到 12 亿；推动 NB-IoT 模组价格与 2G 模组趋同，引导新增物联网终端向 NB-IoT 和 Cat1 迁移；打造一批 NB-IoT 应用标杆工程和 NB-IoT 百万级连接规模应用场景。

二、重点任务

（一）加快移动物联网网络建设。

加快推进 5G 网络建设，继续深化 4G 网络覆盖，支持 Cat1 发展；进一步加大 NB-IoT 网络部署力度，按需新增建设 NB-IoT 基站，县级及以上城区实现普遍覆盖，面向室内、交通路网、地下管网、现代农业示范区等应用场景实现深度覆盖；着力做好网络运维、监测和优化等工作，提升网络服务水平。

（二）加强移动物联网标准和技术研究。

1. 制定移动物联网与垂直行业融合标准。推动 NB-IoT 标准纳入 ITU IMT 2020 5G 标准；面向智能家居、智慧农业、工业制造、能源表计、消防烟感、物流跟踪、金融支付等重点领域，推进移动物联网终端、平台等技术标准及互联互通标准的制定与实施，提升行业应用标准化水平。

2. 开展移动物联网关键技术研究。面向不同垂直行业应用环境和业务需求，重点加强网络切片、边缘计算、高精度定位、智能传感、安全芯片、小型化低功耗智能仪表、跨域协同等新兴关键技术研究，并开展相关试验。

（三）提升移动物联网应用广度和深度。

1. 推进移动物联网应用发展。围绕产业数字化、治理智能化、生活智慧化三大方向推动移动物联网创新发展。产业数字化方面，深化移动物联网在工业制造、仓储物流、智慧农业、智慧医疗等领域应用，推动设备联网数据采集，提升生产效率。治理智能化方面，以能源表计、消防烟感、公共设施管理、环保监测等领域为切入点，助力公共服务能力不断提升，增强城市韧性及应对突发事件能力。生活智慧化方面，推广移动物联网技术在智能家居、可穿戴设备、儿童及老人照看、宠物追踪等产品中的应用。

2. 打造移动物联网标杆工程。建设移动物联网资源库，开展创新与应用实践案例征集入库工作，提供交流推广、投融资需求对接等服务；从资源库中遴选一批最佳案例打造移动物联网标杆工程，通过标杆工程带动百万级连接应用场景创新发展；进一步扩展移动物联网技术的适用场景，拓展基于移动物联网技术的新产品、新业态和新模式。

（四）构建高质量产业发展体系。

1. 健全移动物联网产业链。鼓励各地设立专项扶持和创新资金，支持 NB-IoT 和 Cat1 专用芯片、模组、设备等产品研发工作，提高芯片研发和生产制造能力，满足规模出货需求；打造 NB-IoT 完整产业链，提供满足市场需求的多样化产品和应用系统；进一步降低 NB-IoT 模组成本，2020 年降至与 2G 模组同等水平；加大 Cat1 芯片和模组研发工作，推动模组成本降低，促进规模应用。

2. 加快云管边端协同的服务平台建设。支持基础电信企业建设移动物联网连接管理平台，加强网络能力开放，支持物联感知设备快速接入，支撑海量并发应用场景；引导行业应用企业搭建设备整合智能化、设备及数据管理智能化、系统运维智能化的垂直行业应用平台，逐步形成移动物联网平台体系，进一步降低移动物联网设备的开发成本和连接复杂度，满足复杂场景应用需求。鼓励有能力的企业建设开放实验室，为中小企业提供测试、验证及开发支持等服务。

3. 规范移动物联网行业发展秩序。支持开展移动物联网网络质量评估测试，推进网络服务质量契合用户需求，促进移动物联网网络服务提质增效。充分发挥社会服务监督作用，及时妥善处理用户反映的服务问题，激励企业不断提升服务质量。鼓励企业制定长期发展目标，强化业务创新和差异化发展，规范市场行为，形成良好的竞争发展氛围。

4. 支持移动通信转售企业开展移动物联网业务。充分发挥移动通信转售企业快速、灵活的响应机制和跨行业优势资源能力，在工业互联网、车联网等垂直行业应用领域开展移动物联网业务创新，促进与实体经济融合发展。

（五）建立健全移动物联网安全保障体系。

1. 加强移动物联网安全防护和数据保护。建立移动物联网网络安全管理机制，明确运营企业、产品和服务提供商等不同主体的安全责任和义务。加强移动物联网网络设施安全检测，强化对网络安全漏洞收集、报告和修复的指导规范。依托试点示范、工业互联网创新发展工程等，支持网络安全核心技术攻关。开展移动物联网重点产品安全评测，加速形成匹配移动物联网场景特征和安全需求的产品、服务和解决方案。加强移动物联网用户信息、个人隐私和重要数据保护。

2. 夯实移动物联网基础安全。建立移动物联网安全标准框架，制定物联网卡、终端、网关等重点环节的分级分类安全管理系列标准。鼓励企业、研究机构加大对移动物联网终端可信认证技术、区块链溯源等安全技术手段的研究应用。加快建设移动物联网安全监管技术手段，提升安全态势感知、卡端管理、风险预警等实时监测能力。

三、保障措施

（一）制定发展路线图。顺应移动通信技术更迭规律、产业发展趋势及资源高效利用要求，以 NB-IoT

与Cat1协同承接2G/3G物联连接，提升频谱利用效率。在保障存量物联网终端网络服务水平的同时，引导新增物联网终端不再使用2G/3G网络，推动存量2G/3G物联网业务向NB-IoT/4G（Cat1）/5G网络迁移。

（二）开展发展水平评估。建立移动物联网发展指数模型（附件），完善数据统计和信息采集机制，统一数据统计口径，跟踪监测移动物联网产业发展基本情况，编制移动物联网发展报告。客观衡量和评价移动物联网产业发展水平，充分激发各方发展移动物联网的动力。

（三）加强基础设施规划。鼓励各地在工业（产业）园区、智慧城市、美丽乡村以及城市道路桥梁、市政管网、综合管廊、交通物流、绿地景观等基础设施建设中统筹考虑智慧应用需求，提前做好移动物联网相关设施建设或预留空间。

（四）营造有序市场环境。移动物联网企业应将物联网业务纳入骚扰电话和垃圾短信管控体系，健全物联网骚扰电话和垃圾短信的监测、发现和处置机制，依据物联网卡功能限制要求，严格规范短信、语音等功能使用，按照“最小必要”原则为用户开通物联网功能；强化移动物联网产品进网监管，引导企业依法依规推出各类移动物联网终端产品；加强事中事后监管，对各类违法违规行为加强惩治，打造公平良好市场环境。

（五）加大宣传推广力度。充分发挥国家物联网产业示范基地、移动物联网产业联盟的示范引导和资源聚集作用，加强移动物联网优秀案例和标杆工程的宣传推广，鼓励各地结合智慧城市、“互联网+”和“双创”推进工作，加强信息通信行业与垂直行业融合创新，营造良好政策环境。

附件：移动物联网发展指数模型

工业和信息化部办公厅

2020年4月30日

移动物联网发展指数模型

序号	指标维度	二级指标项	定义
1	政策支持	移动物联网产业发展战略、规划、政策数量	省级政府部门出台的关于移动物联网产业发展战略、发展规划和发展政策
2		政府对移动物联网产业投入资金数量	政府对移动物联网的直接扶持资金（含减税等）与各省GDP的比值
3		移动物联网应用示范工程数量	通过省级以上政府认定的示范工程数量
4	网络和应用	移动物联网基站覆盖率	NB-IoT基站数量/4G基站数量
5		NB-IoT/4G/5G物联连接数占物联网总连接数比例	NB-IoT/4G/5G物联网连接数之和与2G/3G/4G/5G/NB全部物联网连接数之和的比例
6		TOP行业移动物联应用规模部署状况	超过100万级市场规模数的应用个数
8	产业生态	移动物联网相关企业数量	提供移动物联网解决方案的企业、移动物联网产业链上下游的企业以及提供移动物联网应用服务的企业数量总和
9		移动物联网产业产值占比	移动物联网解决方案企业的产值（产业销售收入）占GDP比例
10		公共服务平台数量	提供物联网相关标准提供认证与服务的平台企业机构的数量，含省级创新中心、开放实验室、联盟、协会等
11	创新和人才	相关专利申请及授权数量	通过我国专利局申请的移动物联网专利数量和授权数量（当前以申请专利数为主，后续以授权专利数为主）
12		行业应用标准制定数量	具体指面向垂直行业应用的行标、团标及地方标准，用于衡量移动物联网垂直行业成熟度（根据负责单位的归属地计算）
13		移动物联网专业的高校数量	开设物联网相关专业的高校数量，仅包含通过教育部门可查询的普通高校，包含中央部门办、本科院校和高职（专科）院校

住房和城乡建设部等部门关于印发绿色社区创建行动方案的通知

（建城〔2020〕68 号）

各省、自治区、直辖市住房和城乡建设厅（委、管委）、发展改革委、民政厅（局）、公安厅（局）、生态环境厅（局）、市场监管局（厅、委），北京市城市管理委、园林绿化局、水务局，天津市城市管理委、水务局，上海市绿化和市容管理局、水务局，重庆市城市管理局，新疆生产建设兵团住房和城乡建设局、发展改革委、民政局、公安局、生态环境局、市场监管局：

按照《国家发展改革委关于印发〈绿色生活创建行动总体方案〉的通知》（发改环资〔2019〕1696 号）部署要求，住房和城乡建设部、国家发展改革委等 6 部门共同研究制定了《绿色社区创建行动方案》，现印发实施。

中华人民共和国住房和城乡建设部
中华人民共和国国家发展和改革委员会
中华人民共和国民政部
中华人民共和国公安部
中华人民共和国生态环境部
国家市场监督管理总局
2020 年 7 月 22 日

绿色社区创建行动方案

为深入贯彻习近平生态文明思想，贯彻落实党的十九大和十九届二中、三中、四中全会精神，按照《绿色生活创建行动总体方案》部署要求，开展绿色社区创建行动，现制定具体方案如下。

一、创建目标

绿色社区创建行动以广大城市社区为创建对象，即各城市社区居民委员会所辖空间区域。开展绿色社区创建行动，要将绿色发展理念贯穿社区设计、建设、管理和服务等活动的全过程，以简约适度、绿色低碳的方式，推进社区人居环境建设和整治，不断满足人民群众对美好环境与幸福生活的向往。通过绿色社区创建行动，使生态文明理念在社区进一步深入人心，推动社区最大限度地节约资源、保护环境。

到 2022 年，绿色社区创建行动取得显著成效，力争全国 60%以上的城市社区参与创建行动并达到创建要求，基本实现社区人居环境整洁、舒适、安全、美丽的目标。

二、创建内容

（一）建立健全社区人居环境建设和整治机制。绿色社区创建要与加强基层党组织建设、居民自治机制建设、社区服务体系建设有机结合。坚持美好环境与幸福生活共同缔造理念，充分发挥社区党组织领导作用和社区居民委员会主体作用，统筹协调业主委员会、社区内的机关和企事业单位等，共同参与绿色社区创建。搭建沟通议事平台，利用“互联网+共建共治共享”等线上线下手段，开展多种形式基层协商，实现决策共谋、发展共建、建设共管、效果共评、成果共享。推动城市管理进社区。推动设计师、工程师进社区，辅导居民谋划社区人居环境建设和整治方案，有效参与城镇老旧小区改造、生活垃圾分类、节能节水、环境绿化等工作。

（二）推进社区基础设施绿色化。结合城市更新和存量住房改造提升，以城镇老旧小区改造、市政基础设施和公共服务设施维护等工作为抓手，积极改造提升社区供水、排水、供电、弱电、道路、供气、消防、生活垃圾分类等基础设施，在改造中采用节能照明、节水器具等绿色产品、材料。综合治理社区道路，消除路面坑洼破损等安全隐患，畅通消防、救护等生命通道。加大既有建筑节能改造力度，提高既有建筑绿色化水平。实施生活垃圾分类，完善分类投放、分类收集、分类运输设施。综合采取“渗滞蓄净用排”等举措推进海绵化改造和建设，结合本地区地形地貌进行竖向设计，逐步减少硬质铺装场地，避免和解决内涝积水问题。

（三）营造社区宜居环境。因地制宜开展社区人居环境建设和整治。整治小区及周边绿化、照明等环境，推动适老化改造和无障碍设施建设。合理布局和建设各类社区绿地，增加荫下公共活动场所、小型运动场地和健身设施。合理配建停车及充电设施，优化停车管理。进一步规范管线设置，实施架空线规整（入地），加强噪声治理，提升社区宜居水平。针对新冠肺炎疫情暴露出的问题，加快社区服务设施建设，补齐在卫生防疫、社区服务等方面的短板，打通服务群众的“最后一公里”。结合绿色社区创建，探索建设安全健康、设施完善、管理有序的完整居住社区。

（四）提高社区信息化智能化水平。推进社区市政基础设施智能化改造和安防系统智能化建设。搭建社区公共服务综合信息平台，集成不同部门各类业务信息系统。整合社区安保、车辆、公共设施管理、生活垃圾排放登记等数据信息。推动门禁管理、停车管理、公共活动区域监测、公共服务设施监管等领域智能化升级。鼓励物业服务企业大力发展线上线下社区服务。

（五）培育社区绿色文化。建立健全社区宣传教育制度，加强培训，完善宣传场所及设施设置。运用社区论坛和“两微一端”等信息化媒介，定期发布绿色社区创建活动信息，开展绿色生活主题宣传教育，使生态文明理念扎根社区。依托社区内的中小学校和幼儿园，开展“小手拉大手”等生态环保知识普及和社会实践活动，带动社区居民积极参与。贯彻共建共治共享理念，编制发布社区绿色生活行为公约，倡导居民选择绿色生活方式，节约资源、开展绿色消费和绿色出行，形成富有特色的社区绿色文化。加强社区相关文物古迹、历史建筑、古树名木等历史文化保护，展现社区特色，延续历史文脉。

三、组织实施

（一）建立工作机制。绿色社区创建行动由住房和城乡建设部牵头，国家发展改革委、民政部、公安部、生态环境部、市场监管总局等单位参与。全国层面加强部门协调配合，及时沟通相关工作情况。各地有关部门要把绿色社区创建工作摆上重要议事日程，在当地人民政府的统一领导下，建立部门协作机制，形成工作合力，共同破解难题，统筹推进绿色社区创建。

（二）明确工作职责。各级住房和城乡建设部门要做好绿色社区创建行动的牵头协调工作，会同有关部门扎实开展调查研究，按照统筹规划、分步推进、尽力而为、量力而行的原则，合理安排创建目标和时序，科学制定本地区绿色社区创建行动实施方案。各省（区、市）制定的实施方案，要于 2020 年 8 月底前报住房和城乡建设部。市县住房和城乡建设部门会同有关部门指导城市社区结合创建行动，开展人居环境建设和整治，推动基础设施绿色化，营造宜居环境、培育绿色文化。省级住房和城乡建设部门要会同有关部门加强对市县绿色社区创建工作的指导。

（三）抓好示范引领。各地要建立激励先进机制，优先安排居民创建意愿强、积极性高、有工作基础的社区开展创建，发挥示范引领作用，探索可复制可推广的经验做法。要及时总结和推广绿色社区创建行动中的经验做法，建设一批绿色社区创建行动示范教育基地，以点带面，逐步推开创建活动。结合城镇老旧小区改造，同步开展绿色社区创建。

（四）做好评估总结。省级住房和城乡建设部门要会同有关部门，对本地区绿色社区创建行动开展情况和实施效果进行年度评估，总结创建进展成效，于每年 11 月 30 日前将年度总结评估报告报住房和城乡建设部。

四、保障措施

（一）统筹相关政策予以支持。各地住房和城乡建设部门要加强与财政部门沟通，争取资金支持。各地应统筹用好城镇老旧小区改造、绿色建筑、既有建筑绿色化改造、海绵城市建设、智慧城市建设等涉及住宅小区的各类资金，推进绿色社区创建，提高资金使用效率。鼓励和引导政策性银行、开发性银行和商业银行加大产品和服务创新力度，在风险可控前提下，对参与绿色社区创建的企业和项目提供信贷支持。通过政府采购、新增设施有偿使用、落实资产权益等方式，吸引各类专业机构等社会力量，投资参与绿色社区创建中各类设施的设计、改造、运营。

（二）强化技术支撑。各地在社区人居环境建设和整治中，应积极选用经济适用、绿色环保的技术、工艺、材料、产品。要因地制宜加强绿色环保工艺技术的集成和创新，加大绿色环保材料产品的研发和推广应用力度。根据创建工作需要，立足当地实际，制订绿色社区建设标准和指标体系。

（三）加强宣传动员。各地要加大绿色社区创建行动的宣传力度，注重典型引路、正面引导，宣传绿色社区创建行动及其成效，营造良好舆论氛围。要动员志愿者、企事业单位、社会组织广泛参与绿色社区创建行动，形成各具特色的绿色社区创建模式。对绿色社区创建行动中涌现的优秀单位、个人和做法，要通过多种方式予以表扬鼓励。

附件：绿色社区创建标准（试行）

内　容	创建标准	
建立健全社区人居环境建设和整治机制	1	坚持美好环境与幸福生活共同缔造理念，各主体共同参与社区人居环境建设和整治工作
	2	搭建沟通议事平台，利用“互联网+共建共治共享”等线上线下手段，开展多种形式基层协商
	3	设计师、工程师进社区，辅导居民有效谋划人居环境建设和整治方案
推进社区基础设施绿色化	4	社区各类基础设施比较完善
	5	开展了社区道路综合治理、海绵化改造和建设，生活垃圾分类居民小区全覆盖
	6	在基础设施改造建设中落实经济适用、绿色环保的理念
营造社区宜居环境	7	社区绿地布局合理，有公共活动空间和设施
	8	社区停车秩序规范，无占压消防、救护等生命通道的情况
	9	公共空间开展了适老化改造和无障碍设施建设
	10	对噪声扰民等问题进行了有效治理
提高社区信息化智能化水平	11	建设了智能化安防系统
	12	物业管理覆盖面不低于 30%
培育社区绿色文化	13	社区有固定宣传场所和设施，能定期发布创建信息
	14	对社区工作者、物业服务从业者等相关人员定期开展培训
	15	发布了社区居民绿色生活行为公约
	16	社区相关文物古迹、历史建筑、古树名木等历史文化资源得到有效保护

住房和城乡建设部等部门
关于开展城市居住社区建设补短板行动的意见

（建科规〔2020〕7 号）

各省、自治区、直辖市住房和城乡建设厅（委、管委）、教育厅（委）、通信管理局、公安厅（局）、商务主管部门、文化和旅游厅（局）、卫生健康委、市场监管局（厅、委）、体育局、能源局、邮政局、残联，国家税务总局各省、自治区、直辖市和计划单列市税务局，新疆生产建设兵团住房和城乡建设局、教育局、公安局、商务主管部门、文化和旅游局、卫生健康委、市场监管局、体育局、能源局、邮政局、残联：

居住社区是城市居民生活和城市治理的基本单元，是党和政府联系、服务人民群众的“最后一公里”。当前，居住社区存在规模不合理、设施不完善、公共活动空间不足、物业管理覆盖面不高、管理机制不健全等突出问题和短板，与人民日益增长的美好生活需要还有较大差距。为贯彻落实习近平总书记关于更好为社区居民提供精准化、精细化服务的重要指示精神，建设让人民群众满意的完整居住社区，现就开展居住社区建设补短板行动提出以下意见：

一、总体要求

（一）指导思想。以习近平新时代中国特色社会主义思想为指导，全面贯彻党的十九大和十九届二中、三中、四中全会精神，坚持以人民为中心的发展思想，坚持新发展理念，以建设安全健康、设施完善、管理有序的完整居住社区为目标，以完善居住社区配套设施为着力点，大力开展居住社区建设补短板行动，提升居住社区建设质量、服务水平和管理能力，增强人民群众获得感、幸福感、安全感。

（二）工作目标。到 2025 年，基本补齐既有居住社区设施短板，新建居住社区同步配建各类设施，城市居住社区环境明显改善，共建共治共享机制不断健全，全国地级及以上城市完整居住社区覆盖率显著提升。

二、重点任务

（一）合理确定居住社区规模。以居民步行 5~10 分钟到达幼儿园、老年服务站等社区基本公共服务设施为原则，以城市道路网、自然地形地貌和现状居住小区等为基础，与社区居民委员会管理和服务范围相对接，因地制宜合理确定居住社区规模，原则上单个居住社区以 0.5~1.2 万人口规模为宜。要结合实际统筹划定和调整居住社区范围，明确居住社区建设补短板行动的实施单元。

（二）落实完整居住社区建设标准。按照《完整居住社区建设标准（试行）》（附件），结合地方实际，细化完善居住社区基本公共服务设施、便民商业服务设施、市政配套基础设施和公共活动空间建设内容和形式，作为开展居住社区建设补短板行动的主要依据。

（三）因地制宜补齐既有居住社区建设短板。结合城镇老旧小区改造等城市更新改造工作，通过补建、购置、置换、租赁、改造等方式，因地制宜补齐既有居住社区建设短板。优先实施排水防涝设施建设、雨污水管网混错接改造。充分利用居住社区内空地、荒地及拆除违法建设腾空土地等配建设施，增加公共活动空间。统筹利用公有住房、社区居民委员会办公用房和社区综合服务设施、闲置锅炉房等存量房屋资源，增设基本公共服务设施和便民商业服务设施。要区分轻重缓急，优先在居住社区内配建居民最需要的设施。推进相邻居住社区及周边地区统筹建设、联动改造，加强各类配套设施和公共活动空间共建共享。加强居住社区无障碍环境建设和改造，为居民出行、生活提供便利。

（四）确保新建住宅项目同步配建设施。新建住宅项目要按照完整居住社区建设标准，将基本公共服务、便民商业服务等设施和公共活动空间建设作为开发建设配套要求，明确规模、产权和移交等规定，确保与住宅同步规划、同步建设、同步验收和同步交付，并按照有关规定和合同约定做好产权移交。规模较小的新建住宅项目，要在科学评估周边既有设施基础上按需配建；规模较大的，要合理划分成几个规模适宜的居住社区，按照标准配齐设施。地方相关行政主管部门要切实履行监督职责，确保产权人按照规定使用配套设施，未经法定程序，任何组织和个人不得擅自改变用途和性质。

（五）健全共建共治共享机制。按照基层党组织领导下的多方参与治理要求，推动建立“党委领导、政府组织、业主参与、企业服务”的居住社区管理机制。鼓励引入专业化物业服务，暂不具备条件的，通过社区托管、社会组织代管或居民自管等方式，提高物业管理覆盖率。推动城市管理进社区，将城市综合管理服务平台与物业管理服务平台相衔接，提高城市管理覆盖面，依法依规查处私搭乱建等违法违规行为，协助开展社区环境整治活动。

三、组织实施

（一）加强组织领导和部门协调。各级住房和城乡建设部门要会同教育、工业和信息化、公安、商务、文化和旅游、卫生健康、税务、市场监管、体育、能源、邮政管理、残联等部门建立协同机制，统筹整合涉及居住社区建设的各类资源、资金和力量，有序开展居住社区建设补短板行动。住房和城乡建设部门要结合城镇老旧小区改造、绿色社区创建、棚户区改造等同步推进居住社区建设补短板行动，建立居住社区建设项目审批绿色通道，加强对幼儿园、养老等基本公共服务设施的设计、建设、验收、移交的监管落实，提高物业管理覆盖率，推动城市管理进社区。教育部门要配合有关部门做好居住社区配套幼儿园规划、建设、验收、移交等工作。工业和信息化部门要加快光纤入户和多网融合。公安机关要加强社区警务工作及警务室建设，推进社区智能安防设施及系统建设。商务部门要支持便民商业服务设施建设，鼓励小店“一店多能”提供多样化便民服务，引导连锁企业进社区提供优质服务。文化和旅游部门要支持社区文化设施建设。卫生健康部门要协调有关部门加强社区卫生服务机构建设，完善婴幼儿照护服务政策规范。税务部门要落实社区服务税收优惠政策。市场监管部门要依法对住宅加装的电梯实施监督检验和使用登记。体育部门要加大对社区健身场地设施建设的指导支持力度，协调有关资金向居住社区倾斜。能源部门要支持居住社区充电桩等设施建设。邮政管理部门要加强对居住社区快递末端网点的监督管理。残联要积极组织残疾人代表开展体验活动，配合推进社区无障碍环境建设和改造工作。

（二）制定行动计划。各城市住房和城乡建设部门要会同有关部门按照完整居住社区建设标准，开展居住社区建设情况调查，摸清居住社区规模和数量，找准各类设施和公共活动空间建设短板，制定居住社区建设补短板行动计划，明确行动目标、重点任务和推进时序，并与城镇老旧小区改造计划等相衔接。按照行动计划，细化年度工作任务和建设项目库，纳入政府重点工作统筹推进。

（三）推动社会力量参与。通过政府采购、新增设施有偿使用、落实资产权益等方式，吸引各类专业机构等社会力量参与居住社区配套设施建设和运营。支持规范各类企业以政府和社会资本合作模式开展设施建设和改造。引导供水、供气、供热、供电、通信等专业经营单位履行社会责任，出资参与相关管线设施设备的改造提升及维护更新管理。建立物业管理服务平台，推动物业服务企业发展线上线下社区服务业，接入电子商务、健身、文化、旅游、家装、租赁等各类优质服务，拓展家政、教育、护理、养老等增值服务。

（四）动员居民广泛参与。以开展居住社区建设补短板行动为载体，大力推进美好环境与幸福生活共同缔造活动，搭建沟通议事平台，充分发挥居民主体作用，推动实现决策共谋、发展共建、建设共管、效果共评、成果共享。引导各类专业人员进社区，辅导居民参与居住社区建设和管理。加强培训和宣传，发掘和培养一批懂建设、会管理的老模范、老党员、老干部等社区能人。建立激励机制，引导和鼓励居民通过捐资捐物、投工投劳等方式参与居住社区建设。发布社区居民公约，促进居民自我管理、自我服务。

（五）做好评估和总结。各省级住房和城乡建设部门要会同有关部门加强跟踪督导，定期开展本辖区居住社区建设补短板行动评估，每年11月30日前将工作进展情况报送住房和城乡建设部，2025年底前对城市居住社区建设补短板行动进行总结。住房和城乡建设部会同有关部门将定期对全国居住社区建设补短板行动进行调研评估。

附件：完整居住社区建设标准（试行）

中华人民共和国住房和城乡建设部
中华人民共和国教育部
中华人民共和国工业和信息化部
中华人民共和国公安部
中华人民共和国商务部
中华人民共和国文化和旅游部
中华人民共和国国家卫生健康委员会
国家税务总局
国家市场监督管理总局
国家体育总局
国家能源局
国家邮政局
中国残疾人联合会
2020 年 8 月 18 日

附件　完整居住社区建设标准（试行）

标	序号	建设内容	建设要求
一、基本公共服务设施完善	1	一个社区综合服务站	建筑面积以 800 平方米为宜，设置社区服务大厅、警务室、社区居委会办公室、居民活动用房、阅览室、党群活动中心等。
	2	一个幼儿园	不小于 6 班，建筑面积不小于 2200 平方米，用地面积不小于 3500 平方米，为 3~6 岁幼儿提供普惠性学前教育服务。
	3	一个托儿所	建筑面积不小于 200 平方米，为 0~3 岁婴幼儿提供安全可靠的托育服务。可以结合社区综合服务站、社区卫生服务站、住宅楼、企事业单位办公楼等建设托儿所等婴幼儿照护服务设施。
	4	一个老年服务站	与社区综合服务站统筹建设，为老年人、残疾人提供居家日间生活辅助照料、助餐、保健、文化娱乐等服务。具备条件的居住社区，可以建设 1 个建筑面积不小于 350 平方米的老年人日间照料中心，为生活不能完全自理的老年人、残疾人提供膳食供应、保健康复、交通接送等日间服务。
	5	一个社区卫生服务站	建筑面积不小于 120 平方米，提供预防、医疗、计生、康复、防疫等服务。
二、便民商业服务设施健全	6	一个综合超市	建筑面积不小于 300 平方米，提供蔬菜、水果、生鲜、日常生活用品等销售服务。城镇老旧小区等受场地条件约束的既有居住社区，可以建设 2~3 个 50~100 平方米的便利店提供相应服务。
	7	多个邮件和快件寄递服务设施	建设多组智能信包箱、智能快递箱，提供邮件快件收寄、投递服务，格口数量为社区日均投递量的 1~1.3 倍。新建居住社区应建设使用面积不小于 15 平方米的邮政快递末端综合服务站。城镇老旧小区等受场地条件约束的既有居住社区，因地制宜建设邮政快递末端综合服务站。
	8	其他便民商业网点	建设理发店、洗衣店、药店、维修点、家政服务网点、餐饮店等便民商业网点。

续表

标	序号	建设内容	建设要求
三、市政配套基础设施完备	9	水、电、路、气、热、信等设施	建设供水、排水、供电、道路、供气、供热（集中供热地区）、通信等设施，达到设施完好、运行安全、供给稳定等要求。实现光纤入户和多网融合，推动 5G 网络进社区。建设社区智能安防设施及系统。
	10	停车及充电设施	新建居住社区按照不低于 1 车位/户配建机动车停车位，100%停车位建设充电设施或者预留建设安装条件。既有居住社区统筹空间资源和管理措施，协调解决停车问题，防止乱停车和占用消防通道现象。建设非机动车停车棚、停放架等设施。具备条件的居住社区，建设电动车集中停放和充电场所，并做好消防安全管理。
	11	慢行系统	建设联贯各类配套设施、公共活动空间与住宅的慢行系统，与城市慢行系统相衔接。社区居民步行 10 分钟可以到达公交站点。
	12	无障碍设施	住宅和公共建筑出入口设置轮椅坡道和扶手，公共活动场地、道路等户外环境建设符合无障碍设计要求。具备条件的居住社区，实施加装电梯等适老化改造。对有条件的服务设施，设置低位服务柜台、信息屏幕显示系统、盲文或有声提示标识和无障碍厕所（厕位）。
	13	环境卫生设施	实行生活垃圾分类，设置多处垃圾分类收集点，新建居住社区宜建设一个用地面积不小于 120 平方米的生活垃圾收集站。建设一个建筑面积不小于 30 平方米的公共厕所，城镇老旧小区等受场地条件约束的既有居住社区，可以采用集成箱体式公共厕所。
四、公共活动空间充足	14	公共活动场地	至少有一片公共活动场地（含室外综合健身场地），用地面积不小于 150 平方米，配置健身器材、健身步道、休息座椅等设施以及沙坑等儿童娱乐设施。新建居住社区建设一片不小于 800 平方米的多功能运动场地，配置 5 人制足球、篮球、排球、乒乓球、门球等球类场地，在紧急情况下可以转换为应急避难场所。既有居住社区要因地制宜改造宅间绿地、空地等，增加公共活动场地。
	15	公共绿地	至少有一片开放的公共绿地。新建居住社区至少建设一个不小于 4000 平方米的社区游园，设置 10%~15%的体育活动场地。既有居住社区应结合边角地、废弃地、闲置地等改造建设“口袋公园”、“袖珍公园”等。社区公共绿地应配备休憩设施，景观环境优美，体现文化内涵，在紧急情况下可转换为应急避难场所。
五、物业管理全覆盖	16	物业服务	鼓励引入专业化物业服务，暂不具备条件的，通过社区托管、社会组织代管或居民自管等方式，提高物业管理覆盖率。新建居住社区按照不低于物业总建筑面积 2‰比例且不低于 50 平方米配置物业管理用房，既有居住社区因地制宜配置物业管理用房。
	17	物业管理服务平台	建立物业管理服务平台，推动物业服务企业发展线上线下社区服务业，实现数字化、智能化、精细化管理和服务。
六、社区管理机制健全	18	管理机制	建立“党委领导、政府组织、业主参与、企业服务”的居住社区管理机制。推动城市管理进社区，将城市综合管理服务平台与物业管理服务平台相衔接，提高城市管理覆盖面。
	19	综合管理服务	依法依规查处私搭乱建等违法违规行为。组织引导居民参与社区环境整治、生活垃圾分类等活动。
	20	社区文化	举办文化活动，制定发布社区居民公约，营造富有特色的社区文化。

说明：完整居住社区是指为群众日常生活提供基本服务和设施的生活单元，也是社区治理的基本单元。本标准以 0.5~1.2 万人口规模的完整居住社区为基本单元，依据《城市居住区规划设计标准》等有关标准规范和政策文件编制。若干个完整居住社区构成街区，统筹配建中小学、养老院、社区医院、运动场馆、公园等设施，与十五分钟生活圈相衔接，为居民提供更加完善的公共服务。

住房和城乡建设部等部门关于加强和改进住宅物业管理工作的通知

（建房规〔2020〕10 号）

各省、自治区、直辖市、新疆生产建设兵团住房和城乡建设厅（委、管委、局）、党委政法委、文明办、发展改革委、公安厅（局）、财政厅（局）、人力资源社会保障厅（局）、应急厅（局）、市场监管局（厅、委），各银保监局：

居住社区（住宅小区）是居民生活的主要空间，是基层社会治理的重要内容。住宅物业管理事关群众生活品质，事关城市安全运行和社会稳定。为深入贯彻党的十九大和十九届四中、五中全会精神，全面落实《中华人民共和国民法典》、《中共中央　国务院关于加强和完善城乡社区治理的意见》和《中共中央办公厅印发〈关于加强和改进城市基层党的建设工作的意见〉的通知》有关要求，加快发展物业服务业，推动物业服务向高品质和多样化升级，满足人民群众不断增长的美好居住生活需要，现就加强和改进住宅物业管理工作通知如下。

一、融入基层社会治理体系

（一）坚持和加强党对物业管理工作的领导。推动业主委员会、物业服务企业成立党组织。建立党建引领下的社区居民委员会、业主委员会、物业服务企业协调运行机制，充分调动居民参与积极性，形成社区治理合力。推动业主委员会成员和物业项目负责人中的党员担任社区党组织兼职委员，符合条件的社区“两委”成员通过法定程序兼任业主委员会成员。鼓励流动党员、退休人员中的党员将组织关系转入社区党组织，推动市、区两级机关和企事业单位党组织、在职党员主动参与社区治理，有效服务群众。

（二）落实街道属地管理责任。街道要建立健全居住社区综合治理工作制度，明确工作目标，及时研究解决住宅物业管理重点和难点问题。鼓励街道建立物业管理工作机制，指导监督辖区内物业管理活动，积极推动业主设立业主大会、选举业主委员会，办理业主委员会备案，并依法依规监督业主委员会和物业服务企业履行职责。指导开展物业承接查验并公开结果，监督物业项目有序交接。突发公共事件应对期间，街道指导物业服务企业开展应对工作，并给予物资和资金支持。委托物业服务企业承担公共服务事项的，应当向物业服务企业支付相应费用。

（三）推动城市管理服务下沉。推动城市管理服务向居住社区延伸，依托城市综合管理服务平台，建立群众反映问题的受理处置机制。明确部门和单位职责清单，压实工作责任，及时查处物业服务区域内违章搭建、毁绿占绿、任意弃置垃圾、违反规定饲养动物、电动自行车违规停放充电、占用堵塞公共和消防通道等违法违规行为。依法明确供水、排水、供电、供气、供热、通信、有线电视等专业运营单位服务到最终用户，落实专业运营单位对物业服务区域内相关设施设备的维修、养护和更新责任。

（四）构建共建共治共享格局。街道要发挥居民的主体作用，调动社区社会组织、社会工作服务机构、社区志愿者、驻区单位的积极性，共同参与居住社区治理，构建共建共治共享的基层社会治理体系，实现决策共谋、发展共建、建设共管、效果共评、成果共享。畅通居民投诉渠道，健全 12345 热线投诉转办机制，提高投诉处置效能。加强物业管理调解组织建设，发挥基层综治中心和网格员作用，积极促进物业管理矛盾纠纷就地化解。

二、健全业主委员会治理结构

（五）优化业主委员会人员配置。街道负责指导成立业主大会筹备组、业主委员会换届改选小组，加强对业主委员会的人选推荐和审核把关。鼓励“两代表一委员”参选业主委员会成员，提高业主委员会成员中党员比例。探索建立业主委员会成员履职负面清单，出现负面清单情形的，暂停该成员履行职责，提请业主大会终止成员资格并公告全体业主。市、县住房和城乡建设部门、街道要加强业主委员会成员法律法规和业务培训，提高业主委员会成员依法依规履职能力。

（六）充分发挥业主委员会作用。业主大会可根据法律法规规定，通过议事规则和管理规约约定，授权业主委员会行使一定额度内业主共有部分经营收益支出、住宅专项维修资金（以下简称“维修资金”）使用决策权力。业主委员会应当督促业主遵守法律法规、议事规则、管理规约和业主大会决议，对业主违规违约行为进行劝阻。对多次催交仍拖欠物业费的业主，可根据管理规约规定的相应措施进行催交。探索将恶意拖欠物业费的行为纳入个人信用记录。

（七）规范业主委员会运行。业主委员会应当定期召开会议，在决定物业管理有关事项前，应公开征求业主意见，并报告社区党组织和居民委员会。业主大会可授权业主委员会聘请专职工作人员承担日常事务，明确工作职责和薪酬标准。探索建立业主委员会换届审计制度。

（八）加强对业主委员会监督。业主委员会每年向业主公布业主共有部分经营与收益、维修资金使用、经费开支等信息，保障业主的知情权和监督权。业主委员会作出违反法律法规和议事规则、管理规约的决定，街道应当责令限期整改，拒不整改的依法依规撤销其决定，并公告业主。业主委员会不依法履行职责，严重损害业主权益的，街道指导业主大会召开临时会议，重新选举业主委员会。加大对业主委员会成员违法违规行为查处力度，涉嫌犯罪的移交司法机关处理。

三、提升物业管理服务水平

（九）扩大物业管理覆盖范围。街道要及时积极推动业主设立业主大会，选举业主委员会，选聘物业服务企业，实行专业化物业管理。暂不具备设立业主大会条件的，探索组建由社区居民委员会、业主代表等参加的物业管理委员会，临时代替业主委员会开展工作。结合城镇老旧小区改造，引导居民协商确定老旧小区的管理模式，推动建立物业管理长效机制。鼓励物业服务企业统一管理在管项目周边老旧小区。暂不具备专业化物业管理条件的，由街道通过社区居民委员会托管、社会组织代管或居民自管等方式，逐步实现物业管理全覆盖。

（十）提升物业服务质量。全面落实物业服务企业服务质量主体责任。物业服务企业要健全服务质量保障体系，建立服务投诉快速处理机制，加强人员车辆管理，定期巡检和养护共用部位、共用设施设备，采取合理措施保护业主的人身、财产安全，做好绿化养护，协助规范垃圾投放并及时清扫清运，改善居住环境，提升居住品质，打造优秀物业服务项目。发挥物业行业协会作用，编制物业服务标准，规范从业人员行为。支持物业服务企业兼并重组，推动物业服务规模化、品牌化经营，提升整体服务水平。

（十一）完善物业服务价格形成机制。物业服务价格主要通过市场竞争形成，由业主与物业服务企业在物业服务合同中约定服务价格，可根据服务标准和物价指数等因素动态调整。提倡酬金制计费方式。城市住房和城乡建设部门要公布物业服务清单，明确物业服务内容和标准。物业行业协会要监测并定期公布物业服务成本信息和计价规则，供业主和物业服务企业协商物业费时参考。引导业主与物业服务企业通过合同约定物业服务价格调整方式。物业服务价格实行政府指导价的，由有定价权限的价格部门、住房和城乡建设部门制定并公布基准价及其浮动幅度，建立动态调整机制。

（十二）提升物业服务行业人员素质。推动物业服务人员职业技能等级认定工作。开展职业技能培训和竞赛，提高从业人员整体素质和技能水平。引导物业服务企业健全薪酬制度和员工激励制度，引入高技能人才和专业技术人才。物业服务企业在保障安全、业主共同决策同意的前提下，可利用闲置房屋用于员工住宿。符合条件的员工优先纳入住房保障范围。组织开展最美物业人宣传选树活动，增强从业人员荣誉感和归属感。

四、推动发展生活服务业

（十三）加强智慧物业管理服务能力建设。鼓励物业服务企业运用物联网、云计算、大数据、区块链和人工智能等技术，建设智慧物业管理服务平台，提升物业智慧管理服务水平。采集房屋、设施设备、业主委员会、物业服务企业等数据，共享城市管理数据，汇集购物、家政、养老等生活服务数据，确保数据不泄露、不滥用。依法依规与相关部门实现数据共享应用。

（十四）提升设施设备智能化管理水平。鼓励物业服务企业以智慧物业管理服务平台为支撑，通过在电梯、消防、给排水等重要设施设备布设传感器，实现数据实时采集。建立事件部件处置权责清单，明确处置业务流程和规范，实现智慧预警、智慧研判、智慧派单、智慧监督。

（十五）促进线上线下服务融合发展。鼓励有条件的物业服务企业向养老、托幼、家政、文化、健康、房屋经纪、快递收发等领域延伸，探索“物业服务+生活服务”模式，满足居民多样化多层次居住生活需求。引导物业服务企业通过智慧物业管理服务平台，提供定制化产品和个性化服务，实现一键预约、服务上门。物业服务企业开展养老、家政等生活性服务业务，可依规申请相应优惠扶持政策。

五、规范维修资金使用和管理

（十六）提高维修资金使用效率。优化维修资金使用流程，简化申请材料，缩短审核时限。建立紧急维修事项清单，符合清单内容的，业主委员会可直接申请使用维修资金，尚未产生业主委员会的，由街道组织代为维修，并从维修资金中列支相关费用。因供水、排水、消防、电梯等紧急事项使用维修资金的，维修工程竣工后，应当公开维修资金使用数额。探索维修资金购买电梯安全责任保险。

（十七）健全维修资金管理制度。提高维修资金管理机构专业化、规范化管理水平。采用公开招标方式，综合存款利率、资产规模和服务效能等因素，择优确定专户管理银行，控制专户管理银行数量。探索委托专业机构运营维修资金，提高资金收益水平，并将收益分配给业主。加快维修资金管理信息系统建设，方便业主实时查询。每年披露资金管理和使用情况，接受社会监督。加强维修资金监管，严肃查处侵占挪用资金等违法违规行为。

（十八）加大维修资金归集力度。推动新建商品房在办理网签备案时，由建设单位代为足额缴纳维修资金。加大对建设单位、物业服务企业代收维修资金的清缴力度。业主共有部分经营收益应当主要用于补充维修资金。逐步实行商品房与已售公房维修资金并轨管理。

六、强化物业服务监督管理

（十九）建立服务信息公开公示制度。物业服务企业应当在街道指导监督下，在物业服务区域显著位置设立物业服务信息监督公示栏，如实公布并及时更新物业项目负责人的基本情况、联系方式以及物业服务投诉电话、物业服务内容和标准、收费项目和标准、电梯和消防等设施设备维保单位和联系方式、车位车库使用情况、公共水电费分摊情况、物业费和业主共有部分经营收益收支情况、电梯维护保养支出情况等信息，可同时通过网络等方式告知业主公示内容。物业服务企业开展家政、养老等服务业务也应对外公示，按双方约定价格收取服务费用。物业服务企业不得收取公示收费项目以外的费用。

（二十）建立物业服务企业信用管理制度。建立物业服务信用评价制度，制定统一的信用评价标准，建设全国信用信息管理平台。根据合同履行、投诉处理、日常检查和街道意见等情况，采集相关信用信息，实施信用综合评价，依法依规公开企业信用记录和评价结果。依据企业信用状况，由城市住房和城乡建设部门授予信用星级标识，实行信用分级分类监管，强化信用信息在前期物业管理招标投标、业主大会选聘物业服务企业、政府采购等方面的应用。

（二十一）优化市场竞争环境。加强物业服务企业登记注册信息部门共享，探索建立健全物业服务合同备案、项日负责人备案制度。完善物业管理招标投标制度，加强招标投标代理机构、评标专家和招标投标活动监管。引导业主委员会通过公开招标方式选聘物业服务企业。住房和城乡建设部门在征求街道意见的基础上，建立物业服务企业红黑名单制度，推动形成优胜劣汰的市场环境。对严重违法违规、情节恶劣的物业服务企业和直接责任人员，依法清出市场。

各地区各部门要坚持以人民为中心的发展思想，把加强和改进住宅物业管理作为保障和改善民生、创新基层社会治理的重要举措，切实加强组织领导，优化机构设置，配齐专业人员，加强舆论宣传，落实工作责任，研究制定出台配套政策措施，确保本通知确定的各项任务落到实处。住房和城乡建设部将会同相关部门对贯彻落实情况进行评估，总结各地经验，及时完善住宅物业管理有关制度。

住房和城乡建设部
中央政法委
中央文明办
发展改革委
公安部
财政部
人力资源社会保障部
应急部
市场监管总局
银保监会
2020 年 12 月 25 日

第二节　地方法规、规章、规范性文件

本节收录了 11 条 2020 年新颁布的安防行业相关的地方法规、规章及规范性文件，目录如下：

北京住建委关于进一步加强本市公共租赁住房人脸识别技术应用管理的通知

（京建发［2020］185 号）

各区住房城乡建设委（房管局），东城、西城、石景山区住房城市建设委，经济技术开发区开发建设局，北京市保障性住房建设投资中心、北京城市副中心投资建设集团，各有关单位：

为规范和指导本市公租房人脸识别技术应用，切实保护承租家庭合法权益，提高社区智能化服务水平，市住房城乡建设委制定了《北京市公共租赁住房人脸识别技术导则（试行）》，现印发给你们，请结

合实际参照执行。有关事项通知如下：

一、本市公租房项目推行人脸识别等技术，为承租家庭提供便捷的出行服务，实现智能服务；优化公租房社区技防措施，确保承租家庭出入安全，提升居住品质。

二、公租房项目开发建设单位是人脸识别系统建设安装第一责任主体，负责将人脸识别系统纳入项目的整体规划设计方案，与工程项目同步安排，同步交用。

公租房项目运营管理单位是人脸识别系统管理第一责任主体，负责人脸识别系统的运行维护管理，为承租家庭提供便捷服务。运营管理单位要提前介入，结合自身实际需求，会同开发建设单位参照本导则做好人脸识别系统的建设安装工作。

公租房人脸识别系统建设方案纳入公租房规划设计方案审查。市、区住房保障管理部门要加强对人脸识别技术应用情况的监督和指导。公租房项目运营管理单位做好数据统计分析，为市、区住房保障管理部门监管提供查询权限，并定期报送统计分析结果。

三、公租房项目运营管理单位要切实强化数据安全管理。严格权限管理，建立完备的数据查询、使用审批流程，实现查询、使用过程可监督，可追溯。加强软件、硬件配备，存储的物理场所应配置必要的安防设备，数据传输要加密。

四、公租房项目运营管理单位要重视客户体验，针对承租家庭的生活需求，积极探索开发人脸识别系统多样性服务场景，丰富服务形式和措施。满足残疾人、老年人和儿童等通行的便捷，对老年人等群体久未出入等异常情形进行预警提醒，重点帮扶弱势群体。

五、公租房项目运营管理单位应加强人脸识别技术服务优势方面的宣传，用好系统终端，引导承租家庭共同营造和谐社区。

六、本《通知》自印发之日起实施。新建公租房项目参照导则建设安装运行人脸识别系统，发布之前的公租房项目参照导则完善人脸识别数据安全保护措施。

特此通知。

附件：北京市公共租赁住房人脸识别技术导则（试行）略

北京市住房和城乡建设委员会
2020 年 6 月 30 日

上海市关于进一步加快智慧城市建设的若干意见

智慧城市是城市能级和核心竞争力的重要体现，是上海建设具有全球影响力的科技创新中心的重要载体。为进一步加快我市智慧城市建设，现提出如下意见。

一、明确总体要求

（一）指导思想。

以习近平新时代中国特色社会主义思想为指导，全面贯彻党的十九大和十九届二中、三中、四中全会精神，坚持新发展理念，顺应新一轮信息技术和科技革命发展浪潮，聚焦智慧政府、智慧社会、数字经济等，全面推进新型智慧城市建设与城市发展战略深度融合，更高水平满足人民对美好生活的向往，更高质量助力经济转型创新发展，更高效率提高城市管理和社会治理水平，着力优化体制机制、完善体系架构、加强总体谋划，统筹规划、建设、管理和生产、生活、生态等各方面，发挥政府、社会、市民等各方作用，聚焦政务服务“一网通办”、城市运行“一网统管”、全面赋能数字经济三大建设重点，夯实“城市大脑”、信息设施、网络安全三大基础保障，加快推进新一轮智慧城市示范引领、全面建设，不断增强城市吸引力、创造力、竞争力。

（二）建设目标。

到2022年，将上海建设成为全球新型智慧城市的排头兵，国际数字经济网络的重要枢纽；引领全国智慧社会、智慧政府发展的先行者，智慧美好生活的创新城市。坚持全市“一盘棋、一体化”建设，更多运用互联网、大数据、人工智能等信息技术手段，推进城市治理制度创新、模式创新、手段创新，提高城市科学化、精细化、智能化管理水平。科学集约的“城市大脑”基本建成，全量汇聚的数据中枢运行高效；政务服务“一网通办”持续深化，群众办事更加方便，营商环境进一步优化；城市运行“一网统管”加快推进，城市治理能力和治理水平不断提高；数字经济活力迸发，新模式新业态创新发展；新一代信息基础设施全面优化，网络安全坚韧可靠，制度供给更加有效；城市综合服务能力显著增强，成为辐射长三角城市群、打造世界影响力的重要引领。

二、统筹完善“城市大脑”架构

（三）深化数据汇聚共享。将数据作为“城市大脑”的核心资源，依托市大数据中心，优化公共数据采集质量，实现公共数据集中汇聚，加强数据治理，建立健全跨部门数据共享流通机制。探索建设数字孪生城市，数字化模拟城市全要素生态资源，构建城市智能运行的数字底座。

（四）强化系统集成共用。以大网络大系统大平台建设为导向，按照门户集成、接入管理、用户管理、授权管理、资源管理、安全防护“六个统一”要求，推动各部门、各区专用网络和信息系统整合融合，实现跨部门、跨层级工作机制协调顺畅。优化政务云资源配置，重构优化各类政务系统，促进政府管理和服务规范高效。推动城市管理、社会治理领域跨部门系统建设，联手破解城市治理难点。

（五）支持应用生态开放。大力吸引各类社会主体积极参与，建设优良的智慧城市开发生态。依托市大数据中心资源平台，有序推进城市公共数据集开放。聚焦社会信用、医疗健康、普惠金融等领域，推行解决方案供应商和创新产品目录，建立大数据联合创新实验室，形成开放应用示范。在惠民服务、精准治理、网络安全等领域，打造一批社会化典型应用。

三、全面推进政务服务“一网通办”

（六）推动政务流程革命性再造。从以政府部门管理为中心向以用户服务为中心转变，梳理优化部门内部操作流程、办事及处置流程。聚焦群众使用频率高的办理事项，加快电子证照、电子印章和电子档案应用，推进减环节、减证明、减时间、减跑动次数。继续加大简政放权力度，简化优化办事环节，实现高效办成“一件事”。

（七）不断优化“互联网+政务服务”。完善“一网通办”总门户功能，扩大移动端“随申办”受惠面，不断拓展各类服务场景，健全政务应用集群。将“企业服务云”作为企业服务“一网通办”重要组成，面向全规模、全所有制、全生命周期企业，加强为企服务统筹协调、惠企政策资源共享。深化跨部门协同审批、并联审批，持续完善全流程一体化在线服务平台，全力打响“一网通办”政务服务品牌，着力营造高效便捷的营商环境。

（八）着力提供智慧便捷的公共服务。聚焦医疗、教育、养老、文化、旅游、体育等重点领域，推动智能服务普惠应用，持续提升群众获得感。推进卫生信息互联互通互认，促进医疗服务精准化，探索医保支付方式创新，提升养老助残托幼等信息化服务能力。汇聚优质学科资源，支持智能交互学习，提高教育供给满意度。加强文化艺术市场智能化服务水平，支持数字演艺等文娱活动，扩展文化服务丰富性。整合区域商业、文化、旅游公共资源，打造“一部手机游上海”示范项目，拓展城市体验感、感知度。

四、加快推进城市运行“一网统管”

（九）一体化建设城市运行体系。紧扣“一屏观天下、一网管全城”目标，依托电子政务云，加强各类城市运行系统的互联互通，全网统一管理模式、数据格式、系统标准，形成统一的城市运行视图，推动硬件设施共建共用，加快形成跨部门、跨层级、跨区域的协同运行体系。

（十）提升快速响应和高效联动处置能力水平。基于城市网格化综合管理需求，打造信息共享、相互推送、快速反应、联勤联动的指挥中心，建设职责匹配的事件协调处置流程。开展城市运行数据分析，加强综合研判，增强城市综合管理的监控预警、应急响应和跨领域协同能力，实现高效处置“一件事”。

（十一）深化建设“智慧公安”。高标准推进平安城市建设，实现感知泛在、研判多维、指挥扁平、处置高效，构筑全天候全方位安全态势。实施科技强警，再造现代警务流程，切实提高数据利用能力，推动信息新技术在大人流监测预警、城市安防、打击犯罪等领域深度应用，打造国内智慧警务标杆。

（十二）建设运行应急安全智能应用体系。在消防、防灾减灾、安全生产、危险化学品管理等城市安全重点领域，实现全环节全过程预警监管处置。推动物联传感、智能预测在给排水、燃气、城市建设领域的应用，全面提升城市运行安全保障能力。持续提升智能电网灵活性和兼容性，满足输电多样化需求。加强公共卫生安全信息化保障，建设食品药品信息追溯体系和公共卫生预警体系。推动实时数据分析、计算机视觉等在智能交通领域的应用，提升服务效率。

（十三）优化城市智能生态环境。加强对水、气、林、土、噪声和辐射等城市生态环境保护数据的实时获取、分析和研判，提升生态资源数字化管控能力。积极发展“互联网+回收平台”，完善生活垃圾全程分类信息体系，实现全程数字化、精细化、可视化管控。推动气象数据与城市运行应用联通，提升气象精准预测、预防能力。

（十四）提升基层社区治理水平。加强党建引领，建设“社区云”，推进街镇、居村各类信息系统归集，有效支撑居村委会减负增能。支持基层综合管理应用，完善基层事件发现机制，丰富市、区协同处置主体。创新社区治理 O2O 模式，建设数字化社区便民服务中心，推进社区治理共建共治共享。

五、全面赋能数字经济蓬勃发展

（十五）打造数字新产业创新策源高地。在智慧政府建设中先试先用，支持区块链数据溯源、V2X 智能网联等新技术率先规模化落地。聚焦新一代人工智能、下一代信息通信、高端芯片设计制造、核心软件等重点领域，推动一批关键技术与智慧城市建设深度融合，加强关键核心技术攻关、功能型平台建设，大力提升数字经济新兴产业核心竞争力。

（十六）推进数字化转型高质量发展。加快推动数字化向更多更广领域渗透，实现信息技术与实体经济深度融合。聚焦汽车、电子信息、生物医药等重点行业，率先打造智能制造产业集群。聚焦云服务、数字内容、跨境电子商务等特色领域，建设“数字贸易国际枢纽港”，形成与国际接轨的高水平数字贸易开放体系。聚焦“三农”，发展智慧绿色农业，促进农产品安全和品质提升。提升“智能+”服务效能，加快推进法律、会计、技术交易等专业服务业利用信息技术转型提升，大力发展数字航运、流媒体等数字服务业。

（十七）加快发展新模式新业态。推进工业互联网创新发展，聚焦个性化定制、网络化协同、智能化生产、服务化延伸，打造一批工业互联网标杆园区，做强一批领军企业。持续推动数据融合创新应用，建成一批金融科技、数字设计、“互联网+”生活等创新创业示范项目。建设世界级的智慧城市应用场景，在城市管理、民生服务等重点领域实施“揭榜挂帅”，培育创新龙头企业、独角兽企业以及一大批有活力的中小企业，将场景优势充分转化为产业发展新动能。

（十八）重点建设数字经济示范区。规划布局新型智慧城区，加快城市智能化更新，聚焦“3+5+X”重点区域，强化智慧产城融合，推进新城高品质建设。加快推动南大、吴淞、高桥、吴泾、桃浦等整体转型区域布局数字经济新兴产业，支持各区因地制宜建设智能产业新载体。在自贸试验区临港新片区、长三角生态绿色一体化发展示范区、虹桥商务区等重点区域，打造“未来之城”示范城区和国家级新型智慧城市先导区。

六、优化提升新一代信息基础设施布局

（十九）推动网络连接增速。推动 5G 先导、4G 优化，打造“双千兆宽带城市”。率先部署北斗时空网络，深化 IPv6 应用。推进信息基础设施与城市公共设施功能集成、建设集约。

（二十）推动信息枢纽增能。打造通达全球的新一代国际交互系统，建设“全球数据港”。加强长三角区域协同，建立基于直连的毗邻区数据中心新模式。依托自贸试验区临港新片区，深化增值电信领域投资贸易便利化，部署全市内容存储交换枢纽，统筹能效指标，优化互联网数据中心布局。

（二十一）推动智能计算增效。建立高性能计算设施和大数据处理平台，建设面向人工智能的算力和算法中心。优化边缘计算节点规划布局，建设边缘计算节点资源池，实现算力的云边端统筹供给。

（二十二）推动泛在感知增智。打造物联、数联、智联三位一体的新型城域物联专网，部署城市神经元节点及感知平台，构筑“城市神经元系统”，助力“城市大脑”功能拓展、服务延伸。

七、切实保障网络空间安全

（二十三）增强关键信息安全韧度。落实《中华人民共和国网络安全法》和等级保护制度、关键信息基础设施安全保护制度，增强规划建设、运行监测、通报整改等各重点环节的网络安全管理。率先推行首席网络安全官制度。

（二十四）提升信息安全事件响应速度。压实网络安全工作主体责任，探索动态防御、量子通信等新技术在网络安全漏洞发现、重大事件预警等方面深度应用，提升态势感知、应急协同处置和快速恢复能力。

（二十五）完善公共数据和个人信息保护。加强对数据资源在采集、存储、应用等环节的安全评估，建设面向数据跨境流动的安全评估体系。持续开展打击网络违法犯罪活动，深入推进网络安全知识技能宣传普及。

（二十六）加大网络不良信息治理力度。发挥行业自律作用，健全互联网不良信息发现机制，加强技术管网，强化有害信息治理。优化完善协作系统功能布局，推动数字系统和电子档案可溯源、可比对，形成网络综合治理格局。

（二十七）创新发展网络安全产业。强化网络安全产业上下游协同，布局特色产业园区，构建行业共性平台，建立安全企业服务要求和能力评估机制，提升核心技术突破和服务保障能力。

八、全面增强智慧城市工作合力

（二十八）优化组织架构。增强市智慧城市建设领导小组（以下简称“领导小组”）统筹协调功能，坚持市区协同、分工负责。在政务服务、城市运行、数字经济等重点领域设立专项工作组，由分管市领导担任召集人，牵头协调推进各领域跨部门、跨层级信息化工作。充分发挥领导小组办公室统筹协调和服务枢纽功能，做好规划制定、标准规范、项目组织、统计评估等工作，并加强对各区指导。

（二十九）强化规划引导。优化全市大网络大系统大平台建设机制，统筹各区、各领域信息化规划编制。实现全市公共信息系统“整体规划、滚动实施、效果导向、动态调整”建设管理路径，建立完善考评督查制度。对标全球一流城市，加强智慧城市建设动态评估和结果应用。

（三十）完善标准体系。加强标准制定及测试认证，支持企业参与基础共性技术标准制定，建立智慧城市应用安全测试体系。充分发挥各领域国家级示范区、先导区的试验场作用，强化跨领域、跨层级关键共性领域的标准制定。

（三十一）加强人才队伍建设。加大智慧城市复合型人才的引进和培养力度，在工业领域率先推行首席信息官制度。持续推动智慧工匠选树、领军先锋评选，打造实训基地和专业技术人员继续教育基地。建立市级人工智能、集成电路、5G、工业互联网等人才库，构建多层次、高质量的人才梯队。

（三十二）完善投融资机制。按照统筹集约原则，整体规划、分期投入，优化政府采购相应条款，建立政府信息化项目全生命周期管理制度。通过政府引导、企业主导，大力吸引社会资本和金融资源投入。鼓励深度挖掘智慧城市应用场景，为各类创新企业做大做强提供广阔市场。支持社会各方积极参与，形成共建共治共享的生动局面。

山西省大数据发展应用促进条例

（山西省人民代表大会常务委员会公告第四十三号）

《山西省大数据发展应用促进条例》已由山西省第十三届人民代表大会常务委员会第十八次会议于 2020 年 5 月 15 日通过，现予公布，自 2020 年 7 月 1 日起施行。

山西省人民代表大会常务委员会
2020 年 5 月 15 日

第一条 为了发挥数据生产要素的作用，培育壮大新兴产业，推动经济社会各领域的数字化、网络化、智能化发展，促进高质量转型发展，根据有关法律、行政法规，结合本省实际，制定本条例。

第二条 本省行政区域内大数据发展应用及其相关活动，适用本条例。

本条例所称大数据，是指以容量大、类型多、存取速度快、应用价值高为主要特征的数据集合，以及对其开发利用形成的新技术和新业态。

第三条 大数据发展应用坚持政府引导、市场主导，应用驱动、创新引领，互联互通、共享开放，综合防范、保障安全的原则。

第四条 县级以上人民政府负责本行政区域内大数据发展应用工作，将大数据发展应用纳入国民经济和社会发展规划，确定大数据发展应用重点领域，建立大数据统筹协调机制，研究解决大数据发展应用中的重大问题。

第五条 省人民政府工业和信息化主管部门负责全省大数据发展应用的统筹推进、指导协调和监督管理工作；设区的市、县（市、区）人民政府确定的主管部门，负责本行政区域内大数据发展应用的具体工作。

县级以上人民政府其他部门按照各自职责做好大数据发展应用相关工作。

第六条 省人民政府工业和信息化主管部门应当编制本省大数据发展应用总体规划，报省人民政府批准后实施。

设区的市、县（市、区）人民政府大数据发展应用主管部门应当根据省大数据发展应用总体规划，编制本行政区域大数据发展应用规划，经本级人民政府批准，并报上一级人民政府工业和信息化主管部门备案。

第七条 省人民政府政务信息管理部门负责全省政务信息化建设的顶层设计、统筹协调、指导监督等工作，负责省级政务信息化项目的监督管理工作。

县级以上人民政府政务信息管理部门负责编制并定期更新政务数据资产登记目录清单，建设本级政务数据资产登记信息管理系统，汇总登记本级政务数据资产。

第八条 政务服务实施机构形成的政务数据应当通过共享交换平台予以共享，法律、法规另有规定的除外。

因履行职责需要，共享数据的使用部门应当提出明确的共享需求和数据使用用途，共享数据的提供部门应当通过政务数据共享交换平台及时响应并无偿提供共享服务。

政务数据资源开放实行负面清单管理。政务服务实施机构应当通过统一开放平台主动向社会开放经过脱敏和标准化处理、可机器读取的数据，法律、法规另有规定的除外。

通过数据共享交换平台和数据统一开放平台获取的文书类、证照类、合同类政务数据，与纸质文书具有同等法律效力。

第九条 鼓励行业协会商会、联合会、学会等社会组织，医疗、教育、养老等社会服务机构，供水、供电、供气、通信、民航、铁路、道路客运等公共服务企业以及大数据生产经营单位将依法收集、存储的相关数据，按照本省有关规定向政务数据共享交换平台和统一开放平台提供。

第十条 在保障安全的前提下，省人民政府政务信息管理部门可以通过政府采购、服务外包、合作开发等方式，开展政务信息资源市场化应用。

鼓励自然人、法人和非法人组织参与政务数据的开发利用，对自身采集的数据开展挖掘和增值利用，提升数据应用水平，发挥数据资源的经济价值和社会效益。

第十一条 支持培育大数据交易市场，鼓励数据交易主体在依法设立的大数据交易平台进行数据交易。数据交易应当遵循自愿、公平和诚信原则，遵守法律法规，尊重社会公德，不得损害国家利益、公共利益和他人合法权益。

依法获取的各类数据经过处理无法识别特定个人且不能复原的，或者经过特定数据提供者明确授权的，可以交易、交换或者以其他方式开发利用。

第十二条 县级以上人民政府应当开展宏观调控、经济监测、商事服务、市场监管等政府管理和公共治理领域的大数据应用，推动“放管服效”改革，优化营商环境。

第十三条 县级以上人民政府应当推动大数据在公共安全、应急管理、劳动就业、社会保障、城乡建设与管理、人口资源与环境、生态保护、卫生健康、养老服务、社会救助、科技教育、文化旅游等领域的应用，优化公共资源配置，提升社会治理能力和服务民生水平。

第十四条 县级以上人民政府应当推动大数据技术与制造业、煤炭及其他能源领域、建筑业、服务业的融合，结合人工智能、移动互联网、物联网等技术进行数字化升级改造，支持工业企业提升基于大数据分析的生产线智能控制、生产现场优化等能力，深化数据驱动的全流程应用，加速企业生产制造向生产智造转变。

第十五条 县级以上人民政府应当加强农业农村经济大数据建设，完善县、乡（镇）、村相关数据采集、传输、共享基础设施，建立农业农村数据采集、运算、应用、服务体系，实现大数据技术在农业、农村发展上的应用。

第十六条 县级以上人民政府应当推进社会信用数据的汇集和应用，推动社会信用体系建设，加强守信联合激励和失信联合惩戒机制建设。

第十七条 县级以上人民政府应当围绕研发设计、终端制造、平台构建、应用服务等大数据产业链关键环节，制定优惠政策，培育、引进大数据企业，加快推进大数据产业集聚区建设。

支持企业开展基于大数据的第三方数据分析发掘服务、技术外包服务和知识流程外包服务，培育大数据解决方案供应商；支持推动大数据与云计算、卫星导航、人工智能、区块链等信息技术的融合，培育大数据产业新技术和新业态。

第十八条 鼓励企事业单位和行业协会商会建设大数据通用技术平台和大数据开源社区技术创新平台，为用户提供研发设计、计量、评估、标准化、检验检测、认证认可等技术服务和面向行业应用的解决方案、软件开发和平台运营服务。

第十九条 省人民政府统筹下一代互联网、新一代移动通信技术、数据中心、工业互联网等新型基础设施建设工作，推动基础设施的共建共享和互联互通。

设区的市、县（市、区）人民政府应当做好信息基础设施建设与保护工作，提高城乡宽带、移动互联网覆盖率和接入能力，引导企业合理布局数据中心。

通信运营企业应当加强骨干传输网、无线宽带网、物联网及新一代移动互联网建设和改造升级，提高数字业务承载能力。

第二十条　省人民政府设立专项资金并制定具体措施，对大数据基础设施建设给予补助，对符合条件的大数据市场主体根据经营情况或者对地方财政的贡献情况给予奖励，对行业大数据融合应用示范、大数据机构科技创新发展和人才培养给予奖励。

设区的市、县（市、区）人民政府可以设立大数据发展应用引导基金，通过财政资金的引导，带动社会资本投资。

鼓励创业投资基金投向大数据产业，设立大数据产业领域专项基金。鼓励社会资金采取风险投资、创业投资、股权投资等方式，参与大数据发展应用。

鼓励符合条件的大数据企业依法进入资本市场融资。

第二十一条　县级以上人民政府应当将大数据企业用地纳入重点保障范围，优先安排用地供应。大数据园区或者企业用地，可以按科研用地出让，允许企业将部分用地用于建设自用的人才公寓。省人民政府有关部门对列入省级重点工程的数据中心项目用地，优先保障建设用地计划指标。

鼓励利用工业厂房、仓储用房等存量房产和土地资源创办大数据企业，符合国土空间规划和相关规定的，可以在一定期限内实行继续按原用途和土地权利类型使用土地的过渡期政策。具体办法由省人民政府制定。

对大数据企业自建、购买或者租赁自用办公用房的，设区的市人民政府可以制定具体办法对相关费用给予补贴。

第二十二条　支持数据中心全电量优先参加电力直接交易，鼓励开展风力、光伏等新能源电力交易，降低用电成本。

县级以上人民政府可以根据国家产业政策和产业转型升级需要，发挥我省能源革命改革试点优势，通过制定目标电价、给予电价补贴等措施，对数据中心用电进行支持，保障电量供应。

第二十三条　县级以上人民政府应当支持和促进大数据产业园区配套建设可再生能源发电和大型储能项目，形成园区并网型微电网，实现“源—网—荷—储”一体化运营；主动协调解决配电网规划、建设等问题，完善道路、管网、市政等配套基础设施建设。

第二十四条　大数据企业从事科学研究开发、科技成果转化等活动，依法享受国家有关税收优惠政策。

引进、培育数字经济领域技术、管理、市场和财务等优秀骨干人才的大数据企业，其骨干人才年薪达到规定数额的，按照有关规定给予奖励。

第二十五条　县级以上人民政府可以通过购买服务、以租代建、政府与社会资本合作等方式，鼓励大数据产业发展。

县级以上人民政府可以开展金融大数据发展应用专项项目建设，综合应用风险投资、股权投资、担保贷款、贷款贴息、科技保险等方式，优先支持重大应用示范类和创新研发类项目。

对购买本条例第十八条中平台服务的企业，设区的市人民政府按照服务费实际支出金额给予补贴，具体办法由省人民政府制定。

第二十六条　省人民政府应当支持企业、高等学校和科研机构成立大数据研究院，建设大数据相关领域实验室、院士工作站、博士后科研流动（工作）站等研发机构。

鼓励企事业单位、高等学校和科研机构以设立技术研发中心、股权激励、期权激励、学术交流、产业合作、柔性引进人才等方式，利用国内外大数据人才资源。

县级以上人民政府应当制定大数据人才引进培养计划，对标国内大数据产业发展先进地区的薪酬待遇等激励政策，引进领军人才和高层次人才，加强本土人才培养。

鼓励企业、高等学校和科研院所建设产学研结合的合作平台，采取开设大数据相关专业或者建立实训基地等方式，定向培养大数据专业人才。

第二十七条 支持高等学校开展大数据领域职务发明专利权改革探索，对于高等学校决定不申请专利的职务科技成果，发明人可以依法申请专利，获得专利转化取得的相关收益。支持高等学校以优化大数据专利质量和促进科技成果转移转化为导向，通过提高转化收益比例等方式对发明人或者团队予以奖励。

第二十八条 对大数据领域的新技术、新产业、新业态、新模式，应当遵循鼓励创新、包容审慎的监管原则，在保障安全的前提下，创新监管模式，为发展预留空间，审慎出台市场准入政策。

第二十九条 省人民政府应当组织相关部门进行大数据发展应用标准研究，推动数据采集、数据开放、分类目录、交换接口、访问接口、数据质量、安全保密等关键共性标准的制定和实施。

鼓励企业、社会团体、教育机构、科研机构等开展或者参与大数据领域的国际、国家、行业和地方标准的制定。

第三十条 推进大数据技术交流与合作，充分利用国内外创新资源，促进大数据相关技术发展。鼓励和支持省内外行业协会商会、联合会、学会等社会组织以及国内外大数据知名智库、行业机构在晋举办研讨会、论坛、培训等交流活动。

第三十一条 省人民政府应当建立数据安全工作领导协调机制，研究解决数据安全工作的重大事项，加强对大数据技术、服务、应用安全的风险评估和管理。

网信部门负责统筹协调大数据安全和相关监督管理工作；大数据发展应用、政务信息化、公安、国家安全、保密、密码管理、通信管理等主管部门按照各自职责，负责大数据安全相关监督管理工作。

第三十二条 数据采集、存储、开发、应用、服务、管理等单位应当按照国家网络安全等级保护、关键信息基础设施保护制度的要求，落实相关安全保护制度、标准和技术措施等。

产生、使用数据的程序、软件、系统和平台，在开发阶段应当进行安全可控修复手段的检测，保障数据的安全。

第三十三条 省人民政府政务信息管理部门应当建立健全大数据共享机制和分享流程，明确数据安全责任制。对数据流失、泄露、损毁的单位和个人由有关部门依法追究责任。

第三十四条 本条例自 2020 年 7 月 1 日起施行。

关于印发《江苏省超高清视频产业发展行动计划》的通知

（苏工信电子〔2020〕56 号）

各设区市工信局、文化广电和旅游局、有关单位：

为加快推进我省超高清视频产业创新发展，经省政府同意，现将《江苏省超高清视频产业发展行动计划》印发你们，请结合实际认真贯彻落实。

附件：《江苏省超高清视频产业发展行动计划》

省工业和信息化厅
省广播电视局
省广播电视总台
2020 年 2 月 24 日

江苏省超高清视频产业发展行动计划

超高清视频是继视频数字化、高清化之后的新一轮重大技术革新，将带动视频采集、制作、传输、呈现、应用等产业链各环节发生深刻变革。为贯彻落实工业和信息化部、国家广播电视总局、中央广播电视总台《超高清视频产业发展行动计划（2019—2022 年）》，加快我省超高清视频产业发展，推动以超高清视频技术为核心的行业创新应用，打造产业生态体系，制定本行动计划。行动计划的实施期为 2019 年至 2022 年。

一、总体要求

（一）指导思想

以习近平新时代中国特色社会主义思想为指导，全面贯彻落实党的十九大和十九届三中、四中全会精神，坚持新发展理念，落实高质量发展要求，深入实施创新驱动发展战略，着力推进供给侧结构性改革，充分发挥超高清视频对中高端消费的拉动作用，按照 4K 先行、兼顾 8K 的技术路线，突破产业核心技术，丰富节目内容供给，提升网络传输能力，加快超高清视频与重点行业领域的融合创新，促进我省超高清视频产业加快发展。

（二）基本原则

市场主导、企业主体。坚持市场在资源配置中发挥决定性作用，营造良好政策环境，强化企业主体地位，促进创新要素向企业集聚，引导企业做优做强。

系统布局、重点突破。强化顶层设计和规划引导，聚焦优势领域和关键薄弱环节，集中资源强链补链，做大产业规模，提升超高清视频产业整体发展水平。

应用牵引、融合创新。加快超高清视频与重点行业领域融合发展，创新业务模式，培育新市场、新业态、新服务，助力以视频为核心的行业创新升级。

开放发展、合作共赢。促进省内外优势资源的整合利用，加强与国内外优势企业的业务合作，融入产业生态，推动超高清视频产业开放发展。

二、发展目标

到 2020 年底，超高分辨率图像传感器、显示驱动芯片、4K 超高清机顶盒、基于金属氧化物的 8K 超高清显示面板及电视机形成产业化能力，培育一批行业优势产品。有线电视高清交互数字平台和 IPTV 集成播控平台建设 4K 超高清内容专区，在 IPTV 平台试验开播 4K 超高清直播频道，超高清视频节目制作能力超过 800 小时/年，引入 4K 超高清节目内容 3000 小时。符合 4K 分辨率的超高清视频收视用户终端达到 2000 万，其中符合高动态范围、宽色域、高帧率要求的 4K 超高清视频收视用户终端 800 万。设立 4K 超高清影视专区，引入 4K 超高清节目内容 3000 小时。在文化娱乐、安防监控、医疗健康、智慧交通、智能制造等领域形成一批基于超高清视频的创新应用。

到 2022 年底，4K/8K 编解码芯片、专业视频处理芯片、光学镜头等核心元器件和电致发光量子点（EL-QLED）、微发光二极管（Micro-LED）、印刷显示等新一代显示技术取得突破并实现产业化，打造一批超高清视频知名企业和知名品牌。有条件的市（县）开播 4K 超高清直播频道和点播业务，频道数量和内容供给能力进一步提升，符合高动态范围、宽色域、高帧率要求的 4K 超高清视频收视用户终端达到 1600 万。文化娱乐、安防监控、医疗健康、智慧交通、智能制造等领域的超高清视频新业务、新应用蓬勃发展。

三、重点任务

（一）推进产业转型升级

依托重点企业突破音视频处理、编解码、高速存储、超高分辨率图像传感器、显示驱动等核心芯片，加快 4K/8K 超高清面板研发及产业化。补齐 4K/8K 超高清电视机、机顶盒、摄像机、采编制作设备、传输设备、大屏拼接显示、虚拟现实/增强现实等终端产品短板，加快重点行业领域超高清视频专用设备的产业化，积极布局 EL-QLED、Micro-LED、全息显示、印刷显示等新一代显示技术。发展基于超高清视频内容的智能检索、分发服务、增值业务、安全管理、运营播控等平台软件，加快超高清成像、三维声采集、视频人脸识别、行为动态分析、医学影像诊断、机器视觉等技术研发和应用，满足超高清视频与重点行业领域融合发展需求。

（二）提升网络传输能力

加快 5G 网络建设，优化网络结构，推进网络云化和智能化，增强有线电视、IPTV 和互联网电视平台的服务和承载能力，满足 4K/8K 超高清视频传输低时延、高宽带、高可靠、高安全的应用需求。按照 IP 化、光纤化的总体路线，加快有线电视网络升级改造，综合利用超高速光纤与同轴电缆传输接入技术实现有线网络灵活接入和带宽提升。推进有线电视播出前端及内容分发体系全 IP 化建设，支持地面数字电视 4K 超高清发射传输试验。推动百兆普及、千兆引领，提高 100M 以上光纤接入用户占比，提升通信网络的接入速率及服务质量，降低接入费用。推动广电和电信运营商加快 4K 超高清机顶盒升级，建设超高清视频示范小区，打造超高清视频体验门店。

（三）丰富超高清视频节目供给

推动电视台和新媒体企业等引入 4K 超高清技术，升级制播设备设施，开播 4K 超高清直播频道，创作生产电影、电视剧、动画片、纪录片等 4K 超高清视频节目，在综艺节目、体育赛事、演唱会、重大活动、大型展览等摄录转播中采用 4K 超高清视频技术。引导支持无锡影视基地、常州动漫基地采用超高清视频生产云平台等创新技术，加快内容制作平台升级。探索建设基于 5G 网络的超高清融媒体平台和新时代文明实践中心平台，实现超高清视频业务与 5G 的协同发展。鼓励支持广电和电信运营商按照政策合规、内容合法、确保安全的原则引入 4K 超高清节目内容，实现 4K 内容安全播出和内容规范化，提升有线电视、IPTV、互联网电视超高清视频专区的内容服务能力，加快业务模式和商业模式创新。

（四）加快重点行业领域应用

支持超高清游戏制作工具、电影拍摄和放映设备、超高清画屏等产品研发生产，加快超高清视频在游戏、动漫、娱乐等领域的应用。支持安防领域基于超高清视频的人脸识别、行为识别、目标分类，提高识别效率和准确率。加快超高清视频技术在智能网联汽车和城市交通中的应用，提升人机交互体验和路况判别能力。加快超高清视频在工业可视化、机器人巡检、人机协作交互等场景下的应用，提高智能制造水平。推动超高清视频在远程医疗、手术培训、内窥镜、医疗影像检测等医疗领域方面的应用。探索 4K 超高清视频服务在公共文化设施的应用，加快公共文化设施建设。

（五）完善产业生态体系

编制超高清视频产业地图，加强对重点企业的指导支持，围绕核心芯片、终端产品、制播设备、节目制作、平台软件等环节培育行业骨干龙头企业和专注于细分行业的“专精特新”中小企业，打造行业知名企业和知名品牌，带动全省超高清视频产业高质量发展。推动重点企业和单位发起成立江苏超高清视频产业联盟，发挥各方优势，促进产业链协同发展。支持超高清视频产业支撑和公共服务平台建设，完善评测认证、设备租赁、视频制作、版权交易、知识产权保护、人才培训、国际交流合作等方面的支撑服务。鼓励省内企事业单位参与 HDR、AVS2 等自主标准有关工作，加大宣贯、实施和推广。

四、保障措施

（一）建立工作机制

加强统筹规划，建立超高清视频产业发展协同工作机制，省工业和信息化厅、省广播电视局、省广电总台加强协调配合，共同推动行动计划落实。加大与国家相关部委和国家超高清视频产业联盟的对接力度，积极争取业务指导和政策支持。加强省市联动，引导和支持有条件的地区结合自身基础优势，合理布局、有序推进超高清视频产业发展。

（二）加大政策支持

研究利用现有财政资金渠道，优化资源配置，加大对超高清视频产业的扶持力度。聚焦超高清视频关键技术研发、内容制播、网络传输监管、终端普及等产业链重点环节，综合运用已有税收政策、政府采购、专项资金等方面的扶持措施给予支持。探索采用揭榜、招标、申报、奖补等多种资金扶持手段加快超高清视频产业技术突破和创新发展。支持有条件的地区采用政府补贴、运营商优惠、终端企业让利、用户自筹等多种方式加快4K超高清机顶盒升级。

（三）拓展融资渠道

加强产融合作，积极对接国家超高清视频产业投资基金，发挥好地方性相关产业基金的撬动作用，鼓励各类社会资本通过多种方式进入超高清视频产业领域。支持超高清视频企业与金融资本深度合作，在银行信贷、债券发行、股权融资等方面为产业发展提供资本支持，形成财政资金、金融资本、社会资金多方投入的良好格局。

（四）加快人才培养

围绕芯片器件、新型显示、信息通信、影视制作、节目制播等重点方向建设一支高水平人才团队。依托“高层次创新创业人才引进”、“333高层次人才培养工程”等招才引智计划，引进海内外高层次人才，优化人才发展环境，构筑人才高地。针对超高清视频产业特点，支持高校、科研院所、运营商和企业建立跨学科、跨专业的人才培养培训体系，联合培养具有交叉学科知识和专业能力的产业急需人才。

（五）优化发展环境

加强政策规划宣传和舆论引导，定期发布产业动态和行业信息，推广超高清视频新技术、新产品和新应用。依托世界物联网博览会等重大活动开展“5G+超高清视频”直播，利用部门官网、宣传媒介、示范小区、体验门店等多种方式加大宣传普及。发挥好行业协会、产业联盟等相关行业中介组织的桥梁和纽带作用，搭建产业交流平台，积极营造开放合作的发展环境。

安徽省人民政府关于支持人工智能产业创新发展若干政策的通知

（皖政〔2020〕14号）

各市、县人民政府，省政府各部门、各直属机构：

为深入贯彻落实《国务院关于印发新一代人工智能发展规划的通知》（国发〔2017〕35号），抢抓人工智能发展重大战略机遇，加快实施安徽省新一代人工智能产业发展规划，推动全省人工智能产业创新发展，现制定以下政策措施。

一、提升创新能力

建设合肥综合性国家科学中心人工智能研究院，开展基础研究、应用基础研究、技术创新和应用示范，为人工智能产业创新发展提供强大知识储备和技术支撑。（牵头单位：省发展改革委；配合单位：省委组织部、省委编办、省科技厅、省经济和信息化厅、省财政厅、省人力资源社会保障厅，合肥市人民

政府）

实施人工智能产业创新工程。对技术含量高、市场潜力大的研发项目按照不超过项目研发费用的 50%给予补助，单个项目补助最高 500 万元。（牵头单位：省发展改革委；配合单位：省科技厅、省经济和信息化厅、省财政厅）

二、建设支撑平台

鼓励企业、科研机构、行业协会等建设高水平人工智能公共服务平台、开源和共性技术平台。建立合格平台服务商目录和评价制度，以 3 年为一周期，按照服务范围、服务内容等，对运营情况好、服务能力强、评定优秀的平台，分 300 万元、200 万元、100 万元三档给予奖励。（牵头单位：省发展改革委；配合单位：省科技厅、省经济和信息化厅、省市场监管局、省数据资源局、省财政厅）

三、支持项目建设

围绕产业链关键环节，制定人工智能创新技术和产品导向目录。对智能传感器、高端智能芯片、智能制造装备等项目，按照不超过关键设备和系统软件投入的 20%给予补助，省、市（县）5∶5 分担（省与皖北地区 7∶3 分担），单个项目补助最高 2000 万元。对特别重大的项目，采取“一事一议”方式予以支持。鼓励各市制定专项政策引进导向目录内的相关项目落户。（牵头单位：省发展改革委；配合单位：省经济和信息化厅、省财政厅）

四、推进应用示范

实施“人工智能+”应用示范工程。支持企业研发产品和人工智能场景应用方案推广，每年择优评选 10 个人工智能场景应用示范予以授牌，并按照不超过关键设备和系统软件投入的 20%给予应用方补助，省、市（县）5∶5 分担（省与皖北地区 7∶3 分担），单个项目最高 1000 万元。加强协同创新，培育市场化、网络化的“皖企登云”创新服务生态体系。（牵头单位：省发展改革委；配合单位：省教育厅、省经济和信息化厅、省公安厅、省民政厅、省人力资源社会保障厅、省自然资源厅、省生态环境厅、省住房城乡建设厅、省交通运输厅、省农业农村厅、省商务厅、省文化和旅游厅、省卫生健康委、省地方金融监管局、省数据资源局，各市人民政府）

五、推动数据开放

制定政府公共数据资源开放清单，推进政务数据资源有序开放。鼓励企事业单位联合建设面向教育、医疗、交通、环境、金融等重点领域和中小企业的行业数据开放共享示范中心。根据数据贡献者数量、共享数据的规模及质量，择优评选总数不超过 20 个、每年 5 个左右的行业数据开放共享示范中心并授牌。（牵头单位：省数据资源局；配合单位：省发展改革委、省教育厅、省经济和信息化厅、省公安厅、省民政厅、省人力资源社会保障厅、省自然资源厅、省生态环境厅、省交通运输厅、省卫生健康委、省地方金融监管局，各市人民政府）

建立省级人工智能计算资源共享名录。支持省内超算中心等计算资源向社会开放，对使用名录的中小微企业，根据实际支付使用费价款的 30%予以补助，同一单位累计最高补助 30 万元。（牵头单位：省数据资源局；配合单位：省发展改革委、省财政厅，各市人民政府）

六、加快产业集聚

制定实施国家人工智能产业战略性新兴产业集群建设方案。加快引进培育人工智能领军企业和重大项目，打造以智能基础软硬件、智能家居产品、智能汽车、智能制造装备为特色的产业集群。依托国家双创示范基地，鼓励开展人工智能创新创业和解决方案大赛，营造人工智能创新发展的良好生态。将人工智能发展及应用纳入省重大新兴产业基地、省级以上开发区综合考核评价体系。（牵头单位：省发展改革委；配合单位：省科技厅、省经济和信息化厅、省商务厅，各市人民政府）

七、建设国家级试验区

落实合肥建设国家新一代人工智能创新发展试验区工作实施方案。围绕国家重大战略和全省经济社会发展需求，强化研发攻关、产品应用和产业培育“三位一体”推进，开展人工智能政策试验和社会实验，探索新一代人工智能发展的新路径新机制，形成可复制、可推广经验。（牵头单位：省科技厅，合肥市人民政府；配合单位：省发展改革委、省经济和信息化厅）

八、加大基金支持

加强省级股权投资基金与人工智能企业对接，通过领投、跟投等多种方式，支持人工智能企业成长壮大。将人工智能产业作为省“三重一创”产业发展母基金直接投资的重点领域。鼓励各市引进、设立相关专项基金，支持人工智能产业发展。（牵头单位：省发展改革委；配合单位：省地方金融监管局，各市人民政府）

九、加强行业服务

组建省人工智能发展专家委员会，提供人工智能发展战略、基础研究、技术开发和产业发展等决策咨询。支持人工智能企业、高校和科研院所组建人工智能领域产业（技术）联盟、行业协会，加强合作交流。（牵头单位：省发展改革委；配合单位：省教育厅、省经济和信息化厅、省公安厅、省民政厅、省人力资源社会保障厅、省自然资源厅、省生态环境厅、省住房城乡建设厅、省交通运输厅、省农业农村厅、省商务厅、省文化和旅游厅、省卫生健康委、省地方金融监管局、省数据资源局，各市人民政府）

十、强化人才支撑

将人工智能高端人才纳入新时代“江淮英才计划”等各类人才计划。认真落实科学中心等现有人才政策。鼓励校企合作，支持高等学校加强人工智能相关学科专业建设。引导职业学校培养产业发展急需的技能型人才。鼓励企业、行业服务机构等培养高水平的人工智能人才队伍。（牵头单位：省委组织部、省教育厅、省人力资源社会保障厅；配合单位：省发展改革委）

本政策由省发展改革委负责解释，与省级其他政策不重复支持。具体实施细则由省发展改革委会同省有关部门制定。支持人工智能产业创新发展资金在“三重一创”引导资金中统筹安排。

安徽省人民政府
2020年3月7日

山东省人民政府办公厅关于加快推进新型智慧城市建设的指导意见

（鲁政办字〔2020〕136号）

各市人民政府，各县（市、区）人民政府，省政府各部门、各直属机构，各大企业，各高等院校：

为深入贯彻落实习近平总书记关于建设网络强国、数字中国的重要指示精神，加快推进我省新型智慧城市建设，经省政府同意，制定本指导意见。

一、工作目标

围绕“优政、惠民、兴业、强基”，加快建设以人为本、需求引领、数据驱动、特色发展的新型智慧城市，全面推动城市治理体系和治理能力现代化。2022 年，全部市和 80% 的县（市、区）达到《新型智慧城市建设指标》（DB37/T3890）三星级以上；2025 年，全部县（市、区）达到三星级以上，全部市和 60% 的县（市、区）达到四星级以上，力争打造 3 个以上的五星级标杆城市。

二、总体架构

（一）管理架构。数字山东建设专项小组及其办公室统筹推进全省新型智慧城市建设，负责总体设计、标准制定、考核评价、示范推广等。各市、县（市、区）政府是新型智慧城市建设的责任主体，结合实际分级分类开展建设工作。各级大数据主管部门发挥职能作用，推动任务落实。（省大数据局，各市政府）

（二）技术架构。省级统筹推进“一个平台一个号，一张网络一朵云”建设，构建省一体化大数据平台和综合指挥平台，推动数据跨层级、跨地域、跨部门汇聚共享开放，实现各级、各部门智慧应用与指挥调度的横向互联、纵向贯通及条块协同。市级负责构建感知设施统筹、数据统管、平台统一、系统集成和应用多样的“城市大脑”，支撑全市新型智慧城市建设。按照“平台上移，应用下沉”原则，县级基于市级“城市大脑”开发部署特色智慧应用，确有需要的可结合实际建设“城市大脑”并与市级联通。（省大数据局，各市政府）

三、优化政务服务

（三）深化“一网通办”。加快推进流程再造和“一次办好”改革，完善一体化政务服务平台，2020 年年底前，全部政务服务事项纳入平台运行和管理，全面实现“一网通办”。优化“爱山东”App 功能，推动高频民生服务事项全部“掌上办”，2020 年年底前，实现“一部手机走齐鲁”。（省政府办公厅、省大数据局，各市政府）

（四）加快“一号通行”。以公民身份号码或法人单位统一社会信用代码为唯一标识，2021 年年底前，实现“一号认证、全省通行”。以“一号”为索引，加快身份证、社保卡、驾驶证、营业执照等证照信息电子化，推动在政务服务、出行、就医、入学等场景应用。（省大数据局、省政府办公厅、省公安厅、省人力资源社会保障厅、省卫生健康委、省市场监管局等，各市政府）

四、拓展便民应用

（五）改进智慧出行服务。构建交通基础设施和运输装备感知体系，加快城市交通信号灯、电子标识等智能升级，应用绿波带、交通诱导屏等智能管控方式，提升通行效率。整合城市停车资源，开发智慧停车应用，实现资源统筹利用和信息精准推送，建设“全城一个停车场”。2022 年年底前，打造一批无感支付、反向寻车、先离场后付费等智慧停车应用案例。（省公安厅、省交通运输厅、省住房城乡建设厅等，各市政府）

（六）强化智慧教育服务。加强智慧校园建设，推动优质数字教育资源共建共享，2022 年年底前，全省智慧校园覆盖率达到 80% 以上。优化义务教育入学服务，整合户籍、常住人口、不动产等数据资源，加快实现义务教育入学信息精准推送、证明材料线上提交、入学报名“掌上办”。（省教育厅，各市政府）

（七）优化智慧医疗服务。完善“互联网+医疗健康”服务平台，开展网上预约诊疗服务，加快实现号源共享。在各级医疗机构普及移动支付，推广诊间结算、先诊疗后付费新模式。完善全民健康信息平台，加快实现电子健康档案、电子病历和医学影像信息共享、检查检验结果互认。发挥国家健康医疗大数据中心（北方）作用，开展临床辅助诊断等服务。鼓励发展互联网医院，提供在线问诊、网上配药等服务。2020 年年底前，医联体内医疗机构率先实现检查检验“一单通”，二级以上医疗机构普遍开展互联网诊疗服务。（省卫生健康委，各市政府）

（八）完善智慧文体服务。推进数字图书馆、博物馆、文化馆建设，加快文旅行业大数据创新应用，推动景区和文化、娱乐场所等互联网售票、电子验票和无感入园。深化体育场馆、器材设施资源共享，推进网上查询、预约，打造“15分钟健身圈”电子地图。（省文化和旅游厅、省体育局，各市政府）

（九）探索特色智慧服务。深化社保卡应用，推动相关领域身份认证、缴费及资金发放等“一卡通”。推动公共就业服务智慧化，2020年年底前，实现养老保险、失业保险、工伤保险可异地经办业务的“全省通办”。优化不动产登记服务，推行“交房即办证”模式。鼓励各级、各部门结合实际开展便民惠民智慧化服务，注重开发满足特殊群体需求的特色应用。（省人力资源社会保障厅、省自然资源厅等，各市政府）

五、推动精细治理

（十）提升市政综合管理能力。深化物联网、人工智能等技术在市容秩序、市政管网、建筑能耗、垃圾分类等领域应用，实现对城市范围内基础设施、环境、建筑等的动态监测。加快提升数字化城市管理水平，2022年年底前，省、市、县建成城市综合管理服务平台，逐步实现各级平台互联互通。（省住房城乡建设厅，各市政府）

（十一）提升城市安全保障能力。健全传染病疫情监测预警体系，建立智慧化预警多点触发机制，提高实时分析、集中研判能力。结合“雪亮工程”“天网工程”，统筹视频监控资源，2022年年底前，各市构建形成管理机制健全、系统功能完备、覆盖领域全面的公共安全视频联网体系。推动智慧安防社区、城市生命线等综合安全运行感知物联网应用，提升城市运行安全感知能力和智慧安防水平。（省委政法委、省公安厅、省应急厅、省卫生健康委、省大数据局，各市政府）

（十二）提升应急协同指挥能力。整合应急、公安、消防、气象、交通、城管等领域信息资源，建设智能感知、快速反应、精准指挥、科学决策的一体化综合指挥体系，实现城市公共安全事件全面感知、动态监测、智能预警、科学决策和快速处置，2021年年底前，建成省一体化综合指挥平台，基本实现全省指挥调度“一盘棋”。（省大数据局、省应急厅等，各市政府）

（十三）提升生态环境治理能力。因地制宜设置和改造环境感知、状态监测、信号传输、运行控制等智能设备，提升大气、水、生态、核与辐射等环境要素及污染源的全面感知、实时监测和自动预警能力，实现城市生态环境治理联防联控。（省生态环境厅，各市政府）

（十四）提升基层社区治理能力。推进基层智能网格建设，加快完善智慧社区服务体系，推动各领域公共服务向社区延伸，实现社区服务和管理功能综合集成，为社区居民提供多场景、一站式综合服务。2021年年底前，全省建成300个左右智慧社区（村居）；2025年年底前，全省建成5000个以上智慧社区（村居）。（省委政法委、省公安厅、省民政厅、省大数据局，各市政府）

六、加快产业升级

（十五）培育数字产业新业态。推动大数据、云计算、人工智能、物联网、区块链等技术在新型智慧城市建设中的创新应用，将应用场景需求转化为产业发展新动能，打造数字经济新模式、新业态。（省工业和信息化厅、省大数据局，各市政府）

（十六）推进传统产业数字化转型。围绕新型智慧城市建设需求，推动轨道交通、智能家居、可穿戴设备等领域研发制造，加快智慧物流、电子商务、数字文创等数字服务业发展，推进传统产业、产品智能化改造升级。（省发展改革委、省工业和信息化厅、省交通运输厅、省商务厅等，各市政府）

七、夯实数字基础设施

（十七）畅通信息通信网络。扩容升级光纤网络，优化骨干网络结构，布局大容量光通信高速传输系统，提升网络传输承载能力。全面推进5G网络部署与规模组网，推动公共资源向5G基站免费开放，2022年年底前，基本实现县级以上城区、重点乡镇（街道）5G网络覆盖。利用窄带物联网、增强机器类

通信、远距离无线传输等技术，加快物联网络建设与应用。（省工业和信息化厅、省大数据局、省通信管理局，各市政府）

（十八）加快数据中心建设。统筹规划数据中心建设，提高政务和公共服务领域数据中心集约化水平，大力发展社会化数据中心，2022 年年底前，打造 30 个以上的绿色数据中心。优化边缘计算节点布局，建设边缘计算节点资源池，满足各领域敏捷连接需求。（省大数据局、省通信管理局，各市政府）

（十九）完善智慧市政设施。推动各类挂高资源开放和数字化改造，鼓励建设智慧杆柱。推动综合管廊智能化建设，推广智能井盖应用。推进“互联网+充电设施”建设，打造全省统一的智能充电服务平台，2022 年年底前，全省智能充电桩保有量达到 10 万个以上。（省住房城乡建设厅、省能源局、省通信管理局，各市政府）

（二十）构建城市数字底座。统筹利用城市感知识别、网络传输、计算存储设施，多维度收集城市数据，推动城市资源数字化，加快创建数字孪生城市模型，全面支撑城市智慧化应用。（省大数据局，各市政府）

八、完善保障措施

（二十一）强化政策扶持。各级要统筹使用相关财政资金支持新型智慧城市建设，积极争取国家相关专项资金，引入社会化资本，建立多方参与的投融资机制和可持续运营模式。建立高端智库，积极引进高层次人才参与新型智慧城市建设。（省大数据局、省财政厅，各市政府）

（二十二）鼓励试点创新。扩大省级新型智慧城市建设试点，鼓励各地结合实际创造性开展工作，建设“千城千面”、节约务实、群众认可的新型智慧城市。探索举办全国性高端峰会，提升山东新型智慧城市品牌知名度。（省大数据局，各市政府）

（二十三）加强安全防护。采用安全可靠技术，提升城市运行系统防攻击、防篡改能力。加强网络安全建设，提升网络安全防护水平。强化数据采集、传输、存储、使用等各环节安全保障，提升数据安全保障能力。（省大数据局，各市政府）

山东省人民政府办公厅
2020 年 10 月 11 日

河南省人民政府办公厅关于加快推进新型智慧城市建设的指导意见

（豫政办〔2020〕27 号）

各省辖市人民政府、济源示范区管委会、各省直管县（市）人民政府，省人民政府各部门：

为贯彻落实《河南省加快数字经济发展实施方案》，健康有序推进我省新型智慧城市建设，推动数字经济与新型城镇化融合发展，提升城市治理现代化水平，经省政府同意，现提出以下意见。

一、总体要求

（一）指导思想。以习近平新时代中国特色社会主义思想为指导，全面贯彻党的十九大和十九届二中、三中、四中全会精神，深入落实习近平总书记视察河南重要讲话精神，牢固树立新发展理念，按照以信息化推进国家治理体系和治理能力现代化、分级分类推进新型智慧城市建设的要求，以提升城市治理水平、公共服务能力为重点，以体制机制创新为保障，加强政府引导，推动新一代信息技术与城市规划、建设、管理、服务和产业发展全面深度融合，实现城市治理智能化、集约化、人性化，有效提升城市综合承载力、创造力、竞争力和人民群众获得感、幸福感、安全感。

（二）基本原则。

1. 以人为本，便民惠民。以解决城市治理“痛点”为主攻方向，突出为民、便民、惠民，着力推进政府治理能力现代化，促进公共服务均等化、便捷化，增强人民群众获得感、幸福感、安全感。

2. 顶层设计，系统布局。统筹考虑发展布局，强化顶层设计和分类指导，明确新型智慧城市建设的重点内容和标准规范，推动整合优化和协同共享，实现建设模式由分散建设向共建共享转变。

3. 政府引导，多元参与。强化政府在规划引领、统筹协调、政策扶持、应用示范等方面的引导作用，发挥市场在资源配置中的决定性作用，鼓励建设和运营模式创新，注重激发市场活力，健全可持续发展机制。

4. 因地制宜，科学有序。以需求为导向，根据城市规模和发展特点，因地制宜、因城施策，应用先进适用技术，分级分类推进新型智慧城市建设，有序推动行业智慧化应用，避免贪大求全、重复建设。

（三）主要目标。到2022年，建成一批特色鲜明、集聚和辐射带动作用大幅增强、综合竞争优势明显提高、在保障改善民生与创新社会管理等方面成效显著的新型智慧城市，探索出一条符合省情的新型智慧城市发展路径，推动1-2个试点城市达到全国一流智慧城市水平。

到2025年，各省辖市和济源示范区智慧化水平整体大幅提升，城市基础设施更加智能，城市管理更加精细，公共服务更加智慧，生态环境更加宜居，产业体系更加优化，发展机制更加完善；县域新型智慧城市建设全面展开，覆盖城乡的智慧社会初步形成；建成5个左右全国一流的新型智慧城市。

二、总体架构

我省新型智慧城市建设以省辖市和济源示范区为主体，原则上基于“一个平台、三大体系、四大应用”的一体化架构规划实施，各县（市、区）可根据自身需求依托市级统一的中枢平台开展特色智慧应用。

建设一个平台：建设新型智慧城市统一的中枢平台，汇聚城市海量数据，形成市级统一数据资源池，支撑各行业、系统有效运行及跨部门、跨领域、跨区域的信息共享和业务协同，实现依托市级统一中枢平台分工协作、联动发展格局。

构建三大体系：构建新一代信息基础设施体系，为新型智慧城市建设统一提供网络、计算、存储、物联感知等资源服务；构建标准规范体系，各省辖市和济源示范区按照全省统一的标准规范推动数据共享和业务协同；构建网络安全体系，实现城域网络安全态势感知、监测预警、应急处置、灾难恢复一体化。

开展四大应用：以需求为导向，在充分利用现有资源基础上，按照强化共用、整合通用、开放应用的思路，重点开展城市治理、民生服务、生态宜居、产业发展4类智能化创新应用。

三、重点任务

（一）推进基础设施集约化。

1. 加快推进5G（第五代移动通信技术）网络建设。加强规划引导，做好5G基站建设规划与各级国土空间规划、控制性详细规划的衔接工作。推动中国移动网络云郑州大区节点、中国联通5G核心网中部大区中心等建设，巩固提升我省全国网络枢纽地位。积极推进5G网络规模化部署，持续扩大城市、公路沿线、垂直行业应用场景5G网络覆盖。

2. 持续完善高速宽带网络。推进“全光网河南”全面升级，构建覆盖全省的高速光纤宽带网。完善4G（第四代移动通信技术）网络，建设满足物联网应用需求的NB—IoT（窄带物联网）网络。加快推进工业互联网和广电骨干网的IPv6（互联网协议第六版）升级改造，积极推动网络、应用、终端等向IPv6演进升级。

3. 统筹物联感知体系建设。按照“统筹集约、适度超前、利旧建新”原则，统筹规划布局城市和重要行业、领域的感知基础设施，加快在桥梁建筑、地下管廊、交通设施、公共空间等重点部位规模部署各类传感器，促进物联网技术深度应用，构建城市“神经网络”。

（二）推进城市治理精细化。

1. 发展智慧交通。建设全面覆盖、泛在互联的交通基础设施体系、运载装备运行状态感知体系和智慧交通服务体系，聚焦城市交通拥堵、停车难等问题，开展实时路况、公交、地铁、铁路、航班、长途客运、停车场等数据获取和挖掘分析，推动“5G+北斗卫星”高精度定位应用，为社会公众提供预防拥堵、优化路径等出行服务。推进“5G+智慧公交”建设，探索车路协同一体化交通模式。

2. 发展智慧城管。推动跨部门数据汇集和联通，构建“一个平台调度、一套流程处置”的数字化城市管理体系，全面覆盖城市管理综合执法、市政公用设施、园林绿化、市容环卫、便民惠民服务等领域，在线打通执法、调度和服务全流程，支撑城市管理决策科学化、治理精准化和服务高效化。

3. 发展智慧安防。加快公共安全视频监控建设联网整合应用，构建覆盖全时空、智能化的科技防控网络，提升治安防控、侦查破案、社会管理、服务群众等能力。进一步完善应急指挥信息体系，深化安全生产、公共卫生应急管理、防灾减灾救灾等领域信息共享、业务协同，提升突发事件在线监测、预警和应急处置能力。

（三）推进民生服务便利化。

1. 发展智慧医疗。加快远程医疗系统整合，基于 5G 网络建设全省统一的远程医疗应用系统。推动 5G 在移动急救、远程会诊、远程护理等场景的示范应用。积极发展“互联网+医疗”，鼓励医疗机构发展覆盖诊前、诊中、诊后的线上线下一体化医疗服务新模式。建立全民社会保障信息服务体系，加快实现多险种跨地区转移接续、异地就医联网结算等功能，提供社会保障卡“一卡通”服务。

2. 发展智慧教育。实施教育信息化示范引领工程，加快智慧（数字）校园建设，构建网络化、数字化、智能化、个性化的教育体系。鼓励发展慕课、数字图书馆等，依托 5G 网络开展远程协同教学、虚拟操作培训，推动智慧教育在全息远程互动教学等领域应用，开展 5G 体验式教学，促进优质教育资源共享。

3. 发展智慧金融。加快区块链等数字技术集成创新，推动互联网企业与银行、保险等金融机构开展跨界融合，发展无人银行、5G 智能银行、智慧支付等新模式新业态。加强企业信用信息归集，完善省信用信息共享平台功能。

4. 发展智慧旅游。加强智慧旅游基础设施建设，打造一批智慧旅游景区、酒店、旅行社，培育一批“互联网+旅游”创新示范基地。整合旅游数据资源，完善集共享、发布、营销、调度、指挥、决策于一体的智慧旅游应用，为游客提供安全、精准的“吃、住、行、游、购、娱”信息服务。应用“5G+VR/AR+4K/8K”技术，打造新型文化旅游在线应用场景。

（四）推进生态宜居可持续化。

1. 实施智慧生态环境监控。完善生态环境监测网络，推动地理空间数据整合与应用，实现对大气、水、噪声、辐射、土壤等环境要素的监控预警。推行重点用能单位能耗在线监测，全面提升企业能效水平。应用智能节水管控、城市扬尘污染源监测与视频管控、机动车尾气排放管控、重点污染源自动监控等系统，提高生态环境监测能力。

2. 打造一体化智慧社区。加快建设线上线下相结合的智慧社区服务体系，推动社区服务和管理功能综合集成。推动标准化、规范化智慧小区建设，开展小区智能安防、流动人员管理、停车服务、邮件快件存放等智慧化应用。

（五）推进产业发展数字化。

1. 加快发展智能制造。实施制造业数字化转型行动，积极开展 5G 在装备制造等领域的试点示范，建设具有行业先进水平的智能工厂、智能车间。加强智能制造系统解决方案供应商引进和培育，鼓励制造业龙头企业与互联网企业合作建设“5G+工业互联网”行业平台。加快推动企业“上云”，引导企业将基础设施、业务系统、设备产品向云端迁移。积极发展服务型制造、大规模个性化定制、网络化协同制造等新模式新业态。

2. 推进智慧园区建设。全面提升郑州市郑东新区龙子湖智慧岛建设水平和引领能力，加快推进郑开科创走廊和省级大数据产业园提质发展，集聚各类数据资源要素，使之成为高端人才集聚地、创新应用中心和产业发展高地。加快产业集聚区、现代服务业专业园区智能化升级，推动产业集聚区智能化示范园区建设由试点示范向全面推广拓展，实现基础设施网络化、开发管理信息化、功能服务精细化和产业发展智能化。

四、保障措施

（一）加强组织领导。在省促进数字经济发展部门协调联动工作机制统筹推动下，省发展改革委要会同省直有关部门制定完善具体措施，加强督促协调和服务指导，推动新型智慧城市建设相关政策落实到位。各省辖市、济源示范区要结合自身实际，研究制定工作方案，明确重点任务和推进措施，扎实做好新型智慧城市建设相关工作。

（二）完善政策标准。省市场监管局要会同网信、发展改革、科技、工业和信息化、自然资源、住房城乡建设等部门，加快建立我省新型智慧城市标准体系，鼓励企业、行业协会、技术单位等积极参与或承担新型智慧城市标准、规则的制定或修订工作。建立完善新型智慧城市评价指标体系，定期开展评价。

（三）强化要素保障。创新投融资模式，推动设立新型智慧城市发展基金，探索推行“政府买服务、企业做运营”的市场运营机制，鼓励企业通过 EPC（工程总承包）、PPP（政府和社会资本合作）等方式参与新型智慧城市建设与运营。发挥各级财政资金引导作用，支持新型智慧城市示范工程和重大项目实施、关键技术研发、人才培养等。鼓励高等院校建立新型智慧城市人才实训基地，培育多层次、复合型、实用性人才。

（四）开展试点示范。从重点领域、关键环节入手，选择综合条件较好的中心城市、城市新区或重点领域开展先行先试，探索新型智慧城市发展路径、管理方式、推进模式和保障机制。对工作推进快、成效好的省辖市（济源示范区），优先推荐申报国家智慧城市试点。认定一批省级智慧城市试点。

（五）加强信息安全管理。加强智慧城市网络安全规划、建设、使用，健全网络安全保障体系，提高网络安全保护能力。强化关键信息基础设施安全保护，提升关键信息基础设施防御能力和管理水平。落实数据安全和个人信息保护制度，规范重要数据和个人信息采集、使用、管理。依法严厉打击网络违法犯罪行为，维护人民群众合法权益。

河南省人民政府办公厅

2020 年 7 月 10 日

湖北省学校安全条例

（湖北省人民代表大会常务委员会公告第二百七十二号）

《湖北省学校安全条例》已由湖北省第十三届人民代表大会常务委员会第十六次会议于 2020 年 6 月 3 日通过，现予公布，自 2020 年 8 月 1 日起施行。

湖北省人民代表大会常务委员会

2020 年 6 月 3 日

第一章　总　则

第一条　为了加强学校安全管理，维护学校教育教学秩序，保障学生和教职工的合法权益，根据《中华人民共和国教育法》等法律法规，结合本省实际，制定本条例。

第二条　本条例适用于本省行政区域内的学校安全管理、应急与事故处置等相关工作。

本条例所称学校，包括幼儿园、中小学校（含普通中小学、中等职业学校、特殊教育学校、专门学校）、高等学校等。

本条例所称学校安全，包括学校（含校园及周边）和学校组织的校外活动中学生和教职工人身财产安全以及学校的正常教育教学秩序。

第三条　学校安全工作应当坚持以人为本、预防为主，实行政府负责、属地管理、社会协同、综合治理的工作机制。

第四条　县级以上人民政府应当加强对本行政区域内学校安全工作的领导，将学校安全工作纳入国民经济和社会发展规划，保障学校安全工作经费；建立健全学校安全风险防控体系，开展学校安全工作督导与考核、奖惩。

乡镇人民政府、街道办事处应当按照职责做好辖区内学校安全工作。

学校所在地村（居）民委员会依法协助当地人民政府开展学校安全工作。

第五条　县级以上人民政府教育部门负责对本行政区域内的学校安全工作进行统筹协调、监督和指导。

县级以上人民政府人力资源和社会保障等其他学校主管部门按照职责做好学校安全管理工作。

县级以上人民政府发展和改革、公安、应急管理、司法行政、交通运输、住房和城乡建设、自然资源、生态环境、文化和旅游、卫生健康、市场监督管理、新闻出版、广播电视等部门按照各自职责做好学校安全工作。

第六条　工会、共产主义青年团、妇女联合会、残疾人联合会等人民团体应当协助做好学校安全工作。

鼓励和支持社会组织、志愿者和个人参与学校安全工作，维护学校安全。

第七条　学校应当依法履行校园安全工作主体责任。

学生应当遵守法律、法规和学校规章制度，接受学校的安全教育和管理。

未成年学生的监护人应当履行监护义务，对学生进行安全教育和校外安全管理。

第八条　县级以上人民政府及其教育、公安等部门应当建立学校安全投诉、举报机制，公布投诉、举报电话等。

任何单位、个人发现危害学生和教职工人身财产安全以及学校安全的行为，可以向教育、公安等部门投诉、举报。接到投诉、举报的部门应当依法及时处理；不属于本部门职责的，应当及时移送有权处理的部门。

第九条　各级人民政府及有关部门、媒体应当开展学校安全知识及法律法规宣传，播出或者刊发有关公益广告，引导全社会共同关注和支持学校安全工作。

县级以上人民政府及其有关部门对在学校安全工作中做出显著成绩或者突出贡献的单位和个人，应当给予表彰和奖励。

第二章　安全管理职责

第十条　县级以上人民政府应当建立相关部门和单位参加的学校安全风险防控协调机制，定期召开联席会议，研究和解决学校安全工作中的突出问题，具体工作由教育部门承担。

乡镇（街道）、村（社区）、校园周边单位和家庭应当与学校合作，开展校地共建、家校共建，共同维护校园及周边安全。

第十一条　县级以上人民政府教育部门应当会同相关部门分类制定学校安全管理工作标准和规范，建立学校安全动态监测机制，制定学校安全风险清单并向社会公开。

县级以上人民政府教育部门和其他学校主管部门应当对学校安全工作履行下列职责：

（一）指导、督促学校建立健全和落实安全管理制度；

（二）对学校主要负责人、学校安全机构负责人等进行安全培训，指导学校有针对性地开展安全教育和培训；

（三）会同有关部门对学校开展专业化、制度化、常态化的安全检查，及时消除学校安全隐患；

（四）制定突发事件应急预案，建立公共卫生事件等突发事件应对联动机制，指导学校妥善处理学校安全事故；

（五）协助当地人民政府开展学校安全事故的救援和调查处理；

（六）法律、法规、规章规定的其他职责。

第十二条　学校举办者应当按照学校安全防范有关规定，为学校配齐安全保卫人员和防卫器械提供条件和保障。

第十三条　学校的建（构）筑物应当符合国家抗震设防和相关建设标准；学校的规划、选址应当避开可能发生地质灾害、环境污染以及其他不利于学生身心健康的区域。

已建学校存在重大安全隐患的，应当采取措施予以消除；难以消除的，县级以上人民政府应当组织学校迁移。

第十四条　学校所在地人民政府可以根据校园周边环境秩序综合整治需要，在校园周边一定范围划定安全区域，禁止建设影响学校安全的企业、设施和场所。具体管理办法由省人民政府制定。

第十五条　县级以上人民政府公安机关应当将校园及周边治安纳入社会治安防控体系，建立校园及周边治安形势研判、信息互通共享、联动应急处置工作机制，及时排查校园周边安全隐患。

公安机关应当加强警校合作，按照规定在校园及周边建设警务室；建立健全校园周边日常巡逻防控制度，落实高峰勤务和护学岗机制。

公安机关应当在校园周边安装视频监控装置，将校园及周边安防视频监控系统和紧急报警装置接入本系统监控和报警平台。公安机关接到学校安全报警信息后，应当及时依法处置。

第十六条　县级以上人民政府公安、交通运输、住房和城乡建设等部门应当优化校园周边道路交通规划，在学校门前科学设置交通警示标志、交通标线、减速带和硬质防冲撞设施，建设人行立体过街通道，划设接送等候区及公共停车区等，并定期评估和调整。

第十七条　县级以上人民政府市场监督管理部门应当加强对校园及周边经营场所和经营活动的监督检查，对学校特种设备、学生用品、学校食品以及原料等进行重点监管。

县级以上人民政府公安、文化和旅游、新闻出版、市场监督管理、广播电视等部门应当定期对校园周边的出版物经营、互联网上网服务、娱乐、电子游戏等经营场所进行综合整治，依法查处危害学生身心健康的出版物、玩具、网络信息、影视节目等。

第十八条　县级以上人民政府卫生健康部门应当依法开展学校公共卫生事件预防、应急和处置工作，实施学校公共卫生风险监测，完善传染病信息报告网络，督促学校落实传染病防控措施，加强对学校卫生保健、营养健康和疾病预防控制等工作的指导和培训。

第十九条　县级以上人民政府应急管理部门及消防救援机构应当指导学校加强日常消防安全管理、宣传教育和疏散演练，开展消防安全监督检查，开展学校火灾的处置与救援，并依法进行火灾事故调查。

第二十条　县级人民政府应当组织有关部门开展防溺水综合治理工作，完善相关水域、水坑警示标志和防护设施，加强日常安全巡查，及时排查风险隐患。

第三章　校园安全管理

第二十一条　学校应当依法履行下列职责：

（一）建立健全、落实安全管理制度和工作责任制；

（二）明确负责安全管理的机构和管理人员，加强物防、技防建设，按照规定配备具有保安员资格的安全保卫人员和防卫器械；

（三）开展学校安全宣传、教育和培训；

（四）加强实验室、消防、水电气以及电梯、锅炉、压力容器等特种设备的日常安全管理，开展校园安全隐患排查及整改；

（五）建立突发事件应急机制，制定应急预案，定期开展应急演练，依法处置突发事件；

（六）及时处理并向有关部门报告校园周边存在的重大安全隐患；

（七）法律、法规、规章规定的其他职责。

公办学校主要负责人以及民办学校举办者或者法定代表人是校园安全工作的第一责任人；其他岗位人员履行相应安全管理职责。

第二十二条 中小学校、幼儿园应当建立家校联系制度，及时向学生父母或者其他监护人告知学校安全制度和学生遵守学校安全制度的情况，定期听取学生父母或者其他监护人对学校安全工作的意见建议。

鼓励中小学校、幼儿园学生父母或者其他监护人、家长委员会参与学校安全工作，建立学校志愿者队伍，协助维护校园秩序。

学校应当加强对日常教学和管理中获得的教职工、学生及其父母或者其他监护人个人信息的保护，不得非法提供或者出售给他人。

第二十三条 进入校园的人员应当遵守学校安全保卫管理规定，不得将非教学、科研所需的易燃易爆物品、有毒有害物品或者管制器具等危险物品带入校园内。学校安全保卫人员发现进入校园的人员有危害校园安全的行为或者非法携带危险物品的，应当及时制止。

学生在校期间，中小学校、幼儿园应当实行封闭式管理。校外人员确需进入校园的，应当经学校允许，并配合进行查验登记和安全检查。

第二十四条 学校应当按照学校安全防范有关规定在校园主要区域和重点场所安装安防视频监控系统、周界报警装置和一键式报警装置，接入公安机关、教育部门的监控和报警平台，并与公共安全视频监控联网共享平台对接。

幼儿园应当运用信息化手段对保育过程进行监督管理，采取有效措施保障幼儿人身安全。

学校应当建立安防视频监控系统运行维护、信息存储、调用调取等管理制度，保证安防视频监控系统正常运行。

第二十五条 学校应当建立学生考勤制度，发现学生未按照要求正常到校、非正常缺席、擅自离校等情况时，应当及时告知学生父母或者其他监护人。

小学低年级和幼儿园应当建立学生接送交接制度，不得将学生交给其监护人或者受委托人以外的其他人员。监护人或者受委托人不能按时接送学生的，学校按照规定提供照管服务。

第二十六条 学校应当加强在上下学、课间、集体活动等人员拥挤时段的安全管理，合理安排学生疏散时间，设置疏导标志，安排专人疏导，防止发生拥挤踩踏事故。

第二十七条 学校的公共场所、建（构）筑物以及设施设备、教学用品等应当符合安全和环保标准。特殊教育学校的场所和设施应当符合残疾学生的学习、康复和生活特点。

校园内运动场等公共场所以及教室、宿舍等建（构）筑物在交付使用前，应当由有资质的第三方专业检测机构对空气中甲醛、苯等挥发性有机物进行检测，并在显著位置公示检测结果；未经检测或者检测不合格的，不得交付使用。

县级以上人民政府教育部门和其他学校主管部门、有关部门应当定期组织对校园内公共场所、建（构）筑物以及设施设备等进行检测和安全检查；对不符合安全标准或者存在安全隐患的，责令停止使用并及时整改。

第二十八条　学校应当加强对校园内道路和通行车辆的交通安全管理，设置交通安全警示牌，施划停车泊位，限速行驶。

未经中小学校、幼儿园允许，机动车辆不得进入校园；不具备人车分流条件的，除教育教学、应急等特殊需要外，禁止机动车辆进入校园。

第二十九条　中小学校、幼儿园接送学生的校车，应当依法取得校车标牌。校车和驾驶人应当符合国家和省的有关规定。

县级以上人民政府教育、公安和交通运输等部门应当制定校车安全管理制度，建立校车联合监管机制，共同做好校车安全管理工作。

第三十条　学校应当加强食品安全管理，实行餐具消毒和食品留样；执行物资采购的索证、查验、登记等制度，保证可追溯。

学校食堂从业人员应当依法取得健康证。学校将食堂进行委托经营的，应当建立严格的准入、退出和监管机制，保证食品安全。

学校从校外订餐的，应当选择取得食品经营许可的供餐单位，对供餐单位食品原料采购、加工、配送等进行监督。

中小学校、幼儿园集中用餐的，应当实行分餐制度。

第三十一条　学校应当按照国家规定设置医院或者卫生室，配备具有执业资格的医务人员或者卫生保健教师，落实学生定期健康体检制度。

学校应当配备心理健康教师，提供心理健康教育、心理辅导和疏导服务，建立学生心理健康筛查、早期干预和危机干预机制；发现学生心理或者行为异常的，应当采取必要措施，并及时告知学生父母或者其他监护人。

学生有特异体质、特定疾病或者其他生理、心理异常状况的，父母或者其他监护人应当及时报告学校。学校应当在教育教学活动中采取相应的防护措施，并依法保护相关个人隐私。

第三十二条　学校应当制定公共卫生事件应急预案，开展公共卫生安全教育，普及公共卫生事件预防和应对知识，做好日常体温监测、通风消毒、学生因病缺勤登记追访、免疫规划管理等工作。

学校应当建立和落实传染病防控制度，校园内突发传染病或者发现疑似传染病疫情时，应当按照规定立即向有关部门报告，并根据情况采取暂时性隔离、停课等措施，同时配合疾病预防控制机构、医疗机构开展流行病学调查和传染病防控。

学校因应对公共卫生事件等，采取较长时间停课措施时，可以运用现代信息技术开展在线教育。

第三十三条　学校应当建立学生宿舍安全管理制度，配备专门人员负责学生宿舍管理，落实巡查责任，并根据不同性别特点加强对宿舍的安全管理。

学校应当定期开展宿舍安全检查，对检查中发现的危险物品以及其他安全隐患依法处理。

第三十四条　学校在实验教学、实践教学、体育教学和科学实验前，应当对仪器电路、化学试剂、药品、体育设施、活动场所等进行检查，确保安全。

学校应当加强相关教学、科学实验中使用的危险化学品、放射性材料、生物活体样本、生物制剂及相关废弃物的安全管理工作，规范安全操作和教师指导制度。

县级以上人民政府应急管理、生态环境等部门应当加强对相关教学、科学实验中使用的危险化学品、放射性材料以及医学实验排放物的监督管理。

第三十五条　学校应当依法履行消防安全职责，按照标准配置消防设施和器材并定期检验、维护，设置消防安全疏散标志，保障消防通道、疏散通道和安全出口畅通，开展消防隐患排查，及时消除隐患。

第三十六条　学校组织校外活动的，应当进行安全风险评估，制定安全应急预案，提前开展安全教育和培训。

学校委托其他单位组织校外活动的，应当提前进行实地考察，选择具有相应资质的服务单位。

学校组织学生校外实习的，应当在实习前对实习学生进行安全教育。实习单位应当对实习学生加强安全保护，不得安排学生到影响身心健康的场所和岗位。

第三十七条 学校招录教职工和外聘人员，应当对拟录用人员进行思想品质、心理健康状况评估和身份核查，不得录用有性侵害、虐待、暴力伤害、涉毒等违法犯罪记录的人员。有关部门和单位应当协助对拟录用人员进行身份核查。

学校发现教职工患有精神性疾病或者具有其他可能影响学生身心健康的情形，应当及时采取调整工作岗位等必要措施。

第三十八条 县级以上人民政府应当建立健全校园欺凌和暴力的预防和处理工作协调机制，推动形成学校、家庭、社会参与的校园欺凌和暴力防治工作体系。

学校应当建立健全校园欺凌和暴力防治工作早期预警、事中处理和事后干预机制，开展校园巡查；发现校园欺凌和暴力行为的，应当及时制止和处理，并通知学生父母或者其他监护人，按照规定向教育部门或者其他学校主管部门和公安机关报告。

学校应当及时采取措施保护和帮助遭受欺凌和暴力的学生，开展相应的心理疏导等。对实施欺凌和暴力的学生，学校应当进行批评教育，视具体情节和危害程度给予纪律处分；情节严重的，记入学生综合素质评价，并由公安机关进行警示教育或者依法予以训诫；构成犯罪的，依法追究刑事责任。

学生父母或者其他监护人发现学生有欺凌、暴力或者其他可能影响学校安全的行为，应当及时制止，并采取措施予以教育纠正。

第三十九条 学校应当开设公共安全和生命安全教育课程，举办安全主题教育日（周、月）活动，定期组织开展突发事件应急演练；根据学生年龄特点，开展防范校园欺凌、暴力、毒品、诈骗、传销、性侵害、溺水、非法贷款、邪教以及应对自然灾害和消防安全、网络安全、信息安全等专题教育。

学校应当每年定期组织开展教职工岗位安全教育培训，提高教职工指导学生预防事故以及自救、逃生、避险的能力；通过家长会、专题讲座等方式，对学生父母或者其他监护人进行安全教育。

中小学校应当按照规定聘任从事法治工作的人员担任法治副校长或者法治辅导员，协助开展法治和安全教育。

第四章　应急与事故处置

第四十条 县级以上人民政府及其相关部门和学校所在地乡镇（街道）应当建立与学校联动的突发事件应急处置机制，加强对学校应急处置工作的指导。

第四十一条 发生突发事件时，学校应当启动应急预案，立即组织学生避险自救，及时救助受伤学生，通知学生父母或者其他监护人，并依法报告所在地人民政府或者有关部门，不得迟报、漏报、谎报或者瞒报。

符合启动突发事件应急预案条件的，有关部门接到报告后应当立即启动应急预案；属于重大或者特大安全事故的，县级以上人民政府应当立即启动学校安全应急预案。

出现可能影响学校安全的自然灾害、事故灾难、公共卫生事件和社会安全事件风险时，县级以上人民政府应当及时通知学校采取停课、暂避、疏散、管控以及其他必要措施。

第四十二条 发生学校安全事故后，任何单位和个人不得有以下行为：

（一）在学校设置障碍、贴报喷字、拉挂横幅、燃放鞭炮、播放哀乐、摆放花圈、停放尸体、泼洒污物、断电断水、堵塞大门、围堵办公场所和道路；

（二）跟踪、纠缠学校相关负责人，侮辱、恐吓学生和教职工或者非法限制其人身自由；

（三）侵占、损毁学校建（构）筑物、设施设备；

（四）故意伤害他人或者故意损毁公私财物；

（五）在校园及周边非法聚集、游行；

（六）其他扰乱学校教育教学秩序或者阻挠、干涉学校安全事故调查处理的行为。

出现前款行为，学校或者学生、教职工等向公安机关报告的，公安机关应当依法及时处置。

第四十三条 因学校安全事故引起的纠纷，当事人可以通过协商、调解予以解决，也可以通过诉讼方式解决。

县级以上人民政府有关部门可以设立学校安全事故人民调解委员会，依法调解学校安全事故纠纷。

学生人身伤害事故的责任认定和赔偿，依据国家相关法律法规处理。

第四十四条 媒体报道学校安全事故，应当真实、客观、公正，并依法保护个人隐私。

县级以上人民政府应当依法及时、准确向社会公布学校安全事故信息，回应社会关切；出现可能影响社会稳定、扰乱社会秩序的虚假信息的，应当及时澄清。

第四十五条 中小学校和幼儿园应当按照国家规定办理校方责任保险。

鼓励社会力量设立学校风险基金或者救助资金，健全学生意外伤害救助机制。

第五章 法律责任

第四十六条 违反本条例，法律、法规有处罚规定的，从其规定；构成犯罪的，依法追究刑事责任；造成人身损害或者财产损失的，依法承担民事责任。

第四十七条 各级人民政府未依法履行学校安全管理职责的，由上级人民政府责令改正；拒不改正的，对直接负责的主管人员和其他直接责任人员依法给予处分。

第四十八条 县级以上人民政府有关部门未依法履行学校安全管理职责的，由本级人民政府或者上级主管部门责令改正；拒不改正的，对直接负责的主管人员和其他直接责任人员依法给予处分。

第四十九条 学校未依法履行安全管理职责的，由县级以上人民政府教育部门或者其他学校主管部门责令改正，予以警告；造成学校安全事故的，对学校主要负责人和其他直接责任人员依法给予相应处分，对民办学校按照《中华人民共和国民办教育促进法》的有关规定予以处罚。

第五十条 学校教职工未依法履行职责的，由学校给予批评教育；造成学校安全事故的，由学校或者县级以上人民政府教育部门、其他学校主管部门依法给予处分。

第五十一条 任何单位和个人违反本条例规定，侵害他人人身财产权益、扰乱学校教育教学秩序或者阻挠、干涉学校安全事故调查处理，构成违反治安管理行为的，由公安机关依法给予处罚。

第六章 附则

第五十二条 经批准设立的其他教育机构的安全工作，参照本条例执行。

第五十三条 本条例自2020年8月1日起施行。

广东省城市轨道交通运营安全管理办法

（广东省人民政府令第276号）

《广东省城市轨道交通运营安全管理办法》已经2020年6月13日十三届广东省人民政府第101次常务会议通过，现予公布，自2020年9月1日起施行。

省长 马兴瑞

2020年7月23日

第一条　为了加强城市轨道交通运营安全管理，保障城市轨道交通运营安全，根据《中华人民共和国安全生产法》《中华人民共和国突发事件应对法》等有关法律、法规，结合本省实际，制定本办法。

第二条　本省行政区域内地铁、有轨电车、自动导向轨道系统等城市轨道交通的运营安全管理，适用本办法。

第三条　省人民政府指导全省城市轨道交通运营安全，负责运营突发事件应对工作的指导协调和监督管理。

省人民政府交通运输主管部门负责指导全省城市轨道交通运营安全的具体工作，建立省级城市轨道交通运营突发事件应急处置联动工作机制，监督相关运营安全管理政策法规和标准规范的实施。

省人民政府公安机关负责会同省人民政府交通运输主管部门制定城市轨道交通反恐防暴、内部治安保卫等政策法规及标准规范并监督实施，指导、监督地级以上市人民政府公安机关做好相关工作。

省人民政府住房和城乡建设主管部门负责指导、监督地级以上市人民政府相关部门做好城市轨道交通建设与运营衔接、安全保护区施工监督管理工作。

省人民政府发展改革、自然资源、卫生健康、应急管理等有关部门及消防救援机构应当按照各自职责做好城市轨道交通运营安全管理的相关工作。

第四条　地级以上市人民政府应当按照属地原则对本行政区域内的城市轨道交通运营安全负总责，建立城市轨道交通运营安全统筹协调工作机制，确定负责城市轨道交通运营安全监督管理工作的部门，统筹城市轨道交通安全保护区的监督管理工作。

地级以上市人民政府确定的城市轨道交通运营安全监督管理部门（以下称城市轨道交通运营主管部门）负责指导、监督城市轨道交通运营单位执行运营安全监督管理规章制度，组织开展城市轨道交通运营安全检查和评估，按照有关规定组织制定和牵头实施城市轨道交通运营突发事件应急预案，参与运营安全事故调查处理，督促落实整改措施等工作。

地级以上市人民政府公安机关负责巡逻查控城市轨道交通区域，依法查处危害城市轨道交通运营安全、扰乱城市轨道交通运营秩序、侵犯人身安全等违法违规行为，搜集、分析、研判、通报和预警危及城市轨道交通运营安全的涉恐等情报信息，指导、监督运营单位做好进站安检、治安防范等工作。

地级以上市人民政府发展改革、自然资源、住房城乡建设、交通运输、卫生健康、应急管理、财政、城市管理综合执法等有关部门及消防救援机构应当按照各自职责做好城市轨道交通运营安全管理的相关工作。

第五条　城市轨道交通沿线有关人民政府及其部门应当配合相关部门，协助做好城市轨道交通设施设备保护、安全保护区管理、应急抢险救援及公众安全文明乘车宣传教育等工作。

为城市轨道交通提供通信、供电、供水、排水、供气等服务的单位，应当保障城市轨道交通运营需要，并承担相应的安全应急保障责任。

第六条　城市轨道交通运营单位是运营安全的责任主体，应当履行下列职责：

（一）建立健全运营安全责任制，设置安全管理机构和配备专职安全管理人员，保障运营安全资金投入，落实安全防范措施，制定运营安全、从业人员培训与考核、设施设备维修养护、安全保护区作业管理等制度并组织实施；

（二）建立安全隐患排查治理制度，定期针对运营安全各要素和环节开展运营安全检查工作，及时对排查出的安全隐患进行登记和治理；

（三）建立企业运营突发事件应急体系，制定、实施企业运营突发事件应急预案，定期组织运营突发事件应急演练，及时、如实报告运营安全信息，做好运营突发事件应急处置；

（四）法律、法规、规章规定的其他职责。

第七条　地级以上市人民政府有关部门编制城市轨道交通规划，应当书面征求城市轨道交通运营主管部门意见。

城市轨道交通规划应当统筹考虑城市轨道交通与其他交通运输方式及周边城市轨道交通的衔接。

城市轨道交通规划涉及的运营安全设施、用地应当纳入国土空间详细规划。

第八条　城市轨道交通工程可行性研究报告、初步设计应当设置运营服务专篇和公共安全专篇，有关部门在审批可行性研究报告、初步设计时应当以书面形式听取同级人民政府交通运输主管部门、公安机关意见。

运营安全设施应当与城市轨道交通工程同步规划、设计、施工、验收和投入使用。

第九条　地级以上市之间城市轨道交通实现对接的，鼓励站内快速、便捷换乘。

省人民政府公安机关应当会同省人民政府交通运输主管部门根据地级以上市之间城市轨道交通对接情况，制定安检等事项的统一标准，推动城市轨道交通运营安全管理实现一体化。

第十条　运营单位应当对城市轨道交通列车驾驶员、行车调度员、行车值班员、信号工、通信工等重点岗位人员进行安全背景审查，公安机关应当予以协助。

第十一条　省人民政府交通运输主管部门应当制定全省城市轨道交通运营安全监督管理系统建设标准。

省人民政府交通运输主管部门和城市轨道交通运营主管部门应当在“数字政府”改革建设框架下，统筹建立城市轨道交通信息化平台，并通过省政务大数据中心实现数据共享交换。运营单位应当按照要求提供相关信息数据。

第十二条　城市轨道交通沿线应当设立安全保护区。地级以上市人民政府或者其有关部门应当在城市轨道交通线路初期运营前划定安全保护区范围，并及时向社会公布。

运营单位应当建立安全保护区日常巡查制度，有关单位和个人应当配合安全保护区巡查并提供便利条件。

在安全保护区内进行可能危及城市轨道交通运营安全的作业，应当制定安全防护方案、应急措施，并在作业前征得运营单位同意。运营单位有权进入作业现场查看，发现作业危及或者可能危及城市轨道交通运营安全的，有权要求作业单位停止作业并采取相应的安全措施。

第十三条　省人民政府交通运输主管部门应当建立省级城市轨道交通运营安全专家库及突发事件案例库，制定城市轨道交通运营安全提升计划。

城市轨道交通运营主管部门应当依据运营安全提升计划，制定年度运营安全管理目标并监督实施。

运营单位应当按照年度运营安全管理目标制定具体实施方案，并报城市轨道交通运营主管部门备案。

第十四条　城市轨道交通运营主管部门应当按照国家有关规定开展初期运营前、正式运营前以及运营期间安全评估，评估结果报地级以上市人民政府和省人民政府交通运输主管部门。

安全评估发现存在影响运营安全问题的，城市轨道交通运营主管部门应当督促运营单位及时整改，并持续开展安全隐患整改监督工作。

发生重特大安全事故、频发事故及故障或者存在重大安全隐患的，城市轨道交通运营主管部门应当组织专项安全评估。

第十五条　地级以上市人民政府公安机关应当会同城市轨道交通运营主管部门制定违禁物品、限带物品目录，并根据实际情况及时调整更新。

运营单位应当依法对乘客携带的物品进行安全检查。对携带违禁物品的乘客，应当妥善处置并立即报告公安机关依法处理。对携带限带物品或者拒绝检查的乘客，运营单位应当拒绝其进站乘车；强行进站乘车的，应当立即予以制止并报告公安机关依法处理。

鼓励城市轨道交通与其他交通运输方式实现安检互认，提高安检通行效率。

第十六条　运营单位应当推动交通出行卡互认，推广应用互联网购票、移动支付进出站等智慧服务，减少在售票处购票的乘客数量。

鼓励运营单位利用大数据和人工智能技术打造“智慧车站”，提供综合信息发布、客流智能引导、智慧安防等智能安全服务。

第十七条 城市轨道交通内的广播、视频设备及其他媒体，应当优先满足发布运营安全信息、灾害预警信息、应急指引及安全文明乘车宣传等需要。

发布城市轨道交通应急信息，需要广播电视、移动通信等单位支持的，相关单位应当予以优先支持。

第十八条 住房城乡建设、水务、地震、气象、公安等部门应当在职责范围内对可能引发运营突发事件的因素进行监测，并及时将可能影响城市轨道交通运营安全的信息通报城市轨道交通运营主管部门和告知运营单位。运营单位应当为相关监测活动的开展提供便利条件。

运营单位应当针对可能发生的运营突发事件，开展风险分析，建立监测预警机制，加强日常检查，排查和消除安全隐患，并及时将可能影响城市轨道交通运营安全的信息通报城市轨道交通运营主管部门。

第十九条 城市轨道交通运营主管部门和公安、应急管理、卫生健康等部门及消防救援机构应当在地级以上市人民政府领导下，开展专项应急预案、部门应急预案演练。

应急预案演练应当设置具体场景，实战演练应当每年至少组织 1 次。

第二十条 跨地级以上市运营的城市轨道交通线路（以下称跨市线路）应当在可行性研究报告编制前，由有关地级以上市人民政府依法协商确定运营单位和牵头负责运营安全监督管理的地级以上市（以下称牵头市）；协商不一致的，报省人民政府决定。

第二十一条 牵头市人民政府应当会同沿线有关地级以上市人民政府建立跨市线路协调决策机制，对安检、安全评估、设施设备更新、经费保障等重大事项进行决策，统一相关的运营安全管理制度和执行标准。

第二十二条 跨市线路的站点、区间、设施设备、安全保护区等，按照属地原则由所在地的地级以上市人民政府有关部门分段负责运营安全监督管理。

跨市线路的运营单位，由牵头市城市轨道交通运营主管部门会同沿线有关城市轨道交通运营主管部门对其运营安全进行监督管理。

第二十三条 跨市线路运营单位应当向牵头市城市轨道交通运营主管部门报送运营安全信息，并同时将相关信息抄送沿线有关城市轨道交通运营主管部门。

牵头市城市轨道交通运营主管部门应当按照规定上报相关统计数据。

第二十四条 牵头市城市轨道交通运营主管部门应当会同沿线有关城市轨道交通运营主管部门建立跨市线路应急联动机制，制定协同处置应急预案，并每 3 年至少组织开展 1 次联合应急预案演练。

跨市线路发生运营突发事件时，由运营突发事件发生地的人民政府及其部门和运营单位按照职责分工开展先期处置，并按照规定报告。影响跨地级以上市的，应当及时启动协同处置应急预案。

第二十五条 城市轨道交通运营主管部门应当建立城市轨道交通运营安全的公众监督机制，公布监督电话，接受公众对运营安全的投诉和建议。

鼓励单位和个人对危害城市轨道交通运营安全的行为进行举报。

第二十六条 相关主管部门的工作人员在城市轨道交通运营安全管理工作中玩忽职守、滥用职权、徇私舞弊的，依法给予处分；构成犯罪的，依法追究刑事责任。

第二十七条 违反本办法第十二条规定，有下列行为之一的，由城市轨道交通运营主管部门责令改正，对单位处 1 万元以上 3 万元以下罚款，对个人处 1000 元罚款；造成安全事故的，依法承担法律责任：

（一）拒不配合安全保护区巡查的；

（二）未制定安全防护方案或者应急措施的；

（三）未在作业前征得运营单位同意的；

（四）拒绝运营单位进入作业现场查看的；

（五）拒不执行停止作业要求或者采取安全措施要求的。

第二十八条 违反本办法规定的其他行为，法律、法规对其法律责任已有规定的，从其规定。

第二十九条 本办法自 2020 年 9 月 1 日起施行。

甘肃省道路交通安全条例

（2011年11月24日甘肃省第十一届人民代表大会常务委员会第二十四次会议通过，2020年4月1日甘肃省第十三届人民代表大会常务委员会第十五次会议修订）

目 录

第一章 总则

第一条 为了维护道路交通秩序，预防和减少交通事故，保护人身安全，保护公民、法人和其他组织的财产安全及其他合法权益，提高通行效率，根据《中华人民共和国道路交通安全法》和《中华人民共和国道路交通安全法实施条例》等法律、行政法规，结合本省实际，制定本条例。

第二条 本省行政区域内的车辆驾驶人、行人、乘车人以及与道路交通活动有关的单位和个人，应当遵守本条例。

法律、行政法规对道路交通安全已有规定的，依照其规定执行。

第三条 道路交通安全工作遵循依法管理、高效便民的原则，保障道路交通有序、安全、畅通。

第四条 县级以上人民政府应当加强道路交通安全工作，适应经济社会和道路交通发展需要，依据道路交通安全法律、法规和国家有关政策，制定道路交通安全管理规划并组织实施；加大道路交通安全基础设施建设投入，组织全社会参与维护道路交通秩序。

第五条 县级以上人民政府应当建立健全道路交通安全工作协调机制，组织自然资源、交通运输、住建部门编制城市交通专项规划和城市综合交通体系规划，对涉及道路交通的城市建设项目应当组织公安机关交通管理部门等单位进行道路交通影响分析和论证，解决道路交通安全管理工作中的重大问题。

第六条 县级以上人民政府应当将重特大交通事故、道路阻断等公共安全事件的处置，纳入应急管理体系。

乡（镇）人民政府、街道办事处应当督促本辖区单位落实道路交通安全责任，及时消除安全隐患。

第七条 县级以上人民政府及有关部门应当应用现代信息技术，推广、使用先进的管理方法，构建智能化、人性化、立体化的综合交通体系，保障交通安全，发挥交通基础设施效能，提升交通系统运行效率和管理服务水平。

第八条 县级以上人民政府公安机关交通管理部门负责本行政区域内的道路交通安全管理工作。

第九条 公安、交通运输与其他负有道路交通管理工作职责的部门应当紧密配合，提高工作协同性，建立排堵保畅、信息通报、联合执法、案件移送等协作机制。

第十条 发展改革、交通运输、自然资源、住建等部门应当将交通安全基础设施建设纳入道路建设规划，实施道路交通建设项目。

交通运输、住建、公安部门应当按照国家有关技术标准和规范，设置和完善交通标志、标线、信号灯等交通安全设施。

第十一条 交通运输、公安、应急管理部门应当利用重点营运车辆联网联控系统提供的监管手段，实施联合监管。

交通运输部门负责建立营运车辆动态信息公共服务平台，实现与重点营运车辆联网联控系统的联网，并向公安、应急管理等部门开放数据传送。

第十二条 市场监管部门负责对机动车安全技术检验机构实行计量认证管理，对机动车安全技术检验设备进行检定，对执行国家机动车安全技术检验标准的情况进行监督；及时查处非法生产、拼装车辆以及销售不符合安全技术标准的车辆成品、配件等行为。

第十三条 农业农村部门依法对上道路行驶的拖拉机、联合收割机等农业机械实施登记、检验，加强对农业机械驾驶人的安全教育，负责拖拉机、联合收割机等农业机械驾驶人考试、发证和审验等工作。

第十四条 卫生健康部门应当建立完善交通事故医疗救治快速反应机制。发生重大道路交通事故后，卫生健康、交通运输部门应当保证救援渠道畅通，伤员得到及时救治。

第十五条 商务部门应当加强对报废机动车回收拆解行业和报废机动车回收拆解企业的监督管理。

第十六条 气象部门应当加强对大风、大雾、暴雨（雪）、霜冻等灾害天气的监测、预报和预警，并将可能影响道路交通安全的天气信息及时通报公安机关交通管理部门和交通运输部门。

第十七条 教育行政部门、学校应当将道路交通安全教育纳入法制教育的内容。

报刊、广播、电视、互联网等媒体，应当加强道路交通安全宣传，普及道路交通安全知识，免费发布道路交通安全公益广告，及时发布公安机关交通管理部门采取的道路交通管理措施和可能影响道路交通安全的有关信息。

第十八条 机关、企业事业单位、社会团体以及其他组织应当建立健全内部交通安全制度，教育本单位人员遵守道路交通安全法律、法规，对聘用的机动车驾驶人进行驾驶证和身份证件登记，自觉接受公安机关交通管理部门的监督检查。

单位和个人应当依法履行道路交通安全义务，服从公安机关交通管理部门及其交通警察的管理。

第二章　车辆和驾驶人

第十九条 机动车经公安机关交通管理部门登记后，方可上道路行驶。尚未登记的机动车，需要临时上道路行驶的，应当取得临时通行牌证。

机动车所有人应当按照法律法规有关规定，办理机动车注册、变更、转移、抵押、注销等登记。

第二十条 准予登记的机动车应当符合机动车国家安全技术标准。申请机动车登记时，应当接受对该机动车的安全技术检验；但经国家机动车产品主管部门依据机动车国家安全技术标准认定的企业生产的机动车型，该车型的新车在出厂时经检验符合机动车国家安全技术标准，获得检验合格证的，免予安全技术检验。

对登记后上道路行驶的机动车，应当依照法律、行政法规的规定，投保机动车交通事故责任强制保险，并根据车辆用途、载客载货数量、使用年限等不同情况，定期进行安全技术检验。

任何单位不得要求机动车到指定的场所进行检验。

公安机关交通管理部门、机动车安全技术检验机构不得要求机动车到指定的场所进行维修、保养。

第二十一条 机动车安全技术检验机构应当按照规定和国家标准实施安全技术检验，不得为机动车出具虚假检验报告。

第二十二条 驾驶机动车上道路行驶，应当悬挂机动车号牌，放置检验合格标志、保险标志，并随车携带机动车行驶证。

机动车号牌应当按照规定悬挂并保持清晰、完整，不得故意遮挡、污损。

任何单位和个人不得收缴、扣留机动车号牌。

第二十三条　警车、消防车、救护车、工程救险车应当按照规定喷涂标志图案，安装警报器、标志灯具。其他机动车不得喷涂、安装、使用上述车辆专用的或者与其相类似的标志图案、警报器或者标志灯具。

警车、消防车、救护车、工程救险车应当严格按照规定的用途和条件使用。

公路监督检查的专用车辆，应当依照公路法的规定，设置统一的标志和示警灯。

第二十四条　教练车应当符合国家安全技术标准，悬挂公安机关交通管理部门核发的教练车号牌，并有明显标志。

在道路上学习驾驶的，应当按公安机关交通管理部门指定的路线、时间行驶。

第二十五条　载货汽车应当在驾驶室两侧喷涂核定载质量，载货汽车和挂车应当按照国家安全技术标准粘贴车身反光标识；危险货物运输车辆，应当按照有关规定喷涂相关标志标识。

注册登记的重型、中型货车和挂车，应当按照规定在其侧面、后下部安装防撞装置。

第二十六条　禁止机动车安装和使用妨碍行人或者其他车辆安全通行的照明、音响以及影响交通技术监控设备正常运行的装置和材料。

机动车不得使用镜面反光遮阳膜，不得粘贴、喷涂妨碍安全驾驶的文字、图案，不得在车内悬挂、放置妨碍安全驾驶的物品。

第二十七条　公路营运性载客汽车、旅游客车、危险品运输车、重型载货汽车、半挂牵引车，应当安装、使用符合国家标准的行驶记录仪，并保持行驶记录仪正常运行。公路营运性载客汽车、旅游客车、危险品运输车等车辆安装的行驶记录仪应当具有卫星定位功能。

交通警察可以对行驶记录仪记录的机动车行驶速度、连续驾驶时间等行驶状态信息进行检查。

第二十八条　校车安全管理依据国务院《校车安全管理条例》的有关规定执行。

第二十九条　达到报废标准的机动车不得上道路行驶。回收的报废机动车必须按照有关规定予以拆解；回收的报废大型客、货车及其他营运车辆，应当在公安机关交通管理部门的监督下解体。

第三十条　报废机动车回收企业对回收的报废机动车，应当向机动车所有人出具《报废机动车回收证明》，收回机动车登记证书、号牌、行驶证，并按照国家有关规定及时向公安机关交通管理部门办理注销登记，将注销证明转交机动车所有人。

第三十一条　承修机动车的企业或者个体工商户应当建立承修登记、查验制度，如实登记下列项目，并接受公安机关的检查：

（一）按照机动车行驶证项目登记送修车辆的号牌、车型、发动机号码、车架号码、厂牌型号、车身颜色；

（二）车主名称或者姓名、送修人姓名、居民身份证号码或者驾驶证号码；

（三）修理项目和部位；

（四）送修时间、收车人姓名。

发现有交通肇事逃逸嫌疑车辆的，应当立即报告公安机关交通管理部门并配合调查。

第三十二条　机动车驾驶人驾驶机动车应当依法取得并随身携带机动车驾驶证，按照驾驶证载明的准驾车型驾驶机动车。

第三十三条　机动车驾驶培训机构应当按照国家有关规定进行驾驶培训，不得缩短培训时间或者减少培训内容，并如实向机动车驾驶人考核发证部门提供培训记录。交通运输部门应当加强监督管理。

第三十四条　机动车驾驶人应当遵守道路交通安全法律、法规的规定，按照操作规范安全驾驶、文明驾驶。

第三十五条　机动车驾驶人应当学习道路交通安全法律、法规，接受道路交通安全知识的教育和培训。

机动车驾驶人违反道路交通安全法律、法规或者对发生道路交通事故负有责任的，应当按照规定接受一定时间的道路交通安全知识的学习和教育。

第三十六条 公安机关交通管理部门对机动车驾驶人违反道路交通安全法律、法规的行为，除依法给予行政处罚外，实行累积记分制度。公安机关交通管理部门对累积记分达到规定分值的机动车驾驶人，扣留机动车驾驶证，对其进行道路交通安全法律、法规教育，重新考试；考试合格的，发还其机动车驾驶证。

对遵守道路交通安全法律、法规，在一年内无累积记分的机动车驾驶人，可以延长机动车驾驶证的审验期。

第三十七条 公安机关交通管理部门应当记录机动车驾驶人道路交通安全违法行为、累积记分和发生道路交通事故等信息，并通过移动通信、互联网等途径提供查询服务，方便机动车所有人、管理人或者驾驶人查询。

第三十八条 公安机关交通管理部门应当及时将道路交通安全违法行为告知当事人，当事人应当及时接受处理。

交通安全技术监控记录资料可以作为公安机关交通管理部门处理道路交通安全违法行为的证据。

第三十九条 电动自行车、残疾人机动轮椅车实行登记制度。经公安机关交通管理部门登记并领取牌证后，方可上道路行驶。

依法登记的电动自行车、残疾人机动轮椅车号牌、行驶证的式样由省公安机关交通管理部门统一规定并监制。

第四十条 申请电动自行车、残疾人机动轮椅车登记，应当提交下列证明：

（一）车辆所有人身份证明；

（二）车辆来历证明；

（三）车辆出厂合格证明。

不能提供出厂合格证明的，应当提交国家强制性产品认证合格证书。

申请残疾人机动轮椅车登记的，还应当提交证明本人下肢残障的《中华人民共和国残疾人证》。

第四十一条 已经领取牌证的电动自行车、残疾人机动轮椅车有下列情形之一的，车辆所有人应当到公安机关交通管理部门办理相关手续：

（一）所有权发生转移的；

（二）补领号牌、行驶证的；

（三）车辆所有人的住所迁出登记地公安机关交通管理部门管辖区域的。

第四十二条 驾驶电动自行车、残疾人机动轮椅车上道路行驶，应当按照规定悬挂号牌，并保持清晰。

电动自行车、残疾人机动轮椅车号牌和行驶证不得转借、挪用、涂改。

第三章 道路通行条件

第四十三条 道路、停车场（库）和道路配套设施规划、设计、建设，应当符合道路交通安全、畅通的要求，并根据交通需求，由道路管理、公安机关交通管理等部门及时调整。

第四十四条 道路管理部门应当根据道路等级、交通流量、安全状况以及交通管理的需要，按照国家技术标准或者规范要求，在道路上设置相应的交通信号和交通安全设施，并保持清晰、醒目、准确、完好。

高速公路公安机关交通管理部门业务技术用房应当与道路、交通安全设施同步规划设计、同步施工建设、同步交付使用，所需资金在省预算内基建资金中予以安排。

改建和扩建道路后通行条件发生变化的，道路管理部门、公安机关交通管理部门应当及时增设、调换、更新道路交通信号和交通安全设施。增设、调换、更新限制性的道路交通信号，应当提前向社会公告，广泛进行宣传。

乡村道路、单位或者个人自建道路应当在公安机关交通管理部门指导下，按照国家有关标准设置交通标志、标线等交通设施。

第四十五条　设置限速标志以及设定限速标志标明的最高时速、最低限速，应当符合法律、法规的规定和技术标准，满足安全、畅通的需要，并根据情况变化及时调整。

使用交通技术监控设备测速的路段，应当在合理间距提前设置测速警告标志。

第四十六条　道路沿线的机动车出入口应当设置在交通流量相对较小的路段上，并设置让行交通标志、标线。

因工程建设确需在公路及公路用地范围内增设或者封闭平面交叉口、通道、出入口的，道路管理部门进行审批时，应当征求当地公安机关交通管理部门的意见。

第四十七条　道路出现坍塌、坑槽、水毁、隆起等损毁或者交通信号灯、交通标志、交通标线等交通设施损毁、灭失的，道路、交通设施的养护部门或者管理部门应当设置警示标志并及时修复。

公安机关交通管理部门发现前款情形，危及交通安全，尚未设置警示标志的，应当及时采取安全措施，疏导交通，并通知道路、交通设施的养护部门或者管理部门。

第四十八条　公共停车场（库）、公交场（站）建设应当纳入城市综合交通体系规划，并与城市建设和改造同步进行。

新建、改建、扩建城市道路应当根据城市综合交通体系规划，设置公交专用车道和港湾式停靠站台。

新建、改建、扩建的公共建筑、商业街区、居住区、大（中）型建筑等，应当配建、增建停车场（库），配建、增建的停车场（库）应当与主体工程同时投入使用，不得停用或者挪作他用；停车泊位不足的，应当及时改建或者扩建。

公共停车场（库）应当在出入方便的位置，设置残疾人车辆专用车位，配备无障碍设施。

第四十九条　机动车停车位不足的城市街区，公安机关交通管理部门可以根据交通状况，在道路范围内施划临时停车泊位，并规定停车泊位的使用时间，设置警示标志。

因紧急情况或者举办大型群众性活动，公安机关交通管理部门可以在道路范围内确定临时停车区，或者暂停道路停车泊位的使用。

其他任何单位和个人不得设置、撤除道路停车泊位，或者设置停车障碍。

第五十条　客运出租车应当遵守临时停车规定，即停即走。设有客运出租车停靠站点的，应当在停靠站点停车候客。

公安机关交通管理部门应当根据道路交通状况，合理设置通勤车辆停靠站位。

第五十一条　因工程建设需要占用、挖掘道路，或者跨越、穿越道路架设、增设管线设施，建设单位应当事先征得道路主管部门同意；影响交通安全的，还应当征得公安机关交通管理部门同意。

建设单位应当在规定期限内完成施工作业，并按照不低于原有技术标准或者规划标准修复道路。需延长施工期限的，应当重新申请。

第五十二条　因工程建设需要中断高速公路交通的，应当征得省公安机关交通管理部门同意；半幅封闭高速公路交通、中断或者半幅封闭其他道路交通的，应当征得市（州）公安机关交通管理部门同意。

遇有交通堵塞或者其他紧急情况时，公安机关交通管理部门可以要求暂时停止道路施工、作业，临时恢复通行。

第五十三条　学校、幼儿园、医院、养老院门前的道路没有行人过街设施的，应当施划人行横道线，设置提示标志。

城市主要道路的人行道，应当按照规划设置盲道。盲道的设置应当符合国家标准。

第四章　道路通行规定

第五十四条　机动车、非机动车实行右侧通行。根据道路条件和通行需要，道路划分为机动车道、非机动车道和人行道的，机动车、非机动车、行人实行分道通行。没有划分机动车道、非机动车道和人行道的，机动车在道路中间通行，非机动车和行人在道路两侧通行。

第五十五条　车辆、行人应当按照交通信号通行；遇有交通警察现场指挥时，应当按照交通警察的指挥通行；在没有交通信号的道路上，应当在确保安全、畅通的原则下通行。

第五十六条　机动车上道路行驶，不得超过限速标志标明的最高时速。在没有限速标志的路段，应当保持安全车速。

夜间行驶或者在容易发生危险的路段行驶，以及遇有沙尘、冰雹、雨、雪、雾、结冰等气象条件时，应当降低行驶速度。

第五十七条　机动车转弯、变更车道、超车、掉头、靠路边停车时，在城市道路上应当提前三十米、公路上应当提前一百米开启转向灯，不得急停猛拐。

第五十八条　在道路同方向划有两条以上机动车道的，大型载客汽车、载货汽车、摩托车、轮式自行机械车在右侧车道行驶，其他客车在左侧车道行驶，但超越前方车辆时除外。

第五十九条　车辆进出道路，应当减速或者停车瞭望，让在道路内正常行驶的车辆、行人优先通行。在允许机动车进出非机动车道、人行道的路段，机动车进出时不得妨碍非机动车、行人正常通行。

第六十条　车辆变更车道不得影响其他车辆、行人正常通行，并应当遵守下列规定：

（一）让车道内行驶的车辆或者行人先行；

（二）不得一次连续变更二条以上机动车道；

（三）从左右两侧车道向同一车道变更时，右侧车道的车辆让左侧车道的车辆先行。

第六十一条　机动车通过交叉路口，应当按照交通信号灯、交通标志、交通标线或者交通警察的指挥通过；通过没有交通信号灯、交通标志、交通标线或者交通警察指挥的交叉路口时，应当减速慢行，并让行人和优先通行的车辆先行。

长途客运车辆不得在城市道路上缓行揽客，妨碍行人和车辆正常通行；不得在高速公路上停车上下乘客。

机动车不得在道路上追逐竞驶。

第六十二条　机动车载人不得超过核定的人数，客运机动车不得违反规定载货。

第六十三条　禁止货运机动车载客。

货运机动车需要附载作业人员的，应当设置保护作业人员的安全措施。

第六十四条　城市道路划设公交专用车道的，在规定时间内，只允许公共汽车通行。

第六十五条　城市公共汽车进入站点时应当在站点一侧依次靠边停车，暂时不能进入站点的，应当在靠站点一侧机动车道内依次等候进站；驶离站点时应当单排依次按顺序行驶。

城市公共汽车进出站点需要借道通行的，应当避让该车道正常行驶的车辆。

第六十六条　清扫车、洒水车、垃圾运输车等在城市中心区域作业时，应当避开城市道路交通流量高峰期。

第六十七条　机动车载物应当符合核定的载质量，严禁超载；载物的长、宽、高不得违反装载要求，不得遗洒、飘散载运物。

机动车运载超限的不可解体的物品，影响交通安全的，应当按照公安机关交通管理部门指定的时间、路线、速度行驶，悬挂明显标志。在公路上运载超限的不可解体的物品，并应当依照公路法的规定执行。

机动车载运爆炸物品、易燃易爆化学物品以及剧毒、放射性等危险物品，应当经公安机关批准后，按指定的时间、路线、速度行驶，悬挂警示标志并采取必要的安全措施。

第六十八条　客运站场应当按照规定对进站公路客运车辆进行安全检查，不准超载和不符合安全技术条件的公路客运车辆驶出站场。

货运站场应当按照规定对车辆配载，不准超限超载的货运机动车驶出站场。

第六十九条　道路主管部门应当逐步在高速公路入口和国道、省道设置车辆载重检测设备，对载货汽车进行超限超载检测。超限超载车辆不得驶入高速公路。

交通运输、市场监管、公安机关交通管理等部门应当相互配合，加强对货运机动车生产、改装和重点货运源头单位货物装载工作的监管，对非法改装和超限超载车辆按照国家有关规定实施处罚。

第七十条　机动车在道路上停放、临时停车，应当遵守下列规定：

（一）在交通标志、标线规定的道路停车泊位内，按顺行方向依次停放，车身不得超出停车泊位；

（二）借道进出道路停车泊位的，不得妨碍其他车辆或者行人正常通行。

在夜间无路灯照明或者在风、雪、雨、雾、沙尘等低能见度气象条件下，机动车在道路上停放、临时停车的，还应当开启危险报警闪光灯、示廓灯和后位灯。

第七十一条　驾驶机动车有下列情形之一的，驾驶人应当让行：

（一）行经人行横道；

（二）通过未设交通信号灯的路口；

（三）经过泥泞或者积水道路；

（四）遇公共汽车驶入或者驶出公共汽车站点。

第七十二条　机动车试车应当遵守下列规定：

（一）按照规定悬挂公安机关交通管理部门核发的试车号牌；

（二）按照公安机关交通管理部门规定的时间、路线进行；

（三）由取得机动车驾驶证一年以上的驾驶人驾驶；

（四）不得搭乘与试车无关的人员；

（五）不得在道路上进行制动测试。

第七十三条　机动车行驶时，驾驶人、乘坐人员应当按规定使用安全带，摩托车驾驶人及乘坐人员应当按规定戴安全头盔。摩托车后座不得乘坐未满十二周岁的未成年人，轻便摩托车不得载人。

第七十四条　非机动车、拖拉机、轮式专用机械车、铰接式客车、全挂拖斗车以及其他设计最高时速低于七十公里的机动车，不得进入高速公路。高速公路限速标志标明的最高时速不得超过一百二十公里。

第七十五条　非机动车在道路上行驶应当遵守下列规定：

（一）在非机动车道内行驶；在没有非机动车道的道路上，靠车行道的右侧行驶；

（二）通过有交通信号灯控制的交叉路口，遇有放行信号时，让先于本放行信号放行的车辆、行人先行；

（三）不得在机动车辆之间穿插通行；

（四）不得在车行道上停车滞留；

（五）与相邻行驶的非机动车保持安全距离，在与行人混行的道路上避让行人；

（六）设有转向灯的，应当保持转向灯良好，掉头、转弯前开启转向灯；没有转向灯的，掉头、转弯时，应当采取适当方式进行示意；

（七）人力客运三轮车按照核定的人数载人，人力货运三轮车不得载人。

第七十六条　十二周岁以上的未成年人可以驾驶自行车，十六周岁以上的未成年人可以驾驶电动自行车，但均不得搭载人员。

成年人驾驶自行车、电动自行车只准搭载一名十二周岁以下的未成年人。搭载学龄前儿童的，应当使用安全座椅。

第七十七条　乘车人乘坐公共汽车和长途汽车，应当在停靠站或者指定地点依次候车，待车停稳后上下车。

第七十八条　乘车人不得携带易燃易爆等危险物品，不得向车外抛洒物品；不得有抢夺方向盘、变速杆等操纵装置，殴打、拉拽驾驶员或者有其他妨害安全驾驶的行为。

第七十九条　行人通过路口或者横过道路，应当走人行横道或者过街设施；通过有交通信号灯的人行横道，应当按照交通信号灯指示通行；通过没有交通信号灯、人行横道的路口，或者在没有过街设施的路段横过道路，应当在确认安全后通过。

第八十条　行人不得有下列行为：

（一）进入高速公路或者其他封闭的机动车专用道；

（二）在道路上使用滑板、旱冰鞋等滑行工具；

（三）在车行道内坐卧、停留、嬉闹；

（四）在车行道上发放广告、兜售物品；

（五）在车行道上赶骑牲畜；

（六）扒车、追车、强行拦车、抛物击车；

（七）跨越、倚坐道路隔离设施；

（八）实施其他妨碍道路交通安全的行为。

第五章　道路交通事故处理

第八十一条　县级以上人民政府应当制定道路交通事故应急处置预案，发生重特大道路交通事故，应当按照事故响应等级及时启动应急处置预案。

第八十二条　公安机关交通管理部门接到交通事故报警后，应当立即派交通警察赶赴现场，先组织抢救受伤人员，并采取措施，尽快恢复交通。

交通警察应当对交通事故现场进行勘验、检查，收集证据；因收集证据的需要，可以扣留事故车辆，但是应当妥善保管，以备核查。

对当事人的生理、精神状况等专业性较强的检验，公安机关交通管理部门应当委托专门机构进行鉴定。鉴定结论应当由鉴定人签名。

第八十三条　公安机关交通管理部门接到重特大道路交通事故或者危险品运输事故报警时，应当立即采取应急措施，并通过本级公安机关报告当地人民政府。

第八十四条　发生道路交通事故，造成人员伤亡的，当事人应当立即抢救受伤人员，并报警等候处理；未造成人员伤亡且当事人可以自行移动车辆的，应当在确保安全的情况下，对现场拍照或者标划车辆位置后，将车辆移至不妨碍交通的安全地点，自行协商处理或者报警等候处理。涉及保险理赔的，应当及时通知保险公司。

第八十五条　自行协商处理交通事故的，当事人可以通过快速理赔平台、填写道路交通事故损害赔偿协议书，或者另行书面记录事故发生的时间、地点、对方当事人的姓名和联系方式、车辆号牌、机动车驾驶证号、保险凭证号、碰撞部位等内容，由当事人签字确认，作为保险理赔和处理交通事故的证据。

公安机关交通管理部门利用道路交通监控设备对交通事故现场进行抓拍的视频和照片，或者当事人自行拍摄的交通事故现场照片，可以作为保险理赔的证据。

自行协商处理的交通事故，一方当事人因另一方当事人利用虚假身份或者虚假信息填写道路交通事故损害赔偿协议书，导致无法获得赔偿而向公安机关交通管理部门报案的，应当提供道路交通事故现场照片、协议等证据。

适用快速理赔的，保险公司应当在五个工作日内履行赔付义务。

第八十六条　有下列情形之一的，当事人可以直接申请保险公司理赔：

（一）当事人依法自行协商处理的交通事故；

（二）仅造成自身车辆损失的单方交通事故；

（三）车辆在道路以外通行时发生的事故。

第八十七条　机动车驾驶人肇事后有下列情形之一的，认定为交通肇事逃逸：

（一）驾驶车辆或者遗弃车辆逃离事故现场的；

（二）报案后不及时抢救伤者或者保护现场，逃离事故现场后又返回的；

（三）将伤者送到医院后，未报案或者未留下真实联系信息离开的；

（四）在接受调查期间逃匿的；

（五）其他应当认定为交通肇事逃逸的。

机动车驾驶人肇事后逃逸，事故现场目击人员和其他知情人员应当向公安机关交通管理部门或者交通警察举报。举报属实的，公安机关交通管理部门应当给予奖励。

第八十八条　发生道路交通事故，造成车辆损坏或者在道路上散落物品，妨碍其他车辆正常通行的，当事人应当按照公安机关交通管理部门的要求及时清除障碍。当事人无法及时清除的，由公安机关交通管理部门通知清障单位清除，清障费用由机动车所有人、管理人或者驾驶人支付。

第八十九条　机动车与非机动车、行人发生交通事故造成人身伤亡、财产损失，超过机动车交通事故责任强制保险责任限额的部分，非机动车、行人没有过错的，由机动车一方承担赔偿责任；有证据证明非机动车驾驶人、行人有过错的，机动车一方按照以下规定承担赔偿责任：

（一）在禁止非机动车、行人通行的道路上发生交通事故，机动车一方无过错的，承担不超过百分之五的赔偿责任；

（二）在本条第一项规定以外的道路上发生交通事故，机动车一方无过错的，承担不超过百分之十的赔偿责任；

（三）机动车一方负次要责任的，承担百分之四十至百分之五十的赔偿责任；

（四）机动车一方负同等责任的，承担百分之五十至百分之七十的赔偿责任；

（五）机动车一方负主要责任的，承担百分之七十至百分之九十的赔偿责任。

交通事故由非机动车驾驶人、行人故意碰撞机动车造成的，机动车一方不承担赔偿责任。

第九十条　非机动车之间、非机动车与行人之间发生交通事故造成人身伤亡、财产损失的，由有过错的一方承担赔偿责任；双方都有过错的，按照各自过错的比例承担赔偿责任。

第九十一条　对因交通事故造成人身伤亡的，残疾赔偿金、死亡赔偿金按本省城镇居民上年度人均可支配收入标准计算，其被扶养人的生活费按被扶养人经常居住地所在省（直辖市、自治区）上年度城镇居民人均消费性支出标准或者农村居民人均年生活消费支出标准计算。

第九十二条　交通事故死亡人员身份无法确认的，身份按照城镇居民认定。赔偿费用由道路交通事故社会救助基金管理机构提存保管，待死亡人员身份确定后转交赔偿权利人。赔偿权利人可以按本条例第九十一条的规定追偿死亡人员被扶养人的生活费。

第九十三条　参加机动车交通事故责任强制保险的机动车发生交通事故，因抢救受伤人员需要保险公司支付或者垫付抢救费用的，保险公司在接到公安机关交通管理部门的书面通知后，应当及时在机动车交通事故责任强制保险责任限额范围内予以支付或者垫付。

第九十四条　机动车发生交通事故，因抢救受伤人员需要道路交通事故社会救助基金垫付费用的，由公安机关交通管理部门通知道路交通事故社会救助基金管理机构按照有关规定及时垫付。社会救助基金管理机构有权向交通事故责任人追偿。

第九十五条　公安机关交通管理部门在送达交通事故认定书时，应当告知当事人就交通事故损害赔偿纠纷可以请求公安机关交通管理部门进行调解，也可以请求人民调解委员会调解，或者直接向人民法院提起民事诉讼。

经公安机关交通管理部门或者人民调解委员会调解达成协议的，当事人可以自愿向人民法院申请调解协议诉前司法确认。

公安机关交通管理部门、司法行政部门、人民法院应当建立和完善行政调解、人民调解、司法调解相衔接的交通事故损害赔偿纠纷调解机制。

第九十六条 因调查交通事故需要，公安机关交通管理部门可以依法向有关单位、个人调取汽车行驶记录仪、卫星装置、技术监控设备的记录资料以及其他与事故有关的证据材料。有关单位和个人应当如实提供，不得伪造、隐匿、毁灭。

第六章 执法监督

第九十七条 公安机关交通管理部门应当依法履行职责，公开办事制度和程序，简化办事手续，提升交管服务信息化、便利化水平，确保执法公正、规范、文明、高效。

第九十八条 公安机关交通管理部门应当建立健全行政执法责任制，防止和纠正道路交通安全执法中的错误或者不当行为。

第九十九条 交通警察执行职务时，应当按照规定着装，佩带人民警察标志，持有人民警察证件，保持警容严整，举止端庄，指挥规范。

第一百条 任何单位不得给公安机关交通管理部门下达或者变相下达罚款指标；公安机关交通管理部门不得以罚款数额作为考核交通警察的标准。

第一百零一条 公安机关交通管理部门依法实施罚款的行政处罚，应当依照有关法律、行政法规的规定，实施罚款决定与罚款收缴分离。

第一百零二条 公安机关交通管理部门及其交通警察的行政执法活动，应当接受监察机关依法实施的监督。

公安机关警务督察部门应当对公安机关交通管理部门及其交通警察执行法律、法规和遵守纪律的情况依法进行监督。

上级公安机关交通管理部门应当对下级公安机关交通管理部门的执法活动进行监督。

第一百零三条 公安机关交通管理部门及其交通警察执行职务，应当自觉接受社会和公民的监督。

任何单位和个人都有权对公安机关交通管理部门及其交通警察不严格执法以及违法违纪行为进行检举、控告。收到检举、控告的机关，应当依据职责及时查处。

第七章 法律责任

第一百零四条 公安机关交通管理部门及其交通警察对道路交通安全违法行为情节轻微，未影响道路通行的，应当指出违法行为，给予口头警告后放行。

对违反道路交通安全法律、行政法规和本条例的行为，由公安机关交通管理部门依照《中华人民共和国道路交通安全法》《中华人民共和国道路交通安全法实施条例》和本条例的规定，给予警告、罚款、暂扣或者吊销机动车驾驶证、拘留等行政处罚；其中给予罚款处罚的，按照本条例规定的具体标准执行。

第一百零五条 行人、乘车人违反道路通行规定的，处警告；警告后拒不改正的，处二十元罚款。

第一百零六条 非机动车驾驶人有下列行为之一的，处三十元以上五十元以下罚款：

（一）不按规定通行的；

（二）不按规定驾驶的；

（三）不按规定载人载物的；

（四）不在规定地点停车或者停车妨碍其他车辆和行人通行的；

（五）不服从交通警察指挥的；

（六）驾驶人不符合驾驶资格的；

（七）自行车、三轮车加装动力装置的；
（八）驾驶未依法登记的非机动车上道路行驶的；
（九）醉酒驾驶非机动车、驾驭畜力车的。

第一百零七条 机动车驾驶人有下列行为之一的，处五十元罚款：
（一）不系安全带的；
（二）驾驶摩托车不戴安全头盔的；
（三）驾驶摩托车不按规定载人的；
（四）在禁止鸣喇叭的区域或者路段鸣喇叭的；
（五）不避让正在作业的道路养护车、工程作业车的。

第一百零八条 机动车驾驶人有下列行为之一的，处一百元罚款：
（一）驾驶机动车未随车携带行驶证、驾驶证、保险标志、检验合格标志的；
（二）驾驶证丢失、损毁期间驾驶机动车的；
（三）驾驶摩托车手离车把或者车把上悬挂物品的；
（四）在机动车驾驶室的前后窗范围内悬挂、放置妨碍驾驶视线的物品的；
（五）实习期内未粘贴或者悬挂实习标志的；
（六）未按规定鸣喇叭示意或者使用灯光的；
（七）行经漫水路或者漫水桥时未低速通过的；
（八）在单位院内、居民居住区内不低速行驶或者不避让行人的；
（九）在车门、车厢没有关好时行车的；
（十）违反规定停放、临时停车且驾驶人不在现场或者驾驶人虽在现场拒绝立即驶离的；
（十一）驾驶公路客运车辆以外的载客汽车载人超过核定人数不足百分之二十的；
（十二）在没有划分机动车道、非机动车道和人行道的道路上，不在道路中间通行的；
（十三）未按规定将故障车辆移到不妨碍交通的地方停放的；
（十四）未使用专用清障车拖曳转向或者照明、信号装置失效的机动车的；
（十五）行经渡口，不按指挥依次待渡或者上下渡船不低速行驶的；
（十六）在夜间或者在容易发生危险的路段行驶，以及遇有沙尘、冰雹、雨、雪、雾、结冰等气象条件时，未按规定降低行驶速度的；
（十七）货运机动车违反规定附载作业人员的；
（十八）拖拉机载人或者牵引多辆挂车的。

第一百零九条 有下列行为之一的，处二百元罚款：
（一）违反分道行驶规定或者逆向行驶的；
（二）不按规定倒车、会车、超车、掉头、让行的；
（三）不按交通信号灯规定通行或者不服从交通警察指挥的；
（四）违反警告标志标线、禁令指示的；
（五）通过路口或者行经铁路道口时，不按规定通行的；
（六）违反规定在人行横道或者网状线区域内停车等候的；
（七）变更车道时影响正常行驶的机动车的；
（八）在同车道行驶中，不按规定与前车保持必要的安全距离的；
（九）行经人行横道，未减速行驶、未避让行人的；
（十）不避让执行任务的警车、消防车、救护车、工程救险车的；
（十一）驾驶机动车下陡坡时熄火、空挡滑行的；
（十二）拖拉机驶入大中城市中心城区道路或者其它禁止通行道路的；

（十三）违反规定使用专用车道的；

（十四）客运机动车违反规定载货或者货运机动车违反规定载人的；

（十五）挂车载人或者不按规定牵引车辆的；

（十六）驾车时拨打接听手持电话或者观看影视节目的；

（十七）机动车载货长度、宽度、高度超过规定的；

（十八）机动车运载超限的不可解体的物品，影响交通安全，不按照公安机关交通管理部门指定的时间、路线、速度行驶或者未悬挂明显标志的；

（十九）向道路上抛洒物品、遗洒或者飘散载运物的；

（二十）运载危险物品未经批准或者未悬挂警示标志、未采取安全措施，不按规定的时间、路线、速度行驶的；

（二十一）机动车载运超限物品行经铁路道口时不按指定的道口、时间通过的；

（二十二）机动车在发生故障或者事故后，不按规定设置警告标志或者使用灯光的；

（二十三）道路养护施工作业车辆、机械作业时未开启示警灯和危险报警闪光灯的；

（二十四）患有妨碍安全驾驶机动车的疾病、服用国家管制的精神药品或者麻醉药品、过度疲劳仍继续驾驶的；

（二十五）连续驾车超过四小时未停车休息或者休息少于二十分钟的；

（二十六）驾驶证被依法扣留期间或者违法记分达到十二分仍驾驶机动车的；

（二十七）不按规定在道路上试车的；

（二十八）未悬挂机动车号牌、不按规定安装机动车号牌或者故意遮挡、污损机动车号牌的；

（二十九）未按规定办理变更、转移登记的；

（三十）机动车未接受定期安全技术检验的；

（三十一）载货汽车、挂车未按规定安装防护装置、粘贴车身反光标识、喷涂放大牌号或者放大的牌号不清晰的；

（三十二）挂车的灯光信号、制动、连接、安全防护等装置不符合国家标准的；

（三十三）警车、消防车、救护车、工程救险车违反规定使用警报器或者标志灯具的；

（三十四）非特种车喷涂特种车特定标志图案的；

（三十五）机动车喷涂、粘贴标识或者车身广告，影响安全驾驶的；

（三十六）安装和使用妨碍行人或者其他车辆安全通行的照明、音响以及影响交通技术监控设备正常运行的装置和材料的；

（三十七）违反规定安装搭载人员的设备或者动力装置的；

（三十八）未按规定安装行驶记录仪或者行驶记录仪不能正常使用的；

（三十九）驾驶安全设施不全或者机件不符合技术标准的机动车的；

（四十）以欺骗、贿赂等不正当手段补、换领机动车登记证书、号牌、行驶证和检验合格标志的；

（四十一）取得机动车驾驶证而使用他人机动车驾驶证驾驶机动车的；

（四十二）未按指定路线、时间学习驾驶的；

（四十三）使用非教练车、无教练学习驾车或者教练车乘坐无关人员的；

（四十四）在实习期内驾驶公共汽车、营运客车、执行任务特种车、载有危险物品车、驾车牵引挂车的。

第一百一十条 在高速公路上，机动车驾驶人有下列行为之一的，处一百元罚款：

（一）驾驶设计最高时速低于七十公里的机动车进入高速公路的；

（二）驾驶拖拉机进入高速公路的；

（三）在高速公路路肩行驶或者不按规定在高速公路应急车道行驶的；

（四）机动车从匝道进入、驶离高速公路时，不按规定使用灯光，或者妨碍已在高速公路内的机动车正常行驶的；

（五）未减速通过施工作业路段的；

（六）两轮摩托车载人的；

（七）载货汽车车厢内载人的。

第一百一十一条 在高速公路上，机动车驾驶人有下列行为之一的，处二百元罚款：

（一）不系安全带的；

（二）不按规定超车、停车的；

（三）长时间占用左侧车道或者骑、轧车行道分界线的；

（四）不按规定与同车道前车保持安全距离的；

（五）遇有低能见度气象条件时，不按规定行驶的；

（六）倒车、逆行、穿越中央分隔带掉头的；

（七）正常情况下行驶速度低于规定最低时速百分之二十以上的；

（八）车辆发生故障或者交通事故后，不按规定使用危险报警闪光灯、设置警告标志的；

（九）违反规定拖曳故障车、肇事车的；

（十）试车或者学习驾驶机动车的。

第一百一十二条 有下列行为之一的，处五百元罚款：

（一）改变机动车型号、发动机号、车架号或者车辆识别代号的；

（二）以隐瞒、欺骗手段补领机动车驾驶证的；

（三）违反交通管制规定强行通行，不听劝阻的。

第一百一十三条 有下列行为之一的，处一千元罚款：

（一）驾驶非机动车造成交通事故后逃逸，尚不构成犯罪的；

（二）非法安装警报器或者标志灯具的。

第一百一十四条 有下列行为之一的，处二千元罚款：

（一）驾驶拼装的机动车或者已达报废标准的车辆上道路行驶的；

（二）非法拦截、扣留机动车辆，造成交通严重阻塞或者较大财产损失的；

（三）强迫机动车驾驶人违反道路交通安全法律、法规和机动车安全驾驶要求驾驶机动车，造成交通事故，尚不构成犯罪的；

（四）驾驶机动车造成交通事故后逃逸，尚不构成犯罪的；

（五）故意损毁、移动、涂改交通设施，造成危害后果，尚不构成犯罪的。

第一百一十五条 有下列行为之一的，按以下规定处罚：

（一）未取得机动车驾驶证或者机动车驾驶证被吊销、暂扣期间仍驾驶摩托车、拖拉机、低速载货汽车、三轮汽车的，处五百元罚款；

（二）未取得机动车驾驶证或者机动车驾驶证被吊销、暂扣期间驾驶营运客车的，处二千元罚款；

（三）未取得机动车驾驶证或者机动车驾驶证被吊销、暂扣期间仍驾驶其他机动车的，处一千元罚款。

将三轮汽车、摩托车、拖拉机交由未取得驾驶证或者相应驾驶证被吊销、暂扣的人驾驶的，处二百元罚款；将其他机动车交由未取得机动车驾驶证或者机动车驾驶证被吊销、暂扣的人驾驶的，处五百元罚款。

驾驶与驾驶证载明的准驾车型不相符合的车辆的，按未取得机动车驾驶证给予罚款。

第一百一十六条 饮酒后驾驶机动车的，处一千元罚款。因饮酒后驾驶机动车被处罚，再次饮酒后驾驶机动车的，处二千元罚款。饮酒后驾驶营运机动车的，处五千元罚款。

醉酒驾驶机动车的，依照有关法律、行政法规的规定追究责任。

第一百一十七条 伪造、变造或者使用伪造、变造的检验合格标志、保险标志的，处二千元罚款。

伪造、变造或者使用伪造、变造的机动车登记证书、号牌、行驶证、驾驶证的，处四千元罚款。

使用其他车辆的机动车登记证书、号牌、行驶证、检验合格标志、保险标志的，处四千元罚款。

第一百一十八条 公路客运车辆载客超过核定人数或者违反规定载货的，对机动车驾驶人按下列规定处罚：

（一）超过核定人数不足百分之二十的，处三百元罚款；

（二）超过核定人数百分之二十不足百分之五十的，处一千元罚款；

（三）超过核定人数百分之五十的，处二千元罚款；

（四）违反规定载货的，处五百元罚款。

其他客车载人超过核定人数百分之二十或者违反规定载货的，对驾驶人处二百元罚款。

运输单位的车辆违反本条第一款规定的情形，经处罚不改的，对直接负责的主管人员处三千元罚款。

第一百一十九条 货运机动车超过核定载质量或者违反规定载客的，对机动车驾驶人按下列规定处罚：

（一）超过核定载质量不足百分之三十的，处二百元罚款；

（二）超过核定载质量百分之三十不足百分之五十的，处五百元罚款；

（三）超过核定载质量百分之五十不足百分之百的，处一千元罚款；

（四）超过核定载质量百分之百的，处二千元罚款；

（五）违反规定载客的，处五百元罚款。

运输单位的车辆违反本条前款规定的情形，经处罚不改的，对直接负责的主管人员处三千元罚款。

第一百二十条 驾驶机动车违反限速规定的，对驾驶人按下列规定处罚：

（一）超过规定时速百分之二十不足百分之五十的，处二百元罚款；

（二）超过规定时速百分之五十不足百分之七十的，处五百元罚款；

（三）超过规定时速百分之七十的，处一千元罚款。

第一百二十一条 道路两侧及隔离带上种植物或者设置广告牌、管线等，遮挡路灯、交通信号灯、交通标志，妨碍安全视距，由公安机关交通管理部门责令行为人排除妨碍；拒不执行的，处一千元罚款。

第一百二十二条 机动车安全技术检验机构不按照机动车国家安全技术标准进行检验，出具虚假检验结果的，处所收检验费用十倍的罚款。

机动车所有人、管理人未按照国家规定投保机动车交通事故责任强制保险的，处依照规定投保最低责任限额应缴纳的保险费的二倍罚款。

第一百二十三条 交通警察有下列行为之一的，依法给予处分：

（一）为不符合法定条件的机动车发放机动车登记证书、号牌、行驶证、检验合格标志的；

（二）批准不符合法定条件的机动车安装、使用警车、消防车、救护车、工程救险车的警报器、标志灯具，喷涂标志图案的；

（三）为不符合驾驶许可条件、未经考试或者考试不合格人员发放机动车驾驶证的；

（四）不执行罚款决定与罚款收缴分离制度或者不按规定将依法收取的费用、收缴的罚款及没收的违法所得全部上缴国库的；

（五）举办或者参与举办驾驶学校或者驾驶培训班、机动车修理厂或者收费停车场等经营活动的；

（六）利用职务上的便利收受他人财物或者谋取其他利益的；

（七）违法扣留车辆、机动车行驶证、驾驶证、车辆号牌的；

（八）使用依法扣留的车辆的；

（九）当场收取罚款不开具罚款收据或者不如实填写罚款额的；

（十）徇私舞弊，不公正处理交通事故的；

（十一）故意刁难，拖延办理机动车牌证的；

（十二）非执行紧急任务时使用警报器、标志灯具的；

（十三）违反规定拦截、检查正常行驶的车辆的；

（十四）非执行紧急公务时拦截搭乘机动车的；

（十五）不履行法定职责的。

公安机关交通管理部门有前款所列行为之一的，对直接负责的主管人员和其他直接责任人员给予相应的处分。

第一百二十四条　法律、行政法规对道路交通安全违法行为已有处罚规定的，依照其规定执行。

第八章　附则

第一百二十五条　本条例自2020年5月1日起施行。

深圳市人民政府关于加快智慧城市和数字政府建设的若干意见

（深府〔2020〕89号）

各区人民政府，市直各有关单位：

为深入贯彻党中央、国务院关于建设“网络强国、数字中国、智慧社会”的决策部署，全面落实省委、省政府和市委加快推进数字政府综合改革试点的工作要求，现就我市加快智慧城市和数字政府建设提出如下意见。

一、总体要求

（一）指导思想。以习近平新时代中国特色社会主义思想为指导，全面贯彻党的十九大和十九届二中、三中、四中、五中全会精神，认真学习贯彻习近平总书记出席深圳经济特区建立40周年庆祝大会和视察广东、深圳重要讲话、重要指示精神，围绕建设粤港澳大湾区、中国特色社会主义先行示范区和实施综合改革试点等要求，聚焦“优政、兴业、惠民”，建设主动、精准、智能的整体数字政府，发展数据要素资源依法自由流动的蓬勃数字经济，提供安全可信、平等普惠的数字市民服务，打造数字政府、数字经济和数字市民三位一体的数字深圳，助力城市治理体系和治理能力现代化，更高水平满足人民对美好生活的向往。

（二）发展目标。到2025年，打造具有深度学习能力的鹏城智能体，成为全球新型智慧城市标杆和“数字中国”城市典范。融合人工智能（AI）、5G、云计算、大数据等新一代信息技术，建设城市数字底座，打造城市智能中枢，推进业务一体化融合，实现全域感知、全网协同和全场景智慧，让城市能感知、会思考、可进化、有温度。

全市“1+4”智慧城市和数字政府建设体系日臻完善（“1”即“以新型基础设施建设为支撑”，“4”即“公共服务、城市治理、数字经济和安全防控”4大板块）。新型基础设施全面优化，赋能城市高质量发展；公共服务便捷化和城市治理精细化水平不断提高，市民及企业获取公共服务体验持续优化，以服务对象为中心的一体化服务、管理和治理格局全面建立；数字经济蓬勃发展，产业规模持续扩大，部分细分领域全国领先。在5G网络建设和创新应用、全面感知体系建设、人工智能应用、区块链技术推广、政务服务优化、科技支撑基层治理、数据立法、深圳—新加坡智慧城市合作示范区建设等不少于10个领域先行示范，为深圳奋力朝着建设中国特色社会主义先行示范区的方向前行，努力创建社会主义现代化强国的城市范例作出应有贡献。

二、跑出新型基础设施建设“加速度”

（三）推动通信网络全面提速。在实现5G城市级独立组网的基础上，构建覆盖“5G+千兆光网+智慧专网+卫星网+物联网”的通信网络基础设施体系，推动“双千兆城市”建设，加快建成5G政务专网、1.4GHz无线宽带专网和1.8GHz行业专网。探索多标识解析技术应用创新。推动5G在政务、车联网、增强现实/虚拟现实（AR/VR）、医疗、物流、能源等领域深度应用。（责任单位：市工业和信息化局、市发展改革委、市政务服务数据管理局、市通信管理局）

（四）加快终端设备全面感知。积极部署低成本、低功耗、高精度、高可靠的智能感知设备，依托物联、数联、智联一体化平台，融合摄像、射频、传感、遥感和雷达等感知单元，建立“天地空三位一体”的城市泛在感知网络，不断增强城市立体化的智能感知能力，建设全面感知的“活力”城市，推动城市运行、自然资源、环境、气候等智能多源感知应用。进一步优化多功能智能杆布局。（责任单位：市工业和信息化局、市政务服务数据管理局）

（五）加快大数据中心建设。整合全市公共数据和社会数据，建设城市大数据中心。加快完成同城双活数据中心和深汕特别合作区异地备份中心建设。统一全市政务云架构，推动应用系统在政务云和公有云混合部署。加快建设全市统一的数据中枢和应用中枢，支撑各部门构建业务应用，避免单独建设、重复建设。协同粤港澳大湾区各城市，规划建设粤港澳大湾区大数据中心，建设全国一体化国家大数据中心华南区域服务核心节点，打造粤港澳大湾区数据生产要素流通汇聚枢纽。探索开展数据资源跨境、跨域、跨级融合互通和协同应用。（责任单位：市政务服务数据管理局、市委大湾区办、市委网信办、市发展改革委、市通信管理局）

（六）加快人工智能基础设施整合提升。支持龙头企业创建人工智能开源开放服务平台，增强算力、算法、数据等人工智能基础设施服务能力。推动交通、金融、医疗等领域人工智能应用落地，打造人工智能应用创新高地。促进云计算与5G融合，建设边缘计算资源池节点，实现算力的“云边端”统筹供给和协同调度。（责任单位：市发展改革委、市科技创新委、市工业和信息化局）

（七）加快区块链技术基础设施建设。建设统一的区块链底层设施环境，打造具备高性能、高安全隐私、高可扩展性以及可编程能力的政务联盟链平台，提供存储、加密、时间戳、共识机制、跨链等区块链服务。支持相关企业利用区块链技术优化业务流程，提升协同效率。（责任单位：市发展改革委、市政务服务数据管理局）

三、深化公共服务“一屏智享”

（八）深化“放、管、服”改革。进一步放宽市场准入，根据国家和省要求缩减行政许可事项和办事环节，推进商事登记、不动产登记、工程建设项目审批等领域改革创新。依法利用个人和企业“画像”，拓展信用监管在政务服务领域应用。建设完善“法治政府信息”平台，提升公开透明市场化环境和法治保障水平。（责任单位：市政务服务数据管理局、市发展改革委、市司法局、市规划和自然资源局、市住房建设局、市市场监管局）

（九）实施“数字市民”计划。大力推广电子签名、电子印章、电子证照和电子档案，构建“数字市民”认证、管理和应用体系，建立数据账户和用户信息授权机制，建立健全市民办事数据共享比对机制，减少证明材料重复性提交，推动“数字市民”可跨城办理业务、跨域使用数据。探索建立全市统一“市民码”服务体系，推动全市统一身份认证和多码融合、一码通用，不断丰富“一号走遍深圳”内涵。（责任单位：市政务服务数据管理局、市档案局、市人力资源保障局、市卫生健康委、市医保局）

（十）推进公共服务“一屏享、一体办”。加快构建以“指尖办”为主渠道，线上线下高度融合的一体化综合服务体系。全面提升“i深圳”系列服务品牌，加强一体化政务服务平台建设，推进政务服务事项在全市统一申办受理平台“应进必进”，除特殊情况外，部门自建的申办受理功能应向全市统一申办受理平台迁移。推进“12345”热线平台智能化，加强政府门户网站和政务新媒体建设。加强“好差评”闭环管理。（责任单位：市政务服务数据管理局）

（十一）推广“秒报秒批一体化”等服务。在“一网通办”基础上，进一步加强电子证照、电子材料共享，推广“秒报秒批一体化”模式，让企业、市民办事只需“选择”，无需“填空”。加快政务服务“一站式”办理，拓宽“一件事一次办”的覆盖范围，推动政务服务由“人找服务”向“服务找人”转变。强化党政机关政务信息化建设，全面提升党政机关办公信息化水平，建成全市统一协同办公平台和党政机关内部办事服务“一次了”系统，让政务运转更高效、更智能。（责任单位：市政务服务数据管理局）

（十二）全面提升民生服务领域智慧化水平。积极推广5G、人工智能、区块链等新一代信息技术在民生服务领域应用，着力提高服务品质，更好满足多层次多样化服务需求，推动远程医疗、智慧交通、智慧教育、智慧养老、数字文化等重点领域服务新模式快速发展。（责任单位：市政务服务数据管理局、市教育局、市民政局、市交通运输局、市文化广电旅游体育局、市卫生健康委、各区）

四、强化城市治理“一体联动”

（十三）探索“数字孪生城市”。依托地理信息系统（GIS）、建筑信息模型（BIM）、城市信息模型（CIM）等数字化手段，开展全域高精度三维城市建模，加强国土空间等数据治理，构建可视化城市空间数字平台，链接智慧泛在的城市神经网络，提升城市可感知、可判断、快速反应的能力。（责任单位：市规划和自然资源局、市委政法委、市住房建设局）

（十四）打造城市智能中枢。依托市政府管理服务指挥中心，聚合行业应用系统和数据，升级“城市数字大脑”，强化数据推演为城市治理赋能，通过数据分析支撑城市重大决策，打造鹏城智能体的智能中枢。以数据驱动部门业务流程优化，建立智能监测、统一指挥、实时调度、上下联动的城市运行体系。建立全市大应急联动机制，实现应急系统、信息、资源、预案等全方位联动，形成全市应急“一张网”。（责任单位：市政务服务数据管理局、市公安局、市卫生健康委、市应急管理局）

（十五）加快推动《深圳经济特区数据暂行条例》立法和实施。探索建立数据相关权益的保护机制。推动数据分级分类管理，完善数据采集交换标准，构建数据资源全生命周期管理体系。探索公共数据与社会数据的双向开放、融合共享，促进数据要素的有效开发和利用，逐步完善政企合作的协同治理机制。完善公共数据和个人信息保护，加强对数据流通使用全链条的安全评估。（责任单位：市司法局、市委网信办、市工业和信息化局、市政务服务数据管理局）

（十六）提升公共卫生防护智慧化水平。强化公共卫生数据采集整合和共享利用，实现与医保、公安、交通等部门跨行业、跨部门信息互通共享，建立智能预警机制，有效支撑公共卫生事件的快速、高效处置，实现联防联控。（责任单位：市卫生健康委、市公安局、市交通运输局、市应急管理局、市政务服务数据管理局）

（十七）推动科技赋能基层治理。优化“多网合一”的网格化服务管理，建设“条块结合”的统一基层网格治理平台，全面推广统一地址库应用。加快智慧社区建设，加快构建共建共治共享的社区治理体系。（责任单位：市委组织部、市委政法委、市规划和自然资源局、市民政局、市政务服务数据管理局、各区）

（十八）加强社会信用体系建设。加快推动出台深圳经济特区社会信用条例。完善公共信用信息基础库，建立全市统一的社会信用平台，实现与全国信用信息共享平台的互联互通。创新信用建设服务方式，推动信用信息深度开发利用。推动“互联网+监管”改革，实现信用监管数据可比对、过程可追溯、问题可监测，对违法行为早发现、早提醒、早处置。（责任单位：市市场监管局、市发展改革委、市司法局、市政务服务数据管理局）

（十九）深化智慧城市合作。探索建立标准统一、开放的数据端口，建设互通的公共应用平台。推进粤港澳大湾区城市间电子签名证书互认，推广电子签名互认证书在公共服务、金融、商贸等领域应用。

深化与新加坡智慧城市合作，加快深圳—新加坡智慧城市合作示范区建设，推动在数字互联互通、人才交流和培养、技术合作与创新创业等重点领域全面合作。（责任单位：市政务服务数据管理局、市委大湾区办、市工业和信息化局、市公安局、市人力资源保障局）

五、培育数字经济发展“新动能”

（二十）加快培育数据要素市场。搭建市场化交易平台，建立健全数据产权交易和行业自律机制，提升交易监管水平。支持政府与行业优势企业建立大数据联合创新实验室，鼓励企业、公民和社会组织利用开放数据，开发个性化服务、精准化治理等典型应用，提升社会数据资源价值。开展数字货币研究与移动支付等创新应用，稳妥推进数字货币在新零售、电子商务、行政收费等场景进行试点测试。（责任单位：市发展改革委、市科技创新委、市工业和信息化局、市地方金融监管局、市政务服务数据管理局）

（二十一）推动数字经济产业创新发展。统筹布局，建立健全数字经济产业政策体系，打造一批集聚电子信息产业高端研发和制造企业的支撑型产业园区。以 5G 技术为引领，进一步拓展应用场景，围绕无人驾驶、车联网、增强现实/虚拟现实（AR/VR）、医疗、交通、金融等领域，加快建设一批智慧应用示范标杆项目和示范街区。加强政府部门对智慧化、数字化技术的首购首用，以数字政府建设和应用为牵引，带动新技术、新模式规模化应用，定期推出优质应用场景示范项目。开展全国鲲鹏产业示范区建设，建设中国鲲鹏产业源头创新中心，支持在政务、金融、国资国企等重点领域率先开展应用示范。（责任单位：市发展改革委、市科技创新委、市工业和信息化局、市政务服务数据管理局）

（二十二）加快企业“上云用数赋智”。打造系统化多层次的工业互联网平台体系，拓展“智能+”，培育数字应用新业态、新模式。鼓励企业“上云”，支持企业以数字化转型加快组织变革和业务创新，培育数据驱动型企业。推动互联网、大数据、人工智能等平台型企业创新发展，加快培育创新型领军企业。协同推进供应链要素数据化和数据要素供应链化，支持打造“研发+生产+供应链”的数字化产业链，支持产业以数字供应链打造生态圈。（责任单位：市工业和信息化局、市发展改革委、市科技创新委）

（二十三）实施“云上城市”行动。完善“互联网+”消费生态体系，鼓励建设智慧商店、智慧街区、智慧商圈。促进线上线下互动、商旅文体协同，打造线上办公、线上会展、线上教育、线上问诊、线上购物等“云上城市”新模式。（责任单位：市政务服务数据管理局、市教育局、市科技创新委、市商务局、市卫生健康委按职责分工推进）

六、筑牢网络安全防护“防火墙”

（二十四）强化网络信息安全管理。落实《中华人民共和国网络安全法》《中华人民共和国密码法》、网络安全等级保护制度、关键信息基础设施安全保护制度等相关法规。加强规划建设、运行监测、通报整改等各重点环节的网络安全管理。持续开展打击网络违法犯罪活动，强化关键信息基础设施网络安全检查，加强重点领域、重点行业个人信息开发、利用、保护定期检查，深入推进网络安全知识技能宣传普及。提高网络不良信息技术监管处置能力，强化有害信息治理。（责任单位：市委网信办、市密码管理局、市公安局、市政务服务数据管理局、市通信管理局）

（二十五）强化网络安全整体防护。建立健全“防御、监测、打击、治理、评估”五位一体的网络空间安全保障体系。建设完善网络安全态势感知和应急处置平台，推进密码全面应用，强化数据安全保护，形成网络安全整体防护体系。完善数据安全防范措施，提升数据采集、生产、加工、共享、服务、消费等全链路数据安全治理能力。加强信息安全审计，引导各部门数据生产、加工和消费链路部署在可监控的安全环境中，为智慧城市和数字政府提供整体安全防护。（责任单位：市委网信办、市密码管理局、市公安局、市政务服务数据管理局、市通信管理局）

（二十六）强化安全技术应用创新。探索动态防御、量子密钥通信技术在重要领域的应用。推动安全可信技术在传输通信网络、安全区域边界和安全计算环境的应用。研究利用多种数据脱敏算法，避免个人标识、属性、成员关系等各类隐私数据泄露。推广数字水印，增强电子文件的可追溯性。落实网络安全审查工作制度，促进先进技术应用与防范网络安全风险相结合。（责任单位：市委网信办、市密码管理局、市公安局、市政务服务数据管理局）

七、保障措施

（二十七）加强组织领导。将原市“数字政府”改革建设工作领导小组调整为市智慧城市和数字政府建设领导小组（以下简称“领导小组”），由市长任组长。领导小组办公室设在市政务服务数据管理局。各区各部门要建立“一把手”牵头的工作专班，明确责任处室，强化部门信息化系统的一体化建设。

（二十八）强化资金保障。建立完善包括财政资金在内的多元化资金保障和分级投入机制，切实保障项目建成后的运营经费。各部门组织建设的智慧城市和数字政府项目纳入全市项目库有序推进，探索市区两级财政共建共享机制。加强财政资金使用绩效评估、审计监管。

（二十九）创新项目立项和运营管理机制。推动不涉及基础设施的业务应用等数字政府项目由工程建设向购买服务方式转变。在有关区、部门探索和试点设立首席信息官（CIO）、首席数据官（CDO）、首席网络安全官（CSO）等相关制度，加强运营管理技术支撑保障。

（三十）完善合作机制。建立完善智慧城市和数字政府项目长期运营合作伙伴机制，探索多模式开展项目规划、建设和运营。鼓励社会机构积极参与应用场景开发。充分发挥智慧城市和数字政府专家委员会和公众咨询监督委员会作用，提供决策咨询服务。举办具有国际影响力的智慧城市论坛，提升深圳在全球智慧城市领域的影响力。

（三十一）加强智库和人才保障。制定适应深圳智慧城市和数字政府发展要求的人才战略和措施，积极引进国际化高层次人才和团队，加强信息化工作力量，切实推动信息化与业务的融合创新。做好全市各级干部的信息化技能培训工作，不断完善人才队伍建设。培育智慧城市和数字政府建设高端研究机构，提供高水平咨询服务。

（三十二）健全政策标准规范体系。研究制定项目建设、政务服务、公共数据资源、信息安全、政务云平台、政务网络等配套管理制度。逐步完善智慧城市和数字政府标准规范体系。

深圳市人民政府
2020 年 12 月 29 日

第三章　行业管理与服务

第一节　行业管理部门

全国公安机关科技信息化部门 2020 年安全技术防范管理工作概述

2020 年，全国公安机关科技信息化部门始终坚持党对一切工作的领导，高举中国特色社会主义伟大旗帜，坚持以习近平新时代中国特色社会主义思想为指导，紧紧围绕公安中心工作和实战需要，认真贯彻落实行政审批制度改革精神及要求，进一步规范安防行业监管，发挥安防行业力量在提升行业影响、服务公安工作、引领技术发展等方面的专业优势，在推动标准规范的支撑引领等方面发挥了重要作用。

一、积极推动住宅小区智能安防建设

公安部科技信息化局认真贯彻国务院常务会议部署要求，指导各地公安机关科技信息化部门积极推动住宅小区智能安防建设。一是加强与住房城乡建设部等部门的协调沟通，推动在国务院办公厅印发的《关于全面推进城镇老旧小区改造工作的指导意见》中增加安防建设要求。同时，以公安部名义会同住建等部门，联合印发《关于开展城市居住社区建设补短板行动意见》《关于印发绿色社区创建行动方案的通知》《关于加强和改进物业管理工作推动物业服务高质量发展的意见》等文件，明确提出智能安防建设、数据共享应用等要求，为各地推动住宅小区智能安防建设提供政策支持和保障。二是及时部署各地公安机关科技信息化部门，紧抓国务院部署推动城镇老旧小区改造的政策机遇，积极争取老旧小区改造政策支持，充分考虑流动人口规模、治安环境、案发率、管控难度等环境因素，因地制宜提出智能安防建设内容及技术要求，立足职能配合住建部门推动智能安防建设，并在项目具体推进中做好技术指导和把关，督促建设单位认真落实《网络安全法》等法律法规和《公共安全视频监控联网信息安全技术要求》（GB35114）等标准规范的规定，加强安全技术防护措施和安全管理制度建设，确保网络安全、数据安全，坚决防止发生滥用视频图像信息侵犯公民隐私的事件。此外，积极指导各地公安机关科技信息化部门落实工程建设项目技防审查并入施工图联合审查制度，把好新建住宅小区技防建设的联合审查关口。

江苏省公安厅科技处制定下发《关于在城镇老旧小区改造工作中开展智能安防建设的通知》，统筹推进农村地区、城乡接合部地区及老旧小区的技防监控建设，加快实现城乡视频监控一体化。将“智慧技防小区”纳入各市新一代雪亮技防建设任务书中对标推进。截至目前，全省 46% 小区达到省厅智慧技防小区建设标准基本版以上标准。

浙江省公安厅科技信息化局为确保“智安小区”规范化、标准化建设，制定《住宅小区安全技术防范系统建设技术规范》，通过构建“智安小区”，实现对居民住宅小区的智能化、智慧化管理，提高小区技术防范水平，增强小区安全的预测、预警、预防能力，助力小区安防基层基础工作，降低小区发案率，提升小区居民安全感和满意度。

安徽省公安厅科技信息化处推动以公安厅名义，联合安徽省住房和城乡建设厅、发展和改革委员会、民政厅、生态环境厅、市场监督管理局共同印发《安徽省绿色社区创建行动实施方案》，明确安防建设内容，并配合安徽省公安厅治安总队制定《关于推进全省“智慧安防小区”建设工作的指导意见》，突出技防设施作用。

山东省公安厅信息通信处认真贯彻落实全省公安机关“两个大抓”暨基层基础建设攻坚战工作要求，要求各级公安机关立足岗位职责，紧紧抓住这一政策机遇，结合本地制定“十四五”规划和深入开展“智慧城市”“雪亮工程”建设的有利时机，配合相关部门，积极争取党委、政府支持，有计划、有步骤、有保障地共同推进智能安防建设工作。

湖南省公安厅科技信息化总队指导推进智能安防小区建设，下发通知，要求市、县两级公安机关主动作为，密切沟通本地住建等部门，推进智能安防专项建设与城镇老旧小区改造整体工作的有效衔接，同时，根据公安部门职责，指导开展智能安防建设，并提出建设的具体内容及技术要求。在省级层面，湖南省公安厅积极向省委政法委汇报，请省政法委牵头协调住建等部门建立社区、小区改造项目联合审查制度，争取公安机关负责其中的智能安防建设，在编制规划、制定技术方案、检查验收等具体工作环节共同把好联合审查关口。

西藏自治区公安厅科技信息化总队积极推动将住宅小区技防建设纳入自治区住建厅施工图联合审查制度相关工作，一是多次前往住建厅相关业务处室，就住宅小区技防建设纳入施工图联合审查制度相关工作进行充分沟通协调；二是为摸清全区住宅小区技防建设情况，对全区住宅小区视频监控、可视对讲等安防设施建设情况进行了详细的摸底。

宁夏回族自治区公安厅安全技术防范管理办公室针对圈层查控、单元防控、要素管控，在重点行业、重点领域、小区住宅等利用智能化信息采集设施、设备，结合公安大数据建设应用，推动自治区公安技防发展。银川市公安局于 2018 年启动智慧警务社区试点建设项目，制定了《银川市智慧小区建设技术规程》《银川市居民住宅小区安全防范系统技术要求》《老旧住宅小区安全防范系统工程技术规范》等系列文件，建成智慧警务小区 6 个，正在新建全要素智慧警务小区 33 个，重点作用于打击防范、社区管理、人员管控、群众服务等方面。建立 24 小时自助警务服务区，依托自助办理一体机实现交通、出入境、户政服务等 26 项业务网上办理。

二、加大技防管理“放、管、服”工作力度

公安部科技信息化局认真贯彻“放、管、服”改革精神，继续推进安防认证检测机构合格评价工作，认真贯彻国务院“放、管、服”改革相关精神，继续指导中国安全防范安防认证中心、公安部第三研究所认证中心和国家安全防范报警系统产品质量监督检验中心（北京）、国家安全防范报警系统产品质量监督检验中心（上海）规范开展安全技术防范产品的公共安全行业自愿性认证及检测工作，探索开展机构自愿性认证工作。先后指导安防认证机构开展了防盗报警产品强制性认证实施规则的修订，完成了对防盗锁和安防实体防护产品自愿性认证实施规则的备案。同时，指导相关认证机构深入研究公共安全行业自愿性产品认证或者机构自行开展的自愿性产品认证的推广方式，通过加强与安防协会等单位的深度合作，推进安防行业认证的社会认可度，为公安机关及社会相关部门选择切实具备安全防范效能的安全技术防范产品提供有效可靠证明。

北京市公安局指挥部视频警务和安技防通信保障处积极落实北京市政府政务服务相关要求。依据北京市政府 185 号令和北京市政府关于优化政务服务工作的相关意见，组织督导北京市公安局下属相关单位、各分局，对图像备案受理流程、办理时限、材料收取审核、备案回执送达等工作，严格落实“最大化便民，让群众只跑一次腿”的要求，做到申报材料只限 1 份电子版、办理时限为 6 个工作日，《备案回执单》通过电子邮件送达。目前，按照北京市政府关于政务服务事项全程网办工作部署，经商局办，通过网上公安局收取图像备案申报信息，并借用公安网云资源，架设“北京市公共安全图像信息备案管理

系统”，打通与网上公安局接口，信息数据全面对接，实现了图像备案网上受理。

河北省公安厅安全技术防范管理办公室认真做好对全省安防企业的服务工作。按照河北省公安厅要求，对办理的服务业务进一步进行了梳理，简化了工作办理流程，精简了申报材料，方便了企业的申报工作。积极推进技防管理工作，结合省政府的“双随机一公开”任务部署，对各地的技防设施建设应用工作进行抽查，有效推进了社会各类重要区域、部位的技防设施建设。

山西省公安厅安全技术防范管理办公室进一步转变职能，优化服务，强化安全技术防范行业服务、监督、管理工作。一是继续实行技防业务全部审批流程网上办理。二是对 2019 年以来《山西省安全技术防范从业单位资质证》已到期未按时申报换证的给予补充办理。三是按照进一步深化“放、管、服”改革，优化营商环境的工作部署，继续提出对《山西省安全技术防范条例》中的有关内容进行修订。四是梳理涉及行政审批事项的权责清单、审批流程和“互联网+监管”中涉及我支队的事项，及时在平台中修改和补充涉及技防管理的信息，进一步明确权责事项及要求。

辽宁省公安厅技术防范办公室组织召开全省公安技防政务服务流程优化工作会议，由沈阳、大连、丹东、铁岭四个地市的技防部门负责人结合本地工作实际对全省技防政务服务事项流程优化和要素确认工作提出建议和意见，并最终研究确定了全省统一的技防政务服务要素及流程，现已编入《辽宁省公安政务服务事项目录》并以厅机关名义下发全省公安机关执行。

广东省公安厅安全技术防范管理办公室改革技防行政审工作，优化技防行业营商环境。一是下放技防行政权力事项，将省级行政许可事项“省内单位一级、二级安全技术防范系统设计、施工、维修资格证核发”以及省级公共服务事项“省内单位一级、二级安全技术防范系统设计、施工、维修资格证变更”“广东省安全技术防范系统设计、施工、维修企业出省推荐函”下放全省各地级以上市公安局审批，充分落实“放、管、服”改革要求，促进企业申办效率。二是制定《广东省技防系统设计方案核准告知承诺制工作指引（试行）》，要求全省公安机关技防管理部门试行告知承诺制办理方式，进一步缩减企业时间成本。三是优化技防审批事项，对资格证核发事项部分受理条件进行放宽调整，以此减少疫情给行业带来的不便，帮助企业克服难关；推动技防办证的“两减一即办”；按照省政府推进“数字政府”改革建设要求，对技防相关行政许可及公共服务事项实行全流程网上受理和审批。四是制定技防工程验收新标准，细化了设备安装质量检查，监控设备、标准卡口、人脸卡口、微卡口、视频结构化、视频图像信息库技术验收以及资料审查验收要求。

三、坚决贯彻落实各项部署，全力做好疫情防控工作

上海市公安局安全技术防范办公室积极做好疫情防控工作。一是根据上海市新型冠状病毒感染肺炎疫情防控工作领导小组办公室《关于做好本市发热门诊医疗机构疫情防控智能感知端建设的通知》和上海市公安局主要领导指示精神，对本市 16 个区的发热门诊、发热哨点的智能感知终端安装情况进行督导。二是对本市 3634 家药店进行智能感知系统建设，所有药店已全部安装并在线使用“零售药店特殊管理药品监管系统”，实现“退烧止咳药”实名登记购买工作。三是为做好本市重点人群新冠病毒疫苗接种点安全防范工作，对本市 40 家指定预约社区接种点和 32 家临时集中接种点提出相关安全防范设施配置要求。

浙江省公安厅科技信息化局积极响应浙江省省委办公厅关于开展复工复产“三服务”活动的总体部署，发挥浙江省安防协会桥梁作用，联系跟踪企业复工复产运行情况，帮助解决实际困难。由领导带队赴安防行业企业实地调研，指导安防协会开展返岗复工护航“惊蛰行动”，帮助解决湖北籍技术骨干返工问题。

江西省公安厅安全技术防范办公室高度重视疫情发展态势，按照领导小组指示迅速反应，积极指导、引导安防企业抗击疫情、复工复产，切实做好服务保障工作，精准有序推动复工复产。一是深入调研，掌握相关情况。多次深入安防协会及相关企业开展调研，详细了解掌握疫情以来省安防协会和企业的工作情况，分析了当前遇到的新情况新问题和提出解决新措施。组织专家提出具体指导意见和办法，鼓励

江西省安全技术防范行业协会继续发挥引领和凝聚作用，为全省安防行业高质量发展提供动力。通过实地走访、面对面座谈交流、发放工作调查问卷等形式，向广大安防企业征求意见建议，进一步加强与企业的沟通联系，增强企业战胜困难的信心。二是积极应对疫情。指导江西省安全技术防范行业协会利用网络、微信等媒介，向全省安防从业企业发布了《关于安防行业要发挥安防技术和产业优势助力打赢疫情防控阻击战的倡议书》《新型冠状病毒肺炎办公场所预防临时指南》《江西省安防协会关于支持帮助企业复工复产的倡议书》，引导企业服务大局、克服困难、科学应对疫情。三是筑起爱心慈善力量。疫情期间，江西省公安厅安全技术防范办公室及时协同江西省安全技术防范行业协会慈善公益委员会、安防基金向南昌大学一附医院捐款，抗击疫情。指导全省安防从业企业积极参加慈善公益募捐活动、《抗击疫情、赣红行动》点击网络捐款行动、“纪念世界人道主义日暨2020赣鄱爱心榜样发布会”等活动。

湖北省公安厅科技信息处充分运用视频图像和大数据手段，为疫情防控工作提供科学、鲜活、可靠的图像及数据支撑，有力地服务全省公安机关指挥调度、情报研判和应急处突任务。一是启动应急响应机制，严格落实7×24小时值班备勤制度。对重点业务系统开展运行巡检和优化升级工作，排除故障隐患，确保系统运行稳定。同时要求全省全力保障视频图像前端、联络及应用。二是连续奋战汇聚图像，确保指挥调度畅通。根据防疫指挥部和厅领导要求，紧急调度全省各级科信部门开展视频资源汇聚整合工作。经过24小时连续奋战，顺利完成全省定点医院、发热门诊、隔离点及检查站点的视频图像接入及编目工作。在视频图像汇聚编目的基础上，组织研发了现场指挥调度子系统，实现一图展示、一键调度，确保了全省各类医疗场所、物资储备仓库、隔离点、重点防控部位及省际城际卡口视频图像指挥畅通，有力策应了全省态势掌握、科学决策和靠前指挥。三是精确服务疫情防控，快速构建了一系列视频图像大数据应用模型，为全国及本省公安机关提供疫情防控模型服务。

广西壮族自治区公安厅安全技术防范管理办公室加强对广西安防行业协会和行业单位的监督指导工作，按照自治区疫情防控工作部署要求，下发通知指导会员企业开展疫情防控工作。为会员单位提供购买口罩对接服务，帮助企业解决口罩短缺问题。劝导会员单位工作人员外出必须佩戴好口罩、出现发热咳嗽等症状要及时到指定医院就医，让更多人认识到当前疫情防控的严峻形势，进一步增强人民群众的疫情防控意识和自我保护能力，确保全区坚决打赢疫情防控阻击战。

贵州省公安厅安全技术防范管理办公室以高度的政治责任感和使命感全力投入新冠肺炎疫情常态化防控工作。一是火速开发、快速应用贵州110便民服务小程序，对入黔车辆和人员进行快速扫码登记。二是开发了“入境人员身份信息核验系统”，及时补充预警技术手段，通过核验身份证并关联出入境信息，有效甄别境外入黔返黔人员。三是积极协调、全面接入铁路民航等重点部位视频监控图像配合厅督察总队每天开展视频巡查工作，及时发现各检查点工作是否规范、防护措施是否到位，在发现问题时能够及时指出并提出整改建议。四是组织研发了“车辆疫查清”平台，联动了湖北、浙江、河南、广东等疫情严重区域通行的车辆实时信息，并同时部署在公安内网和贵州公安新一代移动警务平台“黔警在线”中，平台具备服务基层一线核查车辆和自动预警功能。五是开展快速排查疫情风险重点人员演练和实战工作。

四、积极指导行业协会规范化建设

公安部科技信息化局认真贯彻中央深化改革相关任务要求，会同人事训练局、装备财务局、机关党委等部门，督促指导中国安全防范产品行业协会推进机构、职能、资产财务、人员管理、党建外事等“五分离、五规范”工作。2020年11月，中国安全防范产品行业协会召开第六届会员代表大会暨第六届理事会第一次会议，选举产生新一届理事会、监事会，完成“人员分离”任务，并在此基础上完成“机构分离”任务，并且所有脱钩事项全部通过相关职能部门的确认和审核。2020年12月，行业协会商会与行政机关脱钩联合工作组办公室向公安部发出《关于中国道路交通安全协会和中国安全防范产品行业协会脱钩实施方案的批复》，标志着脱钩改革任务基本完成。

北京市公安局指挥部视频警务和安技防通信保障处积极指导北京安全防范行业协会的工作和业务。

一是组织视频监控总联调、总验收工作。指导协会起草《2016—2020 年公共安全视频监控建设联网应用总验收考评工作实施方案》，发挥协会资源优势，挑选行业资深专家，组建验收团队，细化考评内容和评优标准，开展验收团队考评业务培训，统一认识，做实做细验收评估前的各项准备工作。二是与安防协会定期开展重点工作会商总结。对安防协会工作进行业务指导，引导行业协会发挥政府与企业间的桥梁纽带作用，建立重大事项报告制度，实现对行业信息的共享和掌控。三是指导推动安防协会建立完善专家库，建立专家库与北京市公安局的协作支持机制。四是指导安防协会继续做好北京市卫健委所属医疗机构技防系统评估工作。五是指导安防协会完成安防企业能力评价工作。监督协会在安防企业能力评价工作中，严格遵守相关规范和要求，认真抓好安防工程企业合规性审核、申报受理、评审、评定、审核、批准、建档等每一个环节，建立有效的运行机制，确实保障能力评价的客观公正。

上海市公安局安全技术防范办公室在做好日常监管工作的同时，指导协助上海安全防范报警协会加强行业管理。一是加强会员数量发展和服务工作，建立会员联系人制度等多项制度。二是强化内部管理，细化内部流程。指导完善协会制度建设，抓好协会队伍建设，加强业务流程管理，制定实施季度考核等工作。三是指导开展业务培训工作。通过线上线下培训、定期组织业务沙龙，不断提高技防从业员技术能力素质。四是指导协会积极开展行业交流和办好第十九届上海安博会。

安徽省公安厅科技信息化处深入指导安徽省安全技术防范行业协会工作。一是指导协会获得省级社会组织评估 5A 级单位授牌。二是顺利举办“数字新基建平安新安徽”中国（中部地区）新基建与数字安防创新应用高峰论坛暨安防产业创新产品展示会、第三届安徽省安全技术防范行业职业技能竞赛，展现安徽安防行业、企业的竞争优势与发展潜力，宣贯安防系列标准，帮助企业及从业人员全面理解和准确掌握新标准。三是编制安徽公安技防 2019 年度工作年鉴并报公安部科技信息化局和中国安全防范产品行业协会。

广西壮族自治区公安厅安全技术防范管理办公室加强对安防行业的监督指导，指导安防协会加强自身建设，促进安防行业健康有序发展。一是健全和完善规章制度，积极完善协会制度建设工作。二是加强协会的党组织建设，以党建引领业务，在两新党工委的领导下，进一步突出党支部政治功能，协会党支部加强对党员进行严格教育、管理和监督，认真坚持“三会一课”制度。三是增强协会的业务能力建设。四是加大宣传和交流活动。

五、推动发挥行业力量参与安防标准化工作

公安部科技信息化局进一步强化安全技术防范标准审查，指导全国安全防范报警系统标准化技术委员会（以下简称“安防标委会”）推进公共安全视频图像信息联网共享应用标准编制工作，已发布 5 项国家标准，并会同安防协会、检测机构等单位加强重要标准的宣贯培训，推动重要标准贯彻实施。2020 年，安防标委会在编的国家标准和行业标准达到 70 余项。其中，经批准发布的 24 项（国家标准 2 项、行业标准 22 项），完成标准报批稿 31 项（国家标准 6 项、行业标准 25 项），为公安机关和其他行业、领域开展安全技术防范建设特别是视频监控建设应用工作提供了强有力的技术指引和规范。此外，指导安防标委会积极推动国际标准化工作，牵头制定 1 项国际标准《视频监控系统的信令和协议》，并协调国家标准化管理委员会，明确由安防标委会承担国际标准化组织（ISO）新成立的 TC332“金融机构和商业组织安全防范设备技术委员会”的国际标准化对口工作，进一步提升了制定国际标准的话语权。

上海市市场监督管理局发布地方标准 DB31/T1229-2020《安全防范工程视频监控系统现场清晰度要求》、DB31/T329. 13-2020《重点单位重要部位安全技术防范系统要求第 13 部分：枪支弹药生产、经销、存放、射击场所》。上海市公安局技术防范办公室在完成《住宅小区智能安全技术防范系统要求》和《单位（楼宇）智能安全技术防范系统要求》智能安防标准基础上，全面开展上海地方标准《重点单位重要部位安全技术防范系统要求》（共 24 部分）系统标准的制修订工作，启动了《重点单位重要部位安全技术防范系统要求：第 3 部分金融营业场所》等 3 项标准修订工作。

浙江省公安厅颁布 ZJGA001-2020《住宅小区安全技术防范系统建设技术规范》。

安徽省公安厅科技信息化处制定《城镇老旧小区改造智能安全技术防范建设指南》（征求意见稿）。安徽省市场监督管理局发布 DB 34/T 3698-2020《联网报警运营服务规范》、DB 34/T 3699-2020《智慧社区 公共安全 安全技术防范建设规范》。

广东省公安厅安全技术防范管理办公室依托广东省公共安全技术防范协会将 GD/TC95“广东省安全防范报警系统标准化技术委员会”专业覆盖范围扩大为：设计入侵和紧急报警、视频监控、出入口控制、防爆安检、安防工程、实体防护和人体生物特征识别应用等专业技术领域。进一步满足广东省安防行业标准化制修订需要，促进安防行业发展。围绕技防管理，牵头 GD/TC95 制定《互联网+视频门禁建设技术规范》《互联网+停车场（库）系统技术规范》及《中小学和幼儿园安全防范工程技术规范》。其中《互联网+视频门禁建设技术规范》已完成发布，规定了互联网+视频门禁的组成架构、功能及性能要求，并规范了系统建设和布线要求。适用于新建、改建、扩建的安装在住宅小区、出租屋及类似用途场所的视频门禁系统。行业标准的不断推陈出新，为行业树立了标杆，更有利于行业健康稳定发展。

重庆市公安局科技信息化处组织相关行业专家对地方标准 DB50/T-2020《城市重点区域和重要设施安防井盖的管理规范》进行了评审。该标准由重庆市公安局和重庆市城市管理局提出并申报，规定了城市重点区域和重要设施安防井盖的管理规范的术语定义、管理方法、通用技术要求等。该标准适用于城市重点区域和重要设施的各类型井盖，对于治安防控、反恐防暴、社会公共安全、城市管理将起到重要作用。

六、深入开展视频联网建设工作

天津市公安局图像侦查和技防监管总队不断夯实视频监控建设管理，筑牢建设根基。一是组织召开了全市视频监控网建设工作会议，对下一阶段全市视频监控网建设重点任务进行了全面系统的部署。二是针对天津市委提出的对全市交通运输、人员密集场所、民生保障、重要部位、应急点位等地点、场所的视频资源需求，组织完成一类视频监控点位踏勘、建设方案及预算编制。三是强力推进视频监控资源整合。四是会同天津市大数据协会、停车业协会共同编制了《天津市停车库（场）车辆视频图像和号牌信息采集与传输系统技术要求》，为推动全市停车库（场）信息数据联网汇聚工作奠定了基础。制定完善《天津市视频监控网系统运维服务工作流程》《天津市公安局图侦技防总队运维服务工作考评及费用给付办法》等流程规范。

山西省公安厅安全技术防范管理办公室深入推进全省公共安全视频监控建设联网应用工作。一是推进全省公共安全视频监控智能感知前端建设，构建全省立体化智能化防控感知体系，下发《关于推进全省公共安全视频监控智能感知系统建设的指导意见》，科学布建视频监控、紧急报警等设备。二是积极推进联网整合，基本实现跨地域、跨部门、跨系统的视频资源共享，截至 2020 年底，省、市、县三级基于视频专网的公共安全视频监控综合管理服务平台已全部建成。三是不断提升应用保障效能。近几年全省视频监控图像信息利用率均达到 98%，用于直接破获刑事案件、直接查处治安案件均达到了已破案件的 60%以上，为群众及相关部门提供服务数量也逐年提高。

内蒙古自治区公安厅公共安全技术防范管理办公室大力开展视频监控联网建设工作，截至 2020 年年底，全区基本实现了对重点公共区域、主要道路节点、重点单位要害部位的覆盖，公安厅、各盟市、旗县（市）区公安机关的视频图像信息共享平台和联网平台已经完成建设和级联，公安厅共享平台已经实现与国家电子政务外网视频监控共享总平台的对接。

吉林省公安厅图像侦查总队积极推动完善全省视频监控点位布局体系。一是推动“平安小区”建设，消除城市监控盲区，着力破解关注目标管控及犯罪嫌疑人落地难题。二是推动技防村镇建设，探索构建农村视频监控围墙。采取重点部位政府投资与住宅周边百姓自愿出资相结合的模式，建设接入民用视频监控资源，在互联网上直接开展应用，通过公共点、百姓住宅点、社会点联动应用，构筑起农村视频监控围墙。

黑龙江省通过视频图像“一张网”，逐级汇聚13个地市及下辖全部县区视频图像资源，基本实现社会重点公共区域视频监控全覆盖，新建视频监控高清率达100%。通过“雪亮工程”重点支持城市建设实现视频图像联网共享，省级公安机关开展向省政府办公厅、省应急管理厅等厅局提供视频共享服务。积极与黑龙江省住房和城乡建设厅沟通，参与推进老旧小区改造工作，将老旧小区改造中技防建设内容纳入黑龙江省住房和城乡建设厅将要下发的指导性文件。

安徽省公安厅科技信息化处统筹协调，积极推进公共安全视频监控建设联网应用。一是强化组织制度建设，推动印发《安徽省公共安全视频监控建设联网应用项目管理办法》《安徽省公共安全视频监控图像资源整合共享管理办法》《安徽省省级公共安全视频监控图像资源使用暂行办法》，进一步规范了省级工作机制。二是深化视频网安全防护，组织全省开展视频监控系统安全漏洞修复工作。

广西壮族自治区公安厅科技信息化总队推动完善“党政领导、发改主导、政法牵头、公安负责、各部门配合、全社会参与”的公共安全视频监控建设联网应用工作机制，积极推进政府各部门视频图像资源联网整合、安全共享和综合应用工作，自治区级视频监控交换共享平台已联网共享政府、党委政法委、教育等多个政府部门视频资源，并实现与国家公共安全视频共享交换平台的联网共享。

贵州省公安厅安全技术防范管理办公室积极推进公共安全视频监控建设联网建设。一是完成贵州公安视频共享服务省级视频图像资源综合服务平台项目终验工作。二是完成省级社会视频资源汇聚平台终验工作，继续推动全省社会视频监控资源汇聚工作。

甘肃省公安厅安全技术防范管理办公室进一步加快推进视频联网建设。通过增加视频监控点位覆盖范围，在充分利用现有前端设备的基础上，继续推进重点公共区域和重点行业领域前端点位高清智能化建设改造，提升重点路段、交通枢纽、人员密集场所、大型活动安保场所等区域卡口采集设备的占比；基于省、市、县三级级联的联网平台和共享平台，有效整合汇聚公安内外部视频图像资源，完成省级公共安全视频图像信息交换共享平台与国家交换共享平台（测试平台）联网对接。

宁夏回族自治区公安厅安全技术防范管理办公室区全面开展技防及视频监控建设应用。一是公安机关视频监控建设应用形成体系、已具规模。公安厅对全区公安视频监控建设应用的总体架构和任务内容进行了规划设计，印发《宁夏公安视频监控建设联网应用规范》，为各地公安机关对视频监控的基础设施、平台支撑、数据管理等提供了指南。二是优化建设布局、构成防控网格。不断加大重点公共区域和重点行业、领域视频监控点位密度，加强住宅小区、农村公共出入口和公共活动场所视频监控建设。三是强化网络传输、推动跨网交互。公安厅统一规划了全区视频网IP地址规划和路由设计，按需扩容网络带宽，实现了区、市、县三级公安视频图像信息级联汇聚与公安网、电子政务网等视频图像信息安全交互，形成了全区公安视频监控一张网。四是搭建系统基座、完善应用功能。在疫情防控工作中，利用公共安全视频监控为人员车辆精准定位、隔离对象服务管理、风险隐患排查阻断等工作提供了有力支撑。

七、出台地方政策及规范性文件指导行业发展

内蒙古自治区公安厅公共安全技术防范管理办公室全面贯彻落实《内蒙古自治区公共安全技术防范管理条例》，开展《内蒙古自治区公共安全技术防范管理条例》立法后评估工作，对《内蒙古自治区公共安全技术防范管理条例》部分条款进行了修订，经法定程序，内蒙古自治区人大常委会做出了关于修改《内蒙古自治区公共安全技术防范管理条例》地方性法规的决定。

辽宁省公安厅技术防范办公室下发了《关于进一步做好公安技防有关工作的通知》（辽公科信〔2020〕032号），就进一步做好2020年度公安技防工作做出安排部署；下发了《关于做好公安政务服务和技防执法工作的通知》（辽公科信〔2020〕061号），就做好公安政务服务和技防执法工作作出明确要求；起草了《辽宁省老旧小区智能安防建设规范》（征求意见稿），并报辽宁省住房和城乡建设厅审核。

黑龙江省公安厅科技信息化总队修订了《黑龙江省视频联网共享平台行政区划目录结构及国标编码定义规则》，进一步加强视频联网共享平台视频监控点位的标准化管理。申报对《黑龙江省技防条例》及

其规范性文件进行修订，对涉及技防行业的行政审批、行政执法等工作，做了有针对性的调整。把监管的重点从事前审批向加强事中事后监管转变。

上海市公安局技术防范办公室印发了《关于调整 2019 年度〈上海市公共安全防范工程设计施工单位核准证书〉核准工作的通知》（沪公技防〔2020〕1 号）、关于暂停组织召开技防工程评审验收会的通知沪公技防（2020）2 号、关于新冠肺炎疫情防控期间有序开展技防工程评审验收工作的通知沪公技防（2020）3 号、关于全面恢复技防工程评审验收工作的通知沪公技防（2020）4 号、关于开展“规范技防行业管理，助力智慧公安建设”专项行动的通知沪公技防（2020）5 号、关于调整 2020 年度《上海市公共安全防范工程设计施工单位核准证书》核准工作的通知沪公技防（2020）6 号、关于进一步规范金店（柜）营业柜台防砸玻璃使用的通知沪公技防（2020）7 号。

湖北省公安厅科技信息化处、湖北省安全技术防范行业协会共同下发《开展湖北省安防行业抗击新冠肺炎疫情先进单位及个人专题宣传的通知》。

广东省公安厅安全技术防范管理办公室制定《广东省技防系统设计方案核准告知承诺制工作指引（试行）》，要求全省公安机关技防管理部门试行告知承诺制办理方式，进一步缩减企业时间成本；会同广东省公安厅治安局、指挥处，联合广东省教育厅研究制定《广东省中小学幼儿园一键式紧急报警联网规范（试行）》。

海南省公安厅印发《关于进一步推进全省公共安全视频监控系统技术检测工作的通知》（琼公警令〔2020〕481 号），进一步加强视频监控系统在公共安全管理工作中的支撑保障作用。

八、开展公安科技周活动

河北省公安厅在 2020 年 5 月中下旬开展了公安科技活动周活动，制定了《河北省公安机关 2020 年公安科技活动周活动方案》，全省各级公安机关精心组织、周密安排，以“智慧公安兴警惠民”为主题举办公安科技活动周，采取多种形式开展了内容广泛的贴近实际、贴近生活、贴近群众的科技宣传活动。通过邀请知名专家开展专题讲座、公安宣传进社区、组织警营开放日等活动，利用车辆设备、宣传展板、展图、散发宣传资料等形式向广大市民群众宣传公安机关科技强警的成果，并开展现场互动，邀请部分群众登上武警巡逻车进行体验，充分显示了公安机关的新形象和战斗力，有效地帮助群众提高科技强警、科技惠民的认知力。取得了良好的宣传效果。

海南省公安厅安全技术防范管理办公室组织举办海南省公安科技活动周活动，采取多种方式推动公安科技进基层，举办海南公安科技成果展。同时在海南省公安厅公安信息网主页，增设“海南公安科技优秀成果展示”专栏，将电子展板在公安网集中展示，以线上形式为全省各级公安机关开拓视野、交流公安科技成果提供平台，以“点”带“面”，不断提升全省各级公安机关技防工作水平。

西藏自治区公安厅科技信息化总队按照《关于举办 2020 年公安科技活动周的通知》和科技厅《关于举办 2020 年科技活动周的通知》有关文件要求，紧密贴近“科技兴警”战略，以科技创新应用支持平安中国建设，积极引导各地（市）公安处（局）和各业务警种开展了一系列贴近实战、贴近群众的公安科普活动。一是全区各级公安机关按照公安厅统一部署要求，结合当地实际，及时制定科普活动方案，落实各项工作措施，在当地党委政府的大力支持下，科普活动效果明显；二是利用便民警务站、公安检查站、驻村工作队和微信公众号等平台和载体，向当地群众讲解技防知识、发放宣传材料；三是邀请安防建设方面经验丰富的相关公司来藏为相关民警授课，通过授课开阔了民警眼界、拓宽了建设思路。

青海省公安厅安全技术防范办公室联合省公共安全技术防范协会、西宁市公安局举行了 2020 年青海公安科技宣传活动，公安科技宣传活动以“科技练兵、创新强警”为主题，坚持科技兴警，突出科技练兵，向全社会普及公安科技信息化知识。通过丰富多彩的方式以及群众喜闻乐见的公安科普活动，宣传应急避险、交通安全、防火防灾防骗防盗抢等安全防范生活常识，让群众近距离接触公安科技，亲身体验公安科技的魅力。8 月 27 日，青海省公安厅举办了一期“公安科技大讲堂”。

表 3-1　全国公安机关技防管理部门名录

机构名称	地　址	联系电话
公安部科技信息化局安全技术防范与视频应用管理处	北京市东城区东长安街 14 号	010-66266548
北京市公安局指挥部视频警务和安技防通信保障处	北京市东城区前门东大街 9 号	010-85222166
天津市公安局图像侦查和技防监管总队	天津市西青区新科道 2 号	022-27205281
河北省公安厅安全技术防范管理办公室	石家庄市桥西区槐安西路 276 号	0311-66991868
山西省公安厅治安管理总队安全技术防范支队	山西省太原市桃园南路 59 号	0351-7388528
内蒙古自治区公安厅公共安全技术防范管理办公室	内蒙古呼和浩特市海拉尔大街 15 号	0471-6550553
辽宁省公安厅技术防范办公室	辽宁省沈阳市岐山中路 2 号	024-86992121
吉林省公安厅图像侦查总队	长春市新发路 806 号	0431-93418345
黑龙江省公安厅科技信息化总队	哈尔滨市南岗区中山路 145 号	0451-82696966
上海市公安局安全技术防范办公室	上海市静安区太阳山路 38 号	021-22023461
江苏省公安厅科技处	南京市扬州路 1 号	025-83525952
浙江省公安厅科技信息化局	浙江省杭州市民生路 66 号	0571-87286656
安徽省公安厅科技信息化处（信息中心）	安徽省合肥市庐阳区安庆路 270 号	0551-62801347
福建省公安厅科技通信处	福州市鼓楼区华林路 12 号	0591-87094507
江西省公安厅安全技术防范管理办公室	江西省南昌市赣江南大道 1366 号	0791-87288333
山东省公安厅信息通信处	济南市市中区经二路 185 号	0531-85123230
河南省公安厅科技处	河南省郑州市金水区金水路 9 号	0371-65991155
湖北省公安厅安全技术防范管理办公室	武汉市武昌区雄楚大街 181 号	027-67128301
湖南省公安厅科技信息化总队	湖南省长沙市芙蓉区八一路 110 号	0731-84597723
广东省公安厅安全技术防范管理办公室	广州市越秀区北校场横路 5 号 10 楼 1008 房	020-83922515
广西壮族自治区公安厅安全技术防范管理办公室	广西南宁市佛子岭路 1 号	0771-2892302
海南省公安厅安全技术防范管理办公室	海南省海口市龙华区滨涯路 9 号	0898-68836218
重庆市公安局科技信息化处	重庆市渝北区黄龙路 555 号	023-63962613
贵州省公安厅安全技术防范管理办公室	贵阳市宝山北路 82 号	0851-85904884
云南省公安厅科技信息化处	云南省昆明市西山区广福路 656 号	0871-63052792
西藏自治区公安厅科信总队	西藏自治区拉萨市城关区林廓东路 26 号	0891-6311272
陕西省公安厅安全技术防范管理办公室	陕西省西安市凤城二路 19 号	029-86165300
甘肃省公安厅安全技术防范管理办公室	甘肃省兰州市城关区庆阳路 98 号	0931-5156343
青海省公安厅安全技术防范管理办公室	青海省西宁市八一中路 50 号	0971-8293506
宁夏回族自治区公安厅安全技术防范管理办公室	银川市北京中路 86 号	0951-6136291
新疆维吾尔自治区公安厅科技信息化总队	乌鲁木齐市沙依巴克区钱塘江路 284 号	0991-5586330
新疆生产建设兵团公安局科技信息化总队	乌鲁木齐市光明路 106 号	0991-5988547

第二节　行业协会

本节主要收录了47家安防行业协会简介、2020年度的工作情况及联系方式，索引目录如下：

中国安全防范产品行业协会

中国安全防范产品行业协会（以下简称“中安协”）于1992年12月8日在北京成立。由从事安全防范产品等相关行业的企事业单位、社会团体及个人自愿组成的全国性、行业性、非营利性的社会组织。目前拥有在中国境内防入侵、防盗窃、防抢劫、防破坏、防爆炸等安防领域的会员企业2000余家，涵盖视频监控、防爆安检、安全报警、出入口控制、实体防护、防伪技术与人体生物特征识别应用技术等安防产品的研发、生产、经营；安全技术防范系统工程设计施工、报警运营服务；以及从事安防教育培训、咨询服务、检测与评价、中介技术服务等活动的相关单位、团体或个人。

中安协加强宏观引导，制定行业发展规划；规范行业发展秩序，推进行业标准化工作建设；弘扬自主创新，推动安防企业品牌战略；促进行业自身建设，开展安防企业能力评价和行业职业认证；强化企业人才队伍建设，培训安防企业和专业技术人员；提升企业竞争力，开展国内外技术与经贸交流合作；加强行业宣传，做好行业资讯服务；加强行业自律，订立行规行约；建立诚信体系，开展行业信用评价；组织发展本行业的公益事业，承担政府管理部门委托的其他任务。

中安协日常办事机构秘书处，内设综合服务部、会员服务部、展览服务部、调研培训部、能力评价中心、杂志编辑部等业务部门。下设中国安全防范产品行业协会专家委员会和中国防伪技术分会两个分支机构。专家委员会是安全防范行业的专业技术服务组织；中国防伪技术分会负责防伪技术推广，防伪企业产品评审等服务。

中安协公开出版发行《中国安防》杂志，向会员单位和相关部门免费赠阅；每年还正式出版发行《中国安全防范行业年鉴》，为各界人士提供翔实的行业信息；中国安防协会相关信息同时公布在内部刊物《安防通讯》及“中国安防行业网”（www. 21csp. com. cn）上。

中国安防协会将努力加强自身建设，抓住机遇，开拓创新，为中国安防行业的长期健康发展，为建设小康、和谐、平安社会作出应有的贡献。

2020年，中安协主要开展了以下工作：

一、全面加强党建工作，稳步推进管理工作

（一）全面加强协会党的建设

一是把政治建设摆在协会工作首位，旗帜鲜明讲政治，坚持政治建会。二是把思想建设贯穿协会工作始终，按照公安部党委和科技信息化局党建工作部署要求，扎实开展“三严三实”“党风廉政建设”“纪律教育”“贯彻落实党的十九届五中全会精神”“不忘初心、牢记使命”等主题教育工作。三是把组织建设作为强化党建工作的基础，充分发挥党支部在社会基层组织中的战斗堡垒作用。四是把党风廉政

建设作为协会工作重中之重。党支部通过不断强化党的建设，增强了凝聚力和战斗力，发挥了党支部的战斗堡垒作用和党员的先锋模范作用，促进了中安协各项工作的健康发展。

（二）全面加强协会自身建设

2020 年中安协全面规范和加强协会内部管理，提高工作效率，全力服务行业发展。一是进一步健全规章制度；二是进一步强化财务管理；三是加强员工职业技能培训。

二、加强协会职能建设，推进协会各项工作

（一）搭建良性互动平台，扩大协会影响力

为充分发挥协会桥梁纽带作用，中安协通过举办安博会、编辑出版《中国安防》杂志、开展能力评价工作、推进团体标准建设等举措，为行业交流搭建良性互动平台，积极扩大协会影响力。

（二）持续优化基础服务，提升协会引领力

一是做好会员服务工作；二是做好规划编制工作；三是做好行业统计工作，为主管部门领导决策和行业发展提供参考和服务；四是做好年鉴编辑出版工作；五是做好中安协网站建设工作。

三、全面加强协会创新能力建设，扎实推进行业技术发展

2020 年，中安协充分发挥专家技术优势和智力优势，围绕协会中心工作，开展专业技术服务活动。组织专家参与行业规划编制、行业标准制修订、技术咨询与培训、项目论证与验收、技术文件编写与审查等工作。积极发挥专家与协会间的桥梁与平台作用，为引领行业技术发展奠定坚实基础。同时，通过举办系列技术论坛，加速推进行业间的技术交流融合，为行业企业提供了更广阔的发展空间。

四、全面履行协会社会责任，积极参与扶贫抗疫行动

一是积极参与扶贫攻坚工作，在行业内开展了适用于贫困地区的县级公共安全视频监控建设联网应用方案征集活动，组织专家进行评审，遴选出适合于贫困地区实际的优秀方案，为贫困地区“雪亮工程”和平安建设提供技术和智力支持。中安协向全体会员单位发出了《积极参与脱贫攻坚战倡议书》，积极动员号召协会全体党员和职工，通过个人家庭购买贫困地区土特产，拉动消费扶贫；通过捐款捐物、资助贫困地区留守儿童和贫困学生；通过捐助、个人消费为困难群众送去一份微薄之力。

二是积极投入疫情防控工作。第一时间成立防控疫情工作领导小组，迅速部署疫情防控工作通知和方案。在做好自身防护工作的同时，向广大会员单位发出倡议，号召行业企业主动发挥行业优势、积极行动起来、集中资源，做好疫情防控。倡议书发布后，得到积极响应，广大安防企业通过捐款捐物捐产品捐设备等方式，踊跃投入疫情防控阻击战。

在抗击疫情中，向行业企业发出了“征稿活动”通知，并在官网、微信平台开设了“抗击疫情”专栏，加强对行业企业在疫情防控中的宣传。随着疫情防控取得积极成效，按照中央部署，中安协向全国安防企业、会员单位发布了《关于支持帮助企业复工复产的倡议书》，为推动企业复工复产提出了五项建议。同时，中安协对会员企业受疫情影响情况开展问卷调研，将企业在复工复产中面临的困难和问题进行梳理和研究，及时与有关行业管理部门进行沟通汇报，帮助企业解决在用工、资金等方面的困难。

地　　　址：北京市海淀区西三环北路 87 号国际财经中心 C 座 1401
会　员　部：010-68732036
能力评价中心：010-68730967　68730931
调研培训部：010-68731295　010-68731292
展　览　部：010-68730588　68731701　68731702
网　　　址：www.21csp.com.cn

北京安全防范行业协会

北京安全防范行业协会（以下简称“北京安防协会”）成立于 2005 年 8 月，是北京市民政局社团办核准登记的非营利性社会团体组织，北京市公安局是协会业务监督管理单位。2019 年成立了中国共产党北京安防协会支部，并被北京市民政局评为“5A 级中国社会组织”。在政府部门指导下，在会员企业支持下，截至 2020 年底，北京安防协会有会员单位 1017 家，并且利用专家委员会的智库资源，充分发挥桥梁纽带作用，提供高效优质服务，持续引领行业规范健康发展。

协会宗旨：为会员服务，为行业服务，为政府服务，为社会服务。

服务理念：客观公正、服务至上。

北京安防协会设立秘书处负责日常事务及协调开展各项工作，其下设党建工作办公室及六个职能部门：综合运营中心、会员服务中心、人才发展中心、企业评价中心、专家服务中心（专家委秘书处）、委托服务中心；三个分支机构：专家委员会，机关、企事业单位内部安全保卫分会，安防系统维修维护运营中心；一所全资培训学校：北京安全防范职业技能培训学校。

2020 年，北京安防协会主要开展了以下工作。

一、组织开展主题活动

2020 年，北京安防协会开展了多项主题活动：一是发布抗击疫情倡议，组织筹集抗疫物资和捐赠，赶赴医疗机构解决安防工程技术问题；二是召开“安防行业企业党建工作经验交流会”，编辑出版《首都安全防范》党建专刊；三是参加“长征永远在路上”活动，庆祝中国共产党成立 100 周年。

二、发挥专家智库作用，服务社会新需求

2020 年，北京安防协会专家委员会 300 余人次专家积极投身于疫情防控、标准建设、政府委托、学术研讨、双优评选、其他支持 6 大项工作：组织专家对北京医院急需的“安全广播系统”项目进行现场勘查并出具专家书面意见。策划并组织了“同舟共度安防人‘疫’起战斗”和“医院安保管理防疫措施”为主题的线上专题研讨会，形成《疫情期间医院安全防控工作若干建议》；配合首都公共安全视频建设联网工作，出具了多份相关报告；接受北京市公安局内保局委托连续 4 次召开金融、高校等 9 个领域的调研会，形成了《北京市内保单位安防建设与管理调研报告》；初步完成了《安全防范系统故障信息编码规则》征求意见稿的编写、《安防监控中心值机工作与服务要求》标准的制定；协助北京市公安局完成 DB11/853-2012《封闭式停车场安全技术防范通用要求》标准编制工作。与中国医学装备协会医院建筑与装备分会、北京地坛医院共同申报《医院智慧安全防范技术规范》，并完成“入侵与紧急报警系统”章节的编写工作。

三、提高从业人员素质，双策并举抓培训

一是与蓝盾世安职业技能培训学校共同开发了“蓝盾大讲堂”线上学习平台。二是举办第二届安全防范系统安装维护员职业技能竞赛；同期举办的首届安全防范设备值机员职业技能竞赛，列入北京市总工会“职工技协杯”赛事。

四、联合打造高端品牌，跨界创新服务平台

一是与人民日报社《民生周刊》联合打造“人民安防”品牌，与《民生周刊》签署战略合作协议。二是协会牵头运营的北京安防运维智能服务平台正式上线。三是通过与京东集团洽谈合作，致力于建立

“京东安防”互联网电子商务服务平台。四是推出北京安防企业诚信评价平台，开始受理企业申报的评审资料。五是当选为中国安全防范产品行业协会副理事长单位。

地　　址：北京市西城区德胜门外东滨河路3号白孔雀艺术世界A座四层
联 系 人：李　艳　刘颖欣
电　　话：13621122508、13718810966
网　　址：www. bspia. com

石家庄市安全技术防范协会

石家庄市安全技术防范协会（以下简称“石家庄安防协会”）于2001年10月31日在石家庄成立，是经石家庄市公安局同意，在市民政局登记注册的行业性、非营利性社会团体组织。

石家庄安防协会的业务范围为：凡是在石家庄市区域内从事安全技术防范产品的研制、开发、生产、销售，安全防范系统工程设计、施工、监理，报警运营服务，报警器材销售，智慧平安社区系统建设，通信技术服务，安防智能化服务，信息咨询服务，安防技术培训及相关企事业单位均可申请加入本协会。

石家庄安防协会充分发挥行业信息平台的作用，以服务会员企业为核心，适时开展形式多样、内容丰富的活动，组织社会公共安全产品展览和技术交流、开设业务培训班、开展咨询和信息服务，推动石家庄安防行业标准化、规范化建设，从加强自身建设入手，以新时代中国特色社会主义思想为指导，竭诚为会员单位服务和行业发展服务，为平安省会建设作出了应有的贡献。

2020年，石家庄市安全技术防范协会主要开展了以下工作：

一、众志成城，会员企业共抗疫情

石家庄安防协会向会员单位及企业发出倡议，提高防护意识，遵守各项疫情防控规定，组织复工复产，鼓励会员通过捐款捐物，开展志愿服务，提供安防技术支持等形式，有序参与疫情防控，积极履行社会责任。

二、深入会员单位进行走访交流，加强服务会员工作

石家庄安防协会先后对近30家会员单位进行走访交流，与会员单位建立良好的沟通机制，通过相互交流，更深入地了解彼此需求，为开展深度合作搭桥。通过颁发会员证书和会员单位牌匾，统一会员年度注册时间，增强会员单位责任感、归属感和荣誉感。

四、成功举办第十九届华北社会公共安全产品博览会

2020年9月27日至29日，举办第十九届华北社会公共安全产品博览会。博览会吸引了500多家安防企业参展，已经成为华北地区覆盖安防、消防全产业链，集产品技术、服务创新与贸易、学术交流于一体的行业综合服务平台。

五、开展了不同形式的行业交流活动

石家庄安防协会组织会员单位多次参加行业内的相关论坛、峰会、博览会，深入了解和学习外地协会工作经验，明确为会员服务的着力点，为进一步做好工作奠定基础。

六、加强自身建设，提升团队战斗力

一是夯实党建基础，全面加强党的政治建设、思想建设、组织建设，在协会章程中进一步明确了党

支部的政治核心作用。二是强化制度建设，去年底与主管单位脱钩，制定完善了会议制度、培训制度等规章制度。三是重视媒体宣传，对石家庄安防协会官方网站进行了改版并重点推动公众号的运营。

地　　址：石家庄市桥西区站前街 12 号银泉酒家 512 室
联 系 人：刘红伟
联系电话：13833108105
网　　址：sjzafw. com

内蒙古自治区公共安全技术防范行业协会

内蒙古自治区公共安全技术防范行业协会（以下简称“内蒙古安防协会”）成立于 2006 年 12 月，按照“自愿发起，自筹经费，自聘人员，自主会务”的原则，经内蒙古自治区民政厅登记批准的社团组织。2019 年 4 月被评为中国社会组织评估最高等级“5A 级社会组织”。

内蒙古安防协会作为自治区级行业协会，会员单位由从事公共安全技术防范产品的科研、开发、生产、经营、推广应用、技术培训、信息服务的企事业单位，公共安全技术防范工程设计、施工、维修、监理、使用、建设的企事业单位，公共安全防范领域的科研、报警运营服务、检测服务、技术服务、信息服务、咨询服务等单位构成，多年来为推动自治区安防行业健康长足发展、构建行业上下游用户良性生态圈作出了积极贡献。

内蒙古安防协会始终本着团结、服务、求实的精神，为维护社会公共安全和社会稳定贡献力量。

2020 年，内蒙古安防协会主要开展了以下工作：

一、加强党建工作、完善行业自律

积极动员引导，加强对党的十九大精神的学习，强化对习近平新时代中国特色社会主义思想的理解，为会员单位采购《中共中央关于制定国民经济和社会发展第十四个五年规划和二〇三五年远景目标的建议》白皮书；利用举办会议、活动等契机，加强对学习贯彻党的十九大精神的宣传学习。开展红色教育，举办“不忘初心　铭记历史”为主题的红色爱国主义党建活动。

积极推进全区安防行业的发展，为维护行业合法权益，维护会员单位共同利益，不断提高全行业的质量技术、管理水平、社会效益、经济效益。统筹调动全区对安防事业有重要支撑作用的第三方服务机构（评定机构、培训机构、工程检测机构），构建各司其职的“管办评分离”工作格局，同步做好行业自律服务工作。

二、提高服务水平、健全服务职能

对会员系统进行了开发建设，将传统业务全部实现线上办理。同时，注重对外信息公开，通过加大自有网站、微信公众号、微信群及《内蒙古安防简讯》等载体的更新频率，提升服务会员的能力和水平。主办 2020 年首期企业财税辅导讲座，通过视频直播平台开讲，讲座围绕疫情防控背景下的最新财税新政，结合安防企业的税务问题通过案例进行深入剖析。与建设银行（呼和浩特分行）签订战略合作协议。举办金融政策专题学习，争取贷款利率，开通绿色通道并提供多项专属服务；二是与内蒙古大学电子信息工程学院签订战略合作协议。

三、为新冠肺炎疫情防控募捐

发出《凝心聚力　共抗疫情——关于应对新型冠状病毒肺炎疫情防控专项募捐的倡议书》，募集爱心善款50900元，13家会员单位运用科技产品或技术手段为疫情防控作出了贡献。

四、拓宽服务领域、开拓区外交流工作

举办了“云分享 慧安防”——内蒙古智慧安防技术沙龙之大华解决方案分享会；组织会员参加了2020年全国科普日内蒙古主场活动，展示了安防行业红外测温、可视对讲、AI人脸识别等方面的技术与应用；举办了2020“华为”第三届内蒙古“创新+智慧”品牌学术论坛暨内蒙古安防行业高端技术讲座——“安防工程精细化管理”；参加2020中国（杭州）数字安防生态大会暨安全防范、应急救援及公共安全产业博览会；12月，参加厦门举办的人工智能大赛和全国安防协会理事长、秘书长会议。

地　　址：内蒙古呼和浩特市赛罕区大学东路95号金固大厦A座3层
联 系 人：张　晶
电　　话：0471-4915331
网　　址：www. nmgafxh. com

辽宁省社会公共安全产品行业协会

辽宁省社会公共安全产品行业协会（以下简称“辽宁安防协会”），是经辽宁省民政厅核准登记、自主办会、服务为本、行为自律的非营利性社会团体组织。

协会的宗旨是：服务会员、服务行业、服务政府、服务社会。遵守宪法、法律、法规和国家政策，践行社会主义核心价值观，遵守社会道德风尚。发挥政府与企业之间的桥梁和纽带作用，认真履行各项职能，反映行业诉求，维护会员合法权益，开展行业诚信建设，团结和组织全体会员，为发展辽宁的安防事业、促进社会的和谐稳定作出贡献。

目前，协会共有1500余家会员单位。近年来，协会在以下方面做了大量的工作：规范资信管理，增强企业的竞争能力；加强协会的党建工作，提高协会工作团队整体素质；成立“团体标准委员会”，促进行业健康发展；切实发挥“专家委员会”的作用，为企业服务，为社会服务；联合辽宁瀛沈律师事务所，免费为会员提供线上和线下专业的法律顾问服务；积极开展公益慈善活动等。

2020年，辽宁安防协会主要开展了以下工作：

一、积极推动党建工作

辽宁安防协会党支部进一步深化党建工作，制订每周一次学习计划，健全完善工作机制。

二、加强行业自律，完善企业能力评价

截止到2020年12月31日，经审核评定，有1574家企业获得《辽宁省安全技术防范设施设计、施工资信证》资信证书，其中一级企业171家、二级企业231家、三级企业1158家，还有专门从事防弹、防爆玻璃安装的企业14家。

三、升级协会网站，提高服务质量

对网站进行二次升级改版：简化入会流程；调整入会、年检、升级版块所需的材料内容；对前后台功能进行了优化升级；细化“会员中心”“法律服务”“培训报名”等栏目；增加培训证书查询、变更和管理功能；增加“声明”版块，降低会员企业的操作难度，理顺材料提交流程，提供了更加人性化的用户体验。

四、举办东北安防展，搭建交流平台

8 月 26 日—28 日，由辽宁安防协会举办的第二十二届东北国际公共安全防范产品博览会（东北安博会）在沈阳新世界博览馆举办，历时三天，参展企业达 500 余家，展览面积达 20000 平方米，展位数量近 800 个，专业观众超过 30000 人/次。

五、提升企业“法商”，维护会员权益

2020 年辽宁安防协会通过网站、手机 App 等方式，讲解合同及劳动人事方面的法律知识，企业应规避的法律风险以及企业应收账款的解决方案。通过不同的角度向协会会员企业讲解了企业经营过程中的各项法律防范知识。

六、参与制定行业规范和团体标准

2020 年 5 月，组织召开《老旧小区安全防范系统通用技术要求》团体标准立项论证会，讨论团体标准立项的背景、必要性、可行性、已有工作基础及与相关标准的协调关系等内容。

七、参与扶贫工作

2020 年辽宁安防协会重点结对帮扶新疆维吾尔自治区喀什地区伽师县，参与助力伽师县 13 个挂牌督战贫困村脱贫攻坚工作。并组织协会会员单位积极参与东西部消费扶贫和本省消费扶贫项目。

地　　址：辽宁省沈阳市沈河区文艺路 18 号 17-1-502 室
联 系 人：赵　宇
电　　话：024-24205566
网　　址：www. lnafxh. cn

吉林省社会公共安全产品行业协会

吉林省社会公共安全产品行业协会（以下简称“吉林安防协会”）成立于 2003 年 12 月，是由全省从事消防、道路交通管理、刑事技术、警用装具、防伪技术、安全防范及其系统工程等领域中有关产品研制、开发、生产、经营、技术咨询以及系统工程设计、施工的企业单位自愿结成的行业性、非营利性社会组织。

协会的宗旨是：在政府有关部门的指导下为本行业企业、科研单位、大专院校服务，促进企业发展，维护企业的权益。在政府和企业之间发挥桥梁和纽带作用，反映企业的愿望和要求，传达贯彻政府的方针、政策和法令，协助政府做好行业管理工作，推进科技进步，提高综合经济效益，积极开展与国内外同行业相关的各项交往活动，推动全行业的发展。

协会的业务范围是开展社会公共安全技术方面的业务研究，信息、技术、学术交流，咨询服务，培训业内人员，制定行业标准。

协会自成立以来严格遵守国家各项相关法律和协会章程，定期召开理事会，提高协会民主化、科学化决策水平，促进协会各项工作顺利开展。广泛吸纳会员，截至 2020 年底，会员单位已超过 700 余家。

2020 年，吉林安防协会主要开展了以下工作：

一、以政治建设为统领，积极推进党建工作

坚持学习贯彻党的路线、方针、政策，并采取多种方式交流学习，积极参与上级党组织召开的各项

相关会议、党课等。2020 年 5 月，经上级单位批复，吉林安防协会成立南湖长飞社会组织第一联合党支部，在南湖街道长飞社区党委领导下开展工作。

二、强化协会基础建设

吉林安防协会不断提高协会队伍能力水平，完善吉林安防协会内部各项管理制度，不断提高团队的工作水平和效率。强化协会间学习，开拓创新，积极作为。强化协会平台效用，为会员单位与政府管理部门之间搭建了沟通交流的桥梁，充分利用网络媒介，积极适应行业发展需求，加大推广宣传力度。免费向会员单位发放行业刊物等，传递党和政府重要政策、行业资讯，展现安防行业的热点、发展状况、企业品牌等。

三、发挥协会行业引领作用

吉林安防协会紧贴服务政府的工作重点，加强行业自律，加强对资信等级评定的监督和指导，进一步完善各项制度和服务举措，使资信等级评定工作健康有序发展，2020 年办理持证企业年审共计 692 家，办理新申请资质共 23 家；组织企业参加交流推广会，使企业现场了解行业新技术和新趋势，了解行业政策专家解读，为企业拓展视野、发展创新、转型升级创造了良好的学习交流机会，促进了资本、资源、技术的深度融合；带领从业企业履行社会责任，助力脱贫攻坚战。开展消费扶贫活动，组织会员单位购买贫困地区产品，帮助化解疫情对贫困地区农产品销售和贫困群众增收带来的不利影响，促进了扶贫产品稳定销售，助力打赢脱贫攻坚战；积极参与抗疫工作，主动参与社区疫情防控工作，配合街道社区和相关部门开展联防联治，协助有效落实综合性防控措施，参与相关志愿服务工作；并积极组织会员单位抗击疫情，奉献爱心，共克时艰。

四、履职尽责，强化协会服务职能

一是继续深化为政府服务，为行政管理决策提供依据，配合全国安防行业统计调查，共统计吉林省安防企业 307 家。二是紧密结合吉林省行业发展实际情况，继续深化为行业服务，积极开拓全国行业交流工作。三是多措并举，不断深化为企业服务，开展调研考察活动、增强扶持服务会员发展。四是建立疫情防控企业支援服务机制，开展会员企业状况调查，了解会员企业亟须解决的问题和面临的困难，协助会员企业落实吉林省新型冠状病毒感染的肺炎疫情防控领导小组发布的有关文件的精神。协助会员企业抗击疫情，远程办公；开展金融服务活动。

地　　址：吉林省长春市人民大街 7457 号金士百大厦 403 室
联 系 人：孙　颖
电　　话：0431-85829531
网　　址：www. jlafw. com

黑龙江省安全防范产品行业协会

黑龙江省安全防范产品行业协会（以下简称“黑龙江安防协会”）成立于 1999 年，是经黑龙江省民政厅核准登记，以安全技术防范行业为主要内容的自律性组织，是具有独立承担民事责任的社会团体。

凡是在黑龙江省内从事防爆安全检查设备、安全报警器材、车辆防盗联网系统、社区安全防范系统、出入口控制系统、防盗门锁柜、人体防护装备、运钞车等生产经营、设计施工的企事业单位，只要遵守本协会章程均可申请加入。协会现有会员单位 700 余家，其中副理事长单位 40 余家、常务理事单位 30 余家、理事单位80余家。

黑龙江省安全防范产品行业协会严格遵守国家法规、法令，认真履行承上启下、协调、监督的职责，努力为政府服务，为会员服务，为全行业服务，为广大用户服务，在政府与会员及广大用户之间搭建起沟通的桥梁，维系起紧密的纽带，不断推动安全防范产品行业的健康发展。

2020年，黑龙江安防协会主要开展了以下工作：

一、夯实党建工作基础，发挥示范引领作用

黑龙江安防协会联合党支部以学习贯彻习近平新时代中国特色社会主义思想为主线，紧紧围绕党的领导和党的建设，充分发挥示范引领作用：一是召开党建工作会议，学习《党章》部分内容及党的十九届五中全会精神；二是看望慰问老党员、老干部、贫困老人，向社会传递爱心，为贫困群众送温暖；三是组织开展“抗击新冠肺炎疫情”爱心助捐活动，购买防疫物资和生活物资，支持疫情防控工作。

二、推进行业自律，开展企业能力评价工作

黑龙江安防协会自2018年开展能力评价工作，得到了安防工程企业的积极响应和广泛参与。2020年，共有600余家企业申请并获得了能力评价证书。

三、加强行业宣传，推广《龙江安防》年刊

《龙江安防》自2017年1月创刊以来，累计出版印刷6000余册。其内容涵盖协会简介、协会动态、技术知识、行业发展、企业宣传等，并设有“协会动态”“会员名录”“技术导航”“视点聚焦”等版块。

四、强化协会组织机构建设，切实发挥委员会职能作用

2020年10月11日，黑龙江安防协会召开专家委员会第二届换届大会，通过了《黑龙江省安全防范产品行业协会专家委员会管理办法》修订意见稿，通过了拟候选专家人员名单共计81人。

黑龙江安防协会举办了第四届“黑龙江省安防之家”书画摄影大赛。大赛共征集书画摄影作品63份，评选出一等奖1名、二等奖3名、三等奖5名。

五、增进交流学习，助力企业蓬勃发展

2020年，黑龙江安防协会组织会员单位参观了2020第二十二届东北国际公共安全防范产品博览会和“2020中国安防工程商（系统集成商）大会”暨第四十一届中国安防新产品、新技术成果展示会。

地　　址：黑龙江省哈尔滨市南岗区文庙街8号A2栋2单元7层
联 系 人：杨雪倩
电　　话：0451-82820110
网　　址：www. njafxh. com

上海安全防范报警协会

上海安全防范报警协会（以下简称“上海安防协会”）成立于1992年，是经上海市民政局核准登记的专业性社会团体。业务主管部门是上海市公安局治安总队。

上海安防协会主要从事行业统计、调查、协调、决策论证听证、标准制定、考察、会展、交流、合作服务等。在主管部门的领导下，作为行业自律的服务和管理社团，上海安防协会认真发挥桥梁和纽带

作用。目前，拥有团体会员 888 家、个人会员 207 个，会员均由从事安全防范行业的企事业单位和个人组成。

上海安防协会的主要职责是依靠行业的力量加速全市安全防范产品的发展，为会员单位的共同利益服务，维护全行业与会员单位的合法权益。发挥政府部门实施行业管理的助手作用；发展与国内相关的经济技术往来，促进全行业经济技术管理水平和经济效益的不断提高，为维护本市治安稳定、社会安定和公共安全事业做出努力。

在上海市公安局、上海市民政局领导和指导下，上海安防协会充分发挥行业管理优势，主办了内部会刊《上海内保与技防》和协会网站“上海安防网”；连续成功地举办 19 届“上海国际公共安全产品博览会”；每年开展继续教育培训以及举办新产品新技术交流会。充分发挥了协会作为政企质检建设和发展的桥梁和纽带作用，为促进政企双向沟通中彰显活力，引导安防企事业单位拓展更广阔的发展空间和市场领域，引领行业跨越式发展，走向高科技化、规范化和国际化起到了积极作用。

2020 年，上海报警协会主要完成了以下工作：

一、从实处着力，促进共同抗疫取得新成效

上海安防协会携手会员单位共抗疫情：一是委派多名技防专家，为 131 家医疗机构安装防疫设备；二是发起“一起为武汉加油”筹集新冠肺炎疫情防控专项基金活动；三是广泛宣传党和政府重大决策部署以及本市复工复产的工作要求和流程；四是发现和梳理出企业工作中的问题，解决会员单位实际困难。

二、从细处着手，推动服务工作迈上新台阶

一是支持会员单位开展招投标等工作；二是开展中高级技术职称评审工作；三是组织开展系列讲座、沙龙、座谈等活动；四是制作工作流程视频，进一步优化会员服务工作；五是积极做好入会服务工作。今年新吸纳入会 108 家，目前会员数量为 884 家。

三、从大处着眼，积极引导本市技防专家工作主动求变

上海安防协会调整技防项目评审及验收流程，协助会员完成多个在线评审工作。在防疫等级缓解后，又着手组织专家力量投入复工复产中，在保障设计施工质量的同时加快评审及验收流程。同时，结合抗疫和复工复产需要，还邀请多位技防专家为医疗系统、金融系统等多个领域的标准开展宣贯工作，增强了安保意识，提升了防疫技术手段。具体包括：启动现场评审会线上直播、积极做好本市预备专家招聘工作、组织技防专家相关工作及培训会议。

四、倡导规范有序，当好行业发展的“稳定剂”

2020 年上半年，上海安防协会启动安防行业团体标准的制定工作，组织 20 余人组成团标指定委员会开展走访、调研与起草工作，并不断对初稿内容进行完善和充实。认真做好本市技防监管平台、产品应用平台维护工作，切实保障技防设施的正常运行。截至 10 月，本市申报安防评审项目共计 2519 个，委派评审专家达 5449 人次。验收安防项目共计 1350 个，委派验收专家达 2956 人次。评审和验收项目累计金额达 29. 9 亿余元。技防产品库共受理 168 个品牌入库，共涉及 1736 个产品申请入库，其中入库通过 1438 个。

五、做好培训工作，当好人才培育的“催化剂”

上海安防协会每年组织开展有针对性的系列培训，将历年培训课程录制成视频课件，供新从业者学习，为参培人员开设考试，共 3228 人参加，经考试，97. 9%以上的培训人员取得了合格证。

六、办好“一刊一号两网”，当好信息交流的“黏合剂”

上海安防协会积极办好《上海内保与技防》、“微信公众号”和“上海安防网与上海安博会官网”。截至目前，共编辑发行《上海内保与技防》12 期共 10 万余册。微信公众号、上海安防网和上海安博会官网每周更新。

七、表彰先进，开展抗疫优秀单位和先进个人评选活动

上海安防协会七届二次理事会授予 10 个集体“本市安防行业抗击新冠肺炎疫情优秀单位”荣誉称号，授予 10 位个人“本市安防行业抗击新冠肺炎疫情先进个人”荣誉称号，并在上海市内保工作会议暨内保、报警、保安协会会员大会上为获奖单位与个人进行了表彰。

八、快速调整，稳步做好第二十届上海安博会延期工作

上海安防协会通过微信、网站等平台发布《关于第二十届上海国际公共安全产品博览会暨上海国际警用及安防无人系统博览会》延期公告。

九、加强合作，推进“智慧安防”长三角发展一体化进程

2020 年 11 月 18 日，上海安防协会联合嘉定区人民政府共同支持举办“智启未来”长三角智慧安防高峰论坛。

地　　址：上海市徐汇区华山路 2018 号汇银北楼 27 层
联 系 人：施赛琴
电　　话：021-54732803
网　　址：www. sh-anfang. org

南京安全技术防范行业协会

南京安全技术防范行业协会（以下简称“南京安防协会”），成立于 2012 年 3 月 15 日，是由从事安全技术防范产品研制、开发、生产、销售；安全技术防范工程设计、安装、维修、监理；报警运营服务；安全技术防范领域的科学研究、政策研究、教育培训、技术服务、信息服务、咨询服务；安全技术防范系统的使用和管理等单位自愿联合发起，经南京市民政局核准登记的非营利性社会团体，具有独立法人资格，业务上接受南京市公安局的指导和监督管理。

协会的宗旨是：团结和组织本协会会员，遵守法律、法规和国家政策，遵守社会公共道德，遵守行业规范和相关技术标准；通过政策研究、行业自律、知识产权保护等工作，维护行业与会员的合法权益；在政府管理部门的指导下，依靠行业集体力量，通过开展安防知识普及、成果推广应用、国内外交流合作，提高南京市安全技术防范工作的整体水平；积极发挥会员单位与政府管理部门之间的桥梁与纽带作用；发挥协会的社会公正性、中介协调性、联系广泛性和专业权威性作用，为“平安南京”“和谐南京”建设和维护社会治安稳定作出贡献。

2020 年，南京安防协会主要开展了以下几项工作：

一、发挥服务社会、服务政府职能

一是组织专家团队参与公安部门组织的“智慧警务”“雪亮工程”等重大项目论证评审；二是建立行

业标准库，共收录各项安防行业国家标准、地方标准、团体标准200余个；三是开展标准宣贯工作；四是开展标准制定工作，主导制定《人员密集区域体温快速筛查　红外热成像法》及《视频监控联网信息安全测试规范　自动化漏洞扫描技术》两项标准，此两项标准通过团体标准发布，并已进入省、市级地方标准立项公示中；五是发挥企业与主管部门间桥梁纽带作用，组织主管部门与企业间的交流座谈会议；六是聚焦社会重大公共事件，第一时间建立以“同舟共济、众志成城，我们在行动!”为主题的抗疫系列报道；七是投身社会公益事业，助力南京市打赢脱贫攻坚战。

二、积极发挥服务行业职能

一是安防工程企业设计施工维护能力评价工作常态化开展，建立监督管理机制，确保了能力评价工作公开透明。二是规范行业自律，建立健全安防企业信用评价管理体系，在2020年度安防企业信用等级评价工作中，共评定3A级诚信企业25家。三是配合中国安全防范产品行业协会等部门组织开展年度安防行业统计工作。

三、以服务会员为根本，不断丰富和拓展协会工作内涵

一是高度重视标准法规宣贯及行业技术培训工作，全年组织开展安防企业管理人员、技术人员培训10余场，培训学员数千人次，培训内容包含安防行业标准法规、工程造价与计价、项目实施、成本管控等一系列企业招投标及项目管理中的实用技术。二是积极组织参与行业交流活动，南京安防协会联合业内知名企业开展各类行业交流活动数十场，参会人员数千人次，深度推广了一批基于AI大数据、云存储、5G等先进技术的安防产品，为相关科研成果转化提供了高效的平台。三是不断扩大对外交流，带领会员单位走出去。2020年度，南京安防协会与福建、青海、上海等省市安防协会开展相互学习交流，共建友好协会，并分批组织会员单位参加在各地举办的行业交流活动。同时，积极推荐会员企业参与业内有较高知名度的媒体举办的全国性评奖评优活动。

地　　址：南京市秦淮区白下路175号辅楼611
联 系 人：项　康
电　　话：13951787902
网　　址：www. njafxh. com

常州市安全技术防范行业协会

常州市安全技术防范行业协会（以下简称“常州安防协会”）成立于2003年11月，是经常州市民政局核准登记的非营利性社会团体组织，下设秘书处和专家委员会，会员单位主要为泛安防类产品生产（销售）企业、安防系统设计（施工）企业，具备独立法人资格，接受常州市公安局指导、监督和管理。

协会服务常州市“平安创建”，规范调整安防市场，为全市机关、团体、企事业单位、开发小区等提供技术合理、稳定安全、质高价廉的安防产品和技术服务，为广大兴业投资人做好选择安防产品和技术的参谋。协会拥有精干资深的专家，具备良好的服务和咨询机制，能及时有效地组织安防法律法规的学习宣传，协助做好安防知识的培训学习和指导，组织推广普及安防产品和系统，交流先进生产、经营、管理经验，传播安防最新动态信息，发挥协会行业服务、行业自律、行业代表、行业协调功能，配合相关部门组织技防专家人员进行安防系统方案的评审、系统检测和验收工作。常州安防协会是企业与政府沟通的桥梁和纽带、企业间互相交流探讨的平台以及全面展示常州安防事业发展的窗口。

2020年，常州安防协会主要开展了以下工作：

一、紧急动员众志抗疫

面对疫情，常州安防协会迅速反应，对全体会员单位发出“疫情防控，常安企在行动”的系列报道，跟踪报道了协会会员单位在抗击疫情中发挥的作用、爱心举措，鼓舞士气。

二、推动脱钩换届工作

为配合常州市政府行业协会商会与行政机关脱钩改革，遵循《常州市全面推开行业协会商会与行政机关脱钩改革实施方案》，常州安防协会于9月6日召开了三届五次理事会，确定换届领导工作小组成员。9月16日下午，召开常州市安防协会三届五次会员大会，解读《常州安防协会脱钩工作方案》，审议通过了协会脱钩后的《章程》。至9月30日，协会正式与原主管单位常州市公安局脱钩。

三、推进能力评价工作

常州安防协会依据《常州市安防工程企业设计施工维护能力评价管理暂行规定》，组织开展安防工程企业能力评价工作，并颁发《常州市安全技术防范行业工程企业设计施工维护能力证书》。截至目前，共有90家安防工程企业申领能力证书，其中一级证书23家、二级证书21家、三级证书46家。

四、广泛开展协会交流

2020年，常州安防协会积极参加行业内各项交流活动、行业展会，并走访多家兄弟协会，学习多种创新的协会服务模式；承办安防学校的服务模式、通过开展安防技能大赛为会员单位提升专业技能选拔行业能手；开发产品目录平台，组织线上产品推荐会；同时接待无人机协会全国联盟成员到访，积极协调，为主营无人机业务的会员单位建立沟通渠道，增加市场对接机会。

五、提升会员服务工作

常州安防网站全年为会员企业提供行业动态、政策法规、产品展示、技术交流、应用案例及防范宣传等各类信息，利用QQ、微信群、微信公众号、企信通等媒体工具为企业提供各类资讯和服务。外地会员实施本地项目寻求支持时，协会积极协调，主动配合。此外，常州安防协会组织行业头部企业场景化的演讲为会员单位了解行业技术新趋势和新应用搭建平台。

地　　址：常州市新北区府翰苑7幢408室
联 系 人：刘　军　瞿秋霞
电　　话：13809070936　13915025068
网　　址：www. czspia. com

苏州市安全技术防范行业协会

苏州市安全技术防范行业协会（以下简称“苏州安防协会”）成立于2010年，目前协会共有会员单位267家。会员单位包括从事安全防范产品研制、开发、生产、销售；安全防范工程设计、安装、维修、监理；报警运营服务；安全防范领域的科学研究、政策研究、教育培训、技术服务、信息服务、咨询服务；安全防范系统的使用和管理等。2013年2月，苏州市安防协会被民政部门评定为“4A等级社会组织”。

本协会的业务范围是：开展安防行业建设和发展状况的调查研究；制定行业规范，实行行业自律，协调企业纠纷；建立企业信用体系；参与标准的制定与推广；开展安防系统工程的论证、评估、审核、验收等活动；开展国内、国际交流与合作，咨询服务、会展以及产品推介等活动；组织行业培训；出版行业内部刊物，运行行业网站和微信公众号等。

2020年，苏州安防协会主要开展了以下工作：

一、携手会员抗击疫情

2020年，面对疫情，苏州安防协会发出《同舟共济、众志成城，全力做好防控新型冠状病毒疫情工作倡议书》，积极筹物、捐款，全力以赴支援抗疫。

二、推动特色“四轮驱动”

苏州安防协会的诚信委员会、团体标准委员会、创新委员会、专家委员会是工作正常运转的“四轮”，特别是团体标准制定工作，已在全国同行中先行迈出步伐。标准编号为T/SSPIA3-2020的《安全技术防范行业星级诚信单位评价规范》《视频监控数据安全防护系统技术要求》在全国团体标准信息平台上正式发布并实施。星级诚信单位评定经协会诚信委员会、政府相关部门和专业信用公司共同根据评价指标标准和诚信单位评分表评审，常务理事会审核同意并公示，共评定出81家。

三、推进“刊、网、号”平台优化建设

2020年，苏州安防协会的三大宣传平台《苏州安防》、苏州安防网、苏州安防公众微信号继续发挥重要作用，共推出原创性文稿115篇，60多万字。

四、合作共建，加强扩围深化工作

一是与苏州高新区狮山商务创新区（筹）正式建立合作共建关系，联手开发“狮山云”智慧平台。二是与中国苏州电子信息博览会组委会办公室联合举办长三角智慧安防一体化发展论坛。三是扎实开展各分会工作，筹建消防分会，加大资源汇聚、共享平台。

五、多种措施服务会员

一是积极推介安防新技术：召开“2020中国安防工程商（系统集成商）大会暨第33届中国安防新产品、新技术成果展示大会”、“2020年智慧路‘全国行’苏州站行业交流会”、商业分销百城行全国首发—苏州站活动等。二是大力促进各方交流，扩大苏州安防业影响：组织会员单位参加第十三届中国（济南）国际信息技术博览会暨2020中国（济南）数字经济高端峰会、首届智慧安防与新基建产业发展论坛及第三届中国安防产业赋能大会等多个全国性的安防业界活动。三是搭建平台、提供信息，惠顾各类型企业，组织会员单位参展“中国电子信息博览会”，并同时举办安防专题论坛。

六、加强自身规范建设

继续开展党建活动；组织各类培训、大力加强专家管理，组织技防专家培训；强化政府有关部门在工作中的指导作用；加大沟通力度、拓宽畅通渠道。加强对10个微信群的管理；认真做好协会成立十周年庆典准备工作。

地　　址：苏州新区永和路6号狮山横塘街道市民服务中心
联 系 人：朱　琳
电　　话：0512-65211111
网　　址：www. szafxh. cn

南通安全防范协会

南通安全防范协会（以下简称“南通安防协会”）是中国安全防范产品行业协会会员，全国安防协会合作互助联盟理事、江苏省安防协会联盟理事，南通安全防范协会成立于 2016 年 8 月 12 日，经南通市民政局核准登记的非营利性社会团体组织，南通市公安局主管，现有会员单位 130 余家。

南通安防协会通过《南通安防》季刊、《南通安防》网站、“南通安防”微信公众号，一刊、一站、一号，向国内外同行进行宣传与交流。秘书处为常设服务机构，下设专家委员会、《南通安防》编辑部，协会办公室承担日常具体事务。

南通安防协会在主管部门领导下，真心实意地为会员服务，积极发展会员，坚持以服务为本，紧密围绕“五服务、三提升”的宗旨，维护会员单位的合法权益，在政府与之企业间发挥桥梁与纽带作用，为会员提供高效优质务实的服务，积极引导会员遵纪守法、依法维权、团结互助、诚信为基、共谋发展，为维护社会稳定、为平安南通、为安防行业的发展作出不懈努力。

2020 年，南通安防协会主要开展了以下工作：

一、提升安防从业人员业务技能与素质，提升安防企业风险控制与管理能力

一是组织本地区安防从业单位参加中国安全防范产品行业协会“安防工程企业设计施工维护能力评价”评审，2020 年共初审 1 家企业申报资料，通过年审单位 17 家，复评 8 家。二是举办 2020 中国安防工程商（系统集成商）大会、“2020 云安会 · 大安防产业云端博览会 · 公益展”、智慧路“全国行”——南通站、第二届江苏省安防工程高级管理人员培训班、2020IT 智慧（智能化）——生态论坛；带领会员单位参加业内相关活动全面提升对会员单位的服务。三是组织常务副会长单位、专家委及《南通安防》编辑部的代表共开展 11 次“访会员、看实情、听诉求、征意见、找服务”活动。

二、为南通“雪亮工程”“智慧城市”等建设出谋划策

一是受邀参加南通市公安局召集的“南通市全市社会面视频管理工作座谈会”，就全市公安视频图像考核等问题进行了解读和宣贯。二是为南通市公安局下属崇川区等分局智慧视频监控工程进行全方位的跟踪、监督，标准规范执行情况检查等，提供全方位服务，解决工程实施中的困难。

三、与国内外同行进行交流与互动，提升行业创新动力与核心竞争力

一是加大宣传力度，增强行业影响力，通过《南通安防》季刊、南通安防协会网站、南通安防协会微信公众号对外宣传。二是加强行业交流、学习，提升协会服务水平，与苏州市安全技术防范行业协会签订友好合作协议，与上海、天津、重庆、浙江等地安防协会结成友好协会关系，为协会会员单位的对外发展打下良好的合作基础。同时，积极组织会员单位参加各地行业论坛、安防博览会、企业新品发布会等活动，组织会员单位交流、学习，提升服务水平。

地　　址：江苏工程职业技术学院强毅楼 106 室南通市崇川区青年中路 87 号
联 系 人：樊丽娟
电　　话：0513-81183539
网　　址：www. jsntspa. com

镇江市安全技术防范行业协会

镇江市安全技术防范行业协会（以下简称“镇江安防协会”）在镇江市公安局、镇江市民政局的指导下于2006年8月6日成立，成立初衷是为从事安全技术防范系统工程设计、施工、维护，从事安防报警运营服务，以及为相关的企事业单位提供服务。协会目前在册会员共有135家，其中理事单位45家，副会长（常务理事）单位15家，会长单位1家。2020年获评“3A级社会组织”。

镇江安防协会严格遵守宪法、法律、法规和国家政策，努力发挥政府管理部门与安防行业企事业单位之间桥梁和纽带的作用，向政府部门反映行业愿望与要求，同时向行业传达政府部门政策意图；组织企业制定行规行约，建立健全协调与约束机制，实行自律自治；强调职业道德，爱国守法，公平竞争，互补互济，共同发展，促进中国安防行业健康有序快速发展。

镇江安防协会的业务范围是：宣传贯彻有关安全技术防范工作的法律、法规，参与相关标准、规范的制定和修订工作；开展本行业调查研究，进行经济、技术信息的统计与分析，根据行业发展的特点和趋势，向政府等有关部门提出制定本行业发展规划等建议；制定行规行约，规范行业自我管理行为，维护业内公平竞争，促进行业和企业的合作与发展；组织行业培训；对企业进行资信等级评定；举办本行业相关的先进技术和产品的展览会，开展技术交流、科技成果及产品推广活动；开办协会网站、微信公众号和手机App，出版协会期刊等。

2020年，镇江安防协会主要开展了以下工作：

一、增强建设，提高凝聚

一是通过网站、微信公众号、微信群、QQ群发布政策法规、行业要闻、协会动态等信息，丰富会员企业之间的交流方式，完善对外交流的平台，进而扩大协会影响力和凝聚力；二是通过会员管理系统的应用及推广，提升会员资质申办及年审效率，推动协会信息化建设，将便捷服务会员的宗旨落到实处；三是通过“会员之家”的挂牌运营，进一步为会员单位提供更优质的服务。

二、组织交流，搭建平台

2020年，镇江安防协会组织会员单位走访参观优秀企业基地，观摩上市企业风采，学习和借鉴优秀产品技术新动向。组织会员单位相继参观了南京安防展、浙江省安防协会暨消防分会成立大会、苏州安防协会会员代表大会暨消防分会成立大会。

三、对接政府，搭建桥梁

镇江安防协会开展行业调查研究，掌握行业发展动态，积极向政府及有关部门建言献策，反映诉求，提出行业发展等方面的意见和建议，并组织和开展多项活动，以促进行业的快速、健康发展，主要包括“科技活动宣传周”工作、“渭南对口扶贫项目”、关爱贫困与留守儿童社会工作服务项目等。

四、创优评价，促进发展

2020年，镇江安防协会继续与中国安全防范产品行业协会能力评价机构合作，坚持服务会员企业，充分发挥了答疑解惑的作用，给镇江安防企业办理能力评价申请带来了极大的便利。此外，镇江安防协会还开展了“2020年度镇江市安全技术防范行业协会优秀安防工程、优秀安防项目经理”“2020年度镇江市安全技术防范行业协会优质安防供应商”评选工作。

地　　址：镇江市润州区团山路 1 号（体育会展中心网球场东侧）
联 系 人：胡青青
电　　话：18605115963
网　　址：www. zjspia. com

张家港市安全技术防范协会

张家港市安全技术防范协会（以下简称“张家港安防协会”）是由张家港广电信息网络有限公司、中国电信张家港分公司、中国移动张家港分公司、中国联通张家港分公司、张家港市金盾安防系统工程有限公司、张家港市保安服务公司安防技术工程分公司、江苏国泰新点软件有限公司等单位自愿组成的行业性、非营利性社会组织。

张家港安防协会宗旨：团结和组织本协会会员，遵守宪法、法律、法规及国家政策，遵守社会公共道德，遵守行业规范和相关技术标准；通过政策研究、行业自律、知识产权保护等工作，维护会员及行业的合法权益；在政府管理部门的指导下，依靠行业集体力量，通过开展安防知识普及，成果推广与应用，国内外交流与合作，提高我市安全技术防范工作的整体水平；积极发挥行业协会与政府管理部门之间的桥梁与纽带作用；发挥协会的社会公正性、中介协调性、联系广泛性和专业权威性作用，推进张家港市安防行业稳定有序发展。

2020 年，张家港协会主要开展了以下工作：

一、参与对外交流学习，开拓视野，提升服务水平

一是派员参加常州市安全技术防范行业协会三届四次会员大会，听取了协会 2019 年工作报告、财务报告以及知识讲座，增进了彼此间的感情。二是受邀前往苏州参加 2020 中国安防工程商（系统集成商）大会暨第 33 届中国安防新产品、新技术成果展示会。

二、开展走访调研工作，实现资源共享、互助共赢

走访中国移动张家港分公司，主要学习交流内容为 5G 网络及信息化发展与智能安防等相关知识。走访张家港市互联网协会，学习网络文化建设与管理，了解互联网协会最新技术动态和市场信息。

三、提升专家成员和从业人员业务技能与素质

张家港安防协会专门从机关、院校等行业中择优选聘 24 名相关人员成立专家团队出台《张家港市安全技术防范协会专家聘用管理办法（讨论稿）》。

2020 年，张家港安防协会组织了两次专业培训会，为协会专家团队、会员单位培训了《张家港市居民住宅小区、商务办公楼、城市综合体安全技术防范设施建设管理办法》文件内容，帮助促进各设计、施工单位及专家团队准确把握相关文件的要求。

地　　址：张家港市杨舍镇中兴路 186 号
联 系 人：陶　莉
电　　话：13915698827
网　　址：www. zjgsta. cn

昆山市安全防范行业协会

昆山市安全防范行业协会（以下简称“昆山安防协会”）成立于2008年6月25日，在昆山市公安局与昆山市民政局的业务指导和监督下开展工作。协会是由从事安全防范产品研制、开发、生产、销售，安全防范工程设计、安装、维修、监理，报警运营服务，安全防范领域的科学研究、政策研究、技术服务、信息服务、咨询服务，安全防范系统的使用和管理等单位及自然人，自愿联合发起成立，经昆山市民政局核准登记的非营利性社会团体组织。

昆山安防协会的宗旨是：团结和组织本协会会员，遵守宪法、法律、法规和国家政策，遵守社会公共道德，遵守行业规范和相关技术标准；通过政策研究、行业自律，知识产权保护等工作，维护会员及行业的合法权益；在政府管理部门的指导下，依靠行业集体力量，通过开展安防知识普及，成果推广与应用，国内外交流与合作，提高昆山市安全防范工作的整体水平；积极发挥行业协会与政府管理部门之间的桥梁与纽带作用；发挥协会的社会公正性、中介协调性、联系广泛性和专业权威性作用，为平安昆山的创建和行业的稳定有序发展作出贡献。协会目前共有会员单位136家。

昆山安防协会在第三届理事会带领下，继续推进“昆山市安防行业诚信评价工作”，巩固本地诚信评定结果应用；大力开展第十期昆山安防技术人员培训班，夯实本地安防企业基本功；协助在昆注册公司办理“安防工程企业能力评价”，提升本地安防企业硬实力；积极配合本地技防管理部门展开评审、验收工作，总结行业经验；多次组织会员单位参观安博会，提升视野，拓宽思路；开展各种形式的会员团体活动，提供会员单位之间的交流平台；通过出版行业刊物、运作行业网站、微信平台等媒介，深化昆山安防影响力。协会不断加强服务意识、提升自身水平，从而促进行业自律、引导行业健康发展。

2020年，昆山安防协会主要开展了以下工作：

一、优化会员结构，强化会员管理

2020年新增会员单位18家，同时对会员单位进行退会处理，进一步优化会员结构。截至12月31日，共有会员单位136家，其中，理事会成员27家、理事单位13家、副理事长单位13家、理事长单位1家。

二、加强自身建设，提高服务水平

为会员单位提供产品展示间供企业进行产品展示。

对《昆山安防》杂志办刊宗旨、理念、管理、编辑等进行调整和改革，在追求全面提升刊物质量、水平的同时，重在提高杂志的权威性、专业性及可读性，以崭新的面貌呈现给广大读者。在内容上，涵盖了安防政策、协会新闻、行业动态、科技、市场、企业等方面。

昆山安防网（www. kspia. com）经历了多次调整，新网站的栏目设置更加清晰、内容更丰富、更新更及时、功能更强大，已成为从业人员学习国家及地方标准、了解昆山本地安防资讯等不可或缺的平台。

“昆山安防”微信公众号的运营方便会员及时了解协会动态等内容，更好地拉近会员关系，使其能够随时随地参与到当地的安防建设中来，也进一步提高了昆山安防协会的影响力。

地　　址：昆山市城北路707号保安大楼5楼
联 系 人：王　琨
电　　话：0512-55116002
网　　址：www. kssec. com

浙江省安全技术防范行业协会

浙江省安全技术防范行业协会（以下简称“浙江安防协会”）成立于 2003 年 2 月 28 日，是由从事安全技术防范行业的企事业单位、社会团体及个人自愿参加的地方性、行业性、非营利性社会团体组织。依托浙江省安防产业优势及国内外资源，浙江安防协会先后发起成立了“全国安防职业教育联盟”“长三角智能安防协同创新中心”“浙江省无人机产业技术联盟”“浙江省应急产业技术联盟”以及“数字安防与非传统安全研究院”。

浙江安防协会严格遵守宪法和法律、法规，在政府部门指导下，努力发挥政府与安防行业企事业单位之间的桥梁纽带作用，积极调研，向行业传达政府政策意图，向政府反映行业诉求和建设性意见；组织企业制定行规行约，建立健全协调与约束机制，实行自律自治；强化职业道德，爱国守法，公平竞争，互辅互济，多元合作，共同促进浙江安防行业高水平、健康持续发展。

2020 年，浙江安防协会主要开展了以下工作：

一、决战疫情防控和帮扶企业复工复产

开展疫情影响问卷调查、组织捐赠活动、部署“惊蛰行动”、启动“学习图强”线上学习平台、建立“浙江安防企业家”微信群。

二、加强协会日常工作　提升服务职能

一是探索会员服务新方式：与会员单位联合举办物联网工程专业专升本定制班；对企业培训认证工程师体系进行调研；辅导企业申报政府培训补贴；探索职业院校+行业企业的精准校招模式；做好会员日常管理。2020 年，浙江安防协会再次荣获了 4A 评估等级。

二是承接技术职称评价职能：组建浙江省安全技术防范行业工程师、高级工程师职务任职资格评审委员会，承接全省安全技术防范专业工程师、高级工程师职务任职资格评审工作。

三是完善行业资信等级评定工作：调整资信证书年审要求；开展 2 次资信等级评审工作；发布团体标准 T/ZJAF 1-2020《安全防范工程质量规范》。

四是创办数字安防与非传统安全研究院：联合浙江大学等机构创办了数字安防与非传统安全研究院，开展数字安防与非传统安全领域决策咨询。

五是创新专业技术培训模式：牵头开发“学习图强”安防产业在线学习平台，完成 4 个安防行业线上培训课程包的建设；组织专家完成安防培训题库设计开发工作，并完成课题验收；三是承办浙江省省级专业技术人员数字安防高级研修班；四是与浙江省保安协会合作举办智能安保高级研修班。

六是指导产业联盟工作：全面推进无人机联盟工作；召开浙江首届应急产业融合发展高峰论坛暨浙江省应急产业技术联盟成立大会。

七是发挥智库专家作用：吸收 30 名行业专家充实智库，为协会规范制度建设、安防职称改革等工作提供 110 余人次的智库支持；为浙江省公安厅智慧安防小区建设课题组织专家调研研讨并形成调研报告；召开数字安防助力公安信息化建设（闭门）研讨会，为浙江省公安厅组织的培训班、科技大讲堂提供智库师资等。

八是推进标准化工作：开展地方标准实施效果评估工作，形成评估报告；召开视频感知与应用企业国际发展困境及标准化需求座谈会；与浙江省品牌建设联合会合作牵头编制并发布《浙江省数字安防产业“品字标”团体标准体系框架指南》；发布 4 项团体标准。

三、促进合作交流　加强协同合作

9月，浙江安防协会联合举办2020中国（杭州）数字安防生态大会暨安全防范、应急救援及公共安全产业博览会。

11月，主办第三届非传统安全（杭州）国际论坛，交流探讨安防产业国际、数字安防与安全挑战、智慧安保、应急治理最佳实践。

地　　址：杭州市西湖区西溪路小龙驹坞79号
联 系 人：后学娟
电　　话：18857167761
网　　址：www. zjafxh. net

杭州市安全技术防范行业协会

杭州市安全技术防范行业协会（以下简称“杭州安防协会”）于1995年11月18日在杭州市成立。是经杭州市民政局登记注册的地方性行业组织，是非营利性社会团体、社会法人。

杭州安防协会在业务上受杭州市公安局领导，目前共有会员单位519家，其中理事单位77家。凡是在杭州市境内从事安全技术防范产品的研制、开发、生产、经营、维修、技术培训、信息服务、安全防范系统工程设计、施工、监理、监测、运营、保险的单位和广大用户单位、个人，遵守本协会章程的，均可申请加入本协会。

杭州安防协会的宗旨是：遵守国家的法律、法规和政策，在政府有关部门的指导下，发挥政府部门实施管理的助手作用，加强行业自律；依靠技防行业的集体力量，促进安全技术防范事业的发展；发展与国内外相关组织的经济技术交流，促进技防企业技术、管理水平和经济效益的不断提高；坚持服务于政府、服务于行业、服务于广大用户，在政府、企业用户之间搭建起桥梁，以推动杭州市安全技术防范行业的健康发展，为社会安定和社会公共安全事业作出应有的贡献。

2020年，杭州安防协会主要开展了以下工作：

一、做好疫情防控工作

一是发布《杭州市安全技术防范行业协会关于做好新型冠状肺炎疫情防控工作的倡议书》，二是组织《坚决打赢疫情攻坚战，安防企业在行动!》系列报道。

二、提升协会管理水平与工作效率

一是建立健全各项规章制度及财务管理制度并切实得到执行。二是建立人才培养和选拔制度，用创新的精神选拔人才、使用人才，为秘书处的建设与发展提供人才保证和智力支持。三是健全对外宣传和外事工作制度和工作程序。加强办公自动化建设，进一步提高工作效率。四是加强党建工作，完成党建入章工作，并积极参与中共杭州市社会组织委员会主办的“不忘初心、牢记使命”党建队伍能力培训。五是开展2020年度数字安防优秀项目的评选工作，召集专家成员对2020年度数字安防优秀项目及优秀项目经理评选进行现场评审工作。六是开展资信等级初评工作，与浙江省安全技术防范行业协会共同做好安全技术防范工程设计施工资信等级证书的新申证、升级、年审工作。2020年晋升一级企业14家、二级企业10家，新申证33家，晋升设计甲级1家。

三、举办行业活动　加强交流与合作

一是积极参加联盟及兄弟协会的各项活动，同时也邀请各地市、各行业协会来杭州安防协会开展学习交流活动。二是承办 2020 中国（杭州）国际社会公共安全产品与技术博览会暨首届中国（杭州）国际云上安防展。三是与浙江省公羊会公益救援促进会、深圳市应急管理学会等四家单位，共同发起成立安防应急联盟。四是与中国卫星导航定位协会北斗融合发展专委会、中关村融智特种机器人产业联盟、深圳无人机协会、浙江省 5G 产业联盟共同进行安防产业战略合作联盟签约。

地　　址：杭州市滨江区滨盛路 1505 号银丰大厦 1515 室
联 系 人：夏　蝶
电　　话：0571-87289229
网　　址：www. hzaf. net

宁波大榭开发区保险箱（柜）行业协会

宁波大榭开发区保险箱（柜）行业协会（以下简称“宁波大榭保险箱协会”）是由宁波大榭开发区及周边保险箱（柜）生产企业和行业相关企业组成，依法注册成立的具有社团法人地位的非营利性社会团体。

宁波大榭保险箱协会成立于 2006 年 6 月，现有会员企业 52 家，主要研发、生产、销售保险箱、保管箱、防盗电子锁、指纹锁等安防产品。目前各会员企业研发的产品涉及防盗防火保险箱（柜）、各类枪柜、多媒体、指纹、刷卡、组合式等上百个系列，近千个规格品种，涵盖家用、商用、政府、企业、金融系统、酒店、宾馆等领域，在全国设有数百家办事处、上万个销售网点等，在 200 多个大型商场、超市设有专卖柜、形象店，形成了“基地在大榭，销售遍全国”的营销网络。已成为地方的一大特色产业，是全国保险箱柜产品主要、集中的生产基地。另有多家会员企业的产品已打入国际市场，远销东南亚、中东、欧美等地区。

2020 年，宁波大榭保险箱协会主要开展了以下工作：

一、切实做好职能服务，提高协会凝聚力

一是化解疫情防控期间会员企业“用工荒”等问题助力企业招工。二是组织会员参加展会、交流会等活动。三是协会通过前期走访调研，沟通协调，组织开展了各类培训讲座。四是关爱会员身体健康，组织体检。五是为会员单位提供法律顾问咨询服务，帮助企业防范和化解经营风险，解决法律纠纷等全方位的法律服务。

二、强化自身建设，凝聚发展正能量

一是顺利完成了 2019 年度社团年检工作。二是审议表决通过章程修改内容，经 52 名会员表决投票，一致同意章程第一条、第八条增加党建内容。三是积极做好品牌指导服务站工作。四是开展慈善公益活动，向会员企业发出爱心捐款倡议书、“慈善一日捐”等活动。

三、搭好平台，发挥桥梁和纽带作用

一是做好防疫“扫企排查”工作，有序开展动态排查防控，上门对区域内会员企业的门卫等人员开展情况登记，发放“抗击疫情，共克时艰”倡议书、宣传手册共 110 余份。二是安全生产、疫情防控

“两手抓”。三是组织召开会员企业座谈会，听取了保险箱行业协会会员企业发言，详细了解了疫情对保险箱行业造成的影响，并征求了与会人员对保险箱行业发展的意见建议。四是做好配合工作，促进企业发展。配合做好工商年报催报、环保设备整改、企业产品质量检测、自愿性认证产品工厂检查等工作。

四、扎实开展党建工作，提高党员队伍素质

一是定期召开支部大会、党支部委员会，听取党员意见和建设，讨论通过党员发展、转正等重要问题。二是组织支部党员参加各项党建活动。三是响应党中央对广大党员的号召，向党员发起“抗疫”捐款倡议书并进行在线捐款。四是对每个党员应缴的标准进行认真核算，及时公布，确保党费收缴管理工作的规范化、制度化，并将党费交于街道党工委，圆满完成党费收缴工作。

地　　址：浙江省宁波市北仑区大榭街道滨海南路 101 号
联 系 人：赵雪芬
电　　话：86748028
网　　址：www. safes. org. cn

安徽省安全技术防范行业协会

安徽省安全技术防范行业协会（以下简称“安徽安防协会”）于 2002 年 6 月 26 日经安徽省民政厅批准正式登记成立，是由安徽省内从事安全技术防范产品研制、开发、生产经营和承接安全技术防范工程的企事业单位，以及安全技术防范工程使用、管理单位等自愿组成的全省性非营利性社会组织。行业管理部门是安徽省公安厅，登记管理机关是安徽省民政厅。2019 年，成立中共安徽省安全技术防范行业协会党支部。2020 年，获得省级社会组织评估 5A 级单位授牌。

安徽安防协会的宗旨是“自律”“维权”“服务”，严格遵守宪法、法律、法规和国家政策，践行社会主义核心价值观、遵守社会道德风尚，发挥政府与企业之间的桥梁和纽带作用，认真履行各项职能，保护会员利益。团结和组织全体会员单位及全行业同人，为发展安徽省安防事业、建设规范的安防市场、打击违法犯罪、促进社会稳定、保障人民生命财产安全作出贡献。

2020 年，安徽安防协会主要开展了以下工作：

一、积极推进党建工作

安徽安防协会党支部带领支部全体党员，完成了支部组织建设和党建教育工作：一是严格落实“三会一课”制度；二是持续开展主题党日学习活动；三是创先设立“党员示范岗”。

二、不断加强行业自律

安徽安防协会通过组织开展业技术人员能力评价考核、召开第五届第二次会员代表大会暨第五届第三次理事会及 2020 年安防行业年会暨表彰大会、修订《安徽省安全技术防范行业协会章程》、制定《安徽省安全技术防范行业技术人员能力考核评价考务管理办法》、发展新会员等，不断加强行业自律。

三、开创特色服务

安徽安防协会通过编制《2020 年度安徽省安防行业产品名录》；开展多样化专题培训；提供安防行业专家智囊服务等不断提升服务会员能力水平；坚持服务公安工作，践行“脱钩不脱管、脱钩不脱服务”；开展银企对接活动，为中小微企业纾困；打造品牌运动赛事，丰富行业文体生活。特别是在新冠肺炎疫

情爆发后，发出“居家抗疫”倡议，推出“安防人在行动·抗击疫情系列报道”，免费发放防疫物品；面对洪水灾害，开展“洪水无情　安防有爱”庐江县抗洪救灾爱心募捐活动，参加六安市抗洪救灾捐赠活动；积极参与省民政厅组织的“百社进百村”助力扶贫攻坚等活动，不断提升服务水平，赢得特色佳绩。

四、安防业务再上新台阶

安徽安防协会充分发挥服务平台优势，不断提升安防业务核心竞争力，引领行业快速健康发展；严格执行《安徽省安全技术防范行业协会资质等级评价管理办法》办理资质申报和年审业务；强化行业人才培养，自 2004 年以来已相继开展 185 期安防职业教育培训班；举办安防职业技能竞赛，弘扬工匠精神，诸多安防工匠人才荣获安徽省五一劳动奖章、安徽省工人先锋号和安徽省技术能手等称号；同时积极申报职业技能等级认定资格，举办“数字新基建平安新安徽”中国（中部地区）新基建与数字安防创新应用高峰论坛暨安防产业创新产品展示会等活动。

五、组织学习交流

安徽安防协会通过组织会员企业参加国内大型博览会，推荐会员企业参加行业评优评选，与深圳、浙江等地安防协会搭建广阔的信息资源平台；与安徽省中小企业协会等 6 家省内兄弟协会建立友好合作关系；参加安徽省民政厅省级社会组织的各项交流座谈及负责人培训班等活动，积极与行业互动交流，学习先进理念，把握行业动态，紧跟市场走势，推动安徽安防事业蓬勃发展。

地　　址：合肥市潜山路与皖河支路交口新华国际广场 A 座 805、806 室
联 系 人：胡锦霞
电　　话：0551-62818875
网　　址：www. aspia. cn

福建省公共安全防范行业协会

福建省公共安全防范行业协会（以下简称“福建安防协会”）成立于 2008 年 2 月 28 日，是经福建省民政厅核准登记的非营利性、专业性的省级社会团体组织，接受福建省民政厅、福建省公安厅监督指导。协会会员单位由从事公共安全防范产品研发、生产、销售，公共安全防范工程与电子智能化工程的设计、施工、维护，工程监理、检测，报警运营服务，公共安全领域的相关管理、科学研究、政策研究、技术服务、信息服务、咨询服务等单位依据《社会团体管理条例》自愿组成。

福建安防协会严格遵守宪法、法律、法规和国家政策，践行社会主义核心价值观，秉承“服务政府、服务社会、服务行业、服务会员”宗旨，依照协会章程组织开展各项工作。在促进福建省安防行业健康有序发展，协助公安部门打击违法犯罪、完善立体化社会治安防控体系、加强公共安全管理、维护社会安定稳定，推动“科技创安”“平安福建”“智慧城市”“雪亮工程”建设等方面作出了积极贡献。

2020 年，福建省安防协会完成的主要工作有：

一、众志成城齐抗疫，勇于担当显本色

福建安防协会积极响应党中央、福建省人民政府号召，第一时间向会员单位发出倡议书，积极捐款捐物、以实际行动投身抗疫。

二、不忘初心、牢记使命，大力推进党建工作

福建安防协会党支部认真组织学习政治理论、时事要点和先进模范事迹，不断强化思想建设，时刻

牢记初心使命；积极联合福建省公安厅、省民政厅、友好单位及会员单位党组织，共同开展共建、联建活动。

三、充分发挥桥梁纽带作用，协助行业主管部门工作

积极搭建企业与政府部门之间良好交流沟通的平台，充分发挥桥梁纽带作用。9月11日，福建省公安厅技防办与刑侦、治安、网安、法制总队联合福建安防协会召开人脸识别信息应用安全研讨会，福建安防协会24家会员单位代表参加。参会代表踊跃发言、献计献策，为主管部门制定人脸识别信息应用安全相关政策法规提供了可靠的参考依据。

四、充分发挥专家“智库”作用，圆满完成年度团体标准编制工作

组织召开2020年专家委员会工作会议暨团体标准编制工作启动会议，并于12月9日正式发布《公共安全防范企业信用评价规范》《安全防范工程视频监控系统维护服务规范》《远程视频监测系统技术规范》三项团体标准，高质量完成本年度团体标准编制工作。

五、做好能力评价工作，提高安防工程企业公信力

遵守能力评价体系“五统一”原则，认真按照评价标准和流程开展安防工程企业能力评价工作，实时跟进企业申报情况，及时与企业沟通交流，保障能力评价工作顺利进行。目前福建省已有340余家企业获得不同等级的安防工程企业设计施工维护能力证书。

六、开展多种活动形式，展现会员风采

积极组织开展高峰论坛、主题讲座、座谈会等活动，向会员单位展示行业前沿信息、发展趋势、新产品、新技术、解决方案，积极为会员单位搭建服务平台、对外推介展现会员风采、促进合作交流。

七、加强文化平台建设，扩大交流沟通渠道

充分发挥《福建安防》刊物、微信公众号与网站的宣传作用，传递党和国家的方针政策，介绍行业资讯，展现会员单位风采，为会员单位开辟了更多的交流沟通渠道。

八、扎实履行工作职责，深化服务职能

积极协助行业主管部门和中国安全防范产品行业协会开展安防行业数据统计工作，为政府部门制定法规政策和安防行业发展规划提供可靠依据；全年为会员单位招投标、工程备案、介绍函等业务出具各类证明材料近六百份，为会员单位及相关单位寄送各类材料近一千三百份。

九、进一步促进产业融合，无人机分会正式成立

为更好地协助政府部门、公安部门维护社会安定稳定，规范、促进福建省无人机行业的发展进步，推动常态化应用与军民融合产业发展，在协会第三届第三次理事会议上，无人机分会正式成立。

地　　址：福建省福州市鼓楼区西二环北路56号
联 系 人：林小娇
电　　话：0591-87881123
网　　址：www. hxaf. org

厦门市安全技术防范协会

厦门市安全技术防范协会（以下简称“厦门安防协会”）成立于2006年9月，是经厦门市民政局批准，自愿接受厦门市公安局业务指导和监管的非营利性社会民间团体。成员由公共安全的产品研发、生产、销售单位，系统集成及智能化工程商、报警运营单位、行业维护单位、公共安全巡查出勤单位、行业监理单位、行业检测单位，以及行业政策制定、规范、研究及提供服务等单位、个人组成。

厦门安防协会成立至今，在相关主管部门的领导下，积极开展各项工作，进行行业调查研究、技术咨询服务和技术交流合作，规范行业秩序，加强安全技术防范系统的推广运用。近年来，根据厦门市政府有关创建平安厦门、“雪亮工程”的建设规划，厦门安防协会的专家组广泛参与安防项目的方案论证和工程验收，配合厦门市公安局技防办审核安防方案，验收工程。各会员单位积极参与厦门安防项目的建设，为全市的社会治安综合治理提供了有力的技术保障。

厦门安防协会主要服务内容：为会员企业提供信息服务；搭建行业内技术交流和互相支援的平台；促进行业自律，规范管理；建立安防行业与政府有关部门的统一工作接口；为本市企事业单位提供安防工程项目的咨询、论证、验收等技术服务；塑造安防行业在社会的公信力，成为社会治安强有力的技术支持力量。

2020 年，厦门安防协会主要开展了以下工作：

一、加强党建工作

组织理事单位召开会议，讨论如何开展党建工作；修改协会章程，增加了党建章节；加强协会自身建设，发挥协会党组织对会员企业的引领作用。当好政府部门的参谋助手。

二、开展研究与标准工作

积极开展行业调查研究，提供政策咨询与解读，制定行业发展规划与标准，为政府和相关单位提供综合解决方案。

三、协会拓展及会员服务

整理会员单位信息资料，建立会员间互惠机制，提升服务质量；组织座谈会，加强会员与政府部门的沟通和协调；召集产品供应商与工程商面对面交流，开设安防大讲堂，举办安防工程技术专题讲座，更好地满足安防工程的需要；开展行业交流，吸收先进管理经验；注重宣传工作，通过召开大会、座谈会、举办培训班等形式，利用网站、刊物等，加大协会和会员宣传力度，扩大行业影响力；加强与相关单位的沟通与合作，组织会员单位参加兄弟协会组织的活动、布展、参展等。

四、加强协会与主管单位的汇报沟通交流

多次组织副会长单位、理事单位与行业主管单位沟通协会可以开展的工作、解决会员单位存在的困难，做好联络沟通职责。

五、加强内部管理

完善秘书处各项制度和岗位职责，分工明确，团结协作，强化内部管理；增加文职人员，具体负责公众号发布、杂志采编等工作；发展骨干会员单位；形成协会的中坚力量；提升协会组织的能力；增加

会员企业，壮大了会员队伍。

地　　址：厦门市集美区软件园三期 B02 幢 6 楼
联 系 人：刘　斐
电　　话：0592-6681955，13306034599
微信公众号："厦门市安全技术防范协会"

三明市安全技术防范行业协会

三明市安全技术防范行业协会（以下简称"三明安防协会"）成立于 2014 年 4 月 26 日，是三明市工商部门登记注册的法人社团单位，是三明市境内跨部门、跨地区的地方性行业组织。协会在业务上受三明市公安局指导。

三明安防协会宗旨：推动行业自律，规范行业行为，维护市场秩序，促进行业进步，依法维护会员的合法权益，为政府职能部门的管理提供积极服务，为增进政府职能部门与企业之间的联系起桥梁纽带作用。

三明安防协会会员：凡是在三明市境内从事研制、开发、生产安全技术防范产品，承接安全技术防范系统工程设计、施工，以及相关的企事业单位和个人，都可以自愿参加本协会。协会现有会员单位 65 家。

三明安防协会业务范围：开展行业、地区经济发展调查研究，提出有关行业经济政策、法规和管理办法方面的意见和建议；经政府管理部门同意和授权进行统计、收集、分析、发布行业信息；组织开展行业技术等咨询、指导工作，帮助企业改善经营管理；组织人才、技术职业培训，开展经济技术交流与合作，组织展销会、展览会等；受有关部门委托，开展建设、设计方案的调研和讨论；制定行规，监督、规范行业行为，协调同行价格争议，维护公平竞争，维护会员合法权益；组织宣传贯彻国家标准和行业标准，实施并进行监督；积极参与相关产品市场的建设，发展行业和公益事业；承担政府部门委托的其他任务。

2020 年，三明安防协会主要开展了以下工作：

一、积极投入疫情防控

面对突发的新冠肺炎疫情，三明安防协会积极号召会员单位及广大安防企业，坚决贯彻落实中央、省、市的决策部署，坚定必胜信心、有序参与防控，打赢新型冠状病毒感染的肺炎疫情防控阻击战。

为确保在疫情防控到位的前提下，精准有序推动企业复工复产，把疫情带来的影响降到最低，了解会员企业的发展状况及其发展需求，倾听会员企业心声，提升协会服务工作水平，充分发挥协会作为政府和企业的桥梁纽带作用，更好地为会员单位提供服务，三明安防协会会长一行领导到访会员单位进行座谈交流，就支持帮助企业复工复产，发挥社会组织日常监督和管理，发挥社会组织桥梁纽带作用，更好地服务社会、服务会员，开好行业协会年会等方面进行深入交流，走访活动加强了协会与企业间的沟通交流，加深了彼此的相互了解，三明安防协会将把走访活动作为一项长期的会员服务实施下去，切实践行好引领、沟通、协调、服务的任务，推动三明市安防行业健康发展。

二、加强行业自律建设

三明安防协会召开了 2020 年年会，会议就加强行业的行风、行规、行标建设问题，作进一步部署并进行交流座谈。

地　　址：三明市梅列区乾隆新村201幢8楼
联 系 人：吴高扬
电　　话：18950988533
网　　址：www. smafxh. com

江西省安全技术防范行业协会

江西省安全技术防范行业协会（以下简称“江西安防协会”）是经省民政厅注册登记的省级社团法人单位，党建领导机关是省市场监督管理局行业综合党委。江西安防协会接受登记管理机关、党建领导机关、公安机关及有关行业管理部门的业务指导和监督管理，是由在本省区域内从事安全技术防范产品的研发、生产、经营和承接安全技术防范工程设计、施工、运营及维修的企业单位及个人自愿组成的全省性、行业性、非营利性社会团体，遵循“服务会员、服务行业、服务政府、服务社会”的宗旨，充分发挥政府与企业间的桥梁纽带作用，积极发挥安全防范技术在打击、预防违法犯罪和维护社会稳定中的作用。

江西安防协会成立于1994年，经过二十多年的发展，目前会员单位已遍及全省十一个地市、拥有单位和个人会员近400个；协会有理事单位78个，其中理事长1人、秘书长1人，副理事长单位13个、常务理事单位19个、理事单位46个；另外，协会还聘请总顾问、顾问2人；协会下辖有办公室、专家委员会、质量监督委员会和慈善公益委员会及在赣州、九江、宜春设有联络处等机构。

2020年，江西安防协会主要开展了以下工作：

一、强化党建工作　做好会员服务

成立中共江西省安全技术防范行业协会党支部，召开中共江西省安全技术防范行业协会支部成立暨第一次党员大会。

积极努力做好会员服务，开展多项工作：召开五届三次会员大会和五届三次理事会；做好2019年度安防行业统计工作；帮助企业申报2020年国家高新技术企业认定工作；与教育单位签订战略合作协议；组织企业参与中国安全防范产品行业协会“智慧城市”优秀创新技术及解决方案评价推荐活动；成立赣州、九江、宜春三地区挂牌联络处；年检和办理《江西省安全技术防范工程设计、施工、维护能力证书》近400份。

二、开展对外交流活动　推进合作共赢

参加2020江西省智慧安防生态圈交流会、赣州智能化弱电安防行业2020年迎春座谈会暨新春团拜会、江西省大数据协会成立大会暨第一次全体会员大会、2020第九届智慧安防技术交流培训会南昌站、2020中国（杭州）数字安防生态大会暨安全防范、应急救援及公共安全产业博览会、全国安防行业协会会长、秘书长座谈会等相关会议。

三、引导会员做好抗击疫情和复工复产

高度重视、迅速反应、积极引导企业抗击疫情、复工复产，切实做好服务保障工作，精准有序推动复工复产。向全省安防会员单位发布《关于安防行业要发挥安防技术和产业优势助力打赢疫情防控阻击战的倡议书》《新型冠状病毒肺炎办公场所预防临时指南》《江西省安防协会关于支持帮助企业复工复产

的倡议书》以及对复工复产遇到的困难和问题开展问卷调查，组织会员单位捐款捐物。

四、组织培训考核　规范行业管理

成立企业能力评价管理分中心，在南昌组织申办中国安防协会能力证书的企业技术人员验证考试，举办三期全省安防工程技术人员培训班。

五、利用网络信息平台　加强宣传引导

利用江西安防网站、微信交流群、微信公众号、电子邮箱、《江西安防简讯》等宣传载体，宣传安防行业新技术、新政策法规等，编印《江西安防简讯》。

地　　址：江西省南昌市红谷滩新区丰和南大道2111号世茂水城3-3栋201室
联 系 人：梅小艳
电　　话：0791-86809351
网　　址：www. jxafw. org

南昌市安全技术防范协会

南昌市安全技术防范协会（以下简称“南昌安防协会”）成立于2007年。是经南昌市公安局党委会研究同意、由南昌市安防行业企业自主成立、经南昌市民政局依法登记注册的社会团体法人组织，主管部门是南昌市公安局安全技术防范管理办公室。

南昌安防协会主要职责：加强行业管理和服务，制定和落实行业标准、技术规范和服务准则；规范行业市场经营秩序，促进行业健康发展；开展行业调研、信息收集与发布；提供行业培训、服务咨询，开展合作交流、招商推介；协调与行业会员相关的事务及相互关系；加强与各兄弟协会及社会组织的相互学习、交流沟通；发挥新经济发展时期产业融合与跨界发展的纽带作用；协助政府制定产业政策和行业规划；履行章程载明的其他职责。

南昌安防协会遵循“协会就是服务”的宗旨。坚持党的领导，发挥党组织的先锋作用。经常走访企业，关心、支持企业的发展；积极组织企业参加行业的各种活动；为各产品公司与工程、经销代理公司牵线搭桥；组织好技术培训；注重加强与各兄弟安协等单位的沟通联系，认真学习、取长补短；加强与政府、兄弟协会、商会、联盟等单位的沟通和互动；协助配合市公安局技防办及有关部门做好走访、交流、咨询等工作。组织协会企业开展健康有益的业余活动。

2020年，南昌安防协会主要开展了以下工作：

一、开展协会日常工作

一是顺利完成了南昌市安防协会脱钩工作；二是配合中国安全防范产品行业协会完成“智慧城市”优秀创新技术及解决方案评价推荐工作；三是开展会员走访活动，并向部分会员单位授牌和颁发证书。

二、召开技术交流培训会

7月10日，南昌安防协会联合举办2020年第九届智慧安防技术交流培训会，会议以培训交流的形式，介绍安全防范工程中必须掌握的基本技能、技术标准、施工组织、施工规范、工程调试、验收标准、工程维护；分享优秀创新技术和智慧安防典型解决方案等内容并现场考核和颁发证书。

三、组织抗洪救援捐助

南昌安防协会携手江西省华侨联合会，组织会员单位向南昌市应急管理局、江西省消防救援总队等单位捐助产品设备助力政府抗洪救灾，为险情监控、排查提供可视化保障。

四、开展能力评价工作

南昌安防协会申请作为中国安全防范产品行业协会能力评价代理机构，成立安防能力评价中心，为南昌安防企业办理一、二、三级能力证书的受理、审核、评定、发证、年审工作。并开展技术人员安防能力验证考试，8 月 30 日举办了第一期安防技术能力验证考试。

五、组织会员参展 2020 世界 VR 大会

南昌安防协会联合南昌市公安局技防办、江西警察学院等单位争取“2020 第三届世界 VR/AR 产品和应用展览会暨第三届中国国际通信电子产业博览会”安防展区并举办两场高峰论坛。

地　　址：江西省南昌市青山湖区富大有路赣昌大厦 11 楼
联 系 人：刘　军
电　　话：15907086666
网　　址：www. ncafw. cn

济南市社会公共安全防范协会

济南市社会公共安全防范行业协会（以下简称“济南安防协会”）于 2007 年 12 月 5 日由济南市公安局公安支队主导成立，是由从事安全防范产品研制、开发、生产、销售；安全防范工程设计、安装、维修、监理；报警运营服务；安全防范领域的科学研究、政策研究、技术服务、信息服务、咨询服务；安全防范系统的使用和管理等单位及自然人，自愿联合发起成立，经济南市社会团体登记管理机关核准登记的非营利性社会团体组织。本届理事会于 2017 年 12 月 7 日经法定程序换届选举产生，于 2018 年 8 月 28 日正式完成脱钩手续。截至目前，协会共有会员单位 305 家，其中理事长 1 名，副理事长及单位 12 名（家），常务理事单位 25 家，理事单位 61 家。

济南安防协会的宗旨是服务于会员单位、服务于行业发展、服务于政府、服务于社会。团结和组织本协会会员，遵守宪法、法律、法规和国家政策，遵守社会公共道德，遵守行业规范和相关技术标准；通过政策研究、行业自律、知识产权保护等工作，维护会员及行业的合法权益；在政府管理部门的指导下，依靠行业集体力量，通过开展安防知识普及、成果推广与应用、国内外交流与合作，提高全市安全防范工作的整体水平；积极发挥协会与政府管理部门之间的桥梁纽带作用；发挥协会的社会公正性、中介协调性、联系广泛性和专业权威性作用，为“平安济南”建设和社会治安稳定作出贡献。

2020 年，济南安防协会主要开展了以下工作：

一、积极抗击疫情

济南安防协会组织倡议会员单位为奋战在一线的济南市公安民警捐赠防疫物资；理事长一行走访企业，开展调研工作，指导企业疫情防控和有序复工复产，听取意见和建议，帮助企业解决实际困难。

二、加强交流服务

一是加强对外交流活动：先后与深圳市安全防范行业协会、浙江省安全技术防范行业协会、内蒙古

自治区公共安全技术防范行业协会、常州市安全技术防范行业协会等单位交流学习，促进了安防产业的互联互通和健康发展；组织参加“第十九届中国（济南）国际社会公共安全防范产品暨警用装备博览会”和“2020 智慧交通安全技术交流会济南站”暨“交通安全万里行”—济南站活动。

二是开展服务工作：以专家委员会为依托，建立线上培训平台，对协会网站进行升级改版。

三是召开会员大会：组织召开三届五次会员大会，就 2019 年度工作情况进行汇报总结；表决通过章程修订案、培训管理办法等，进一步完善协会规章制度；对 2019 年度“优秀安防工程师”以及在 2 月新冠肺炎疫情期间捐赠企业和个人进行表彰；为自愿申报济南市安全技术防范工程设计施工等级确认登记证书的会员单位免费换发证书 270 份。

地　　址：济南市高新区龙奥北路 909 号海信龙奥九号 4-1207 室
联 系 人：王　哲
电　　话：18953109110
网　　址：www. jnafxh. cn

青岛市社会公共安全防范协会

青岛市社会公共安全防范协会（以下简称“青岛安防协会”）是 2006 年 2 月 5 日经青岛市民政局核准登记的行业性组织、非营利性社会团体、社会法人。在政府有关部门的指导下为本行业企业、科研单位、大专院校、金融机构服务，促进企业发展，维护企业利益。在政府和企业间发挥桥梁纽带作用，反映企业的愿望和要求，传达贯彻政府的方针、政策和法令，协助政府做好行业管理工作，推进科技进步，提高综合经济效益，积极发展与国内外行业相关的各项交往活动，推动全行业的发展。现有会员单位 350 家，由从事安全防范行业的企事业单位组成，会员类型有副理事长、常务理事、理事和会员。企业经营类型包括系统集成、产品供应和安全报警服务等。覆盖公安、金融、交通、能源、通信、军工、水利、电力、城建、教育、运输、公共安全、视频监控、互联网报警、安保、电子、生活综合服务等各大安防产业。

2020 年，青岛安防协会主要开展了以下工作：

一、加强建设，扩大规模，提升协会凝聚力

一是坚持联席会领导，不断提升协会决策能力，定期组织召开理事长联席会、专家评审会等，针对重点事项进行商议和决策；二是扩大会员规模，提升协会影响力，对内加强管理、规范制度，对外与优秀协会和组织开展交流合作，本年度会员单位新增 67 家；三是提升协会运行管理能力，优化工作程序和运行制度，配合业务指导部门，开展财务审计工作，民政部门登记与备案，完成年度检查和综合评估。

二、加强交流，搭建合作平台，发挥纽带作用

一是完成《中国安防行业年鉴》内容采集工作和行业信息统计等工作，积极参加中国安全防范产品行业协会理事会、座谈会和负责人工作会议，与全国各地安防协会共同为安防行业发展建言献策；二是与青岛市电子信息商会达成友好合作意向并正式签订友好合作协议、与济南市社会公共安全防范协会和深圳市智能交通行业协会等组织开展座谈交流和参观考察活动；三是利用青岛安防协会平台为行业发展提供支持，协助济南市社会公共安全防范协会举办新冠肺炎疫情后中国北方首场大型安防展会，支持和协助企业会议等活动举办。

三、完善服务程序，提升服务能力和品质

一是做好安防工程企业能力评价确认登记工作，规范申报企业资料提报格式和程序，在企业申报过程中的资料准备、信息反馈和申报整改等流程提供更加便捷的引导，并加强协会办公室接受咨询与答疑能力建设，为企业提供详细的初审反馈信息，为企业在整个申办程序中有章可循、有问必答；二是进一步提升企业能力评价青岛分中心服务能力，作为省内唯一能评中心，组织和完成 3 期山东省安防工程企业技术人员考试工作，完成年度审核和发证工作；三是组织会员企业参加青岛市当地各级政府部门组织的关于“数字城市”“智慧小区”和“智能化建设”等评比活动；四是打造会员服务和宣传推广平台，丰富官方网站版块设置，以网站和微信公众号为宣传载体，为会员企业打造更为全面的综合服务推广平台；五是每季度组织公安业务指导部门与协会领导走访 8~10 家会员企业，坚持开展企业走访活动。

地　　址：青岛市崂山区银川东路 3 号国信体育中心“公共安全+智慧城市”创新空间
联 系 人：孙　建
电　　话：18954272826
网　　址：www. qdcps. com

郑州市公共安全防范行业协会

郑州市公共安全防范行业防范协会（以下简称“郑州安防协会”）于 1995 年 8 月 2 日在郑州市民政局正式注册成立，是由从事防爆、防盗、防劫、防破坏、防非法入侵、防灾害性事故，防伪制作，以安全检查为目的，采取探测、报警、识别、处理、传输等形式的报警系统、防范传输指挥系统、安全检查系统，出入口控制系统，火灾、环境、危及人身安全社会报警系统，防范软件技术、防范周界、防范屏障、防范识别等产品的研制开发，生产经营、维修、技术咨询以及承接设计、安装安全防范系统工程的企事业单位和个人自愿参加的全市性、行业性、非营利性的行业社会团体组织。2019 年 12 月，协会被郑州市民政局评为“4A 级协会”，连续五年被郑州市民政局评选为“郑州市社会组织工作先进单位”。

郑州安防协会的业务范围是：开展河南省安防工程企业设计施工维护能力评价管理工作；开展行业情况调查；推广新产品、新技术、新工艺、新材料和科技成果的应用；组织国内外与本行业有关的先进产品和先进技术的展览（销）会，并组织技术交流；组织企业订立行规行约，并监督遵守、保护会员单位的合法权益，组织发展本行业的公益事业，开展有益于本行业的其他活动；编辑出版本协会会刊及快讯等。

2020 年，郑州安防协会主要开展了以下工作：

一、夯实党建工作基础，发挥示范引领作用

郑州安防协会党支部持续扎实推进“不忘初心、牢记使命”学习教育常态化制度化，丰富协会党建工作方法载体，以争创“两新党组织”模范单位为契机，重新对协会党建工作进行全面提升。不断强化组织，建立健全协会党组织。对党员进行严格教育、管理和监督，认真坚持“三会一课”制度。坚持教育党员“四个走在前”，学习提升走在前、抗疫救灾走在前、业务工作走在前、公益服务走在前，既发挥了党员的先锋模范作用，又锤炼了党员的党性和服务行业能力。

二、加强行业基础建设，提升行业服务水平

郑州安防协会全面加强协会基础建设，切实履行“服务会员、服务政府”的办会宗旨，以“促进企

业发展，维护企业权益”为工作目标，在注重协会内部工作人员素质提高的前提下，不断拓展服务领域，在会员管理、媒体宣传、开展对外交流合作等方面做了大量工作，服务意识、服务水平有了明显提高。修订完善《人事管理制度》《考勤管理制度》《财务制度》《印章管理制度》等规章制度，使其更趋于制度化、科学化。

三、强化行业引领力建设

一是成立专家库，发挥智库平台优势，着手筹备建设“郑州安防协会专家库”；二是组织开展“中原安防行业高端技术研讨会”；三是组织行业规范和标准培训，对全省从业单位技术人员开展了安防企业高级管理人员培训班，安防技术、招投标法律知识培训班；四是发掘模范人物事迹，开展评优评先表彰活动，开展抗击疫情优秀单位表彰活动；组织开展“保护母亲河”公益植树活动、党员志愿者到社区慰问困难群众活动。

四、加强引导行业自律

一是推进企业能力评价，细化考核指标和评分事项，总结工作经验，改进工作措施，完善评审各环节的工作流程，并对所有评审员和专家开展体系文件和实施细则的培训，定期组织评审员与专家开展座谈；二是动员省内企业参与“2020 年度安防行业网上统计调查”工作。

五、强化资源整合、促进地区间优势互补

郑州安防协会积极搭建交流平台，开展省内外交流学习，组织企业与安防工程建设单位、产品研发类高新技术企业对接，引导会员企业了解新产品、学习新技术、交流行业经验。并在服务好企业和行业的基础上，积极创新服务模式，开展河南省信息系统建设和服务能力评估相关工作。

地　　址：郑州市金水区南阳路 13 号汇商大厦 608 室
联 系 人：孟丹凤
电　　话：18538188662
网　　址：www. zzaf. com. cn

平顶山市公共安全技术防范行业协会

平顶山市公共安全技术防范行业协会（以下简称“平顶山安防协会”）自 2018 年 12 月成立以来，在公安、民政部门和广大群众的监督和支持下，在会员单位的紧密协助下，紧紧围绕全市公共安全防范技术行业建设这一总体目标，以提高行业整体素质为目的，切实履行双向服务职责，为实现公共安全技术防范行业创新性发展做了大量工作，先后完成了全市联网报警运营公司整合、以“鹰城云眼”建设为代表的视频联网和一键报警建设、智慧安防小区建设等大项工作，取得了明显成效。

2020 年，平顶山安防协会主要开展了以下工作：

一、整合联网报警公司项目

平顶山安防协会组织四家联网报警公司在免费为沿街商户安装摄像头的基础上，进一步在宾馆、网吧、加油站等行业场所安装“一键报警”，最终实现背街小巷视频全覆盖的目标。

二、成立联动报警服务中心

为打造“平安鹰城”建设，配合视频联网工程及“一键报警”后期服务，平顶山市公安局为协会提

供办公场地建立“联动报警服务中心”，制定统一接处警规范，实现了无缝对接至 110 指挥中心，达到了警情先期处置、快速反应的理想效果。

三、发挥视频报警作用

“视频联网”及“一键报警”工程建设实施以来先后被平顶山电视台、《平顶山日报》、《平顶山晚报》跟踪采访，得到了市民的一致好评，正在发挥着不可替代的作用。

四、协同建设智慧小区

平顶山安防协会协同公安机关建设智慧安防小区，通过推进智慧安防小区建设，使街面巡逻防控与居民小区内部安全防范有机结合，从而实现了小区“发案少、秩序好、防范严密、群众满意”的社会效果，满足了广大群众的平安需求。2020 年度已完成小区建设 130 余家。

五、温情回馈社会

2020 年 1 月 23 日，为积极应对疫情，平顶山安防协会将筹措到的 4 万多个口罩，数千斤洗手液、消毒液，组织人员赠送至重要防护单位和小区。

地　　址：河南省平顶山市湛河区茂源街 35 号
联 系 人：张红杰
电　　话：0375-3807008
网　　址：www. pdsafxh. com

湖北省安全技术防范行业协会

湖北省安全技术防范行业协会（以下简称“湖北安防协会”）经湖北省公安厅批准，湖北省民政厅登记注册，于 2003 年 12 月 6 日成立。具有独立法人资格，是由湖北省内涉及安全技术防范业务和领域的工程企业，运维企业，报警运营企业，产品生产、研发、销售企业，安全技术防范系统使用单位及其他热爱安全技术防范事业的企事业单位等自愿组成的省级社会组织。现有会员单位近 1000 家。

湖北安防协会严格遵守国家法律、法规，始终秉承“服务、保护、协调、进步”的宗旨，在政府有关部门的指导下，反映企业诉求，传达政府部门政策要求，努力发挥政府与企业之间的桥梁纽带作用；加强自身建设与发展，组织制定行规行约，建立行业诚信体系；维护行业与会员合法权益，建立健全协调约束机制，实行行业自律自治；组织开展职业技能水平考核认定、企业能力评价等工作；制定行业标准，加强行业标准化建设；搭建与国内外相关组织的经济、产品、技术等交流平台，促进行业技术、管理水平和经济效益的不断提高；开展其他依据法律、法规及协会章程可以开展的工作；强调职业道德、爱国守法、公平竞争，努力推动湖北省安全技术防范行业健康有序发展。

2020 年，湖北安防协会主要开展了以下工作：

一、党建引领　服务社会

湖北安防协会通过将党建文化与协会建设有机融合，充分发挥基层党组织的战斗堡垒作用和党员先锋模范作用，在引导会员党组织参与抗击新冠肺炎疫情、抗洪救灾、脱贫攻坚、复工复产等方面，作出了积极贡献。一是抗击疫情：发动和协调行业力量支援火神山、雷神山医院建设，组织全省 60 余家会员企业近 200 名技术人员参加了“两山”医院的安防及弱电系统工程施工及后期运维服务。并通过建立

“湖北省安防行业疫情供需互助平台”、动员会员捐款捐物助力抗疫。二是防汛抗洪：发出倡议并动员会员企业参与武汉各地抗洪防汛工作。三是助力脱贫攻坚：积极参加全省性社会组织助力脱贫攻坚示范活动。四是帮扶企业复工复产：通过官方网站、微信公众号等渠道及时发布各类政策和规定，让会员企业及时了解学习，帮助会员企业复工复产。

二、加强组织建设　提升会员服务

一是成立武汉锋行论道·后湖会员之家和襄阳会员之家。二是在六个市州开展“会员沙龙”活动。三是持续推进能力评价工作，修订发布《湖北省安防工程企业设计施工维护能力评价细则（2020版）》及《评价初审须知（2020版）》，与7个初审机构开展有关工作交流和探讨，做好企业能力评价服务。四是向省人社厅申报“视频监控系统安装和运行”“入侵报警系统安装和运行”两项专项职业能力考核工作和“智能楼宇管理”职业技能等级认定工作并获得批准。并与武汉警官职业学院签订《校协合作备忘录》，就湖北省安防行业人才培养、职业培训、安防专业学历教育等方面达成合作共识。五是无人机分会积极发挥职能和作用，对接行业各管理部门，联动会员企业，推动行业规范有序发展。六是举办“湖北省第四届安防行业嘉年华”活动，同期举办中国（中部）智慧城市平安建设发展高峰论坛。

三、制定团体标准　发布专家管理办法

制定《湖北省安全技术防范行业协会团体标准管理办法（试行）》，并在全国团体标准信息平台通过审核，获得发布资格。同时，为充分发挥行业专家的作用，湖北安防协会制定了《湖北省安全技术防范行业协会专家库专家管理办法（试行）》。

四、加强行业宣传和信息化工作

一是持续推进“一网一微一报多群”宣传平台建设，以多渠道加强行业、协会和会员宣传工作。二是开发网站及建设会员线上服务平台，提升和加强协会及会员服务的信息化建设。

地　　址：湖北省武汉市武昌区积玉桥前进路四清村51号
联 系 人：李　燕
电　　话：027-87324910
网　　址：www.hbafxh.org

武汉市安全技术防范行业协会

武汉市安全技术防范行业协会（以下简称“武汉安防协会”）成立于2015年，是在武汉市公安局、武汉市民政局审批同意下，由武汉安防行业多家从业单位自愿参加成立的具有独立法人资格的、非营利性社团组织。在服务于企业、服务于政府、服务于社会的宗旨下，以代表会员的意愿、维护会员合法权益、为会员提供服务、协调会员之间关系、沟通会员与政府的联系、传达政府政策意图、维护公平竞争为己任，致力于打造一个为行业提供集资讯交流、技术合作、供需对接、服务集成于一体的全方位资源平台。

武汉安防协会的成立适应了武汉市平安城市建设的需要，更好地维护了广大安防企业的利益。在今后的发展中，将为增进武汉市安防企业间的互信沟通，推动安防技术交流与业务合作，搭建企业与企业、政府与企业之间的沟通与交流平台，促进武汉市安防市场健康有序发展贡献出自己的一分力量！

2020年，武汉安防协会主要开展了以下工作：

一、抗击疫情工作

武汉安防协会积极应对疫情，开展居家办公，及时分享新冠肺炎的相关通知和发展状况；组织会员单位召集施工人员参与火神山、雷神山等各医院的建设；组织和参加“安防微课堂”“应对疫情，共渡难关”专项扶持小微金融、财税政策线上沙龙活动、第五届（2020）中国智能建筑节首场分论坛（武汉）等活动。

二、提升会员服务

一是走访会员单位，为会员单位间的供需对接、深度合作创造机会；二是开展会员活动，提升会员服务，如开展“2020 华为商业分销地市百城行——武汉站”、“2020 艾比森品牌营销会（武汉站）”、“天地伟业合作伙伴大会——武汉站”、2020 河姆渡线下答谢会“2020 年智慧路‘全国行’（武汉站）”、“新智能新安防——智能融合，极简锐捷”专题论坛等活动；三是开展各类创优评先活动，如“2020 年武汉市安防行业抗击新冠肺炎疫情先进集体和先进个人”推荐评选活动，表彰在活动中作出突出贡献的个人会员和单位会员；四是组织文娱活动，如通过篮球友谊赛，增进会员单位之间的沟通与交流；五是开展各类讲座，包括企业相关的人力资源管理、企业经营管理、合同管理、公司治理结构、知识产权、建设工程等方面的内容。

三、做好日常管理工作

一是推进标准化工作，组织项目评审会，参与标准起草、审查等工作；二是配合湖北省安全技术防范行业协会完成安防工程企业设计施工维护能力评价初审工作；三是完成换届选举工作；四是加强协会间合作交流，先后与湖北省安全技术防范行业协会、湖北省安全技术防范行业协会无人机分会、阳泉市保安和安防行业协会、深圳市智能交通行业协会、全国安防协会合作互助联盟、深圳市安全防范行业协会、浙江省安全技术防范行业协会建立互访、交流机制，促进企业对口合作、资源共享。

四、为复转军人提供服务

2020 年夏季，湖北省内连降大雨，防汛形势严峻，按武汉市防洪抗旱指挥部的要求，武汉安防协会组织复转军人及企业参加巡防江堤活动；后期，给复转军人提供平台和保障，组织安防行业复转军人、企业代表调研交流及退役军人专场招聘会等活动。

地　　址：湖北省武汉市武昌区积玉桥前进路四清村 51 号
联 系 人：李彦菁
电　　话：13720289531
网　　址：whafxh. org

湖南省安全技术防范协会

湖南省安全技术防范协会（以下简称“湖南安防协会”）是于 1996 年 9 月 26 日经省民政厅批准成立的非营利性社会团体。协会是由从事防爆安全检查、防盗报警、出入口控制、电子防范监控及防伪等产品的研制开发、生产、经营、维修、技术咨询以及承接设计安装安全防范系统工程的企事业单位自愿参加的全省性行业组织。目前现有会员单位 600 家，业务范围主要包括制定并组织实施本行业的行业规划、质量规范和服务标准；开展行业调查研究；组织行业培训、技术咨询、信息交流、会展招商、新技术及新产品推介等活动，协助开展产品质量认证工作，组织对会员单位进行等级考核；开展行业统计、发布行业信息；组织会员开展国内外技术交流与合作等。

2020年，湖南安防协会主要开展了以下工作：

（1）举办了2020第二十届湖南智慧安防产品与技术博览会，博览会的规模和影响均超过往年。

（2）继续开展安防从业人员技术培训工作，促进湖南省安防行业的规范化和专业化。

（3）协助深圳智能交通行业协会举办2020交通安全万里行（长沙站）、2020智慧交通安全技术交流会（长沙站）的活动，该活动针对智慧交通行业的最新市场分析、热点技术及方案和产品展示的公益培训，是培训免费、考核免费、颁发证书免费的全程公益活动。

（4）组织并协办“2020年度湖南大安防业、IT行业生态圈”年会，促进了湖南安防行业与其他相关行业的交流合作。

地　　址：长沙市芙蓉区五一大道158号人瑞·潇湘国际14楼1427
联 系 人：刘　靓
电　　话：0731-84597470
网　　址：www. hnafxh. com

广东省公共安全技术防范协会

广东省公共安全技术防范协会（以下简称“广东安防协会”）是在广东省公安厅科技信息化总队的支持和指导下，于2006年9月经广东省民政厅核准正式成立的行业民间组织，并于2020年12月荣获由广东省民政厅授予的“5A级全省性社会团体”称号。广东安防协会是在“自愿发起，自选会长，自筹经费，自聘人员，自主会务”的原则基础上组建的真正实现民间化和自治化的省一级非营利性社团法人组织。会长、常务副会长组成核心领导班子，并全部由企业领导人担任，秘书处负责协会日常工作开展，接受协会理事会和省公安厅业务指导的双重监督，是一家坚持以市场化为主导，适合承接政府有关行政服务职能的极具广东创新特色的行业组织。协会现有会员单位1100家，遵循“服务会员、服务政府、服务行业”的办会宗旨，是“智能化、数字化、网络化、智慧城市”建设的重要参与单位，是会员与政府之间的重要桥梁和纽带。

2020年，广东安防协会的主要工作有：

一、确立党的核心领导地位，夯实党建基础

2020年，广东安防协会着力提升组织力，从参与协会重大问题决策、发展入党积极分子、培养团队骨干等方面入手，强化支部建设；健全党建工作机制，规范保障经费使用，加强党建工作透明度，从严落实推进党风廉政建设；提升群团凝聚力，带领协会及会员助力防疫抗疫，积极推进慈善事业，注重作用发挥。

二、坚决落实常态化疫情防控，助力企业复工复产

一是加强领导，明确责任，做好内部防疫工作。二是通过各种媒体渠道大力倡导支援抗疫。三是认真开展企业调研，撰写报告并呈报政府部门作为决策参考；积极协调政府资源，向企业推送扶持政策，切实助力企业复工复产。

三、紧贴服务政府工作重心，做好政府帮手

一是开展《广东省安全技术防范系统设计、施工、维修资格证》配套服务。二是开展安全技术防范

政策法规宣讲。三是在广东省科技厅、广东省公安厅的指导下，重点推进广东省公安科技协同创新中心的一系列重点工作。四是开展广东省“守重”初审推荐工作，共推荐 231 家会员单位，共 227 家企业通过终审并获得称号，初审推荐通过率达 98%。五是编纂印发了 2020 版《广东省安防自主知识产权产品企业名录》，收录 80 家企业的上百件专利产品，并向政府、安防工程商、系统集成商、运营商及行业用户单位等过千家机构进行发放推荐。

四、围绕安防事业发展主题，服务行业大局

开展了智慧安防专家企业行、“2019 年度广东省安防行业评优工作”、2020 广东省智慧新监管技术交流会等行业活动，并在广东省公安厅、广东省政数局和广州市公安局的指导下重点推进 2021 世界安防博览会的筹备工作。

五、深化与开拓并举，响应会员需求

2020 年广东安防协会继续深化会员服务，并着力开拓高价值、专业化的服务内容。其中重点开展会员走访、会员交流对接、智能安防职业技能竞赛、安防从业人员继续教育培训、公共安全视频监看员培训等服务工作，并推进“广东省安防工程人才职称”评审委员会筹建工作。全年新增会员单位 54 家。

六、坚持“严谨、扎实”作风，推动行业标准化建设

发布《互联网+视频门禁建设技术规范》，完成标准报批《互联网+停车场（库）建设技术规范》；重点针对《安全防范工程技术规范》等 16 项行业重要标准开展宣贯工作，协助开展《防盗安全门通用技术条件》等 5 个国家标准、行业标准的意见征集工作。

七、完善内部建设，强化媒体宣传工作

一是建设规范化协会，按《章程》和工作计划召开会员大会和理事长办公会议；二是通过开展日常员工培训和定期开展员工主题分享，加强秘书处队伍建设，提高团队凝聚力；三是积极参与各类慈善活动，为公益项目贡献力量。四是主动拓宽宣传渠道，完善媒体矩阵，充分利用网站、微信公众号、自媒体平台、刊物等新闻媒体，针对协会自身、行业引导、会员风采等多个角度开展宣传工作，强化媒体宣传效果。

地　　址：广东省广州市天河区软件路 11 号四楼
联 系 人：李　萍
电　　话：13570286607
网　　址：www. gdafxh. org. cn

广州市安全防范行业协会

广州市安全防范行业协会（以下简称“广州安防协会”）成立于 2012 年，是以从事安全防范产品科研、开发、生产、经营、推广应用、技术培训、信息服务，安防、弱电系统及防伪工程设计、施工、维修、使用等技术服务和安防行业教育培训、咨询服务、出版、印刷等经济组织、企事业单位、社会团体自愿组成的行业性、非营利性社会组织。广州安防协会是广州市 4A 级社会组织，广州市社会组织标准化建设示范单位，全国安防协会合作互助联盟常务理事单位，粤港澳大湾区智能安防产业与技术创新联盟理事长单位。

广州安防协会的业务范围包括：行业统计、调查、协调、决策、论证、听证、标准制定、考察、会展、交流、合作，以及技术开发、技术转让、技术咨询、技术培训和技术中介服务等。针对一些会员企业在人工智能、大数据、5G 等新技术变革背景下面临的企业经营、发展方向、技术创新、业务创新、业务拓展、转型升级等战略问题，协会为会员企业提供专业咨询服务。

2020 年，广州安防协会的主要工作有：

一、加强支部党员队伍建设，发挥党员先锋模范作用

2020 年，广州安防协会党支部号召全体党员积极参与疫情防范工作。扎实推进了“两学一做”学习教育的常态化、制度化。严格党员组织生活制度，规范党组织“三会一课”制度，注重党员队伍建设，发挥党员先锋模范作用。引领协会成员认清当前形势，抓住机遇，迎接挑战，努力做好做强做优自身企业，为粤港澳大湾区的建设作出积极贡献。

二、进一步强化财务工作规范管理，为会员减轻负担

2020 年，广州安防协会按照财务规章制度，进一步加强内部财务工作各类账目的完备、规范各类事项审批的流程，管好费用标准的合规。在会长及常务理事会议决定降低一般会员会费 60%的决议下，广州安防协会共为以 30 家中小企业为主的一般会员企业降低了会费开支，为企业抗击疫情添砖加瓦。

三、配合公安职能部门工作，推动行业健康有序发展

广州安防协会积极开展行业调研工作、“2021 世界安博会”宣贯会议、“技防资格证行政审批工作调研”等工作；并完成了关于征求广州市公共服务类地方标准《单位内部安全防范要求第 1 部分通则》的意见反馈收集工作。

四、支援企业抗疫，为会员企业谋发展找思路

一是为减轻会员企业负担，将一般会员会费下调至 800 元；二是建立企业员工疫情防控大数据平台，实现员工疫情实时大数据线上统计；三是为企业寻求防疫物资；四是采用线上会员活动模式，组织在线学习，为会员企业提供《2019 中国 AI+安防行业现状与趋势分析报告》；五是围绕企业技术专利和商标保护组织三场专题讲座，帮助企业在专利方面形成一个系统的认知。

五、发挥专家力量，为企业工程项目建设把好技术关

2020 年，广州安防协会专家趁着疫情缓和空当，走访会员单位，与企业就技术创新和应用趋势、生产研发和制造等话题进行了深度的交流。

六、与省内兄弟协会加强行业交流与区域合作

积极协助召开“2020 年度智慧安防技术交流培训会（百城会）”和“第二届智慧交通安全技术交流会”。同时，与省内的深圳、珠海等兄弟协会进一步加强了互动交流工作，围绕协会的运营管理、工作的开展、服务会员企业的方法与发展思路进行了诸多的交流与协作。

地　　址：广州市黄埔区揽月路 105 号 B 座 201 室
联 系 人：杨先生
电　　话：020-66312615

深圳市安全防范行业协会

深圳市安全防范行业协会（以下简称“深圳安防协会”）是经深圳市民政局核准登记的行业性组织，是非营利性社会团体、社会法人。成立于 1995 年 9 月，2017 年获评为“5A 级社会组织”。

深圳安防协会的主要职责是：在市政府有关部门的指导下，依靠行业集体的力量加速深圳乃至全国安全防范产品的发展，维护全行业与会员单位的合法权益。发挥政府部门实施行业管理的助手作用；发展与国内相关的经济技术往来，以促进全行业经济技术管理水平和经济效益的不断提高；推进全市安全防范产品的发展。

截至 2020 年，深圳安防协会有来自全国的 2210 个会员成员，另外还有行业专家 500 余人，会员均由从事安全防范行业的企事业单位和安防专家、学者等团体组成。协会由党委、中国公共安全杂志社、CPS 中安网、会展部、会员部、秘书处、专家委员会、标准化委员会、职业培训中心、研究院、中安服务机构等机构组成。另外，深圳安防协会还编辑出版《中国公共安全》杂志、运营 CPS 中安网以及举办 CPSE 安博会。

2020 年，深圳安防协会的主要工作有：

一、坚持党的领导，加强党建工作

2020 年深圳安防协会在党委的领导下，认真开展主题教育活动，坚持“三会一课”，开展联学联建活动，开展党员挂牌上岗，将党员活动融入业务活动中，鼓励党员和积极分子在岗位工作中亮身份、做表率，积极参与对口扶贫工作。

二、众志成城抗击疫情，助力企业全面复工复产

在抗疫期间，深圳安防协会成立防疫抗疫工作小组，发起捐款倡议，将本协会内部捐款 10 万元及收到的 45 万多企业捐款，通过深圳慈善会捐赠给武汉当地医院；此外，深圳安防协会还牵头组织会员单位参与爱心助学活动，向武汉市教育局捐赠了价值 200 万元人民币的 100 台测温安检门；推出安防微课栏目，邀请企业进行线上授课，举办“人工智能科技抗疫成果展”。

三、优化会员服务工作，提升协会服务能力

一是深入企业调研，力所能及地帮助企业解决各项困难。二是组织近 10 场“走近企业”品牌交流活动，为会员搭建沟通交流平台。三是通过“一网一刊一号多微信群”的信息发布渠道，帮助会员进行免费宣传。四是组织举办多场知识产权相关活动，为企业提供知识产权相关的专业辅导。五是通过安防微课，线上直播平台，为会员进行品牌宣传和品牌曝光。

四、组织行业交流活动，推动行业发展

2020 年，随着疫情防控进入常态化，深圳安防协会在保障安全的情况下，为推动行业发展，积极举办、承办、协办了多项高端峰会、主题沙龙、研讨会、迎春团拜会等多项会议活动。

五、加强自律建设，推进企业能力评价工作

持续开展“安防工程能力评价工作”，完成了广东省内安防企业能力证书的审核、年检、升级与发放工作。

六、全面推动团体标准化有序开展

深圳安防协会于 2020 年 7 月 1 日发布《中小学校和幼儿园智能体温筛查工程技术规范》，并于 7 月 1

日正式实施；于12月发布了《高空抛物智能监控（报警）系统工程技术规范》，并于12月30日正式实施。

七、发挥桥梁纽带作用，开展多方合作

组织企业赴内蒙、北京、湖南等地交流，组织行业企业走出去，不断加强与全国各地政府部门、行业组织和行业企业的合作，推动行业发展。

地　　址：深圳市福田区深南大道6025号英龙大厦4楼
联 系 人：张　霞
电　　话：0755-88309116
网　　址：www. szspia. org

深圳市智慧安防行业协会

深圳市智慧安防行业协会（以下简称“深圳智安协”）是2012年12月27日经深圳市公安局和政府相关职能部门的指导在市民政局注册登记，具有法人资格的社会团体。2017年获得深圳市民政局授予的“深圳5A级社会组织”称号，也是第一批具有承接政府职能转移资格的行业协会。

深圳智安协成立以来已拥有会员近千家。本着“服务于企业，服务于政府，全面促进安防产业发展”的宗旨，在标准制定、产品检测、工程检测、职业技能培训、人才服务、金融服务、市场开拓等方面提供专业化、综合性的系列配套服务，努力发挥政府和企业间的桥梁纽带作用，赢得了相关部门及广大会员企业的尊重和信任。

2020年，深圳智安协取得的工作成效有：

一、众志成城，投身抗疫

2020年新冠肺炎疫情暴发后，为奋斗在抗疫战线一线的公安、交警和企业人员捐赠价值近20万元的防疫物资，对300多家会员开展专题调研，协助会员采购防疫物资，解决企业抗疫物资短缺问题。

二、夯实党建基础，切实推进党委筹建工作

一是扶贫凉山，为打赢扶贫攻坚战助力；二是引导组织学习宣传、贯彻落实习近平新时代中国特色社会主义思想和党的十九大精神以及习总书记系列重要讲话精神。

三、以标准为核心，持续推进标准制修订工作

成立团体标准《人体测温出入口控制系统技术规范》工作组，开展标准研制工作。深圳智安协主导和参与制定多项标准，已发布地方标准7项、团体标准5项；正在起草的地方标准13项、团体标准6项。并同时进行各类标准宣贯、培训、研讨会等70余场。

四、深入企业第一线，开展专题调研活动

批准加入新会员40家；走访企业近500家；开展各类座谈会、交流会、沙龙活动、考察活动、兄弟协会交流会等活动30余场。通过“人民代表大会”平台，提出《关于为深圳市经营性停车场机动车停放泊位权的建议》《关于取消福田保税区企业入园证的建议》等提案，得到行业广泛关注。

五、紧抓后疫情时代机遇，借助展会推动产业发展

举办和参与了多项展会活动，包括“2020深圳国际智慧停车设备与技术博览会”、“新常态、新思

路，智能驱动湾区发展”——智慧安防企业创新展示活动以及“2021 世界安防博览会宣贯会”。

六、以专家委为凝聚点，不断扩充专家库团队实力

积极配合政府部门完成项目设计方案评审会、验收会、设备选型测试、项目监督管理服务近 200 场。举办“深圳市智慧安防行业协会第三届第一期深圳技防专家培训暨专家委工作会议”，加强专家对最新行业政策法规的学习及对行业新技术的了解。

七、为政府和企业提供智力支持，积极开展课题研究

下设“智联安防创新研究院”，开展智慧交通、智慧安防等十几项课题研究，助推行业智能化、创新化发展。目前正在开展《5G+车联网应用》课题研究。

八、积极对接企业，推进产业人才建设

帮助近百家企业发布并对接招聘需求，与广东省内多家优质院校进行人才培育沟通交流，主办“2020 年深圳技能大赛——安检员职业技能竞赛”，定期开展“广东省安防从业人员继续教育培训”“视频监控应用技术培训”。

九、构建大宣传格局，打造全媒体平台

设杂志、网站、微信公众号、头条、微博等媒体平台。2020 年，网站累计发文 842 篇，对近 50 家会员单位进行专访，并为近百家企业进行专题报道；通过今日头条、新浪微博及近 300 个微信群发布最新资讯。

地　　址：深圳市福田保税区桃花路鑫瑞科科技大厦西座 3 楼
联 系 人：林晓彬
电　　话：13556845650
网　　址：www. vasia. org. cn

佛山市公共安全技术防范协会

佛山市公共安全技术防范协会（以下简称“佛山安防协会”）成立于 2020 年 7 月，是佛山市公共安全技术防范领域从业单位和个人自愿组成的专业性、非营利性社会团体组织。协会主管部门是佛山市公安局，并受佛山市社会组织管理局的监督管理。

佛山安防协会以“凝聚佛山安防力量、促进行业高质量发展”为宗旨，在加强安防行业自律管理、维护企业合法权益、搭建会员间信息共享与交流平台、促进安防行业和安防技术发展等方面发挥了积极作用。

佛山安防协会自成立以来，在全体会员的共同努力下，紧紧围绕办会宗旨，以佛山市公共安全技术防范技术的创新驱动和健康、有序发展为目标，积极推进会员发展工作，努力搭建会员与政府之间的沟通桥梁，增进安防企业间的交流与合作，在促进佛山市安防技术的快速发展、提升安防企业的市场竞争力方面取得了一定成绩。

2020 年，佛山安防协会主要开展了以下工作：

（1）举行佛山市公共安全技术防范协会成立大会，选举协会领导；

（2）召开第一届理事会议，安排部署工作；

（3）组织了多场相关培训交流活动，具体包括举办“安防法规与知识宣传进社区”活动、举办广东省安防从业人员继续教育培训（佛山站）培训、举行揭牌仪式、举办第一期企业融资对接会、协助佛山市公安局技防办开展“2021 世界安防博览会”佛山宣贯会、举办“科研及企业知识产权贯标内审员培训班”等。通过这些活动的举办，有效地为本会会员单位提供了更好的服务。

地　　址：佛山市禅城区华宝南路 13 号佛山国家火炬园 D 座 15 楼 11 号
联 系 人：邓春苗
电　　话：0757-82130556
网　　址：www. fspspta. org. cn

东莞市公共安全技术防范协会

东莞市公共安全技术防范协会（以下简称“东莞安防协会”）成立于 2013 年 8 月 13 日，是经东莞市民政局核准登记，由东莞市从事防入侵、防抢劫、防盗窃、防破坏、防爆炸、防伪等活动的产品开发、生产、销售；技防系统工程设计、防伪工程设计、施工、维修、使用等单位以及相关的管理、教育培训、咨询服务、信息服务等单位自愿结成的专业性、非营利性的社会组织。

东莞安防协会宗旨：遵守宪法、法律、法规和国家政策，遵守社会道德风尚，加强安防行业自律管理，维护会员合法权益，协调会员之间关系，规范会员行为，促进安防技术发展，为会员提供服务，维护公平竞争，沟通会员与政府相关部门之间关系，促进行业发展。

东莞安防协会秉持“自愿发起、自选会长、自筹经费、自聘人员、自主会务”原则，实行无行政级别、无行政事业编制，接受行政业务指导部门监督管理，真正实现民间化和自治性。

东莞安防协会主要职责：在政府有关部门的指导下，依靠行业集体的力量加速发展，为会员单位共同利益服务，维护行业与会员单位合法权益。辅助政府部门发挥行业管理的助手作用；发展与国内相关的经济技术往来，以促进全行业经济技术管理水平和经济效益的不断提高；推进全市安防行业的发展；为平安社会和发展东莞的公共安全事业作出努力。

2020 年，东莞安防协会各项工作取得了较好的成绩。

一、举办会员大会暨优秀安防企业颁奖典礼

东莞安防协会举办第二届第四次会员大会，表彰 20 家“优秀安防企业”、5 家“协会突出贡献”企业，并举行东莞市安防协会和东莞市安防学校乔迁仪式。

二、情系疫情，捐赠防控物资

2020 年疫情期间，东莞安防协会向东莞市公安局科信科捐赠疫情防控物资，搜集防疫物资购买渠道，发布复工信息指引，帮助会员企业复工复产；协会多家会员单位通过不同方式向抗疫前线捐赠防控物资。

三、增强凝聚力，提升会员服务质量

2020 年东莞安防协会组织会员单位参观了多场展览会，举办了职业技能竞赛，开展了培训及会员企业年度评优等活动，获得会员一致认可；通过开展会员走访活动，增强会员间凝聚力；并且全年吸纳了 28 家新会员加入协会，壮大了协会力量。

四、开展广东省安防从业人员继续教育培训

2020 年，东莞安防协会与广东省安防协会合作开办了五期“广东省安防从业人员继续教育培训”，为

东莞市安防行业输送从业人员共计约 450 人次，并实施“技能人才之都”战略，持续举办了东城街道“一镇一品”智能楼宇管理员培训班。

五、加强与各地协会的交流，促进合作

2020 年，东莞安防协会接待多家协会、商会走访，加强交流活动，挖掘合作项目。

六、开展东莞市社会组织国家安全教育讲座

2020 年，东莞安防协会承办了《社会组织国家安全教育》专题讲座，并先后分批次为全市在册的社工机构等社会团体共计举办 10 期培训，累计宣讲约 700 人次并顺利通过相关部门验收。

七、获得 2020 年度“守合同重信用”企业公示推荐资格

东莞安防协会开展 2020 年度广东省“守合同重信用”企业公示活动宣传和推荐工作，帮助提升会员企业在行业中的公信力，并向有关部门提交“守合同重信用”推荐资格申请。

八、关爱会员，奉献爱心

“一方有难八方支援”，2020 年，东莞安防协会共为有需要帮助的会员筹得善款 3 万多元，为身处困境的会员家庭撑起一片希望，同时积极开展和参与各项社会公益慈善活动。

九、初步完成党建前期工作

2020 年，东莞安防协会为筹备成立协会党支部做好前期准备，持续推进党建工作。

地　　址：东莞市东城街道莞樟路东城段 236 号 4 栋 201-205 室（东糖集团大院内）
联 系 人：郑国慧（秘书长）
电　　话：13712286677
网　　址：www. dgafxh. com

珠海市公共安全技术防范协会

2010 年 11 月 1 日，珠海市公共安全技术防范协会（以下简称“珠海安防协会”）经珠海市民政局核准成立，至今已有十年发展历程。

珠海安防协会自成立以来，紧紧围绕“服务会员、服务政府、服务社会”的办会宗旨，协会承载着大家的希冀，坚持以“发挥桥梁纽带作用、推动行业健康发展”为己任，协助业务指导单位积极开展以举办企业走访、继续教育培训、参观会展、企业沙龙、项目论证、座谈会等各类多元化的活动，有效促进安防行业健康、有序发展，充分发挥“领头羊”的作用。

珠海安防协会为了配合业务指导单位加强行业的监督和管理，规范安防工程项目申报流程，促进珠海市安全技术防范行业的健康发展，于 2012 年组建了安防工程项目论证专家库；2015 年，在市公安局的指导和严格考核、审查下，组建并成立了安防工程项目论证专家委员会，成员 11 人。制定了专家库管理办法、专家考评制度及项目申报模板，出台了全国首部《珠海经济特区公共安全技术防范条例》地方性法规。

珠海安防协会常年承担着安防工程项目的论证服务专项工作，是广东省首个通过专家完成安防工程论证和验收项目事项的地区。

一直以来，珠海安防协会不断提高综合服务水平，建立健全了十项管理制度、六项机制、财务管理、信息披露、岗位管理及员工职责与绩效考核等各项规章制度。协会的队伍日益壮大，创建和完善了高效运作的组织机构和服务平台。得到省、市局各级领导的高度赞许和广大会员及社会的广泛认可和信赖。

2020年，珠海安防协会着重开展了党建活动、继续教育培训、行业协会间交流、企业走访、义工活动、论证项目、业务咨询等行之有效的工作。以协会名义组织开展安防从业人员继续教育培训；与狮山街道办共建单位搭建“新冠疫苗接种绿色通道”；珠海安防协会支部组织开展“共同抗击疫情共筑安全屏障”核酸检测志愿等活动给企业提供多元化服务；从强化党组织建设规范化、标准化；加强多元化服务，增强凝聚力；加强组织建设，提升服务意识等方面突出了协会的重心工作。

地　　址：珠海市香洲区人民西路663号泰盈汇盈中心2301室
联 系 人：吴晓岚
电　　话：0756-2663718
网　　址：www. zhafxh. cn

广西安全技术防范行业协会

广西安全技术防范行业协会（以下简称“广西安防协会”）于2013年在广西民政厅登记成立，是具有承接政府职能转移、接受政府购买服务资质的非营利性社会组织，于2018年被广西民政厅评为“4A级协会”，于2018年5月成立党支部。

协会始终秉承“为人民服务”的宗旨，以团结、求实、创新的精神竭诚为会员单位、为社会服务，为维护社会公共安全和社会稳定贡献力量，并努力发挥政府部门与安防企事业单位之间桥梁纽带作用；组织企业制定行规行约，建立健全协调与约束机制，实行自律自治；强调职业道德，爱国守法，公平竞争，互补互济，共同发展，促进广西安防行业健康有序快速发展。

2020年，广西安防协会较好完成加强党组织建设，加强制度建设，规范协会管理，健全组织机构，发挥协会平台作用，助推复工复产以及做好服务会员企业等工作。

一、不断加强党支部组织建设

广西安防协会党支部认真坚持“三会一课”制度。通过开展“三严三实”专题教育、“两学一做”学习教育、“不忘初心、牢记使命”专题教育以及党的群众路线教育实践活动等，理想信念进一步坚定，党员的先锋模范作用得到体现。

二、携手抗疫，助推复工复产

疫情期间，广西安防协会发布疫情防控通知倡议，帮助会员单位解决口罩短缺问题；携手学校开展抗疫工作，2020年协会及会员企业、个人共捐赠物资折合人民币约466.47万元。

三、服务企业、宣传行业，促进交流

2020年广西安防协会多方组织相关交流活动，并与会员服务相结合，组织参观安防展会，组织考察学习。2020年广西安防协会召开会员大会1次，理事会议1次，常务理事会议2次，监事会议2次，外省交流考察4次。

四、加强协会自身建设，积极参与社会组织规范发展培训班

广西安防协会不断完善各项规章制度，加强协会自身建设，推广公众号运营，开通微信企业号，参

加2020年全区性社会组织规范发展培训班等。

五、推进能力评价工作与星级诚信评定单位

2020年，广西安防协会积极开展各项能力评价工作，推动安防工程企业发展。自2016年6月安防企业能力评价办法实施，截至2020年共有280家企业获得《安防工程企业设计施工维护能力证书》，其中一级36家、二级44家、三级200家。此外协会共组织了3期技术人员考核，共有703人参与考核。

六、安防行业数据收集、安防《年鉴》编写、协助“十四五规划”

2020年，广西安防协会根据广西安防行业的特点，积极配合中国安全防范产品行业协会“十四五”规划领导编写工作组工作，提出了共同开拓“一带一路”东盟市场的建议；并参加中国安全防范产品行业协会组织的《中国安全防范行业年鉴》网络视频会议，建言献策。

七、积极配合第18届中国—东盟博览会工作

针对东盟客户打造名为“中国安防会客厅”的展示厅，为中国安防企业开拓“一带一路”东盟市场提供渠道。

地　　址：广西壮族自治区南宁市青秀区东葛路7号（广西军区住宅小区）2栋11层2110号
联 系 人：温金兰
电　　话：0771-2828500　13627881434
网　　址：www. gxafr. com

海南省智慧城市安防技术行业协会

海南省智慧城市安防技术行业协会（以下简称“海南智慧安防协会”）于2018年1月12日成立，是由从事安全防范产品等相关行业的企事业单位、社会团体及个人自愿组成的地方性、行业性、非营利性的社会组织，是具有法人资格的全省性社会团体。协会接受海南省民政厅的业务指导、监督管理，同时接受中国安全防范产品行业协会的指导。

海南智慧安防协会吸纳在海南省及其他地区从事智慧安防、人工智能等领域中产品的研制、开发、生产、经营、维修，技术培训，信息服务，旅游服务，安全防范系统工程设计、施工、监理、咨询、运营、保险等的广大从业单位、团体、个人参加。目前协会共有会员单位108家，其中理事单位19家。

海南智慧安防协会宗旨：遵守宪法、法律法规、国家政策以及政府管理部门有关规定，遵守社会道德风尚，遵循“自律”与“服务”，充分发挥政府与企业间桥梁纽带作用，认真履行各项职能，保护会员利益；团结和组织会员及行业同人，为发展海南省安防事业，规范安防市场，推进行业技术交流，促进安防行业在全省范围有序竞争，充分发挥安防技术在打击违法犯罪和维护社会治安稳定中的作用。

海南智慧安防协会业务范围：包括开展行业调研，向政府提出行业规划建议，根据授权开展行业统计，收集、分析、发布行业信息；根据政府授权，参与质量管理和监督工作；受政府部门委托，承担行业新技术推广服务、技术培训、信息服务，引导企业科技创新，引进国外先进技术；受政府部门委托，开展安防企业技术培训及发证和行业资质评审认证及发证，对工程企业能力评价、评级及发证；开展对安防工程项目设计、论证、评审、技术咨询、项目验收、监理服务；受政府部门委托，开展职业培训，开展保安员培训及考核发证，提高从业人员专业技能；组织协会会员开展对外业务开拓与交流，共享协会会员间资源；开展行业技术交流、宣传、会务等服务，承担政府部门委托的其他任务。

2020年，海南智慧安防协会主要开展了以下工作：

一、携手会员单位共同抗疫

疫情期间，海南智慧安防协会通过调研安防企业疫情防控做法和遇到的困难，发挥桥梁纽带作用，组织5家会员单位就疫情防控期间安防需求及时提供防疫安保服务，同时积极捐款捐物，宣传疫情防控信息。

二、成立工程企业能力评价海南分中心

11月，经中国安全防范产品行业协会批准，海南智慧安防协会成立“安防工程企业设计施工维护能力评价海南分中心”，开始有序推进海南省安防企业的能力评审与发证工作。

三、启动专家库报名和审核工作

海南智慧安防协会于2020年9月，组成专家评定工作小组，经严格审阅，31位专家被纳入专家库，并于11月正式授牌成立专家委员会。

四、召开第一届第四次理事会

11月，海南智慧安防协会召开第一届第四次理事会，会议讨论通过发展协会党支部，调研会员党员情况；健全协会组织机构并进行分工协作，建立综合服务部、会员管理部等部门；推广区域工作站。会议还授牌成立海南智慧安防协会三亚工作站。

五、提升服务水平　开展各项工作

海南智慧安防协会多种形式了解企业需求，负责安防企业能评申请事宜，适度调整会费标准，减轻企业入会负担。贯彻中国安全防范产品行业协会第六届理事会第一次会议精神，为企业真服务、服好务。

六、加强对外交流　学习新思路　好方法

海南智慧安防协会积极走出去参加行业相关会议，找渠道、寻资源，学习兄弟协会服务企业的新思路、新方法，推动协会发展。

地　　址：海口市海秀路111号海纳商务大厦605号
联 系 人：张若娴
电　　话：18907667911
网　　址：hnzhaf. com

重庆市公共安全技术防范协会

重庆市公共安全技术防范协会（以下简称“重庆安防协会”）于2009年3月经重庆市民政局批准正式成立，业务主管单位为重庆市公安局。

重庆安防协会是在重庆市范围内从事安全防范产品研制、开发、生产、销售，安全防范工程设计、安装、维护、监理，报警运营服务，安全防范领域的科学研究、政策研究、技术服务、信息服务、咨询服务，以及安全防范系统的使用、管理等的单位，自愿联合发起成立的具有独立法人地位的地方性、非营利性专业性社会团体。

截至2020年底，重庆安防协会有会员单位1035家，其中副理事长单位9家、监事单位1家、常务理事单位78家、理事单位143家、会员单位804家。全年新增会员企业191家。

2020年，重庆安防协会在突出政治引领、强化疫情防范、助力复工复产、开展技术培训、服务行业发展等工作上稳步推进。

一、加强政治建设，落实从严治党措施

重庆安防协会党支部以《习近平新时代中国特色社会主义思想三十讲》为蓝本，采取集中学、个人学方式，加强党员和员工的政治意识和思想素质。同时在实际工作中严格执行中央八项规定，加强内部管理、规范办事程序、细化岗位职责，开展自查自纠，完成对相关规章制度的完善和修订。另外，结合开展各项思想教育活动，突出理想信念和纪律作风教育，要求工作人员在实际工作中，加强政治意识、坚守职业道德、筑牢思想防线、遵守党纪国法。

二、创新工作方式，建立交流联系平台

疫情期间，重庆安防协会在做好疫情防控的同时，积极打造协会内部交流服务平台，从线上线下推进工作，加强与会员的沟通联系，及时跟进了解听取会员意见或建议。

三、引进专业机构，多措并举推进服务

2020年上半年，重庆安防协会通过召开服务会员企业座谈会等多种形式，引进专业机构，开展了一系列线上、线下工作，全力帮助会员企业复工复产。一是积极提升会员单位风险防控与资产保全能力。二是积极帮助会员企业争取各方面政策扶持资金。三是积极探索打造线上、线下技术交流培训平台。

四、加大工作力度，促进行业稳步发展

2020年，重庆安防协会共组织专家评审会议20次。年末，具有安防工程从业资质的会员单位1019家，其中一级资质125家、二级资质157家、三级资质737家。

重庆安防协会全年主办协办安防行业技术交流培训活动4次，还主办了安防（智能化）集成项目计价软件培训会、安全企业财税风险解读沙龙等活动。

重庆安防协会组织行业专家会议，完成了重庆地方标准《城市重点区域和重要设施安防井盖的管理规范》（DB50/T-2020）的专家评审。

五、开展行业交流，共谋发展合作途径

2020年，重庆安防协会组织召开了社会公共安防创新交流座谈会，接待多家行业组织代表的到访，并组织会员参加各类安防新技术、新产品展示会。

六、加大宣传力度，提升协会行业形象

2020年，重庆安防协会对网站进行了改造和优化，对各栏目内容及时更新和充实，完成了两期会刊《重庆安防》的编发，大力宣传提升协会行业形象。

地　　址：重庆市渝北区紫园路116号鼎泰公寓4单元5-2房间
联 系 人：何　宇
电　　话：023-67081572　13883277114　17726634062
网　　址：www. cqafxh. com

成都安全防范协会

成都安全防范协会（以下简称“成都安防协会”）于2006年11月19日成立，是经成都市民政局核准登记注册的社团法人，业务上受市公安局指导和监督管理，是由安全防范行业自愿组成的跨部门、跨不同经济成分的地区性、非营利性社会组织。

成都安防协会宗旨是：团结和组织本会会员，遵守宪法、法律、法规和国家政策，践行社会主义核心价值观，遵守社会公共道德，遵守行业规范和相关技术标准，遵守社会道德风尚，自觉加强诚信自律建设。通过政策研究、行业自律、知识产权保护等工作，维护会员及行业的合法权益；在政府管理部门的指导下，依靠行业集体力量，通过开展安防知识普及，成果推广与应用，国内外交流与合作，提高我市安全防范工作的整体水平；积极发挥行业协会与政府管理部门之间的桥梁纽带作用；发挥协会的社会公正性、中介协调性、联系广泛性和专业权威性作用，为全市社会治安稳定及行业发展作出贡献。

成都安防协会业务范围包括行业调查研究，为政府提供政策咨询、政策研究；加强安全文化普及和教育培训；行业相关标准的制定与推广；协调会员关系，维护会员合法权益；开展国内、国际交流与合作，咨询服务、会展以及产品推介等活动；开展行业评优，提供整体评估、工程验收、标准政策咨询、技术指导、培训等各项服务；安防风险评估、安防工程建设论证、招投标工作、应用技术与产品评估、设计方案审核、工程竣工验收、安防系统效能评估等工作以及在法律法规允许的范围内，开展社会服务工作。

2020年，成都安防协会主要开展了以下工作：

一、进一步提升协会实力，壮大协会队伍

在成都安防协会全体人员坚持不懈的努力下，新增会员数达到35家，总会员数达到191家，其中副理事长单位31家，理事单位28家，会员单位132家。

二、开展咨询服务，为申报能评证书奠定基础

成都安防协会通过安防工程企业能力评价，推进行业自律工作，建立自律性管理制度，规范市场主体行为。截至2020年年底，在四川省内已有84家企业获得了中国安全防范产品行业协会能评证书，其中一级33家、二级11家、三级40家。

三、为公安工作服务，为平安城市、智慧城市服务

成都安防协会通过主办“2020第二十届中国成都国际社会公共安全产品与技术博览会”、参加绵阳“全市科通民警实战大练兵暨安防专业技术知识培训会”汇集企业所需的各类信息为平安城市、智慧城市服务。

四、创新工作思路，推进协会工作

成都安全防范协会协办第九届智慧安防技术交流培训会、第二届四川省安防工程企业高级管理人员培训班暨第六届智慧安防项目接洽会，并组织协会领导及会员单位参加。

五、召开理事会，选举信任会长

2020年，成都安防协会召开第三届第四次理事会，选举了成都安防协会第三届会长，为转型奠定良好基础。

六、扩大对外交流，进一步加强影响力

2020 年，成都安全防范协会重视对外交流，走访中国安全防范产品行业协会，并加强与兄弟协会的学习交流，参加了泸州安防协会成立十周年庆典，深入北京、郑州、苏州等协会交流学习工作经验与发展理念。协会还牵头推进四川警官学院与成都市公安局签署战略合作。

七、筹建技术专家委员会

2020 年，成都安防协会初步建立了 80 人左右的省内知名专家库，汇集了院校、企业、公安实战的高层次人才，为城市公共安全技术支撑提供了有力保障，下一步将提升行业课题研究、标准制定等方面综合服务能力，确保协会从职能型向服务型成功转变。

地　　址：成都市顺城街 379 号
联 系 人：王永宁
电　　话：13808022158
网　　址：sccdafxhcom. vh. mtnets. net

贵州省安全技术防范行业协会

贵州省安全技术防范行业协会（以下简称“贵州安防协会”）成立于 2007 年 3 月 15 日，是经贵州省民政厅登记注册的省一级社团法人，是贵州省境内跨部门、跨地区的地方性行业组织。

贵州安防协会宗旨是“在服务中引导，在引导中自律”，凡是在贵州省境内从事安全技术防范产品研制、开发、生产，承接安全技术防范系统工程设计、施工，以及相关的企事业单位和个人，都可以自愿参加本协会。

贵州安防协会业务范围包括行业调研、内部自律、内外协调、论证评估、交流合作、咨询服务、行业培训。协会为政府职能部门的管理提供积极服务，推动会员之间的协调自律，规范从业行为，维护市场秩序，促进贵州省安全技术防范行业的健康进步，依法维护会员的合法权益，反映企业情况，为增进政府职能部门与企业之间的联系起好桥梁纽带作用，截至 2020 年共有团体会员 258 家。

2020 年，贵州安防协会认真开展工作，着重在服务、自律、对外交流等方面不断开拓，取得了显著成效。

一、众志成城，助力疫情防控，彰显行业担当

2020 年疫情期间，贵州安防协会将 2019 年协会公益扶贫活动捐赠款剩余的 72958. 73 元，捐给贵州省疫情防控领导小组。同时，在协会倡导下，贵州安防企业迅速行动，捐款捐物助力抗疫主战场，并将行业先进产品和技术应用到疫情防控中。在受疫情影响企业较困难的情况下，协会主动联系会员单位，倾听企业需求，改进服务模式。

二、持续加强自身建设，规范内部管理，加强专家服务，积极引导会员发展

2020 年，贵州安防协会主动配合主管部门各项检查工作，按时按要求完成社会组织年审、劳动监察年审等各项常规检查；积极配合《中国安全防范行业年鉴》资料编写、行业统计等工作；积极参加贵州省工商联、民政厅组织的各项培训学习；落实副会长和轮值秘书长办公制度，召开第二届第三次理事会、副会长会议；持续加强协会监事会监督机制；认真落实协会内部学习与交流，适时增补协会会员，壮大

行业队伍，2020年贵州新入会单位29家，其中常务理事单位1家、理事单位6家、会员单位22家。

三、从能力评价、人才培养、团体标准等方面，持续推进行业自律机制

2020年，贵州安防协会积极推进能力评价工作，截至2020年12月31日，贵州省共有177家企业通过能力评价获得证书，其中一级26家、二级55家、三级96家；协会多种形式保证智能楼宇管理员培训及鉴定工作正常开展，并完成一期智能楼宇管理员四级和三级的鉴定，同时新增《信息通信网络终端维修员》和《信息通信网络运行管理员》的职业技能认定评价，协会作为“贵州省职业技能鉴定考评指导中心”首批职业技能等级认定评价机构，并累计实现向社会推送人才2453人；协会积极联合优秀资源，举办“安防工程企业高级管理人员培训”和“网络与信息安全培训”；协会还完成了《视频监控系统维护保养规范》《贵州省视频图像数据采集设备使用命名规范》和《贵州省视频结构化数据采集设备技术要求》三项标准的立项、起草、修改、征求意见、技术审查和发布。

四、特殊时期创新交流模式，增强行业凝聚力

贵州安防协会组织专家与企业参加“2020大安防产业云端博览会”及企业交流会活动，通过不同形式的交流与活动，全面提升会员服务。

五、持续推进“一网一刊一号”建设，打造行业高品质宣传平台

2020年贵州安防协会门户网站全新上线，在功能上增加了专家咨询和产品展示。同时加强《贵州安防》与微信平台建设。

地　　址：贵阳市蟠桃大厦20楼1号
联 系 人：齐　媛
电　　话：13765132831
网　　址：www. gzsaf. com

陕西省安全防范产品行业协会

陕西省安全防范产品行业协会（以下简称“陕西安防协会”）于2003年11月3日在西安成立，是经陕西省民政厅登记注册的省一级社团法人，在业务上受省相关部门指导和监督管理。

陕西安防协会以服务国家、服务政府、服务行业、服务群众为宗旨，严格遵守国家法律、法规，强化行业自律，为政府、企业、用户之间搭建桥梁。截至2020年已有副理事长单位16家、理事单位26家、会员单位近580多家。

在陕西省境内从事安全技术防范产品的研制、开发、经营、维修，技术培训，信息服务，安全防范报警系统工程设计、施工、监理、检测、运营、保险的单位和广大用户单位、个人均可申请加入。

2020年，陕西安防协会持续深化改革各项工作机制，加强行业自律，规范完成各项工作任务。

一、加强党建工作，发挥党组织作用

陕西安防协会积极筹备成立协会党支部工作，2020年4月，陕西省民政厅向协会颁发了《关于同意成立陕西省安全防范产品行业协会临时党支部的批复》。

二、发挥协会职能，积极配合省级相关部门工作

2020年，陕西安防协会积极参加全省性社会组织负责人培训班暨助力脱贫攻坚交流班、全省社团会费电子票据改革培训班等，加强自身能力建设和规范；协会于 2020 年 1 月 1 日启用财政票据电子化管理系统，响应财政票据领域“放、管、服”改革；配合陕西省社会组织管理局录入基础数据及准备网络年审材料，并按时向省民政厅报送纸质材料，依法完成协会年检工作；全力配合国家审计署工作组开展工作，客观准确全面报送数据材料，实事求是报告有关工作情况；认真学习国家政策，做好督促规范会费的各项工作，将协会涉及收费情况的自查自纠报告报送省民政厅；加强组织和沟通协调，积极配合全省范围内征集第七批社会管理和公共服务综合标准化试点项目；高度重视省级社会组织党建抽查工作，认真整理相关资料，并按规定时限报送省社会组织业余党校；积极配合陕西省本级社会组织等级评估工作，筹备等级评估材料，参与评估，规范协会各项规章制度，加强自身建设。

三、加强行业自律，提高服务水平

2020 年，陕西安防协会实施进一步精简能力评价审批、优化服务水平、精简材料及调整流程等改革举措，提升办事效率，优化营商环境。陕西安防协会开展为会员单位免费发放最新国标、行业标准书刊，为会员在相关媒体上免费宣传，受理企业各类咨询，并通过请进来、走出去的方式，增进协会与企业之间的感情。

四、办好展会，积极搭建交流平台

陕西安防协会组织会员企业观摩“2020 年中国（西安）社会公共安全产品、智慧城市、智慧交通暨雪亮工程及 5G 技术应用博览会”，并特设会员展示区，免费为会员单位搭建展台并进行宣传推广。

五、开展企业调查，助推行业健康发展

2020 年疫情期间，陕西安防协会通过多种形式调研，及时了解和掌握企业在疫情中遇到的发展需求与困难，反映会员企业的心声，精准做好各项服务工作。

六、走访企业，推进行业培训，提升服务质量

陕西安防协会通过实地走访、座谈等方式对会员企业进行调研，了解企业发展存在的问题与经营困难，增强各会员单位凝聚力，加强协会与企业间沟通交流，并组织 240 多位学员参加陕西省安全防范从业人员技术交流培训班，帮助各企业更好、更快地学到理论知识和实践经验，提高专业素养和技能。

七、建立友好合作，推进协会发展进程

2020 年，陕西安防协会开展多项工作，与相关协会建立友好合作，包括配合《中国安全防范行业年鉴》资料征集、2019 年度安防行业企业情况统计工作、参加相关培训及展览会。

八、积极履行社会责任

2020 年，陕西安防协会积极履行社会责任，参与脱贫攻坚的教育扶贫、一对一帮扶、消费扶贫，积极有序参与社会疫情防控等工作。

地　　址：西安市莲湖区未央路 1-3 号（北关）宫园美寓 11617 室
联 系 人：朱少娟
电　　话：029-68811561
网　　址：www. sxafwz. com

甘肃省安全技术防范协会

甘肃省安全技术防范协会（以下简称“甘肃安防协会”）于2011年3月成立，受甘肃省公安厅主管及业务指导，协助公安机关开展对全省安全技术防范行业的监督管理；在甘肃省民政厅批准注册登记，是由甘肃省安全技术防范产品的开发、生产、销售单位和系统工程的咨询、设计、施工、维修单位以及相关的管理、教育等服务团体自愿组成的非营利性、自律性的社会组织。

甘肃安防协会的宗旨是：遵守宪法、法律、法规和国家政策及政府管理部门的有关规定，遵守社会道德风尚，遵循“自律、规范、服务”的准则，在核定的业务范围认真履行各项职能，维护会员利益，发挥政府部门与企业间的桥梁纽带作用。

2020年，甘肃安防协会在行业管理部门的指导下，以服务会员单位、引导行业自律、促进行业健康发展为主线，各项工作取得了一定成效。

一、加大加强自身建设，促进协会健康发展

甘肃安防协会主动接受行业管理部门业务指导和登记管理部门的监督管理，把稳正确的政治方向。通过各种形式加强对协会的宣传，主动接受监管，入会自愿，严格会费收取标准。发挥专家职能作用，开展业内技术交流，咨询服务和验收评估，为企业在工程施工和技术标准上提高专业化水平。

二、充分发挥协会职能，提高服务会员能力

2020年年初，甘肃安防协会新申请入会企业454家。根据《甘肃省安全技术防范行业协会章程》的有关规定，对会员实行精细化管理，对会员企业进行核查了解，会员在质和量上都有了较大的提升。同时，完成了中国安全防范产品行业协会开展的2019年度安防行业统计工作，全省共上报83家安防会员企业行业统计数据。

三、认真履行服务宗旨，提升服务质量水平

2020年受疫情影响，甘肃安防协会克服时间紧、任务重等困难，坚持举办了安防职业技能培训和三期安防标准培训班，重点从学习GB50348-2018《安全防范工程技术标准》、安防工程实施与检验规范和企业法律风险防控三个方面展开，对全省243家企业进行培训，来自全省安防行业的企业技术人员1242余人参加了培训。

四、积极开展横向交流，吸取借鉴成功经验

2020年，甘肃安防协会积极开展交流活动，举办了“2020年第九届智慧安防技术交流培训会兰州站活动”；接待了新疆安全技术防范行业协会的来访；参加了中国安全防范产品行业协会第六次会员代表大会和全国安防行业协会会长、秘书长座谈会。通过交流活动，吸取和借鉴了成功经验。

地　　址：甘肃省兰州市城关区静宁路308号
联 系 人：王志鹏
电　　话：13919166191
网　　址：www. gssafxh. com

青海省公共安全技术防范协会

青海省公共安全技术防范协会（以下简称“青海安防协会”）成立于2009年6月16日，是经青海省民政厅登记注册的省级社团法人和青海省境内跨部门、跨地区的地方性行业组织，受青海省公安厅的业务指导和青海省民政厅的监督管理。

青海安防协会以“提供服务、反映诉求、规范行为”为宗旨，内设秘书处、会员服务管理中心、专家委员会、财务室。截至2020年底，协会共有会员单位365家，业务范围主要包括开展青海省公共安全技术防范行业调查，向政府提供安防行业的政策建议，组织青海省安防行业的人才、技术、职业培训等，受政府委托制定并监督执行青海省安防行业的行规行约，促进行业自律，同时负有党的建设、扶贫帮困、社会公益等任务。

2020年面对新冠肺炎疫情，青海安防协会在各级党委、政府和主管、监管部门的正确领导下，主要开展了以下几项工作。

一、突出党建引领，提高行业站位

青海安防协会认真抓好党员管理教育，细化落实“三会一课”制度；严格执行发展党员流程，按规定要求发展了4名预备党员，并有1名预备党员转正；注重将理论学习融入理事会工作和培训计划之中，注重加强与党建联盟单位间的协调联动以及政企沟通合作，积极创新和落实“党建+”的工作思路，实施“肩并肩”工作法，保持了协会与行业持续稳定发展的能力和定力。

二、拓展工作领域，促进有效服务

青海安防协会着力构建立体化、多层次、全方位的服务管理体系。壮大会员队伍、优化组织结构，进一步调整健全了理事会、监事会和专家库成员。继财税、法律两方面合作机制后，又相继签订了保险、标书编制、“智慧安防”等相关业务战略合作协议。立足解决实际问题，为广大会员企业提供专业免费咨询和培训课程。持续帮助和支持会员企业积极参与安防行业系列先进典型创建活动。充分发挥政府与企业之间的桥梁纽带作用，先后走访调研23家会员企业，接待来访、座谈、网上交流百余次，协调解决存在的困难和问题。

三、注重领航定向，提升运营水平

青海安防协会进一步建立健全协会各项制度规定，依据协会与行业同步高质量发展及工作规范化需要，制定了《监事会工作条例》等多项管理制度。深化GB50348-2018《安全技术防范技术标准》宣贯，组织力量编写地区性《安全技术防范法律法规》等导读资料。进一步完善各类会议制度程序，多次召开理事会、监事会、业内企业负责人座谈会。加强会员管理，整理会员档案，督促协会所属全体会员企业分别完成了相关单位布置的事宜。完成了2019年度安防资质的申办、年审、变更、注销及升级备案工作。年审中针对防控疫情需要、捐款捐物情况和复工复产实际，先后减免会员企业会费共计18.4万元。截至2020年年底，省内安防从业人员超过1万人，全年安防工程竣工量与2019年基本持平，实现9个多亿产值。

四、务实诚信经营，塑造良好形象

2020年，青海安防协会与青海省企业家信用协会职能互补、联手推进，持续在协会会员企业中深入开展“安防诚信企业”创建活动，并将诚信经营承诺纳入资质新办和年审范围之中，13家会员企业被表彰为“青海安防行业诚信企业”。进一步细化服务会员规定，建立会员联系机制，及时回应会员的诉求。

完善网站和微信公众号，新增协会服务宣传平台，拓展和整合协会各种工作交流群，按期出版《青海安防》杂志。强化与省内外行业协会及新闻媒体的联系沟通。

五、搭建交流平台，深化合作共建

青海安防协会先后主办了“科技练兵·创新强警”2020年青海省公安科技活动周、2020中国（青海）公共安全产品及网络安全技术应用博览会，7次组织协会领导和专家，分别赴北京、浙江等五省市考察、学习和交流，还先后参加了全国安防行业协会负责人座谈会、中国安全防范产品行业协会五届九次理事会等一系列安防行业活动。圆满完成了2020年中国电信“天翼杯”西宁地区第47届元旦环城赛航拍任务，并实现了全省范围内首次无人机航拍工作规范报批，填补了航拍工作“零报批”空白。青海安防协会还与政府、行业组织机构围绕对外行业宣传、信息服务等方面进行广泛交流与合作，并与南京、苏州安防协会签订了多项合作协议。

六、勇担社会责任，携手公益事业

积极投身社会公益事业，青海安防协会持续开展定点帮扶，先后参与了“多方携手、脱贫攻坚”“鼓干劲、稳脱贫、迎小康”、国家“扶贫日”主题扶贫攻坚活动。协调召集各方专业力量，组建了青海省西宁城际救援队，为环卫工人设立“爱心饮水服务站”，为昆东社区居民订阅《西海都市报》。

面对新冠肺炎疫情，青海安防协会按照“坚决不发生，确保不扩散”的目标要求，积极应对，主动作为，承压运行，克难奋进。协会及所属会员企业先后多层面、多渠道捐款捐物价值60余万元。

地　　址：青海省西宁市城西区香格里拉路2号
联 系 人：蔡　静
电　　话：18897059961
网　　站：www. qhsafxh. com

新疆维吾尔自治区安全技术防范行业协会

新疆维吾尔自治区安全技术防范行业协会（以下简称“新疆安防协会”）于2011年9月26日在乌鲁木齐市成立，是经新疆维吾尔自治区民政厅登记注册的社团法人，业务指导单位是新疆维吾尔自治区公安厅。协会是从事安全技术防范产品开发、生产、销售，技术培训、信息服务，承接安全技术防范系统工程设计、施工，报警服务及运行维护以及相关企事业单位自愿参加的地方性行业组织。

新疆安防协会秉承服务政府、服务会员、服务行业、服务广大用户的宗旨，严格遵守宪法、法律、法规和国家政策，遵守社会道德风尚；在政府有关部门的指导下，依靠行业的集体力量，加速自治区安全技术防范事业的发展，为会员单位的共同利益服务，维护全行业与会员单位的合法权益，加强行业自律，维护用户的利益；发挥政府部门的助手作用，发展与国内外相关组织的经济技术交流，以促进全行业技术管理水平和经济效益的不断提高；推进自治区安全防范工作的开展。

2020年，新疆安防协会主要开展的工作包括以下几个方面：

一、加强党组织建设，党建工作迈上新台阶

为贯彻落实民政部关于加强社会组织党组织建设的指导思想，新疆安防协会于2020年2月28日成立了中共新疆维吾尔自治区安全技术防范行业协会支部委员会。协会支部的成立标志着新疆安防协会党建工作上了一个全新的台阶，也标志着协会在社会组织体制建设方面迈开了更加坚实的步伐。

二、更新服务理念，更好发挥好桥梁纽带作用

2020年新冠肺炎疫情期间，新疆安防协会迅速应对，采取灵活多样的工作方法，确保工作效率不减，服务质量不降。充分发挥职能职责，提高为会员服务的能力；加强技术培训，不断提升从业人员技术水平，2020年先后组织工程技术员网络培训13期，并优化资质等级评定的评审流程，同时结合评审工作向企业宣贯GB50348-2018标准相关内容；注重行业宣传，充分利用多媒介，宣传国家政策法规、标准、行业信息资讯等，不断增强社会影响号召力，同各兄弟协会密切联系、深入交流；积极发挥专家委员会作用，多次组织、协调专家参与资质评审、专业技术人员培训、安全技术防范工程的技术评标、方案论证和工程验收等工作；积极响应号召，持续助力脱贫攻坚。

三、加强协会自身建设，协会工作规范化水平不断提高

一是着眼协会规范化建设，不断完善制度规定；二是着眼行业发展需求，全面升级新疆安防协会网站；三是着眼新疆安防协会长远建设，不断提升人员素质，定期组织工作人员学习，并于2020年11月23日至12月4日协会分两批参加了新疆维吾尔自治区民政厅举办的《全区性社会组织学习贯彻十九届五中全会精神暨能力建设培训班》。

地　　址：乌鲁木齐市沙依巴克区黄河路396号七一酱园高层B座1303室
联 系 人：吕远彩
电　　话：0991-5821076-802　15349987998
网　　址：www. xjafxh. org

第三节　技术服务机构

本节主要收录了15家安防技术服务机构的机构介绍、联系方式以及2020年的工作情况，索引目录如下：

全国安全防范报警系统标准化技术委员会

全国安全防范报警系统标准化技术委员会（以下简称“全国安防标委会”，代号为SAC/TC100）成立于1987年，归口工作范围为安全防范报警系统和产品，涉及入侵和紧急报警、视频监控、出入口控制、防爆安检、安防工程、实体防护和人体生物特征识别应用等多个专业技术领域。

SAC/TC100的主要工作任务是向国家标准化管理委员会和公安部科技信息化局提出安全防范报警系统技术领域标准化工作的方针、政策和技术措施的建议；按照国家标准化工作的方针、政策，制定安全防范报警系统技术领域的标准体系和标准制修订规划、计划草案；按照国家和行业下达的标准制修订年度计划组织制定和审查国家标准草案和行业标准草案；对经批准发布的国家标准、行业标准，组织宣贯、培训和定期复审；为企业标准化工作提供咨询和服务；对口国际电工委员会/报警与电子安防系统技术委员会（IEC/TC79）的工作，参加IEC/TC79国际标准草案的制定、审查和投票表决。

SAC/TC100的常设工作机构为秘书处，办公地点设在公安部第一研究所。

根据工作需要，经国家标准化管理委员会批准，SAC/TC100于2000年成立了实体防护设备分技术委员会（SAC/TC100/SC1），办公地点设在公安部第三研究所。2007年成立了人体生物特征识别应用分技术委员会（SAC/TC100/SC2），办公地点设在公安部第一研究所。

2020年，全国安防标委会工作的各个方面都取得了比较突出的成绩，重点内容如下：

一、较好地完成了标准制修订工作

2020年，全国安防标委会完成并经批准发布的标准共25项，其中国家标准2项、行业标准23项，具体如下：

表3-2　标准列表一

序号	标准编号	名称
1	GB/T 39272-2020	公共安全视频监控联网技术测试规范
2	GB/T 39274-2020	公共安全视频监控数字视音频编解码技术测试规范
3	GA/T 1730-2020	公共安全产品合格评定标志
4	GA/T 1757-2020	入侵和紧急报警系统　紧急报警装置
5	GA/T 1758-2020	安防拾音器通用技术要求
6	GA/T 1708-2020	安全防范视频监控红外热成像设备
7	GA/T 1709-2020	实体防护产品防弹性能分类及测试方法
8	GA/T 1711-2020	安防监控中心电磁环境控制限值和测量方法
9	GA/Z 1736-2020	基于目标位置映射的主从摄像机协同系统技术要求
10	GA/T 1741-2020	公安视频图像信息应用系统检验规范
11	GA/T 1756-2020	公安视频监控人像/人脸识别应用技术要求
12	GA/T 1738-2020	出入口控制系统　编码识读设备
13	GA/T 1739-2020	出入口控制系统　控制器
14	GA/T 1742-2020	封闭式停车场安全防范要求

续表

序号	标准编号	名称
15	GA/T 1731-2020	乘用车辆X射线安全检查系统技术要求
16	GA 586-2020	广播电影电视系统重点单位重要部位的风险等级和安全防护级别
17	GA/T 1081-2020	安全防范系统维护保养规范
18	GA/T 1710-2020	南水北调工程安全防范要求
19	GA/T1741.1-2020	旅游景区安全防范要求　第1部分：山岳型
20	GA 1744-2020	城市公共汽电车及场站安全防范要求
21	GA/T 501-2020	银行保管箱
22	GA 667-2020	防爆炸透明材料
23	GA/T 746-2020	提款箱
24	GA/T 1755-2020	安全防范　人脸识别应用　人证核验设备通用技术要求
25	GA/T 1707-2020	防爆安全门

完成标准报批稿31项，其中国家标准6项、行业标准25项，具体如下：

表3-3　标准列表二

序号	标准编号	名称
1	GB 16796	安全防范报警设备安全要求和试验方法（修订）
2	GB/T 31070.3	楼寓对讲系统　第3部分：特定应用技术要求
3	GB/T	毫米波全息成像人体安全检查设备通用技术要求
4	GB/T	基于拉曼光谱技术的危险化学品安全检查设备通用技术要求
5	GB/T	基于介电常数技术的液态危险品安全检查仪通用技术要求
6	GB/T	公共安全人体生物特征识别应用术语
7	GA 38	银行营业场所安全防范要求（5项强标整合）
8	GA	实体防护产品防弹性能技术要求及测试方法
9	GA/T	公安视频图像信息联网应用运维管理规范
10	GA/T	公安视频图像信息联网应用运维管理平台技术要求
11	GA/Z	公安视频监控前端摄像机部署导则
12	GA/T	公安视频图像信息应用平台软件测试规范
13	GA/T	公安视频图像信息数据库测试规范
14	GA/T	公安视频图像信息应用系统接口协议测试规范
15	GA/T	公安视频图像信息系统验收规范
16	GA/T	公安视频图像信息系统安全技术要求　第1部分：通用要求
17	GA/T	公安视频图像信息系统安全技术要求　第2部分：前端设备
18	GA/T	公安视频图像信息系统安全技术要求　第3部分：安全交互

续表

序号	标准编号	名称
19	GA/T	公安视频图像信息系统安全技术要求　第4部分：安全管理平台
20	GA/T	公共安全社会视频资源安全联网设备技术要求
21	GA/T	太赫兹人体安全检查设备通用技术要求
22	GA/T	安防线缆
23	GA/T	防爆安全门
24	GA/T	安全防范　人脸识别应用　算法性能评测方法
25	GA/T	安全防范　指纹识别应用　识别设备通用技术要求
26	GA/T	安全防范　虹膜识别应用　采集设备通用技术要求
27	GA/T	安全防范　掌静脉识别应用　图像技术要求
28	GA/T	安全防范　手部静脉识别应用　图像数据交换格式
29	GA/T	安全防范　掌静脉识别应用　算法评测方法
30	GA/T	安全防范　声纹识别应用程序接口
31	GA/T	安全防范　声纹识别应用网络语音样本技术要求

二、积极开展重要领域标准项目研究及制定

在公共安全视频监控应用云平台项目标准编制工作中，全国安防标委会2020年启动了20项公共安全行业标准的制修订工作，完成了10项标准报批稿，其中2项标准已经公安部批准发布。在加快制定治安反恐防范标准中，全国安防标委翻译国外反恐文献10余册，制定2项公共安全行业标准，完成2项研究报告。课题研究成果通过了科技部组织的中期检查；在电力系统治安反恐防范工作，全国安防标委会同相关部门，开展了公共安全行业标准《电力系统治安反恐防范要求》（第1-6部分）的编制工作，6项标准均已完成征求意见稿，具体如下：

表3-4　标准列表三

序号	标准编号	名称
1	GA	电力系统治安反恐防范要求　第1部分：电网企业
2	GA	电力系统治安反恐防范要求　第2部分：火力发电企业
3	GA	电力系统治安反恐防范要求　第3部分：水力发电企业
4	GA	电力系统治安反恐防范要求　第4部分：风力发电企业
5	GA	电力系统治安反恐防范要求　第5部分：太阳能发电企业
6	GA	电力系统治安反恐防范要求　第6部分：核能发电企业

三、国际标准化工作不断取得新突破

一是全国安防标委会组织中国专家牵头制定1项国际标准ITU-T H. 627：2020《视频监控系统的信令和协议》。截止到2020年年底，全国安防标委会共牵头制定9项国际标准，其中国际电工委员会（IEC）国际标准6项，国际电信联盟（ITU）国际标准3项。目前，该9项国际标准均已正式发布实施。二是积

极开辟 ISO 国际标准化新领域，2020 年，国际标准化组织（ISO）新成立了 TC332“金融机构和商业组织安全防范设备技术委员会”。全国安防标委会承担 ISO/TC332 的国际标准化对口工作，并组织中国代表团参加了 ISO/TC332 召开的两次全体成员视频会议。三是积极推动中国标准走出去，2020 年全国安防标委会组织相关单位开展了 11 项国家标准的外文版翻译工作，于 2020 年 12 月，完成 11 项国家标准外文版报批稿并上报国家标准委，具体标准如下：

表 3-5 标准列表四

序号	标准编号	名称
1	GB 15208. 1-2018	微剂量 X 射线安全检查设备 第 1 部分：通用技术要求
2	GB 15208. 2-2018	微剂量 X 射线安全检查设备 第 2 部分：透射式行包安全检查设备
3	GB 15208. 3-2018	微剂量 X 射线安全检查设备 第 3 部分：透射式货物安全检查设备
4	GB 15208. 3-2018	微剂量 X 射线安全检查设备 第 4 部分：人体安全检查设备
5	GB 15208. 5-2018	微剂量 X 射线安全检查设备 第 5 部分：背散射物品安全检查设备
6	GB 12899-2018	手持式金属探测器通用技术规范
7	GB 15210-2018	通过式金属探测门通用技术规范
8	GB 10409-2019	防盗保险柜（箱）
9	GB 37481-2019	金库门通用技术要求
10	GB/T 28181-2016	公共安全视频监控联网系统信息传输、交换、控制技术要求
11	GB/T 30147-2013	安防监控视频实时智能分析设备技术要求

四、加强标准宣贯培训，加大网上培训力度

一是紧密配合公安工作开展重要标准宣贯培训，2020 年，全国安防标委会配合公安部科技信息化局举办了“全国公安技防和视频业务培训班”，培训各地公安局技防/科信管理干部 100 余人。还选派标准起草专家对 GB35114-2017《公共安全视频监控联网信息安全技术要求》等国家标准和行业标准进行了宣贯。二是不断加大标准网上培训力度，通过邀请多名标准起草专家录制宣贯培训视频资料，利用互联网开展了 GB50348-2018《安全防范工程技术标准》等多项标准的宣贯培训工作，收到了良好效果。

五、楼寓对讲标准荣获中国标准创新贡献奖一等奖

全国安防标委会共组织制定了楼宇对讲领域 3 项行业标准、3 项国家标准、5 项国际标准。其中国际标准的制定和发布实施，使我国牢牢掌握了楼寓对讲国际标准的话语权，2020 年，IEC 62820《楼寓对讲系统》等 9 项标准荣获中国标准创新贡献奖一等奖。

六、与行业协会合作，积极推动团体标准的制定

2020 年，全国安防标委会与中国安全防范产品行业协会合作，积极推动和开展团体标准化工作，共制定 7 项团体标准，其中 4 项已发布实施。

地　　址：北京市海淀区首体南路 1 号公安部第一研究所新科研楼 19 层 1916B
联 系 人：施巨岭
电　　话：010-68773938

全国安全防范报警系统标准化技术委员会实体防护设备分技术委员会

全国安全防范报警系统标准化技术委员会实体防护设备分技术委员会（以下简称“实体防护分会”，代号为 SAC/TC100/SC1）是经国家标准化管理委员会批准成立的全国性专业标准化技术工作组织，是我国安全防范技术领域中实体防护设备技术专业内从事全国性标准化工作的技术工作组织，负责本专业技术领域的标准化技术归口工作和本专业国家标准、行业标准的制修订工作。

SAC/TC100/SC1 的主要工作任务是：遵循国家有关方针政策，向 TC100 提出实体防护专业标准化工作的方针、政策和技术措施的建议；按照国家制修订标准的原则，以及采用国际标准和国外先进标准的方针，提出本专业制修订国家标准和行业标准的规划及年度计划；根据国家标准化管理委员会和公安部科技信息化局批准的计划，在 TC100 领导下组织本专业国家标准和行业标准的制修订工作和相关的科研工作；组织本专业国家标准和行业标准送审稿的审查工作，对标准中的技术内容负责，提出审定结论意见，提出强制性标准和推荐性标准的建议。定期复审已发布的本专业国家标准和行业标准，提出修订、补充、废止或继续执行的意见；受国家标准化管理委员会、公安部科技信息化局的委托，在 TC100 的领导下负责组织本专业国家标准和行业标准的宣讲、解释工作，对本专业已颁布标准的实施情况进行调查和分析，作出书面报告。向国家标准化管理委员会、公安部科技信息化局和 TC100 提出本专业标准化成果奖励项目和标准化先进个人、先进集体进行奖励的建议；在 TC100 的领导下组织参加有关国际标准化活动，做好与相关标准化国际组织的技术交流工作；受国家标准化管理委员会和公安部科技信息化局委托，根据 TC100 的安排，在产品质量监督检验、认证等工作中承担本专业标准化范围内产品质量标准水平评价工作及本专业引进项目的标准化审查工作，并向项目主管部门提出标准化水平分析报告。

目前，SAC/TC100/SC1 共有委员 41 名、顾问 2 名，秘书处设在公安部第三研究所。

2020 年 SAC/TC100/SC1 重点工作如下：

一、扎实完成标准制修订工作

2020 年，实体防护分会组织召开 14 次标准评审或讨论会，完成 5 个行业标准的发布，包括 GA 667-2020《防爆炸透明材料》、GA/T 1707-2020《防爆安全门》、GA/T 501-2020《银行保管箱》、GA/T 1709-2020《实体防护产品防弹性能分类及测试方法》、GA/T 746-2020《提款箱》；完成 3 个国家和行业标准的报批，包括 GB 防盗安全门通用技术条件（报批稿）、GA/T 钢丝焊接安全围栏通用技术要求（报批稿）、GB 外文版防盗保险柜（箱）（报批稿）；完成 2 个国家和行业标准的草案，包括 GB 安全防范透明防护材料通用技术要求（草案稿）、GA/T 实体防护产品抗破坏性能通用评价方法（草案稿）。

二、积极开展标准宣贯与培训

为使相关单位准确、科学理解 GB 10409-2019《防盗保险柜（箱）》国家标准具体内容和检测方法，实体防护分会 1 月在上海召开该标准宣贯材料编制研讨会议，2 月公开征求宣贯材料的意见，6 月通过网络召开该标准宣贯会议，会议对新旧标准进行了对照解读，解释了防盗保险（箱）柜新的技术要求和试验方法。

地　　址：上海市徐汇区岳阳路 76 号
联 系 人：李　剑
电　　话：021-64336810 转 1735

全国安全防范报警系统标准化技术委员会人体生物特征识别分技术委员会

全国安全防范报警系统标准化技术委员会人体生物特征识别应用分技术委员会（以下简称“生物特征分会”，代号为 SAC/TC100/SC2）成立于 2007 年 11 月 9 日。负责基于指纹、人脸、指静脉、虹膜、声纹等人体生物特征识别技术的基础标准、应用标准、评测标准和管理标准等制修订工作。

结合国家法定证件、安防视频监控、出入口控制、出入境管理和人口信息等需求，SAC/TC100/SC2 已初步形成全面、科学、先进、实用，且与工程密切相关的公共安全领域人体生物特征识别应用的标准体系。

SAC/TC100/SC2 现有全国委员 45 人，通信委员 100 多人，分别来自公安部各业务局，中科院多个研究所，北大、清华等高校，以及业内知名企业。现已发布各类国家标准、行业标准约 50 项，制定了行业内第一个生物特征标准体系和公共安全生物特征术语。

2020 年，SAC/TC100/SC2 经各位委员代表、专家的共同努力，较好地完成了本年度各项工作，主要工作有：

一、完成了国家标准《公共安全　生物特征识别　术语》行业标准《公共安全　生物特征标准体系》《安全防范　人脸识别应用　人证核验设备通用技术要求》《安全防范　掌静脉识别应用　采集设备》《安全防范　掌静脉识别应用　算法性能评测方法》《安全防范　声纹识别应用　程序接口规范》《安全防范　人脸识别应用中识别算法性能评测方法》《安全防范　手部静脉识别应用　图像数据交换格式》《安全防范　指纹识别应用　出入口控制指纹识别模块通用技术要求》《安全防范　指纹识别应用　识别设备通用技术要求》《安全防范　指纹识别应用　出入口控制指纹识别模块通用技术要求》等 10 多项标准项目的制定、审查、修改、材料整理和上报工作。

二、完成了《公共安全　人脸识别应用个人身份认证　第 1 部分：原则和框架》《公共安全　人脸识别应用个人身份认证　第 4 部分：视频采集规范》《公共安全　人脸识别应用个人身份认证　第 5 部分：照片图像采集规范》《公共安全　人脸识别应用个人身份认证　第 11 部分：程序接口规范》《公共安全　声纹识别应用　远程身份认证框架》五项国家标准项目网上申报、标准草案上报和答辩工作。

三、完成了《公共安全　人脸识别应用　安全管理规范》《公共安全　虹膜识别应用　采集设备》《公共安全　虹膜识别应用　算法评测方法》《公共安全　虹膜识别应用　图像技术要求》《公共安全　人脸识别应用防假体攻击测试方法》五项标准送审稿审查。已发布生物特征标准在指纹、人脸、静脉、虹膜、声纹等特征的应用中得到普遍采用。

地　　址：北京市海淀区首都体育馆南路 1 号
联 系 人：侯鸿川
电　　话：010-68773871　13051585055

全国警用装备标准化技术委员会

全国警用装备标准化技术委员会（以下简称“警标委”，代号为 SAC/TC561）是经国家标准化管理委员会批准成立的全国警用装备专业标准化技术工作组织，主要负责警用装备领域国家标准和行业标准的制修订工作，负责武器警械、警用车辆、警用防护装备、警用装具和警服专业技术领域的标准化归口工作和本专业国家标准、行业标准的制修订工作。

按国家标准化相关管理规定，警标委受国家标准化管理委员会领导，由公安部负责日常管理和业务指导，常设工作机构警标委秘书处设在公安部第一研究所。

警标委的主要工作任务是：遵循国家有关标准化工作的方针政策，开展警用装备技术领域的标准化工作，制定本专业标准体系和标准制修订计划，按照本专业标准制修订年度计划组织制定国家及行业标准；组织对所制定的标准进行宣贯实施和定期复审、修订，为全国警用装备主管部门进行规范化管理提供技术支撑。

警标委组成结构涵盖了国内警用装备管理部门、使用部门、科研院所、检测机构、业内专家、生产企业等单位。

2020 年，警标委在全力做好新冠肺炎疫情防控工作的同时，坚持围绕中心、服务大局，较好地完成了标准制修订和上级部门下达的各项任务。

一、积极推进标准制修订及培训工作

2020 年警标委较好地完成了多项警用装备技术标准的制修订、审查及征求意见工作。一是完成 11 项技术标准制修订和报批，包括 GA 1732-2020《警用无人驾驶航空器外观制式涂装规范》、GA 1777-2020《人民警察警旗》、GA 309《警鞋　男单皮鞋》、GA 310《警鞋　女单皮鞋》、GA 570《警鞋　男皮凉鞋》、GA 571《警鞋　女皮凉鞋》、GA 311《警鞋　男棉皮鞋》、GA 312《警鞋　女棉皮鞋》、GA 313《警鞋　男毛皮鞋》、GA 314《警鞋　女毛皮鞋》、GA/T 1763-2021《警用穿墙雷达探测仪》；二是完成 11 项国家标准和行业标准的送审稿，包括《警用防暴服》《中国人民警察警徽》《警用臂盾》《枪弹收弹器》《警用手铐通用技术要求》《监室门》《警服　内穿衬衣》等 11 项，拟提交审查；三是完成 120 余项国家标准、行业标准的征求意见稿，包括《警用装备标准体系表》《警用训练防护服》《警用肩灯》《警车车徽》《警礼服系列标准》（17 项）、《辅警服装系列技术标准》（80 项）；四是召开警礼服、警礼帽四项技术标准（试行稿）培训会，完成了标准培训工作。

二、完成年度国家标准、行业标准申报工作

一是向国家标准委提出《特种警用装备术语》《警用车辆产品分类及型号编制规则》《防弹材料及产品 V50 试验方法》三项国家标准申报工作，并获立项批准；二是向公安部科技信息化局提出《警用防暴服》《警用训练防护服》《警用防弹防刺服》《警用无人驾驶航空器外观制式涂装规范》《中国人民警察警旗》《警服内穿衬衣》等 14 项行业标准制修订申报工作，并获立项批准，这些都是公安装备和被装业务急需的标准项目。

三、顺利完成标准制修订计划项目再评估工作

警标委组织公安部相关业务主管部门、业内专家和相关委员对涉及归口的标准制修订计划项目逐项进行了认真的梳理和评估，并提出了评估自查意见，评估结果已上报公安部科技信息化局。

四、扎实开展科研项目工作

一是完成“警用‘低慢小’飞行器探测拦截系统研究”项目的结项、成果申报工作。二是承担了 2020 年度“公安部技术研究计划”《防护装备舒适度评价方法与研究》项目的研究工作。

五、完成主管业务部门急需技术标准编写和相关技术服务工作

一是完成 GA 1777-2020《人民警察警旗》、GA1732-2020《警用无人驾驶航空器外观制式涂装规范》标准制定工作；二是完成《防护服警用外观标识规范》的编制工作；三是完成警礼服系列技术标

准制定工作。

地　　址：北京市海淀区首都体育馆南路 1 号
联 系 人：孙　非
电　　话：010-68773422
网　　址：www. gbjbw. org. cn

公安部社会公共安全应用基础标准化技术委员会

公安部社会公共安全应用基础标准化技术委员会（以下简称“基础标委会”）于 2008 年 1 月 23 日在京正式成立。基础标委会由公安部机关业务局、部属研究所、院校、标准化技术委员会、质量检验机构、质量认证机构、行业协会以及生产、使用、经销等方面的企业代表组成。基础标委会秘书处挂靠单位为公安部第一研究所。

基础标委会受公安部科技信息化局的委托，负责制修订社会公共安全行业内新技术、新标准领域及跨技术领域、跨部门、跨警种的公用性国家标准和公安行业标准及其宣传培训和监督检查工作。

具体任务有：遵循国家有关方针、政策，向公安部科技信息化局提出社会公共安全应用基础标准化工作的方针、政策、管理和技术措施的建议；按照国家制修订标准的原则以及采用国际标准和国外先进标准的方针，负责制定社会公共安全应用基础标准体系，提出社会公共安全应用基础国家标准和公安行业标准的规划和年度计划的建议；根据公安部科技信息化局批准的计划或下达的任务，组织开展社会公共安全应用基础国家标准和公安行业标准的制修订工作及相关的科研工作；组织社会公共安全应用基础国家标准和公安行业标准送审稿的审查工作，对标准中的技术内容负责，提出审定结论意见，提出强制性标准或推荐性标准的建议。定期复审已发布的社会公共安全应用基础国家标准和公安行业标准，提出修订、补充、废止或继续执行的意见；负责组织社会公共安全应用基础国家标准和公安行业标准的宣讲、解释工作。对已颁布标准的实施情况进行调查和研究，作出书面报告。向公安部科技信息化局提出社会公共安全应用基础标准化成果奖励项目和对标准化工作先进个人、先进集体进行奖励的建议；负责与相关国际标准化组织的联系，组织参加有关国际标准化活动，做好与相关标准化国际组织的技术交流工作；在产品质量监督检验、认证等工作中，承担社会公共安全应用基础标准化范围内产品质量标准水平评价工作，并向项目主管部门提出标准化水平分析报告；在完成上述任务前提下，基础标委会面向社会开展社会公共安全应用基础标准化工作，指导社会公共安全应用基础地方标准、企业标准的制定、审查和宣讲、咨询等技术服务工作。

基础标委会现有委员 40 名、通讯委员 20 名。

2020 年，基础标委会主要完成了以下几项工作：

一、完成多项标准申报立项

2020 年基础标委会组织部相关业务部门、部直属单位、各地公安机关开展标准制修订计划项目申报工作，共收到归口申报项目 18 项。经基础标委会委员和专家研究讨论并报公安部审核批准，共 11 项标准项目立项。其中包括《单警执法视音频记录系统　第 1 部分：基本要求》等 4 项产品标准、《公安部专业标准化技术委员会考核评估指标体系》《移民和出入境管理标准体系表》等。另外，基础标委会还收到公安部第一研究所申报的推荐性国家标准《信息安全技术　居民身份网络认证服务接口要求》立项申请。

二、推进多项标准制修订工作

2020 年基础标委会分别召开了《执法办案区规范管理信息应用技术要求》《人员基础信息采集设备

通用技术规范》标准启动会、征求意见稿审查会；召开了《保安安全检查服务规范》征求意见稿审查会；指导《社会治安预警评估规范》起草工作；召开了《单警执法视音频记录系统 第1部分：基本要求》等4项标准启动会，组织标准起草工作。

三、发布18项行业标准

2020年，基础标委会共完成18项行业标准的报批工作，并于年内发布，具体如下：

GA/T 1688-2020《全国公安监所网上检查督导系统维护规范》；

GA/T 1715-2020《居民身份证自助取证机》；

GA/T 1721-2020《居民身份网络认证通用术语》；

GA/T 1727-2020《光幕靶测速仪校准规范》；

GA/T 1729-2020《保安防卫棍》；

GA/T 1722-2020《居民身份网络认证整体技术框架》；

GA/T 1724-2020《居民身份网络认证网络可信凭证和网络标识格式要求》；

GA/T 1723.1~1723.5-2020《居民身份网络认证认证服务》；

GA/T 1725.1~1725.4-2020《居民身份网络认证信息采集设备》；

GA/T 1084-2020《大型活动用拼接显示系统通用规范》（代替GA/T 1084-2013）；

GA/T 1733-2020《便携式警用装备锂离子电池和电池组通用技术要求》。

四、开展拟废止行业标准评估工作

2020年基础标委会组织完成《安检排爆名词术语》《涉爆现场处置规范》2项拟废止行业标准再评估工作，并废止该2项行业标准。

地　　址：北京市海淀区首体南路1号

联 系 人：杨童权

电　　话：010-68773878

国家安全防范报警系统产品质量监督检验中心（北京）

公安部安全与警用电子产品质量检测中心（以下简称“北京检测中心”）成立于1986年，在此基础上先后成立了公安部特种警用装备质量监督检验中心、国家安全防范报警系统产品质量监督检验中心（北京）、神盾计量校准中心和国家测速仪型式评价实验室（公安）。

北京检测中心是经公安部政治部批准，通过中国国家认证认可监督管理委员会授权、资质认定合格、中国合格评定国家认可委员会认可的多学科、多专业具有第三方公正地位的技术服务机构，是集检验、检测、校准于一身的综合型国家级实验室。

北京检测中心行政上隶属于公安部第一研究所，业务工作直接受国家市场监督管理总局和公安部科技信息化局、装备财务局及相关业务局的领导和指导，是中国质量认证中心（CQC）和中国安全技术防范认证中心（CSP）签约实验室，承担安全防范产品强制性认证、自愿性认证和计算机信息系统专用产品销售许可的检验工作。检测中心同时还是专业数字集群（PDT）产业技术创新战略联盟、北京安防视音频编解码技术产业联盟委托检测实验室。中心多位资深技术人员分别担任全国安全防范报警系统标准化技术委员会（SAC/TC100）、全国安全防范报警系统标准化技术委员会人体生物特征识别应用分技术委员会（SAC/TC100/SC2）、全国警用装备标准化技术委员会（SAC/TC561）、全国振动冲击转速计量技术委员会、全国信息安全标准化技术委员会、全国电子产品安全标准化技术委员会、公安部社会公共安全应用基础标准化技术委员会、公安部计算机与信息处理标准化技术委员会、公安部通信标准化技术委员会的委员，任中国安全防范产品行业协会专家委员会专家、国家文物局安全防范技术专家、北京市人力资源和社会保障局专家、中国防伪行业协会专家委员会专家，任中国安全技术防范认证中心、中国质量认证中心特聘工厂检查员等。

北京检测中心自建立以来，始终严格按照 ISO/IEC17020、ISO/IEC17025、RB/T214 的要求，建立并运行质量管理体系，坚持“科学、公正、准确”的质量方针，注重实验室能力建设。中心内设有安防电子、软件测评、实体防护及警用装备、警用服装服饰、信息安全技术、安防工程、防化和计量校准八个检测部，以及技术标准部、国际合作部、综合部、办公室和交流中心五个职能部门。

北京检测中心建有电性能、安全性能、防护性能、电磁兼容（EMC）5 米法电波暗室、微波暗室、防弹性能、锁具测试、环境试验、警用通信、警用装备、警用车辆、警用无人机、警用机器人、警用服装服饰、信息安全、软件测评、视频图像联网 GB/T 28181 标准符合性检测、视频智能分析、消音室、声学、光学、长度、力学、无线电、视频图像（暗室）、屏蔽室、电池检测、步行、防伪、技侦、UL 目击测试、CE 认证检测、校准检定、国家测速仪型式评价实验室、高机动防暴车辆技术国家工程实验室等 40 余个专业实验室，并在北京秦城设有大型综合试验基地，建有专业靶场和环境实验室，开展各类防弹、防暴（爆）、防化、警用车辆类产品、安防线缆产品等测试和检验方法研究。

目前，北京检测中心经资质认定和实验室认可的检测检验能力 670 项，计量校准能力 40 项。具备按照相应的国家标准、行业标准、地方标准及 IEC、EN、UL 等国际标准开展相关测试服务工作的能力。检验类别涵盖国家、行业质量监督抽查检验、仲裁检验、质量鉴定、司法鉴定、委托检验、型式检验、计量校准检定、信息安全检验、计算机信息系统安全专用产品销售许可检测、科技成果鉴定检验等。业务范围包括社会公共安全防范、软件与信息化、信息安全、警用装备、警用服饰、军民融合防化等领域内系统及产品的质量检验、检查，各类安全防范工程的检验，计量器具的检定校准。

2020 年，北京检测中心重点工作如下：

一、检测业务开展基本情况

在产品类别方面，北京检测中心检验涉及产品大类主要包括服装服饰类、安防电子类、实体防护/警用装备类、安防工程类、道路交通类、软件类、信息安全类、计量校准类、防化类、测速仪型式评价类等，出具报告 22483 份，涉及企业数量 3753 家；在检验类别方面，北京检测中心检验类别包括委托检验、型式检验、认证检验、交收检验、计量校准、行业监督抽查和型式评价七类，其中委托检验企业数量和出具报告数量均最多，分别为 3160 家和 20273 份，占比分别为 84% 和 90%。在重点产品生产企业地域分布方面，包括门类、服装、电子锁、面料、摄像机、安检类、防刺类、鞋、腰带、帽子十类重点产品，涉及生产企业共 1343 家，门类产品生产企业最多，为 198 家；服装产品生产企业 189 家；电子锁产品生产企业 188 家。

二、发挥科技优势，助力疫情防控

2020 年，为满足疫情防控需要，北京检测中心依据相关标准制定了红外测温产品检测技术模板，对测温安检门、测温门禁、热成像摄像机、测温枪、红外测温模块等形态的产品全面开展测试工作，确保了各类防疫设备质量可靠、作用有效。

三、坚持高质量发展，为相关单位提供高效优质服务

作为公安行业国家级权威检测机构，2020 年，北京检测中心受公安部相关业务局委托开展各类专项检测、检验、调研等工作。一是配合公安部科技信息化局开展相关工作，包括 2020 年度社会公共安全产品质量行业监督抽查工作、全国公安技防和视频业务培训工作、“公安标准化制修订管理系统”采购工作、多种

类型接入平台测评工作、各地雪亮工程评估验收工作；二是配合中国安全技术防范认证中心开展防盗锁和实体防护产品两项认证规则修改单的编制和评审工作，配合开展防盗锁、实体防护产品认证宣贯工作。

四、坚持强基固本，持续提升实验室能力

2020 年，北京检测中心积极承担国家级、公安部级实验室建设，通过不断强化基础建设，大力拓展实验室资质能力范围。一是顺利通过国家认监委和国家认可委实施的 CNAS、CMA、CAL“三合一”扩项评审及复评审。截至 2020 年 12 月底，检测能力范围覆盖安防电子、软件、实体防护、警用装备、服装服饰、信息安全、防化等领域 670 余项，计量校准能力 40 项。二是国家及公安部实验室建设工作进展顺利，包括高机动防暴车辆技术国家工程实验室顺利通过由国家发展和改革委员会等单位组织的验收评审；作为国家市场监督管理总局授权的首家测速仪型式评价实验室——国家测速仪型式评价实验室（公安）受理并完成多个型号雷达测速仪型式评价任务；协同证件防伪公安部重点实验室承担的公安部科技强警基础工作专项项目“基于自学习的中小尺寸指纹模块检验方法研究”顺利通过验收；信息系统安全检测实验室增加计算机信息系统安全专用产品销售许可检测类别，目前已覆盖数据备份与恢复、网络安全审计、网络漏洞扫描产品、公共显示屏内容安全智能管理系统等产品；警用服装服饰实验室配合有关部门开展打击整治非法制售警服专项工作，并积极参与《人民警察警旗》标准制定专项工作；防化实验室持续筹备开展食药环检测业务，并于年内完成了防化产品实毒测试、辐射产品放射源测试、生物产品病原体测试等相关任务。

五、拓宽市场服务，加速实现产业融合

2020 年，北京检测中心通过与国内外知名机构及企事业单位深入合作与交流，不断开拓新兴业务领域，寻求业务增长点，加速实现深度产业融合。一是拓宽国内服务市场。2020 年，北京检测中心四川工作站正式投入运营，杭州滨江视频实验室基本完成建设任务，牵头成立中关村中安公共安全视频智能应用技术联盟（PVIT）并召开了联盟第一次会员大会；深入企业开展“服务到家”系列走访活动，开展各类线上培训和技术讲座 60 余次，累计培训学员 5000 余人；主办警用无人机应用及反制技术论坛、举办全国无人机安全管控分论坛、参展中山小榄五金锁具博览会、参加中国（杭州）数字安防合作伙伴大会、召开安防实体防护产品检测认证服务系列推介交流会。二是积极开展国际合作。2020 年，北京检测中心在保持与美国 UL 实验室、德国莱茵 TUV 实验室等国际机构良好合作基础上，与瑞士 SGS 检验集团签订框架合作协议，建立战略合作伙伴关系，在授权范围内开展欧盟 CE 认证安全性和电磁兼容性测试，并就实验室共建、联合认证、科研与标准化等多方面达成合作意向。

地　　址：北京市海淀区首都体育馆南路 1 号
联 系 人：李　笃
电　　话：010-68773780、68773781
网　　址：www. tcspbj. com

国家安全防范报警系统产品质量监督检验中心（上海）

国家安全防范报警系统产品质量监督检验中心（上海）（以下简称“上海检测中心”）成立于 2005 年 3 月，是依托公安部第三研究所建立的第三方检验检测机构，业务上受国家质量监督检疫总局和公安部科技信息化局的领导，是经过国家认证认可监督管理委员会授权的、资质认定合格的、通过中国合格评定国家认可委员会认可的、具有第三方公证地位的、面向社会的开放性机构。

上海检测中心现有视频图像处理、无线图传、音频测试、电磁兼容（EMC）、安全性、实体防护、锁具检测、环境试验、防爆安检、警用装备、警用服装服饰、毒品检测等试验室。主要从事安全防范产品及系统检验检测工作，检验检测能力涵盖了红外、微波、超声、视频、声光、机械、机电、光电、压敏、防弹材料、防暴材料、防刺材料、有线和无线通信、高压电网等各类安全产品及系统。

上海检测中心着力打造学习型研究型检验机构，从事具有重大应用目标的安全防范领域专业项目、课题的研究，围绕国家应急通信保障、信息安全建设、国家安全的重大问题，积极进行原理、机理、技术的探索与创新，并以此作为中心的科研发展战略。

全国安全防范报警系统标准化技术委员会实体防护设备分技术委员会秘书处设在检测中心，致力于推动安全防范产品及系统的标准化进程，主持或参与完成了上百项安全防范领域的国际标准、国家标准、行业标准的制修订工作。

2020年，上海检测中心较好地完成了全年各项工作任务。

一、夯实实验室建设，提升综合实力

2020年上海检测中心不断夯实实验室建设，努力拓展业务资质能力，切实提升综合实力。一是顺利完成实验室、检验机构、资质认定“三合一”评审，将实验室获批的能力范围由530项扩大到640项。二是完成警用服装服饰一期工程和鞋类实验室建设，成功开展警用服装服饰和鞋类检测实验室扩项评审。8月实现实验室和资质认定的“二合一”扩项现场评审。9月CNAS正式发布确认上海检测中心扩项申请的139项标准检测能力，并开展相关检测业务。三是推进实验室基础能力建设，完成浦东电磁兼容实验室能力建设平台软件开发，承接各类检测任务共512项，出具电磁兼容专项报告97份，并在楼寓对讲系统、智能家居2类产品中首创推出电磁兼容专项证书23份；完善安防视频产品检测实验室，建设标准测试库，完成视频显示试验室、视频暗室、单警试验室、照明设备试验室的扩建升级；完善无人机实验室基础建设，加强与无人机企业沟通与合作，形成了覆盖上海、苏州以及高原测试场地的部署；另外，通过调研国内外知名公司，开展技术交流，提出2021年拟建光辐射安全实验室。

二、科研与检测业务相互促进，技术竞争力不断提高

2020年，上海检测中心不断加大科研力度，围绕检测业务，积极争取检测方法、检测工具、检测标准有关研究项目。一是科研项目领域，上海检测中心科研项目总体上呈现出了项目要求高、新兴技术覆盖面广、带动试验环境建设成效显著等特点，2020年有8个项目已结题，8项课题准备结题，在研项目30项；此外成功立项15项。其中上海检测中心“IEC 62820-1-1：2016《楼寓对讲系统　第1-1部分：系统要求　总则》等9项标准”项目荣获2020年度中国标准创新贡献一等奖，“网络安全等级保护定级关键技术及应用”项目荣获公安部科学技术奖三等奖。二是标准化工作，2020年上海检测中心主导发布标准15项，其中国家标准3项、行业标准12项；参与发布国家标准1项、行业标准3项；已报批10项，其中国家标准5项、行业标准5项；新立项国家标准10项。并作为工作组召集人联合意大利、西班牙发起系列国际标准制修订提案《WG13 Building intercom systems'standards revision Proposal》，并顺利通过IEC成员国投票，在41国家中取得了70.7%的支持率。三是论文、专利方面，2020年上海检测中心共发表专著1本；发表录用论文37篇，其中EI检索8篇、核心8篇；并有3项发明专利、7项实用新型、13项软件著作权获得授权。

地　　址：上海市岳阳路76号
联 系 人：陆曙蓉
电　　话：021-64336810-1707
网　　址：www.mstl.org.cn

中国安全技术防范认证中心

中国安全技术防范认证中心（以下简称“安防认证中心”）是依据《中华人民共和国认证认可条例》等相关法律、法规，由中国国家认证认可监督管理委员会和中华人民共和国公安部于2001年7月批准成立，实施合格评定的认证机构，隶属公安部第一研究所。

安防认证中心在公安部领导和国家认监委的指导下，依据国际通行导则和产品认证机构规范要求建立了完整的认证质量管理体系，紧紧围绕服务社会公共安全和公安工作宗旨，规范运营，开展安全技术防范、道路交通安全、治安管理、刑事技术、警用装备等产品的社会公共安全产品认证工作。

安防认证中心具备开展国家授权的认证业务的资质。员工由基础理论知识扎实、实践经验丰富、长期从事社会公共安全产品质量、标准、检验等工作的中高级技术专家组成，具备制定相关认证技术规范文件和实施产品认证受理、检验、检查、决定等工作的资质和能力，拥有一批经培训合格并取得相应资格的注册工厂检查员。分包实验室已通过国家实验室资质能力认可，能满足认证检测分包的要求。

目前，安防认证中心承担了1种强制性认证、13种行业GA自愿性认证及9种机构CSP自愿性认证的产品。其中，强制性认证产品涉及安全技术防范1类；自愿性产品（GA和CSP）涉及安全技术防范、道路交通安全、刑事技术、警用通信、居民身份证阅读机具、安检设备等7类公共安全产品。

2020年，安防认证中心主要完成的工作如下：

一、基本情况

一是针对2020年新冠肺炎疫情，安防认证中心结合国家政策调整认证评价模式，研究制定了一系列措施，推行了送样测、网上查、文件审等评价制度，促进了疫情期间认证业务的开展和企业生产的恢复。二是安防认证中心严遵法律，保持运行规范，持续有效严抓管理，完成了年度内审、管理评审，通过了国家认监委年度强制性认证专项监督检查和国家认可委年度认可评审，狠抓日常工作落实，确保合法、合规运行。三是保证认证业务基本平稳，截至2020年年底，安防认证中心保持CCC证书286张，涉及境内外企业82家；保持有效GA证书377张，获证境内外企业128家；累计颁发CSP自愿性认证证书680张，获证境内外企业218家。

二、服务公安工作实战，服务社会公共安全

安防认证中心始终以“服务公安工作、服务社会公共安全”为发展方向，2020年，认证中心启动了安检设备认证工作，全年颁发11张安检设备认证产品证书；认证中心先后开展了安检设备认证方法和规则、防盗保险柜（箱）新版标准在认证实施方式、防盗报警产品认证范围和认证模式、汽车行驶记录仪认证标准修订等方面的专题研究，并取得实质性进展；认证中心承担了“安全技术防范产品管理办法”修订工作，与中国信息通信研究院组成联合工作组推进“雪亮工程”项目验收评估工作；认证中心还参与和推进了公共安全视频图像信息系统自主可控认证评测工作，并取得积极成果。

三、为企业提供更优质服务

面对新冠肺炎疫情，安防认证中心积极开展认证方式方法改革，建立了部门业务例会机制，采取视频网络方式与企业进行业务沟通和培训，多措并举，实现了认证业务规范而有效的实施，把对企业的影响降至最低，获得了企业的好评。

四、有效推进国家科研项目实施

安防认证中心承担了由公安部第一研究所牵头的国家重点研发计划“智慧城市信息应用和体验感知

评价关键技术研究”项目的组织实施工作，2020 年项目取得较大的进展。一是结合疫情防控开展信息应用情况调研。项目组以网络会议形式，研讨“智慧城市信息应用和体验感知评价”课题在当前疫情防控期间全民、全域、全时信息应用情况。二是组织开展了系列研讨活动。召开了国家重点研发计划《智慧城市信息应用系统及关键物联感知设备认证共性技术研究》课题兼容、共享性技术规范标准研讨会和城市智能交通可靠性研究成果专家研讨会，稳步推进课题研究和成果应用工作。三是项目组完成了 4 项行业标准立项工作。四是完成了项目的中期检查，受到评审专家组较高评价。

地　　址：北京市海淀区首都体育馆南路 1 号
联 系 人：刘剑锋
电　　话：010-88513152
网　　址：www. cspga. com

公安部第三研究所认证中心

公安部第三研究所认证中心（以下简称“认证中心或 TRIMPS”）成立于 2015 年 5 月，是依据《中华人民共和国产品质量法》《中华人民共和国认证认可条例》等相关法律、法规，由中国国家认证认可监督管理委员会和中华人民共和国公安部批准成立，由公安部科技信息化局直接领导，开展防盗报警、实体防护、通信安全、网络安全、道路交通安全、安全监控、安全识别、安全检查、警用装备等社会公共安全产品认证的专业机构，是依法成立并独立承担法律责任，实施合格评定的认证运作实体。

认证中心目前由 20 余名基础理论扎实，实践经验丰富，长期从事社会公共安全产品认证、检测、标准研究工作的专职人员组成，拥有注册工厂检查员 54 名，办公场地约 400 平方米，综合受理大厅 700 平方米。

认证中心主要依托于公安部第三研究所属下七个国家和省部级检测中心，拥有自有实验室——国家安全防范报警系统产品质量监督检验中心（上海）、国家网络与信息系统安全产品质量监督检验中心，为客户提供高效、优质、全面的“检测认证一站式”服务。

目前，产品认证业务范围涵盖了如下产品：

入侵探测器	CCC
防盗报警产品	
汽车行驶记录仪	
车身反光标识	

图 3-1　强制性认证的产品

防盗安全门	GA
防盗锁	
公安 350 兆模拟无线通信设备	
身份证阅读机具	
公共安全视频监控产品	

图 3-2　公安部属自愿性认证的产品

产品	
智能安全联网（网络安全）产品	公安部第三研究所认证 Certified By The Third Research Institute Of Ministry Of Public Security
防盗保险柜（箱）	
汽车防盗报警系统	
汽车行驶记录仪	
车身反光标识	
工业控制系统专用防火墙	
微剂量 X 射线安全检查设备	

图 3-3 开展的机构 TRIMPS 自愿性认证的产品目录

2020 年是特殊的一年，公安部第三研究所认证中心主要开展的工作如下：

一、认证业务完成情况

截至 2020 年底，认证中心持有有效的强制性认证证书 462 张，其中入侵探测器证书 324 张、防盗报警控制器证书 138 张。境内外 CCC 获证企业共计 84 家，按照产品类别统计，入侵探测器获证企业 66 家、防盗报警控制器获证企业 54 家。

目前保有的有效自愿性认证证书 241 张，保有的境内外获证企业 82 家。

2020 年受疫情影响，认证中心 CCC、自愿认证企业数和证书数量与 2019 年相比都有一定幅度的下降，由于智能联网产品认证业务的积极发展，本年度认证业务收入实现小幅增长，详见下图：

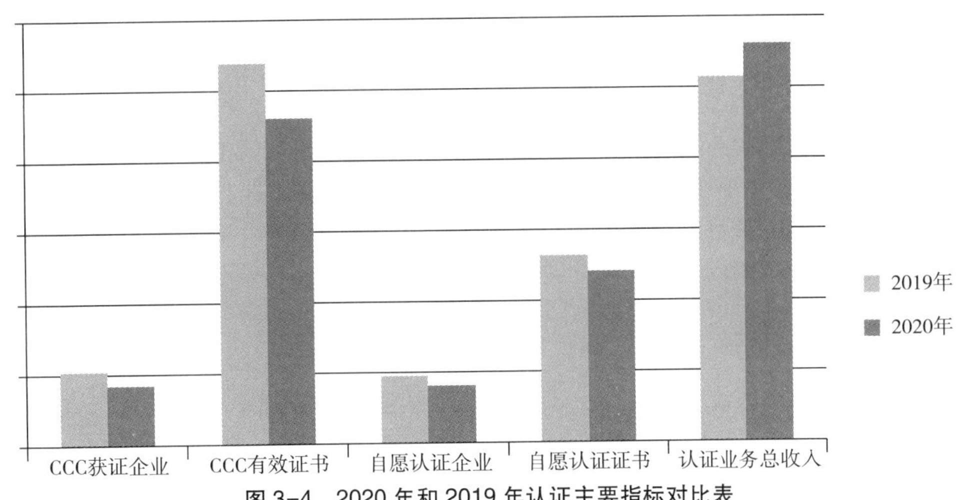

图 3-4 2020 年和 2019 年认证主要指标对比表

2020 年，认证中心共计安排申证/获证企业的工厂检查 105 次，其中安排初始工厂检查 16 家，安排监督工厂检查 89 家。受疫情的影响，本年度认证中心对无法实施现场审查的 10 家境外企业采用远程评审的方式实施了监督工厂检查。

二、积极发展自愿性认证业务

2020 年，认证中心积极促进自愿性认证，先后自主推出了多项自愿认证业务，加速认证业务转型。认证中心发布了新版认证实施规则：《自愿性产品认证实施规则 防盗锁》（TRIMPS-ZY01-002：2020）、《自愿性产品认证实施规则 防盗保险柜（箱）》（TRIMPS-ZY01-003：2020），同时组织获证企业展开了新版标准和实施规则的换版工作。并与上海检测中心召开“防盗保险柜（箱）和防盗锁认证实施规则换版宣贯会”，打消了部分企业的观望态度。

三、发挥检测认证“一体化”优势，提供标志发放“一站式”服务

2020 年，认证中心共完成强制性产品认证监督抽样检测 385 批次、初次认证型式试验 18 批次；完成自愿性产品认证监督抽样检测 36 批次、初次认证型式试验 22 批次。同时，认证中心指派专人负责 CCC 标志的购买发放工作，2020 年度 CCC 标志共发放 2537500 枚，自愿性标志共发放 175000 枚，其中 TRIMPS 标志 170000 枚、GA 标志 5000 枚，并通过多项措施确保国家认监委第 10 号公告得到落实。

四、落实认证机构主体责任，严格把控认证工作质量

2020 年，认证中心规范认证各项工作，确保各项工作管理到位。一是认证中心实施了质量文件换版工作，为认证业务转型提供理论基础。二是认证中心对认证活动开展严密的风险点排查，识别认证要素和关键环节中的各类认证风险，确认了认证活动风险的控制措施、制定了补充措施或方案，以降低或避免中心的认证风险。三是认证中心举办内部培训 3 次，网络继续教育培训 3 门课程，派员参加外部培训 2 次，并对 50 多名工厂检查员进行了注册资质有效性的核对，分批组织检查员进行强制性和自愿性检查员资质再注册及年度确认工作，持续提高人员业务水平。四是认证中心完成两个签约实验室的年度评价，对签约实验室的资质进行了核对，确保认证活动的准确性和时效性。五是积极配合各项监督检查工作，如国家市场监督管理总局认证监督管理司 CCC 认证机构监督抽档工作，国家认监委 CCC 专项监督检查组办公室评审工作，中国合格评定国家认可委员会（CNAS）开展的年度复评工作。六是认证中心积极参加技术专家活动，如派员参加上海市市场监督管理局安全监管处组织的监督抽查产品实施细则研讨会，参加承担市抽工作的检测机构质量评价工作等。

六、全力应对常态化疫情，有序推进认证工作

面对新冠肺炎疫情，认证中心通过对获证企业开展网络问卷调查，及时了解企业复工复产情况，并根据情况合理安排工厂检查，逐步推进认证工作开展，还编制了《远程审核工厂检查的实施要求》（TRIMPS-GL-7.9-13），面对境外企业采用远程审核方式完成年度监督工作，2020 年共计 6 个团组实施了远程审核，涉及 10 家境外企业。

七、提升服务质量，践行社会责任

认证中心积极开展信息化系统升级工作，不断对产品认证业务管理平台功能进行完善，实现了无纸化办公，提高了认证工作效率。同时，认证中心对网站进行了升级改版，使客户能够及时获取最新信息，让申请流程更便捷，并添加申投诉模块。另外，认证中心积极履行社会责任，不断完善社会责任工作机制和管理体系，提高履行社会责任的能力和水平。

地　　址：上海市岳阳路 76 号
联 系 人：徐　君
电　　话：021-64337098
网　　址：www. trimps. net. cn

视频图像信息智能分析与共享应用技术国家工程实验室

视频图像信息智能分析与共享应用技术国家工程实验室是国家发改委、公安部批准建设的社会治安防控领域国家级创新平台，是我国在视频应用领域设置的最高级别实验室，是立体化社会治安防控体系

建设的核心支撑团队，是衔接视频基础研究和产业研发的桥梁，是国家技术创新的重要组成部分。

实验室共有6大研究方向，包括视频编解码、视频联网共享、视频智能解析、视频大数据挖掘、视频安全和视频评测，建设了5大研发支撑平台和1类应用示范环境，形成了对视频技术持续创新和工程化的支撑能力。

实验室法人单位为北京中盾安全技术开发有限责任公司，共建单位包括公安部第一研究所，视频图像智能分析与应用技术公安部重点实验室、中科院自动化研究所、北京中星微电子有限公司、华为技术有限公司、杭州海康威视数字技术股份有限公司和中山大学。

地　　址：北京市海淀区首体南路一号
联 系 人：马增妍
电　　话：010-68773860-6521
网　　址：www. neliva. com. cn

中国人民公安大学安全防范技术与风险评估实验室

中国人民公安大学安全防范技术与风险评估实验室是依托中国人民公安大学建立的综合性、开放性研究平台。

中国人民公安大学安全防范技术与风险评估实验室以安全防范系统工程、智能视频分析与侦查技术、社会安全风险评估与预测预警技术三个研究方向为核心，重点研究各种社会安全风险的形成规律，创新虚实空间风险监测、研判、预警和防范机制与能力，提升风险综合预测预警预防能力，并以此为总体目标，建设多种核心技术的研发环境，建立面向实战应用的软硬件系统及成果转化平台，参与相关国家标准与行业标准的制定，建立对外联络与服务平台，推进技术输出、咨询服务与国内外学术交流合作，大力培养公共安全学术精英、安全防范与风险评估技术骨干、安全防范、公安视听和网络安全专业人才，从学科发展和服务公安实战的角度进一步明确实验室科技研究、实战支撑及人才培养的综合定位。

实验室下设七个研究中心：

（1）安全防范技术与应用研究中心；

（2）风险评估与预测预警研究中心；

（3）警务大数据智能分析研究中心；

（4）视频警务信息综合应用研究中心；

（5）网络空间安全技术研究中心；

（6）视频网络安全监测预警技术研究中心；

（7）低空安全防范研究中心。

地　　址：中国人民公安大学信息网络安全学院
联 系 人：李　欣
电　　话：010-83905971
网　　址：http：//210. 31. 48. 104

智能语音技术公安部重点实验室

智能语音技术公安部重点实验室（以下简称“智能语音实验室”）于 2012 年 5 月经公安部批准，是由安徽省公安厅、公安部物证鉴定中心及科大讯飞股份有限公司三方联合建立的第一个“警企联建”的部级实验室。

智能语音实验室室以“围绕实战、服务实战、实战检验、实战引领”为导向，坚持“实用、管用、好用、爱用”的标准，积极开展公共安全领域智能语音与人工智能等技术应用的探索性、创新性和实用性研究，打造促进科技成果应用转化的重要平台和基地。

2020 年，智能语音实验室积极发挥职能作用，根据《公安部重点实验室建设与管理暂行办法》要求，依据《2020 年度工作计划》，持续开展智能语音与人工智能核心技术研究，完善科研管理和课题研究，积极推动公安成果转化等工作。主要包括精心组织、狠抓落实，积极做好科研课题的研究工作；持续加强建设经费投入，积极争取通过多种渠道，保障基础建设、落实科研经费、促进运行发展；在队伍建设方面，积极培养和引进优秀的学术人才，保障科研队伍年龄结构、学历结构、专业结构、学源结构合理，整体水平高；持续加强国内外智能语音与人工智能核心技术的交流和进步，参加国际学术交流会以及公共安全领域展会等；智能语音实验室还不断加强运行管理，积极开展业务交流，促进实验室规范化建设。为我国科技强警战略提供有效支撑。

地　　址：安徽省合肥市安庆路 282 号
联 系 人：谢雨声
电　　话：0551-62801097

北京安防视音频编解码技术产业联盟

北京安防视音频编解码技术产业联盟（以下简称“SVAC 联盟”）于 2011 年 8 月 25 日在北京成立，是在北京市民政局登记注册，具有独立法人地位的非营利性社会团体。

SVAC 联盟作为联系、协调政府相关主管部门与安全防范视音频监控行业的桥梁，是政府及社会各界明确获知 SVAC 技术应用、获取 SVAC 产品及服务的渠道，是在宪法及法律的范围内推进社会公益事业发展的社会力量。

SVAC 联盟成立的目的是通过产业联盟方式促进政、产、学、研、用的协同创新，加速具有我国自主知识产权的 SVAC 标准的制定、应用推广及 SVAC 产品化、产业化进程，搭建 SVAC 产业合作平台，提升我国安防视频监控技术水平，有效保护国家重要视频信息安全，推动安防视频监控市场健康、可持续发展。

SVAC 联盟的宗旨是以应用为导向、以产业为主线、以技术为核心、以创新为动力、以转化为目的。抓住国家“社会管理和公共服务创新”战略机遇和安全防范监控从模拟技术向数字技术升级的机遇，通过 SVAC 标准的宣传，建立完整的安全防范监控产业链，使政府及广大用户明确获知 SVAC 技术应用、获取 SVAC 产品及服务，促进联盟成员的自身发展和创新能力，形成立足国内、面向世界的安全防范监控产业及相关产业群，形成本联盟成员单位的优势资源互补，提高本联盟成员在相关产品和系统集成方面的核心竞争力，促进安全防范监控相关产业的快速发展和繁荣。

SVAC 联盟设立理事会、秘书处等机构。联盟会员大会是联盟的最高权力机构；理事会是联盟会员大会闭幕期间联盟的领导机构；秘书处为联盟常设执行机构；专家委员会为联盟技术咨询机构。联盟现有会员单位 45 家、副理事长单位 12 家。

2020 年，SVAC 联盟各项工作开展良好，基本实现了年初制定的目标，有序推进了 SVAC 产业的发展。

一、积极投入疫情防控

2020 年疫情期间，SVAC 联盟向各会员单位发起倡议书，各会员单位积极参与到疫情防控工作中，主动捐款捐物，据不完全统计，合计捐款人民币 3700 万元，美元 100 万元，物资价值 500 万元，口罩 3000 万余个；配额生产经营，包括调拨体温检测设备千余台；开展技术支持，提供疫情防控测温系统、方案等。

二、宣传推广

2020 年，SVAC 联盟成员单位多种方式宣传推广，通过中国国际警用装备博览会发布了国内首颗超高清 SVAC2.0 人工智能芯片安睿 810 端+云 AI 芯片，展示 SVAC 系列业务生态全程自主体系软硬件产品，提升 SVAC 在安防领域影响力；SVAC 联盟及时更新门户网站内容，持续完善联盟门户，提高门户利用率。

三、促进产业化

2020 年，SVAC 联盟成立了以副理事长单位为主的 SVAC 技术研究及产业化工作组，专门研究 SVAC 标准的性能提升，深化 SVAC 产品的实现种类丰富和广泛落地应用，加速 SVAC 产业化进程；SVAC 联盟秘书处通过“走出去、请进来”的方式，围绕 SVAC2.0 技术积累，SVAC 联盟发展方向以及联盟产业化过程中主要瓶颈等问题与大部分副理事长单位进行面对面深入交流和沟通；SVAC 联盟开展与 AVS 联盟及工作组的沟通，积极拓展外部技术力量，同时联络和解答一些企业的疑问。

四、日常工作

2020 年，SVAC 联盟积极吸收产业链中企业，新增 4 家会员单位；按照民政局要求，完成 2020 年年检工作，并多次参加北京市民政局社团办、中关村标准创新服务中心等相关单位举办的会议，加强同各联盟的交流；在 SVAC 产品检测方面，截至 2020 年 12 月底，SVAC 联盟共收到 200 余款产品检测申请并开具检测委托书，已通过 SVAC 符合性测试产品总计达 300 余款；另外，2020 年 SVAC 联盟秘书处共计接待会员及相关人员到访 100 余人次，同时组织召开 SVAC 联盟理事会 3 次；全体联盟会员会议 1 次；各类专题技术研讨会 10 余次。

地　　址：北京市海淀区首体南路 1 号院 33 门
联 系 人：黄麒麟
电　　话：010-88513287
网　　址：www.svac.com.cn

中关村安防工程检测技术联盟

中关村安防工程检测技术联盟（以下简称“安防工程检测技术联盟”）成立于 2017 年，是经北京市民政局批准成立的社会团体，是由公安部检测中心和来自河北、湖南、广西、内蒙古、陕西、新疆等地的工程检测机构共同发起，以检测机构为主体、市场为导向、检测与研究相结合的行业组织。

安防工程检测技术联盟业务范围主要为：开展安防工程检测技术的学术研究、学术交流、技术研发、咨询培训、会议会展、承办委托、国际交流等。安防工程检测技术联盟现有成员单位 38 家，涵盖了全国各省市，其中理事长单位 1 家，副理事长单位 2 家，理事单位 6 家，监事单位 3 家，会员单位 26 家。

2020 年，安防工程检测技术联盟主要开展了以下工作：

一、业务工作成绩突出

2020 年，安防工程检测技术联盟持续推进基于 GB/T28181 的测试工具在联盟成员中使用。同时积极开展多领域合作，与中国安全防范产品行业协会、北京安全防范行业协会、中国城市轨道交通协会等建立良好的合作关系。联盟成员之间合作项目达 30 余项。疫情期间，创新培训模式，开展网上教学，开设 16 项课程，145 名联盟学员参加培训并通过考试取得合格证书。

二、党建工作扎实有效

2020 年，安防工程检测技术联盟流动党支部积极参与北京市民政局和公安部第一研究所认证检测党总支的各项活动；召开理事会和全体会议期间，开展“不忘初心、牢记使命”主题教育活动，组织与会人员参观南湖革命纪念馆，瞻仰红船，重温党的历史，学习“红船精神”。

三、财务管理严格规范

安防工程检测技术联盟严格按照财务制度“收付、反映、监督、管理”四个重要环节操作，确保把有限的资金用到实处，做到账目明细、资金安全、开支合理合法。

地　　址：北京市海淀区首都体育馆南路 1 号院 12 号楼
联 系 人：张凡忠
电　　话：010-68775143　88513171
邮　　箱：1283612165@ qq. com

中关村中安公共安全视频智能应用技术联盟

中关村中安公共安全视频智能应用技术联盟（以下简称“公共安全视频技术联盟”）于 2019 年 10 月开始筹备，是在北京市民政局进行注册登记，在公安部科技信息化局的倡议下，由公安部第一研究所、北京旷视科技有限公司、北京华为数字技术有限公司、紫光集团有限公司、北京中盾安全技术开发公司等三十多家人工智能和安防产业相关企事业单位及科研院所共同参与，以公共安全行业视频智能分析领域产、学、研、用各方为主体，以市场为导向，研究与交流相结合的社会团体。

公共安全视频技术联盟业务范围为在公安部科技信息化局的领导下，开展公共安全视频智能应用技术领域内的政策调研、技术研究、成果转化、标准制定、专业咨询、会议培训、对外交流、承办委托。

在公安部科技信息化局、北京市民政局、中关村科技园区管理委员会的关心和指导下，2020 年公共安全视频技术联盟有序推进了以下各项筹备工作。

2020 年 1 月至 10 月，公共安全视频技术联盟筹备组先后组织召开多次线上和线下筹备会议，通过多方面调研，按照程序规定准备了各类申请文件，上报北京市民政局及中关村科技园区管理委员会，并于 11 月 18 日收到中关村科技园区管理委员支持发起成立“中关村中安公共安全视频智能应用技术联盟”的复函。

2020 年 11 月 20 日，北京市民政局下达了“成立工作告知单”，明确自即日起 3 个月内开展成立工作，成立工作完成后及时向市民政局申请社会团体法人登记。

2020 年 12 月 15 日，公共安全视频技术联盟第一次会员大会在北京顺利召开。大会表决通过了《筹备工作报告》《联盟章程（草案）》《选举办法》《会费标准及管理办法》等文件，选举产生了第一届理事会和监事会。在第一届理事会和监事会中通过无记名投票选举产生了理事长、副理事长、监事长和秘书长人选。

地　　址：北京市海淀区首体南路 1 号
联 系 人：张　翔
电　　话：010-68773191

第四章 新技术、新产品、新应用

第一节 新技术

本节内容筛选于《中国安防》杂志技术栏目，主要收纳了芯片技术、人工智能技术、热成像技术、低照度技术、5G 技术、虹膜识别技术等共 10 篇相关文章，索引目录如下：

探析 AI“芯”时代下的智能摩尔之路

文/陈逍扬　程进　中星微人工智能芯片技术有限公司

一、引言

目前半导体器件的沟道长度接近原子直径量级，经典物理规律开始受到量子效应的影响，“More Moore”的技术演进路线已经遭遇到物理极限，并且“More-Than-Moore”在功耗、散热和厚度等方面也受到限制。芯片的发展如果没有创新的模式将无法继续按照物理定律持续前进，2018 年“数字多媒体国家重点实验室”（中星微承建，以下简称“国重实验室”）首次提出智能摩尔（Intelligent Moore，i-Moore）的技术路线。它指出，虽然在物理层面和信号层面都受到物理规律的制约，看似已接近极限，但在信息层面的技术创新还远没有达到极限。下一次信息革命的关键点在于，通过进一步借鉴人脑智慧机制来研究新型人工智能计算方法，达到进一步提升信息处理的“性能/功耗价格”比的目标。

二、摩尔定律对芯片半导体发展的作用

摩尔定律是对数字集成电路和半导体工艺的技术路径进行总结和预测，经历近 50 年的历史检验，摩尔定律显示出惊人的准确性，其内在原因是摩尔定律本质上由经济因素驱动。由于晶体管的性能也会随着特征尺寸缩小而改善，所以随着半导体工艺制程的进化，芯片的性能也以指数级速度增长，从而带动

电子产品性能大跃进式发展。因此摩尔定律不仅是一个技术上的经验规律，还成了半导体行业的发展蓝图，或者说是半导体芯片市场商业模型的重要组成部分。

1. 摩尔定律由一套良性循环的“技术—市场”反馈机制来驱动和维持

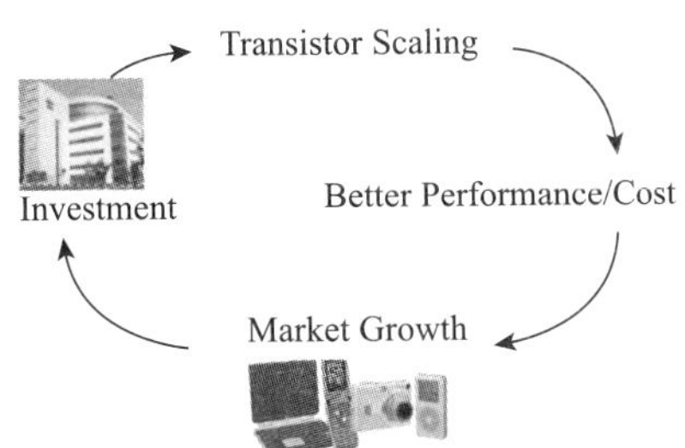

图 1 驱动和维持摩尔定律的反馈机制

1998 年开始，由欧洲、日本、韩国、中国台湾和美国的半导体行业专家组成的 ITRS（International Technology Roadmap for Semiconductors）团队每年发布一次以“More Moore”命名的半导体行业的技术路线图，供大学、公司和行业研究人员参考，刺激各个技术领域的创新。2015 年起，这项工作由 IRDS（International Roadmap for Devices and Systems）接手，“More Moore”路线图在器件结构、沟道材料、连接导线、高介质金属栅、架构系统、制造工艺等方面进行创新研发，有效推动了摩尔定律向前发展。

2. 摩尔定律反映了集成电路的制造工艺演进路线

摩尔定律趋势图通常以 MOS 管沟道长度的工艺节点来表示，工艺节点数值越小，单位面积上所能放置的晶体管的数量就越多，半导体的集成度就越高。同时因为传输路径的长度减小，器件运行的速度也在加快。

微处理器 40 年以来的发展趋势如图 2 所示，可以看到摩尔定律演进规律的指数特性。然而，随着三极管尺寸缩小，这一基于 CMOS 开关的工艺技术路线逐渐走到了尽头，2015 年斯坦福大学的 Suhas Kumar 提出了约束摩尔定律极限的基本条件，包括开关管热效应、量子隧道效应、散热和 Compton 波长约束。

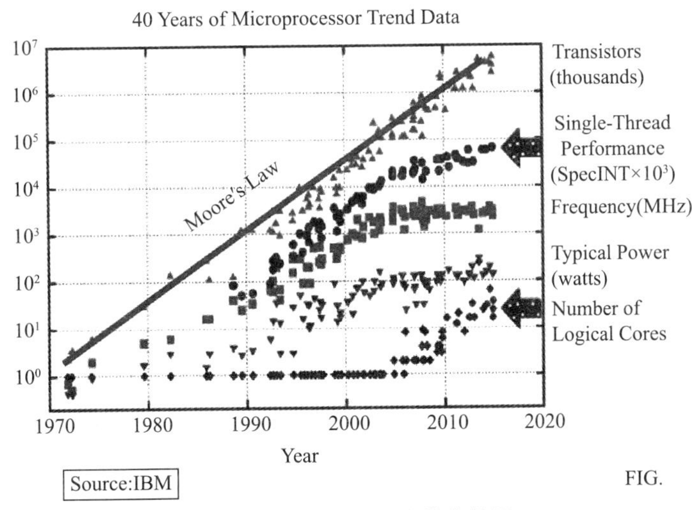

图 2 40 年 Moore 定律趋势图

3. 智能摩尔之路开创新局面

在摩尔定律渐行渐止的后摩尔时代，智能摩尔技术路线为摩尔定律注入了新的活力。考虑到摩尔定律背后的市场驱动机制，当循环中的任何一个环节被打破，摩尔定律便告终止，这也正是人们对于三极管尺度不能继续减小而担心整个摩尔定律失效的根本所在。智能摩尔技术路线利用信息层面的创新，将摩尔定律中对制程工艺和封装的关注点回归到增加处理器的信息处理能力这个更基本的层次上，在循环的关键节点中注入了活力，而架构创新这一领域具有足够的深度和广度，因而可以大大延续摩尔定律的生命周期。

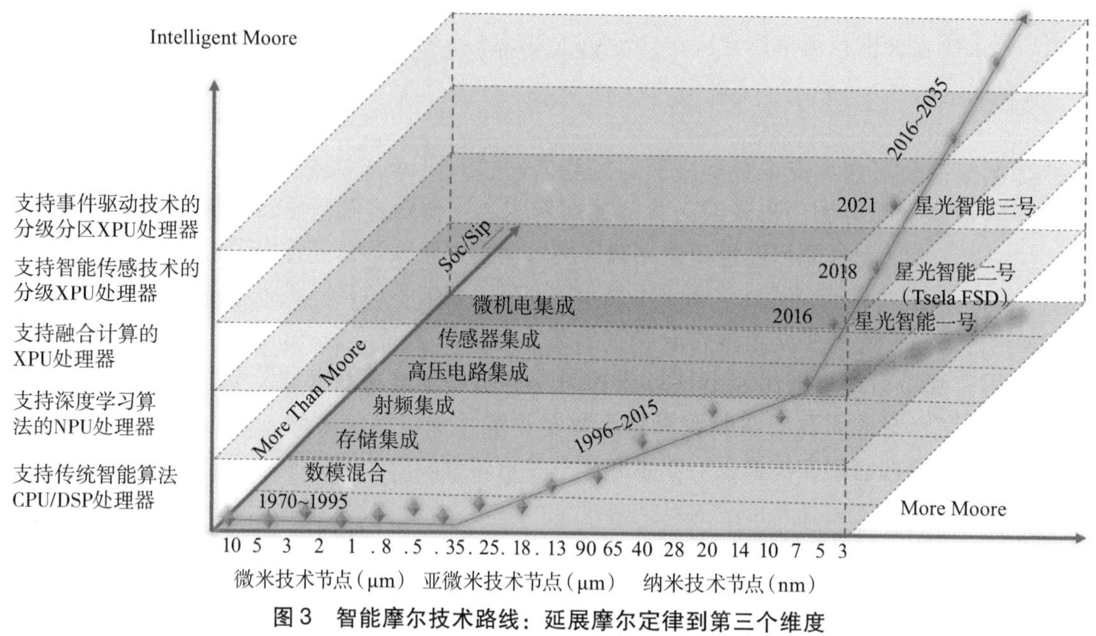

图 3 智能摩尔技术路线：延展摩尔定律到第三个维度

三、智能摩尔技术路线下芯片计算架构得以发展

智能摩尔技术路线立足于信息处理架构的创新，它在“More Moore”和“More-Than-Moore”之外开创了一个新的创新维度，不但不会和前二者相冲突，而且能够利用前两个维度的发展进步的成果产生合力，共同作用，大幅度提高产品的整体性能。

1. 信息处理架构升级凸显优势

以近年来人工智能芯片技术的发展为例，深度学习技术在智能化信息处理应用中得到了长足的发展，实践证明这种以深度神经网络作为计算架构，以大数据回归提取统计特征的技术，在实际应用中能够得到更好的分类精度和更强的泛化能力。随着深度学习算法架构的发展进步，针对深度神经网络算法和数据流设计的神经网络处理器（Neural Network Processing Unit）也应运而生。NPU 颠覆了冯·诺依曼架构，采用了数据驱动、并行计算的方式，它利用深度神经网络计算中的海量数据流动、高度密集乘加运算等特点，通过优化处理器数据流通路，大量部署乘加器（MAC）单元等手段，获得比传统的 CPU 更高的“性能/功耗”比。

以目前最先进的第 9 代 8 核心 i7 处理器为例，在高达 3. 1GHz 的主频和 65W 的能耗下，该处理器能够提供约 150G FLOPS 的处理能力，其效能比为 2. 3G FLOPS/W。专为深度学习开发的云端计算处理器 TPUv3，通过使用了大量的 MAC 阵列和优化矩阵运算数据流设计，在 200W 的功耗下能够提供 420T FLOPS 的峰值计算能力，效能比高达 2. 1T FLOPS/W，比 CPU 提高了 3 个数量级。根据以上例子可有力说明，通过信息层面的计算架构创新能够带来显著优势。

2. 多模融合计算架构顺势发展

虽然深度学习在图像智能处理、语音识别以及自然语言处理等领域都获得了极大成功，但是它对大数据的依赖使得其应用受限于样本数据的分布质量和获取的难度。部分应用场景中有效的样本数据极难获得或者分布严重不均衡，例如山体滑坡、地震等地质灾害前的数据等。这种小数据、小样本的场景并不适合使用深度学习技术，而适合使用基于人工设计的特征集和滤波器的模板匹配算法以及融合人类先验知识的推理模型。由此可见智能化信息处理算法必须具有多样性。

以 SLAM 应用为例，信号输入传感器有毫米波雷达、激光雷达、惯性和角速度传感器、GPS/北斗位置传感器、可见光和红外图像传感器等数据，其信息处理算法包括距离测定、目标识别、图像分割、定位建图等模块，这些算法需要使用传统的特征提取和目标分割，基于深度学习的神经网络推理计算、光流场计算、逻辑推理运算以及对特定数据结构的支持。由此国重实验室提出使用多模融合计算架构来应对复杂的应用场景，将深度学习算法和传统智能算法相互融合、相互比对和纠错，保障智能化信息处理系统的可靠性和可控性。

3. 多核异构处理架构或将成为明日之星

单独的 CPU、GPU、DSP、FPGA 和 NPU 都无法有效地支持多模融合计算架构，因此国重实验室设计了 XPU 多核异构智能处理器来支持多模融合计算。XPU 多核异构智能处理器（Multi-core Heterogeneous Intelligent Processor）可以在同一芯片配备 NPU、DSP、CPU、GPU、FPGA 以及专用的计算加速单元等不同类型的处理器核心并实现算力共享和内存共享，不同架构特点的智能算法能够在 XPU 处理器中实现底层、深层次的融合计算。XPU 多核异构智能处理器能够在实际应用中，特别是嵌入式应用中提高系统的“性能/功耗”比，是智能摩尔技术路线的重要节点。

展望未来，中星微/国家重点实验室认为：基于智能传感的 XPU 和基于事件驱动的 XPU 是未来“智能摩尔”技术路线的两个关键技术。智能传感技术将特征点提取、光流场分析等智能化模块前置到传感器端，在优化系统的实时性的同时降低传输带宽和后级模块的运算量需求，这就是新一代分级的 XPU 多核异构处理器的基本原理。基于事件驱动的计算架构则是模仿人脑的分区机制和事件处理机制，在芯片中部署大量、专用、高效的 PU（Processing Unit），在特定事件下能够激活特定 PU。事件驱动计算能够大大降低系统能耗，这种架构的 XPU 被称为“分级分区的 XPU 多核异构处理器”。相比 NPU、GPU 这一类深度学习处理器，XPU 多核异构智能处理器更适合目前的信息理论发展现状，在实际应用中更灵活、高效和低能耗。

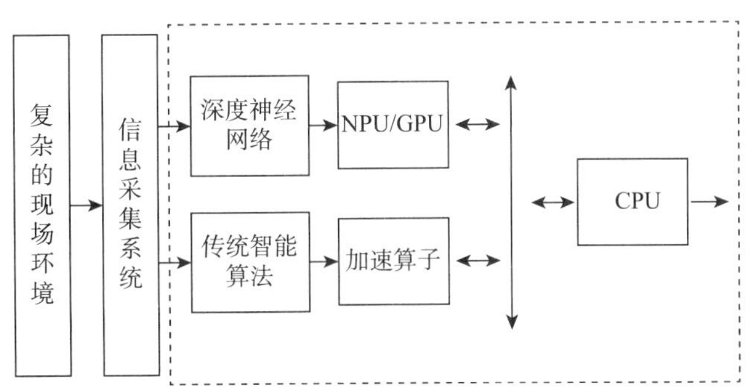

图 4 XPU 多核异构处理器架构图

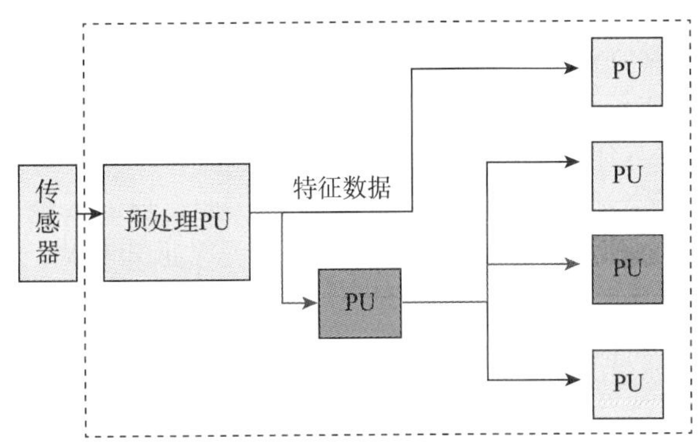

图 5 分级分区 XPU 多核异构处理器架构示意图

四、智能摩尔发展路线助力芯片在安防行业持续前进

基于安防行业的独有属性，SVAC 标准将音视频编解码技术和视频图像智能化目标检测融合起来，称为视频结构化技术。通过对原始视频进行智能分析，实时感知人、车、物、身份特征及行为，将图像智能分析结果和传感器感知的信息插入视频中一起编码，实现对视频的多元结构化描述。复杂的视频监控现场环境，对智能化处理算法提出了严苛的要求，能够将传统目标识别算法和深度学习算法进行深度融合的多模融合计算架构，能够大大提升系统在复杂多变的现场环境下准确率。XPU 多核异构处理器能对这些具有不同计算特点的算法进行高效率的支持，为智能计算提供极佳的解决方案。此外、XPU 多核异构处理器还具有高度集成的特性，在提供高速计算的同时满足现场的低功耗和小尺寸、低成本的需求，使得智能摄像机具有更好的“性能/功耗价格”比。

同时智能摩尔对 AI 芯片指出创新方向：借鉴人脑智慧机制。到目前为止人们对大脑的结构和运作机制知之甚少，仅仅是初步的认知都已经对人工智能的研究产生了极大的推动。类人脑计算（Brain Inspired Computing）这个领域具有足够的广度和深度，将会在相当长的时间内为信息科技的进步提供巨大的动力。从目前的认知来看，人脑具有以下特征：

1. 大规模、低能耗及高性能。根据相关研究，成人大脑新皮质（Cerebral neocortex）约有 200 亿个神经元，而整个脑中估计有 1000 亿个神经元。人脑以约 20W 的功耗实现了约 20 POPs 神经元突触的操作，具有等效 1 POPs/W 的超高“性能/功耗”比。

2. 分区机制。根据最新对大脑皮层脑区与皮层下核团亚区的研究，绘制出脑网络组图谱，包括 246 个精细脑区亚区，以及脑区亚区间的多模态连接模式。人脑的分区机制表明，相比“通用”的计算架构，针对具体算法特点而设计的“专用”计算结构可以获得更高的能效比。

3. 事件驱动。研究表明，人脑所具备的高“性能/功耗”比还和事件驱动机制有关，通常一种刺激产生的“事件”，仅仅激活相关的“分区”进行处理，而其他“分区”处于极低能耗状态。

4. 关联记忆以及遗忘机制。人脑具有通过反复刺激来建立“同时”或者“时序”发生的事件的能力，而较少刺激产生的记忆会被“遗忘”，这种“自学习”的机制比我们当前使用的无监督学习更加有效。

五、人工智能芯片发展新维度

对于图像类的 AI 芯片来说，未来的图像和视频传感器的技术发展路线呈现三个独立的维度：图像分辨率、视频的帧速以及更好的感光特性。这三个维度都和信息的传输处理息息相关。

以安防行业为例，图像的分辨率从 D1（80 万像素）到全高清（200 万像素）只用了几年时间，目前已有 800 万像素级监控摄像机产品。而视频的帧速在交通、银行等行业，则需要从目前的 25 FPS（Frame Per Second）到 50 FPS，甚至 100 FPS。与此同时，全天候和低照度的成像能力一直是视频应用的关键技术，使用 10bit 或者 16bit 的高精度数据，是提高动态范围和全天候能力的有效方法。随着传感器技术的进步，系统的信息处理能力需要同步升级，而由量变到质变的技术积累，将会导致整个技术路线的革命，对图像处理、编码压缩、传输以及存储、智能化分析等环节均提出了更高的要求。

智能传感技术将特征点提取、光流场分析等智能化模块前置到传感器端，使得每个像素都变成了“智能像素”，它不仅可以感知自身在事件维度上的变化、还可以感知和临近像素的差异以及“流动”方向（光流矢量），这样不仅大大降低了后续的智能化处理的算力要求，而且也能节省大量的传输带宽。未来的图像类的深度学习计算方法可能又将从基于像素的分析回归到基于特征的分析。

六、结语

摩尔定律依赖于制程和工艺的进步，与之不同的是智能摩尔则依赖于信息算法理论和架构的进步，相比之下复杂度远远高于前者。因此智能摩尔无法如摩尔定律一样给出每个周期的时间表和技术成果，

目前人们对信息技术的认知程度尚无法掌握其外推的规律，甚至还没有能力给它定义度量单位（如工艺节点等）。但毋庸置疑的是，每一次进步都会给行业和整个社会带来极大进步。国重实验室将紧跟信息化基础理论和应用发展的步伐，以此不断深化和发展智能摩尔技术路线，为智能化信息处理提供源源不断的推力，我们相信芯片半导体技术也将在智能摩尔之路上创造无限辉煌。

红外热成像技术与人工智能技术创新融合的探析

文/肖作超　刘斌　魏建程　佳都新太科技股份有限公司

在2020年初新冠肺炎疫情出现前，红外热成像技术已在军用、边检等领域进行了广泛应用，因其非接触、无感、筛查速度快的特点，红外热成像体温检测仪迅速成为快速筛查人群体温的优选方案。针对人群密集场所的人脸追踪、车牌识别、实名乘车均具备了丰富的行业经验和技术积累。

针对肆虐全球的COVID-19新型冠状病毒肺炎疫情，佳都新太科技股份有限公司开发了一套基于非接触式热成像测温技术的疫情防控系统，配合人脸识别、车牌识别、乘车实名等该公司既有系统，迅速增强对发热人员、密接人员的追踪能力，对疫情控制、走势研判提供了有力支撑，在多个人流密集场所部署该系统后，快速提升了使用与决策部门的疫情管控能力，为地区疫情控制提供了强力支持。本文将结合佳都新太公司在抗击疫情的经验，对红外热成像测温技术的应用现状以及该技术结合人工智能的创新应用进行分析。

一、相关原理及现状分析

1. 红外热成像技术基本原理

红外热成像测温原理是以普朗克辐射定律为理论基础，利用光电转换将被测物体表面的热辐射能量转换为红外探测器的输出电平信号，该电信号与探测器所接收的辐射能量可用下式来表述：

$$V_s = W(\lambda,\ T)A_0\tau_0R$$

上式中，V_s、A_0、τ_0、R分别为红外探测器输出的电平信号、光学系统的有效孔径、透光率及光学系统响应度；W、λ、T为红外探测器所接收的辐射能量、波长和被测物的表面温度。其中：

$$W(\lambda,\ T) = \int_{\lambda_1}^{\lambda_2} \varepsilon(\lambda,\ T,\ \theta)C_1\lambda^{-5}/(exp(C_2/\lambda T) - 1)d\lambda$$

上式中，ε、θ为目标发射率和方向角，C_1、C_2为第一、第二辐射常数。对于同一个红外热成像测温仪，其光谱波段和A_0、τ_0、R为固定的，因此V_s与T为一一对应关系。

一般说来，红外热成像测温仪所得到的数据是包含不同灰度等级的图像信息，因此只要通过标定的方式找到灰度与电平信号的函数关系即可确定被测目标的表面温度。

标定通过黑体辐射源来完成，黑体指在任何条件下，对任何波长的外来辐射完全吸收而无任何反射的物体，即吸收比为1的物体。依据基尔霍夫辐射定律，在一定温度下，黑体是辐射本领最强的物体，可称为完全辐射体。现实世界中，并没有完全透射、完全反射或完全吸收入射辐射的物体，但科学上制造出了吸收约97%~99%的黑体，在红外热成像用于体温筛查时，大多采用这种黑体作为标定，图1所示为黑体模型的辐射原理。

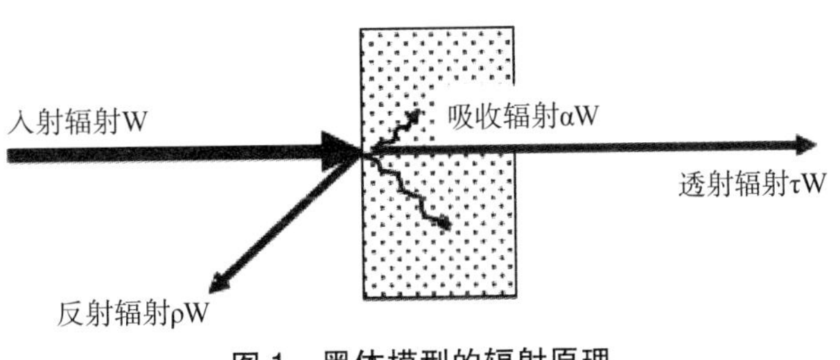

图1　黑体模型的辐射原理

2. 红外热成像技术应用现状

红外热成像技术在军、民两方面都有应用，起初起源于军用，后逐步转向民用，在民用产品中被广泛称作热像仪，在防火、夜视、安防领域均有广泛应用。

（1）红外热成像在公共安全领域的应用

①反恐：红外热成像技术用于反恐可以大范围快速锁定嫌疑人，通过热像仪寻找失踪人员或逃犯，快速锁定其位置。热像仪结合可见光摄像头，形成双光融合热像仪，采用红外、微光结合使成像分辨率更高，单体更容易被识别，使用画中画等功能可对单点放大并保持很高的清晰度。

②监控：通过热像仪的夜视效果，对犯罪多发区域进行有效监控，防止疑犯逃跑或有人进入警戒区，通过手持、车载或固定安装的红外热像仪可进行广泛部署。

图 2　红外热成像技术在公共安全领域的应用

（2）红外热成像在边防海事领域的应用

①水上救援：红外热像仪能及时发现倾覆船只和落水人员，为水上营救赢得宝贵时间。

②边检站监控及边防巡逻：热像仪对陆地边界的贩毒、偷渡等违法行为实施监控，协助边防官兵对违法行为及人员实施制止或抓捕，确保边防安全。

图 3　红外热成像技术在边防海事领域的应用

（3）红外热成像在工业测温、防火防灾等领域的应用

在电力系统、动力系统中，发现火情后的救援已经是事后行为，采用热像仪对于出现温度缓慢上升火险隐患可以在可视化界面中展示，及时发现和预警，进行免接触实现对高压线路、高压设备的温度监控。

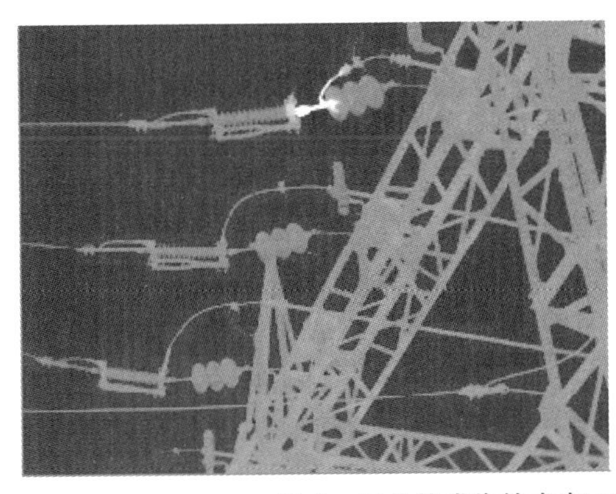

图4　红外热成像技术在工业测温、防火防灾领域的应用

二、AI+疫情防控研究

人工智能在疫情防控主要体现在面向抗疫一线的AI医疗、面向不同场景（公共交通、社区、工区、校区、商超等）的AI疫情防控、城市级疫情防控指挥这几个方面。

1. AI医疗

依托AI技术在医疗行业的智能化影像筛查、疫情人员自主检查、疫情知识智能化问询等方面的显著功效，不仅疫区诊疗、救治获得了高效而精准的辅助，同时相关的医疗卫生资源与人力资源也获得了有效节约、配置和调用，此外更加保障了患者与一线人员的健康安全。

2. 面向不同场景防控

利用人工智能技术整合疫情微登记等通行数据，构建重点人群一人一档，集中隔离数据防疫，整合公安卡口数据，人车结合，疫情严重区域车辆专题管理，实时管控疫情严重区域车辆，实现重点人群可管控、同行人群可追溯、移动轨迹可跟踪，疫重车辆可分析，从外防到内防，从点防到面防，疫情信息实时数据管理，科学精准助力政府疫情实时防控。

3. 城市级疫情防控

实现如此庞大的疫情防控系统，需要打通互联网、政务网、视频网、公安网疫情相关数据，在互联网层面实现扫码轨迹与视频网感知轨迹融合，网上网下轨迹摸排追溯，实现人车码证温信息融合，实现支撑快速确定扩散情况。利用疫情数据的时间、空间属性建设“疫情防控三维实景一张图”，通过AI和LI智能利用三维实景的统一视角和三维空间的轨迹复盘，优化三维网格化凸显疫情人、地、物、事、组织的可知、可测、可控。

三、基于AI+热成像测温的疫情防控系统

1. 智能疫情防控系统功能概述

本节以佳都科技在某城市轨道交通系统的实战系统为基础，介绍相关系统功能及架构。

本系统架构如图5所示，架构分析如下：

（1）接入层：接入段为源头数据采集即初筛，主要完成乘客体温筛查、出行信息登记等功能。

（2）数据中心层：在数据中心层，会将前端采集的数据进行初步分类与汇总为能力平台调用提供数据支撑。

（3）能力平台层：以大数据、AI引擎、计算机视觉等人工智能技术为基础，对数据进行挖掘、关联、分析，为应用服务提供能力支撑。

（4）应用服务层：结合使用部门的应用需求，在检测—隔离—追踪的疫情防控线条中，提供管理支持与决策辅助。

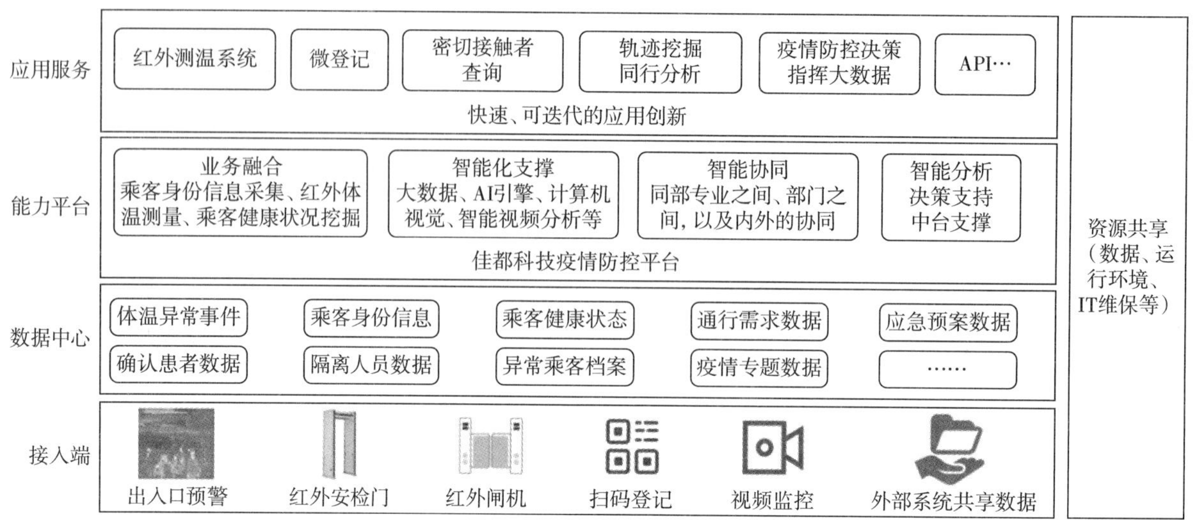

图 5　佳都科技疫情防控系统架构

本系统的主要特点包括：

（1）多层体温检测防控线：在车站出入口、安检点、闸机入口处，加装热成像测温仪，设立三层防控线，满足快速通行并对异常进行堵漏。

（2）智能联动决策：根据后台预案模型，根据前端数据，自动触发、联动执行、过程审计，确保标准统一。

（3）测温数据、客流身份、客流场景触达信息接入佳都科技疫情防控平台，满足疫情大数据防控决策支持。

本系统的主要价值体现在：

（1）减员增效，减少运营人员感染概率：该测温系统检测速度可达 15 人次/秒，测量效率远超传统人工模式，通过系统联动决策辅助，实现系统自动通知防疫人员到位处理。整个过程基本实现无接触，避免运营人员与乘客接触交叉感染。

（2）提升用户应急处置能力：本系统可在实战中持续优化，不断提升用户应对应急问题的处置能力。

（3）疫情大数据智能分析与决策：通过大量数据，如体温异常事件分布情况、地铁疫情走势分析、各区/街道辖区疫情状态，生成专业数据，辅助运营决策。

2. 智能疫情防控系统应用

2020 年 1 月 23 日起，体温正常成为地铁、公交、商超、小区等所有人员汇聚区进出的重要凭证，手持式额温枪以成本低廉、使用简单的优点，成为绝大多数使用者的首选，但在部分场景，该方案也存在明显的弊端：（1）检测效率低：人员需要排队逐一检测，与不允许人员聚集的防控要求严重相悖；（2）人力需求量大，每个重点出入口均需安排工作人员长时间值守；（3）如出现疑似病例或确诊病例，会增加测温人员与通行人员交叉感染的风险。

人工统计、人海盯防，成本高效率低，战“疫”工作亟待从被动转向主动，需要依靠可靠的工具，使用科学的手段。前文介绍的基于 AI+红外热成像技术的疫情防控系统通过实战案例，可有效解决上述风险和问题。

基于 AI+红外热成像技术的该疫情防控系统在城市轨道交通、城市社区管理、城中村管理、小区与商业楼宇管理领域进行大面积部署后，获得了用户及决策监管部门的广泛好评，成为疫情有效控制、有序复工复产的重要保障手段。

图6 佳都科技疫情防控系统应用于城市轨道交通案例

四、结语

本文对红外热成像技术的基本原理进行了阐述，并针对复杂的疫情防控形势，提出了一种基于 AI+红外热成像技术的疫情防控系统，描述了该系统的架构、功能，该系统在多个场景实战中均取得了良好的防疫效果，为疫情防控、复工复产提供了有力保障。从试点结果来看，改技术与系统对快速筛查体温、防止疫情扩散均具备良好的效果，是一种可靠的创新性疫情防控方式。

“低照技术”精彩角逐中的新看点

文/吴迪 天地伟业技术有限公司

安防产业发展可以分为三个阶段：给人看——解决“看得清”的问题，产业以 PQ（Picture Quality，图像质量）拉动，2018 年之前处于此阶段；帮人看——解决“看得懂”的问题，产业以 PQ+AI 双轮驱动，目前处于此阶段；给机器看——完全释放人力，产业以 AI+App（Application，应用）场景化带动，预计 2020 年以后进入此阶段。低照技术是 PQ 时代的核心产物，随着技术的不断迭代，也正在为 AI 时代的全面到来提供优质的图像质量保证。

低照技术在安防行业已经火了好几年，目前发展逐渐接近成熟，各家的效果差异正在逐步减小，原来的核心技术主要掌握在天地伟业、海康、大华等一线品牌手中，同时如中维或模组厂家也进步飞快，让低照产品的竞争变得更加白热化，正因如此，低照的迭代升级才变得更加迫切，这个过程中也不断涌现出新的看点。

一、看概念：低照技术的前世今生

低照技术的每一次升级都伴随着一次新概念的包装，这些概念来自当时的核心技术厂商。“低照技术”的前身是“红外成像技术”。传统的摄像机在夜晚都是红外灯补光，呈现出来的是黑白效果。这些录像对事件的查看造成很多不利影响，会丢失很多色彩信息和关键细节，于是“低照度技术”应运而生。这个概念始于 2014 年，是指摄像机在照度较低时，图像的清晰度和噪点抑制能力都有较好表现。在 2015 年发展成为“星光级技术”，并在行业内流传开来。何谓星光？星光级技术亮点就是低照度和大靶面，可以彻底解决摄像机低照效果差的问题，通常意义下，星光级技术是让摄像机在照度低至 0.002Lux 的环境光下，依旧能够输出清晰彩色视频的技术。为什么叫星光级呢？因为在只有星星的光线、没有任何外界补光的夜晚，最低照度就是 0.002Lux。

2015 年低照技术经历了一代、二代的变革，在色彩还原、噪点抑制上有所提升；2016—2018 年是低照技术飞速发展的阶段，各厂家开始推出低照技术的变种革新技术，如天地伟业推出的“超星光系列”、海康威视推出的“黑光摄像机”、大华推出的“极光系列”；2019 年从分销市场刮来的一股“全彩风”再次引领行业，“暖光全彩”摄像机成为新的主流，模组厂家以天视通为首，品牌厂家以海康、天地伟业为首，通过对人造光源的合理利用，让星光更具实用性……当然，不管大家在概念层面如何竞争，技术的核心目的是一致的，而且客户的眼睛是雪亮的，能拿出出色的夜视效果才是关键，低照技术正在不断向实用化发展，行业内基于此的竞争也会不断加剧。那么下一个低照概念是什么，谁又能再次引领“低照技术”的发展，我们拭目以待。

一代星光效果

二代星光效果

图 1　一代和二代星光效果

极低照度下 iPhoneX 拍摄的现场情况

超星光 4.0 效果

图 2　超星光 4.0 效果与苹果极暗拍摄对比

相同照度下普通摄像机效果

暖光全彩摄像机的动态视频截图

图 3　普通摄像机与暖光全彩摄像机对比

二、看技术：研发低照摄像机的难点

如今，几乎任何安防厂家都有自己的星光产品线，但在星光效果的表现上却参差不齐，这取决于不同厂家对“低照技术”的积淀程度不同，也从另一方面体现了研发星光摄像机并不是如组装积木那样简单。

1. 光路设计原理

光路设计，是指光线从自然界到在摄像机上最终成像经历的路径以及路径上主要部件的选型，这是决定星光摄像机效果的首要因素。影响摄像机成像效果的主要部件是镜头和传感器，因此这两者的选型和调校就显得尤为重要。

镜头是摄像机成像的第一个光学部件。镜头的最大光圈是其中很重要的一个因素，光圈越大进光量越大，从而彩色效果越好，反之则效果越差，但镜头光圈越大，景深却越浅，即场景中聚焦清晰的范围越小，所以要在进光量与景深之间找到一个平衡点。与此类似的另一个参数是摄像机快门，快门越慢，进光量越大，画面亮度越高，但相对的运动物体的拖影也越严重，所以快门值也是把双刃剑，需要根据具体应用场景匹配相应的值。此外镜头的材质也会影响效果，如玻璃镜头成像色彩逼真、稳定；塑料镜头虽然经济性好但是容易出现虚焦等问题。在不同规格的镜头中作选择是很多安防厂家经常遇到的难题，以天地伟业超星光 3.0 为例，其采用 F0.95 超大光圈、超低色散的全玻璃镜头，并配合快门自适应技术实现夜视效果的最佳匹配。

传感器（sensor）是将光学信号转换成数字信号的部件。目前主流的前端产品（IPC 或球机）都采用 CMOS 传感器，虽然在刚起步时，由于两种传感器结构及工作机理不同，CMOS 在低照下的成像效果不如 CCD，但随着背照式 CMOS 的推出，其内部结构做了调整，光线通过透镜后能直接到达感光面，使灵敏度有了质的飞跃。而传感器灵敏度正是摄像机在微弱环境光中依然能获得清晰彩色图像的最大保障，上面提到的感光面及靶面，靶面越大，其光学灵敏度就越高，就能捕捉到环境中零星的光线完成成像。

基于如上的硬件平台，我们就可以设计成像的光路了，是否搭配红外或白光来补光，是选择单 sensor、单镜头、双 sensor 单镜头，还是单 sensor 双镜头，抑或双 sensor 双镜头，这些考量都会直接影响低照效果。不同架构都会有各自的优缺点，可能是成本上的，也可能是效果上的。如通过红外补光虽然可以应付一些极端的无光环境，但是开启红外后会丢失颜色信息，而通过白光补光可以保留颜色信息，但会一定程度上降低图像的通透度，但这可以通过 ISP 的调节来改善，因此白光补光会是一个趋势，如天地伟业的警戒系列。虽然多 sensor 或多镜头会提升摄像机的光敏感度，但成本也会增加，也会在颜色矫正等因素上引入新的难题。

困难越多，方法就越多，实际上海康威视、天地伟业等厂家已经探索出单镜头双 sensor 的成熟方案，以天地伟业推出的超星光 4.0 为例，它代表了 PQ 时代的最高技术，通过颠覆式双光路设计使像素级逐帧融合可实现无光全彩；驭光级光通控制技术是最新一代硬件方案组合，使用最先进的传感器工艺，通光量提升 30%，极限光路设计，全波长全光路增透，对环境光的感应达到极致。随着技术的积累，有些厂家已经开始投入单镜头单 sensor 的融合方案，保证可以实现双 sensor 无光全彩效果的同时，成本也会极大降低，为融合低照技术的普及奠定基础。

2. 原始辅助数据

光路设计好了之后，就需要研发人员通过不断收集原始的视频数据来辅助效果调试，包括饱和度、色彩偏差、白平衡、信噪比、锐度数据、曝光参数、可视化数据等，这些原始数据非常可贵，一般情况下这些数据的理论值越理想，摄像机的实际效果也就越好。然而这些数据的采集不同厂家差别较大，有些小厂没有数据采集和分析过程，一切靠主观评价，效果波动较大，客观性较差，有些厂家采集数据的设备比较简陋，大多通过人工采集，数据准确性差且效率低，仅有少数厂家拥有自己的专业测试系统，所有数据均由软件自动生成，如海康威视、天地伟业等的 Image test 测试系统，它们所有指标都是通过这套系统测算，优劣一目了然，为研发人员的效果调试提供了强有力的指导，这也是这些主流厂家的低照效果一直独占鳌头的原因之一。

3. ISP 效果调试

有了数据作指导，研发小组要做的最重要的一件事就是做 ISP 调试，经过不断的探索和试验，最终确定最合适的 ISP 参数组合，这些参数包括目标亮度值、快门、增益、白平衡、宽动态、饱和度、锐度、降噪等多项指标。这些参数的取得除了靠理论数据，还要依据反复的实测与厚重的经验积累，需要有一支庞大且有经验的测试和研发队伍来完成，这支队伍的价值就是“低照技术”的核心竞争力。

如图 4 所示，以天地伟业超星光 4.0 为例，看 ISP 效果调试是如何发挥作用的。

（1）Smart 帧预判技术。在保证低照亮度的同时，对场景识别后进行帧累积的智能预判，不会强制降帧，却能达到长曝光的效果。保证在同样的场景下，拖影、亮度、噪声达到一个完美的融合。

（2）混搭式频空降噪技术。使用数字降噪进行频域降噪的同时，与空域降噪进行配合，避免简单使用频域降噪带来较大拖尾的风险。

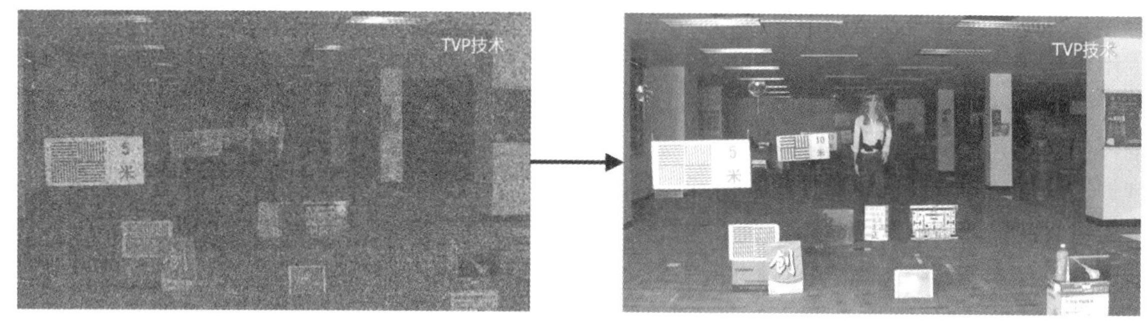

图 4　ISP 调整前后图像对比

三、看应用：低照与其他技术的融合

随着安防行业的飞速发展，监控摄像机从最初的视频采集设备逐步演化为具有更多附加值的智能化产品，人们希望它们的作用不仅局限于录像，而且要有一些深层次的应用，对“低照摄像机”来说也不例外，低照与其他技术相融合来解决更多的系统问题，这会是一个趋势。

1. 低照+车辆识别

低照技术的渗入无疑为交通车牌识别的全天候使用提供了有力的技术支持，普通卡口或电警设备在夜晚或者路灯环境下，由于夜晚环境光的色温及光线阴影问题，会干扰摄像机车辆识别算法对车牌、车身颜色、车型的建模，给正常的抓拍和识别带来很大的影响，但低照技术的出现对这些问题的解决起到了事半功倍的效果。低照摄像机对环境亮度的要求较为宽松，适合照度较低的街道或小路，面对这种环境，低照摄像机利用独特的感光数据处理芯片，使整体视觉效果提升数倍，使原本暗淡的车牌颜色和车身颜色得到更加真实的还原，避免了由于灯光照射角度而导致的阴影问题，保证了车辆识别数据的真实有效，让车辆识别的环境适应能力更强，识别更准，而且让低照下提取驾驶员及副驾驶人脸清晰图片采集信息成为可能。同时采用无爆闪及环保卡口技术，有效避免了爆闪及常亮补光灯对司机的视觉影响，以免造成不必要的交通事故，如图 5 所示。

图 5　低照下车牌及驾驶员信息提取

2. 低照+深度学习

2017—2018 年，伴随着深度学习算法的成熟，人脸识别、人体识别、行为分析等技术再一次火起来，2019 年人脸的普及率直线上升，人脸识别已经成为 AI 落地的最重要应用之一，低照技术的加持让人脸识别增色不少。深度学习算法模拟了人类神经网络思考问题的方式，其对事物抽象、概括能力的显著提升。将人脸算法与低照技术相结合，智能将如虎添翼，以人脸识别为例，低照技术可以为人脸识别系统提供更加清晰的夜间画面，脸部细节清晰可见、颜色信息完整保留，极大地提升了人脸识别算法在夜间的识别能力，使整套系统的夜视能力远超人眼辨识范围。

3. 低照+警戒

传统安防更多关注事后的视频图像取证，或者事中的一些报警联动，然而这些都是基于危险事件、治安案件已经发生的事实，因此无法做到事前的主动安全防范和预警。天地伟业推出的警戒系列产品，提出“主动安防”的概念，当有危险苗头的时候，警戒前端会通过声音、白光、激光等组合方式对看守区域的人、物进行提醒或震慑，同时后端将这一信号放大，及时通知安保人员，将危险、治安案件消灭在萌芽状态。因为大多治安案件都是发生在晚上，所以低照配合警戒系统可以在夜间对入侵者产生极强震慑的同时，还能呈现最为通透亮丽的彩色画面，将“主动安防”发挥到极致，如图 6 所示。

图 6 低照配合警戒系统在夜间对入侵者产生极强震慑

4. 低照+多摄

随着安防应用在不同领域的深化和细化，多摄（多目）系列摄像机应运而生。因其一台摄像机上融合了多个图像采集模块，因此视野更广、监控距离跨度更大，如天地伟业的全景摄像机，具备“8 定+1 动”的摄像机组合，实现全景与特写联动；海康威视的双变焦双仓摄像机，不同的采集模块可用于不同的智能场景；华为也推出了多摄系列产品，比如“2 动+1 定”的组合，适应场景更加多变。多摄融合技术大多都与低照技术搭配使用，因为越是这种复杂场景应用就越需要低照技术的低照效果保证，毕竟看得清是看得全的前提条件。

四、看储备：下一代低照技术

低照技术越是竞争激烈，就越能展现出它巨大的发展空间，低照技术一定会在更多的维度进化，所有厂家也是时候储备下一代低照技术了。

1. 智能低照

所谓智能低照，是指可以在不同环境内都可以实现各项参数智能化自动调节，做到完全的场景自适应，以匹配最佳的低照效果。当前最优秀的低照摄像机在面对不同的光线、色温等环境时，也需要人工干预调整曝光、降噪等参数来被动适应环境的变化，无法做到完全自动化。这一现实由当前低照技术发展水平所限，因为要想实现智能低照需要更为复杂的算法和 ISP 底层环境适应支持，需要有更多的数据和经验积累，虽然困难，但低照技术的发展前景告诉我们这一定可以在不久的将来得以实现，就像我们现在已经实现快门、光圈、红外亮度等参数的自适应调节一样。

2. 融合低照

如果单镜头、单 sensor 的单光路的效果遇到瓶颈，我们是否可以通过增加感光器件来实现感光效果的叠加呢？或者通过像素级的融合来实现每个像素点的亮度提升？答案是肯定的。这在理论上可行，不同的光路设计原理会有所差异，但核心都是通过多个感光将各自的感光能力进行累加，达到效果倍增的目的，让夜视能力达到极致，突破视觉极限。海康、大华、天地伟业也在单镜头多 sensor 上实现了产品化，但多 sensor 多镜头、多镜头单 sensor、单镜头单 sensor、四合一像素融合等技术还尚在实验室阶段，离大批量应用还有一段距离，效果、成本、场景这几个要素的不断平衡会催生出更多的新玩法。所有的研究成果在不久也许就会和大家见面，当然每家产品的原理和效果一定会有差异，谁会更加大胆，谁的效果会更好，我们把评判的权利交给时间。

3. 机器视觉星光：满帧甚至 60fps 超连贯星光

低照摄像机夜视效果好的同时，有时也会伴随着一些副作用，如低照下拖尾、丢帧等问题。机器视觉低照旨在解决低照拖尾、丢帧问题，智能处理动态场景，让夜间动态视频更加连贯。如天地伟业 TVP 技术，针对动态运动场景可设定特殊的动作阈值，当超过该阈值系统会判断为运动场景，低于该阈值为静态场景。在运动场景中通过采取 I 帧动态补偿防止运动伪影，同时联动增益及时域、空域双边滤波降噪做动态处理，确保运动目标不拖尾、周边细节不丢失。

4. 高分辨率星光：高清、低照双丰收

高清化是必然趋势，随着 H. 265 技术的普及，以及智能编码技术的革新，窄带高清已经不是梦想，用原来 1080P 的码率现在已经足够传输 5MP 甚至是 4K 的视频，因此 4K 及以上的星光、超星光产品会是不久后的趋势，当然如前文所述，安防的第二阶段是 PQ 与 AI 双轮驱动的时代，二者相辅相成，谁的需求更为迫切，谁的发展就相对快一些，相信当 AI 成熟到一定程度，更高分辨率的低照产品会为 AI+安防带来新的活力，量变引起质的飞跃。

五、结语

每一次技术的革新总能引领一次行业的进步，五年前，我们不可能想象得到如今的摄像机在伸手不见五指的夜晚竟也能呈现清晰的彩色图像。低照技术近几年的发展也许才只是一个开始，在这新一轮的对弈中，每个参与者都不想掉队，因此所有厂家都会满怀诚意地奉上属于这个时代的星光豪礼，为 AI 赋能、为 AI+安防赋能，作为安防人，我们应当为生活在这样的时代而感到自豪，因为它总会给我们一次又一次的惊喜！

AIoT 技术在城市安防系统中的应用浅析

文/范德俊　东方网力科技股份有限公司

AIoT，即“AI+IoT”，是人工智能技术与物联网在实际应用中的落地融合，是 AI 赋能物联网的简称。通过 AIoT，实现了“人工智能”逐渐向“应用智能”发展，进而实现 AI 赋能各行各业，甚至推进产业颠覆。对于目前持续推进的智慧城市项目中，AIoT 在公共安全方面是最为直接的应用场景，在这些场景中既有大量的基础数据存在，也存在着巨大的市场刚需。

一、城市安防系统现状分析

近年来，伴随着人工智能技术的发展，传统安防快速向智能安防转变，AI 技术不断地融入安防应用系统中，人脸识别、车辆识别已成为现代安防系统的标配。但因为设计的缺失与技术的不成熟，智能应用系统在实际城市安防系统落地过程中也涌现出许多问题。

1. 海量数据计算需求问题

目前，全国多数地区中心城市已基本完成视频安防集中建设，据统计，截至 2018 年底，国内安防市场规模达到7500 亿元，2020 年预计将接近 1 万亿元，中国已安装的监控摄像头已经超过 1. 76 亿个，其中由公安机关牵头建设的有 2000 万个，中国已成为全世界最大的视频监控网络大国。同时，随着人工智能技术在城市安防项目的普及，庞大的前端视频监控点位与智能算力缺乏之间的矛盾日益突出。

2. 多源异构数据集成问题

城市安防系统项目中存在大量的视频、卡口监控、Wi-Fi 探针、电子围栏、门禁等设备，在织密立体防控体系的同时，也产生了海量的非结构化、半结构化、结构化数据。面对日益复杂的数据海洋，如何实现多维异构数据的接入和治理成为一个新的挑战。

3. 多维数据的孤岛问题

虽然人工智能技术在城市安防应用系统中大量应用，但海量的安防系统数据缺乏多维数据碰撞分析的手段，使得城市安防系统之间业务烟囱现象突出，数据孤岛问题严重，从而无法通过安防系统实现深度业务应用。

二、AIoT 在安防领域的典型架构及关键技术

1. AIoT 在安防领域的典型架构

随着 AIoT 在安防领域的纵深发展，城市的各个行业、各个场景的安防应用将会进入智慧时代，图 1 描述了公安物联网的典型技术架构，分成“感知、接入、计算服务、标准”四层两支撑架构。

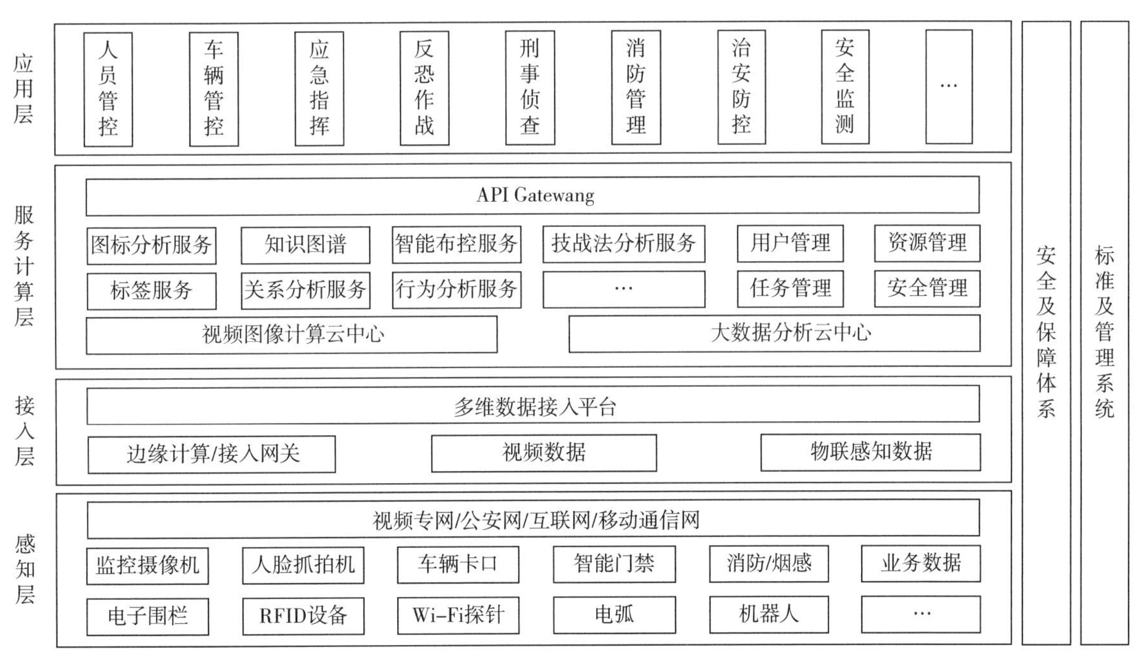

图 1　公安物联网架构

（1）感知层。由分散在城市各个场景的视频类设备、人员感知类设备、车辆感知类设备、环境感知类设备及安防业务数据构成。

（2）接入层。通过边缘计算、接入网关实现对各个场景、各种网络环境下的各类前端采集的视频、图片、结构化数据进行初步数据接入、结构化分析和数据清洗，从而减轻中心端数据分析处理压力，同时通过多维数据接入平台进行统一汇聚和管理。

（3）服务计算层。视频图像计算云中心将接入层接入转发的视频图像数据进行计算分析，提取视频

图像中的人员、车辆、物品等视频中的关注目标，并转发到大数据分析云中心，结合感知层接入的物联感知数据、安防业务数据进行数据治理、分析和挖掘。同时，通过微服务的方式向上层业务应用提供标签服务、关系分析服务、行为分析服务、模型分析服务、知识图谱和业务管理等。

（4）应用层。面向公安各警种提供各类服务应用，包括人车管控、智能布控、治安防控、刑事侦查、应急指挥等。

2. AIoT 在安防领域的关键技术

（1）边缘计算

边缘计算，是指靠近物或数据源头的一侧，采用网络、计算、存储、应用核心能力为一体的开放平台。网络边缘侧可以是从数据源到云计算中心之间的任意功能实体，这些实体搭载着融合网络、计算、存储、应用核心能力的边缘计算平台，为终端用户提供实时、动态和智能的服务计算。与云端中进行处理和算法决策不同，边缘计算是将智能和计算推向更接近实际的行动，而云计算需要在云端进行计算，从而具备处理时延小、网络流量压力低、保护数据安全、减少云端计算压力、实现多源异构数据接入等优势。

（2）多维异构数据接入

采用微服务架构，基于中间件、组件进程隔离技术，融合视频、图片、物联感知等结构化、非结构化数据，实现多维异构数据的统一采集、标准化清洗、数据分类入库和数据质量管理，打破单一对象烟囱式存储模式。接口方面通过 SDK、RTSP、HTTP、FTP、Kafka 等接口，实现不同种类、不同格式数据的智能适配。在数据质量管理方面，基于定义好的数据定义与模型，实现对数据质量进行管理和监控，包括数据规则检测、统一数据语义、数据项检测、数据质量报告等，实现数据资源目录管理和服务管理。

（3）机器识别

机器视觉技术在安防领域主要实现视频图像的结构化分析，通过先进的深度学习、高性能运算及大数据技术，利用图像识别技术对人脸、人体、机动车、非机动车等用户关注目标的行为检测、识别和快速检索，满足多种场景下的实时预警、精准布控、分析研判等多种业务需求，主要包括目标检测、跟踪和分类、人脸特征识别、车辆特征识别、人体特征识别等部分。

（4）视频图像聚类治理技术

如图 2 所示，视频图像聚类治理技术基于分布式技术构建，将同一视频对象的识别特征信息进行聚合归档。在进行聚类计划过程中，首先对图像结构化的结果进行筛选，对质量分数符合要求的数据，根据图片的人脸特征、人体特征、时间和空间信息形成聚类中心，每个聚类中心代表一个视频对象的聚合，

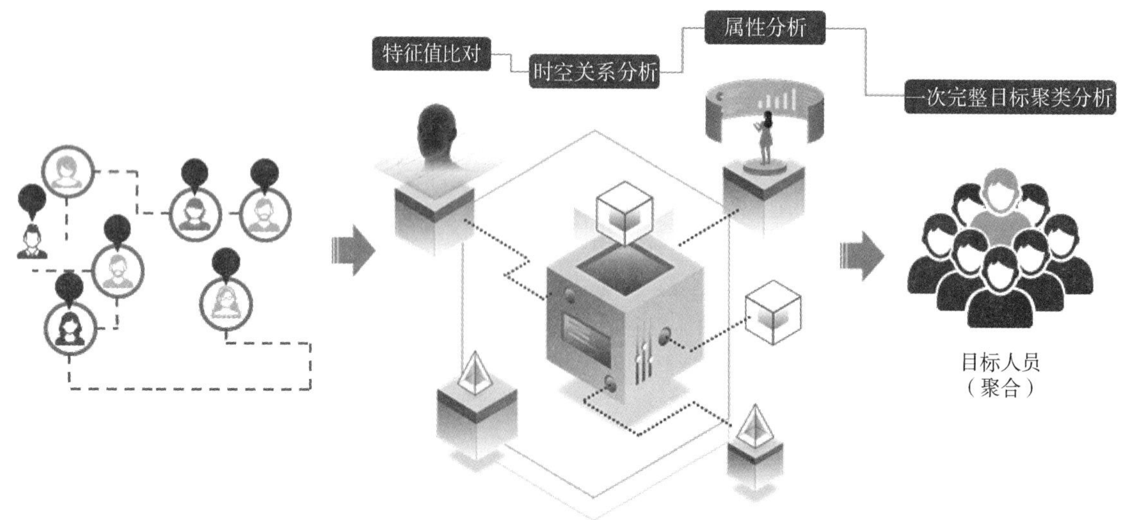

图2　全新的视图聚类治理技术

并在之后的计算中不断优化聚类中心。聚类归档形成的数据称为视频身份数据，每个视频身份数据将颁发一个系统唯一的身份编码。该技术可以为系统中重复出现的可提取特征的事物（非常相似的特征值）建立一个视频身份唯一标识，从而节省大量比对计算，并可为后续的查询服务提供准确快速的查询结果，并且平台通过先进的大数据技术，实现千亿级数据快速响应，以数据服务于实战，体现数据的潜在价值发挥视频大数据平台的作用。

（5）知识图谱技术

基于知识图谱技术的关系分析广泛用于公安情报研判和案件侦破工作，实现对人员、车辆的人车画像、人脉关系、同行同伙关系、联系关系等进行图谱分析，为公安在海量的视图轨迹信息、物联感知信息中寻找潜在的线索提供智能化、可视化的分析手段，关系图谱对复杂的海量视图、物联感知数据进行有效的抽取、加工、处理、整合，转化为简单、清晰的“实体（Entity）—关系（Relationship）—实体（Entity）”的三元组。

三、AIoT 在安防行业的具体应用

1. 治安防控中 AIoT 智能应用

（1）实有人口全程精细化管理

立足于对社会人口的综合治理，通过对辖区出入口以及内部监控设备采集的视频图像数据、Wi-Fi探针采集的 MAC 数据、电子门禁采集的刷卡刷脸数据等进行智能化大数据分析，根据人员出入的行为活动规律等，分析出区域内人员的居住、新来、离开情况，并关联辖区的登记信息以及各种静态人员库信息，掌握辖区人员的真实身份构成，从而实现从城市整体到每个城市“平安细胞”的精准化人口管理，掌握城市的实有人口，实时分析所有目标的活动轨迹和区域，实现对重点人员、漏管人员的全新布控管理。

（2）重点人员管理

建立重点人员库，通过虚拟身份信息（包括人脸、车辆、移动端等）与重点人员库进行碰撞分析，实时掌握重点人员区域分布和活动情况，构建重点人员的活动轨迹以及人员档案，并可以通过综合布防功能实现对重点人员的预警布控。

（3）综合布控

利用知识图谱和聚类技术可实现对嫌疑目标的人脸、车辆、门禁卡等多个维度信息的挖掘和关联。当对嫌疑目标进行布控时，可通过综合布控的方式对嫌疑目标不同信息进行多个维度布控，从而织密嫌疑目标的电子防控网，只要其中任何一个信息符合，立即进行报警提醒。

2. 视频侦查中 AIoT 智能应用

基于 AIoT 的智能应用，可以为公安日常侦查办案提供多样化的研判手段。

（1）多维度搜人、搜车

在掌握嫌疑人和车辆信息的基础上，采取人车图片、移动端特征码、车辆 ETC 信息等输入为查询条件，对圈定范围内的某一段时间内的物联感知设备进行多维搜索，最终确立嫌疑人的活动轨迹和生活规律，为侦查办案提供信息支撑。

（2）人、车融合轨迹刻画

通过采集不同点位的视频监控、人脸抓拍、人脸门禁、车辆微卡等多维信息，并经特征识别、聚类技术和多维关联分析处理，生成相同特征人员、车辆、移动端的时间、空间序列，从而生成融合轨迹，为人员和车辆的研判分析提供支撑。

（3）关系图谱分析

基于多区域视频感知和智能识别技术产生的人脸、车辆活动记录进行聚类，并与物联感知数据、公安业务数据融合分析生成人员关系图谱，通过碰撞分析人员、车辆的人脉关系、同行同伙关系、联系关

系，找出共同接触或同行的人员和车辆，将潜在的犯罪嫌疑人挖掘出来。

（4）人车落脚点分析

基于多区域视频感知和人车识别技术以及人脸门禁产生的人脸进出记录进行聚类，以时间范围、进出时间段为条件，分析出人员和车辆频繁进出的地点，用于分析人员和车辆可能的落脚点。

3. 惠民领域 AIoT 智能应用

（1）特殊人群关怀

基于社区层面的人脸抓拍数据、门禁出入数据，通过视图聚类技术和大数据分析，实现对小区特殊人群如孤寡老人的轨迹分析和出行频次分析，当发现孤寡老人长期未出门时自动将预警信息推送到社区民警或社区工作人员，上门进行查看了解老人生活状况，解决居民生活后顾之忧。

（2）城市交通优化

通过 AIoT 技术，汇聚城市海量车辆通行记录数据，实时分析城市交通流量，联动优化红绿灯间隔，缩短车辆等候间隔，从而提升城市道路的通行效率。同时通过对小区出行、城市道路车辆通行、办公场所停车等场景历史数据进行大数据分析，分析城市每日车辆通行趋势，可提前预测交通流量变化趋势，方便交管部门提前疏导，合理配置资源，缓解城市早晚高峰难题，为居民的出行通畅提供保障。

四、AIoT 在安防领域的应用展望

1. 物信融合更加透彻

随着新基建的加快推进，5G 技术、云计算、人工智能、大数据、新一代地理信息系统等一系列关键技术将在实际应用中快速融合落地，这将打破传统智能的桎梏。除电脑、智能手机、智能摄像头外，更多多样化的智能终端将得到规模化的部署和应用，如智能机器人、智能电表、智能井盖、智能模组等。

伴随着万物互联时代的到来，AIoT 将是安防行业应用的必然趋势，今后的安防行业应用必将是融合视频图像数据、物联网感知数据、信息网业务数据的横跨多网络、纵向多层汇聚的物信融合大数据平台，实现“人”“地”“物”“场”“网”多维度数据融合应用，形成覆盖全面、信息多维、来源广泛的物信融合大数据，为安防用户提供基于全域的人、车、场所多维数据分析应用。

2. 多技术协同智能分析

随着深度学习、机器视觉等技术的发展，除了典型的人脸识别技术应用，近年来非人脸识别的技术应用和需求越来越得到关注，基于 ReID 的人体特征识别、基于 3D 结构光、ToF 的物体特征识别技术、基于声纹的声音识别技术、基于姿态分析的步态识别技术等越来越成熟，受到了市场的广泛关注。随着这些技术的逐步成熟，将丰富视频图像数据种类，助推安防行业智能分析中人员身份置信可靠性，产生更多的视图大数据共享和应用模式，推动 AIoT 在安防行业中进一步深度应用。

3. 云边协同创新智慧安防

随着 AIoT 技术的发展，城市视频、图像、物联网感知等多源异构数据呈现爆发性增长趋势，海量的数据需要得到及时处理和响应，这将对城市综合数据治理能力带来挑战。面对爆发性增长的多源异构数据，云边协同将是驾驭数据洪流的关键技术，也是 AIoT 未来发展的重要趋势。随着 AI 技术如火如荼地发展，需要通过物联网网关实现边缘端海量数据快速有效的提取和分析，这将大量减轻云端的计算压力，缩短数据分析时延，同时，边缘计算数据通过在中心云端统一汇聚和大数据分析挖掘，沉淀为高价值的大数据知识体系，为各业务系统赋能。未来 AI 技术、云边协同技术和物联网将更加密切地进行融合发展，尤其在安防行业领域的应用。

五、结语

随着新基建的建设，特别是 5G 技术的成熟与落地，AIoT 在安防行业将加快落地应用的步伐，目前采用 AIoT 理念建设安防项目还处在探索阶段。从 2019 年起，AIoT 已成为众多安防及互联网厂商竞逐的赛

道，AIoT 赋能产业本身就是互相依托、各展所长的生态。AIoT 发展前路并非一蹴而就，需要脚踏实地步步向前。从实际中来，到实践中检验，才是 AIoT 在未来走好、走实脚下路的目标和希望。

基于云服务的数据中台建设探析

文/吴参毅　浙江宇视科技有限公司

一、数据中台的内涵

数据中台被誉为大数据的下一站，由阿里兴起，2015 年阿里基于自己的实践提出“大中台，小前台”的概念，随后又不断深入实践优化形成“数据中台和业务中台”的双中台概念，由此提出数据中台的理论体系：方法论+组织+工具。换言之，要想实施好数据中台，一个组织需要依据一种方法使用一套工具，持续不断地落地实施数据中台。由于数据和业务是持续变化的，所以数据中台是个动态过程，也是个不断优化的过程。

业界对于数据中台普遍定义为：通过数据技术，对海量数据进行采集、计算、存储、加工处理，建立统一标准规范体系，形成大数据资产层，为各种业务应用场景提供统一高效的数据价值应用。

在各种组织和行业内，由于体制和机制的原因，各业务系统间相互独立，各业务系统虽已建立起大数据平台或者数据仓库，但仅用于满足自己业务系统的数据汇总和分析报表。这种烟囱模式数据孤岛相互独立，没有形成统一的元数据标准体系，没有对数据资产化，更没有深度挖掘数据价值。如图 1 所示，某个单位有三个业务部门，分别建立独立的大数据平台，汇聚各自业务部门的数据，使得各业务系统不仅给自己的业务系统应用平台提供数据查询功能，同时也可以给具备权限的其他业务系统应用平台提供数据查询功能。

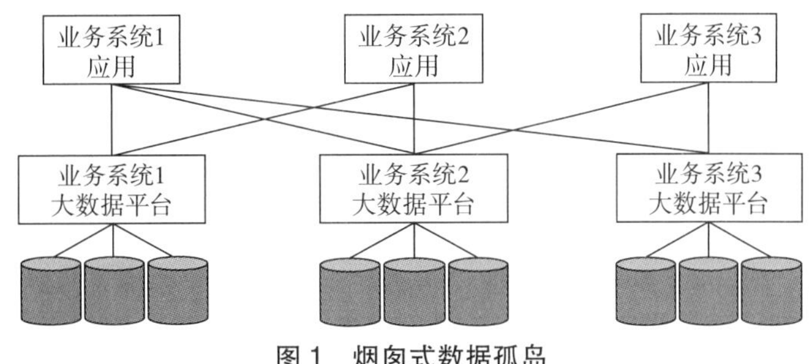

图 1　烟囱式数据孤岛

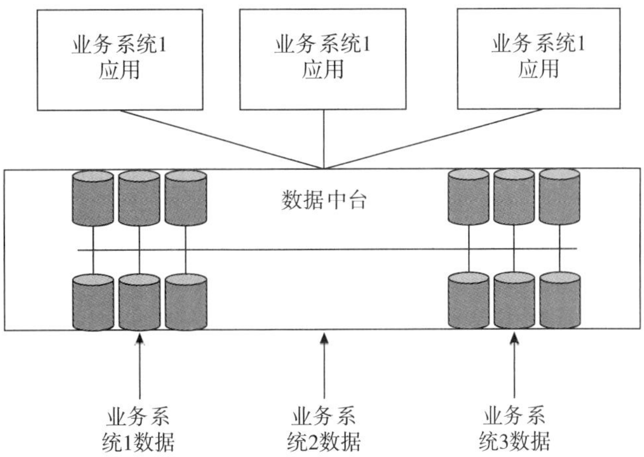

业务系统1
应用
业务系统1
应用
业务系统1
应用
数据中台
业务系统1数据
业务系统2数据
业务系统3数据

图 2　典型数据中台模型

对典型的数据中台来讲，首先打破的是数据烟囱，对多个业务系统的数据进行统一汇总，为多个业务系统应用平台统一提供数据服务。在数据中台内部不仅进行简单的数据汇总，而且对数据进行统一的规划和处理，形成数据资产，对数据进行治理和分析处理。充分挖掘数据价值，提供超值的数据服务。

对于安防行业来说，中台模型可以理解为“双中台”模式：数据中台和应用中台。数据中台包含视频图像数据中台，应用中台包含视频图像应用中台。

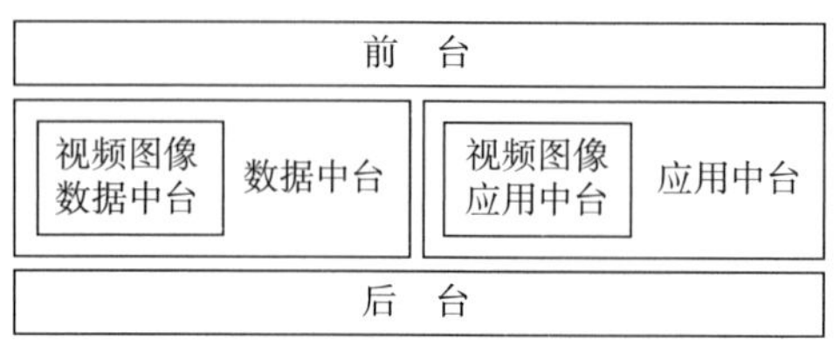

图3　安防行业数据中台模型

二、云计算对于数据中台建设的作用

数据中台模型中的后台需具有云计算平台。根据数据中台中视频图像数据的规模程度，云计算平台也有所不同，云计算平台需和数据中台相匹配。需要部署公有云、专有云企业版、专有云敏捷 PaaS。专有云敏捷 PaaS 的架构图如图 4 所示：

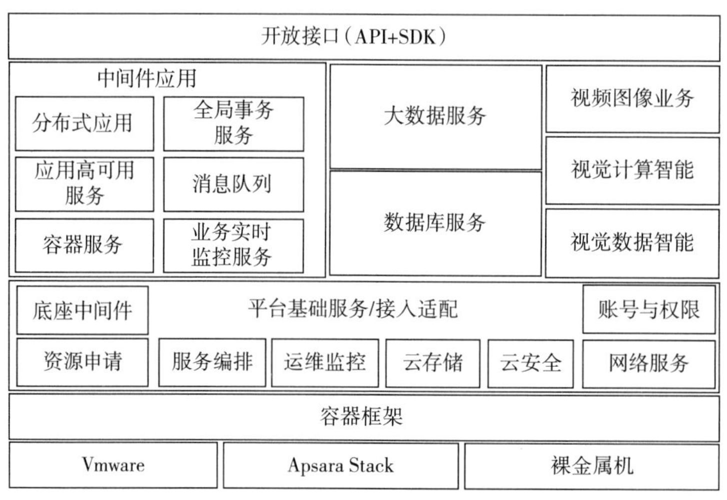

图4　专有云敏捷 PaaS 架构

容器可以部署在裸金属机上、虚拟机上，同时也兼容飞天云。上层平台基础服务/接入适配层提供底座中间件、资源申请、服务编排、运维监控、账号与权限、云安全、云存储、网络服务等通用功能模块。上层是必备的关系数据库、时序时空数据库等各种数据库服务，以及大数据服务。视频图像业务、支持视觉计算智能、视觉数据智能的异构架构。分布式应用、应用高可用服务、容器服务、全局事务服务、消息队列、业务实时监控服务等中间件应用。最后云平台通过 API 或 SDK 对外提供开放接口。

三、数据中台落地安防

1. 数据中台的通用架构

数据中台的通用架构大体分为四个层次，即终端层、后台层、中台层和前台层。

（1）终端层

终端层为各种视频图像信息采集终端设备，同时也包含各种物联信息采集单元。以采集视频图像信息为主，物联网信息为辅。视频流采集基于 GB/T 28181 或者 ONVIF 标准规范，视频片段、图像、文件，

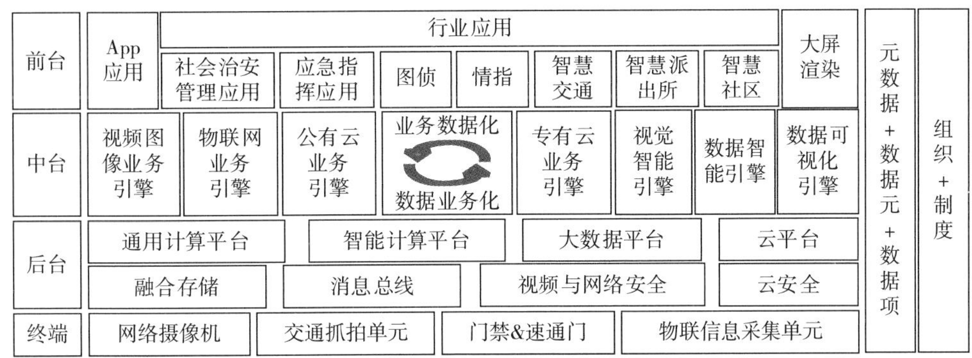

图 5 安防行业数据中台架构图

视频图像结构化信息等的采集基于 GA/T 1400 标准规范。

（2）后台层

后台层包含通用计算平台、智能计算平台、大数据平台、融合存储、消息总线、视频与网络安全、云平台和云安全。通用计算平台提供传统的 CPU 式的计算能力，包括流式计算、离线计算、内存计算、图计算等。智能计算平台提供 AI 人工智能计算能力，支持市面上各种异构 GPU 计算平台，并做统一调度。大数据平台支持关系数据库、图数据库等分布式数据库的创建。融合存储支持视频流录像、视频片段、图片的统一存储或云存储，还支持包括分布式文件系统、分布式列式数据库、图数据库、全文数据库等，提供视频图像信息和物联超感信息的存储、检索、分析能力。视频与网络安全支持基于 GB/T 28181 和 GA/T 1400 的安全接入接出和信令安全过滤。消息总线支持各平台间的异步通信缓存。云平台提供基于公有云或专有云部署场景下的云平台 IaaS 和 PaaS 能力。云安全提供基于云的安全能力。

（3）中台层

数据中台部分提供业务数据化能力和数据业务化能力。

①视频图像业务引擎提供视频流业务、视频图像结构化信息业务、信令调度控制、流媒体分发、录像回放控制、摄像机设备控制、视频流联网共享管理、GIS 服务、视频图像信息订阅等视图库级联接口和分析接口（见 GA/T 1400.4）服务。

②物联网业务引擎提供门禁、道闸、RFID、MAC、电子围栏等业务。

③视觉智能引擎提供基于视频流、视频片段和图像的结构化解析业务，从视频流、视频片段、图像中提取人员、人脸、机动车、非机动车、事件等对象及其特征属性信息。

④数据智能引擎提供视频图像结构化信息计算能力，包括人员行为分析、步态分析、结构化信息的精确检索和模糊检索，人像图片、车辆图片的 1∶1 比对、1∶N 比对、M∶N 比对、静态库比对和动态库比对，以图搜图、黑名单布控、灰白名单比对、图像聚类。同时建立过人结构化信息库、过人图片库、过车结构化信息库、过车图片库等原始库，人车等要素的关联库、关系库、分布库，形成一车一档、一人一档，建立人和人的关系图谱、人车关系图谱、人和单位关系图谱形成各种资源库，建立各种人员、车辆、单位的主题库，建立面向共性业务的业务库。

⑤数据可视化引擎提供对各种数据的可视化能力。对各种接入数据、接入数据的比对和态势可视化；各种原始库、资源库、主题库、业务库的存储情况可视化展示；库中各条目的数据元为空的统计情况、业务库的使用情况，实时动态的可视化能力。同时提供数据的血缘关系、数据的生命周期、数据权限的申请、审批和使用等管理信息的实时动态可视化能力。

⑥公有云引擎和专有云引擎提供基于公有云和专有云应用场景的云服务能力。

（4）前台层

前台层面向各种行业应用以及移动互联网 App 提供各种共性应用和专业应用。安防行业面向应用场景繁杂、需求众多，基于数据中台和业务中台的抽象能力，极大提高对各种行业应用场景的 SAAS 的响应效率和响应数量。使得 SAAS 人员专注于响应专业行业的业务需求，中台人员专注于共有数据的通用计算。中台提供能力，前台提供业务数据和响应效率。使得数据价值最大化、数据服务最优化。安防行业应用一般为：社会治安管理应用、应急指挥应用、智慧社区应用、智慧派出所应用、智慧交通应用、情报指挥应用、图侦应用等。基于中台的数据可视化引擎还提供各种显示大屏的渲染美化能力。

对数据中台和业务中台，最基础的就是需要建立一套统一的元数据、数据元、数据项标准规范体系，这样才可以实施全生命周期的数据治理，实现以资产的视角对数据进行管理，全生命周期的数据质量管理、数据安全监管、数据 API 管理。

数据中台相比于传统的大数据平台一个显著的区别在于，数据中台是一个动态的过程：数据业务化、业务数据化，且随着业务的不断变化、数据也是不断变化的。同时由于全生命周期的数据治理，所以需要建立专门的组织并制定专门的规章制度，保障数据中台的长期有效的实施，确保数据价值的不断实现。

2. 数据中台的落地案例

落地于安防行业的数据中台规模，依据接入的视频图像规模设定。若接入熟路规模达到千万级别，相当于构建一个国家级别的数据中台；若接入路数为百万级别，相当于省级的数据中台；若接入路数为百路级别，则为派出所级别的数据中台。

规模越大，需要存储的数据量越大，计算量更大。对于派出所级别的数据中台，由于接入路数规模可控，视频图像覆盖的地图地域面积可控，计算规模较小，计算效率更高，可充分展示数据中台的优越性。下面以智慧派出所数据中台解决方案为例进行说明：

（1）以图搜图实现人员检索，按照人员相似度排列搜索结果，同时在地图中标示出人员轨迹。

（2）布控告警智能研判业务功能，基于视觉计算引擎和数据计算引擎，对接入视频图像结构化并检索对应的资源库和专题库，然后使用以图搜图、特征值比对等计算，可实现多维布控或规则布控，布控对象触发后即可告警，把告警信息推送到关联人后实施下一步动作。

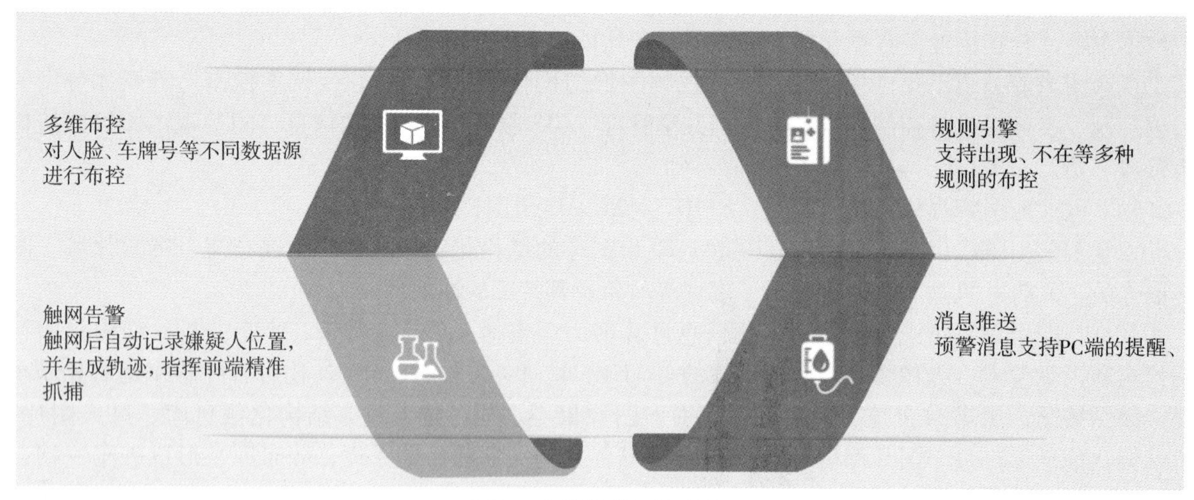

图 6　布控告警智能研判

（3）全域实时感知布控的预警、研判的战果等城市安全数据，在地图上可视化呈现，辅助抉择指挥。预警信息以可视化的方式展示在地图上，方便把握综合安保态势。研判的战果展示在地图上，可查看详情，便于战果的集中展示汇报。

（4）人员的所有同框记录，系统会进行自动统计，并按照次数和时间进行排序。将同框的人员，通过算法分类，进一步定义为同行，如跨摄像头同框、跨天同框等。将同行的人员，进行组织关系梳理，进一步明确组织内的人员管理图谱，从而进行可视化展现。通过组织发现功能，可以将辖区内的疑似犯罪团队推荐出来，人工判定是否正确，为民警提供大量犯罪团伙的线索。

四、结语

数据中台在安防行业的出现并非偶然，而是顺应行业的发展。安防行业数据中台的应用不仅在一定程度上削减行业内部的“数据治理之痛”，还为安防行业提高业务效率提供一臂之力。安防行业数据中台是一片蓝海，这个领域在未来一定会吸引越来越多的目光，迎来更快更好的发展。

浅谈5G对智能视频产业发展的影响与驱动

文/徐童静　华为机器视觉

9公斤的一个“铁疙瘩”，售价2000美金，在1968年的消费电子展（CES）上吸睛无数，让人们纷纷感叹科技的力量。至此，第一代商用移动电话已初具雏形。但无线通信，仅有移动设备是远远不够的，没有规范的通信标准，就无法实现连接与沟通。在移动通信的发展过程中，每隔十多年就会出现新一代的通信标准。20世纪80年代2G降临，数字电路替代模拟电路，在摩尔定律的影响下，手机越做越小，收发短信更迅捷便利。3G的通信标准将信息的传输率提高了一个数量级，使得移动互联网得以实现，用手机网上冲浪成了用户的一大需求。4G时代，扁平的网络结构减少了端到端通信时信息转发的次数，同时增加了基站之间光纤的带宽。人们直观的感受是网速快了，对各种应用软件的需求日益增长，后来千元智能机的出现更是引爆了移动互联网，让人和人的联结更为紧密。

对于我们日常生活的大部分场景来说，4G是可以满足需求的，但在人群密集、高并发的情况下，难免会出现网络拥堵的状况。这使我想起在拥挤的地铁口等候排队的时候，刷不开的网页让等待变得更煎熬。随着人工智能的演进，越来越多的智能设备被使用，我们需要更高的带宽、更流畅的体验，5G应运而生。截至2020年6月，据TeleGeography的数据，全球已有82个5G商业网络，预计到2020年年底，这一数字将增加一倍以上，达到206个。中国拥有全球最大的5G市场，本土拥有多家5G设备厂商，引领着全球5G产业的发展。可以预见未来10年将是5G高速发展的时代。

一、5G驱动视频向高清、全联接、智能化发展

依据5G网络超高带宽、低时延、高可靠、海量连接的特点，ITU-R已于2015年6月定义了未来5G的3大类应用场景：增强移动带宽（eMBB）、超高可靠低时延通信（URLLC）和海量物联（mMTC）。不同行业的开发者根据不同的方向与场景，在各自领域挖掘5G的行业价值，打造丰富的产品与应用。

1. 5G为高清视频提供基本网络能力

视频的高清晰度可以带来高质量视频体验，而视频分辨率是影响清晰度的主要因素。随着网络带宽、端侧设备能力的提升，主流视频的分辨率将逐渐从2Mb上升到4K、8K。在2015年NGMN发布的白皮书中将HD Video/Photo Sharing作为高密度宽带接入的主要场景之一。而除了满足人眼查看的高清体验，还要满足让机器“看懂”的需求同样驱动高质量视频与通信技术的升级。同样场景下分别用4K和2Mb摄像机拍摄，4K摄像机将输出高于2Mb摄像机近4倍的有效像素点，使得画面更为真实，且足够多的信息量可支撑更多的智能分析任务与获得更高的识别准确率。在网络能力上，5G网络的大带宽能力为4K/8K高清视频提供基本条件，让高清视频实现实时传输。

2. 5G为“万物互联”奠定了基础

随着IoT广泛应用，物和物之间的通信需要支持融合互通。5G技术引入了体积小、耗能低的微基站，这种基站可以安装部署在城市的任何位置，可以安装到路灯、信号灯、商场、住房等地方。每个基站可以从其他基站接收信号并向任何位置的终端发送数据。信号接收均匀、承载量大的特点将极大推动机器间的通信，让更多的终端设备可以纳入网络中，如车载设备、无人机、穿戴式设备、工业机器人等终端

会成为 5G 时代下视频感知的重要载体。预计到 2023 年，短程物联网终端设备的连接量将达到近百亿。此外 5G 网络支持依据终端设备对时延、带宽、连接数、安全性等不同方面的要求，将 5G 物理组网虚拟成多个子网，满足各种终端设备对网络带宽、时延的不同需求。这也将进一步促进 5G 在各行业落地，实现更多元化的应用。5G 不仅实现了“巅峰速率”，更是为“万物互联”奠定了基础。

3. 5G 为智能业务的全覆盖提供保障

由于 5G 具有大带宽、高可靠、低时延、海量连接等优点，让 AR/VR 在安防领域的应用从理论走向现实。通过 5G 的低时延等特性与计算机视觉的结合，可推动机器人从简单执行向人机协同生产升级，加速工业互联网的实现。5G 的低时延与海量连接感知可以实现车与车、车与路之间的通信，为 AI 算法提供多维数据，为辅助驾驶、无人驾驶提供技术。通过 5G 无线技术提供的大带宽，可以解决有线覆盖难的安防场景：广大偏远地区、地形复杂地区、不易布线的厂矿港口、重大活动应急保障等场景都可以通过 5G 实现视频业务覆盖。

二、5G 摄像机规模商用的考虑

5G 时代到来，智能手机出现了与之适配的 5G 版，视频领域的众厂商也先后推出 5G 摄像机。那是否在原有的摄像机外置或者内置 5G 模块，就能实现 5G 摄像机的规模商用，实现立体化的 5G 点位覆盖呢？

这要从 5G 空口特点讲起，移动通信中，数据在无线网络上是以帧（Frame）为单位进行传输的，5G NR（New Radio）无线帧和子帧的长度固定，每帧 10 毫秒，每个子帧（Subframe）时长为 1 毫秒。5G NR 有更加灵活的架构，即时隙（Slot）和字符的长度可根据子载波间隔灵活定义，支持不同的场景和业务类型。由于 5G 主流场景业务需求，目前 5G 经典时隙配比为 4：1（DDDSU）和 8：2（DDDDDDDSUU），下行速率大于上行，如上行高突发量易导致上行数据积压。

区别于消费类业务，在行业数据传输中，大部分场景是需要将终端的数据实时和源源不断地传输到中心平台。5G 在安防行业中的应用也是以上行传输为主，同时传统摄像机 1 帧具有高数据量突发的特点，瞬时带宽可以是平均带宽的 10~30 倍。因此，随着 4K/8K 的高分辨率设备逐渐上量，5G 摄像机的规模商用会面临挑战。

能否从 5G 摄像机的设计上减少瞬时上行的带宽压力呢？我们可以从如下几个方面进行考虑：

1. 优化智能编码技术，提高视频压缩比

目前 5G 基站上行带宽在 300M，总带宽随半径非线性衰减且衰减明显。按传统编码方法来看，室外宏站场景 200 米内仅可接入 6~8 路 1080P 摄像机，60%的区域仅能接入 2~3 路，要解决问题必须有相应

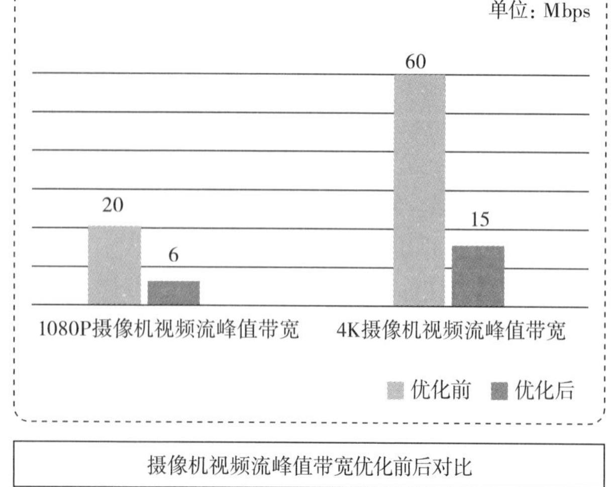

摄像机视频流峰值带宽优化前后对比

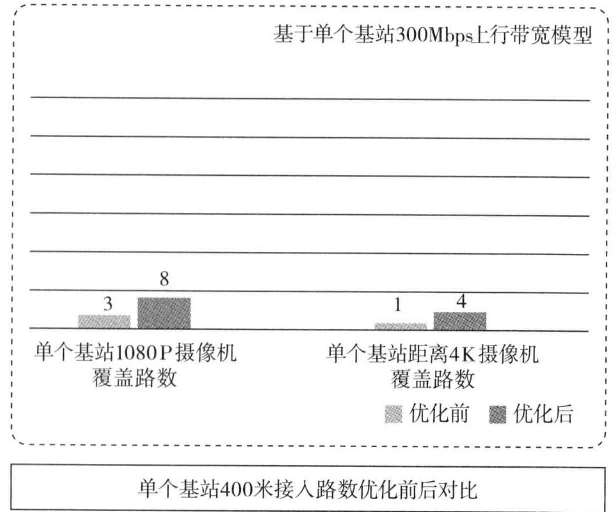

单个基站400米接入路数优化前后对比

图 1

的编码技术，压缩上行码流。在标准上，2013 年 ITU 正式推出新一代的视频压缩标准 HEVC（H. 265），最高支持压缩分辨率为 8K 的超高清视频，3GPP 在 Release12 版本也将 HEVC 编解码纳入 3GPP 标准中。此外，华为 HoloSens 机器视觉在 H. 265 的基础上也进行了优化，推出了基于 AI 的 ROI 编码 H265+，有效提高视频压缩比，I 帧峰值下降 40%，同条件下 5G 摄像机接入数量可增加 2~3 倍。

2. 优化算法，节省带宽

随着前端智能化的普及，越来越多的摄像机具有智能能力，智能功能实现对抓拍提出了更高的要求，传统模式下的智能抓图功能对带宽的要求超高，甚至可能超过原视频本身。通过深度学习算法区分图片前景和背景，对背景区域进行量化压缩，前景维持不变，再进行 JPEG 编码。一方面可节省 30%左右的带宽，同时可保证图像质量；另一方面加上智能图像关联，同场景中大小图配比关联优化，可降低大图传输频率，图片传输带宽仅为之前的 40%，节省整体智能应用所需带宽。

3. 保持视频流畅

遵循新一代传输协议，在最高 10% 的丢包率的情况下保持视频流畅。传统有线网络视频传输采用 TCP 协议，在网络信道条件好的时候，速率抬升很慢。在 5G 网络无线信道变化很快的情况下，TCP 协议这种“慢启动”方式不能充分利用 5G 网络的能力。同时传统 TCP 在丢包的情况下会降速，从而导致视频卡顿。Fillp 传输协议（Fill up the Pipe，smartly）是新一代传输协议，FillP 传输协议是保留保去的，它和 TCP 一样对上层具有兼容性，也跟 TCP 一样兼容标准 TLS。由于 TCP 是 3 次握手加 TLS 的 2 次握手，共计是 5 次握手，但是 FillP 传输协议在这种建链和拆链的情况下进行相关的优化，把整个流程变为两次握手就能拆链，因此在实践上比 TCP+TLS 效能更高。可智能利用可用带宽，在丢包的情况下仍能保障视频/大文件的流畅传输。

随着 5G 摄像机等垂直行业终端设备的普及，并逐步成为 5G 应用重要场景，5G NR 的灵活架构会成为有利的优势。届时，根据上行多发的特征调整覆盖扇区内的时隙比例，5G 的大带宽、广连接能力将全面释放。

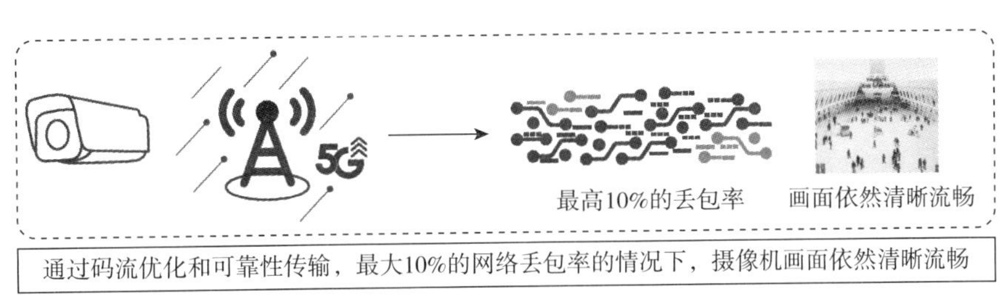

图 2

三、机器视觉在 5G 时代前景广阔

1. 应用分析

5G 网络的大带宽、高可靠、低时延、海量物联的能力融合人工智能、云计算、大数据和边缘计算等各类技术，可以将应用场景从政府、环保、综合治理扩展到港口、矿山、电力、工业等千行百业。5G 网络物理上是一张网，但逻辑上通过网络切片，可以为不同行业提供差异化的服务，例如在智慧环保方面就有非常典型的应用。利用 5G 视频监控可实现对农村大范围区域内的 7×24 小时不间断秸秆禁烧监管，结合视频智能分析系统，实时分析秸秆燃烧可疑事件，并对值守人员进行火情告警推送，大大减少空气污染与火灾发生。

2. 场景落地方向

结合当前 5G 落地的商业场景，我们认为 5G 将在如下十大场景加速落地：

（1）智慧要事安保：立体防控、要事管控；

（2）智慧城市综治：市容环境整治、隐患检测、施工场地监控；

（3）智慧港口：龙门吊，集卡远程操控、港口监控；
（4）智慧矿区：挖掘机，矿卡远程操控；
（5）智慧出行：智慧公交、智慧机场、路害监控；
（6）智慧环保：蓝天卫士、环保检测；
（7）智慧消防：视频巡检、告警联动、移动指挥；
（8）智慧制造：远程监控、AOI 检测、AGV 物流、巡检辅助；
（9）智慧配电房：配电房管理；
（10）智慧物流：车辆运输监控。

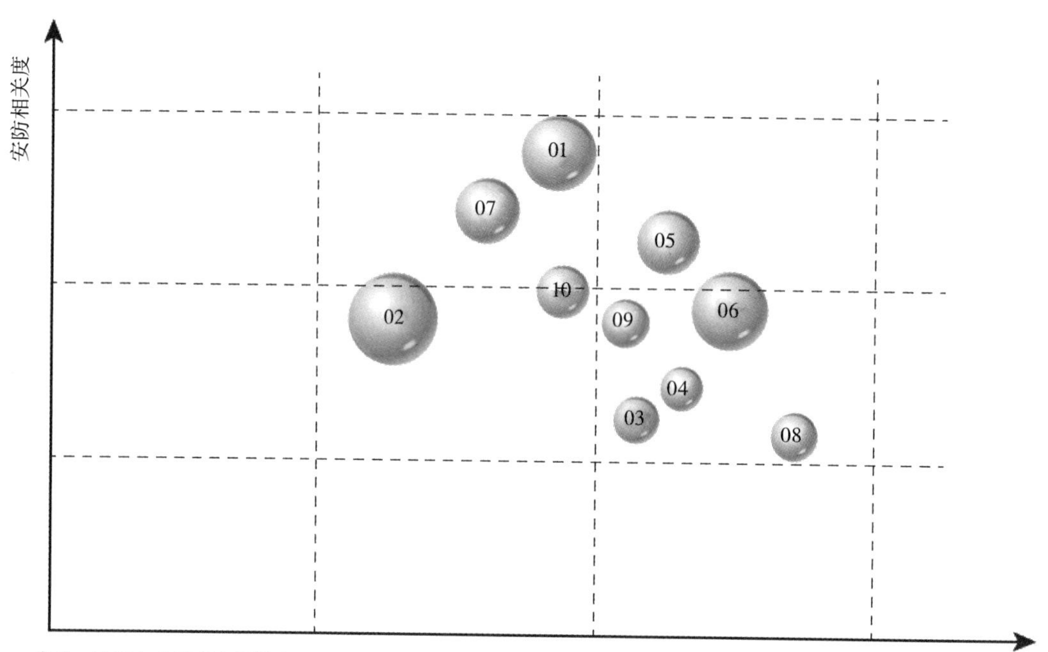

备注：气泡大小代表市场潜力

01.智慧要事安保：立体防控、要事安保
02.智慧城市综治：市容环境整治、隐患检测、施工场地监控
03.智慧港口：龙门吊，集卡远程操控、港口监控
04.智慧矿区：挖掘机，矿卡远程操控
05.智慧出行：智慧公交、智慧机场、路害监控
06.智慧环保：蓝天卫士、环保监测
07.智慧消防：视频巡检、告警联动、移动指挥
08.智慧制造：远程监控、AOI检测、AGV物流、巡检辅助
09.智慧配电房：配电房管理
10.智慧物流：车辆运输监控

图 3

回顾过去，4G 时代出现了智能手机这一新物种，引爆了移动互联网、方便了人和人的连接。展望不远的未来，5G 时代，华为认为未来的十年是机器视觉为感知入口的物联网的十年，它的核心就是要驱动行业数字化。未来的十年，华为将紧紧抓住 5G 时代，打造机器视觉，抢占万物感知入口，真正引爆行业数字化。

1897 年，行驶在大西洋上的“圣保罗”号邮轮发出了一连串“嘀、嘀、嘀”的电报声，瞬间划破寂静长空。来自 150 公里外的怀特岛发来的无线电报标志着“移动通信”的诞生，世界移动通信的序幕由此拉开。斗转星移，每一次通信技术的更迭，都改变了人们的生活，时至 2020 年，5G 元年开启，人类群星闪耀的时光未完待续。

探析AR技术在安防行业的融合发展

文/顾长海 北京中盛益华科技有限公司

一、安防行业发展回望

中国安防行业经过四十多年的高速发展，如今已经形成体量庞大的行业市场规模，行业中的各种关联技术日新月异、推陈出新，推升着安防行业向更深、更广的领域迈进。视频传感技术经历标清、高清和超高清的发展过程，促成视频由“看得见”向“看得清”发展，视频图像等非结构化数据的存储技术经历DVR、NVR、分布式存储以及云存储，实现视频图像数据的“存储，可回放”到“视图云，海量览”。视频编码技术经历H.263、MPEG4、MJPEG、SVAC、H.264及H.265，由“压缩可传输”到“超压缩宽适配”。视图智能分析技术经历移动侦测、模式识别及深度学习，实现视频由“看得清”到“看得懂”。视图网络传输技术经历有线网络（局域网、广域网、互联网）和移动无线网络（Wi-Fi、3G、4G、5G）达到由“局域用”到“无限展”，随着近年视觉增强技术（AR）的出现更使得在安防领域内出现了由“看得懂”过渡到“感知准”。这些新型技术迭代发展，加速安防智能化，实现风险提前识别，主动布控预防，让安防从“洞见”进入“预见”。

二、AR、AI、5G核心技术概述

1. 增强现实

将虚拟的物体嵌入现实场景中，支持用户与其进行交互，已经成为虚拟现实研究中的一个重要领域，在使用者的现实世界叠加数字创建的内容，也是人机界面技术发展的一个重要方向。增强现实技术是一种将真实世界信息和虚拟世界信息“无缝”集成的新技术，把原本在现实世界的一定时间空间范围内很难体验到的实体信息（视觉信息、声音、味道、触觉等），通过电脑等科学技术，模拟仿真后再叠加，将虚拟的信息应用到真实世界，被人类感官所感知，从而达到超越现实的感官体验。真实的环境和虚拟的物体实时地叠加到了同一个画面或空间同时存在。

2. 第五代移动通信技术

最新一代蜂窝移动通信技术，也是继4G（LTE-A、WiMax）、3G（UMTS、LTE）和2G（GSM）系统之后的延伸。5G的性能目标是高数据速率、减少延迟、节省能源、降低成本、提高系统容量和大规模设备连接。5G最大的优势是大宽带、低时延、大连接，其峰值理论传输速度可达每8秒1GB，比4G网络的传输速度快数百倍，这样的传输速度能有效解决VR/AR在8K及以上超高清内容的传输问题。5G标准的低延迟特点也将有效解决VR头显时间延迟的技术问题。

3. 人工智能

研究、开发用于模拟、延伸和扩展人的智能的理论、方法、技术及应用系统的一门新的技术科学。人工智能是一门极富挑战性的科学，从事这项工作的人必须懂得计算机知识、心理学和哲学。人工智能是包括十分广泛的科学，它由不同的领域组成，如机器学习、计算机视觉等，人工智能研究的一个主要目标是使机器能够胜任一些通常需要人类智能才能完成的复杂工作。

三、AI、AR、5G技术对安防行业赋能

1. AI技术助力安防实现对视图数据的理解

一直以来视频相关技术的发展对安防起到了巨大的推进作用，视觉AI技术的出现则强化了这种作用。硬件算力的增加、软件框架的优化以及国家的智能发展战略，使得AI技术出现井喷式的发展，安防作为

AI 最直接的落地场景，相辅相成共同助推一波发展浪潮。AI 的出现让安防场景中海量存储管理的视图数据有了结构化描述的可能，使得安防应用能够理解视图的内容，从而促进安防数据平台智能化发展。AI 的出现将在如下几个方面为安防行业赋能：

（1）促进云边端融合

安防行业需要对突发事件进行快速响应，也需要对某些趋势进行整体预测。通过边端 AI 计算可以满足即时性反馈及解决网络传输带宽压力。云端聚焦非实时、长周期及业务决策场景，边端作为云端高价值数据的采集终端，可以更好支撑云端应用的大数据分析，而云端通过综合解析出的相关业务规则可以同步下发到边端，可优化边端的业务决策，两者分工协作是应对 AI 产生的爆炸数据的最佳解决之道。因此 AI 的出现，促进了安防场景落地应用的云边端的融合。

（2）推动视图安防平台数据资源池化设计

AI 的出现能够实现视图数据结构化描述，这样就产生了大量的结构化与非结构化融合数据。而视图数据资源池也应运而生，实现对各类视图数据资源进行汇聚和统一管理，并对外提供服务，实现所辖域视图数据资源的汇聚、治理和共享，为上层提供视图数据资源管理和服务能力。

通过视图数据的汇聚与治理形成各类主题库与专题库。提供的服务包括但不限于数据查询、数据订阅、数据库视图、数据共享等方式对外提供基础数据服务，同时还能对外提供全库搜索、模型碰撞、特征研判、关系图谱、融合大数据服务等基础应用服务，满足安防多种场景下对视图大数据的智能化融合应用需求。

（3）增强视图安防平台数据的多维应用

随着 AI 技术为安防平台提供数据种类越来越多，安防数据平台需要对所辖数据及外部数据进行多维度融合碰撞，如对实时数据的多维布控、即时报警、多维事件预判；对历史数据的分析挖掘内在联系，快速识别异常模式；利用知识图谱技术挖掘人与人、事与事、人与事关联关系，为重大事件提供决策依据，提升整个系统智能化分析能力。

2. 5G 技术赋能安防行业实现广泛的大容量互联

安防数据平台通过现行的网络技术实现多网异构数据的互联，受限于带宽与实时性的限制，基于无线的应用一直不温不火。新一代 5G 技术具有增强移动宽带、高可靠、低时延和广覆盖大连接的优势，它的出现将强势补足安防数据平台的移动网络互联的能力。同时，AI 和 5G 近 80%的典型应用重叠，5G 能够支撑 AI 应用的大规模落地。安防行业在 5G+AI 赋能下，会迎来重要的发展机遇期。

（1）更智能、更清晰

以 5G+AI 技术为主导的高帧频、超高清、宽动态范围的 4K、8K 安防监控解决方案以及相关应用场景将成为必然的选择。AI 智能算法可以从视频中解析出包括人体外观、特征、动作、行为等更多的细节信息，使智能视图云平台发展更深的行业应用成为可能。借助 AR/VR 技术，打造浸入式安防极致体验，用于场景化电力监控与检修、智能制造等。

（2）更便捷、更高效

利用 5G 技术，可以将监控视频快速、安全地传输到指挥中心；而 AI 的边缘计算能力，使得 AI 摄像机在设备端即可提供所有的算力支撑，从而形成新的快速布控监控方案。例如，利用 5G（AirFlash）技术，可以实现高铁、地铁等车地数据快速转储解决方案，应用于车地通信。该方案可以实现客室安防监控、司乘作业监控以及车载状态视频数据高效、便捷地传递到地面，以便能够及时处理，发现安全隐患。

3. AR 技术实现安防行业的极致体验

增强现实技术包含了多媒体、三维建模、实时视频显示及控制、多传感器融合、实时跟踪及注册、场景融合等新技术与新手段。不仅展现了真实世界的信息，而且将虚拟的信息同时显示出来，两种信息相互补充、叠加。通过增强现实（AR）技术与视图 AI 技术、视频压缩及传输、云计算、大数据等科学技术的深度融合，称为智能视觉增强现实，视频图像前端作为关键性内容的输入端和图像、数据的处理端，立足 VR/AR 用户体验，可以有效针对虚拟现实场景，强化其内容拼接、色差消除、景深调整、数据处理、结构化数据提取和分析等技术处理效果，为用户提供浸入式的视频感知体验，助力智能视觉增强现实（AR+AI）产品实现良好的体感交互，为安防行业创造出崭新的场景化行业应用和市场需求，推动安防系统平台在民用、商用等领域得到更为广泛的应用。可以说智能视觉增强现实（AR+AI）技术是安防行业发展的新机遇。在安防应用领域，AR 与人工智能和大数据分析深度融合将发挥更为强大的作用，如：图像分析和用户定位、人脸识别与信息检索、组装维修与实战培训。如 AR 眼镜作为新型穿戴式安防产品，带有端 AI 芯片和显示设备，可应用于人脸抓拍、人脸识别、车牌识别及特定物品智能识别等场景。同时，AR 技术与 GIS 相结合（尤其是三维 GIS），为指挥调度带来了革命性的变化，运用增强现实、人工智能、物联网、5G 网络、大数据等先进技术，基于城市重点区域的制高点视频，构建实景式立体化的防控指挥作战系统，大大增强安防行业平台应用各类应急指挥、合成作战、联防联控等各类大型综合实战落地。

四、AR 技术在安防场景下的融合应用

我国工业和信息化部在 2018 年发布《关于加快推进虚拟现实产业发展的指导意见》，指出虚拟现实产业是引领全球新一轮产业变革的重要力量，将撬动上万亿元的新兴市场，成为经济发展的新增长点，并定下 2020 年建立比较健全的产业链条，2025 年整体实力进入全球前列的目标。据中国信通院发布的《虚拟（增强）现实白皮书》报告显示，2020 年全球虚拟现实产业规模将超 2000 亿。

要掘金千亿市场，必须充分挖掘 VR/AR 技术潜力，保证高速数据传输。4G 网络的时延大概在 40 毫秒左右，传输速度低、延迟高，用户体验较差。2019 年号称 5G 元年，而有着低延迟、高速、高带宽特性的 5G 有望提供非凡用户体验，进一步拉近虚拟与现实之间的距离，为沉浸式技术进入主流打开新的机会之门。

1. 安防中的图像识别和用户定位

利用 AR+AI+5G 技术可以实视实时获取情境敏感式信息，涵盖能够根据特定情境轻松获取互联网已有静态数据的各种应用。如各类智能眼镜以及各类 AR 浏览器，这类应用提供的情境敏感式信息能够识别场所或物体，并将数字信息与现实世界的场景连接起来。用户可以通过智能眼镜以第一视角看到周围的数字信息。这些数字信息可以是附近感兴趣的地方，比如博物馆、商店、餐馆或者前往下一个公交站的步行路线。也可能重点关注信息，如重点嫌疑人、嫌疑车辆等，系统通过 GPS、Wi-Fi 和 3D 建模实现图像识别和用户定位功能。该功能在安防领域会加强视频智能分析中图像识别和用户定位的功能，同时利用 5G 优秀的高带宽、低时延特性，可对虚拟场景进行实时交互。

2. 面部检测+增强现实（AR）强于人脸识别

面部检测与增强现实（AR）的结合则是在现实生活特定情境中轻松获取交互信息的另一个应用案例。利用 AI 技术，通过可穿戴式设备（智能头盔、眼镜等），可以分析一张面孔，通过 5G 网络与云端的海量头像进行比对匹配，匹配目标人体画像信息就会显示在用户视野中。这项功能应用于安防领域，能够快速高效地进行重点人员的甄别。

3. 助力安防技术渗入智能制造

增强现实（AR）系统能够监视每个工作步骤（借助于 AI 技术）并检测组装流程中的错误，从而保证质量控制。对于维修人员而言，增强现实（AR）系统可以提供一种直观的视觉方式，帮助他们识别并修复问题——考虑到终端消费技术和终端消费电子产品数量的不断增长，这一点显得尤为重要。此类交互式维修指南的投入使用可以显著降低培训成本以及技术员工的平均修复时间。该应用对于安防工程商和安防生产商而言受益良多，增强现实（AR）技术能够帮助工程商简化组装程序，降低工程商和生产商的维护服务成本。

4. 在监控摄像机领域应用

增强现实（AR）能让机器更直观地看到并认识世界，那监控摄像机这个看世界的“眼睛”更需要智能视觉增强现实（AR+AI）技术了。“智能视觉增强现实”在摄像机领域是一个全新的概念，普通摄像机反映的是“现实”，这种现实由于缺少附加性的信息，给监控画面的安保人员带来了极大的困惑。为了解决这些问题，需要在“现实”的基础上进行“智能视觉增强”，给实时监控画面添加名称、经纬度、方位角、距离、位置、历史案例描述、联系方式等信息，通过智能技术可实时为人、车标注综合画像信息，这些能辅助屏幕前的安保人员及时有效地处理视频画面捕捉到的异常、突发情况。在监控中心将现实周边环境与增强现实（AR）中的事物置于同一屏幕，可通过大屏与视频互动，如在城市电子地图直接与部署的摄像机、门禁、防盗或者消防、楼控等系统进行交互操控。

5. 在应急救援中的应用

（1）火灾救援领域的应用

增强现实（AR）有着广大的应用前景这一点毋庸置疑，在 B 端尤其许多特殊场景增强现实（AR）已经具备应用价值，火灾救援系统就是其中一个典型场景案例，由增强现实（AR）眼镜结合热成像相机，可以帮助消防员在黑暗、浓烟的环境中看到东西，热成像相机捕捉画面然后通过增强现实（AR）眼镜投射到消防员眼中，使得消防员在搜救的时候做到准确高效，提高救援效率。

（2）交通事故的救援应用

电动汽车的新浪潮给现场急救人员带来了新的考验，现在现场急救人员在紧急情况下无法再像以前一样轻易地判断该如何切割车身救出事故者，由于电动车体内可能藏着高压线缆，电池组或者其他新型传动部件等，一不小心就会发生其他灾难。为了应对这一情形，可以通过智能视觉增强现实（AR+AI）技术来解决，添加增强现实之后，救援人员可以知道金属板下面到底藏着什么，从而知道切开的位置是否安全。更重要的是，这个应用借助 5G 技术能够获取更多的关联信息，同时在没有网络连接的情况下仍可以工作。

五、AR 技术在安防行业的融合发展方向及趋势

未来智能视觉增强现实的可视化，将会呈现出三个比较明显的发展方向。

1. 基于地理定位的个性化移动设备数据的可视化体验

所谓基于地理定位的个性化移动设备数据的可视化体验，就是指各种安防应用会利用你所处的地理位置，利用 GIS 来画出一张地图，告诉安保人员目前所处的准确位置、周围都有哪些重要物体，或者是追踪安保人员的活动路线。后续，智能视觉增强现实可视化还将会呈现出更大的发展潜能，根据不同用户的具体情况和需求，提供更加个性化的信息和服务。未来，增强现实可视化将会完美融入周边环境，充分利用相关信息对现实世界中的物体和真人进行覆盖，在覆盖过程中保证物体和真人的准确位置，在最大程度上呈现出近似真实的效果。

虽然相关信息确实可以从互联网中直接获得，但是往往都需要借助文本搜索或者比较难懂的应用程序编程接口调用。智能视觉增强现实技术最大的优点就在于能够利用摄像头自动进行物体识别，整个世界都可以当作各种数据的交互界面，只要通过摄像头简单一扫，就能够接收到大量的信息。这种功能在安防行业，无论是应用于大到智慧城市、公安、应急、交通、安监、环保，还是小到智慧园区、校园、医院、社区等，都可为系统的使用人员提供极致的可视化体验。

2. 3D 可视化

在智能视觉增强现实体验当中，我们身体的各个部位，仍然是能够切实感受到周边环境的，能够与各种数据进行互动。与之相比，虚拟现实体验就大不相同了。因为在虚拟现实体验当中，我们与周边环境完全是脱离的，所以在感知方面就很可能会出现误差甚至是迷失。

3. 随处可见的悬浮屏幕

针对移动设备数据可视化的空间不足问题，一种简单可行的方案就是，根据自己的真实需求自行“创造”屏幕，数量不限、大小不限、形状不限。这些屏幕可以直接悬浮在你周围，虽然还是以 2D 的形式出现，但是你想要多大它就可以变成多大。

完整的智能视觉增强现实头戴设备都会有物理屏幕，它们能够“创造”出无数块形状不一的虚拟屏幕悬浮于周边环境当中。而用户只需要简单转动头部，即转动头戴设备的物理屏幕就可以轻松在这些虚拟屏幕之间进行切换。这些虚拟屏幕只是物理屏幕的拟态，所以从某种意义上来说，它们的分辨率是完全可以由用户自行控制的。智能视觉增强现实头戴设备的真实分辨率，转移到虚拟屏幕上是不会发生任何变化的。

近年来，智能视觉增强现实技术受到了广泛关注。在计算机视觉与人工智能技术的推动下，智能视觉增强现实技术表现出了强劲的发展势头，无论是跟踪注册精度、显示设备性能，还是人机交互自然性都有很大提高，但也可以看出，智能视觉增强现实技术尚有许多问题亟待解决。从跟踪注册技术上来说，目前的跟踪注册方法只能对场景中少量的信息加以利用（如特征点信息），这造成系统对环境的理解不完整；从显示技术上来说，能够为用户提供高沉没感的智能视觉增强现实眼镜在体积和价格上还不能满足大众的需求；从交互方式上来说，更为自然的、支持多用户的智能视觉增强现实交互技术仍有待研究。

虽然智能视觉增强现实技术还有许多瓶颈，但大量的应用研究分析表明，它具有巨大的应用前景。在未来几年里，智能视觉增强现实技术的应用，特别是在移动智能终端上的应用将会大量涌现。虽然与头盔显示设备相比，移动设备沉没感不强，但其具有很高的普及性。同时，各类智能视觉增强开发平台的推出，从技术上实现了增强现实与智能移动设备的结合。在未来的发展中，更能发挥智能视觉增强现实技术优势的智能穿戴设备将为人类创造更为真实的虚实融合世界，人们可以通过更自然的人机交互方式与系统进行交互。未来智能视觉增强现实技术将在很大程度上改变人类生活，是科技发展的必然趋势。而能将这些技术快速落地的安防应用必将迎来新一轮的发展。

虹膜识别技术在公安智慧监管中的应用

文/李胜广　王冠　公安部第一研究所
李攀　北京市公安局监所管理总队

一、引言

在当前社会和经济快速发展的情况下，公安监管场所（看守所、拘留所、强制隔离戒毒所、强制医疗所和监管医院等）关押的被监管人员结构日趋复杂，职务犯罪、暴力犯罪、新型智能犯罪越来越多，被监管人员的行为和思想活动更具隐蔽性、随机性和对抗性，对抗监管方法手段呈现多样化。在监管场所超押严重、警押比不断下降的情况下，监管民警的工作强度和压力也越来越大。2020 年新冠肺炎疫情肆虐全球，接触式指纹识别和口罩人脸识别出现了一些应用问题，虹膜识别技术迎难而上，凭借自身的多种优势应运爆发。虹膜识别技术已在公安领域多场景式应用，本文聚焦公安监管场所业务应用，提供虹膜识别的多种设备应用实例，为公安智慧监管虹膜识别应用模式提供一种参考。

二、虹膜识别技术

虹膜是位于人眼表面黑色瞳孔和白色巩膜之间的圆环状区域，具有丰富的纹理信息，如斑点、条纹、细丝、冠状、隐窝等细节特征。虹膜纹理的形成受遗传因素的影响较小，主要由胚胎期组织的营养状况及生物物理条件决定。

目前，虹膜识别被公认为是识别精度最高的生物识别系统之一。人脸识别技术被广泛应用，但在准确率方面存在较大不确定性，动态条件下误识别率高；指纹识别技术是非侵害和价格便宜的生物识别技术解决方案，但存在容易被复制、需要人员配合并接触的不足；声纹识别是最自然的生物特征采集识别方式，但是存在准确率不高、受环境影响大、易伪造等弊端；DNA 最大的特点是唯一性强，但采集识别的难度大，对环境条件要求严格等问题限制了其应用范围。

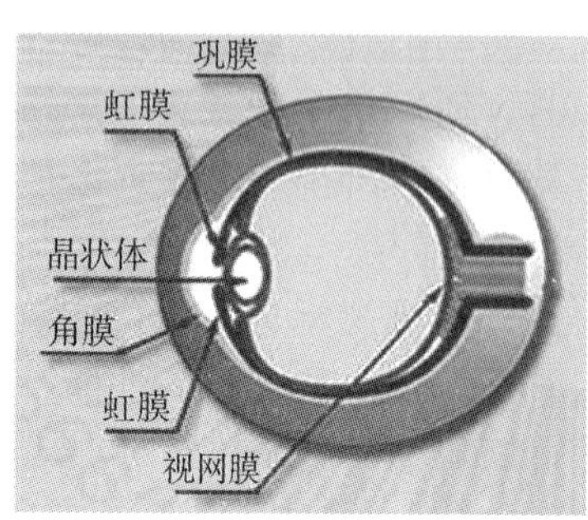

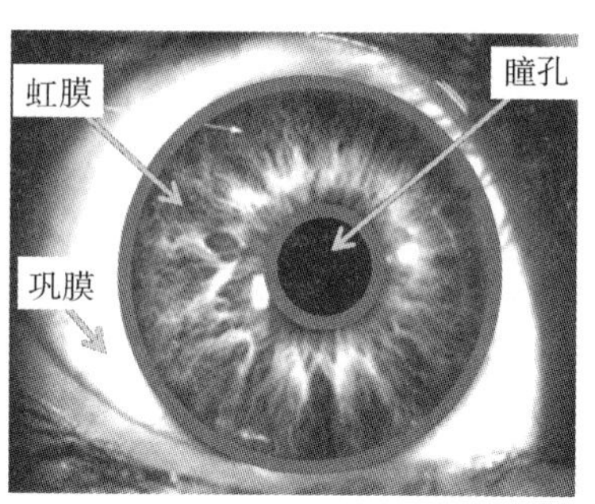

图 1　虹膜在人眼中的位置

1. 虹膜识别技术特点

虹膜识别技术相比其他生物特征，具备以下显著优势：

（1）唯一性：每个人都具有独一无二的虹膜纹理，即使是同一个人的左右眼或者是同卵双胞胎，其虹膜纹理也有显著差异，虹膜的唯一性为高精度的身份识别奠定了基础。

（2）准确性：根据单个虹膜的特征信息，能够在大规模虹膜特征库中快速确定该虹膜的唯一所属人。准确性是生物特征识别技术的关键性能。英国剑桥大学 John Daugman 教授提出的虹膜相位特征证实了虹膜图像有 244 个独立的自由度，即平均每平方毫米的信息量是 3. 2 比特。

（4）稳定性：虹膜从婴儿胚胎期的第 3 个月起开始发育，到第 6 个月虹膜的主要纹理结构已经成形。除非经历危及眼睛的外科手术，此后几乎终身不变。由于角膜的保护作用，发育完成的虹膜不易受到外界的伤害。

（5）非接触性：虹膜是人体唯一外部可见的内部器官，不必接触采集就能获取合格的虹膜图像，相对于指纹、掌纹、静脉等需要接触感知的生物特征更加干净卫生，可避免交叉感染，尤其 2019 年底新冠肺炎疫情发生以来，非接触识别更成为身份识别的业务刚需。

（6）安全性：获取清晰的虹膜纹理图像需要专用的虹膜图像采集装置和用户的配合，所以在一般情况下很难盗取他人的虹膜图像。

（7）活体性：虹膜是活体生物特性，对不同光线有不同的反射特性，瞳孔会随着光线刺激而放大，这些可以作为检测活体的依据，无论采用录像、照片、假眼还是在隐形眼镜上打印的方式，都无法攻破虹膜识别算法。

（8）易用性：虹膜识别不受遮挡面部信息的物件所影响，即使佩戴口罩、帽子、护目镜的情况下，都能正常确定人员身份。

2. 虹膜图像预处理

虹膜识别技术的关键是采集到高质量的虹膜图像。借助光学设备采集虹膜图像，然后进行图像预处理。

（1）虹膜图像预处理包括虹膜检测、分割和归一化等。

（2）虹膜检测，是指检测当前输入图像中是否含有虹膜。

（3）虹膜图像分割，是指准确定位虹膜的内外边界并检测可能的遮挡物（如上下眼皮的遮挡，睫毛、阴影、光斑的遮挡等）。

虹膜图像归一化，是指将不同的虹膜图像从直角坐标系映射到极坐标系下固定大小的矩形中。受采集距离、位置等影响，不同人眼的虹膜大小不一，同一人眼的瞳孔在不同的光照条件下也会发生形变。归一化的目的就是将虹膜的大小调整到固定的尺寸，消除虹膜大小和形变对识别性能的影响。

虹膜特征抽取，是指从归一化后的虹膜图像中抽取鲁棒的个性化信息用于对当前虹膜进行表达和描述，并且用计算机能够存储和读取的格式进行编码。虹膜分类器则将抽取得到的特征码与存储在数据库中的虹膜特征码进行比对，确定用户身份。

3. 虹膜图像质量评估

虹膜图像质量参考标准《安防虹膜识别应用　图像技术要求》（GA/T 1429-2017）中涉及的图像质量因素，将标准中涉及的图像质量因素分为基本信息、有效信息含量和清晰度三类分别评价，并且三类评价均合格时虹膜图像能够满足注册和识别要求。

采集到的虹膜图像分别经过虹膜粗定位、基本信息评价、虹膜分割、有效信息评价、清晰度评价、计算图像质量分数 6 个步骤，虹膜粗定位、基本信息评价、有效信息评价、清晰度评价 4 个步骤中任一步骤不通过均代表该帧图像不符合要求，需要重新采集。

如图 2 所示，虹膜图像质量评价的各个步骤是根据图像处理的先后顺序和复杂程度进行排序的，可保证不合格的图像能够尽早在前面的步骤检出，提高图像评价的效率。

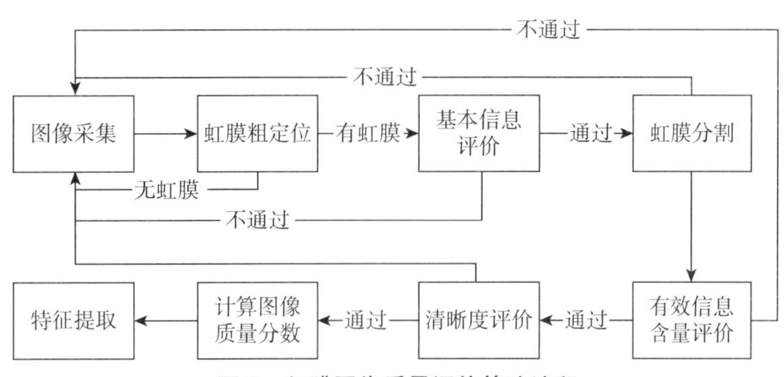

图 2　虹膜图像质量评估算法流程

标准《安防虹膜识别应用　图像技术要求》（GA/T 1429-2017）中规定了虹膜图像的灰度等级和灰度等级利用率两个技术指标。

其中，灰度等级要求规定“虹膜图像应为灰度图像，0 表示纯黑。每个像素点位深度应不小于 8 位，即图像中每个像素点灰度量化级应不小于 256 级”，灰度等级利用率要求规定“使用图像灰度直方图的信息熵来衡量灰度等级利用率，单位为比特。虹膜图像的灰度等级利用率应不小于 6 比特”。

（1）灰度等级利用率的计算方法如下：

①根据虹膜粗定位的信息，参考 GA/T 1429-2017 标准中 4. 12 对边界裕量的要求进行虹膜图像切割。图像切割过程中虹膜外边界的拟合圆到图像的上边界、下边界、左边界和右边界的距离分别设定为 0. 3r、0. 3r、0. 7r 和 0. 7r（其中 r 为虹膜外边界的拟合圆半径）。

②统计切割后的虹膜图像的灰度直方图，并根据式（1）计算灰度等级利用率。

$$\begin{cases} p_i = \dfrac{\sum_I I(x, y) = i}{W * H} \\ g_u = -\sum_{i \in \{i:\ p_i \neq 0\}} p_i log_2 p_i \end{cases} \quad 式（1）$$

其中 p_i 为分割后虹膜图像的灰度直方图信息，g_u 为灰度等级利用率。

③若灰度等级利用率不小于 6 比特，则该项检测通过，否则不通过检测，继续采集图像。

标准《安防虹膜识别应用　图像技术要求》（GA/T 1429-2017）中，涉及的虹膜图像所含信息相关的质量因素有三个，分别是虹膜半径、瞳孔伸缩率、虹膜有效区域占比。虹膜半径，是指虹膜外边界拟合圆的半径，标准要求不低于 80 个像素。虹膜半径越大说明虹膜图像有效的分辨率越高，包含的细节信息越多。瞳孔伸缩率，是指瞳孔边界拟合圆半径和虹膜外边界拟合圆半径的比率，标准要求应介于 20%与 70%之间。虹膜有效区域占比，是指虹膜环形区域内，未被眼皮、睫毛、光斑等遮盖的区域所占的比例，该值越大说明虹膜图像中有效信息越多。标准要求虹膜有效区域占比不低于 50%。

（2）虹膜半径、瞳孔伸缩率、虹膜有效区域占比三个质量因素的计算方法如下：

①利用基于模型搜索的方法和基于像素点分类的方法对分割后的图像进行精确定位和虹膜区域分割；

②根据虹膜精确定位信息，拟合瞳孔边界和虹膜外边界。获取虹膜外边界拟合圆半径，记为 r_i；获取瞳孔边界拟合圆半径，记为 r_p；

③计算瞳孔伸缩率 R_{pi}，如式（2）所示；

$$R_{pi} = \frac{r_p}{r_i} \qquad \text{式（2）}$$

④在分割后的虹膜图像中计算虹膜有效区域占比 A_u，如式（3）所示，其中 N_v 指虹膜环状区域中未被遮挡的虹膜像素的数量，N_i 是指虹膜环状区域总像素数；

$$A_u = \frac{N_v}{N_i} \times 100\% \qquad \text{式（3）}$$

当计算到的虹膜半径、瞳孔伸缩率、虹膜有效区域占比满足式（4）时，认为虹膜图像通过有效信息含量评价。

$$\begin{cases} r_i \geqslant 80 \\ R_{pi} \geqslant 20\% \text{ 且 } R_{pi} \leqslant 70\% \\ A_u \geqslant 50\% \end{cases} \qquad \text{式（4）}$$

标准《安防虹膜识别应用　图像技术要求》（GA/T 1429-2017）中，涉及的虹膜图像清晰度相关的质量因素有两个，分别是虹膜与巩膜对比度、虹膜与瞳孔对比度。

虹膜与巩膜对比度是衡量虹膜区域与巩膜之间边界的图像特征，标准中规定该值不低于 5。

（3）虹膜与巩膜对比度计算步骤如下：

假定虹膜—巩膜边界为圆形建立模型；

①将虹膜—巩膜边界归一化到半径为 1，0；

②选择未被眼皮、睫毛、镜面反射、镜框边缘等遮挡的以虹膜圆心为中心的内圆半径等于虹膜半径和瞳孔半径平均值、外圆半径等于 0. 9 倍虹膜半径的环状区域中的所有像素定义为虹膜像素；

③令 *iris_ value* 为虹膜像素的中值；

④选择未被眼皮、睫毛和光斑遮挡的以虹膜中心为圆心、内圆半径等于 1. 1 倍虹膜半径、外圆半径等于 1. 2 倍虹膜半径的环状区域中的所有像素为巩膜像素；

⑤令 *sclera_ value* 为巩膜像素的中值；

$$Q_{iris\_sclera\_contrast} = \frac{|sclera\_value - iris\_value|}{sclera\_value + iris\_value} \times 100。$$

当 $Q_{iris\_sclera\_contrast} > 5$ 时认为虹膜质量较好，反之则较差。

虹膜与瞳孔对比度体现了虹膜区域与瞳孔之间边缘的特征。在很多虹膜分割算法中需要有充足的虹膜与瞳孔对比度以提高虹膜分割准确度。低的对比度可能会导致虹膜图像的特征提取失败。

（4）虹膜与瞳孔对比度计算的步骤如下：

①以瞳孔中心为圆心，假定虹膜—瞳孔边界为圆形建立模型。

②将虹膜—瞳孔边界归一化到半径为 1，0；

③选择未被眼皮、睫毛和光斑等遮挡的以瞳孔中心为圆心、半径等于 0. 8 倍瞳孔半径的圆形区域中的所有像素定义为瞳孔像素；

④令 $pupil\_value$ 为瞳孔像素的中值；

⑤选择未被眼皮、睫毛和光斑等遮挡的环形区域（内圆半径为 1.1 倍的瞳孔半径，外圆半径为内圆半径扩展到虹膜—瞳孔边界与虹膜—巩膜边界之间的中点）的所有像素；

⑥令 $iris\_value$ 为虹膜像素的中值；

⑦计算 $weber\_ratio = \dfrac{|iris\_value - pupil\_value|}{1 + pupil\_value}$；

$Q_{Iris\_Pupil\_Contrast} = \dfrac{weber\_ratio}{0.75 + weber\_ratio} \times 100$。

虹膜—瞳孔对比度是无量纲的，一般当 $Q_{Iris\_Pupil\_Contrast} \geqslant 30$ 时认为虹膜质量较好。

虹膜图像质量评价经过基本信息评价、有效信息含量评价和清晰度评价后，将三个阶段的评价结果相融合，计算最终的虹膜图像质量分数。

基本信息评价、有效信息含量评价、清晰度评价是虹膜图像质量评价的 3 个串联步骤，任意步骤评价未通过，都不建议应用该图像进行后续的特征提取和识别。

基本信息评价为虹膜图像质量的门槛，通过该项评测后，相应的评价指标不再参与最终的图像质量分数计算。虹膜图像清晰度满足标准要求后，相应指标也不再参与最终的图像质量分数计算。

有效信息含量评价中，瞳孔伸缩率指标用于衡量瞳孔是否处于正常状态，当满足标准中要求的范围时可以认为虹膜图像中瞳孔处于正常伸缩状态，该值不再参与最终的图像质量分数计算。

虹膜半径的大小反映了虹膜小目标在采集设备中成像情况，与虹膜采集摄像头的分辨率、镜头和虹膜与采集设备之间的距离有关。一般情况下，虹膜采集设备采用了定焦的摄像头，虹膜最佳成像时人眼与采集设备的距离相对固定，从而成像效果较好的虹膜图像，虹膜半径相对一致，可作为先验条件衡量图像质量。

假设虹膜先验最低半径为 r_{min}，最大半径为 r_{max}，虹膜半径指标的质量分数 S_r 计算如式（5）所示：

$$\begin{cases} S_r = 1,\ if(r_i \leqslant r_{max},\ 且\ r_i \geqslant r_{min}) \\ S_r = \dfrac{r_{max}}{r_i},\ if(r_i > r_{max}) \\ S_r = \dfrac{r_i}{r_{min}},\ if(r_i < r_{max}) \end{cases} \qquad 式（5）$$

虹膜有效区域占比指标的质量分数 S_A 计算方法如式（6）所示：

$$\begin{cases} S_A = 1,\ if(R_A \geqslant 90\%) \\ S_A = \dfrac{R_A}{0.9},\ if(R_A \geqslant 90\%) \end{cases} \qquad 式（6）$$

有效信息评价阶段将虹膜半径分数和虹膜有效区域占比分数综合计算，得出最终质量分数，定义为 S_I，计算方法如式（7）所示：

$$S_I = \frac{S_r + S_A}{2} \qquad 式（7）$$

三、公安智慧监管中的应用

在大量的监管场所中，通常采用指纹识别技术来确认被监管人员身份。指纹对于环境要求较高，对手指的湿度和清洁度都有要求，指纹磨损也会造成不能识别的后果。有些犯罪嫌疑人为了躲避追查，会故意磨损指纹。某些人可能天生没有指纹，或者指纹特征少，无法成像。另外指纹痕迹容易留存，被监管人员可轻松获取到其他人员指纹信息。因此监管场所采用指纹的身份识别存在安全性问题。

在今年的新冠肺炎疫情防疫防护期间，民警佩戴口罩和护目镜，防控人员穿着全身防护服等情况下，使得个人身份核验难度陡然增加。指纹识别、人脸识别、声纹识别、DNA 检测等生物特征识别技术虽然在各自适合的领域发挥着重大作用，但都无法在此类情况下同时达到无接触、快速、精准识别人员身份。虹膜识别技术是当前唯一不受面部大面积遮挡、最快速、最精准的生物特征识别技术。

结合实际落地的应用项目，本文提出了一整套公安智慧监管业务中的虹膜识别应用解决方案，包括虹膜采集核验设备、虹膜识别引擎、虹膜特征信息库等组成部分。解决方案整体架构如图 3 所示，主要功能包括：

（1）被监管人员生物特征采集和识别功能：该功能模块用于监所收押环节采集被监管人员的生物特征信息。可通过监室智能交互终端、防误放设备等生物特征采集和识别终端，并结合生物特征识别引擎，识别被监管人员的身份。

（2）民警生物特征信息采集与识别功能：该功能模块用于监所人事管理环节采集民警及其他工作人员的生物特征信息，并与监管综合业务平台结合应用，构建警员和工作人员的生物特征信息库。可通过 PC 终端部署的便携式生物特征采集设备和生物特征识别引擎识别民警及工作人员的身份信息。

（3）生物特征识别引擎功能：具备虹膜、人脸和指纹三种生物特征的一对一验证和一对多识别功能接口，并可通过公安信息网为其他系统提供生物特征识别服务。

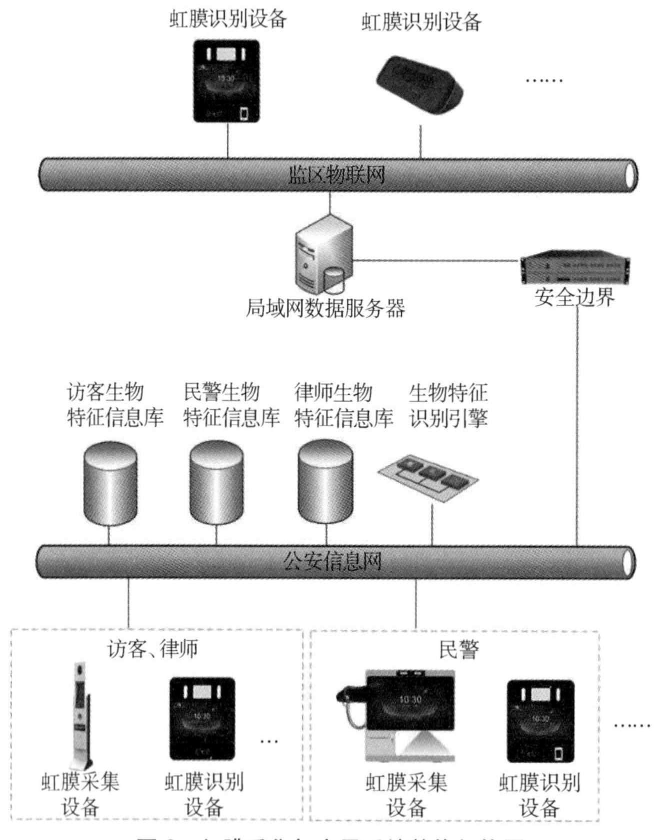

图 3　虹膜采集与应用系统整体架构图

四、结语

各地监所按照公安部统一要求，目前已经把虹膜纳入人脸、指纹、声纹、DNA 等生物特征一体化采集工作中，积极开展被监管人员虹膜信息采集工作，确保违法犯罪人员虹膜信息应采尽采。通过虹膜识别技术，及时识别嫌疑人化妆、整容、漂白身份等手段，实现在无身份证情况下快速、精准确定嫌疑人真实身份，并主动对接刑侦、治安、网安等部门，形成多警种、规模化、全共享的公安虹膜应用新模式。

多模态3D视觉身份识别技术简析

文/陈智超 童静 北京的卢深视科技有限公司

一、3D视觉人体识别及行为分析综述

1. 背景分析

传统的人体重建方法对场景要求较高，一般需要复杂的标定，存在算法鲁棒性低、计算复杂度高、建模时间长、用户体验差等问题。目前安防行业的识别技术主要依靠二维图像，由于二维图像识别方法通过堆数据训练，因此无法突破准确性瓶颈，这将导致无法达到广泛化规模应用的门槛。本身光的信息里存在相位、偏正态的信息，三维数据中加入了形状信息，两者结合可进一步提升机器视觉应用的准确性和安全性，更重要的是，3D的精准动作捕捉可为上层的行为语义分析的准确性提供重要基础。

随着三维视觉技术的发展，人体的三维重建、人体体态识别、手势识别等技术都能融合到安防视频监控领域，多维度识别信息的加入将对生物识别技术起到至关重要的作用。三维视频流技术的实现可有效提取目标人物身高、体型、步态特征。充分利用彩色信息与深度数据之间的优势互补，突破当前二维视频结构化技术的局限，给用户提供更准确的视频结构化信息，为安防监控系统提供更准确的情报。同时，3D视觉人体识别重点在于进行步态、体态的学习识别，基于大数据的逻辑推理，结合人脸信息进行包括行动轨迹在内的融合分析，最终实现预测预警。近年来，三维视觉技术的发展突飞猛进，人体三维高精度还原、人体三维动作等技术将在安防、消费、娱乐等行业中应用落地。

2. 国内外相关研究及进展情况

当前国内外相关的研究机构主要针对人脸及人体重建进行学术方面的研究积累，三维人体建模是指利用计算机图形学和视觉方法将现实中人体的三维信息数字化的过程，其在3D电影、3D动画制作、3D游戏、虚拟试衣和虚拟现实等应用中发挥着重要作用，也是当前计算机图形学领域的研究热点之一。对于人体三维重建领域，国外研究机构主要分布在德国布伦瑞克大学计算机图形学实验室和马克思普朗克信息学研究所，国内浙江大学、中国科技大学、清华大学等高校均设立了相关实验室研究所。

当前商业化应用落地在人体三维重建及动作捕捉方向的需求较为明显，如iPhone手机内嵌的Animoji应用、Xsens MVN System动作捕捉设备、Mantis Vision 3D录音棚等。然而，现阶段的研究方向主要还是侧重于消费娱乐领域，或是依赖于大型的采集设备、穿戴设备等场景，造价高昂且可移植性较差。针对安防、测量等场景下要求的高精度、可移植性强、可便携式等需求，还没有成形的三维技术应用推出，相信在不远的将来会有可行性的解决方案。

二、如何构建3D视觉人体识别及行为分析系统

1. 系统组成及核心技术点

人体识别系统主要由三个部分组成，包括：人体三维信息采集、人体检测和跟踪、人体属性识别。

（1）人体三维信息采集

不同形式的人体图像都能通过摄像镜头有效采集：

①静态图像、动态图像、不同位置、不同角度、不同姿态等都可以得到很好的采集。

②可以连续采集视频序列、抓拍最优帧。

③特殊场景可以采集多视角完整人体数据。

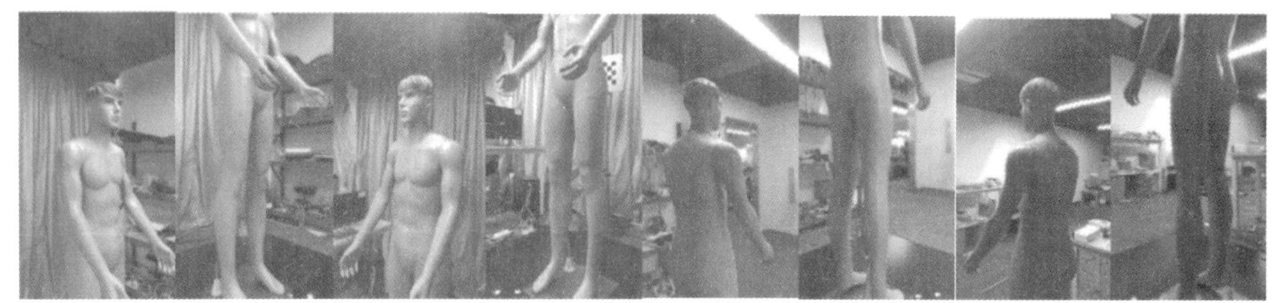

图 1　人体多视角数据采集

（2）人体检测和跟踪

当行人进入拍摄范围内能够快速检测到人体，并在图像中准确标定出人体的位置和大小。在拍摄范围内能够准确跟踪人员行进路线，实时显示行进路径。对于其他一些应用需求，可以实时将人体与背景分割，并对不同人的行进路径进行区分标注。

目前有许多优秀的研究机构推出了各种人体检测算法，支持大场景、多人实时的人体检测，例如：SSD、yolo、Faster R-CNN 等。的卢目前基于 yoloV5 改进的人体目标检测算法，在大场景、多人检测的环境下都有不错的效果，在精度上 MAP50（目标检测评价指标）可以达到 65，基于低端 CPU（i7-4790）帧率可以达到 15fps，实测效果如图 2 所示。

图 2　人体检测实际场景测试样例

（3）人体属性识别

人体属性识别是一个非常大的课题，人的属性信息包括自身属性和外部属性。自身属性包含性别、年龄、身高、肩宽、动作、表情、手势等。外部属性包括：服饰、帽子、口罩、背包、手机、器械等。通过这些属性我们可以识别相应的信息，例如通过步态可以辅助识别人的身份，通过行为分析可以识别是否危险行为，通过手势可以识别语义信息，通过穿着背包可以识别人的状态等。

目前人体属性识别也是各大机构研究的主要方向之一，一些优秀的网络可以把人的属性较好地分割出来，例如 Mask_ RCNN、PSPNet、G-FRNet 等。的卢深视目前在人体属性分割网络的研究主要包括：人体区域的识别、周边物品的识别等，希望可以对人的属性有一个全面的了解，如图 3 所示，可以识别人体的部位、特征、颜色等关键信息。

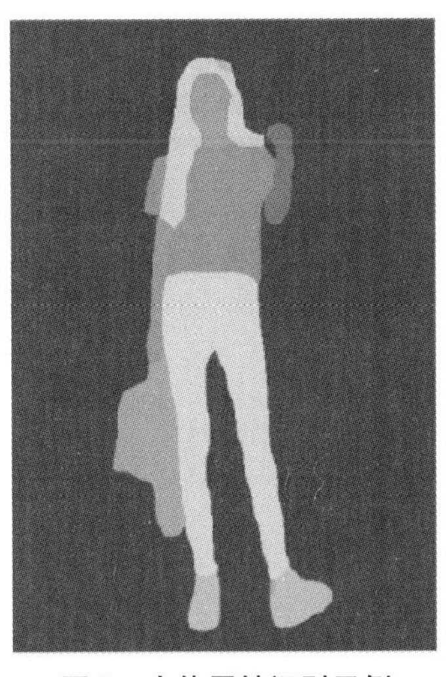
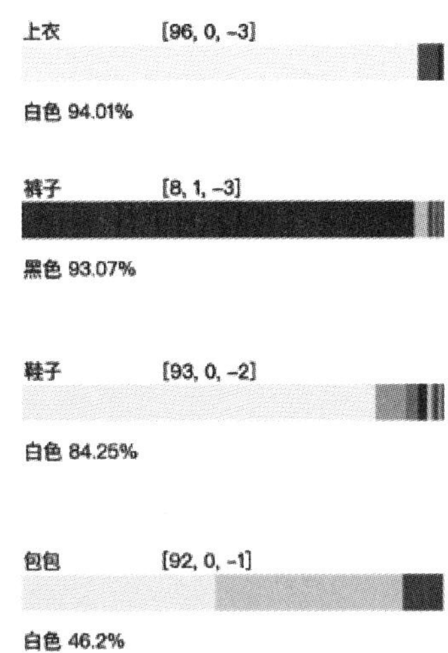

图 3　人体属性识别示例

人体识别的核心技术有很多，主要的有以下几种：

①人体检测和跟踪：可以保证实时检测人体并跟踪人体状态，检测的精度和能力是该技术的主要指标。

②人体实例分割：可以实时准确分割出人体和背景部分，分割的精度和稳定性是该技术的主要指标。

③人体三维高精度重建：可以准确重建出人体三维模型，并快速测量关键部位尺寸。

人体三维高精度重建及测量是目前各大厂商研究人体的主要方向之一，目前人体重建的研究方向主要有基于参数化模型的三维重建、基于隐层函数的三维重建、基于 fusion 的人体三维重建等思路。基于参数化模型的三维重建通过参数化模型+顶点偏移或参数化模型+衣服模型，使得此方法相对其他方法具有建模稳定性更强、参数量更少、效率更高等优点，典型算法的有 SMPL、SMPLX 等。基于参数化模型可以通过变形得到人体衣服形状或者通过叠加衣服模型实现真人模型的生成，具体过程如图 4 和图 5 所示。

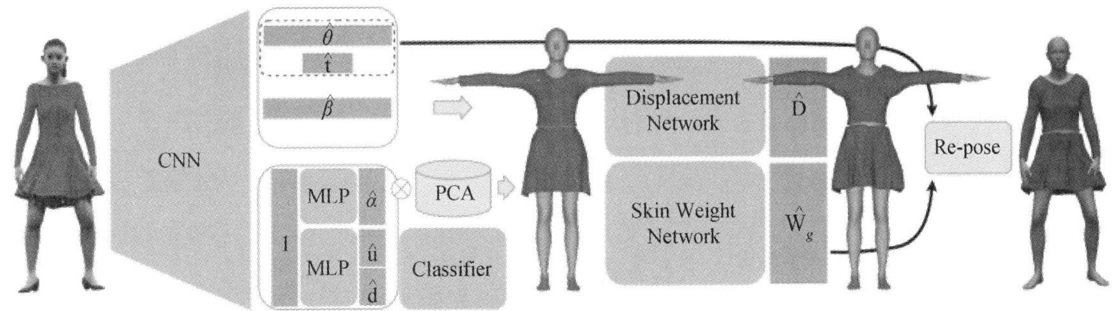

图 4　参数化模型+衣服模型

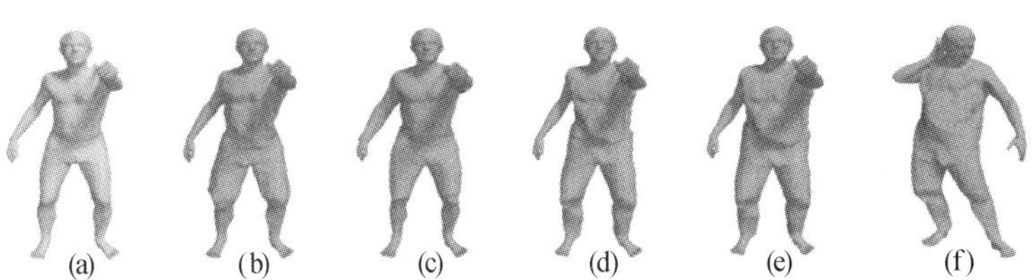

图 5　参数化模型+顶点偏移

基于隐层函数三维重建是最近大火的人体三维重建方法，通过识别一张 RGB 图像，运用一个隐式表达函数预估出人体的三维信息，典型的有 PIFU 等，目前的卢也在做相关的开发，具体效果如图 6 所示。

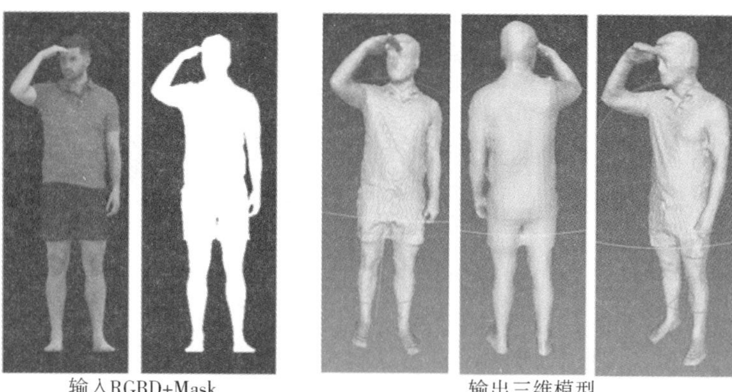

图 6　隐式函数人体三维重建

基于 fusion 的人体三维重建是研究最早、应用最广的重建方法，典型的有 kinectfusion、doublefusion 等相关论文，fusion 不仅用于人体重建，在场景重建、物体重建等相关领域的应用也非常普遍。

（4）人体动作捕捉

可以检测人体核心部位关节点、人脸关键点、人手关节点等。并输出人体的三维动作参数、手势参数、表情参数等。

目前人体动作捕捉主要研究方向分为两个：

①基于彩色或深度图的人体 2D、3D 关节点姿态估计。常见的有类似 openpose、alphapose、humanpose 等。

图 7　Openpose 人体关节点检测

②稠密点人体姿态估计。通过人体动作捕捉参数化模板输出人体动作参数、手势参数、表情参数等。

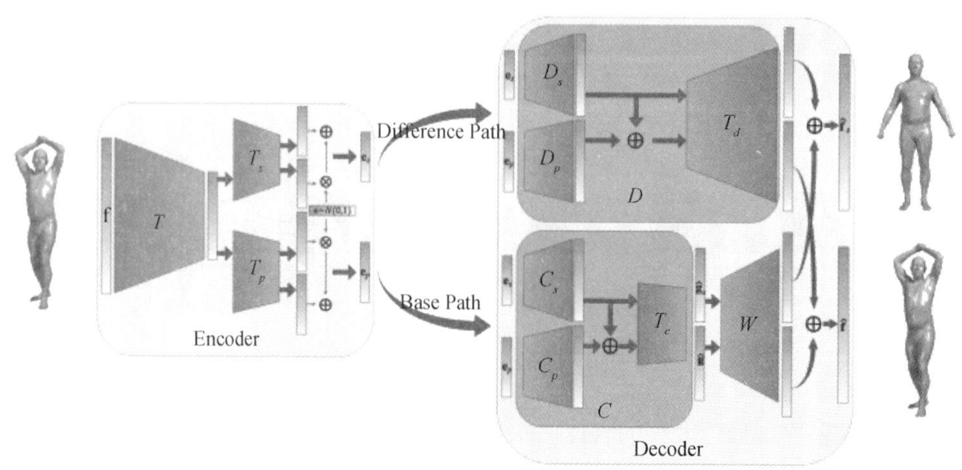

图 8　人体动作捕捉参数化模板

2. 现阶段 3D 人体识别技术面临的挑战与解决思路

（1）柔软物体重建难度大，细节难以掌控

不同于人脸重建，人体重建面临着更多的技术难点。人脸只需要考虑前面的一部分，但是对于人体结构要复杂得多，而且人体的某些部位比如手指，可能会有各种自遮挡情形。而且一般情况下，人脸重建的目标就只是一张脸（如果觉得眼镜有影响可以摘下），人体建模是不可能要求人总是穿着紧身衣，也会有人穿着一般衣服的情况。对比于静态的场景重建，场景是静止的，每次融入新的场景只需要考虑6个自由度，但是人体重建的时候会产生非刚性形变，融合起来也会更加复杂。

攻关思路：我们不再使用参数化模型来作为模板进行辅助，而是利用深度学习训练网络，输入人体正面的 RGB-D 数据直接通过神经网络来获得一个带衣服的人体模型作为模板来辅助我们进行后续的人体建模。针对采集人体三维数据时的非刚性形变，我们通过测地距离在模板模型进行采样构造图结点，利用图结点在人体建模过程中拟合这些非刚性形变。而在人体重建过程当中，也不再是使用显式的点和面来表示人体，而是利用一种隐式表达符号距离场来表达不断融合重建的人体，这样就不需要再考虑重建过程中逐渐复杂的人体结构和拓扑。

（2）人体识别实际应用中存在人体姿态复杂、遮挡大、分辨率低等问题

在实际工程应用中，人的行为多样且非常复杂，人体识别往往面临姿态复杂、人群中存在严重遮挡、人与物耦合严重、人快速动作时视频捕捉难度大等诸多问题。

攻关思路：针对这些问题，可以通过对人体视频序列进行分析，对得到的每张图片的特征进行汇总分析增大容错率，同时可以根据连续帧的相关性减少遮挡对人体识别的影响。当我们通过多个摄像头对人体进行跟踪拍摄时可以得到更多的信息，不仅能识别出人体还可以对该个体进行跟踪。跟踪时，人体的着装是重要的特征，但是不能作为唯一特征，同时结合人体的步态，人体的身型可以进一步对人体特征进行分析，所以人体识别需要结合多种因素。对于分辨率低的问题，可以使用一些超分辨的算法对数据进行增强，对于不能增强的数据应当进行筛选，防止对最终的结果造成干扰。

（3）人体姿态往往具有一定的歧义性

在 RGB 图像实际应用场景中，图片中所反映的人体姿态往往具有一定的歧义性，即图片中的同一 2D 姿态可能对应多个不同的 3D 姿态，这是由于图片数据本身固有的自遮挡性、深度模糊性等局限性所导致的。而且人体 RGB 图像面临各种环境光源的考验，可能出现侧光、定光、背光和高光灯现象。受限于以上几个因素，基于二维图像识别方法需要大量的数据采集来覆盖以上各种 Case。但仅仅依靠堆海量数据进行训练无法彻底解决人体识别的难题，且无法突破识别准确率的瓶颈，更无法达到广泛规模应用的门槛。

攻关思路：3D 数据包含二维 RGB 图像与深度图像，不仅提供了人在二维图像的语义信息，而且包含了人在三维空间的运动信息。另外，由于 3D 数据中的深度数据不受光照、人体外观变化的影响，大幅度减少了算法对海量数据的依赖。基于 3D 数据的高精度人体动作捕捉，提供了高质量的人体运动序列信息。这些信息为人体行为语义分析等上层应用提供了重要基础，大幅度提高了人体识别的准确性。

三、3D 人体应用场景剖析

人体识别相关技术的应用前景非常广泛，在消费和安防领域有非常广阔的应用方向。

1. 安防场景

目前安防行业主要依靠二维的人脸识别技术，但随着三维视觉技术的发展，人体（人脸）的三维重建、人体体态识别、手势识别等技术都可以应用到安防监控中，多维度识别信息的加入将对社会安全起到至关重要的作用。

2. AR/VR/MR 应用

基于虚拟人体重建相关技术，未来在远程会议、网络聊天等场景下可以实现“面对面”交流互动，甚至可以实现不同场景的人相互握手、拥抱等功能，让世界完全“零距离”。针对 3D 视觉人体识别相关

内容，的卢深视研究快速高精度人体三维重建、实时高精度人体动作捕捉识别等相关技术。的卢深视 3D 人体识别技术基于其三维全栈能力，从数据采集到算法计算均实现纯三维视觉体验。

（1）在人体三维高精度重建方面

搭建多相机人体快速采集系统，实现了 1s 完成多视角人体 RGB-D 数据采集。算法上与传统多视角建模不同，人体三维测量技术使用参数化人体模板作为依托，通过多目标点云优化算法，实现对多相机不同视角下的点云的联合优化，最终输出人体三维模型。该算法相较于传统算法对硬件和标定精度要求更低，并可快速测量人体关键部位尺寸信息，平均测量误差小于 1cm，关键部位长度类误差小于 1cm。

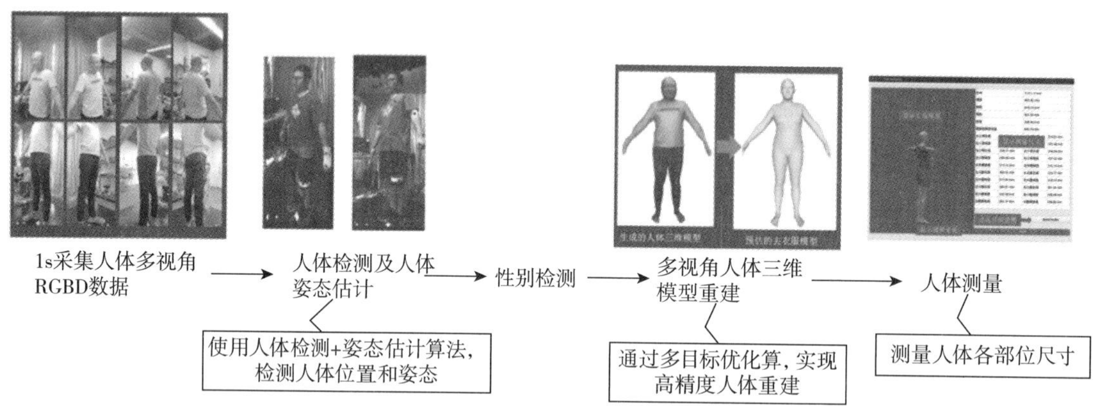

图 9　多相机人体测量流程示意

算法应用先验知识，通过估计衣服形状，进一步生成了去衣服的人体三维模型。可广泛应用于人体测量相关领域，如运动领域、姿态分析、虚拟试衣等产品。为了让人体测量能够在家庭、手机等场景应用，大型的采集设备不太合适，因此的卢目前也在研发基于单相机的人体测量系统，测量流程如图 10 所示。

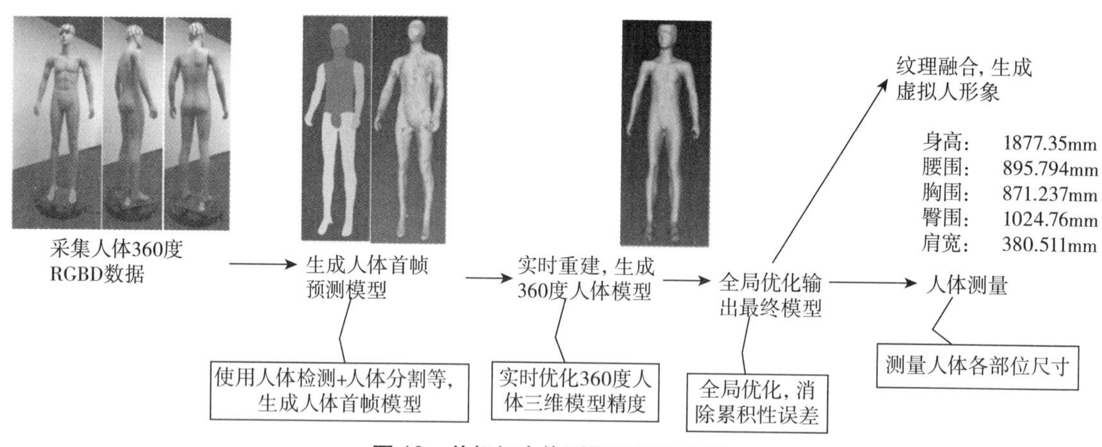

图 10　单相机人体测量流程示意图

该算法的优势在于可以单相机实现人体三维重建，使用、部署更便捷。后期可以通过纹理融合实现虚拟人三维形象重建，进而实现虚拟人的驱动。

（2）针对人体三维动作捕捉及迁移

基于 RGB-D（深度摄像机）单视角数据，实现人体三维重建和动作捕捉技术，该技术实现了人体三维模型实时重建并准确捕捉人体动作。

基于深度学习 VAE 网络训练人体参数化模板，使用身份和动作参数精确表达人体形姿，再使用该模板训练人体重建模型，实现人体三维模型实时重建和高精度还原相应动作。

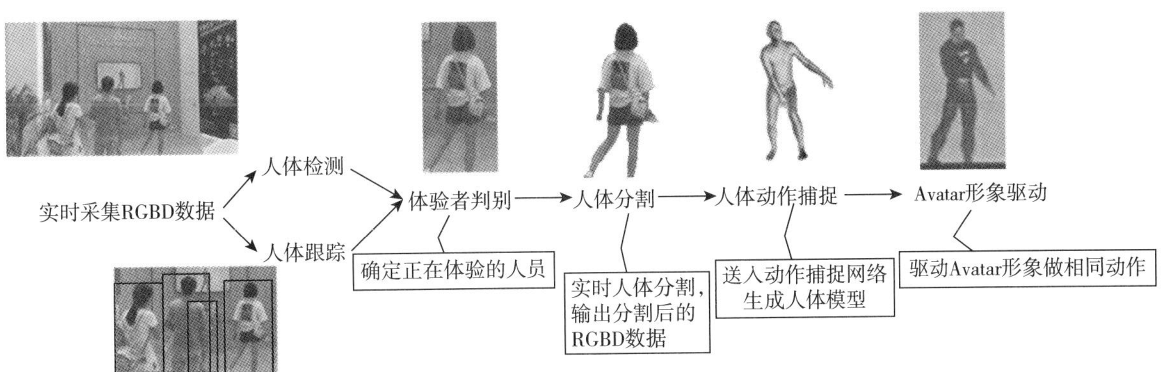

图 11 人体动作捕捉及三维形象驱动流程示意

该算法主要技术特点如下：

①使用单个 RGB-D 相机，估计人体姿势。

②使用针对 RGB-D 数据和人体专门设计，独特的网络结构和损失函数。

网络结构：自定义的针对人体的专用网络；与传统网络的区别在于通过网络将 RGB 和 D 分别提取浅层特征，再把两个模态的信息融合到一起，进一步做特征提取，从而保证动作和精度的准确性。

损失函数设计：针对人体的特点定义独特的损失函数，包括：三维点到点的误差项、法向误差项、光流项、纹理项等。

③通过形变迁移技术，将模型的动作迁移到卡通形象上，形象可扩展。也可通过骨骼和蒙皮绑定的方法实现模型驱动。

④使用稠密人体关键点作为驱动输入，而非关节点，理论上驱动更加精确。

四、多模态 3D 人体视觉身份识别总结与展望

目前 3D 视觉人体识别及分析应用主要落地在大消费领域，尤其是在体感游戏与动画制作方面的应用，安防领域仍处于探索期。这是由于目前还未确定统一的 3D 人体识别标准，三维数据标准及评价打分体系是后续进行三维应用的基础，但就当前情况而言，3D 识别的技术主要还是通过不同领域对于数据精度的要求来进行评判。为此，的卢深视积极推进 3D 技术标准制定，对于各种数据类别均提供数据质量要求及评价标准，包括 3D 图像评测标准、3D 相机参数标准、3D 数据接口标准等。我们认为未来的 3D 人体识别技术不仅仅是识别人的身份，而且能针对人的异常行为进行有效识别分析并及时预警。

新基建战场，探析云数据中心安全防线建设

文/范孟飞 邢广博 胡燕青 深信服科技股份有限公司

近年来，云计算技术蓬勃发展，在各领域均得到广泛的应用。私有云、公有云、IaaS、Docker、Serverless、DevOps 等概念层出不穷，极大地推动了信息技术的发展。2020 年 4 月 20 日，国家发展和改革委员会明确了“新基建”的范围，其中将云计算纳入新技术基础设施，将数据中心作为算力基础设施。因此，云数据中心作为信息基础设施的建设逐渐被广大用户提上日程。

与传统的数据中心不同，云数据中心具有“高度集成”“按需交付”“快速部署”的特点，同时也随之产生了一些特有的安全问题。本文从云数据中心建设过程中面临的安全问题入手，分析问题并提出一套完整的云数据中心安全建设方案。

一、云数据中心面临的安全挑战

1. 合规要求日趋严格，平台与租户均需满足

合规作为安全建设的基石，同时也是云数据中心建设过程中首要考虑的内容。在我国，云数据中心建设重点需满足《中华人民共和国网络安全法》以及网络安全等级保护制度的要求。对于被纳为关键信息基础设施的云计算平台，还需要满足《关键信息基础设施安全保护条例（送审稿）》以及《网络安全审查办法》相关要求。以网络安全等级保护相关制度为例，在 GB/T 22240-2020《信息安全技术　网络安全等级保护定级指南》中规定：云服务商以及云服务客户均需根据等级保护进行建设并通过测评，同时，不同的服务模式需分别定级。

2. 云上安全不可视，缺乏适宜的技术手段

在云计算环境下，传统的物理边界、物理设备的概念逐渐消失。以网络为例，传统以南北向为主的安全建设正在转向东西向流量的安全检测与防御。以安全为例，云内安全事件缺乏有效的检视手段。如何将资产、流量、安全事件等直观地展示出来成为云服务商及云服务客户的难点。

3. 云服务客户的个性化安全需求难以满足

目前，出于成本以及功能方面的考虑，混合数据中心正在成为常态。服务器、云计算平台乃至安全需求的多样化增加了业务云化的难度。传统安全组件对各类云计算平台以及云管理平台的兼容性成为业务云化的瓶颈。对于云服务客户来说，申请及配置安全资源往往需要登录 2~3 个平台，无疑大大增加了运维难度。

4. IT 架构不断变化，难以持续提供业务保护

容器、DevOps、混合云等云计算新技术的使用，一方面提升业务的灵活性以及业务处理效率，但另一方面则对安全能力提出了更高的要求。以容器为例，作为轻量级的虚拟化，对于容器隔离、容器逃逸攻击、容器引发的拒绝服务攻击等安全问题，当前各类传统安全工具均无法提供完整的保护功能。

5. 业务集中运维带来运维管理工作的压力

在云数据中心运维过程中，IT 运维人员的工作既集中又分散。大多数策略配置的工作依赖于云计算平台，简单的策略修改可能需要登录多个平台或设备，测试、验证过程更是需要耗费大量的精力。特别是在发生安全事件时，如何从海量的日志抽丝剥茧地找出攻击源并进一步处置，这对运维人员的能力提出了非常高的要求。

二、云数据中心安全建设思路

基于以上分析，越来越多的数据和业务应用集中在云平台上，建设一套“以保护业务为目标，以安全合规为基础”的安全体系至关重要。现代化的云数据中心安全建设，应重点实现“能力易集成、运营可闭环、持续自适应”三大能力。

（1）能力易集成：打造开放兼容的云安全平台，按需集成安全组件，为云上业务或租户敏捷交付安全能力，满足合规及业务的个性化需求。

（2）运营可闭环：建立面向云数据的中心的持续风险监控和主动响应闭环，解决安全运维压力大的问题。

（3）持续自适应：最小化业务影响，建设云内自适应防护体系，解决云内风险不可视、不可控的问题，适应未来 IT 架构变化，持续业务保护。

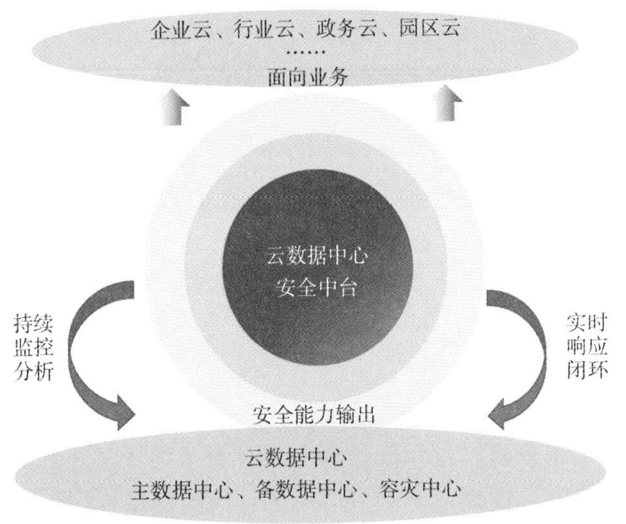

图1　云数据中心安全中台能力

我们将具备以上三大特性的平台，称为“云数据中心安全中台”。

云数据中心安全中台主要由云安全资源平台、云安全管理中心、云安全运营中心三部分构成，基于软件定义安全技术，持续为云数据中心的IT基础架构或业务应用输送安全能力。

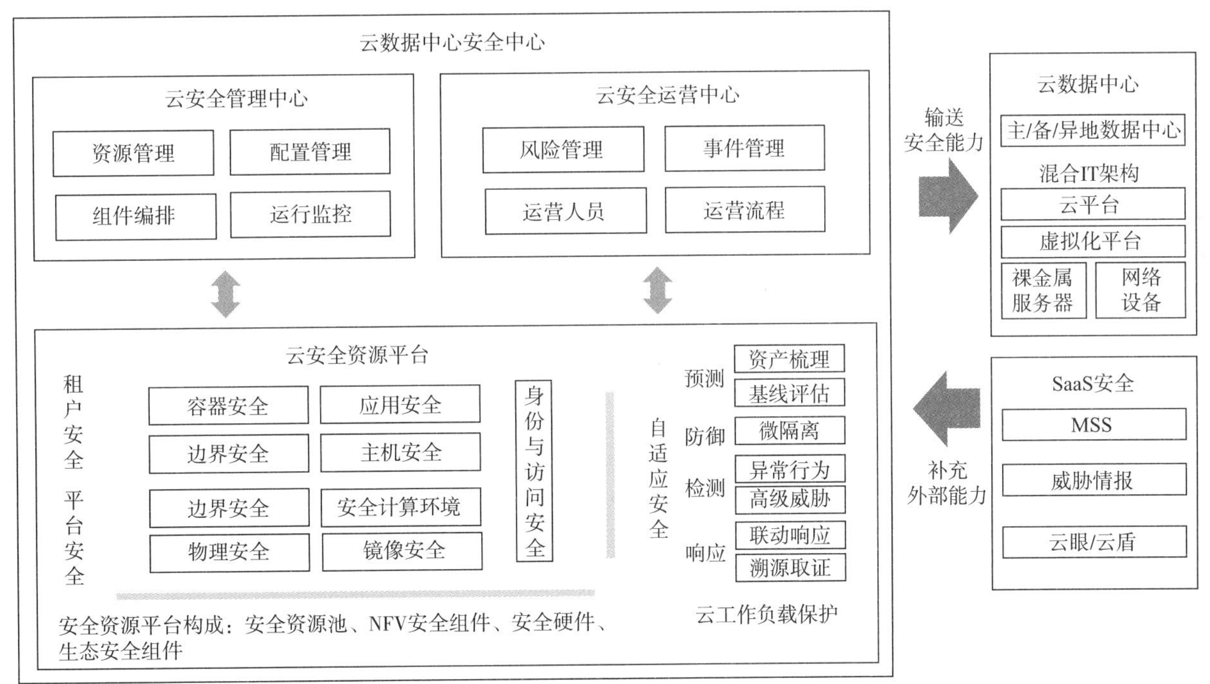

图2　云数据中心安全中台

三、云数据中心安全建设步骤

根据第二节中提到的安全建设思路，云数据中心安全建设可采取以下“三步法”进行安全建设。

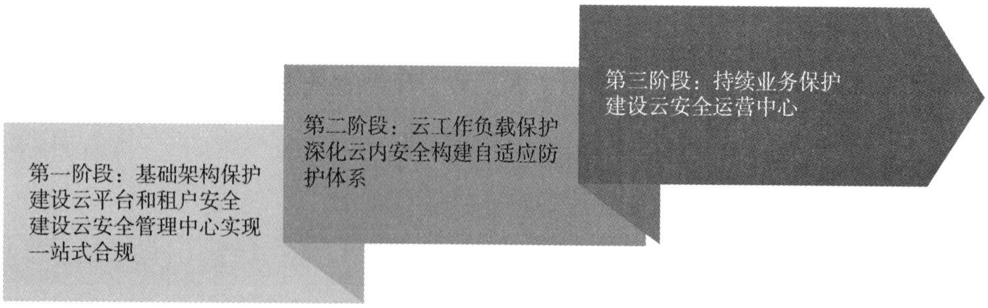

第一阶段：基础架构保护
建设云平台和租户安全
建设云安全管理中心实现一站式合规

第二阶段：云工作负载保护
深化云内安全构建自适应防护体系

第三阶段：持续业务保护
建设云安全运营中心

图 3　云数据中心安全建设

1. 基础架构保护，建设云平台和租户安全，满足合规要求

在等级保护中，根据“权责分离”的原则将云计算等级保护涉及的定级对象分为两类：云计算平台以及云服务客户的业务应用系统。两种定级对象分别由云服务商以及云服务客户负有安全责任，并开展等级保护工作。同时，在不同的部署模式下双方安全责任以及保护对象均有所区别，在建设过程中需要分别考虑。

以 IaaS 模式为例，云服务商应提供云计算基础设施、云操作系统、云产品（服务）、虚拟机监视器、虚拟网络/安全设备、虚拟机镜像以及管理数据的安全。云服务客户负责虚拟机、数据库、中间件、应用程序以及业务数据的安全。

服务模式	安全层面	保护（测评）对象
SaaS	安全计算环境	云产品（服务）
		云产品（服务）数据
PaaS	安全计算环境	虚拟机、数据库服务器、中间件、容器、云应用开发平台、云产品（服务）等
IaaS	安全计算环境	云操作系统、虚拟机监视器、云业务管理系统、云产品（服务）
		虚拟化网络/安全设备、虚拟机镜像
		云产品（服务）服务器（虚拟机）、宿主机、终端、运管平台服务器
		网络设备、安全设备
		配置文件、鉴别信息、系统数据、审计数据、镜像文件、快照数据、个人信息
	安全通信网络	网络架构、物理链路、通信数据
	安全区域边界	物理网络边界、虚拟网络边界
	安全管理中心	云管理平台、云平台监控系统
	安全管理	安全相关人员、机房、介质以及管理文档和制度
	安全物理环境	物理机房、云计算基础设施部署的相关机房及技术设施

图 4　云服务商保护对象

在确认服务模式后，可根据“一个中心，三重防护”的思想进行云计算平台以及云服务客户的业务应用系统的等级保护建设。下文参照 GB/T 25070-2019《信息安全技术　网络安全等级保护安全设计技术要求》以云计算平台举例说明。

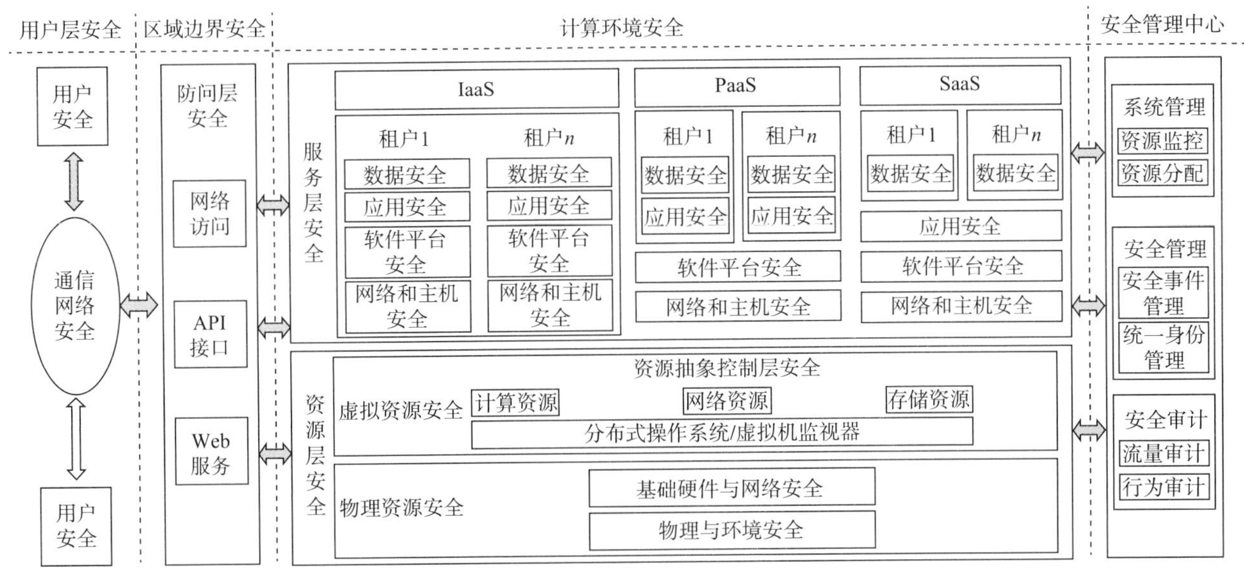

图5 云计算等级保护安全技术设计框架

“一个中心”指的是安全管理中心，如利用网管平台实现物理资产及链路的状态监控，利用云管理平台实现计算资源以及安全资源的统一分配，利用态势感知、安全管理中台等实现对云数据中心安全事件的集中收集与统一分析。

“三重防护”指的是安全计算环境、安全区域边界以及安全通信网络。用户通过可靠的链路以网络、API接口或Web服务等方式访问云服务商提供的安全计算环境。安全计算环境整体分为资源层以及服务层两部分。不论在何种服务模式下，云服务商均负责资源层安全，而服务层安全则根据部署模式不同有所区别，但云服务商一般通过提供安全接口和安全服务的方式为云服务客户提供安全防护能力。

2. 云工作负载保护，建设云内自适应安全体系

随着云数据中心建设的不断深入，承载计算的最小节点即工作负载也随之细化，根据抽象度的不同，云工作负载分为物理机、虚拟机、容器和Serverless。已有的端点安全软件只能覆盖服务器安全以及云主机安全等单一场景，无法完全覆盖容器以及Serverless等场景。同时传统的端点安全软件对系统资源的占用较高，出现问题不易排查，上述原因也促进了云工作负载保护方向新品类——云工作负载保护平台（Cloud Workload Protection Platform，CWPP）的出现。

Gartner曾对云工作负载保护平台作出了定义：CWPP是以保护工作负载安全为中心的解决方案。用于满足跨越本地、物理和虚拟机（VM）以及多个公共云基础架构即服务（IaaS）环境的现代混合数据中心体系结构中服务器工作负载保护的独特要求。理想情况下，它们还支持基于容器的应用程序体系结构。

云工作负载保护平台具有三大关键属性：

（1）关注保护对象，而不是威胁本身（如不关注杀毒，更关注应用程序是否有异常，运行的进程是否有异常）。

（2）面向未来，支持混合IT架构，不依赖底层技术架构来支持新的或现有的环境，可适用于私有云、公有云以及混合云环境，可部署在虚拟机、物理机、容器中，支持常见操作系统版本。

（3）保护能力下沉，更专注工作负载细粒度的检测和响应。

从图6保护能力金字塔我们可以看出，云工作负载保护平台能够广泛覆盖各种云计算平台的各类云服务模式，更适合云上业务保护的解决方案。以云工作负载保护平台为中心的云数据中心安全解决方案不仅可以解决云内资产梳理难、风险不可视、Agent占用资源多、影响业务运行等问题，还可以帮助组织构建一套整体的自适应解决方案体系。

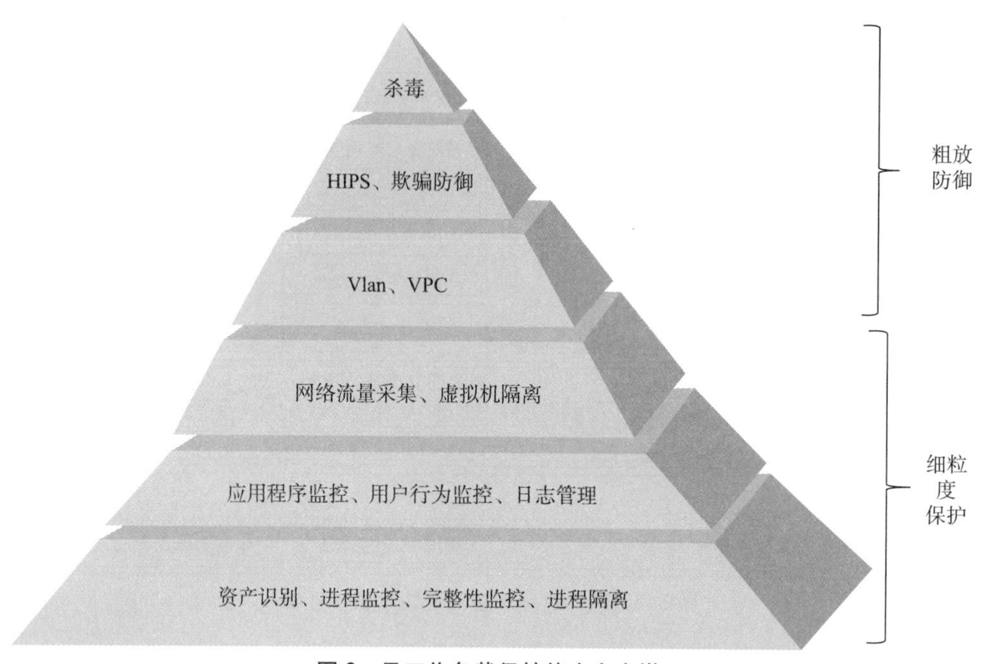

图 6　云工作负载保护能力金字塔

另外，在云数据中心的安全建设中，基于边界的传统防护模式不再适用，“应急响应”和“边界防御”无法迅速解决云数据中心面临的安全威胁。面对不可避免的侵害行为时，大多数组织的检测和反应能力十分有限，导致损失扩大。基于云工作负载保护平台的解决方案，将能实现细粒度的资产监控和风险分析，进而达成安全能力的快速闭环，打造持续智能，构建自适应安全体系。

3. 持续业务保护，建设云安全运营中心

当完成第一步和第二步的安全建设之后，组织通常会面临一些共同的问题：如何保障安全建设效果？如何发挥安全建设的价值？用户进行体系化的安全建设后，往往会进入一个漫长的运维周期，海量的告警会使得安全运维人员陷入处置大量具体复杂攻击事件的困境中。

尤其在云数据中心场景中，存在云上设备、日志类型、监管、租户需求繁多等情况。业务集中带来安全管理工作的剧增，运维人员面临三大挑战：

（1）安全运维工作量大。策略管理压力大：云数据中心的安全软硬件系统数量多且部署分散，策略配置/维护/变更工作量大。日志分析压力大：日志类型多，告警分散，误报多，租户需求多样化，协调工作多。

（2）安全运维人少效率低。缺少自动化、集中化、流程化的技术手段，高度依赖人。安全运维人员编制少，尤其是研判分析人员。

（3）工作价值难体现。对运维人员而言，疲于应付层出不穷的安全告警，说不清楚云内有哪些安全风险，解决了哪些风险，还有哪些风险；对管理人员而言，没有能体现安全绩效的分析报告，说不清楚投资收益。

对于以上问题，目前业内各大安全厂商均提出了自己的安全模型并提出了云数据中心的安全建设方案。基于在安全以及云计算方面的经验，建立了 APDRO（智能 Artificial Intelligence、防御 Protect、检测 Detect、响应 Respond、运营 Operate）模型，并依托于“人、技术、流程”提出了面向云数据中心的云安全运营中心解决方案。

APDRO 智安全模型逻辑主张：首先打造集防御、检测响应于一体的闭环安全能力；而后在面对自动化水平不断提高的威胁、越来越庞大复杂的 IT 规模以及人工成本攀高的情况下，利用人工智能技术来提升 PDR 的自动化程度；最后由运营来让 PDR 变得更有效，让 PDR 运转得更好。

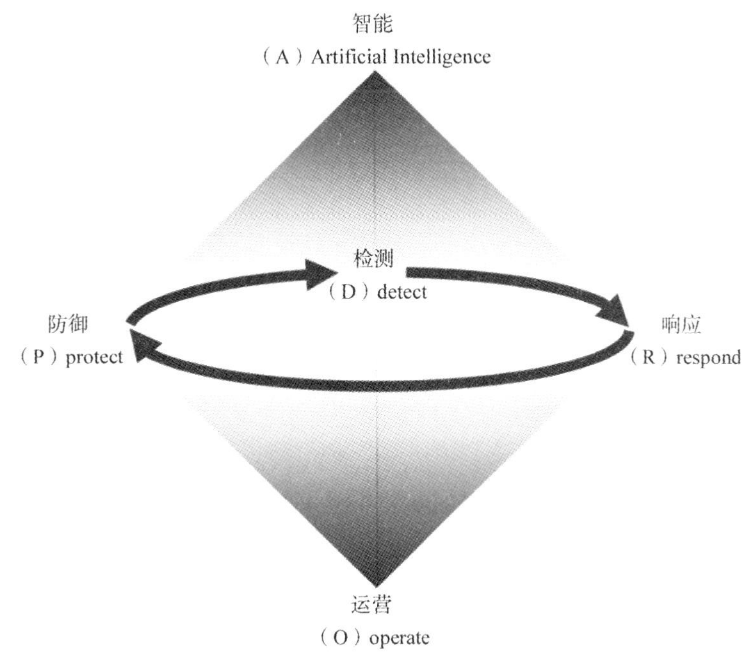

图 7 APDRO 智安全模型

智能：提供了以数据为驱动、以人工智能算法为基础的安全能力，提前预测、主动防御，实时计算、动态防御。还包括通过主动学习并识别未知的异常事件来嗅探潜在的、未暴露的安全威胁，更深入诠释了“主动防御”的思想理念。在云数据中心的安全运营体系的构建应充分发挥大数据平台、威胁情报、AI 等新型技术的优势，提高事件研判分析效率。

防御：指可以用于防御攻击一系列策略集、产品和服务。关键目标是通过减少被攻击面来提升攻击门槛，并在受影响前拦截攻击动作。

检测：识别网络安全事件的发生，检测功能提供持续的对网络安全事件进行发现的能力。在检测过程中，基于 ATT&CK（Adversarial Tactics Techniques and Common Knowledge）模型对网络攻击行为进行分析，提高检测能力进而为事件的响应提供依据。

响应：对检测出的网络安全事件进行处置，响应功能提供对潜在网络安全风险事件所造成影响进行控制的能力。基于 SOAR（安全编排，自动化和响应），构建上下文 Playbooks，大大提高安全事件的闭环效率，进一步提升运营的自动化水平。

运营：统一“人、技术、流程”三要素服务于安全保障体系的全天候有效运转，并持续优化。

智能加持的作用：由于如今威胁的背后是庞大的黑色产业，在黑色产业中不乏大量技术尖端的攻击团队和完善的产业链，使威胁变得越来越智能和自动，促使了新的病毒变种、零日漏洞不断出现。因此，防御方应当应用人工智能技术对黑客的新型攻击行为和病毒变种进行有效检测，这样才能有效应对新形势下的威胁。智能已经成为增强 PDR 的不可或缺的手段。

安全运营的必要性：安全的本质是人与人的攻防对抗，作为防御方，通过运营专家让 PDR 变得更加高效。配置合理的策略以增强防御，设置合理的检测手段来发现潜伏威胁，出现安全事件后通过全方位的分析并推动相关方进行事件处置。更重要的是，可以通过运营来保障组织安全战略、人员意识培训，实现风险管理、事件管理、业务连续性管理等。

四、结语

云数据中心安全建设是需要云服务商以及云服务客户共同参与、持续运营的长期行为。安全建设过程应采取技术与管理手段并行的方针，在设计过程中可以参照等级保护中“一个中心，三重防护”的思想。首先，作为安全建设的第一步，应选择开放集成标准化程度较高的云安全服务厂商，可以按需集成各品牌安全组件敏捷的为业务交付安全。第二步则是深化云内安全，构建自适应安全体系，重点解决云内的安全可视可控问题。第三步则是建设云安全运营中心，构建面向整个数据中心的安全运营支撑平台，简化运维工作，通过人机共智模式保障运营的效率和效果。在整个建设过程中，还需要考虑如何适应 IT 架构的快速演进，随着云原生改造的加速，未来容器、无服务将会获得更大范围的应用，如何保证当前的安全建设持续保护未来的业务形态，这是值得我们关注和思考的问题。

第二节　新产品

伴随着大数据、人工智能等新技术的融合，安防行业智能化场景应用不断延伸，基于技术变革与市场需求，2020 年行业内涌现出众多新产品。本节收录了 30 款 2020 年安防企业发布的新产品，涵盖视频监控类产品（11 款）、入侵报警类产品（2 款）、出入口控制类产品（7 款）、楼宇对讲类产品（3 款）、软件平台类产品（2 款）、警用装备及其他类（5 款）产品。

视频监控类产品

产品名称	生态型摄像机（母子机）
产品图片	
产品特点	该产品具有“四无”特性（无电、无网、无光、无现场运维）打破环境约束，实现全场景覆盖；AIoT 生态仓设计、支持全类型接口，实现传感器灵活互联，从视觉感知走向全息感知。 无网：母机和子机间采用 VideoX 无线传输技术，采用免费频段，快速实现子母机自组网，实现子机无线回传；无电：采用太阳能+超级刀片锂电的供电，当无运动物体时可实现自动休眠，与超级锂电配合，实现 72 小时无充电状态的有效工作；无光：对夜晚的图像进行智能增强；无现场运维：子机无线模块可自动调整角度，找到最佳的信号角度，保证图像传输质量。摄像机模组、太阳能模组、无线模组、生态模组都具备可视化管理能力，可进行远程的配置管理，减少现场运维次数。

产品名称	AI 多摄全结构化筒型摄像机
产品图片	
产品特点	该产品采用一体化设计，由双镜头相机与 GPU 模块组成，聚合多种复杂场景下深度学习算法，实现全结构化数据采集，具备多场景数据分析能力，实现全方位态势感知。采用变焦全结构化镜头，可采集车辆、机动车等图像信息，并具备车牌号、车身颜色、车品牌等全结构化属性识别，适应高密度场景。具备动态检测技术，可过滤低质量图像，分析比对的图像有效率高达 98%。下通道看全景，采用 F1.0 大光圈全彩镜头，可呈现全天候彩色清晰画面。搭载新型可调节补光灯，具备混光与红外两种补光方式，可根据补光需求调节补光灯功率，适配更多应用场景。

产品名称	变焦白光筒型网络摄像机
产品图片	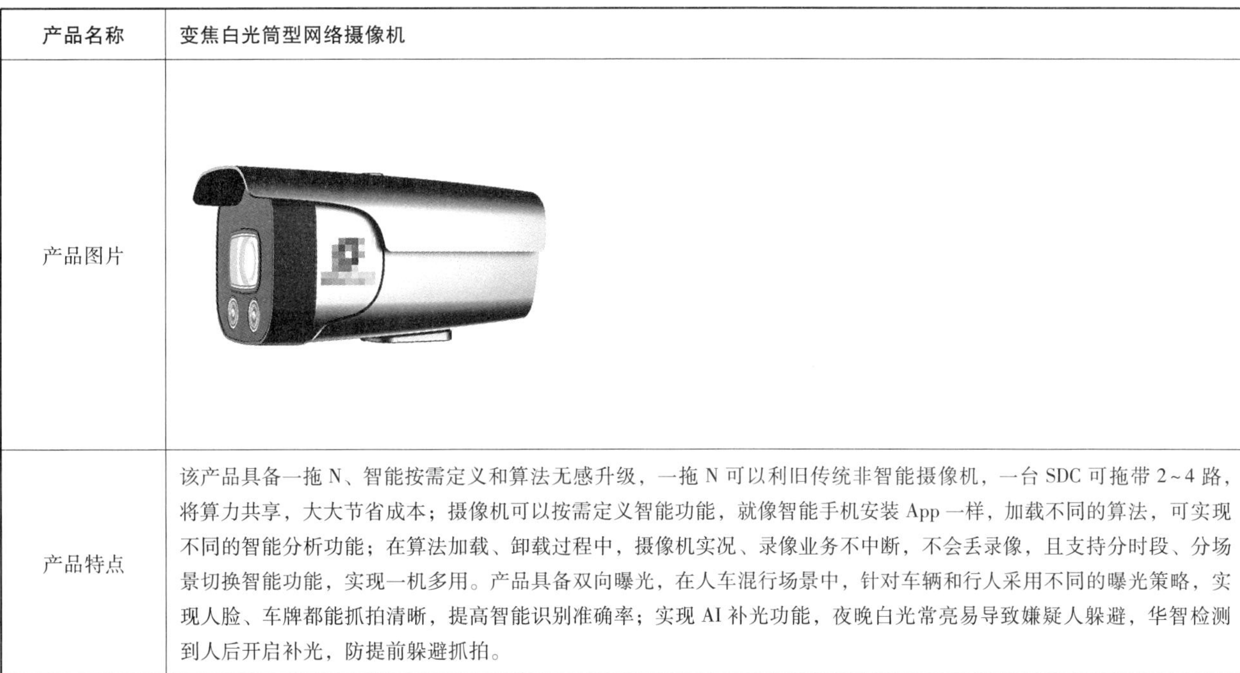
产品特点	该产品具备一拖 N、智能按需定义和算法无感升级，一拖 N 可以利旧传统非智能摄像机，一台 SDC 可拖带 2~4 路，将算力共享，大大节省成本；摄像机可以按需定义智能功能，就像智能手机安装 App 一样，加载不同的算法，可实现不同的智能分析功能；在算法加载、卸载过程中，摄像机实况、录像业务不中断，不会丢录像，且支持分时段、分场景切换智能功能，实现一机多用。产品具备双向曝光，在人车混行场景中，针对车辆和行人采用不同的曝光策略，实现人脸、车牌都能抓拍清晰，提高智能识别准确率；实现 AI 补光功能，夜晚白光常亮易导致嫌疑人躲避，华智检测到人后开启补光，防提前躲避抓拍。

产品名称	超星光室外全局型摄像机
产品图片	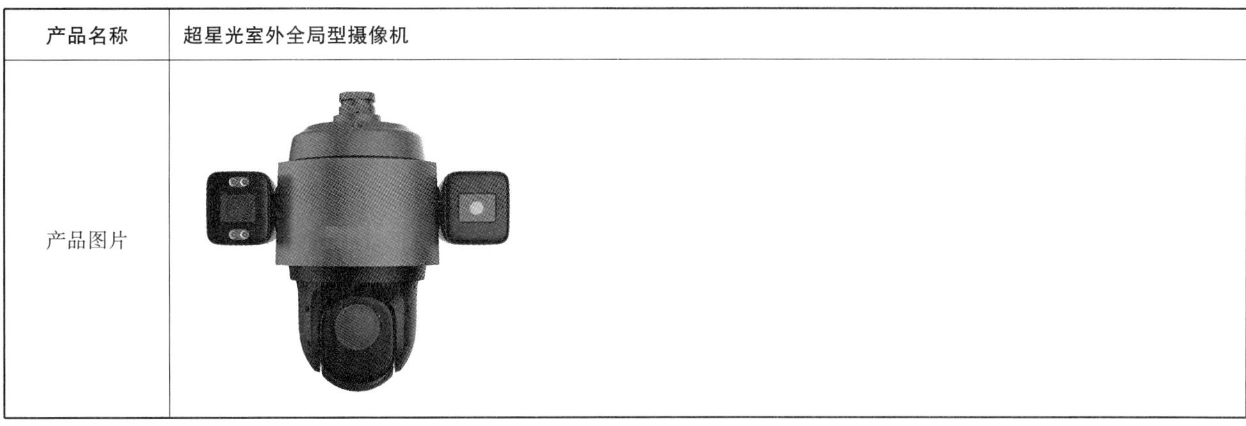

续表

产品名称	超星光室外全局型摄像机
产品特点	该产品兼顾全景与细节，具备单个产品既能看全也能看清的优势，支持双云台，设备具备全景、细节两个通道且都支持远程电动调节位置，灵活布控。智 Web 界面显示：人脸、人体、车辆、非机动车阶梯状布局呈现，便捷易用。界面友好，视觉效果体现极佳。无感模式切换：双 500 万超高清分辨率，4T 超高算力，基于智能监控、人脸抓拍、全结构化、人脸识别四大模式任意无感切换。增强现实技术：融合双 500 万高清前端全景视频和 AR 增强现实技术，替代传统静态二维地图和三维地图，增强实时图像与信息的结合。双曝光模式：机非人双曝光模式，智能匹配场景，根据场景不同自动切换曝光模式，达到人车最优图片输出。支持视频结构化功能：支持机动车抓拍、机动车属性提取，支持非机动车抓拍、非机动车属性提取，支持人体抓拍、人体属性提取，支持人脸抓拍、人脸属性提取。

产品名称	全智能暖光变焦天镜护罩一体机网络摄像机
产品图片	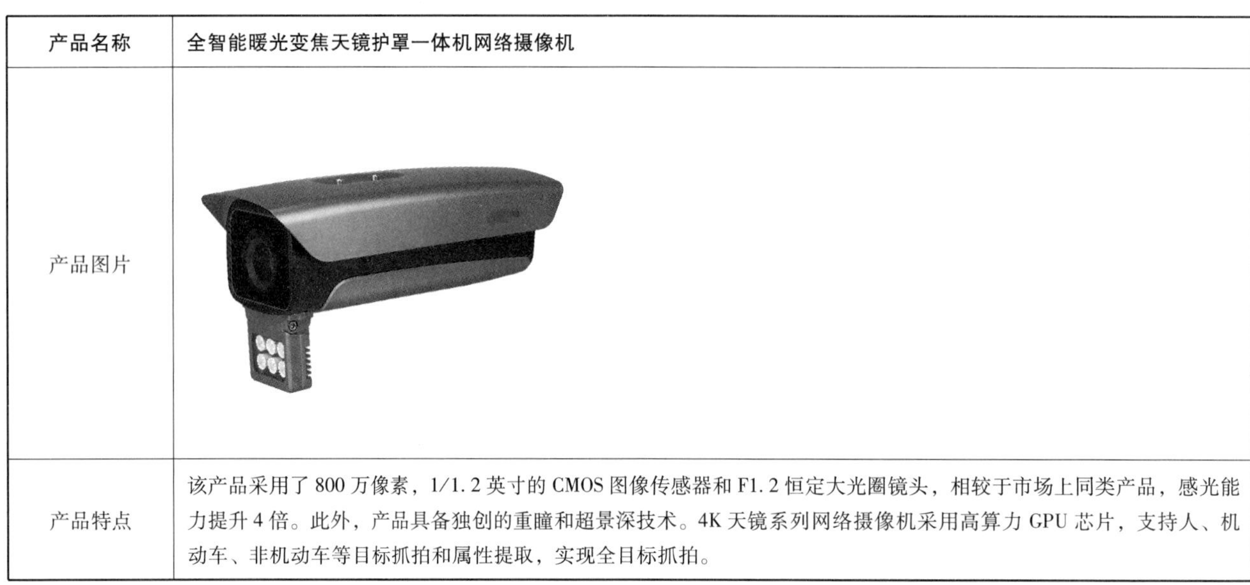
产品特点	该产品采用了 800 万像素，1/1. 2 英寸的 CMOS 图像传感器和 F1. 2 恒定大光圈镜头，相较于市场上同类产品，感光能力提升 4 倍。此外，产品具备独创的重瞳和超景深技术。4K 天镜系列网络摄像机采用高算力 GPU 芯片，支持人、机动车、非机动车等目标抓拍和属性提取，实现全目标抓拍。

产品名称	800 万像素暖光筒型人像结构化网络摄像机
产品图片	
产品特点	该产品是一款采用 800 万像素，1/1. 8″CMOS 传感器的高清网络摄像机，该机采用 ICR 红外滤片式自动切换，满足日夜两用；支持 H. 265/H. 264/MPEG4/MJPEG 多种压缩编码，保证图像质量的同时有效降低网络带宽占用；最大传输图像支持 3840×2160；具有低照度特性，支持宽动态。该网络摄像机还支持完备的网络协议，内置 Web，方便远程控制；支持 Micro SD/SDHC 卡前端存储，为录像存储提供更便利的方式和更可靠的保障；支持白光功能；防护等级可达 IP67。

产品名称	AI 超微光摄像机
产品图片	
产品特点	该产品采用自主研发的 AI 超微光图像增强算法，首次将人工智能应用于底层成像技术，赋予了摄像机超强“夜视”能力，使得夜间低照度环境下也能获得高清晰、色彩还原度高的抓拍图片，实现了 24 小时高保真画面抓拍采集，并有效减少光污染。同时，AI 超微光摄像机还内置 AI 芯片，通过将图像增强算法和特征分析算法相结合，可实时高质量还原人、车和环境抓拍影像，具有视频检测、车辆抓拍、补光控制、图像处理、图片合成、数据传输对联等功能。

产品名称	无线高清布控球
产品图片	
产品特点	该产品是一款功能全面、携带方便的无线视频应急指挥终端，具备定位、视频监控、云台操作、双向对讲等功能。产品通过一体化结构设计，防护等级可达 IP67；可实现 33 倍 1080P 高清视频，借助 6 颗高亮激光灯实现超 100 米红外夜视距离；产品通过水平垂直双蜗轮蜗杆设计，更省电更稳定，无惧抖动；内置灵敏拾音器，创新设计高音喇叭；支持双 TF 卡存储，单卡最大支持 256G；多光源报警闪烁灯，红蓝警示闪烁；2.0 超大 OLED 显示屏，强光清晰显示；支持 GB28181、电力 B 接口、C7 和 C8 协议；磁力复合吸盘设计，吸附力更稳更强；可选支持人脸识别、车牌识别、安全帽检测。

产品名称	步态人脸双目抓拍机
产品图片	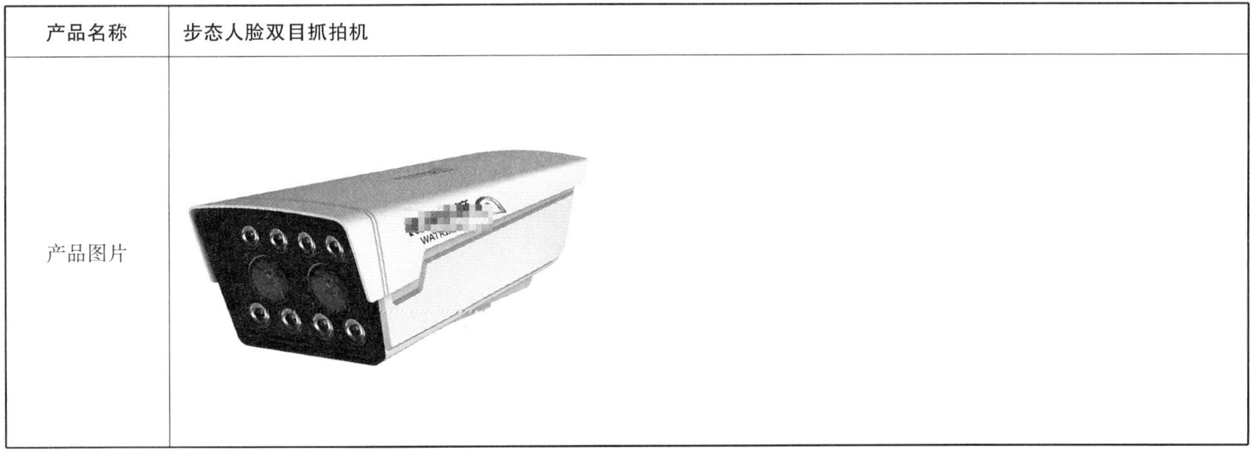

续表

产品名称	步态人脸双目抓拍机
产品特点	该产品拥有长短焦双镜头，嵌入步态、人脸两个深度学习算法，支持步态、人脸双抓拍，单镜头步态或人脸独立抓拍等多种应用功能。支持步态检测和人脸检测，提供独有的高质量推图模式，过滤不符合识别要求的步态、人脸序列，减轻服务端存储和算力压力支持三码流，支持 H. 265/H. 264 压缩算法，支持 ONVIF，GB/T28181 标准协议，支持宽动态、3D 数字降噪、强光抑制、电子防抖。可以在 50 米内自由选择监控点，大大扩展了监控视野；同时通过双算法提取行人的步态及人脸特征数据，大大增强了视频频数据预处理能力。可广泛应用于城市/乡村路口、楼宇/园区/社区、公共营业场所等所有公共安防场景。

产品名称	安防综合管理平台
产品图片	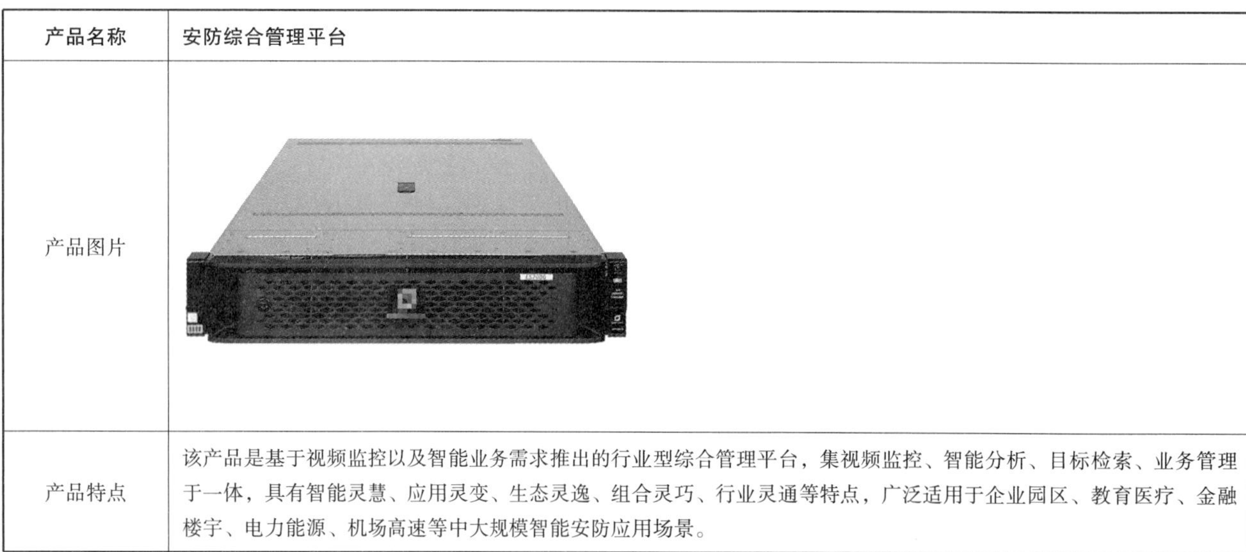
产品特点	该产品是基于视频监控以及智能业务需求推出的行业型综合管理平台，集视频监控、智能分析、目标检索、业务管理于一体，具有智能灵慧、应用灵变、生态灵逸、组合灵巧、行业灵通等特点，广泛适用于企业园区、教育医疗、金融楼宇、电力能源、机场高速等中大规模智能安防应用场景。

产品名称	社区微脑
产品图片	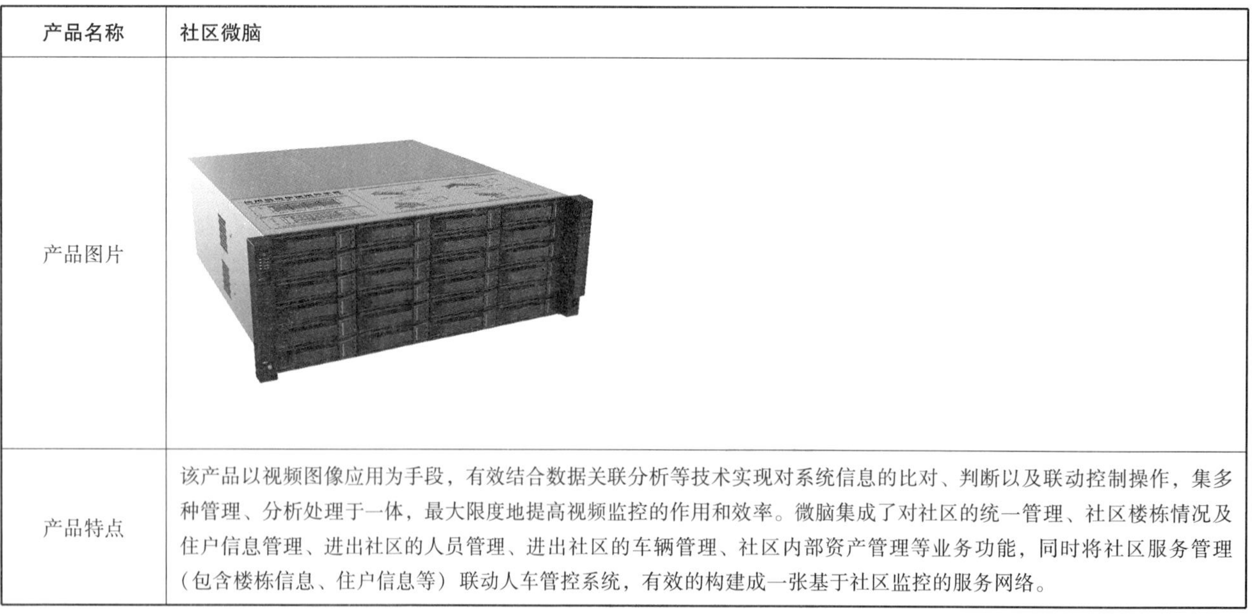
产品特点	该产品以视频图像应用为手段，有效结合数据关联分析等技术实现对系统信息的比对、判断以及联动控制操作，集多种管理、分析处理于一体，最大限度地提高视频监控的作用和效率。微脑集成了对社区的统一管理、社区楼栋情况及住户信息管理、进出社区的人员管理、进出社区的车辆管理、社区内部资产管理等业务功能，同时将社区服务管理（包含楼栋信息、住户信息等）联动人车管控系统，有效的构建成一张基于社区监控的服务网络。

入侵报警类产品

产品名称	定位型振动光纤系统
产品图片	
产品特点	该产品采用 Φ-OTDR 技术，系统以传感光缆作为传感单元，能通过对直接触及或通过承载物（如覆土、铁丝网、围栏等）传递给振动光纤的各种振动，进行实时、持续的监控，采集数据经光通信传递给后端设备分析处理和智能识别，报警信号。对比脉冲电子围栏、张力式电子围栏、泄漏电缆入侵探测、红外对射入侵探测器具有前端无源、探测距离长、抗雷击、抗干扰、随形隐蔽安装等特点。

产品名称	智能型激光对射入侵探测器
产品图片	
产品特点	该产品激光对射接收和发射端均设计有小视窗，4 位数码管显示强度，可以快速读取光束信号、识别频率、分析信号强弱，快速对光。产品附加功能赋予激光对射更多的可能，顶端上的两个特殊孔位，可以接入警号、摄像机、微波对射、被动探测器等设备。激光对射发射和接收端分别设计有一个“万能键”，可以实现设置对光、设置时间、设置光束、开关光束、独立防拆、一键运筹。激光对射外壳采用无缝焊接技术+硅胶圈密封装配，厚度达 1.2mm，全封闭式设计，防护等级高达 IP67。

出入口控制类产品

产品名称	非接触式混合生物识别终端
产品图片	
产品特点	该产品是根据新冠肺炎疫情迫切需求，集可见光面部、多模态手掌等生物识别方式于一体，实现非接触式识别验证，防止交叉感染。新增体温监测模块，自助测温，实时预警，有效监测体温变化。系统匹配体温异常参数设置功能，验证时显示体温异常信息，输出报警信号，及时采取有效措施，适用于社区、校园、医院、景区、酒店、商场、写字楼、公共服务场所等需要进行监测体温的应用场景。

产品名称	人证核验一体机
产品图片	
产品特点	该产品采用自主研发的人脸识别算法，将现场提取的生物特征与系统存储（或身份证上）的人员信息进行比对。产品可直接安装到通道设备上，无须外接主机和网络即可实现本地 1：1/1：N（标准本地库上限 10000 人）识别，比对成功时通道设备开闸放行。当数据量较大时可接入网络进行快速的后台比对。设备采用双 200 万高清摄像头，支持 1：1、1：N、1：1/1：N 等验证模式。可以通过设备自带的补光灯进行补光，以便夜间及暗光情况下的识别。设备支持 IC 卡刷卡功能。设备内可存储 8 万条通行记录，提供多种查询方式，支持本地导出。本产品支持红外活体检测，活体判断的打开或关闭由客户设置。智能语音提示（中文），指导人证核验过程，播报核验结果。

产品名称	智能测温一体机
产品图片	
产品特点	该产品支持腕温、人证核验测温、口罩识别等多种模式，支持 0.3~3.5m 识别距离控制，有效防止相邻人员误识别，支持自动调节补光，适应黑夜光线环境，误差≤0.3℃，0.2s 极速测温。前端部署多类 AIoT 智能设备，搭配后端统一的数据管理平台，大大提升信息处理效率。采用宇视自主知识产权的深度学习算法模型，识别率>99%，误识率<1%；最快 0.2 秒识别，采用多模型融合模式，降低误识率，提升通过率。可广泛应用于智慧小区、学校、写字楼、医院等场景，在保障安全的同时避免了往来出入的各种不便。

产品名称	人脸识别测温门禁一体机
产品图片	
产品特点	该产品配合人脸识别闸机终端、人脸识别门禁等产品在人脸识别的同时，进行体温检测，启用后将主动限制体温不合格者通行，可根据环境设置补偿温度，满足不同场景应用。终端中的算法采用直接烧入安全芯片的固化方式，确保算法和模型不被窃取和攻击；算法支持 3D 头模、假面具、黑白彩色照片、手机视频等 36 种防伪攻击，是业界内支持防伪攻击最多、防护效果最好的人脸识别产品之一；服务器和硬件终端的系统均采用白盒加密、密钥传输方式，防止传输过程中被截取和破解；所有软硬件系统都经过 360 攻防实验室攻击检测；终端只保留人员特征码，不保留原始照片，所有信息均加密。

产品名称	指静脉人脸门禁机
产品图片	
产品特点	该产品支持刷卡、密码、指静脉识别，人脸识别，可扩展红外测温功能。产品采用人脸识别，非接触式识别可以减少交叉感染的风险；可联网推送商业广告，所有数据不会因断电而丢失；外观简约大方，安装时可与墙面完美结合；可用于办公室、住宅、保安系统、写字楼和楼宇通道等门禁控制。

产品名称	智能室外人脸识别门禁
产品图片	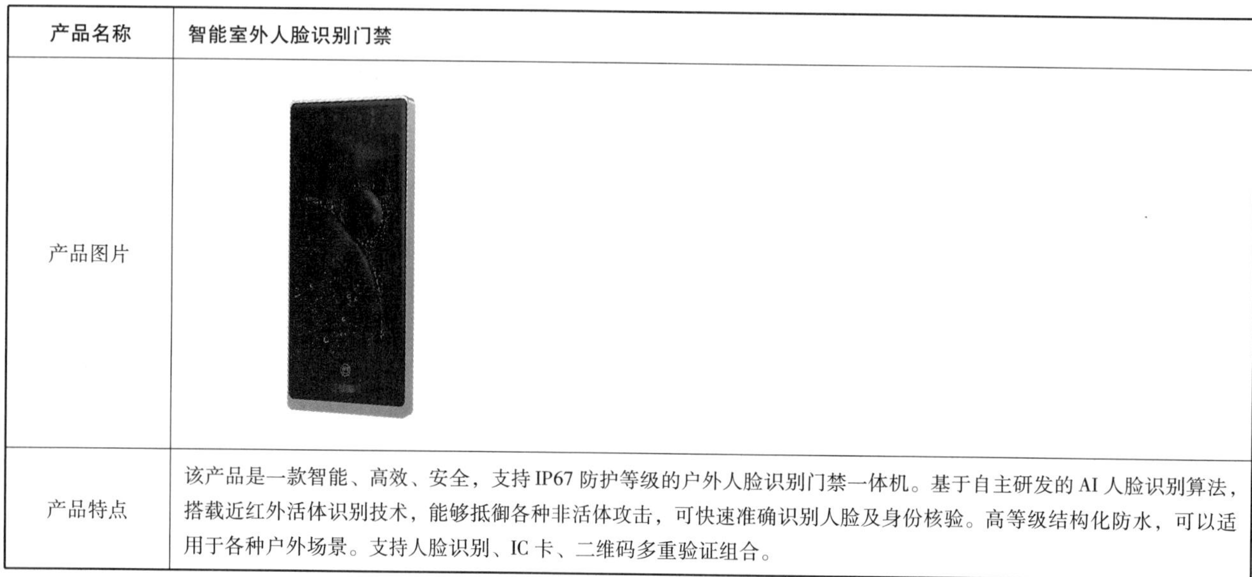
产品特点	该产品是一款智能、高效、安全，支持 IP67 防护等级的户外人脸识别门禁一体机。基于自主研发的 AI 人脸识别算法，搭载近红外活体识别技术，能够抵御各种非活体攻击，可快速准确识别人脸及身份核验。高等级结构化防水，可以适用于各种户外场景。支持人脸识别、IC 卡、二维码多重验证组合。

产品名称	高速车牌识别道闸扫码付一体机
产品图片	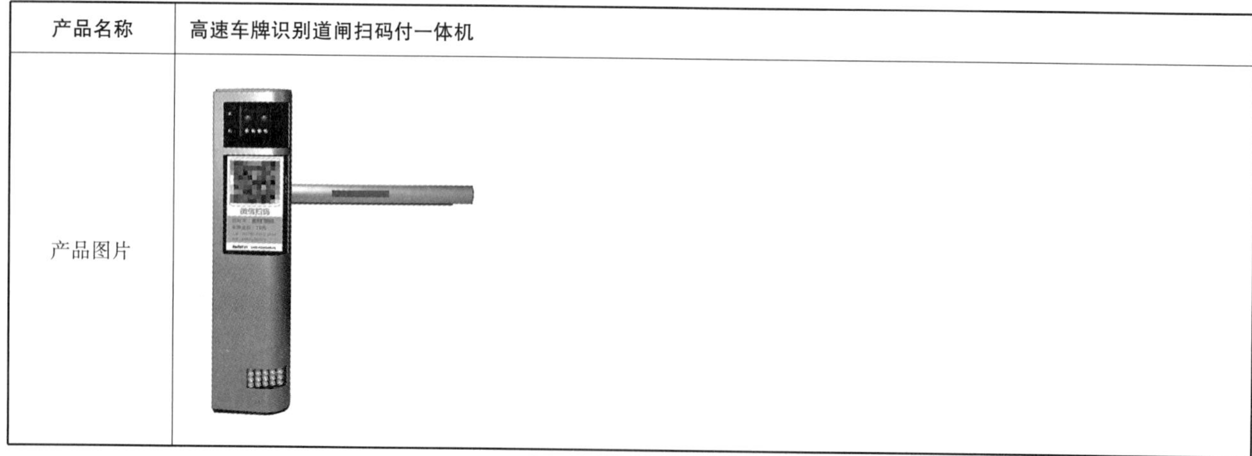

续表

产品名称	高速车牌识别道闸扫码付一体机
产品特点	该产品具备 AI 智能识别：除车牌外，还可对车型、车标、车颜色进行有效识别；可区分车辆类型是三轮车、自行车还是正常车辆；由于其先识别车、后识别车牌的特征，所以手机显示车牌和打印车牌这种简单的仿冒车辆行为将被有效识别；实际测试的现场车牌识别率为 99.9%以上。支持微信/支付宝二维码扫码付费；采用运动目标跟踪，AI 车牌识别，无须地感触发；搭配雷达模块可实现无地感落杆，防砸车砸人，施工更方便。

楼宇对讲类产品

产品名称	智能楼宇对讲终端
产品图片	
产品特点	该产品可 1∶1 核对身份证真伪及持证人真伪，具备人证识别功能、人脸识别功能、访客呼叫功能、访客人脸注册功能；人脸识别开锁模块的识别率≥99%，误识率≤0.01%，响应时间≤1s。支持人脸识别，自适应强光、逆光、暗光等多种光照环境，结合红外活体检测双目摄像头，可清晰准确进行人脸识别，还具有口罩识别，通过强化眼部识别特征，提升口罩遮挡下的人脸识别率。智慧室内终端采用 Zigbee 3.0 版本，配置更灵活，终端具有“双网口”，在原有分机 LAN 口的基础上增加了 Wi-Fi 模块。增加蓝牙功能。

产品名称	智慧家庭 AI 中心终端
产品图片	
产品特点	该产品融合语音、App、触控等多维交互，集楼宇对讲、视频监控、安防报警、电梯控制、背景音乐、智能照明、家居控制等综合于一体，一个 AI 中心就是全屋智能，可代替多个智能单品，实现家居智能化控制。搭配社区设备，更可实现社区与家居生活场景无缝衔接。

产品名称	基于安卓系统的对讲主机
产品图片	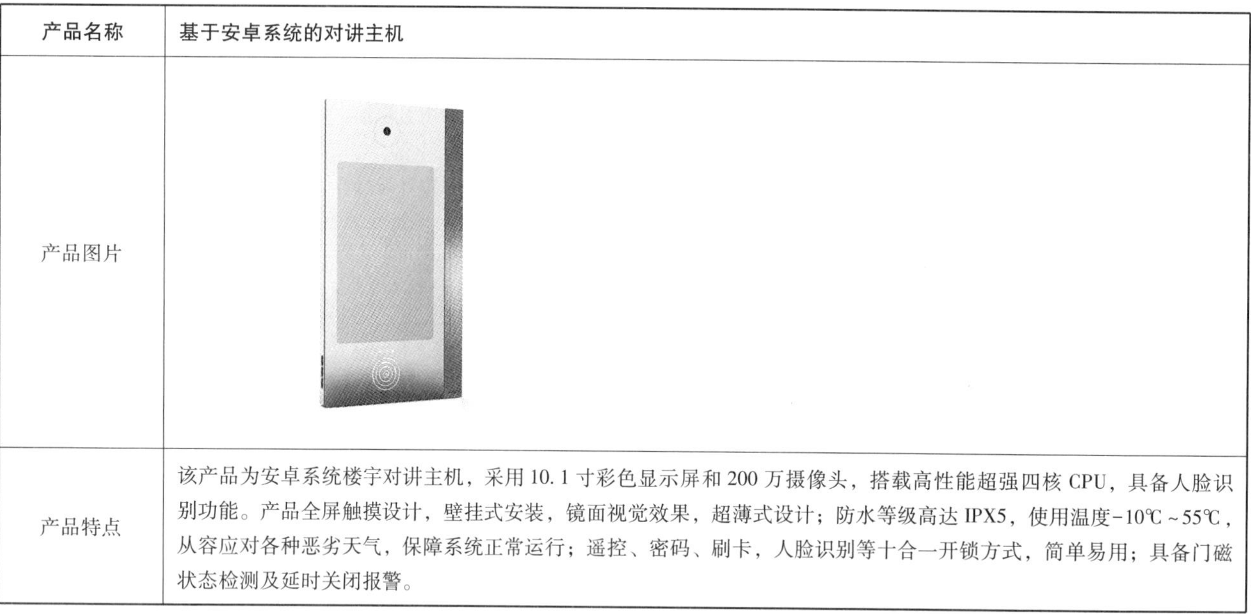
产品特点	该产品为安卓系统楼宇对讲主机，采用 10.1 寸彩色显示屏和 200 万摄像头，搭载高性能超强四核 CPU，具备人脸识别功能。产品全屏触摸设计，壁挂式安装，镜面视觉效果，超薄式设计；防水等级高达 IPX5，使用温度-10℃～55℃，从容应对各种恶劣天气，保障系统正常运行；遥控、密码、刷卡，人脸识别等十合一开锁方式，简单易用；具备门磁状态检测及延时关闭报警。

软件系统平台类

产品名称	融合通信调度平台
产品图片	
产品特点	该产品是新一代音视频通信基础平台，平台支持融合各类不同制式的通信平台，包括视频会议、数字集群、电话语音、视频监控、即时通信等。打破了不同制式通信平台的通信壁垒，实现跨制式通信终端的互联互通，通过融合通信开放平台对各类外部业务系统输出融合通信的能力。

产品名称	智慧安检管理平台
产品图片	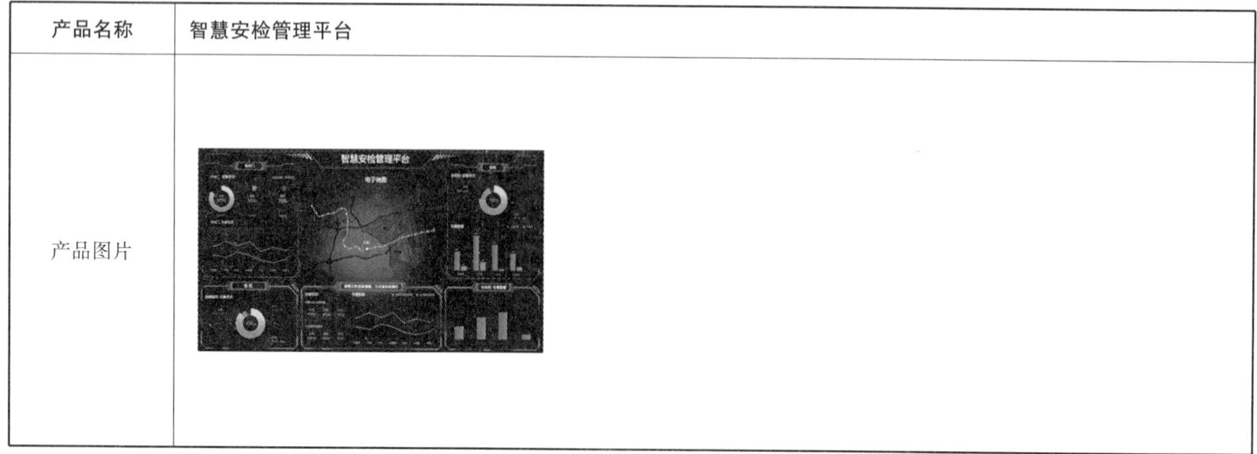

续表

产品名称	智慧安检管理平台
产品特点	该产品以互联网为媒介，中央服务站集中管理分散在各个区域的安检设备，汇聚各终端设备数据进行汇总及分析，实现管理平台与各终端设备之间各类数据信息的有效联动及交互，达到安检设备集中化管理及控制的作用。客户可根据业务系统的需要灵活搭配各设备接口满足客户多样化的业务需求。可实时查看各区域设备数据及工作状态，了解工作情况；可实现远程控制安检机电机运转状况，远程维护安检机；汇总各终端设备数据，建立完善齐全的数据报表，实现数据集中化管理；集中体现各终端设备的设备状态；分析各终端设备数据，生成清晰报警数据报表。

警用装备类产品

产品名称	防抖执法记录仪
产品图片	
产品特点	该产品是专为公安、交通、烟草、工商、银行、环保等执法部门开发的高度集成设备。在普通执法记录仪的基础上，采用大角度机械防抖云台，通过多轴无极跟踪姿态调节，横滚方向纠偏±85°，俯仰方向纠偏±20°，实现拍摄图像的稳定，真正解决现场人员执法画面模糊的行业痛点。做到动态图像不抖动，重要场景不丢失，关键特征不模糊，证据回放不眼晕。该产品除具备专业机械防抖功能外，在1080P纯录像情况下续航时间可达8小时以上，能满足全天工作录像需求。采用IP68的三防设计，结实抗摔，可以防汗防腐蚀，外壳缝隙结合紧密，具备防尘性和防水性，能给内部元件带来较好的保护，使得该产品支持全天候的户外作业。

产品名称	无线智能执法记录仪
产品图片	
产品特点	该产品是依据公安行业标准GA-T 947.2-2015《单警执法视音频记录系统》开发的警务执法一体化通信终端。产品可提高前端人员执法透明度、加强指挥中心与执法人员实时沟通能力和管理能力，具有高清视频存储、无线传输、北斗/GPS/基站定位、集群对讲、红外夜视、智能检测识别、一键报警、业务查询等功能，可广泛应用于公安、交/巡警、法院、消防、武警、人防应急、边防、城管、保险理赔、工地施工、电力抢修、铁路抢修等场合。

产品名称	4G 执法记录仪
产品图片	
产品特点	该产品是基于执法部门业务需求，全新研发的集拍照、录音、录像、定位、视频回传、远程语音指挥、动态人脸识别、动态车牌识别、一键呼救于一体的智能执法记录仪。使用 8 核高性能处理器，最高主频 2.0GHz，拥有强劲的性能满足各类智能化应用场景。网络方面，支持 Cat.7 LTE 网络，能够实现最高 300Mbps 的下行速率和 150Mbps 的上行速率，充分保障各类场景下流畅的实时指挥应用。

其他类产品

产品名称	SIP 广播网关
产品图片	
产品特点	该产品是针对公共广播行业集成商与终端用户需求而研发的 SIP 广播网关，集广播、采播、对讲等功能接口于一体，通过连接对应的外部设备，能够在广域网中轻松实现实时广播、MP3 定时广播、一键呼叫对讲、视频联动等功能，适用于各类 DIY 集成方案的应用，如校园、商场、火车站、建筑等场所。

产品名称	图像传感器
产品图片	

续表

产品名称	图像传感器
产品特点	该产品是一款用于物联网和家庭安防摄像头的2.0微米像素尺寸、400万像素分辨率图像传感器。与设计人员选择的平台搭配使用时，产品可为具有AI功能的电池供电摄像头提供系统超低功耗模式。此外，该产品提供16：9宽高比的2688×1520高分辨率，同时基于Nyxel@和PureCel@ Plus技术大大提升了近红外（NIR）和超低光SNR1性能。这款传感器还提供高动态范围（HDR）选项，能以60帧/秒的帧率捕捉快速移动物体的优质400万像素静止图像和视频。

第三节 新应用

2020年为“智慧城市”优秀创新技术及解决方案评价推荐工作

智慧城市在近几年发展呈现主流井喷式增长，给安防企业提供了很好的发展机遇和新的细分市场，这几年安防企业在智慧城市进行了大量的探索和实践，涌现出很多细分领域非常有特色和亮点的实践应用解决方案。2020年6月，中国安全防范产品行业协会在全国范围内组织开展了为“智慧城市”优秀创新技术及解决方案评价推荐活动。本次活动本着企业自愿申请及公开、公正、客观的原则进行组织，得到业内众多企业的广泛关注和积极响应，评选活动共收到了全国近200家企业约300个解决方案参评申请。最终经过对申请企业资料的严格审查、核实、计算和专家认真评议，提出推荐企业113家共177个优秀解决方案，主要应用领域包括了智慧政府、智慧社会、智慧经济三大块，共涉及19个细分领域。

表4-1 各领域获奖解决方案统计

应用行业	细分领域	推荐方案数目（个）
智慧政府	平安城市	25
	雪亮工程	17
	智慧政务	7
	智慧司法	12
	智慧交通	23
	智慧城管	1
	智慧环保	1
	智慧消防	3
智慧社会	智慧金融	9
	智慧医疗	8
	智慧教育	19
	智慧文博	2
	智慧旅游	2
	智慧社区	20
	智慧家居	4

续表

应用行业	细分领域	推荐方案数目（个）
智慧经济	智慧制造	1
	智能建筑	17
	智慧能源	4
	智慧农业	2
推荐方案共计：177个		

在入选的113家企业中包括了60家产品企业、53家集成企业，这批企业具有显著的特征：

一是具有行业代表性，集中了行业的优秀企业。入选企业汇聚了海康威视、浙江大华、宇视科技、天地伟业、苏州科达、中星技术、同方威视、蓝色星际、熵基科技、达实物联、安居宝、林立等行业领军企业，也包括高新兴、佳都科技、富盛科技、金鹏电子、易华录、南瑞继远、北京声讯、浩云科技、天跃等优秀集成商，以及以华为、紫光、联通为代表的通信类企业和商汤、旷视、以萨、的卢、深醒、瑞为、澎思、智慧眼等AI创新型企业。

二是企业综合实力较强。从入选企业的相关数据来看，企业资产比较雄厚：2019年企业资产总额上亿的企业有93家，占81%；企业规模在500~1000人以上的企业有30家，占35%；300~500人的企业有23家，占20.5%。从2018—2019年的数据对比来看，三分之一的企业固定资产投资增长率在15%以上；企业平均流动资产增长率为24%。

三是企业保持较快增长。受益于国家持续推动和人工智能的快速发展，安防行业作为人工智能等前沿科技的最佳落地领域优势不断显现出来，行业领军企业注重拓展新技术、新应用，获得了较快增长。从入选企业2018—2019年的数据对比来看，企业主营收入平均增长率为23%；一半以上的企业年净利润增长率在15%以上，明显高于目前整体行业增长率。

四是人才储备、研发投入充足，产品技术领先。伴随着智能化发展，行业对人才素质要求越来越高，企业对人才储备、研发团队的建设非常重视，从入选企业数据来看，2018—2019年企业科技研发费用总额分别为130多亿元和200多亿元，企业研发投入平均增长率为48%。研发人员占比很高，几家头部企业2019年的研发和技术服务人员差不多占公司员工总数一半或以上。同时入选企业员工硕士以上学历平均占了10%以上，高级职称人数也有所提高。企业依托雄厚的资金投入，推进产品技术创新，不断推出基于人工智能技术的新产品，实现AI技术在智慧城市各领域不断落地应用。

这些优秀企业是技术进步的领导者、行业发展的领跑者，它们结合行业化深耕多年的积累来拓展智慧城市细分场景解决方案并成功落地实战，凸显了企业杰出的解决方案提供和服务能力。本次推荐活动允许企业提交3个或以上解决方案项目案例，入选企业一共提交了591个项目案例，从一定程度上反映了入选企业在各种实际场景的应用水平。

一、企业参选方案热度一定程度上反映细分领域的发展变化

本次活动推荐的177个优秀解决方案涉及19个细分领域，覆盖面较广。从入选企业的解决方案和数据，可以看到智慧城市各细分领域发展的一些新变化。

一是一些新兴领域发展速度高于传统领域。本次活动除平安城市、“雪亮工程”是企业参选的重要领域外，包括智慧交通、智慧教育、智慧社区、智能建筑、智慧司法、智慧医疗等也是企业热门参选的细分领域。从2018—2019年相关数据来看，智慧交通产品企业平均销售收入增长率为143%，平均实现利润增长率为100%；智慧医疗领域产品企业平均销售收入增长率为31%，平均实现利润增长率为25%；智慧教育领域产品企业平均销售收入增长率为52%，实现利润增长率为55%；智能建筑领域产品企业平均销售收入增长率为26%，实现利润增长率为38%。这些数据一定程度上反映出，交通、医疗、社区、教育、建筑等领域这几年在政策红利的释放及市场需求的推动下获得了快速发展。比如，智慧交通，多年来国

家和政府高度重视交通行业的发展，这为智慧交通发展提供了良好的机遇，同时新一代信息技术为智慧交通提供了强大的支撑，这几年包括人工智能、大数据、云计算的技术架构均先在智慧交通里落地，可以说智慧交通将引领整个智慧城市各个子模块的技术潮流和走势。智能交通对安防产品设备的需求量随着智能交通的持续发展而不断增长，这几年安防企业在城市智能交通、公共交通、交通运输、智慧停车等方面深入拓展，带动了业务的快速增长。而今年国家提出新基建发展战略，智慧交通在“十四五”期间仍将乘风破浪实现高速发展。智慧社区方面，这几年围绕社区层面的社会综合治理、新型犯罪侦查、反恐维稳等方面的需求越来越迫切，智慧安防小区、智慧社区建设如火如荼。此次活动有 21 个智慧社区解决方案入选，集成企业在智慧社区领域完成的工程额增长率为 26%，平均实现利润增长率为 44%。未来在推动社会治理现代化、智能化建设过程中，智能安防产品技术在各类小区仍将会得到充分发展，为行业带来新的拓展空间。除这些领域外，像智慧城管、智慧环保、智慧消防、智慧制造、智慧政务等新兴领域也呈现出较大的市场需求和快速发展的态势。

二是雪亮工程保持较高增长。雪亮工程项目主要以 2015 年九个部委提出 996 号件文为指引：以 2020 年实现公共安全视频监控的“全域覆盖、全网共享、全时可用、全程可控”为目标。此次有 17 个雪亮工程解决方案入选，从入选企业 2018—2019 年的数据来看，雪亮工程产品企业的销售收入增长率为 29%，实现利润增长率为 26%，保持了较高的增长。“十三五”以来政策的持续推进，使得雪亮工程建设在全国各地全面快速开展，为行业带来了新的增量市场。进入 2020 年，“雪亮工程”基本要实现“四全”目标，全国以区县为单位的“雪亮工程”建设正进入冲刺阶段，市场仍保持较高增长。

三是平安城市、金融、文博等领域处于增长趋势，但增长速度开始放缓。平安城市、金融、文博等作为传统安防的主营领域，是安防产品技术应用的重要市场。此次活动平安城市的参选方案最多，一共有 33 个，占了 19%。从参选企业提供的 2018—2019 年的相关数据来看，平安城市项目总金额达到 24. 9 亿元，产品企业在平安城市领域的平均销售收入增长率达到 19%，增长规模仍保持在一定高位。金融领域的项目总额为 61. 7 亿元，企业平均销售收入增长率为 0. 9%；文博的项目数量则很少。整体来看，入选企业在平安城市、金融等领域虽然仍处于增长状态，但经过多年的快速发展，这些领域的传统安防建设基本都已经覆盖，尤其像平安城市前期建设高潮已过，较以前的高速增长，目前增速开始有所放缓。当前在人工智能、大数据等技术的推动下，平安城市建设已经由安防基础化设施建设向智能化应用转变，进入以公安信息化、智慧警务、智慧综治等智能化应用为牵引的智慧型平安城市建设阶段。金融领域的智慧化转型也在深入推进，这些领域的智能化应用与升级仍有很大潜力。

二、企业技术创新能力不断提升

企业推出解决方案的背后是创新的技术、产品和系统，核心技术是支撑细分领域整体解决方案的基础。这几年伴随行业智能化的快速发展，企业持续加强科研攻关，一批创新技术和产品脱颖而出。从这次活动推荐的创新技术来看，主要有如下特点：

一是技术创新不断提高。本次活动推荐的创新技术和自主创新产品包含了各领域应用的软件平台、各类智能前端设备、创新算法等，有些产品采用了新的设计方法、技术、器件，实现了新的智能化功能，有的甚至在关键技术指标达到或超过国际先进水平。比如，同方威视的 CT 型行李/物品检查系统融合了双能材料识别技术和螺旋 CT 扫描技术，可获取被测物品密度和有效原子序数等多维信息，分别获取彩色高清三维图像、CT 切片图像、DR 图像，实现对爆炸物等违禁品的自动检测和报警。另外，自动托盘回传系统使用了空托盘识别技术，系统可自动识别托盘是否清空并进入回传通道；采用紫外线消毒技术，对通道内部回传的空托盘进行灭菌、消毒处理，防止交叉感染。

平台软件类包括了 5G 智能音视频产品及平台软件、智能物联产品及行业软件、视频图像综合应用平台、多维感知大数据融合实战平台、社会治安防控综合应用平台、智能数据治理平台、视频网运维管理平台、激光夜视系统软件、卡口大数据平台软件、平安校园紧急报警求助对讲系统管理软件、智慧社区云服务平台软件、智慧工地App软件、智慧电网大数据服务平台、医疗视频图像应用与管理软件、消防分析仪平台软件、金融综合安防管理平台软件、视频融合三维增强现实系统、航天行为识别软件、三维智能管理监控系统软件、交通态势分析系统软件等。整体来看，平台涵盖广泛，功能也越来越强大，具有多功能、可制性、标准化、兼容性、智能集成应用、多层次安全设计、可维护性等特点，同时细分行业属性定制化非常明显。大部分平台产品充分融合了AI、大数据分析、云计算与边缘计算、视频云存储、人脸分析比对、视频图像内容分析、AR、三维模型等先进技术。以富盛科技的交通智慧大数据共享交换平台为例，该平台产品融合了云计算、大数据、人工智能技术，采用双中台结构，实现多源异构数据融合汇聚、数据业务属性治理，具有为用户提供通用化、定制化数据应用服务的能力。该平台的城市级“云上管理”能力、全域式“数据治理”体系、敏捷性“双中台”结构、高效的“轻量服务”窗口、体系化“安全防护”管理都体现了重要的创新特点与能力。

此外，企业技术产品发明专利或实用新型专利数量不断增多。比如，北京声讯公司的客流密度检测方法、应用于轨道交通的降噪和异常声音检测方法、视频质量诊断方法等获得发明专利，混合式视频质量诊断系统是实用新型专利；商汤科技创新产品专利包括：通行控制方法和装置、用于身份验证的电子设备和服务器和系统、图像前背景分割及网络模型训练、图像处理方法和装置、用于多类别物体检测的方法和系统、用于多类别物体检测的方法和系统等；而旷视人像卡口系统的人脸识别算法、人脸结构化算法、人脸比对算法、以图搜图算法等全部算法均为旷视公司的完全国内自主知识产权算法。

二是创新技术推动新应用。这两年安防创新技术产品激活推动了公安、交通、金融、电力、环保、司法、监所、教育、医疗、政务、商业零售、社区、园区等智慧城市垂直行业的各种新应用，出现了基于视频图像的各种安防或非安防性质的AI、大数据等跨界应用。与同类技术产品比较，企业的这些创新响应了用户在新环境、新场景下的应用需求，具有良好的市场前景。比如，富盛科技的智慧大数据共享交换平台目前已在“雪亮工程、交通大数据”等城市级项目中得到推广并成功应用。

技术决定生命力，技术创新和科技进步是企业可持续发展的动力和源泉。当前，面对新科技革命浪潮的挑战和机遇，我国安防企业已经成为科技创新的主体，结合本次创新技术推荐可以看出，安防技术与智能芯片、感知设备、人工智能、大数据、云计算、物联网等新兴技术的应用结合不断深入，大量涌现的新技术、新产品也显示了行业整体技术水平在不断提高，这将大力推动智慧城市建设的深化和跃升。

三、新企业带来新气象

这几年伴随新技术拐点的出现，行业的竞争格局也出现巨大变化，ICT企业、AI新创企业、互联网企业纷纷依托自身优势在算法、芯片、应用等层面切入安防领域，行业竞争加剧，同时也给行业注入了新基因、新动力。本次活动除了传统安防企业，也涌现了商汤、旷视、以萨、深醒等AI创新企业，以及华为、紫光、联通等通信企业。这些企业以优秀的算法、多算法融合通用化算力调度平台以及先进的技术理念、架构等赋能安防行业各应用场景，能够更好地促进行业全面智能化的深度转型。比如，北京以萨技术股份有限公司此次申报的“以萨视频图像AI全息融合一体化识别算法”“以萨雷霆实时高速分析数据库”，这两项技术分别代表了目前在AI和大数据领域以萨的硬核技术实力，其中“以萨视频图像AI全息融合一体化识别算法”体现了“充分利旧”，这是建设智慧城市的重要原则。其在设计最初就是为了通用、模糊的场景而设计，这样做一是性价比高，二是可以建立目标之间图像维度的关联分析，碰撞出更大关联价值的“数据单元”。而“以萨雷霆实时高速分析数据库”专为智慧城市海量视频图像实时分析处理的应用场景研发，结合实时大数据计算平台，解决海量实时动态数据高速检索、关联分析的技术难题。

华为的视频云，基于云计算、大数据、人工智能等前沿技术作为牵引，采用软件与硬件解耦、应用与数据解耦、围绕“一云、一池、一平台”、让业务“百花齐放”的设计理念，同时以海量感知数据的汇聚、数据共享与能力开放为目标，支撑各警种视频业务应用及各警种基于平台开放服务接口共享视频云服务。紫光华山智能的智慧交通解决方案，前端摄像机可以根据场景的需求灵活更换算法，使用云计算虚拟化底层架构，采用全面云化思路，交通视觉中枢解决方案实现应用、算法、视频云、软件定义摄像机全部开放，实现分层解耦。

四、新型智慧城市发展潜力巨大　安防企业大有可为

智慧城市建设是中国城市发展的大机遇、大战略、大方向，建设活动方兴未艾。智慧城市建设需要智慧的基础设施、产品、技术、设备、解决方案协同推进，推动传统城市向新型智慧城市转型升级。这一过程为安防行业蓬勃发展创新了场景和条件、提供了要素支撑和巨大市场。苏州科达科技股份有限公司公共安全行业中心总经理陶宏分析认为，当前我国在城市管理、基础设施建设、公共服务等方面的智能化水平还有待提高，智慧城市建设需要推动物联网、云计算、大数据等新一代信息技术创新应用，促进跨部门、跨行业、跨地区的政务信息共享和业务协同，促进城市管理信息化、基础设施智能化、公共服务便捷化、社会治理精细化。他表示："随着各项政策的发布实施，未来几年将掀起智慧城市建设的新一轮浪潮。安防企业正在越来越多地利用平安城市建设取得的丰富经验及智能安防技术服务于智慧城市各细分领域。未来安防企业在智慧城市五大子系统中可参与的范围将从传统的'城市安全'模块向智慧交通、智慧社区、智能楼宇和环境监测等应用模块拓展。"据悉，截至目前，科达在智慧城市深度参与建设了500+智能交通项目、700+平安城市项目、400+人像大数据平台、200+车辆大数据平台、2000+智慧检务、1500+智慧法院、300+平安高校及智慧教室等。

从近几年智慧城市的发展看，传统安防业务逐渐被囊括到智慧城市建设范畴，并成为智慧城建设的重要基础。中星技术股份有限公司智慧城市业务中心副总裁韩峻认为，安防企业在智慧城市建设中既有机遇也有挑战。他分析，从市场层面来说，安防企业在智慧城市建设中提供了大量的视频感知基础设施，可以对城市的动态特征和运行态势进行深入刻画，在确保城市安全、有序运行上有独特的作用。此外，智慧城市的建设是建立在海量数据的采集、治理和运营之上，需要在业务层面结合场景，与政务数据、互联网数据进行融合。同时，结合"互联网+"的赋能，对传统政务、民生和企业服务，进行流程再造。韩峻提道："在这一过程中，中星技术一方面进行了积极的探索，提供了一系列智慧城市解决方案，建设和运营模式均有所创新。另一方面我们积极与智慧城市上下游企业开展广泛合作，在智慧城市的数字底座、中台和应用层面形成了有特色的合作模式。在最近两年的落地项目中，形成了智慧交通、智慧园区、智慧运营中心、智慧停车和智慧灯杆等一大批典型应用的落地。未来，我们会继续把智慧城市的建设作为我们战略重心之一，为智慧中国的建设作出自己的努力。"

安全防范系统是构建智慧城市的基石，因而安防企业参与智慧城市建设，具有得天独厚的优势。尤其在AI、生物识别、物联网、大数据等技术加持下，一批安防企业顺势进入智慧城市新赛道，并逐渐成为其中的生力军。熵基科技股份有限公司系统集成事业部总经理乐富贵认为，在新基建等一系列政策与5G等技术的双重驱动下，未来智慧城市发展依然充满想象空间。头部安防企业有望凭借着综合实力和先发优势，在越发激烈的智慧城市市场竞争中抢占先机。紧随其后的一批掌握核心技术优势的重点细分及领军企业也在纷纷加大智能化业务的投入，将关键技术与业务有机融合，进一步夯实技术"护城河"，未来将成为垂直行业的大玩家。乐富贵提到，熵基科技基于生物识别核心技术、智慧出入口"人、车、物"软件平台、ZKTeco+智慧办公云平台三大核心引擎，驱动全场景智慧城市建设。据悉，熵基科技的智慧城市解决方案十分丰富，涵盖智慧校园、智慧社区、智慧办公等诸多领域以及智慧云停车、智慧访客、多维身份认证等场景。目前，熵基科技智慧城市解决方案，已成功应用于全球100多个国家和地区的政府、金融、园区、教育、交通、社区等多个行业，赢得越来越多客户的认同。

五、推荐结果列表

表 4-2　“平安城市”推荐方案

序号	企业名称	方案名称
1	浙江宇视科技有限公司	智慧型平安城市解决方案
2	苏州科达科技股份有限公司	社会治安防控体系建设方案
3	天地伟业技术有限公司	天地伟业平安城市监控系统解决方案
4	安徽创世科技股份有限公司	平安城市高清无线监控综合解决方案
5	华为技术有限公司	华为平安城市解决方案
6	东方网力科技股份有限公司	视频图像信息综合应用解决方案
7	上海熙菱信息技术有限公司	熙菱公共安全视频图像智能化应用建设解决方案
8	北京以萨技术股份有限公司	以萨智慧城市“全息感知体系”解决方案
9	北京深醒科技有限公司	人像大数据应用解决方案
10	北京的卢深视科技有限公司	的卢深视平安城市解决方案
11	安徽清新互联信息科技有限公司	“智慧公安—移动警务”无线图传综合解决方案
12	中星技术股份有限公司	中星技术平安城市解决方案
13	新智认知数字科技股份有限公司	新智认知数字警务一体化合成指挥产品方案
14	高新兴科技集团股份有限公司	高新兴视频云解决方案
15	南威软件股份有限公司	大数据+移动终端采集平台
16	北京声迅电子股份有限公司	平安城市视频智能分析系统解决方案
17	青岛海信网络科技股份有限公司	海信智慧安防社区解决方案
18	科海电子股份有限公司	平安城市大数据智能管控解决方案
19	金鹏电子信息机器有限公司	金鹏重大活动安保解决方案
20	贵阳方舟科技股份有限公司	看守所智慧监管系统
21	佳都新太科技股份有限公司	三维实景公安可视化治安管控指挥解决方案
22	海南科澜科技有限公司	科澜平安城市监控系统解决方案
23	河南华安保全智能发展有限公司	平安城市工程解决方案
24	湖南华南光电科技股份有限公司	智慧城市整体解决方案
25	新疆北斗同创信息科技有限公司	新疆北斗同创平安城市解决方案

表 4-3　“雪亮工程”推荐方案

序号	企业名称	方案名称
1	杭州迪普科技股份有限公司	杭州迪普科技股份有限公司视频网安全解决方案
2	北京旷视科技有限公司	人像卡口系统解决方案

续表

序号	企业名称	方案名称
3	苏州科达科技股份有限公司	科达雪亮工程解决方案
4	浙江宇视科技有限公司	宇视雪亮工程解决方案
5	山东华软金盾软件股份有限公司	公共安全视频网安全+运维解决方案
6	华为技术有限公司	华为雪亮工程解决方案
7	北京以萨技术股份有限公司	以萨“AI 视频图像全息融合一体化识别算法”
8	东方网力科技股份有限公司	雪亮工程解决方案
9	安徽四创电子股份有限公司	雪亮工程解决方案
10	中星技术股份有限公司	中星技术雪亮工程解决方案
11	浙江浩腾电子科技股份有限公司	浩腾智慧乡镇综合应用平台解决方案
12	英飞拓（杭州）信息系统技术有限公司	英飞拓（杭州）雪亮工程解决方案
13	安徽云森物联网科技有限公司	“智慧城市”雪亮工程应用领域解决方案
14	佳缘科技股份有限公司	综治中心信息数据服务管理平台解决方案
15	贵阳方舟科技股份有限公司	一体化智能执法办案
16	北京商海文天科技发展有限公司	视频图像实战应用平台解决方案
17	新疆北斗同创信息科技有限公司	新疆北斗同创雪亮工程解决方案

表 4-4　“智慧政务”推荐方案

序号	企业名称	方案名称
1	讯飞智元信息科技有限公司	“互联网+政务服务”平台综合解决方案
2	广州市保伦电子有限公司	itc 智慧政务解决方案
3	南威软件股份有限公司	政务服务网解决方案
4	深圳市优必选科技股份有限公司	智慧政务机器人解决方案
5	联通系统集成有限公司	智慧城市解决方案
6	浙江浩腾电子科技股份有限公司	浙江浩腾天眼卫士解决方案
7	深圳市亚略特生物识别科技有限公司	亚略特智慧政务 AI 便民自助服务终端解决方案

表 4-5　“智慧司法”推荐方案

序号	企业名称	方案名称
1	天地伟业技术有限公司	天地伟业智慧司法解决方案
2	广州市保伦电子有限公司	itc 智慧司法解决方案
3	国泰新点软件股份有限公司	公安机关执法办案管控平台解决方案
4	安徽清新互联信息科技有限公司	“阳光司法”无线图传监管解决方案
5	靖江市旭飞安防工程有限公司	旭飞智慧司法解决方案

续表

序号	企业名称	方案名称
6	来邦科技股份公司	以音视频和信息交互为核心的智慧监狱解决方案
7	中鸿达信息科技有限公司	法院智能化网络设备系统解决方案
8	广州弘度信息科技有限公司	弘度智慧城市综合运维管理解决方案
9	杰创智能科技股份有限公司	杰创智能智慧司法解决方案
10	泰信科技有限公司	监狱重点危险人员大数据智慧管理平台系统
11	合肥极光科技股份有限公司	检察机关移动业务综合应用平台应用解决方案
12	海南科澜科技有限公司	科澜智慧司法信息化系统解决方案

表 4-6 “智慧交通”推荐方案

序号	企业名称	方案名称
1	同方威视技术股份有限公司	智能旅客检查通道整体解决方案
2	天地伟业技术有限公司	天地伟业智慧交通解决方案
3	北京万集科技股份有限公司	智慧高速车路云一体化
4	武汉微创光电股份有限公司	智能交通信号控制系统智慧运维解决方案
5	华为技术有限公司	华为智慧交通解决方案
6	康保安防系统（中国）有限公司	智慧机场全流程自助验证系统解决方案
7	北京和普威视科技股份有限公司	和普威视高铁智能视频监控系统
8	苏州德亚交通技术有限公司	停车场 ETC 支付管理解决方案
9	安徽清新互联信息科技有限公司	“智慧交通—移动巡查”综合解决方案
10	深圳市商汤科技有限公司	Sensemeteor 睿知智慧轨交平台
11	重庆紫光华山智安科技有限公司	紫光华智智慧交通解决方案
12	南威软件股份有限公司	智能交通管控系统
13	中星技术股份有限公司	中星技术智慧交通解决方案
14	北京声迅电子股份有限公司	轨道交通智能安检系统解决方案
15	高新兴科技集团股份有限公司	高新兴智慧交通系统解决方案
16	英飞拓（杭州）信息系统技术有限公司	英飞拓（杭州）城市智能交通解决方案
17	富盛科技股份有限公司	智慧交通解决方案
18	广东兆邦智能科技股份有限公司	应急指挥系统 V1.0
19	杰创智能科技股份有限公司	杰创智能智慧交通解决方案
20	安徽超清科技股份有限公司	智能交通建设解决方案
21	厦门路桥信息股份有限公司	“一路”公路交通一体化云平台
22	厦门柏事特信息科技有限公司	柏事特智慧交通解决方案
23	智慧眼科技股份有限公司	智慧海关应用解决方案

表 4-7 “智慧金融”推荐方案

序号	企业名称	方案名称
1	华为技术有限公司	华为智慧金融解决方案
2	北京蓝色星际科技股份有限公司	蓝色星际银行视频报警监控联网解决方案
3	安徽扬子安防股份有限公司	智能云自助警银亭
4	长沙世邦通信技术有限公司	“智慧金融”优秀新技术及解决方案
5	浩云科技股份有限公司	智慧金融行业解决方案
6	上海天跃科技股份有限公司	天跃科技新一代金融安防智能管理系统方案
7	深圳市优必选科技股份有限公司	智慧金融机器人解决方案
8	福建国通信息科技有限公司	中国邮政金融网点视频集中监控管理解决方案
9	南京天禹安信息技术有限公司	天禹安智慧银行施工组织设计解决方案

表 4-8 “智慧医疗”推荐方案

序号	企业名称	方案名称
1	杭州海康威视数字技术股份有限公司	海康威视智慧医院综合管理解决方案
2	北京蓝色星际科技股份有限公司	蓝色星际医院视频监控系统解决方案
3	山东华软金盾软件股份有限公司	医疗行业网络安全防护+运维解决方案
4	深圳达实物联网技术有限公司	智慧医疗物联网解决方案
5	北京蓝卡科技股份有限公司	蓝卡 AIoT 无人化智慧医疗解决方案
6	上海天跃科技股份有限公司	天跃科技新一代医疗安防智能管理系统方案
7	中昶智能科技有限公司	医院综合医疗建筑智能化项目方案设计
8	武汉网信安全技术股份有限公司	智慧医疗整体解决方案

表 4-9 “智慧教育”推荐方案

序号	企业名称	方案名称
1	杭州海康威视数字技术股份有限公司	海康威视智慧校园综合管理解决方案
2	天地伟业技术有限公司	天地伟业智慧教育解决方案
3	北京蓝色星际科技股份有限公司	蓝色星际智慧校园解决方案
4	广州市保伦电子有限公司	itc 智慧校园解决方案
5	长沙音之圣通信科技有限公司	智慧校园考点学校 IP 网络广播及 IP 广播保障系统
6	浙江宇视科技有限公司	宇视智慧高校解决方案
7	熵基科技股份有限公司	熵基科技智慧校园解决方案
8	福建环宇通信息科技股份公司	平安校园“一键式”应急联网报警/求助对讲与应急指挥系统
9	长沙世邦通信技术有限公司	“智慧校园”创新技术及解决方案
10	广州市瑞立德信息系统有限公司	瑞立德智慧校园一卡通系统解决方案

续表

序号	企业名称	方案名称
11	南昌航天广信科技有限责任公司	音视频广播解决方案
12	深圳市商汤科技有限公司	SenseCampus AI 校园解决方案
13	重庆紫光华山智安科技有限公司	紫光华智智慧教育智安校园解决方案
14	浙江正元智慧科技股份有限公司	智慧校园解决方案
15	杰创智能科技股份有限公司	杰创智能智慧校园解决方案
16	湖南华南光电科技股份有限公司	智慧教育整体解决方案
17	上海天跃科技股份有限公司	天跃科技新一代高校安防智能管理系统方案
18	新疆大山恒业信息技术有限公司	大山恒业智慧校园解决方案
19	湖北微模式科技发展有限公司	微模式平安智慧校园解决方案

表 4-10 “智慧社区”推荐方案

序号	企业名称	方案名称
1	杭州海康威视数字技术股份有限公司	海康威视智慧社区综合解决方案
2	北京蓝色星际科技股份有限公司	蓝色星际智慧园区安防管理系统解决方案
3	天地伟业技术有限公司	天地伟业智慧社区解决方案
4	上海云赛智联信息科技有限公司	智慧社区物联网管理平台
5	浙江宇视科技有限公司	宇视智慧社区解决方案
6	北京旷视科技有限公司	智慧社区综合解决方案
7	熵基科技股份有限公司	熵基科技智慧园区解决方案
8	厦门立林科技有限公司	智慧地产整体解决方案
9	福建省冠林科技有限公司	冠林智慧社区解决方案
10	浙江大华技术股份有限公司	5G 未来智慧企业园区方案
11	东方网力科技股份有限公司	智能安防社区系统解决方案
12	南通京希信息技术有限公司	京希科技智慧社区综合解决方案
13	广东安居宝数码科技股份有限公司	行业解决方案——安居宝智能呼梯联动控制系统
14	上海广拓信息技术有限公司	广拓智慧小区解决方案
15	罗普特科技集团股份有限公司	罗普特智慧社区解决方案
16	北京以萨技术股份有限公司	以萨雷霆实时高速分析数据库（Lightning DB）
17	安徽南瑞继远电网技术有限公司	智慧园区综合服务解决方案
18	冠林电子有限公司	福州市鼓楼区老旧小区智能化改造方案
19	厦门万安智能有限公司	“智慧城市”优秀创新技术及解决方案（智慧社区）
20	深圳市万佳安物联科技股份有限公司	万佳安智慧社区标准解决方案
21	安徽省安泰科技股份有限公司	安泰科技智慧园区解决方案

表 4-11 “智能建筑”推荐方案

序号	企业名称	方案名称
1	江西百胜智能科技股份有限公司	智慧云停车系统解决方案
2	厦门狄耐克智能科技股份有限公司	狄耐克动态人脸识别全系列解决方案
3	普天线缆集团有限公司	广西电台综合楼智能化项目综合布线系统解决方案
4	上海天诚通信技术股份有限公司	智能建筑综合布线解决方案
5	广州市瑞立德信息系统有限公司	瑞立德行业人车出入私有云管理解决方案
6	深圳达实物联网技术有限公司	智慧综合体物联网解决方案
7	福建汇川物联网技术科技股份有限公司	建设工程质量安全远程视频大数据应用平台系统
8	深圳市麦驰物联股份有限公司	智能大厦智能化设计方案
9	厦门万安智能有限公司	“智慧城市”优秀创新技术及解决方案（智能建筑）
10	杭州青鸟电子有限公司	智能建筑解决方案
11	厦门路桥信息股份有限公司	“一路云停”无人收费停车场解决方案
12	武汉菲奥达物联科技有限公司	智慧建筑解决方案
13	厦门柏事特信息科技有限公司	柏事特智能建筑（智慧楼宇）解决方案
14	武汉华诚工程技术有限公司	智能化视频综合管理平台信息系统技术解决方案
15	武汉爱迪科技股份有限公司	爱迪智慧停车出入口综合管控云平台
16	乌鲁木齐明华智能电子科技有限公司	无感支付智慧停车场

表 4-12 “智慧能源”推荐方案

序号	企业名称	方案名称
1	杭州海康威视数字技术股份有限公司	海康威视煤矿安全生产智能管理解决方案
2	安徽创世科技股份有限公司	能源行业电力无线视频监控综合解决方案
3	安徽南瑞继远电网技术有限公司	变电智慧运检管控解决方案
4	福建锋冠科技有限公司	智慧用电安全监管与电能管理系统

表 4-13 “智慧家居”推荐方案

序号	企业名称	方案名称
1	广东安居宝数码科技股份有限公司	行业解决方案——安居小宝智能家居解决方案
2	福州米立科技有限公司	米立智慧家居解决方案
3	厦门狄耐克智能科技股份有限公司	狄耐克智能家居解决方案
4	珠海太川云社区技术股份有限公司	太川智能家居解决方案

表 4-14 “智慧消防”推荐方案

序号	企业名称	方案名称
1	杭州海康威视数字技术股份有限公司	海康威视城市智慧消防立体防控方案
2	合肥科大立安安全技术有限责任公司	物联网智慧消防系统解决方案
3	浙江大华安防联网运营服务有限公司	基于物联网电气火灾监管平台软件解决方案

表 4-15 “智慧文博”推荐方案

序号	企业名称	方案名称
1	宁波三维技术有限公司	“智慧文博”设计方案
2	贵阳方舟科技股份有限公司	智慧文博馆解决方案

表 4-16 “智慧农业”推荐方案

序号	企业名称	方案名称
1	中天众达智慧城市科技有限公司	新型智慧城市智慧农牧综合管理平台解决方案
2	深圳市德信数据科技有限公司	云上观展®数字农业追溯展示系统方案

表 4-17 “智慧旅游”推荐方案

序号	企业名称	方案名称
1	长沙音之圣通信科技有限公司	景区 IP 网络广播系统解决方案
2	中天众达智慧城市科技有限公司	新型智慧城市智慧旅游管理平台解决方案

表 4-18 “智慧城管”推荐方案

序号	企业名称	方案名称
1	深圳市商汤科技有限公司	AI+“一网统管”解决方案

表 4-19 “智慧环保”推荐方案

序号	企业名称	方案名称
1	杭州海康威视数字技术股份有限公司	海康威视化工园区 AR 实景安环一张图解决方案

表 4-20 “智慧制造”推荐方案

序号	企业名称	方案名称
1	重庆紫光华山智安科技有限公司	紫光华智智慧园区解决方案

附　录

附录一　现行有效的法律、法规、规章和规范性文件目录

一、现行有效的法律、法规、规章及规范性文件目录

序号	法规名称	颁布机构	实施日期
1	中华人民共和国产品质量法（2018 年修正）	全国人大常委会	2018 年 12 月 9 日
2	中华人民共和国标准化法	全国人大常委会	2018 年 1 月 1 日
3	中华人民共和国招标投标法（2017 年修正）	全国人大常委会	2017 年 12 月 28 日
4	中华人民共和国文物保护法（2017 年修正本）	全国人大常委会	2017 年 11 月 28 日
5	中华人民共和国反恐怖主义法（2018 年修正）	全国人大常委会	2016 年 1 月 1 日
6	中华人民共和国国家安全法	全国人大常委会	2015 年 7 月 1 日
7	中华人民共和国就业促进法	全国人大常委会	2008 年 1 月 1 日
8	生产安全事故应急条例	国务院	2019 年 2 月 17 日
9	快递暂行条例	国务院	2018 年 5 月 1 日
10	关于加强质量认证体系建设促进全面质量管理的意见	国务院	2018 年 1 月 17 日
11	关于推动国防科技工业军民融合深度发展的意见	国务院	2017 年 11 月 23 日
12	关于进一步加强文物安全工作的实施意见	国务院	2017 年 9 月 9 日
13	关于印发新一代人工智能发展规划的通知	国务院	2017 年 7 月 8 日
14	加强中小学幼儿园安全风险防控体系建设意见	国务院	2017 年 4 月 25 日
15	国家突发事件应急体系建设“十三五”规划	国务院	2017 年 1 月 12 日
16	关于国家重大科研基础设施和大型科研仪器向社会开放的意见	国务院	2014 年 12 月 31 日
17	国务院关于扶持小型微型企业健康发展的意见	国务院	2014 年 10 月 31 日
18	关于加快科技服务业发展的若干意见	国务院	2014 年 10 月 9 日
19	企业信息公示暂行条例	国务院	2014 年 10 月 1 日
20	物流业发展中长期规划（2014—2020 年）	国务院	2014 年 9 月 12 日
21	国家新型城镇化规划（2014—2020 年）（节选）	国务院	2014 年 3 月 16 日
22	突发事件应急预案管理办法	国务院	2013 年 10 月 25 日
23	长江三峡水利枢纽安全保卫条例	国务院	2013 年 10 月 1 日
24	关于推进物联网建设有序健康发展的指导意见	国务院	2013 年 2 月 5 日
25	关于印发“十二五”国家自主创新能力建设规划的通知	国务院	2013 年 1 月 15 日

续表

序号	法规名称	颁布机构	实施日期
26	校车安全管理条例	国务院	2012 年 4 月 5 日
27	中华人民共和国招标投标法实施条例（2019 年修正）	国务院	2012 年 2 月 1 日
28	关于第六批取消和调整行政审批项目的决定	国务院	2012 年 9 月 23 日
29	关于促进企业技术改造的指导意见	国务院	2012 年 9 月 1 日
30	关于加强道路交通安全工作的意见	国务院	2012 年 7 月 22 日
31	危险化学品安全管理条例	国务院	2011 年 12 月 1 日
32	保安服务管理条例	国务院	2010 年 1 月 1 日
33	民用爆炸物品安全管理条例（2014 年修正）	国务院	2006 年 9 月 1 日
34	娱乐场所管理条例（2016 年修正）	国务院	2006 年 3 月 1 日
35	国家突发公共事件总体应急预案	国务院	2006 年 1 月 8 日
36	企业事业单位内部治安保卫条例	国务院	2004 年 12 月 1 日
37	中华人民共和国认证认可条例	国务院	2003 年 11 月 1 日
38	对确需保留的行政审批项目设定行政许可的决定	国务院	2004 年 7 月 1 日
39	关于加强和改进乡村治理的指导意见	中共中央办公厅、国务院办公厅	2019 年 6 月 23 日
40	关于推进城市安全发展的意见	中共中央办公厅、国务院办公厅	2018 年 1 月
41	关于加强社会治安防控体系建设的意见	中共中央办公厅、国务院办公厅	2015 年 4 月 13 日
42	关于开展工程建设项目审批制度改革试点的通知	国务院办公厅	2018 年 5 月 14 日
43	关于保障城市轨道交通安全运行的意见	国务院办公厅	2018 年 3 月 7 日
44	国家突发环境事件应急预案	国务院办公厅	2014 年 12 月 29 日
45	推进长江危险化学品运输安全保障体系建设工作方案	国务院办公厅	2014 年 6 月 9 日
46	关于加强公交车行驶安全和桥梁防护工作的意见	国务院安全生产委员会	2018 年 12 月 10 日
47	关于印发《网络音视频信息服务管理规定》的通知	国家互联网信息办公室、文化和旅游部、国家广播电视总局	2019 年 11 月 18 日
48	关于印发《加快推动全国中小学幼儿园安全防范建设三年行动计划》的通知	公安部、教育部	2019 年 9 月 16 日
49	关于印发《超高清视频产业发展行动计划（2019—2020 年）》的通知	工业和信息化部、国家广播电视总局、中央广播电视总局	2019 年 2 月 28 日
50	关于加快安全产业发展的指导意见	工业和信息化部、应急管理部、财政部、科技部	2018 年 6 月 19 日
51	科技型中小企业评价办法	科学技术部、财政部、国家税务总局	2017 年 5 月 3 日
52	关于加强公共安全视频监控建设联网应用工作的若干意见	国家发展改革委、中央综治办、科技部、工业和信息化部、公安部、财政部、人力资源和社会保障部、住房和城乡建设部、交通部	2015 年 5 月 6 日

续表

序号	法规名称	颁布机构	实施日期
53	《深入实施国家知识产权战略行动计划（2014—2020年）》的通知	知识产权局、中央宣传部、外交部、发展改革委、教育部、科技部等部委	2014年12月10日
54	关于印发维护医疗秩序打击涉医违法犯罪专项行动方案的通知	国家卫生计生委、中央综治办、中宣部、最高人民法院、最高人民检察院、公安部、民政部、司法部、工商总局、中国保监会、国家中医药局	2013年12月20日
55	关于印发《道路旅客运输企业安全管理规范（试行）》的通知	交通运输部、公安部、国家安全监管总局	2012年1月19日
56	关于印发《促进智慧城市健康发展的指导意见》的通知	国家发展改革委、工业和信息化部、科学技术部、公安部、财政部、国土资源部、住房和城乡建设部、交通运输部	2014年8月27日
57	关于组织开展新型智慧城市评价工作务实推动新型智慧城市健康快速发展的通知	国家发展改革委、网信办、国家标准委员会	2016年11月22日
58	关于进一步加强学校幼儿园安全防范工作建立健全长效工作机制的意见	中央治综治办、教育部、公安部	2010年8月23日
59	安全技术防范产品管理办法	国家质量技术监督局、公安部	2000年9月1日
60	邮电局（所）安全防范规定	邮电部、公安部	1997年9月24日
61	关于促进安全产业发展的指导意见	工业和信息化部、国家安全监管总局	2012年8月7日
62	电力监控系统安全防护规定	国家发展和改革委员会	2014年9月1日
63	关于印发《智慧城市时空大数据平台建设技术大纲（2019版）》的通知	自然资源部	2019年1月24日
64	关于印发《2019年教育信息化和网络安全工作要点》的通知	教育部	2019年2月27日
65	关于印发《高等学校人工智能创新行动计划》的通知	教育部	2018年4月2日
66	关于印发《国家新一代人工智能创新发展试验区建设工作指引》的通知	科学技术部	2019年8月29日
67	科技部关于发布国家重点研发计划“智能机器人”等重点专项2018年度项目申报指南的通知	科学技术部	2018年8月3日
68	“十三五”公共安全科技创新专项规划	科学技术部	2017年4月24日
69	“十三五”先进制造技术领域科技创新专项规划	科学技术部	2017年4月14日
70	关于开展民爆行业安全生产集中整治行动的通知	工业和信息化部	2019年11月29日
71	关于印发《电信和互联网行业提升网络数据安全保护能力专项行动方案》的通知	工业和信息化部	2019年6月28日
72	关于加快推进虚拟现实产业发展的指导意见	工业和信息化部	2018年12月21日
73	推进互联网协议第六版（IPv6）规模部署行动计划	工业和信息化部	2018年4月25日

续表

序号	法规名称	颁布机构	实施日期
74	促进新一代人工智能产业发展三年行动计划（2018—2020 年）	工业和信息化部	2017 年 12 月 14 日
75	关于加强民用爆炸物品生产销售全过程安全管控的通知	工业和信息化部	2014 年 7 月 1 日
76	国家集成电路产业发展推进纲要	工业和信息化部	2014 年 6 月 24 日
77	信息化发展规划	工业和信息化部	2013 年 9 月 29 日
78	民用爆炸物品生产企业门禁式定员监控系统安全技术条件	工业和信息化部	2013 年 9 月 5 日
79	公安机关互联网安全监督检查规定	公安部	2018 年 11 月 1 日
80	娱乐场所治安管理办法	公安部	2008 年 10 月 1 日
81	金融机构营业场所和金库安全防范设施建设许可实施办法	公安部	2006 年 2 月 1 日
82	关于印发《关于深入开展城市报警与监控系统应用工作的意见》的通知	公安部	2010 年 4 月 6 日
83	关于加强对列入强制性产品认证目录内的安全技术防范产品质量监督管理的通知	公安部	2005 年 7 月 20 日
84	中华人民共和国公安部关于规范安全技术防范行业管理工作几个问题的通知	公安部	2004 年 8 月 3 日
85	关于严格执行《国务院关于取消第二批行政审批项目和改变一批行政审批项目管理方式的决定》的通知	公安部	2003 年 3 月 20 日
86	关于开展国家智慧城市试点工作的通知	住房和城乡建设部	2012 年 11 月 22 日
87	关于加强城市轨道交通安防设施建设工作的指导意见	住房和城乡建设部	2010 年 6 月 28 日
88	关于印发《城市轨道交通工程安全质量管理暂行办法》的通知	住房和城乡建设部	2010 年 1 月 8 日
89	工程造价咨询企业管理办法	住房和城乡建设部	2006 年 7 月 1 日
90	建设工程勘察质量管理办法	住房和城乡建设部	2003 年 2 月 1 日
91	建筑智能化系统工程设计管理暂行规定	住房和城乡建设部	1998 年 3 月 10 日
92	交通运输部关于印发《推进综合交通运输大数据发展行动纲要（2020—2025 年）》的通知	交通运输部	2019 年 12 月 9 日
93	危险货物道路运输安全管理办法	交通运输部	2019 年 11 月 10 日
94	交通运输部关于印发《数字交通发展规划纲要》的通知	交通运输部	2019 年 7 月 25 日
95	城市轨道交通运营管理规定	交通运输部	2018 年 7 月 1 日
96	民用航空安全管理规定	交通运输部	2018 年 2 月 13 日
97	铁路旅客运输安全检查管理办法	交通运输部	2015 年 1 月 1 日
98	关于加强城市轨道交通运营安全管理的意见	交通运输部	2014 年 9 月 30 日
99	关于加强安全生产科技创新工作的决定	国家安全生产监督管理总局	2012 年 9 月 17 日
100	关于进一步加强安全生产应急平台体系建设的意见	国家安全生产监督管理总局	2012 年 9 月 6 日
101	认证机构管理办法	国家质量监督检验检疫总局	2018 年 1 月 1 日
102	关于进一步加强公共交通领域电梯安全工作的指导意见	国家质量监督检验检疫总局	2012 年 1 月 19 日

续表

序号	法规名称	颁布机构	实施日期
103	强制性产品认证管理规定	国家质量监督检验检疫总局	2009年9月1日
104	关于切实加强博物馆公共安全工作的紧急通知	国家文物局	2010年5月13日
105	关于增设涉密信息系统集成“保密安防监控”单项资质的通知	国家保密局	2006年10月11日
106	涉及国家秘密的计算机信息系统集成资质管理办法（试行）	国家保密局	2001年10月15日
107	强制性产品认证标志管理办法	国家认证认可监督管理委员会	2002年5月1日
108	认证技术规范管理办法	国家认证认可监督管理委员会	2006年3月1日
109	关于协助做好强制性产品认证行政执法工作有关问题的通知	国家认证认可监督管理委员会	2006年5月23日
110	关于进一步加强监督管理规范使用认证标志有关问题的通知	国家认证认可监督管理委员会	2007年3月5日
111	关于请组织申报社会治安防控领域创新能力建设专项的通知	国家发展改革委办公厅、公安部办公厅	2016年2月17日
112	关于开展智慧健康养老应用试点示范的通知	工业和信息化部办公厅、民政部办公厅、国家卫生和计划生育委员会办公厅	2017年7月27日
113	关于印发《道路运输安全生产工作计划（2018—2020年）》的通知	交通运输部办公厅、公安部办公厅、应急管理部办公厅	2018年6月13日
114	关于印发严密防控涉医违法犯罪维护正常医疗秩序意见的通知	国家卫生计生委办公厅、公安部办公厅、国家中医药管理局办公室	2017年6月26日
115	关于加强医院安全防范系统建设的指导意见	国家卫生计生委办公厅、公安部办公厅	2013年10月12日
116	国家地理信息产业发展规划（2014—2020年）	国家发展改革委测绘地信局	2014年7月18日
117	中国人民解放军军用安全技术防范产品安全认证管理办法	中国人民解放军总政治部保卫部	2008年5月1日

二、现行有效的地方法规、规章及规范性文件目录

序号	法规名称	颁布机构	实施日期
1	北京市轨道交通运营安全条例	北京市人民代表大会常务委员会	2015年5月1日
2	北京市中小学校幼儿园安全管理规定（试行）	北京市人民政府	2019年9月1日
3	北京市公共安全图像信息系统备案管理规定（试行）	北京市人民政府	2007年8月31日
4	北京市公共安全图像信息系统管理办法	北京市人民政府	2007年4月1日
5	关于加强图像信息管理系统建设工作的意见	北京市人民政府	2006年4月28日
6	北京市住宅区及住宅安全防范设施建设和使用管理办法	北京市人民政府	2003年10月1日
7	关于《北京市公共安全图像信息系统管理办法实施意见（试行）》的通知	北京市公安局	2013年9月10日

续表

序号	法规名称	颁布机构	实施日期
8	北京市写字楼内部治安保卫工作规定	北京市公安局、北京市住房和城乡建设委员会、北京市社会建设工作办公室、北京市工商行政管理局	2011 年 9 月 1 日
9	北京市金银珠宝经营场所治安保卫工作规范	北京市公安局、北京市商务委员会、北京市工商行政管理局	2012 年 12 月 1 日
10	关于在建设工程施工现场推广使用远程视频监控系统的通知	北京市住房和城乡建设委员会	2013 年 10 月 30 日
11	北京市突发事件信息管理办法	北京市突发事件应急委员会	2014 年 1 月 16 日
12	天津市安全技术防范管理条例	天津市人民代表大会常务委员会	2006 年 9 月 7 日
13	关于进一步加强我市视频监控图像信息系统建设资源共享工作的通知	天津市公安局技防办	2010 年 7 月 27 日
14	天津市电梯安全监督管理办法	天津市人民政府	2012 年 4 月 1 日
15	《关于加强我市技术防范网络体系建设实施意见》的通知	天津市人民政府办公厅	2012 年 9 月 29 日
16	关于实施《天津市视频监控摄像机技术规范》的通知	天津市公安局技防办	2013 年 5 月 22 日
17	关于印发《天津市技防网电子卡口技术规范》的通知	天津市公安局技防监管总队	2013 年 12 月 5 日
18	河北省突发事件应对条例	河北省人民代表大会常务委员会	2013 年 7 月 1 日
19	河北省公共安全技术防范管理规定	河北省人民政府	2010 年 11 月 30 日
20	河北省公共安全技术防范管理规定修正案	河北省人民政府	2004 年 4 月 1 日
21	山西省安全技术防范条例	山西省人民代表大会常务委员会	2012 年 10 月 1 日
22	山西省安全技术防范条例实施细则	山西省人民代表大会常务委员会	2013 年 3 月 20 日
23	关于修改《内蒙古自治区公共安全技术防范管理条例》的决定	内蒙古自治区人民代表大会常务委员会	2017 年 7 月 22 日
24	内蒙古自治区公共安全视频监控图像信息系统管理办法	内蒙古自治区人民政府	2014 年 11 月 1 日
25	内蒙古自治区公共安全技术防范管理条例实施细则	内蒙古自治区公安厅	2014 年 6 月 19 日
26	关于规范管理公共安全技术防范报警运营服务业的意见	内蒙古自治区公安厅	2010 年 11 月 12 日
27	内蒙古自治区公安机关公共安全技术防范监督检查规定（试行）	内蒙古自治区公安厅	2009 年 8 月 5 日
28	内蒙古自治区公共安全技术防范系统设计施工和维修单位备案等级评定办法	内蒙古自治区公安厅	2007 年 7 月 20 日
29	关于加强全区学校和幼儿园安全技术防范系统建设的意见	内蒙古自治区公安厅、内蒙古自治区教育厅	2010 年 6 月 2 日
30	辽宁省治安特业服务管理办法	辽宁省人民政府	2020 年 1 月 1 日
31	辽宁省公共安全视频图像信息系统管理办法	辽宁省人民政府	2008 年 1 月 1 日
32	辽宁省公共安全技术防范条例	辽宁省人民代表大会常务委员会	2015 年 2 月 1 日
33	《辽宁省公共安全技术防范条例》实施细则（试行）	辽宁省公安厅	2015 年 6 月 5 日
34	吉林省公共安全视频图像信息系统管理办法	吉林省人民政府	2013 年 1 月 1 日

续表

序号	法规名称	颁布机构	实施日期
35	黑龙江省公共安全技术防范条例	黑龙江省人民代表大会常务委员会	2012年11月1日
36	黑龙江省公安机关实施《黑龙江省公共安全技术防范条例》细则	黑龙江省公安厅	2013年3月28日
37	关于印发黑龙江省道路运输企业安全生产管理办法（试行）的通知	黑龙江省交通运输厅、黑龙江省安全生产监督管理局、黑龙江省公安厅	2012年9月1日
38	关于切实加强水利行业反恐工作的通知	黑龙江省水利厅	2011年7月8日
39	上海市社会公共安全技术防范管理办法（2010年修正）	上海市人民政府	2001年4月1日
40	上海市实施《中华人民共和国突发事件应对法》办法	上海市人民代表大会常务委员会	2013年5月1日
41	《关于本市推动新一代人工智能发展的实施意见》的通知	上海市人民政府办公厅	2017年10月26日
42	《上海市智能网联汽车道路测试和示范应用管理办法（试行）》的通知	上海市经济信息化委、上海市公安局、上海市交通委	2019年9月10日
43	关于印发《关于〈数字视频安防监控系统基本技术要求〉的补充说明（一）》的通知	上海市公安局技防办	2013年8月8日
44	关于《本市视频安防监控系统用摄像机镜头技术规范（试行）》的通知	上海市公安局技防办	2013年5月1日
45	关于印发《本市专业型数字录像设备补充技术要求（试行）》的通知	上海市公安局技防办	2011年10月19日
46	关于印发《本市视频安防监控系统用彩色显示终端技术规范（试行）》的通知	上海市公安局技防办	2011年7月8日
47	关于加强监管本市安防工程所用技防产品的通知	上海市公安局技防办	2011年1月21日
48	关于印发《本市视频安防监控用彩色数字摄像机技术规范试行》的通知	上海市公安局技防办	2010年9月5日
49	关于进一步规范区域报警系统接处警服务工作的通知	上海市公安局技防办	2010年7月16日
50	关于进一步规范中小学　幼儿园紧急报警系统相关技术要求的通知	上海市公安局技防办	2010年5月25日
51	关于印发《本市区域报警视频联动服务系统基本技术要求试行》的通知	上海市公安局技防办	2010年4月8日
52	关于印发《本市视频安防监控用模拟彩色摄像机技术规范试行》的通知	上海市公安局技防办	2010年1月6日
53	关于印发《上海综合型数字录像设备补充技术要求（试行）》的通知	上海市公安局技防办	2009年7月17日
54	关于贯彻实施《重点单位重要部位安全技术防范系统要求　第9部分：零售商业》的补充通知	上海市公安局技防办	2009年6月30日
55	关于贯彻执行国家标准《脉冲电子围栏及其安装和安全运行》的通知	上海市公安局技防办	2009年6月8日
56	关于印发《张力式电子围栏入侵探测装置技术要求》的通知	上海市公安局技防办	2009年3月30日
57	关于印发《本市安防工程用高压电子脉冲式探测器基本技术要求》的通知	上海市公安局技防办	2008年12月1日
58	关于印发《栅栏、玻璃类电控防盗门技术规范》的通知	上海市公安局技防办	2008年7月1日

续表

序号	法规名称	颁布机构	实施日期
59	关于贯彻国家标准《视频安防监控数字录像设备》（GB 20815-2006）的补充通知	上海市公安局技防办	2008 年 3 月 19 日
60	关于在居民住宅小区等技防工程项目中推广使用电子围栏周界报警系统的通知	上海市公安局技防办	2007 年 8 月 20 日
61	关于印发《本市技防设施使用年限的规定》的通知	上海市公安局技防办	2002 年
62	关于印发《上海市公共安全技术防范工程管理实施细则》的通知	上海市公安局技防办	2001 年 4 月 1 日
63	深圳市民用微轻型无人机管理暂行办法	深圳市人民政府	2019 年 3 月 1 日
64	江苏省人民政府办公厅关于加强铁路安全管理的意见	江苏省人民政府办公厅	2017 年 4 月 12 日
65	江苏省收费营业场所安全防范工作规定（试行）	江苏省公安厅	2013 年 3 月 1 日
66	浙江省无人驾驶航空器公共安全管理规定	浙江省人民代表大会常务委员会	2019 年 3 月 28 日
67	浙江省社会治安综合治理条例	浙江省第九届人民代表大会	2018 年 1 月 1 日
68	浙江省人民政府关于印发浙江省新一代人工智能发展规划的通知	浙江省人民政府	2017 年 12 月 4 日
69	关于加强全省社会治安动态视频监控系统建设的意见	浙江省委办公厅、省政府办公厅	2008 年 8 月 27 日
70	关于印发《浙江省国家信息经济示范区建设实施方案》的通知	浙江省委办公厅、省政府办公厅	2017 年 4 月 27 日
71	浙江省公安视频专网安全管理工作规范	浙江省公安厅	2015 年 12 月 31 日
72	浙江省安全技术防范系统日常安全检查工作规范	浙江省公安厅	2007 年 12 月 12 日
73	全省社会治安动态视频监控系统“白昼工程”建设实施方案	浙江省公安厅	2007 年 8 月 1 日
74	基于公共运营商的社会治安动态视频监控系统建设工作规范	浙江省公安厅	2006 年 9 月 4 日
75	浙江省社会治安动态视频监控系统建设指导意见	浙江省公安厅	2004 年 8 月 20 日
76	关于加强社会治安动态视频监控系统共享平台建设的通知	浙江省公安厅技防办	2008 年 2 月 26 日
77	关于加强安全技术防范体系建设的实施意见	浙江省社会管理综合治理委员会	2013 年 1 月 6 日
78	关于开展安全技术防范体系建设试点工作的通知	浙江省社会管理综合治理委员会	2013 年 7 月 31 日
79	关于在全省重大水利建设工程中试行视频监控系统建设的通知	浙江省水利厅	2017 年 12 月 5 日
80	跨区域视频监控联网共享技术规范	浙江省质量技术监督局	2011 年 7 月 27 日
81	安全技术防范（系统）工程检验规范	浙江省质量技术监督局	2011 年 6 月 27 日
82	安全技术防范工程运行维护规范	浙江省质量技术监督局	2011 年 6 月 27 日
83	视频安防监控设备运行监测系统技术规范	浙江省质量技术监督局	2011 年 6 月 27 日
84	安全技术防范系统建设技术规范	浙江省质量技术监督局	2010 年 3 月 8 日
85	社会治安动态视频监控系统技术规范	浙江省质量技术监督局	2004 年 8 月 4 日
86	安徽省公共安全视频图像信息系统管理办法	安徽省人民政府	2016 年 11 月 2 日
87	安徽省公共安全技术防范管理规定（2004 年修正）	安徽省人民政府	2002 年 2 月 1 日
88	安徽省突发事件应对条例	安徽省人民代表大会常务委员会	2013 年 3 月 1 日
89	安徽省公共安全技术防范管理规定实施细则	安徽省公安厅	2002 年 12 月 4 日

续表

序号	法规名称	颁布机构	实施日期
90	关于全省推广开展智慧安防小区建设的指导意见	福建省公安厅、福建省住房和城乡建设厅	2019年12月9日
91	福建省公共安全技术防范管理办法	福建省人民政府常务会议	2015年7月1日
92	福建省社会治安综合治理条例	福建省人民代表大会常务委员会	2011年5月21日
93	关于数字福建智慧城市建设的指导意见	福建省人民政府	2014年4月10日
94	福建省公安机关公共安全技术防范监督管理实施细则	福建省公安厅	2015年7月23日
95	关于贯彻执行《〈福建省视频监控系统技术规范〉的实施意见》的通知	福建省公安厅	2011年10月18日
96	山东省公共安全技术防范管理办法	山东省人民政府	2004年12月1日
97	山东省安全技术防范工程管理规范	山东省公安厅	2005年3月21日
98	山东省安全技术防范产品管理规范	山东省公安厅	2005年3月21日
99	山东省安全技术防范工程设计施工等级确认管理办法	山东省公安厅	2014年1月1日
100	江西省公共安全技术防范管理规定（2004年修正）	江西省人民政府	2004年7月1日
101	江西省突发事件应对条例	江西省人民代表大会常务委员会	2013年9月1日
102	江西省公安行政处罚自由裁量权细化标准（公共安全技术防范管理类　消防管理类　交通管理类）	江西省公安厅	2015年9月1日
103	河南省公共安全技术防范管理条例	河南省人民政府	2013年10月1日
104	河南省公共安全技术防范管理条例实施细则	河南省公安厅	2013年10月1日
105	湖北省公共安全视频图像信息系统管理办法	湖北省人民政府	2013年9月1日
106	湖北省公共安全技术防范管理规定	湖北省人民政府	2008年1月1日
107	湖北省国家安全技术保卫办法	湖北省人民政府	2017年4月15日
108	关于进一步加强单位内部治安保卫工作的意见	湖北省人民政府	2014年7月25日
109	湖北省突发事件应对办法	湖北省人民政府	2014年3月1日
110	湖北省公共安全技术防范管理规定实施细则	湖北省公安厅	2008年1月16日
111	湖北省文物保护单位及博物馆纪念馆安全技术防范工程建设管理办法	湖北省文化厅、湖北省公安厅、湖北省监察厅　湖北省财政厅	2011年8月31日
112	关于印发《湖北省中小学幼儿园安全防范标准》的通知	湖北省综合治理委员会、湖北省教育厅、湖北省公安厅	2011年9月19日
113	湖南省公共安全技术防范管理规定	湖南省人民政府	2004年6月23日
114	湖南省商场（超市）金银珠宝饰品店治安防范管理规范	湖南省社会治安综合治理委员会办公室、湖南省公安厅、湖南省商务厅	2011年8月29日
115	广东省安全技术防范管理条例	广东省人民代表大会常务委员会	2002年5月30日
116	广东省安全技术防范管理实施办法	广东省人民政府	2017年8月1日
117	广东省政府关于取消和调整一批行政审批项目等事项的决定	广东省人民政府	2015年8月7日

续表

序号	法规名称	颁布机构	实施日期
118	广东省公共安全视频图像信息系统管理办法	广东省人民政府	2009 年 4 月 1 日
119	关于《广东省安全技术防范管理实施办法》的操作细则	广东省公安厅	2018 年 4 月 1 日
120	广东省政府关于做好非行政许可审批等事项调整工作的函	广东省机构编制委员会办公室	2015 年 9 月 9 日
121	广西壮族自治区安全技术防范管理暂行规定（2004 年修正）	广西壮族自治区人民政府	2000 年 2 月 1 日
122	广西公安机关社会管理视频监控系统联网技术指导性意见（试行）	广西壮族自治区公安厅	2011 年 6 月 1 日
123	重庆市公共安全视频图像信息系统管理办法	重庆市人民政府	2016 年 8 月 1 日
124	重庆市中小学幼儿园安全防范工作规范（试行）	重庆市人民政府办公厅	2018 年 11 月 9 日
125	关于规范全市公安 GPS 卫星定位报警指挥调度系统建设与管理的通知	重庆市公安局办公室	2009 年 1 月 24 日
126	社会公共安全视频图像信息系统技术规范	重庆市质量技术监督局	2006 年 9 月 1 日
127	四川省公共安全技术防范专家管理办法（试行）	四川省公安厅	2010 年 3 月 26 日
128	四川省深化制造业与互联网融合发展实施方案	四川省人民政府	2017 年 6 月 27 日
129	四川省“十二五”安全生产规划 2014 年度实施计划	四川省人民政府	2014 年 3 月 19 日
130	贵州省安全技术防范管理条例（2017 年修正）	贵州省人民代表大会常务委员会	2018 年 1 月 1 日
131	贵州省公共安全视频信息系统管理办法	贵州省人民政府	2010 年 12 月 1 日
132	云南省公共安全视频图像信息系统管理规定	云南省人民政府	2016 年 10 月 1 日
133	云南省公共安全技术防范管理办法	云南省综治办、云南省公安厅	2007 年 12 月 1 日
134	云南省城市报警和监控系统建设实施意见	云南省社会治安综合治理工作办公室	2007 年 11 月 6 日
135	云南省社会治安综合治理委员会关于加强城市报警和监控系统建设的意见	云南省公安厅	2007 年 11 月 1 日
136	陕西省安全技术防范条例实施细则（2014 年修正）	陕西省人民政府	2014 年 4 月 1 日
137	陕西省公共安全图像信息系统管理办法	陕西省人民政府	2011 年 8 月 1 日
138	陕西省安全技术防范条例	陕西省人民代表大会常务委员会	2006 年 10 月 1 日
139	甘肃省公共安全视频信息系统管理办法	甘肃省人民政府	2011 年 5 月 1 日
140	甘肃省实施《中华人民共和国突发事件应对法》办法	甘肃省人民代表大会常务委员会	2011 年 9 月 29 日
141	甘肃省加强中小学幼儿园安全风险防控体系建设实施意见	甘肃省人民政府办公厅	2017 年 9 月 18 日
142	宁夏回族自治区人民政府办公厅关于加快新型智慧城市建设的实施意见	宁夏回族自治区人民政府办公厅	2017 年 5 月 24 日
143	关于印发《关于进一步开展全区公安机关视频图像信息整合与共享深化视频应用工作的意见》的通知	宁夏回族自治区公安厅	2012 年 8 月 15 日
144	新疆维吾尔自治区民用无人驾驶航空器安全管理规定	新疆维吾尔自治区人民政府	2018 年 7 月 1 日
145	新疆维吾尔自治区社会公共安全技术防范管理暂行规定	新疆维吾尔自治区人民政府	2004 年 10 月 11 日
146	新疆维吾尔自治区公共安全视频信息系统管理办法	新疆维吾尔自治区人民政府	2014 年 7 月 1 日

附录二 安全技术防范行业标准体系表

一、指导思想

1. 编制标准体系表是我国安全技术防范标准化工作的一项重要基础性工作。

2. 我国安全技术防范标准体系表是我国安全技术防范现有、应有和预计制定标准的蓝图，是编制安全技术防范标准制、修订规划和计划的基本依据，是促进我国安全技术防范标准组成达到科学合理化的重要基础，是开展安全技术防范领域科学技术研究的重要参考资料。

3. 我国安全技术防范标准体系表将随着科学技术的发展而不断更新和充实。

二、编制原则

1. 目标明确

编制我国安全技术防范标准体系表的目的是为我国安全技术防范标准化工作提供基本依据，保障我国安全技术防范标准化工作科学、高效地开展，从而促进我国安全技术防范产业健康、有序和快速发展。

2. 全面成套

本体系表编制遵从了全面成套的原则，内容涵盖了我国安全技术防范行业的通用标准、行业所涉及的各专业（子系统）通用标准、构成各专业（子系统）的产品标准等。

3. 层次适当

本体系表的层次结构是根据 GB/T 13016-2009 中 5.1.3 条“层次结构”的相关要求划分的，第一层为安全技术防范行业通用标准；第二层为各专业（各子系统）通用标准等；第三层为产品标准等。

4. 划分清楚

本体系表中的标准元素和标准集合按照基础、技术、工程、管理、服务等标准化活动性质的同一性进行划分，基本做到了体系表内的子体系或类别划分清楚。

5. 国际接轨

在本标准体系表的编制过程中，参考了相关的国际、区域和国外标准体系。重点研究了与我国安全技术防范标准化工作对口的国际电工委员会（IEC）和欧洲电工委员会（CLC）的相关标准，并基本将其标准纳入了体系表中。

6. 适合国情

在参考相关的国际、区域和国外标准体系的同时，本体系表的编制更注重适合我国国情，并没有照搬国际、区域和国外的标准体系结构和标准名称，而是根据我国安全技术防范标准化工作的实际需要，将这些标准元素合理纳入不同层次和子体系中，同时对标准名称也进行了适当调整。

三、相关术语和定义

1. 安全技术防范 security

利用各种电子信息设备组成系统和/或网络，用于防入侵、防盗窃、防抢劫、防破坏、防爆安全检查等，以实现维护社会公共安全的目的。

2. 标准体系 standard system

一定范围内的标准按其内在联系形成的科学的有机整体。

[GB/T 13016-2009，3.3]

3. 标准体系表　diagram of standard system

一定范围的标准体系内的标准按其内在联系排列起来的图表。

[GB/T 13016-2009，3.4]

4. 基础标准　basic standard

具有广泛的适用范围或包含一个特定领域的通用条款的标准。

[GB/T 20000.1-2002，2.5.1]

5. 产品标准　product standard

规定产品应满足的要求以确保其适用性的标准。

[GB/T 20000.1-2002，2.5.4]

6. 服务标准　service standard

规定服务应满足的要求以确保其适用性的标准。

[GB/T 20000.1-2002，2.5.6]

7. 技术标准　technical standard

规定技术应满足的要求以确保其适用性的标准。

8. 工程标准　engineering standard

规定工程应满足的要求以确保其适用性的标准。

9. 公共管理标准　public administration standard

规定公共管理应满足的要求以确保其适用性的标准。

10. 行业通用标准　industry general standard

规定行业领域内应满足的通用要求以确保其适用性的标准。

11. 专业通用标准　specialty general standard

规定行业中某一专业领域内应满足的通用要求以确保其适用性的标准。

四、体系结构

1. 体系结构框图

我国安全技术防范标准体系结构框图（见图 1）。

2. 体系结构说明

（1）横向层次

本标准体系横向主要分为三层结构，第一层为安全技术防范通用标准，包括基础标准、技术标准、工程标准、公共管理标准和服务标准等。第二层为专业通用标准，包括安全技术防范各专业（各子系统）的术语、技术和工程标准等；将作为安全技术防范工作基础的风险评估、安全防护和效能评估等列入该层；同时将公共管理标准和服务标准的细分类别列入该层。第三层为产品标准和产品应用标准。在第二层和第三层的有些部分，根据实际需要，按分类或门类增加了扩展层。

（2）纵向层次

本标准体系纵向划分了基础标准、技术标准、工程标准、公共管理标准和服务标准五个子体系。鉴于支撑安全技术防范工作的重要性，将术语、风险评估、安全防护和效能评估标准纳入基础标准子体系中；将安全防范系统和入侵/反劫/社会报警系统、视频监控系统、出入口控制系统、防爆安全检查系统、实体防护系统、人体生物特征识别应用系统、防伪技术等子系统以及各类产品标准纳入技术标准子体系中；将安全防范工程设计、施工、检测、验收和产品应用等纳入工程标准子体系；将执法标准、工作标准和管理标准纳入公共管理标准子体系；将安防系统运营服务、行业组织和中介服务纳入服务标准子体系。

我国安全技术防范标准体系结构框图

行业通用标准：101基础标准（7项）；102技术标准（8项）；103工程标准（8项）；104公共管理标准（项）；105服务标准（项）

专业通用标准：201专业术语（7项）；202风险评估（7项）；203安全防护（27项）；204效能评价（11项）；205其它（项）；206入侵/反劫/社会报警系统（17项）；207视频监控系统（13项）；208出入口控制系统（11项）；209防爆安全检查系统（6项）；210实体防护系统（4项）；211人体生物特征识别应用系统（49项）；212防伪技术（26项）；213专业工程（13项）；214执法标准（2项）；215工作标准（11项）；216管理标准（11项）；217运营服务规范（10项）；218行业组织、中介服务（项）

产品标准：301入侵/反劫/社会报警产品（35项）；302视频监控产品（22项）；303出入口控制产品（11项）；304防爆安全检查产品（42项）；305实体防护产品（35项）；306人体生物特征识别应用产品（8项）；307防伪技术产品（项）；308工程产品应用（3项）

图 1　我国安全技术防范标准体系结构框图

五、标准明细表

1. 本标准体系表给出了《我国安全技术防范标准明细表》，由 31 个表格组成，目前共列入了 378 个标准元素。随着科学技术的进步和新产品的生产以及新的安全需求带来的新的应用，标准体系表和标准明细表都有一个不断完善的过程。

2.《我国安全技术防范标准明细表》各表格的编号原则是：标准体系第一层的表格编号为 101～105；第二层的表格编号为 201～218；第三层的表格编号为 301～308。

六、公共安全视频图像信息联网共享应用标准体系

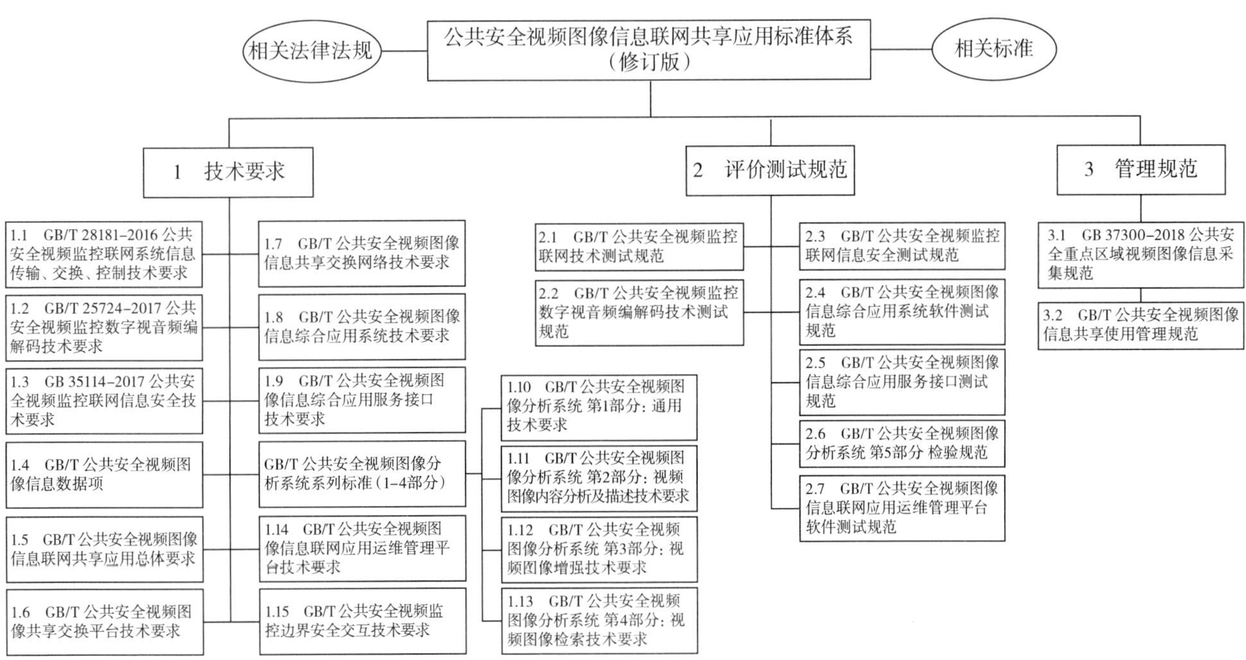

附录三　全国安全防范报警系统标准化技术委员会现行标准目录

现行标准目录

（共 235 项，其中：国标 67 项、行标 168 项）

截至 2020 年 12 月 31 日

序号	标准编号	名　　称	发布日期	实施日期
（一）基础通用标准（共 5 项，其中：国标 1 项，行标 4 项）				
1	GB/T 15408-2011	安全防范系统供电技术要求	2011-04-25	2011-12-01
2	GA/T 405-2002	安全技术防范产品分类与代码	2002-12-11	2003-01-01
3	GA/T 550-2005	安全技术防范管理信息代码	2005-09-08	2005-10-01
4	GA/T 551-2005	安全技术防范管理信息基本数据结构	2005-09-08	2005-10-01
5	GA/T 1730-2020	公共安全产品合格评定标志	2020-05-20	2020-11-01
（二）入侵和紧急报警系统（共 38 项，其中：国标 24 项，行标 14 项）				
1	GB 15407-2010	遮挡式微波入侵探测器技术要求	2010-11-10	2011-09-01
2	GB/T 15211-2013	安全防范报警设备　环境适应性要求和试验方法	2013-12-31	2015-03-01
3	GB 10408.1-2000	入侵探测器　第 1 部分：通用要求	2000-10-17	2001-06-01
4	GB 10408.2-2000	入侵探测器　第 2 部分：室内用超声波多普勒探测器	2000-10-17	2001-06-01
5	GB 10408.3-2000	入侵探测器　第 3 部分：室内用微波多普勒探测器	2000-10-17	2001-06-01
6	GB 10408.4-2000	入侵探测器　第 4 部分：主动红外入侵探测器	2000-10-17	2001-06-01
7	GB 10408.5-2000	入侵探测器　第 5 部分：室内用被动红外探测器	2000-10-17	2001-06-01
8	GB 10408.9-2001	入侵探测器　第 9 部分：室内用被动式玻璃破碎探测器	2001-11-16	2002-08-01
9	GB 12663-2019	入侵和紧急报警系统　控制指示设备	2019-10-14	2020-11-01
10	GB 15209-2006	磁开关入侵探测器	2006-04-30	2007-01-01
11	GB 20816-2006	车辆防盗报警系统　乘用车	2006-12-19	2008-01-01
12	GB/T 10408.8-2008	振动入侵探测器	2008-09-24	2009-08-01
13	GB 10408.6-2009	微波和被动红外复合入侵探测器	2009-04-16	2010-01-01
14	GB/T 21564.1-2008	报警传输系统串行数据接口的信息格式和协议　第 1 部分：总则	2008-03-24	2008-11-01

续表

序号	标准编号	名　称	发布日期	实施日期
15	GB/T 21564.2-2008	报警传输系统串行数据接口的信息格式和协议　第2部分：公用应用层协议	2008-03-24	2008-09-01
16	GB/T 21564.3-2008	报警传输系统串行数据接口的信息格式和协议　第3部分：公用数据链路层协议	2008-03-24	2008-09-01
17	GB/T 21564.4-2008	报警传输系统串行数据接口的信息格式和协议　第4部分：公用传输层协议	2008-03-24	2008-09-01
18	GB/T 21564.5-2008	报警传输系统串行数据接口的信息格式和协议　第5部分：数据接口	2008-03-24	2008-09-01
19	GB 16796-2009	安全防范报警设备　安全要求和试验方法	2009-09-30	2010-06-01
20	GB 25287-2010	周界防范高压电网装置	2010-11-10	2011-09-01
21	GB/T 30148-2013	安全防范报警设备　电磁兼容抗扰度要求和试验方法	2013-12-17	2014-08-01
22	GB/T 31132-2014	入侵报警系统　无线（射频）设备互联技术要求	2014-09-03	2015-02-01
23	GB/T 32581-2016	入侵和紧急报警系统技术要求	2016-04-25	2016-11-01
24	GB/T 36546-2018	入侵和紧急报警系统　告警装置技术要求	2018-07-13	2019-02-01
25	GA/T 553-2005	车辆反劫防盗联网报警系统通用技术要求	2005-09-07	2005-11-01
26	GA/T 600.1-2006	报警传输系统的要求　第1部分：系统的一般要求	2006-02-10	2006-05-01
27	GA/T 600.2-2006	报警传输系统的要求　第2部分：设备的一般要求	2006-02-10	2006-05-01
28	GA/T 600.3-2006	报警传输系统的要求　第3部分：利用专用报警传输通路的报警传输系统	2006-02-10	2006-05-01
29	GA/T 600.4-2006	报警传输系统的要求　第4部分：利用公共电话交换网络的数字通信机系统的要求	2006-02-10	2006-05-01
30	GA/T 600.5-2006	报警传输系统的要求　第5部分：利用公共电话交换网络的话音通信机系统的要求	2006-02-10	2006-05-01
31	GA/T 1031-2012	泄漏电缆入侵探测装置通用技术要求	2012-12-24	2013-03-01
32	GA/T 1032-2013	张力式电子围栏通用技术要求	2013-01-09	2013-03-01
33	GA/T 1158-2014	激光对射入侵探测器技术要求	2014-05-03	2014-10-01
34	GA/T 1217-2015	光纤振动入侵探测器技术要求	2015-06-26	2015-10-01
35	GA/T 1372-2017	甚低频感应入侵探测器技术要求	2017-01-16	2017-03-01
36	GA/T 1589-2019	展示物品防盗装置通用技术要求	2019-09-20	2019-12-01
37	GA/T 1757-2020	入侵和紧急报警系统　紧急报警装置	2020-11-27	2021-05-01
38	GA/T 1758-2020	安防拾音器通用技术要求	2020-11-27	2021-05-01
（三）视频监控系统（共47项，其中：国标8项，行标39项）				
1	GB 20815-2006	视频安防监控数字录像设备	2006-12-19	2008-01-01
2	GB/T 25724-2017	公共安全视频监控数字视音频编解码技术要求	2017-03-09	2017-06-01
3	GB/T 28181-2016	公共安全视频监控联网系统信息传输、交换、控制技术要求	2016-07-12	2017-08-01

续表

序号	标准编号	名　　称	发布日期	实施日期
4	GB/T 30147-2013	安防监控视频实时智能分析设备技术要求	2013-12-17	2014-08-01
5	GB 35114-2017	公共安全视频监控联网信息安全技术要求	2017-11-01	2018-11-01
6	GB 37300-2018	公共安全重点区域视频图像信息采集规范	2018-12-28	2020-01-01
7	GB/T 39272-2020	公共安全视频监控联网技术测试规范	2020-11-19	2021-06-01
8	GB/T 39274-2020	公共安全视频监控数字视音频编解码技术测试规范	2020-11-19	2021-06-01
9	GA/T 367-2001	视频安防监控系统技术要求	2001-12-10	2002-06-01
10	GA/T 645-2014	安全防范监控变速球型摄像机	2014-09-09	2014-12-01
11	GA/T 646-2016	安全防范视频监控矩阵设备通用技术要求	2016-06-07	2016-06-07
12	GA/T 669. 1-2008	城市监控报警联网系统　技术标准　第 1 部分：通用技术要求	2008-08-04	2008-08-04
13	GA/T 669. 2-2008	城市监控报警联网系统　技术标准　第 2 部分：安全技术要求	2008-08-04	2008-08-04
14	GA/T 669. 3-2008	城市监控报警联网系统　技术标准　第 3 部分：前端信息采集技术要求	2008-08-04	2008-08-04
15	GA/T 669. 6-2008	城市监控报警联网系统　技术标准　第 6 部分：视音频显示、存储、播放技术要求	2008-08-04	2008-08-04
16	GA/T 669. 7-2008	城市监控报警联网系统　技术标准　第 7 部分：管理平台技术要求	2008-08-04	2008-08-04
17	GA/T 669. 9-2008	城市监控报警联网系统　技术标准　第 9 部分：卡口信息识别、比对、监测系统技术要求	2008-08-04	2008-08-04
18	GA/T 792. 1-2008	城市监控报警联网系统　管理标准　第 1 部分：图像信息采集、接入、使用管理要求	2008-08-04	2008-08-04
19	GA 793. 1-2008	城市监控报警联网系统　合格评定　第 1 部分：系统功能性能检验规范	2008-08-04	2008-08-04
20	GA 793. 2-2008	城市监控报警联网系统　合格评定　第 2 部分：管理平台软件测试规范	2008-08-04	2008-08-04
21	GA 793. 3-2008	城市监控报警联网系统　合格评定　第 3 部分：系统验收规范	2008-08-04	2008-08-04
22	GA/T 669. 8-2009	城市监控报警联网系统　技术标准　第 8 部分：传输网络技术要求	2009-08-11	2009-09-01
23	GA/T 669. 10-2009	城市监控报警联网系统　技术标准　第 10 部分：无线视音频监控系统技术要求	2009-08-11	2009-09-01
24	GA/T 1072-2013	基层公安机关社会治安视频监控中心（室）工作规范	2013-07-26	2013-10-01
25	GA/T 1127-2013	安全防范视频监控摄像机通用技术要求	2013-12-20	2014-01-01
26	GA/T 1128-2013	安全防范视频监控高清晰度摄像机测量方法	2013-12-20	2014-01-01
27	GA/Z 1164-2014	公安视频图像信息联网与应用标准体系表	2014-05-23	2014-05-23
28	GA/T 1178-2014	安全防范系统光端机技术要求	2014-08-12	2014-08-12
29	GA/T 1211-2014	安全防范高清视频监控系统技术要求	2014-12-16	2015-04-01
30	GA/T 1216-2015	安全防范监控网络视音频编解码设备	2015-01-29	2015-03-01
31	GA/T 1353-2018	视频监控摄像机防护罩通用技术要求	2018-02-23	2018-02-23
32	GA/T 1354-2018	安防视频监控车载数字录像设备技术要求	2018-02-23	2018-02-23

续表

序号	标准编号	名 称	发布日期	实施日期
33	GA/T 1355-2018	国家标准 GB/T 28181-2016 符合性测试规范	2018-02-23	2018-02-23
34	GA/T 1356-2018	国家标准 GB/T 25724-2017 符合性测试规范	2018-02-22	2018-02-22
35	GA/T 1357-2018	公共安全视频监控硬盘分类及试验方法	2018-05-07	2018-05-07
36	GA/T 1399.1-2017	公安视频图像分析系统　第 1 部分：通用技术要求	2017-05-31	2017-05-31
37	GA/T 1399.2-2017	公安视频图像分析系统　第 2 部分：视频图像内容分析及描述技术要求	2017-05-31	2017-05-31
38	GA/T 1400.1-2017	公安视频图像信息应用系统　第 1 部分：通用技术要求	2017-05-31	2017-05-31
39	GA/T 1400.2-2017	公安视频图像信息应用系统　第 2 部分：应用平台技术要求	2017-05-31	2017-05-31
40	GA/T 1400.3-2017	公安视频图像信息应用系统　第 3 部分：数据库技术要求	2017-05-31	2017-05-31
41	GA/T 1400.4-2017	公安视频图像信息应用系统　第 4 部分：接口协议要求	2017-05-31	2017-05-31
42	GA/T 1352-2018	视频监控镜头	2018-08-06	2018-08-06
43	GA/T 1708-2020	安全防范视频监控红外热成像设备	2020-02-03	2020-05=01
44	GA/T 1711-2020	安防监控中心电磁环境控制限值和测量方法	2020-02-11	2020-08-01
45	GA/Z 1736-2020	基于目标位置映射的主从摄像机协同系统技术要求	2020-08-07	2021-01-01
46	GA/T 1741-2020	公安视频图像信息应用系统检验规范	2020-09-09	2021-02-01
47	GA/T 1756-2020	公安视频监控人像/人脸识别应用技术要求	2020-11-06	2021-05-01
（四）出入口控制系统（共 18 项，其中：国标 4 项，行标 14 项）				
1	GB/T 31070.1-2014	楼寓对讲系统　第 1 部分：通用技术要求	2014-12-22	2015-06-01
2	GB/T 31070.2-2018	楼寓对讲系统　第 2 部分：全数字系统技术要求	2018-12-28	2019-07-01
3	GB/T 31070.4-2018	楼寓对讲系统　第 4 部分：应用指南	2018-12-28	2018-12-28
4	GB/T 37078-2018	出入口控制系统技术要求	2018-12-28	2019-07-01
5	GA 374-2019	电子防盗锁	2019-03-01	2019-04-01
6	GA/T 394-2002	出入口控制系统　技术要求	2002-09-25	2002-12-31
7	GA/T 1738-2020	出入口控制系统　编码识读设备	2020-09-09	2021-02-01
8	GA/T 1739-2020	出入口控制系统　控制器	2020-09-09	2021-02-01
9	GA/T 72-2013	楼寓对讲电控安全门通用技术条件	2013-11-22	2014-01-01
10	GA/T 644-2006	电子巡查系统技术要求	2006-09-22	2006-11-01
11	GA 701-2007	指纹防盗锁通用技术条件	2007-05-17	2007-10-01
12	GA/T 678-2007	联网型可视对讲系统技术要求	2007-01-23	2007-03-01
13	GA/T 761-2008	停车库（场）安全管理系统技术要求	2008-04-07	2008-06-01
14	GA/T 992-2012	停车库（场）出入口控制设备技术要求	2012-07-19	2012-07-19
15	GA/T 1132-2014	车辆出入口电动栏杆机技术要求	2014-01-20	2014-04-01

续表

序号	标准编号	名　　称	发布日期	实施日期
16	GA 1210-2014	楼寓对讲系统安全技术要求	2014-12-23	2015-01-01
17	GA/T 1260-2016	人行出入口电控通道闸通用技术要求	2016-05-30	2016-07-01
18	GA/T 1742-2020	封闭式停车场安全防范要求	2020-09-28	2021-04-01
（五）防爆安全检查系统（共21项，其中：国标9项，行标12项）				
1	GB 12664-2003	便携式X射线安全检查设备通用规范	2003-06-24	2004-02-01
2	GB 12899-2018	手持式金属探测器通用技术规范（代替GB 12899-2003）	2018-11-19	2019-12-01
3	GB 15208.1-2018	微剂量X射线安全检查设备　第1部分：通用技术要求	2018-11-19	2019-12-01
4	GB 15208.2-2018	微剂量X射线安全检查设备　第2部分：透射式行包安全检查设备	2018-11-19	2019-12-01
5	GB 15208.3-2018	微剂量X射线安全检查设备　第3部分：透射式货物安全检查设备	2018-11-19	2019-12-01
6	GB 15208.4-2018	微剂量X射线安全检查设备　第4部分：人体安全检查设备	2018-11-19	2019-12-01
7	GB 15208.5-2018	微剂量X射线安全检查设备　第5部分：背散射物品安全检查设备	2018-11-19	2019-12-01
8	GB 15210-2018	通过式金属探测门通用技术规范（代替GB 15210-2003）	2018-11-19	2019-12-01
9	GB/T 37128-2018	X射线计算机断层成像安全检查系统技术要求	2018-12-28	2019-07-01
10	GA/T 71-1994	机械钟控定时引爆装置探测器	1994-03-11	1994-07-01
11	GA/T 841-2009	基于离子迁移谱技术的痕量毒品/炸药探测仪通用技术要求	2009-07-20	2009-10-01
12	GA 921-2011	民用爆炸物品警示标识、登记标识通则	2011-01-13	2011-05-01
13	GA 926-2011	微剂量透射式X射线人体安全检查设备通用技术要求	2011-03-25	2011-07-01
14	GA/T 1060.1-2013	便携式放射性物质探测与核素识别设备通用技术要求　第1部分：γ探测设备	2013-04-11	2013-08-01
15	GA/T 1060.2-2013	便携式放射性物质探测与核素识别设备通用技术要求　第2部分：识别设备	2013-04-11	2013-08-01
16	GA/T 1067-2013	基于拉曼光谱技术的液态物品安全检查设备通用技术要求	2013-05-22	2013-10-01
17	GA/T 1152-2014	安全防范　手持式视频检查仪通用技术要求	2014-04-28	2014-10-01
18	GA/T 1323-2016	基于荧光聚合物传感技术的痕量炸药探测仪通用技术要求	2016-08-15	2016-08-15
19	GA/T 1336-2016	车底成像安全检查系统通用技术要求	2016-11-07	2016-11-07
20	GA/T 1563-2019	鞋内安全检查仪技术要求	2019-05-05	2019-05-05
21	GA/T 1731-2020	乘用车辆X射线安全检查系统技术要求	2020-5-26	2020-11-01
（六）安全防范系统工程（共56项，其中：国标11项，行标45项）				
1	GB/T 16571-2012	博物馆和文物保护单位安全防范系统要求	2012-11-05	2013-02-01
2	GB/T 16676-2010	银行安全防范报警监控联网系统技术要求	2010-11-10	2011-05-01
3	GB 50348-2018	安全防范工程技术标准	2018-05-14	2018-12-01
4	GB 50394-2007	入侵报警系统工程设计规范	2007-03-21	2007-08-01

续表

序号	标准编号	名 称	发布日期	实施日期
5	GB 50395-2007	视频安防监控系统工程设计规范	2007-03-21	2007-08-01
6	GB 50396-2007	出入口控制系统工程设计规范	2007-03-21	2007-08-01
7	GB/T 21741-2008	住宅小区安全防范系统通用技术要求	2008-05-20	2008-12-01
8	GB/T 29315-2012	中小学、幼儿园安全技术防范系统要求	2012-12-31	2013-06-01
9	GB/T 31068-2014	普通高等学校安全技术防范系统要求	2014-12-22	2015-06-01
10	GB/T 31458-2015	医院安全技术防范系统要求	2015-05-15	2015-12-01
11	GB/T 37845-2019	居家安防智能管理系统技术要求	2019-08-30	2019-03-01
12	GA/T 75-1994	安全防范工程程序与要求	1994-03-11	1994-07-01
13	GA/T 74-2017	安全防范系统通用图形符号	2016-06-23	2016-06-23
14	GA 308-2001	安全防范系统验收规则	2001-10-17	2001-12-01
15	GA 27-2002	文物系统博物馆风险等级和安全防护级别的规定	2002-03-25	2002-06-01
16	GA 38-2015	银行营业场所安全防范要求	2015-05-18	2015-06-01
17	GA/T 70-2014	安全防范工程建设与维护保养费用预算编制办法	2014-08-05	2014-10-01
18	GA 586-2020	广播电视重点单位重要部位安全防范要求	2020-06-23	2020-09-01
19	GA/T 670-2006	安全防范系统雷电浪涌防护技术要求	2006-12-14	2007-06-01
20	GA 745-2017	银行自助设备、自助银行安全防范要求	2017-02-20	2017-03-01
21	GA 837-2009	民用爆炸物品储存库治安防范要求	2009-06-29	2009-08-01
22	GA 838-2009	小型民用爆炸物品储存库安全规范	2009-06-29	2009-08-01
23	GA/T 848-2009	爆破作业单位民用爆炸物品储存库安全评价导则	2009-09-17	2009-12-01
24	GA 858-2010	银行业务库安全防范的要求	2010-02-09	2010-04-01
25	GA 873-2010	冶金钢铁企业治安保卫重要部位风险等级和安全防护要求	2010-06-07	2010-09-01
26	GA 1002-2012	剧毒化学品、放射源存放场所治安防范要求	2012-06-29	2012-09-01
27	GA 1003-2012	银行自助服务亭技术要求	2012-07-01	2012-09-01
28	GA 1015-2012	枪支去功能处理与展览枪支安全防范要求	2012-12-26	2012-12-26
29	GA 1016-2012	枪支（弹药）库室风险等级划分与安全防范要求	2012-12-26	2012-12-26
30	GA/T 1081-2020	安全防范系统维护保养规范	2020-05-26	2020-11-01
31	GA 1089-2013	电力设施治安风险等级和安全防护要求	2013-09-30	2013-11-01
32	GA 1166-2014	石油天然气管道系统治安风险等级和安全防范要求	2014-12-31	2015-02-01
33	GA/T 1185-2014	安全防范工程技术文件编制深度要求	2014-09-28	2014-10-01
34	GA 1257-2015	民用枪弹编号及包装标识要求	2015-04-30	2015-06-01
35	GA 1258-2015	民用枪支编号及包装标识要求	2015-04-30	2015-06-01

续表

序号	标准编号	名　　称	发布日期	实施日期
36	GA 1280-2015	自动柜员机安全性要求	2015-10-28	2016-01-01
37	GA/T 1297-2016	安防线缆	2016-07-08	2016-08-01
38	GA 1383-2017	报警运营服务规范	2017-02-22	2017-05-01
39	GA/T 1406-2017	安防线缆应用技术要求	2017-08-21	2017-08-21
40	GA/T 1351-2018	安防线缆接插件	2018-02-25	2018-02-25
41	GA 1467-2018	城市轨道交通安全防范要求	2018-03-26	2018-03-26
42	GA/T 1468-2018	寄递企业安全防范要求	2018-03-09	2018-03-09
43	GA/T 1469-2018	光纤振动入侵探测系统工程技术规范	2018-03-22	2018-03-22
44	GA 1511-2018	易制爆危险化学品储存场所治安防范要求	2018-08-13	2018-11-01
45	GA 1517-2018	金银珠宝营业场所安全防范要求	2018-09-10	2019-01-01
46	GA 1524-2018	射钉器公共安全要求	2018-10-22	2019-05-01
47	GA 1525-2018	射钉弹公共安全要求	2018-10-22	2019-05-01
48	GA 1531-2018	工业电子雷管信息管理通则	2018-10-22	2019-02-01
49	GA 1551. 1-2019	石油石化系统治安反恐防范要求　第 1 部分：油气田企业	2019-03-28	2019-07-01
50	GA 1551. 2-2019	石油石化系统治安反恐防范要求　第 2 部分：炼油与化工企业	2019-03-28	2019-07-01
51	GA 1551. 3-2019	石油石化系统治安反恐防范要求　第 3 部分：成品油和天然气销售企业	2019-03-28	2019-07-01
52	GA 1551. 4-2019	石油石化系统治安反恐防范要求　第 4 部分：工程技术服务企业	2019-03-28	2019-07-01
53	GA 1551. 5-2019	石油石化系统治安反恐防范要求　第 5 部分：运输企业	2019-03-28	2019-07-01
54	GA/T 1710-2020	南水北调工程安全防范要求	2020-02-11	2020-05-01
55	GA/T 1740. 1-2020	旅游景区安全防范要求　第 1 部分：山岳型	2020-09-09	2021-02-01
56	GA 1744-2020	城市公共汽电车及场站安全防范要求	2020-10-09	2021-04-01
（七）实体防护系统（共 18 项，其中：国标 3 项，行标 15 项）				
1	GB 17565-2007	防盗安全门通用技术条件	2007-09-15	2008-04-01
2	GB 10409-2019	防盗保险柜（箱）（代替 GB 10409-2001）	2019-04-04	2020-05-01
3	GB 37481-2019	金库门通用技术要求	2019-04-04	2020-05-01
4	GA/T 73-2015	机械防盗锁	2015-01-29	2015-03-01
5	GA/T 143-1996	金库门通用技术条件	1996-07-18	1996-10-01
6	GA 164-2018	专用运钞车防护技术要求（代替 GA 164-2005）	2018-09-03	2018-12-01
7	GA 165-2016	防弹透明材料	2016-10-08	2016-11-01
8	GA 166-2006	防盗保险箱	2006-02-10	2006-05-01
9	GA/T 501-2020	银行保管箱（代替 GA 501-2004）	2020-02-03	2020-08-01

续表

序号	标准编号	名　称	发布日期	实施日期
10	GA 576-2018	防尾随联动互锁安全门通用技术条件（代替 GA 576-2005）	2018-09-10	2019-01-01
11	GA 667-2020	防爆炸透明材料（代替 GA　667-2006）	2020-01-19	2020-08-01
12	GA/T 746-2020	提款箱（代替 GA 746-2008）	2020-11-09	2021-05-01
13	GA 844-2018	防砸透明材料（代替 GA 844-2009）	2018-08-06	2019-01-01
14	GA 1051-2013	枪支弹药专用保险柜	2013-03-11	2013-05-01
15	GA/T 1337-2016	银行自助设备防护舱安全性要求	2016-09-08	2016-10-01
16	GA/T 1499-2018	卷帘门安全性要求	2018-08-06	2019-01-01
17	GA/T 1707-2020	防爆安全门	2020-02-03	2020-08-01
18	GA/T 1709-2020	实体防护产品防弹性能分类及测试方法	2020-02-11	2020-08-01
（八）人体生物特征识别应用（共 32 项，其中：国标 7 项，行标 25 项）				
1	GB/T 31488-2015	安全防范视频监控人脸识别系统技术要求	2015-05-15	2015-12-01
2	GB/T 35676-2017	公共安全　指静脉识别应用　算法识别性能评测方法	2017-12-29	2018-07-01
3	GB/T 35678-2017	公共安全　人脸识别应用　图像技术要求	2017-12-29	2018-07-01
4	GB/T 35735-2017	公共安全　指纹识别应用　采集设备通用技术要求	2017-12-29	2018-07-01
5	GB/T 35736-2017	公共安全　指纹识别应用　图像技术要求	2017-12-29	2018-07-01
6	GB/T 35742-2017	公共安全　指静脉识别应用　图像技术要求	2017-12-29	2018-07-01
7	GB/T 38122-2019	公共安全指纹识别应用　验证算法性能评测方法	2019-10-18	2020-05-01
8	GA/T 893-2010	安防生物特征识别应用术语	2010-12-02	2010-12-01
9	GA/T 894. 3-2010	安防指纹识别应用系统　第 3 部分：指纹图像质量	2010-12-02	2010-12-01
10	GA/T 894. 6-2010	安防指纹识别应用系统　第 6 部分：指纹识别算法评测方法	2010-12-02	2010-12-01
11	GA/T 922. 2-2011	安防人脸识别应用系统　第 2 部分：人脸图像数据	2011-01-13	2011-05-01
12	GA/T 894. 7-2012	安防指纹识别应用系统　第 7 部分：指纹采集设备	2012-07-18	2012-07-18
13	GA/T 938-2011	安防指静脉识别应用系统设备通用技术要求	2012-12-26	2013-03-01
14	GA/T 939-2011	安防指静脉识别应用系统算法评测方法	2012-12-26	2013-03-01
15	GA/T 940-2011	安防指静脉识别应用系统图像技术要求	2012-12-26	2013-03-01
16	GA/T 1093-2013	出入口控制人脸识别系统技术要求	2013-12-16	2014-01-01
17	GA/T 1126-2013	近红外人脸识别设备技术要求	2013-12-17	2014-01-01
18	GA/T 1179-2014	安防声纹确认应用算法技术要求和测试方法	2014-08-18	2014-10-01
19	GA/T 1181-2014	安防指静脉识别应用　程序接口规范	2014-09-01	2014-10-01
20	GA/T 1208-2014	安防虹膜识别应用　算法评测方法	2014-12-22	2015-10-01
21	GA/T 1212-2014	安防人脸识别应用　防假体攻击测试方法	2014-12-12	2015-01-01

续表

序号	标准编号	名　称	发布日期	实施日期
22	GA/T 1213-2014	安防指静脉识别应用　3D数据技术要求	2014-12-12	2015-01-01
23	GA/T 1284-2015	安防指/掌纹识别应用　图像数据交换格式一致性测试方法	2015-12-22	2015-12-22
24	GA/T 1285-2015	安防指/掌纹识别应用　图像数据交换格式	2015-12-30	2015-12-30
25	GA/T 1286-2015	安防虹膜识别应用　图像数据交换格式	2015-12-30	2015-12-30
26	GA/T 1324-2017	安全防范　人脸识别应用　静态人脸图像采集规范	2017-10-08	2017-12-01
27	GA/T 1325-2017	安全防范　人脸识别应用　视频图像采集规范	2017-10-08	2017-12-01
28	GA/T 1326-2017	安全防范　人脸识别应用　程序接口规范	2017-10-08	2017-12-01
29	GA/T 1429-2017	安防虹膜识别应用　图像技术要求	2017-09-07	2017-11-01
30	GA/T 1470-2018	安全防范　人脸识别应用　分类	2018-03-12	2018-03-12
31	GA/T 1486-2018	安全防范　虹膜识别应用　程序接口规范	2018-05-07	2018-05-07
32	GA/T 1755-2020	安全防范　人脸识别应用　人证核验设备通用技术要求	2020-11-06	2020-05-01

安全技术防范实体防护设备标准明细表

（暂56项）

201 实体防护系统（1项）

编号	级别和属性	标准名称	现行标准
201-5	GA/T	实体防护系统术语	

210 实体防护系统（5项）

编号	级别和属性	标准名称	现行标准
210-1	GB	实体防护系统安全等级划分（包括安全分类、分级、标识与型号命名方法）	
210-2	GA	产品检测规程（人员要求、检测设备、检测方法、样品条件等）（产品检测通用技术要求）	
210-3	GB/T	实体防护设备检测通用技术要求（测试样品、系统级指标——防破坏时间、净工作时间、分级、破坏方法手段、风险等级、设备的分级要求、安全级别、评价方法等）	

续表

编号	级别和属性	标准名称	现行标准
210-4	GA	实体防护产品防弹性能测试通用技术要求	GA/T 1709-2020 实体防护产品防弹性能分类及测试方法
210-5	GA	实体防护产品抗破坏性能通用评价方法	（制定中）

305 实体防护产品（52 项）

编号	级别和属性	标准名称	现行标准
305-1	门（窗、栅栏）		
305-1-1	防盗安全门		
305-1-1-1	GB 17565.1	防盗安全门第 1 部分：通用技术要求	GB 17565-2007 防盗安全门通用技术条件
305-1-1-2	GB 17565.2	防盗安全门第 2 部分：钢质门	
305-1-1-3	GB 17565.3	防盗安全门第 3 部分：钢木复合门	
305-1-1-4	GB 17565.4	防盗安全门第 4 部分：防盗防火门	
305-1-2	GB	防盗安全门安装规范	
305-1-3	GA/T 72	楼宇对讲系统及电控防盗门技术条件	GA/T 72-2005 楼宇对讲系统及电控防盗门技术条件
305-1-4	GB 37481	金库门	GB 37481-2019，合并 GA/T 143-1996 金库门通用技术条件
305-1-5	GA 576	防尾随联动互锁安全门	GA 576-2018 防尾随联动互锁安全门通用技术条件
305-1-6	GA	防弹门	
305-1-7	GA	防护窗	
305-1-8	GA	防护栅栏	
305-1-9	GA	监室门	（现归口警标委）
305-1-10	GA/T1707	防爆安全门	GA/T 1707-2020 防爆安全门
305-1-11	GA/T 1499	银行专用卷帘门	GA/T 1499-2018 卷帘门安全性要求
305-1-12	GA	其他防护门（伸缩门、感应门、车库门、卷帘门、旋转门、移动金库门、防爆门、防弹门、通道闸机等）	
305-2	柜（箱）		
305-2-1	GB 10409	防盗保险柜（箱）	GB 10409-2019 防盗保险柜（箱），合并 GB 10409-2001 防盗保险柜（修订中）、GA 166-2006防盗保险箱（修订中）；参照国外标准细化分类

续表

编号	级别和属性	标准名称	现行标准
305-2-2	GA 746	提款箱	GA 746-2020 提款箱
305-2-3	GA 501	银行保管箱	GA/T 501-2020 银行保管箱
305-2-4	GA	枪械专用保险柜	
305-2-5	GA	保管箱（最低标准、要求明示：该保管箱不是防盗保险箱，使用时请注意风险。考虑宾馆应用）	
305-2-6	GB 10409	ATM 用保险柜	并入 GB 10409-2019 防盗保险柜（箱）
305-2-7	GB 10409	投入式保险柜	并入 GB 10409-2019 防盗保险柜（箱）
305-2-8	GB 10409	组合式金库	并入 GB 10409-2019 防盗保险柜（箱）
305-2-9	GA/T 3	便携式防盗安全箱	GA/T 3-1991 便携式防盗安全箱
305-2-10	GA 1003	银行自助服务亭技术要求	GA 1003-2012 银行自助服务亭技术要求
305-2-11	GA	防盗防火保险箱	
305-2-12	GA	爆炸物品柜	
305-2-13	GA	银行整体柜台	
305-2-14	GA	银行自助机具用保险柜	
305-2-15	GA	银行营业场所安全柜员系统	
305-2-16	GA	金融营业场所用组合柜台	
305-2-17	GA	便携式爆炸品安全箱	
305-3	锁具		
305-3-1	GA/T 73	机械防盗锁	GA/T 73-2015 机械防盗锁
305-3-2	GA 374	电子防盗锁	GA 374-2019 电子防盗锁
305-3-3	GA	电控防盗锁（涵盖磁力锁、电插锁、电锁扣、远程控制等）	
305-3-4	GA	机电一体化防盗锁	
305-3-5	GA	生物特征识别锁具（是否单独制定锁体、锁头标准）	包括：GA 701-2007 指纹防盗锁通用技术条件
305-3-6	GA	光子锁	
305-3-7	GA	光子授权系统通用技术要求	
305-4	防护材料		
305-4-1	GA 165	防弹复合玻璃	GA 165-2016 防弹透明材料
305-4-2	GA 667	防爆炸复合玻璃	GA 667-2020 防爆炸透明材料

续表

编号	级别和属性	标准名称	现行标准
305-4-3	GA 844	防砸复合玻璃	GA 844-2018 防砸透明材料
305-4-4	GA518	银行营业场所透明防护屏障安装规范	GA 518-2004 银行营业场所透明防护屏障安装规范（待修订）
305-4-5	GA	其他高性能防护材料	
305-4-6	GA	银行用库板	
305-4-7	GA	银行用智能防护窗	
305-4-8	GA	周界防护安全围栏	
305-4-9	GB	安全防范透明防护材料通用技术要求	
305-5	其他防护产品（机电一体化防护装置）		
305-5-1	GA 164	专用运钞车防护技术要求	GA 164-2018 专用运钞车防护技术要求
305-5-2	GA	路障标准	
305-5-3	GA	银行远距离传输装置标准	

附录四　安防及安防相关团体标准目录（2020年）

序号	标准代码	标准名称	颁布日期	实施日期	发布机构
1	T/COS004-2019	防爆容器通用技术要求	2019年12月10日	2020年1月1日	中国兵工学会
2	T/ZSZN 001-2019	智能电子防盗锁	2019年10月14日	2020年1月1日	中山市智能家居产业促进会
3	T/GSTA 001-2020	停车场（库）智能管理系统技术规范	2020年1月16日	2020年1月16日	广东省静态交通协会
4	T/SSPIA2-2020	视频监控数据安全防护系统技术要求	2020年2月10日	2020年2月10日	苏州市安全技术防范行业协会
5	T/GDMA 23-2020	高精度人脸检测技术要求	2020年2月17日	2020年2月17日	广东省市场协会
6	T/GDMA22-2020	嵌入式实时人脸图像采集分析设备	2020年2月17日	2020年2月17日	广东省市场协会
7	T/CAS 354.4-2020	基于大数据的智慧家庭服务平台　评价技术规范　第4部分：智慧卧室	2020年3月3日	2020年3月3日	中国标准化协会
8	T/HSJ 014-2019	智慧社区安全防范系统数据接口规范	2019年12月26日	2020年3月13日	湖北省数字家庭产业促进会
9	T/CSPSTC 44-2019	城市轨道交通运营保护区安全管理技术规范	2019年12月26日	2020年4月1日	中国科技产业化促进会
10	T/SZSSIA002-2020	人体测温出入口控制系统技术规范	2020年4月3日	2020年4月10日	深圳市智慧安防行业协会
11	T/ZSA 76-2020	非接触式智能体温筛查系统技术规范	2020年4月10日	2020年4月11日	中关村标准化协会
12	T/CCIAT0017-2020	智能家居工程技术规程	2020年3月5日	2020年5月5日	中国建筑业协会
13	T/ZJAF 3-2020	热成像人体测温报警系统技术规范	2020年5月8日	2020年5月8日	浙江省安全技术防范行业协会
14	T/AI 109.2-2020	信息技术　智能媒体编码　第2部分：视频	2020年5月13日	2020年5月13日	中关村视听产业技术创新联盟
15	T/CSTE 0011-2019	加氢站视频安防监控系统技术要求	2020年5月22日	2020年5月22日	中国技术经济学会
16	T/CAS 354.1-2020	基于大数据的智慧家庭服务平台　评价技术规范　第1部分：集成系统	2020年6月18日	2020年6月18日	中国标准化协会
17	T/SSPIA 3-2020	安全技术防范行业诚信单位等级评价规范	2020年6月19日	2020年6月19日	苏州市安全技术防范行业协会
18	T/WSJ 006-2020	智慧社区安全防范系统数据接口规范	2020年6月20日	2020年6月25日	武汉三网融合及数字家庭协会
19	T/WSJ 004-2020	社区安防监控及智能预警系统技术要求	2020年6月20日	2020年6月25日	武汉三网融合及数字家庭协会

续表

序号	标准代码	标准名称	颁布日期	实施日期	发布机构
20	T/ZSLED07-2020	智能家居装置与控制命令编码	2020年6月24日	2020年6月29日	中山市半导体照明行业协会
21	T/CITSA 02-2020	道路交通智能摄像机通用技术要求	2020年7月27日	2020年7月28日	中国智能交通协会
22	T/CITSA 04-2020	智能交通　软件定义摄像机功能技术要求	2020年7月27日	2020年7月28日	中国智能交通协会
23	T/TJTX 001-2020	停车库（场）车辆视频图像和号牌信息采集与传输系统技术要求	2020年7月29日	2020年7月31日	天津市停车业协会
24	T/ZJAF 1-2020	安全防范工程质量规范	2020年5月8日	2020年8月1日	浙江省安全技术防范行业协会
25	T/CESA 1108-2020	智能人体温度检测与识别系统技术要求和测试评价方法	2020年7月30日	2020年8月1日	中国电子工业标准化技术协会
26	T/CESA 1107-2020	基于视频图像的人员追踪系统技术要求和测试评价方法	2020年7月30日	2020年8月1日	中国电子工业标准化技术协会
27	T/CDAA 001-2020	大数据应用平台　公用组件开发技术要求	2020年7月30日	2020年8月1日	中关村云平台与数据应用产业联盟
28	T/CIE 080-2020	工业级高可靠集成电路评价　第15部分：超高频射频识别	2020年6月8日	2020年8月15日	中国电子学会
29	T/CIE 079-2020	工业级高可靠集成电路评价　第14部分：图像传感器	2020年6月8日	2020年8月15日	中国电子学会
30	T/SIOT 605-2020	智能语音核心组件接口规范	2020年7月15日	2020年8月25日	上海市物联网行业协会
31	T/CHEAA 0001.2-2020	智能家电云云互联互通　第2部分：信息安全技术要求与评估方法	2020年8月25日	2020年8月25日	中国家用电器协会
32	T/CESA 1113-2020	公寓智能门锁系统	2020年8月25日	2020年9月1日	中国电子工业标准化技术协会
33	T/SDIE 14.1-2020	道路运输车辆主动安全智能防控系统第1部分：平台技术规范	2020年8月28日	2020年9月1日	山东电子学会
34	T/SDIE 14.2-2020	道路运输车辆主动安全智能防控系统第2部分：终端技术规范	2020年8月28日	2020年9月1日	山东电子学会
35	T/SDIE 14.3-2020	道路运输车辆主动安全智能防控系统第3部分：通讯协议规范	2020年8月28日	2020年9月1日	山东电子学会
36	T/CESA 1113-2020	公寓智能门锁系统	2020年8月25日	2020年9月1日	中国电子工业标准化技术协会
37	T/SDIE 14.1-2020	道路运输车辆主动安全智能防控系统第1部分：平台技术规范	2020年8月28日	2020年9月1日	山东电子学会
38	T/SDIE 14.2-2020	道路运输车辆主动安全智能防控系统第2部分：终端技术规范	2020年8月28日	2020年9月1日	山东电子学会

续表

序号	标准代码	标准名称	颁布日期	实施日期	发布机构
39	T/SDIE 14. 3-2020	道路运输车辆主动安全智能防控系统　第 3 部分：通讯协议规范	2020 年 8 月 28 日	2020 年 9 月 1 日	山东电子学会
40	T/SPEMF 0011-2020	智能门锁	2020 年 9 月 4 日	2020 年 9 月 4 日	深圳市卓越绩效管理促进会
41	T/CAS 434-2020	智慧家庭全屋分布式语音交互规范	2020 年 9 月 7 日	2020 年 9 月 7 日	中国标准化协会
42	T/SZPIA 001-2020	停车库（场）管理系统预约停车数据接口规范	2020 年 9 月 7 日	2020 年 9 月 7 日	深圳市停车行业协会
43	T/CSSG 001. 1-2020	市域网格化治理标准体系建设指南　第 1 部分：术语和定义	2020 年 9 月 15 日	2020 年 9 月 15 日	中国社会治理研究会
44	T/CSSG 001. 2-2020	市域网格化治理标准体系建设指南　第 2 部分：基本要求	2020 年 9 月 15 日	2020 年 9 月 15 日	中国社会治理研究会
45	T/CSSG 001. 3-2020	市域网格化治理标准体系建设指南　第 3 部分：标准体系	2020 年 9 月 15 日	2020 年 9 月 15 日	中国社会治理研究会
46	T/CSSG 001. 4-2020	市域网格化治理标准体系建设指南　第 4 部分：标准编写	2020 年 9 月 15 日	2020 年 9 月 15 日	中国社会治理研究会
47	T/CSSG 001. 5-2020	市域网格化治理标准体系建设指南　第 5 部分：体系评价	2020 年 9 月 15 日	2020 年 9 月 15 日	中国社会治理研究会
48	T/CA 007. 1—2020	市域网格化治理标准体系建设指南	2020 年 9 月 15 日	2020 年 9 月 15 日	中国通信工业协会
49	T/CA 007. 2—2020	市域网格化治理标准体系建设指南　第 2 部分：基本要求	2020 年 9 月 15 日	2020 年 9 月 15 日	中国通信工业协会
50	T/CA 007. 3—2020	市域网格化治理标准体系建设指南　第 3 部分：标准体系	2020 年 9 月 15 日	2020 年 9 月 15 日	中国通信工业协会
51	T/CA 007. 4—2020	市域网格化治理标准体系建设指南　第 4 部分：标准编写	2020 年 9 月 15 日	2020 年 9 月 15 日	中国通信工业协会
52	T/CA 007. 5—2020	市域网格化治理标准体系建设指南　第 5 部分：体系评价	2020 年 9 月 15 日	2020 年 9 月 15 日	中国通信工业协会
53	T/ZAII 024-2020	基于物联网的桥梁安全数字化监测规范	2020 年 9 月 14 日	2020 年 9 月 20 日	浙江省物联网产业协会
54	T/CSI 0004-2020	居家养老智能化系统技术要求	2020 年 9 月 4 日	2020 年 9 月 21 日	中国老龄产业协会
55	T/IOT 0402-2020	城域级物联网运营管理支撑平台数据格式　第 1 部分：接口数据	2020 年 9 月 24 日	2020 年 9 月 28 日	中关村物联网产业联盟
56	T/QGCML 073-2020	超市防盗器	2020 年 9 月 29 日	2020 年 09 月 29 日	全国城市工业品贸易中心联合会
57	T/QDAS 054-2020	城市安全风险调查技术规范	2020 年 9 月 30 日	2020 年 10 月 1 日	青岛市标准化协会
58	T/ZJAF 5-2020	安全防范　人脸数据安全管理规范	2020 年 9 月 15 日	2020 年 10 月 1 日	浙江省安全技术防范行业协会
59	T/CDAA 002-2020	大数据应用平台　公用组件运维运营技术要求	2020 年 9 月 1 日	2020 年 10 月 1 日	中关村云平台与数据应用产业联盟

续表

序号	标准代码	标准名称	颁布日期	实施日期	发布机构
60	T/ZSPH 03-2020	物联网智能家居　安全技术要求	2020年10月16日	2020年10月16日	中关村乐家智慧居住区产业技术联盟
61	T/CRSUD 001-2020	智慧城市代码标识编码规则	2020年10月19日	2020年10月19日	中国城市发展研究会
62	T/NHTX 001—2020	电梯安全运行物联监控系统验收规范	2020年10月10日	2020年10月20日	佛山市南海区特种设备协会
63	T/NHTX 002—2020	电梯安全运行物联监控的技术规范	2020年10月10日	2020年10月20日	佛山市南海区特种设备协会
64	T/GDC 71-2020	多维人脸识别测试技术要求	2020年10月19日	2020年10月20日	广东省产品认证服务协会
65	T/CABEP 006-2020	智慧楼宇（商务楼宇）运营管理　等级评价体系	2020年10月30日	2020年10月31日	成都市楼宇经济促进会
66	T/CSPIA 001-2020	安防电源管理设备通用技术要求	2020年11月10日	2020年11月10日	中国安全防范产品行业协会
67	T/CSPIA 002-2020	手机音视频紧急求助与报警系统技术要求	2020年11月10日	2020年11月10日	中国安全防范产品行业协会
68	T/ZSFL 002-2020	社区居家智慧养老服务信息平台管理规范	2020年11月20日	2020年11月21日	中山市社会福利协会
69	T/APSIA 01-2020	封闭式停车场安全管理工作指南	2020年11月25日	2020年11月25日	安徽省停车服务行业协会
70	T/CSPIA 003-2020	安全防范人脸抓拍设备技术要求	2020年11月25日	2020年11月25日	中国安全防范产品行业协会
71	T/CSPIA 004-2020	安防摄像机智能化指标和评测方法	2020年11月25日	2020年11月25日	中国安全防范产品行业协会
72	T/TAF 074-2020	移动智能终端数字车钥匙信息安全技术要求	2020年11月26日	2020年11月26日	电信终端产业协会
73	T/ZZB 1949-2020	居家安全防护门护栏	2020年11月23日	2020年12月1日	浙江省品牌建设联合会
74	T/GDAQI 041-2020	路内智慧停车系统通用技术规范	2020年12月4日	2020年12月4日	广东省质量检验协会
75	T/QZZN 016-2020	智慧安全用电云平台	2020年12月1日	2020年12月5日	泉州智能装备产业协会
76	T/ZSA 43-2020	铁路视频监控需求规范　车站客运用户	2020年12月6日	2020年12月7日	中关村标准化协会
77	T/ZSA 45-2020	基于北斗车载数据的公交数据共享平台技术规范	2020年12月6日	2020年12月7日	中关村标准化协会
78	T/CCUA 008-2020	智能预警安全柜技术规范	2020年11月10日	2020年12月10日	中国计算机用户协会
79	T/STSI 6-2020	智慧路灯　物联网信息共享数据规范	2020年12月25日	2020年12月25日	中关村新兴科技服务业产业联盟
80	T/CESA 1124-2020	信息安全技术　人脸比对模型安全技术规范	2020年11月24日	2020年12月25日	中国电子工业标准化技术协会

续表

序号	标准代码	标准名称	颁布日期	实施日期	发布机构
81	T/CAB 0077-2020	智能家电物联网性能测试方法　第 3 部分：语音识别	2020 年 11 月 26 日	2020 年 12 月 26 日	中国产学研合作促进会
82	T/HATSI 0006-2020	新能源汽车远程监控系统通讯协议	2020 年 12 月 28 日	2020 年 12 月 30 日	湖南省技术标准创新促进会
83	T/SCIIA 2-2020	智慧城管系统建设规范	2020 年 12 月 31 日	2020 年 12 月 31 日	中关村智慧城市信息化产业联盟
84	T/GDIIA 003-2020	智能网联汽车车载通信终端　嵌入式软件测试方法	2020 年 12 月 28 日	2020 年 12 月 31 日	广东省信息协会
85	T/GDAQI 048-2020	基于区块链应用软件的通用测试要求	2020 年 12 月 30 日	2020 年 12 月 31 日	广东省质量检验协会
86	T/GDAQI 046-2020	智能物联网安全检测通用要求	2020 年 12 月 30 日	2020 年 12 月 31 日	广东省质量检验协会
87	T/DGAS 005.11-2020	反恐怖防范管理规范　第 11 部分：供水	2020 年 12 月 22 日	2020 年 12 月 31 日	东莞市标准化协会
88	T/GAX 002-2020	视频监控系统维护保养规范	2020 年 11 月 18 日	2020 年 12 月 31 日	贵州省安全技术防范行业协会
89	T/GAX 003-2020	贵州省视频图像数据采集设备使用命名规范	2020 年 11 月 18 日	2020 年 12 月 31 日	贵州省安全技术防范行业协会
90	T/GAX 004-2020	贵州省视频结构化数据采集设备技术要求	2020 年 11 月 18 日	2020 年 12 月 31 日	贵州省安全技术防范行业协会
91	T/FJAF 003-2020	安全防范工程视频监控系统维护服务规范	2020 年 12 月 9 日	2021 年 1 月 1 日	福建省公共安全防范行业协会
92	T/FJAF 004-2020	远程视频监测系统技术规范	2020 年 12 月 9 日	2021 年 1 月 1 日	福建省公共安全防范行业协会
93	T/SZAF 002-2020	高空抛物智能监控（报警）系统　工程技术规范	2020 年 12 月 31 日	2021 年 1 月 1 日	深圳市安全防范行业协会
94	T/GDRTA 002-2020	道路运输车辆智能视频监控报警系统通讯协议规范	2020 年 12 月 29 日	2021 年 1 月 1 日	广东省道路运输协会
95	T/GDRTA 001-2020	道路运输车辆智能视频监控报警系统终端技术规范	2020 年 12 月 29 日	2021 年 1 月 1 日	广东省道路运输协会
96	T/JNWX 009.1-2020	公共秩序维护规范　第 1 部分：出入口管理	2020 年 12 月 18 日	2021 年 1 月 1 日	济南市物业管理行业协会
97	T/JNWX 009.2-2020	公共秩序维护规范　第 2 部分：巡查管理	2020 年 12 月 18 日	2021 年 1 月 1 日	济南市物业管理行业协会
98	T/JNWX 009.3-2020	公共秩序维护规范　第 3 部分：监控中心管理	2020 年 12 月 18 日	2021 年 1 月 1 日	济南市物业管理行业协会
99	T/JNWX 009.4-2020	公共秩序维护规范　第 4 部分：安防设施管理	2020 年 12 月 18 日	2021 年 1 月 1 日	济南市物业管理行业协会
100	T/FJAF 004-2021	远程视频监测系统技术规范	2020 年 12 月 9 日	2021 年 1 月 1 日	福建省公共安全防范行业协会

续表

序号	标准代码	标准名称	颁布日期	实施日期	发布机构
101	T/SCHCIA 002-2020	安全视频监控系统前端设备的安全加固产品技术规范	2020 年 12 月 2 日	2021 年 1 月 1 日	四川省密码行业协会
102	T/SCHCIA 001-2020	安全视频监控系统密码算法应用通用规范	2020 年 12 月 2 日	2021 年 1 月 1 日	四川省密码行业协会
103	T/ZJAF 6-2020	智慧校园 联网型智能锁系统技术要求	2020 年 11 月 18 日	2021 年 1 月 1 日	浙江省安全技术防范行业协会
104	T/TMAC 028-2020	智能工厂监控和数据采集技术要求	2020 年 12 月 16 日	2021 年 2 月 1 日	中国技术市场协会
105	T/TMAC 029-2020	基于工业物联网的智能建造 机器视觉技术要求	2020 年 12 月 16 日	2021 年 2 月 1 日	中国技术市场协会
106	T/FJAF 002-2020	公共安全防范企业信用评价规范	2020 年 12 月 9 日	2021 年 3 月 1 日	福建省公共安全防范行业协会

附录五　安防产品认证业务范围和认证实施规则表

中国安全技术防范认证中心认证业务范围和实施规则表

一、安防产品认证业务范围

（一）开展的强制性认证的产品（CCC）目录

入侵探测器、防盗报警控制器、汽车行驶记录仪、车身反光标识。

（二）开展的行业自愿性认证的产品（GA）目录

防盗安全门、防盗锁、机动车测速仪、呼出气体酒精含量检测仪、道路交通信号灯、警用多波段光源、活体指纹采集仪/指掌纹采集设备、DNA 检测试剂、公安 350 兆模拟无线通信设备、居民身份证阅读机具、安防线缆、公共安全视频监控产品。

（三）开展的机构 CSP 自愿性认证的产品目录

防盗保险（柜箱）、汽车防盗报警器、安检设备、公共安全重点区域视频图像信息采集设备、公共安全产品、汽车行驶记录仪、车身反光标识。

二、安防产品认证实施规则表

序号	认证类别		认证产品名称	认证实施规则
1	CCC	安全技术防范产品强制性认证	入侵探测器、防盗报警控制器	CNCA-C19-01《强制性产品认证实施规则　防盗报警产品》
2	CCC	机动车辆及安全附件产品强制性认证	车身反光标识	CNCA-C11-13《强制性产品认证实施规则　车身反光标识》
3	CCC	机动车辆及安全附件产品强制性认证	汽车行驶记录仪	CNCA-C11-14《强制性产品认证实施规则　汽车行驶记录仪》
4	GA	安全技术防范产品自愿性认证	公共安全视频监控产品	CSP-V01-006《社会公共安全产品自愿性认证实施规则公共安全视频监控产品》
5	GA	安全技术防范产品自愿性认证	防盗安全门	CSP-V01-001《安全技术防范产品自愿性认证实施规则　防盗安全门产品》
6	GA	安全技术防范产品自愿性认证	防盗锁	CSP-V01-003《安全技术防范产品自愿性认证实施规则　防盗锁产品》
7	GA	道路交通安全产品自愿性认证	机动车测速仪	CSP-V02-001《道路交通安全产品自愿性认证实施规则　机动车测速仪产品》
8	GA	道路交通安全产品自愿性认证	呼出气体酒精含量探测器	CSP-V02-002《道路交通安全产品自愿性认证实施规则　呼出气体酒精含量探测器产品》

续表

序号	认证类别		认证产品名称	认证实施规则
9	GA	道路交通安全产品自愿性认证	道路交通信号灯	CSP-V02-004《道路交通安全产品自愿性认证实施规则　道路交通信号灯产品》
10	GA	刑事技术产品自愿性认证	警用多波段光源	CSP-V03-001《刑事技术产品自愿性认证实施规则　警用多波段光源产品》
11	GA	刑事技术产品自愿性认证	“502”指印熏显柜	CSP-V03-002《刑事技术产品自愿性认证实施规则　“502”指印熏显柜产品》
12	GA	刑事技术产品自愿性认证	活体指纹/掌纹采集设备产品	CSP-V03-003《刑事技术产品自愿性认证实施规则　活体指纹/掌纹采集设备产品》
13	GA	法庭科学产品自愿性认证	DNA 检测试剂	CSP-V03-005《法庭科学产品自愿性认证实施规则　DNA 检测试剂产品》
14	GA	公安无线通信设备自愿性认证	公安 350 兆模拟无线通信设备	CSP-V04-001《公安无线通信设备自愿性认证实施规则　公安 350 兆模拟无线通信设备》
15	GA	社会公共安全产品认证	身份证阅读机具产品	CSP-V05-001《社会公共安全产品认证实施规则　身份证阅读机具产品》
16	GA	安全技术防范产品自愿性认证	安防线缆产品	CSP-V06-001《安全技术防范产品自愿性认证实施规则　安防线缆产品》
17	CSP	安全技术防范产品自愿性认证	安全检查设备——微剂量 X 射线安全检查设备	CSP-V07-001《安全技术防范产品自愿性认证实施规则　安全检查设备》
18	CSP	安全技术防范产品自愿性认证	防盗保险柜（箱）	CSP-C19-02《安全技术防范产品自愿性认证实施规则　安防实体防护产品》
19	CSP	安全技术防范产品自愿性认证	汽车防盗报警系统产品	CSP-V01-005《安全技术防范产品自愿性认证实施规则　汽车防盗报警系统产品》
20	CSP	安全技术防范产品自愿性认证	公共安全重点区域视频图像信息采集设备产品	CSP-V01-007《安全技术防范产品自愿性认证实施规则　公共安全重点区域视频图像信息采集设备产品》
21	CSP	安全技术防范产品自愿性认证	公共安全产品	CSP-Q01-001《公共安全产品合格认证实施规则》
22	CSP	道路交通安全产品自愿性认证	汽车行驶记录仪	CSP-V02-003《道路交通安全产品自愿性认证实施规则　汽车行驶记录仪产品》
23	CSP	道路交通安全产品自愿性认证	车身反光标识	CSP-V02-005《道路交通安全产品自愿性认证实施规则　车身反光标识产品》

公安部第三研究所认证中心认证业务范围和实施规则表

一、安防产品认证业务范围

（一）开展的强制性认证的产品（CCC）目录

入侵探测器、防盗报警控制器、汽车行驶记录仪、车身反光标识。

（二）开展的行业自愿性认证的产品（GA）目录

防盗安全门、防盗锁、公共安全视频监控产品、公安 350 兆模拟无线通信设备、居民身份证阅读机具。

（三）开展的机构 TRIMPS 自愿性认证的产品目录

防盗保险柜（箱）、汽车防盗报警器、智能联网产品、汽车行驶记录仪、车身反光标识。

二、安防产品认证实施规则表

序号	认证类别		认证产品名称	认证实施规则
1	CCC	安全技术防范产品强制性认证	入侵探测器、防盗报警控制器	CNCA-C19-01《强制性产品认证实施规则 防盗报警产品》
2	CCC	机动车辆及安全附件产品强制性认证	车身反光标识	CNCA-C11-13《强制性产品认证实施规则 车身反光标识》
3	CCC	机动车辆及安全附件产品强制性认证	汽车行驶记录仪	CNCA-C11-14《强制性产品认证实施规则 汽车行驶记录仪》
4	GA	安全技术防范产品自愿性认证	公共安全视频监控产品	TRIMPS-ZY06-001：2020《社会公共安全产品自愿性认证实施规则 公共安全视频监控产品》
5	GA	安全技术防范产品自愿性认证	防盗安全门	TRIMPS-ZY01-001：2020《社会公共安全产品自愿性认证实施规则 防盗安全门产品》
6	GA	安全技术防范产品自愿性认证	防盗锁	TRIMPS-ZY01-002：2020《社会公共安全产品自愿性认证实施规则 防盗锁产品》
7	GA	公安无线通信设备自愿性认证	公安 350 兆模拟无线通信设备	TRIMPS-ZY02-001：2020《社会公共安全产品自愿性认证实施规则 公安 350 兆模拟无线通信设备》
8	GA	社会公共安全产品认证	身份证阅读机具产品	TRIMPS-ZY03-001：2020《社会公共安全产品自愿性认证实施规则 身份证阅读机具产品》
9	TRIMPS	社会公共安全产品认证	防盗保险柜（箱）	TRIMPS-ZY01-003：2020《社会公共安全产品自愿性认证实施规则 防盗保险箱柜产品》
10	TRIMPS	社会公共安全产品认证	智能联网产品	TRIMPS-ZY04-001：2020《社会公共安全产品自愿性认证实施规则 智能联网产品（网络安全）》
11	TRIMPS	社会公共安全产品认证	汽车防盗报警系统产品	TRIMPS-ZY05-001：2020《社会公共安全产品自愿性认证实施规则 汽车防盗报警系统产品》
12	TRIMPS	社会公共安全产品认证	汽车行驶记录仪	TRIMPS-ZY05-002：2020《社会公共安全产品自愿性认证实施规则 汽车行驶记录仪》
13	TRIMPS	社会公共安全产品认证	车身反光标识	TRIMPS-ZY07-001：2020《社会公共安全产品自愿性认证实施规则 车身反光标识产品》

附录六　安防行业展会名录（2020 年）

序号	展会名称	展会时间	展会地点
1	2020 第十九届济南国际公共安全防范产品暨警用装备博览会	2020 年 5 月 23—25 日	济南国际会展中心
2	2020 第十四届广西国际社会公共安全产品暨司法警用反恐装备展览会	2020 年 7 月 10—12 日	南宁国际会展中心
3	2020 第十八届中国（郑州）社会公共安全产品博览会	2020 年 7 月 29—31 日	郑州国际会展中心
4	2020 第九届西部（甘肃）社会公共安全防范产品与智慧城市警用装备博览会	2020 年 7 月 31 日—8 月 2 日	甘肃国际会展中心
5	2020（第十九届）南京社会公共安全博览会	2020 年 8 月 20—22 日	南京国际博览中心
6	第十一届中国国际智慧城市暨社会公共安全产品（天津）展览会	2020 年 8 月 20—22 日	天津国际展览中心
7	2020 第二十二届东北国际公共安全防范产品博览会	2020 年 8 月 26—28 日	沈阳新世界博览馆
8	2020 中国成都国际社会公共安全产品与技术展览会	2020 年 8 月 27—29 日	成都世纪城新国际会展中心
9	2020 上海国际智能建筑展览会/上海国际智能家居展览会	2020 年 9 月 2—4 日	上海新国际博览中心
10	2020 中国（重庆）智慧城市、公共安全暨警用装备产品技术展览会	2020 年 9 月 18—20 日	重庆国际会展中心
11	2020 第三届昆明国际消防展和南亚安博会	2020 年 9 月 20—22 日	昆明国际会展中心
12	2020 中国（西安）国际社会公共安全产品　智慧城市暨雪亮工程及 5G 技术应用博览会	2020 年 9 月 22—24 日	西安国际会展中心
13	2020 第十九届华北社会公共安全产品博览会	2020 年 9 月 27—29 日	石家庄国际博览中心
14	2020 第十四届中国国际智能交通展览会	2020 年 11 月 18—20 日	北京中国国际展览中心
15	2020 中国（杭州）国际社会公共安全产品与技术博览会	2020 年 11 月 20 日	浙江省人民大会堂

附录七　获得中国安全防范产品行业协会安防工程企业设计施工维护能力评价一级证书企业名录

（2020 年 12 月 31 日）

一、北京（共 325 家）

序号	企业名称	证书编号	颁证日期
1	中国通广电子有限公司	ZAX-NP01201611010012-01	2016 年 8 月 25 日
2	北京大恒软件技术有限公司	ZAX-NP01202011010490	2020 年 6 月 15 日
3	北京易华录信息技术股份有限公司	ZAX-NP01201611010001-01	2016 年 7 月 28 日
4	北京银信电子技术有限责任公司	ZAX-NP01201911010427	2019 年 1 月 15 日
5	北京中盾安民分析技术有限公司	ZAX-NP01201811010406	2018 年 9 月 3 日
6	北京思维实创科技股份有限公司	ZAX-NP01201611010106-01	2016 年 11 月 16 日
7	中以联科电子安装工程（北京）有限公司	ZAX-NP01201711010223-01	2017 年 3 月 1 日
8	北京四方继保自动化股份有限公司	ZAX-NP01201711010243-01	2017 年 4 月 17 日
9	北京联视神盾安防技术有限公司	ZAX-NP01201611010019-01	2016 年 8 月 31 日
10	北京冠宇信息科技股份有限公司	ZAX-NP01202011010502	2020 年 9 月 16 日
11	北京航天长峰科技工业集团有限公司	ZAX-NP01201611010032-01	2016 年 9 月 14 日
12	北京迈科电子系统工程有限公司	ZAX-NP01202011010496	2020 年 7 月 30 日
13	北京中航弱电系统工程有限公司	ZAX-NP01201611010127-01	2016 年 11 月 24 日
14	北京欣智恒科技股份有限公司	ZAX-NP01201611010004-01	2016 年 7 月 28 日
15	北京铭尚天乐科技发展有限公司	ZAX-NP01201611010145-01	2016 年 12 月 6 日
16	北京华宇信息技术有限公司	ZAX-NP01201611010002-01	2016 年 7 月 28 日
17	中国电子系统技术有限公司	ZAX-NP01201611010003-01	2016 年 7 月 28 日
18	北京浩普诚华科技有限公司	ZAX-NP01201611010005-01	2016 年 8 月 15 日
19	东方网力科技股份有限公司	ZAX-NP01201611010006-01	2016 年 8 月 15 日
20	北京佳讯飞鸿电气股份有限公司	ZAX-NP01201611010008-01	2016 年 8 月 25 日
21	北京市警视达机电设备研究所有限公司	ZAX-NP01201611010010-01	2016 年 8 月 25 日
22	千方捷通科技股份有限公司	ZAX-NP01201611010011-01	2016 年 8 月 25 日
23	北京希安科电子系统工程有限责任公司	ZAX-NP01201611010015-01	2016 年 8 月 25 日
24	北京实创上地科技有限公司	ZAX-NP01201611010016-01	2016 年 8 月 25 日

续表

序号	企业名称	证书编号	颁证日期
25	北京市振隆科技股份有限公司	ZAX-NP01201611010017-01	2016年8月31日
26	北京世纪瑞尔技术股份有限公司	ZAX-NP01201611010018-01	2016年8月31日
27	富盛科技股份有限公司	ZAX-NP01201611010020-01	2016年8月31日
28	北京明星信达电子技术有限公司	ZAX-NP01201611010021-01	2016年8月31日
29	北京恒业世纪科技股份有限公司	ZAX-NP01201611010022-01	2016年8月31日
30	北京富林思博石油科技有限责任公司	ZAX-NP01201611010023-01	2016年8月31日
31	北京华科鸿泰智能系统工程有限责任公司	ZAX-NP01201611010025-01	2016年8月31日
32	华迪计算机集团有限公司	ZAX-NP01201611010026-01	2016年8月31日
33	北京公大永泰安全防范技术有限公司	ZAX-NP01201611010028-01	2016年9月14日
34	通号通信信息集团有限公司	ZAX-NP01201611010029-01	2016年9月14日
35	北京长城电子工程技术有限公司	ZAX-NP01201611010031-01	2016年9月14日
36	北京众诚天合科技有限公司	ZAX-NP01201611010033-01	2016年9月14日
37	北京中盾安全技术开发公司	ZAX-NP01201611010034-01	2016年9月14日
38	北京公科飞达交通工程发展有限公司	ZAX-NP01201611010036-01	2016年9月14日
39	北京益泰电子集团有限责任公司	ZAX-NP01201611010037-01	2016年9月14日
40	北京蓝色星际科技股份有限公司	ZAX-NP01201611010040-01	2016年9月14日
41	同方泰德国际科技（北京）有限公司	ZAX-NP01201611010041-01	2016年9月14日
42	北京数字智通科技有限公司	ZAX-NP01201611010043-01	2016年9月26日
43	北京北电科林电子有限公司	ZAX-NP01201611010044-01	2016年9月26日
44	同方股份有限公司	ZAX-NP01201611010047-01	2016年9月26日
45	北京通建泰利特智能系统工程技术有限公司	ZAX-NP01201611010049-01	2016年9月26日
46	北京舜天龙兴信息技术有限公司	ZAX-NP01201611010050-01	2016年9月26日
47	博康智能信息技术有限公司	ZAX-NP01201611010052-01	2016年9月26日
48	方正国际软件（北京）有限公司	ZAX-NP01201611010053-01	2016年9月26日
49	北京神州同正科技有限公司	ZAX-NP01201611010056-01	2016年10月12日
50	同方威视技术股份有限公司	ZAX-NP01201611010057-01	2016年10月12日
51	北京中电兴发科技有限公司	ZAX-NP01201611010059-01	2016年10月12日
52	北京韦驮安全工程有限责任公司	ZAX-NP01201611010060-01	2016年10月12日
53	龙浩通信公司	ZAX-NP01201611010062-01	2016年10月12日
54	北京东方新一科技开发有限公司	ZAX-NP01201611010063-01	2016年10月12日
55	北京国安信息科技有限公司	ZAX-NP01201611010064-01	2016年10月12日
56	北京中盛国华工程技术有限公司	ZAX-NP01201611010067-01	2016年10月12日

续表

序号	企业名称	证书编号	颁证日期
57	北京欣卓越技术开发有限责任公司	ZAX-NP01201611010069-01	2016 年 10 月 12 日
58	北京博维仕科技股份有限公司	ZAX-NP01201611010070-01	2016 年 10 月 12 日
59	北京北大青鸟安全系统工程技术有限公司	ZAX-NP01201611010071-01	2016 年 10 月 19 日
60	帜扬信通科技股份有限公司	ZAX-NP01201611010073-01	2016 年 10 月 19 日
61	北京伟通讯联科技股份有限公司	ZAX-NP01201611010075-01	2016 年 10 月 19 日
62	太极计算机股份有限公司	ZAX-NP01201611010076-01	2016 年 10 月 19 日
63	北京真视通科技股份有限公司	ZAX-NP01201611010077-01	2016 年 10 月 19 日
64	北京金尼斯电子技术有限责任公司	ZAX-NP01201611010078-01	2016 年 10 月 19 日
65	北京方法科技发展有限公司	ZAX-NP01201611010080-01	2016 年 10 月 19 日
66	北京众和汇智科技有限公司	ZAX-NP01201611010081-01	2016 年 10 月 19 日
67	北京中消长城消防安全工程有限公司	ZAX-NP01201611010083-01	2016 年 10 月 19 日
68	捷通智慧科技股份有限公司	ZAX-NP01201611010084-01	2016 年 10 月 19 日
69	北京时代凌宇科技股份有限公司	ZAX-NP01201611010085-01	2016 年 10 月 19 日
70	北京竞业达数码科技股份有限公司	ZAX-NP01201611010087-01	2016 年 10 月 19 日
71	北京数字政通科技股份有限公司	ZAX-NP01201611010089-01	2016 年 10 月 21 日
72	北京凯凯通达科贸发展有限公司	ZAX-NP01201611010091-01	2016 年 10 月 21 日
73	北京顺天裕技术有限公司	ZAX-NP01201611010093-01	2016 年 10 月 21 日
74	北京海利丰技贸有限责任公司	ZAX-NP01201611010094-01	2016 年 11 月 1 日
75	北京博雅英杰科技股份有限公司	ZAX-NP01201611010096-01	2016 年 11 月 1 日
76	北京航天康明电子技术开发有限公司	ZAX-NP01201611010097-01	2016 年 11 月 16 日
77	航天四创科技有限责任公司	ZAX-NP01201611010098-01	2016 年 11 月 16 日
78	北京鑫台华科技有限公司	ZAX-NP01201611010099-01	2016 年 11 月 16 日
79	北京市电信工程局有限公司	ZAX-NP01201611010100-01	2016 年 11 月 16 日
80	北京天川科技发展有限公司	ZAX-NP01201611010101-01	2016 年 11 月 16 日
81	北京宏扬迅腾科技发展有限公司	ZAX-NP01201611010102-01	2016 年 11 月 16 日
82	天地阳光通信科技（北京）有限公司	ZAX-NP01201611010103-01	2016 年 11 月 16 日
83	北京华成时代科技有限公司	ZAX-NP01201611010105-01	2016 年 11 月 16 日
84	北京国安电气有限责任公司	ZAX-NP01201611010107-01	2016 年 11 月 16 日
85	北京鼎安科技发展有限公司	ZAX-NP01201611010108-01	2016 年 11 月 16 日
86	华安天网（北京）信息技术有限公司	ZAX-NP01201611010109-01	2016 年 11 月 16 日
87	北京市太极华青信息系统有限公司	ZAX-NP01201611010111-01	2016 年 11 月 16 日
88	北京顺顺通科技有限公司	ZAX-NP01201611010113-01	2016 年 11 月 16 日

续表

序号	企业名称	证书编号	颁证日期
89	首都信息发展股份有限公司	ZAX-NP01201611010114-01	2016 年 11 月 16 日
90	北京益泰牡丹电子工程有限责任公司	ZAX-NP01201611010115-01	2016 年 11 月 16 日
91	北京世纪先锋科技有限公司	ZAX-NP01201611010117-01	2016 年 11 月 16 日
92	北京中电瑞达电子技术有限公司	ZAX-NP01201611010118-01	2016 年 11 月 24 日
93	北京飞利信电子技术有限公司	ZAX-NP01201611010119-01	2016 年 11 月 24 日
94	北京华夏电通科技股份有限公司	ZAX-NP01201611010120-01	2016 年 11 月 24 日
95	北京天海航天电子科技有限公司	ZAX-NP01201611010123-01	2016 年 11 月 24 日
96	北京海联捷讯科技股份有限公司	ZAX-NP01201611010124-01	2016 年 11 月 24 日
97	北京东华合创科技有限公司	ZAX-NP01201611010125-01	2016 年 11 月 24 日
98	北京云星宇交通科技股份有限公司	ZAX-NP01201611010126-01	2016 年 11 月 24 日
99	北京殷图网联科技股份有限公司	ZAX-NP01201611010128-01	2016 年 11 月 24 日
100	金名正元（北京）科技有限公司	ZAX-NP01201611010130-01	2016 年 11 月 30 日
101	北京图景佳科技有限公司	ZAX-NP01201611010131-01	2016 年 11 月 30 日
102	北京奥特维科技有限公司	ZAX-NP01201611010132-01	2016 年 11 月 30 日
103	北京亚洲卫星通信技术有限公司	ZAX-NP01201611010133-01	2016 年 11 月 30 日
104	北京住总建设安装工程有限责任公司	ZAX-NP01201611010135-01	2016 年 11 月 30 日
105	中国自控系统工程有限公司	ZAX-NP01201611010136-01	2016 年 11 月 30 日
106	普天信息技术有限公司	ZAX-NP01201611010139-01	2016 年 11 月 30 日
107	北京利斯达新技术有限公司	ZAX-NP01201611010141-01	2016 年 11 月 30 日
108	北京中强创业科技集团有限公司	ZAX-NP01201611010142-01	2016 年 11 月 30 日
109	联通数字科技有限公司	ZAX-NP01201611010144-01	2016 年 12 月 6 日
110	紫光软件系统有限公司	ZAX-NP01201611010146-01	2016 年 12 月 6 日
111	北京玛斯特系统工程有限公司	ZAX-NP01201611010147-01	2016 年 12 月 16 日
112	北京神讯信息科技有限公司	ZAX-NP01201611010149-01	2016 年 12 月 16 日
113	北京航天易联科技发展有限公司	ZAX-NP01201611010151-01	2016 年 12 月 16 日
114	北京天奥银科科技发展有限公司	ZAX-NP01201611010156-01	2016 年 12 月 27 日
115	北京金山顶尖科技股份有限公司	ZAX-NP01201611010157-01	2016 年 12 月 27 日
116	北京华科建筑智能系统工程有限公司	ZAX-NP01201611010158-01	2016 年 12 月 27 日
117	北京泰豪智能工程有限公司	ZAX-NP01201611010160-01	2016 年 12 月 27 日
118	北京声迅电子股份有限公司	ZAX-NP01201611010162-01	2016 年 12 月 27 日
119	北京民安达安防技术有限责任公司	ZAX-NP01201611010163-01	2016 年 12 月 30 日
120	北京国通创安报警网络技术有限公司	ZAX-NP01201611010164-01	2016 年 12 月 30 日

续表

序号	企业名称	证书编号	颁证日期
121	北京瑞拓电子技术发展有限公司	ZAX-NP01201611010165-01	2016年12月30日
122	中国电信集团系统集成有限责任公司	ZAX-NP01201611010166-01	2016年12月30日
123	北京明望杰安智能系统工程有限公司	ZAX-NP01201611010167-01	2016年12月30日
124	中华通信系统有限责任公司	ZAX-NP01201611010168-01	2016年12月30日
125	煤炭科学技术研究院有限公司	ZAX-NP01201611010169-01	2016年12月30日
126	北京驷骑中天网络工程技术有限公司	ZAX-NP01201611010170-01	2016年12月30日
127	巨龙在线（北京）科技发展有限公司	ZAX-NP01201711010174-01	2017年1月4日
128	中核弘盛智能科技有限公司	ZAX-NP01201711010175-01	2017年1月4日
129	北京世纪东方通讯设备有限公司	ZAX-NP01201711010180-01	2017年1月4日
130	北京创辉源科技发展有限公司	ZAX-NP01201711010176-01	2017年1月16日
131	北京神州新桥科技有限公司	ZAX-NP01201711010178-01	2017年1月16日
132	北京大唐高鸿数据网络技术有限公司	ZAX-NP01201711010183-01	2017年1月16日
133	北京旭亚威科技发展有限公司	ZAX-NP01201711010184-01	2017年1月16日
134	北京华鼎新铭智能科技发展有限公司	ZAX-NP01201711010185-01	2017年1月16日
135	北京天宇三鼎科技发展有限公司	ZAX-NP01201711010187-01	2017年1月16日
136	北京国势通科技有限公司	ZAX-NP01201711010188-01	2017年1月16日
137	北京中科盈联科技有限公司	ZAX-NP01201711010189-01	2017年1月16日
138	北京精英智通科技股份有限公司	ZAX-NP01201711010190-01	2017年1月24日
139	北京北大千方科技有限公司	ZAX-NP01201711010195-01	2017年1月24日
140	北京外通电子技术公司	ZAX-NP01201711010197-01	2017年1月24日
141	北京博雄电子工程有限公司	ZAX-NP01201711010205-01	2017年2月8日
142	易慧创新（北京）智能科技有限公司	ZAX-NP01201711010208-01	2017年2月17日
143	北京集宝保安系统工程有限公司	ZAX-NP01201711010210-01	2017年2月17日
144	北京中科软科技有限公司	ZAX-NP01201711010211-01	2017年2月17日
145	北京时代恒安技术服务有限责任公司	ZAX-NP01201711010213-01	2017年3月1日
146	北京北控电信通信息技术有限公司	ZAX-NP01201711010214-01	2017年3月1日
147	北京长信泰康通信技术有限公司	ZAX-NP01201711010215-01	2017年3月1日
148	北京科海致能科技有限公司	ZAX-NP01201711010216-01	2017年3月1日
149	北京市亚太安设备安装有限责任公司	ZAX-NP01201711010217-01	2017年3月1日
150	北京北航天华时代科技有限公司	ZAX-NP01201711010218-01	2017年3月1日
151	北京中福通信工程有限公司	ZAX-NP01201711010220-01	2017年3月1日
152	北京信达泰利科技有限公司	ZAX-NP01201711010224-01	2017年3月1日

续表

序号	企业名称	证书编号	颁证日期
153	北京卓达视通科技有限公司	ZAX-NP01201711010225-01	2017年3月13日
154	北京正地科技有限公司	ZAX-NP01201711010226-01	2017年3月13日
155	北京忠业兴达科技有限公司	ZAX-NP01201711010227-01	2017年3月13日
156	北京杰讯系统集成有限公司	ZAX-NP01201711010231-01	2017年3月13日
157	保全世纪（北京）保安服务有限公司	ZAX-NP01201711010233-01	2017年4月1日
158	北京美优科科技发展有限公司	ZAX-NP01201711010234-01	2017年4月1日
159	北京海湾威尔电子工程有限公司	ZAX-NP01201711010236-01	2017年4月1日
160	兴唐通信科技有限公司	ZAX-NP01201711010238-01	2017年4月1日
161	北京京天威科技发展有限公司	ZAX-NP01201711010240-01	2017年4月1日
162	北京安利杰安全防范科技有限公司	ZAX-NP01201711010241-01	2017年4月1日
163	北京东青互联科技有限公司	ZAX-NP01201711010244-01	2017年4月17日
164	北京艾颖利德科技发展有限公司	ZAX-NP01201711010252-01	2017年4月17日
165	北京国德建设有限公司	ZAX-NP01201711010249-01	2017年4月28日
166	中智建设技术工程有限责任公司	ZAX-NP01201711010250-01	2017年4月28日
167	北京科计通电子工程有限公司	ZAX-NP01201711010248-01	2017年4月28日
168	北京宏大京电电子技术有限公司	ZAX-NP01201711010253-01	2017年4月28日
169	北京市保安服务总公司	ZAX-NP01201711010256-01	2017年4月28日
170	北京安盾兰达科技有限公司	ZAX-NP01201711010258-01	2017年4月28日
171	北京鼎顺通信工程有限公司	ZAX-NP01201711010260-01	2017年5月15日
172	北京天河地塬安防技术服务有限公司	ZAX-NP01201711010261-01	2017年5月15日
173	北京华星恒业电气设备有限公司	ZAX-NP01201711010262-01	2017年5月15日
174	同辉佳视（北京）信息技术股份有限公司	ZAX-NP01201711010263-01	2017年5月15日
175	石化盈科信息技术有限责任公司	ZAX-NP01201711010265-01	2017年5月15日
176	北京城建安装集团有限公司	ZAX-NP01201711010273-01	2017年5月26日
177	北京同天科技有限公司	ZAX-NP01201711010274-01	2017年5月26日
178	北京瑞祺皓迪技术股份有限公司	ZAX-NP01201711010266-01	2017年5月26日
179	中国普天信息产业股份有限公司	ZAX-NP01201711010268-01	2017年5月26日
180	北京赛尔汇力安全科技有限公司	ZAX-NP01201711010269-01	2017年5月26日
181	北京万事利达建设发展有限公司	ZAX-NP01201711010271-01	2017年5月26日
182	华宇空港（北京）科技有限公司	ZAX-NP01201711010275-01	2017年6月1日
183	北京瑞华赢科技发展股份有限公司	ZAX-NP01201711010276-01	2017年6月1日
184	北京华之峰智能技术有限公司	ZAX-NP01201711010278-01	2017年6月1日

续表

序号	企业名称	证书编号	颁证日期
185	北京华恒通科技有限责任公司	ZAX-NP01201711010281-01	2017 年 6 月 19 日
186	北京万家安全系统有限公司	ZAX-NP01201711010283-01	2017 年 6 月 19 日
187	铭基电子技术（北京）有限公司	ZAX-NP01201711010282-01	2017 年 6 月 19 日
188	国泰瑞安股份有限公司	ZAX-NP01201711010285-01	2017 年 6 月 19 日
189	中军军弘保安服务有限公司	ZAX-NP01201711010287-01	2017 年 6 月 29 日
190	北京万通兴业科技发展有限公司	ZAX-NP01201711010290-01	2017 年 7 月 13 日
191	北京盈想东方科技股份有限公司	ZAX-NP01201711010292-01	2017 年 7 月 13 日
192	北京市光环电信股份有限公司	ZAX-NP01201711010295-01	2017 年 7 月 28 日
193	北京华道兴科技有限公司	ZAX-NP01201711010297-01	2017 年 7 月 28 日
194	北京兴华保安服务有限公司	ZAX-NP01201711010298-01	2017 年 8 月 4 日
195	北京友邦佳通电子科技有限公司	ZAX-NP01201711010299-01	2017 年 8 月 4 日
196	北京航天泰坦科技股份有限公司	ZAX-NP01201711010301-01	2017 年 8 月 15 日
197	中航机场设备有限公司	ZAX-NP01201711010303-01	2017 年 8 月 15 日
198	北京优炫软件股份有限公司	ZAX-NP01201711010304-01	2017 年 8 月 15 日
199	北京锐易科技有限公司	ZAX-NP01201711010305-01	2017 年 8 月 15 日
200	北京阳光金力科技发展有限公司	ZAX-NP01201711010307-01	2017 年 8 月 15 日
201	北京康特尔联合信息技术有限公司	ZAX-NP01201711010312-01	2017 年 9 月 6 日
202	中国通信建设集团有限公司	ZAX-NP01201711010313-01	2017 年 9 月 6 日
203	航天科工智慧产业发展有限公司	ZAX-NP01201711010314-01	2017 年 9 月 6 日
204	北京合众思壮时空物联科技有限公司	ZAX-NP01201711010315-01	2017 年 9 月 6 日
205	北京中电中天电子工程有限公司	ZAX-NP01201711010316-01	2017 年 9 月 18 日
206	北京永安商业有限公司	ZAX-NP01201711010317-01	2017 年 9 月 18 日
207	北京嘉铭创新科技有限公司	ZAX-NP01201711010318-01	2017 年 9 月 18 日
208	北京世纪实拓科技有限公司	ZAX-NP01201711010319-01	2017 年 9 月 29 日
209	通号工程局集团信息技术有限公司	ZAX-NP01201711010320-01	2017 年 9 月 29 日
210	普天和平科技有限公司	ZAX-NP01201711010322-01	2017 年 9 月 29 日
211	北京辰安科技股份有限公司	ZAX-NP01201711010323-01	2017 年 10 月 16 日
212	北京嘉瑞设备安装有限责任公司	ZAX-NP01201711010324-01	2017 年 10 月 26 日
213	中通建设股份有限公司	ZAX-NP01201711010326-01	2017 年 11 月 15 日
214	北京泰益丰技贸有限责任公司	ZAX-NP01201711010327-01	2017 年 11 月 15 日
215	北京神州泰岳软件股份有限公司	ZAX-NP01201711010329-01	2017 年 11 月 15 日
216	北京坚盾保安服务有限公司	ZAX-NP01201711010330-01	2017 年 11 月 15 日

续表

序号	企业名称	证书编号	颁证日期
217	北京江森自控有限公司	ZAX-NP01201711010331-01	2017 年 11 月 15 日
218	优士创新商业集团有限公司	ZAX-NP01201711010333-01	2017 年 12 月 1 日
219	北京首钢自动化信息技术有限公司	ZAX-NP01201711010334-01	2017 年 12 月 1 日
220	北京世安立天科技发展有限公司	ZAX-NP01201711010335-01	2017 年 12 月 1 日
221	北京京盾西科姆电子安全有限公司	ZAX-NP01201711010338-01	2017 年 12 月 1 日
222	三星信息技术服务（北京）有限公司	ZAX-NP01201711010343-01	2017 年 12 月 15 日
223	普天通信有限责任公司	ZAX-NP01201711010344-01	2017 年 12 月 15 日
224	航天信息股份有限公司	ZAX-NP01201711010345-01	2017 年 12 月 15 日
225	北京德弘诚科技有限公司	ZAX-NP01201711010346-01	2017 年 12 月 15 日
226	神州数码系统集成服务有限公司	ZAX-NP01201811010348-01	2018 年 1 月 2 日
227	北京中电万联科技股份有限公司	ZAX-NP01201811010349-01	2018 年 1 月 2 日
228	北京赛迪时代信息产业股份有限公司	ZAX-NP01201811010350-01	2018 年 1 月 2 日
229	金交恒通有限公司	ZAX-NP01201811010351-01	2018 年 1 月 15 日
230	北京银泰永辉智能科技有限公司	ZAX-NP01201811010356-01	2018 年 1 月 15 日
231	北京中科晟宇科技有限公司	ZAX-NP01201811010361-01	2018 年 2 月 1 日
232	北京沃得沃机电安装有限公司	ZAX-NP01201811010362-01	2018 年 2 月 1 日
233	北京百纳友为科技有限公司	ZAX-NP01201811010366-01	2018 年 2 月 12 日
234	北京丰韵日泰科技有限公司	ZAX-NP01201811010367-01	2018 年 2 月 12 日
235	中安保实业集团有限公司	ZAX-NP01201811010368-01	2018 年 2 月 12 日
236	北京安警技术工程有限公司	ZAX-NP01201811010369-01	2018 年 2 月 12 日
237	北京市设备安装工程集团有限公司	ZAX-NP01201811010371-01	2018 年 3 月 1 日
238	北京斯迪克信息技术有限公司	ZAX-NP01201811010377-01	2018 年 3 月 1 日
239	北京东方国信科技股份有限公司	ZAX-NP01201811010378-01	2018 年 3 月 1 日
240	中天众达智慧城市科技有限公司	ZAX-NP01201811010379-01	2018 年 3 月 16 日
241	软通动力信息技术（集团）股份有限公司	ZAX-NP01201811010386-01	2018 年 4 月 16 日
242	北京现代开元科贸有限公司	ZAX-NP01201811010389-01	2018 年 5 月 15 日
243	金祺创（北京）技术有限公司	ZAX-NP01201811010393	2018 年 7 月 3 日
244	北京佰能智诚技术有限公司	ZAX-NP01201811010395	2018 年 7 月 16 日
245	北京银河伟业数字技术有限公司	ZAX-NP01201811010401	2018 年 9 月 3 日
246	中软信息系统工程有限公司	ZAX-NP01201811010402	2018 年 9 月 3 日
247	北京亚太安讯科技有限责任公司	ZAX-NP01201811010404	2018 年 9 月 3 日
248	北京兄弟团安全防范技术有限公司	ZAX-NP01201811010407	2018 年 9 月 17 日

续表

序号	企业名称	证书编号	颁证日期
249	北京华南设备安装公司	ZAX-NP01201811010409	2018 年 9 月 30 日
250	北京国信桥通信工程有限公司	ZAX-NP01201811010410	2018 年 9 月 30 日
251	北京同聚达科技有限公司	ZAX-NP01201811010415	2018 年 11 月 1 日
252	汇智华通信息技术（北京）有限公司	ZAX-NP01201811010416	2018 年 11 月 1 日
253	中科汉鼎（北京）大数据科技有限公司	ZAX-NP01201811010417	2018 年 11 月 1 日
254	北京中科金财科技股份有限公司	ZAX-NP01201811010418	2018 年 11 月 15 日
255	奇点新源国际技术开发（北京）有限公司	ZAX-NP01201811010421	2018 年 11 月 30 日
256	中铁电气化局集团有限公司	ZAX-NP01201811010424	2018 年 12 月 28 日
257	北京慧通顺恒技术服务有限公司	ZAX-NP01201811010425	2018 年 12 月 28 日
258	北京中加集成智能系统工程有限公司	ZAX-NP01201911010429	2019 年 1 月 15 日
259	北京昊普康科技股份有限公司	ZAX-NP01201911010430	2019 年 2 月 1 日
260	北京安讯宝建设工程有限公司	ZAX-NP01201911010431	2019 年 2 月 1 日
261	北京精英路通科技有限公司	ZAX-NP01201911010432	2019 年 2 月 15 日
262	中泰旭日（北京）建设工程有限公司	ZAX-NP01201911010434	2019 年 3 月 1 日
263	北京万寿伟业技术发展有限公司	ZAX-NP01201911010437	2019 年 4 月 1 日
264	北京市速连科通信设备有限责任公司	ZAX-NP01201911010438	2019 年 4 月 1 日
265	北京禄特艾迪系统集成技术有限公司	ZAX-NP01201911010440	2019 年 4 月 15 日
266	荣联科技集团股份有限公司	ZAX-NP01201911010443	2019 年 4 月 30 日
267	北京成国邦建设投资发展有限公司	ZAX-NP01201911010444	2019 年 4 月 30 日
268	北京易华录国际技术有限公司	ZAX-NP01201911010445	2019 年 4 月 30 日
269	北京市鑫德安安全防范系统集成有限公司	ZAX-NP01201911010446	2019 年 5 月 15 日
270	中电系统建设工程有限公司	ZAX-NP01201911010448	2019 年 5 月 15 日
271	北京中科泰信科技有限公司	ZAX-NP01201911010447	2019 年 5 月 15 日
272	北京创达嘉业科技有限公司	ZAX-NP01201911010451	2019 年 6 月 17 日
273	中国建筑技术集团有限公司	ZAX-NP01201911010453	2019 年 7 月 1 日
274	北京航英科技有限公司	ZAX-NP01201911010454	2019 年 7 月 1 日
275	中鼎安泰（北京）保安服务有限公司	ZAX-NP01201911010455	2019 年 7 月 15 日
276	北京乐天兴业科技发展有限公司	ZAX-NP01201911010456	2019 年 7 月 15 日
277	北京慧图科技（集团）股份有限公司	ZAX-NP01201911010458	2019 年 8 月 15 日
278	北京启润智控科技发展有限公司	ZAX-NP01201911010460	2019 年 8 月 30 日
279	中移建设有限公司	ZAX-NP01201911010461	2019 年 11 月 1 日
280	北京知信致力电子工程有限责任公司	ZAX-NP01201911010462	2019 年 11 月 1 日

续表

序号	企业名称	证书编号	颁证日期
281	北京华埠特克科技发展有限公司	ZAX-NP01201911010463	2019 年 11 月 15 日
282	北京航天星桥科技股份有限公司	ZAX-NP01201911010465	2019 年 11 月 29 日
283	北京富恒建设工程有限公司	ZAX-NP01201911010466	2019 年 11 月 29 日
284	北京荣德行安全技术有限公司	ZAX-NP01201911010467	2019 年 11 月 29 日
285	北京品恩科技股份有限公司	ZAX-NP01201911010468	2019 年 12 月 16 日
286	北京智敏科技发展有限公司	ZAX-NP01201911010469	2019 年 12 月 16 日
287	易华录集成科技有限责任公司	ZAX-NP01201911010470	2019 年 12 月 30 日
288	昆仑数智科技有限责任公司	ZAX-NP01201911010471	2019 年 12 月 30 日
289	中安网脉（北京）技术股份有限公司	ZAX-NP01201911010472	2019 年 12 月 30 日
290	宝狮视讯科技集团有限公司	ZAX-NP01202011010473	2020 年 1 月 15 日
291	北京京航计算通讯研究所	ZAX-NP01202011010475	2020 年 1 月 15 日
292	北京博大网信科技发展有限公司	ZAX-NP01202011010476	2020 年 1 月 15 日
293	北京开元浩海科技发展有限公司	ZAX-NP01202011010477	2020 年 1 月 15 日
294	鹍骐科技（北京）股份有限公司	ZAX-NP01202011010480	2020 年 3 月 16 日
295	北京鸿天伟业安全技术有限公司	ZAX-NP01202011010482	2020 年 3 月 16 日
296	北京国信晟通科技发展有限公司	ZAX-NP01202011010483	2020 年 4 月 1 日
297	北京中实兴业电子工程有限公司	ZAX-NP01202011010484	2020 年 4 月 1 日
298	北京希嘉万维科技有限公司	ZAX-NP01202011010485	2020 年 4 月 30 日
299	北京中电拓方科技股份有限公司	ZAX-NP01202011010486	2020 年 4 月 30 日
300	北京元泰恒昌科技有限公司	ZAX-NP01202011010487	2020 年 5 月 15 日
301	北京红燃阳建设工程有限公司	ZAX-NP01202011010488	2020 年 5 月 29 日
302	北京首邮实业发展总公司	ZAX-NP01202011010489	2020 年 5 月 29 日
303	北京中科博时科技有限公司	ZAX-NP01202011010493	2020 年 6 月 30 日
304	中科世安技术有限公司	ZAX-NP01202011010494	2020 年 7 月 16 日
305	北京圣世博泰科技股份有限公司	ZAX-NP01202011010495	2020 年 7 月 16 日
306	北京中科创新园高新技术有限公司	ZAX-NP01202011010497	2020 年 7 月 30 日
307	北京时代飞扬科技有限公司	ZAX-NP01202011010498	2020 年 8 月 17 日
308	北京易博讯科技有限公司	ZAX-NP01202011010499	2020 年 8 月 17 日
309	北京华新宏信科技有限公司	ZAX-NP01202011010500	2020 年 9 月 1 日
310	北京艾瑞信系统工程技术有限责任公司	ZAX-NP01202011010501	2020 年 9 月 16 日
311	中交星宇科技有限公司	ZAX-NP01202011010503	2020 年 9 月 16 日
312	北京腾蓝智能科技有限公司	ZAX-NP01202011010504	2020 年 9 月 28 日

续表

序号	企业名称	证书编号	颁证日期
313	中咨泰克交通工程集团有限公司	ZAX-NP01202011010505	2020年9月28日
314	北京智联弘盛科技发展有限公司	ZAX-NP01202011010506	2020年10月15日
315	北京网之线科技有限公司	ZAX-NP01202011010507	2020年10月15日
316	北京驭驾同行科技有限公司	ZAX-NP01202011010508	2020年10月30日
317	北京双安天龙科技有限公司	ZAX-NP01202011010509	2020年10月30日
318	北京英泰智科技股份有限公司	ZAX-NP01202011010510	2020年10月30日
319	北京电信规划设计院有限公司	ZAX-NP01202011010511	2020年11月16日
320	立安智通（北京）科技有限公司	ZAX-NP01202011010512	2020年12月30日
321	中控高科（北京）安全技术有限公司	ZAX-NP01202011010513	2020年12月30日
322	北京明创开元信息技术有限公司	ZAX-NP01202011010514	2020年12月30日
323	中北国泰建设集团有限公司	ZAX-NP01202011010515	2020年12月30日
324	中联兴安泰（北京）工程技术有限公司	ZAX-NP01202011010516	2020年12月30日
325	北京华澳再创通信工程有限公司	ZAX-NP01202011010517	2020年12月30日

二、天津（共27家）

序号	企业名称	证书编号	颁证日期
1	天津安装工程有限公司	ZAX-NP01201712000010-01	2017年1月4日
2	天津市宾士电子科技有限公司	ZAX-NP01201612000006-01	2016年9月26日
3	天地伟业技术有限公司	ZAX-NP01201612000001-01	2016年9月14日
4	中发建筑技术集团有限公司	ZAX-NP01201612000002-01	2016年9月14日
5	天津市天房科技发展股份有限公司	ZAX-NP01201612000003-01	2016年9月26日
6	中星电子股份有限公司	ZAX-NP01201612000004-01	2016年9月26日
7	天津凯发电气股份有限公司	ZAX-NP01201612000005-01	2016年9月26日
8	天津鹏安数迅科技有限公司	ZAX-NP01201612000007-01	2016年10月12日
9	软通智慧信息技术有限公司	ZAX-NP01201612000009-01	2016年12月16日
10	天津荣尧智慧科技股份有限公司	ZAX-NP01201712000011-01	2017年1月16日
11	天津普泰国信科技有限公司	ZAX-NP01201712000013-01	2017年2月8日
12	中国机房设施工程有限公司	ZAX-NP01201712000015-01	2017年4月1日
13	鑫泰智慧（天津）科技有限公司	ZAX-NP01201712000014-01	2017年4月1日
14	天津市中环系统工程有限责任公司	ZAX-NP01201712000016-01	2017年4月1日
15	天津光电高斯通信工程技术股份有限公司	ZAX-NP01201712000017-01	2017年5月15日

续表

序号	企业名称	证书编号	颁证日期
16	天津市建邦安防系统工程有限公司	ZAX-NP01201712000018-01	2017 年 5 月 15 日
17	天津市明科远景科技发展有限公司	ZAX-NP01201712000019-01	2017 年 5 月 26 日
18	天津市万德电子有限公司	ZAX-NP01201712000022-01	2017 年 7 月 28 日
19	天津市冠林智能系统集成有限公司	ZAX-NP01201712000023-01	2017 年 8 月 15 日
20	天津天网视通科技有限公司	ZAX-NP01201712000024-01	2017 年 10 月 16 日
21	天津天地伟业信息系统集成有限公司	ZAX-NP01201812000028-01	2018 年 5 月 31 日
22	霍尼韦尔（天津）有限公司	ZAX-NP01201812000029	2018 年 12 月 17 日
23	天津同高机电工程有限公司	ZAX-NP01201912000030	2019 年 4 月 1 日
24	天津卓朗科技发展有限公司	ZAX-NP01201912000031	2019 年 7 月 15 日
25	天津蓝点科技发展有限公司	ZAX-NP01201912000032	2019 年 7 月 31 日
26	天津开发区恒通科技发展有限公司	ZAX-NP01201912000033	2019 年 9 月 16 日
27	天津天地伟业科技有限公司	ZAX-NP01202012000036	2020 年 6 月 15 日

三、河北（共 5 家）

序号	企业名称	证书编号	颁证日期
1	河北荣视电子技术有限责任公司	ZAX-NP01201713000001-01	2017 年 5 月 4 日
2	河北华友文化遗产保护股份有限公司	ZAX-NP01201713000003-01	2017 年 7 月 28 日
3	河北安防报警网络有限公司	ZAX-NP01201813000004-01	2018 年 2 月 12 日
4	卓信通信股份有限公司	ZAX-NP01201913000005	2019 年 8 月 30 日
5	中移系统集成有限公司	ZAX-NP01201913000006	2019 年 11 月 1 日

四、山西（共 1 家）

序号	企业名称	证书编号	颁证日期
1	山西紫光物联智能系统有限公司	ZAX-NP01201914010001	2019 年 11 月 1 日

五、辽宁（共 1 家）

序号	企业名称	证书编号	颁证日期
1	葫芦岛奥维科技有限责任公司	ZAX-NP01202021000004	2020 年 1 月 15 日

六、吉林（共 1 家）

序号	企业名称	证书编号	颁证日期
1	吉林省吉航智控通讯技术有限公司	ZAX-NP01202022000001	2020 年 5 月 29 日

七、黑龙江（共 2 家）

序号	企业名称	证书编号	颁证日期
1	哈尔滨凌海高新技术应用有限公司	ZAX-NP01201723000001-01	2017 年 7 月 13 日
2	黑龙江禾川电子工程有限公司	ZAX-NP01201723000002-01	2017 年 7 月 28 日

八、上海（共 32 家）

序号	企业名称	证书编号	颁证日期
1	华平信息技术股份有限公司	ZAX-NP01201631000001-01	2016 年 7 月 28 日
2	中远海运科技股份有限公司	ZAX-NP01201631000002-01	2016 年 7 月 28 日
3	上海恒锐智能工程股份有限公司	ZAX-NP01201631000003-01	2016 年 7 月 28 日
4	上海波汇科技有限公司	ZAX-NP01201631000004-01	2016 年 8 月 15 日
5	浩德科技股份有限公司	ZAX-NP01201631000005-01	2016 年 8 月 15 日
6	上海昕龙时安防科技有限公司	ZAX-NP01201631000006-01	2016 年 8 月 25 日
7	上海众慧科技实业有限公司	ZAX-NP01201631000007-01	2016 年 8 月 25 日
8	上海天跃科技股份有限公司	ZAX-NP01201631000008-01	2016 年 8 月 25 日
9	中国铁路通信信号上海工程局集团有限公司	ZAX-NP01201631000010-01	2016 年 9 月 26 日
10	上海夫雄智能科技有限公司	ZAX-NP01201631000012-01	2016 年 11 月 1 日
11	上海电气自动化设计研究所有限公司	ZAX-NP01201631000013-01	2016 年 11 月 1 日
12	上海邮电设计咨询研究院有限公司	ZAX-NP01201631000014-01	2016 年 11 月 1 日
13	樊商科技股份有限公司	ZAX-NP01201631000015-01	2016 年 12 月 16 日
14	上海电科智能系统股份有限公司	ZAX-NP01201631000016-01	2016 年 12 月 16 日
15	上海熙菱信息技术有限公司	ZAX-NP01201731000017-01	2017 年 1 月 16 日
16	上海云思智慧信息技术有限公司	ZAX-NP01201731000019-01	2017 年 4 月 28 日
17	猎熊座安全技术（上海）有限公司	ZAX-NP01201731000020-01	2017 年 5 月 26 日
18	上海威豪医疗科技有限公司	ZAX-NP01201731000021-01	2017 年 6 月 29 日
19	安达泰保安服务有限公司	ZAX-NP01201731000022-01	2017 年 12 月 1 日
20	上海鑫融网络科技股份有限公司	ZAX-NP01201831000023-01	2018 年 2 月 12 日

续表

序号	企业名称	证书编号	颁证日期
21	上海仪电楼宇科技有限公司	ZAX-NP01201831000025-01	2018 年 5 月 15 日
22	上海天齐智能建筑股份有限公司	ZAX-NP01201831000026	2018 年 7 月 16 日
23	上海银江智慧智能化技术有限公司	ZAX-NP01201831000028	2018 年 11 月 1 日
24	上海祥通石化科技有限公司	ZAX-NP01201931000035	2019 年 10 月 15 日
25	上海英迈吉东影图像设备有限公司	ZAX-NP01201931000037	2019 年 12 月 30 日
26	上海彩祥实业发展有限公司	ZAX-NP01202031000038	2020 年 2 月 3 日
27	上海悌驰智能科技有限公司	ZAX-NP01202031000039	2020 年 6 月 15 日
28	上海楠御智能科技有限公司	ZAX-NP01202031000040	2020 年 7 月 16 日
29	上海富赛交通设施工程有限公司	ZAX-NP01202031000041	2020 年 8 月 17 日
30	上海中思信息系统工程有限公司	ZAX-NP01202031000042	2020 年 12 月 8 日
31	上海驰展信息科技有限公司	ZAX-NP01202031000043	2020 年 12 月 8 日
32	上海安宸信息科技有限公司	ZAX-NP01202031000044	2020 年 12 月 30 日

九、江苏（共 236 家）

序号	企业名称	证书编号	颁证日期
1	江苏网进科技股份有限公司	ZAX-NP01201632010002-01	2016 年 10 月 12 日
2	中兴智能交通股份有限公司	ZAX-NP01201632010003-01	2016 年 10 月 12 日
3	中博信息技术研究院有限公司	ZAX-NP01201632010004-01	2016 年 10 月 12 日
4	尚高科技有限公司	ZAX-NP01201632010010-01	2016 年 10 月 19 日
5	蓝深远望科技股份有限公司	ZAX-NP01201632010005-01	2016 年 10 月 19 日
6	江苏智运科技发展有限公司	ZAX-NP01201632010006-01	2016 年 10 月 19 日
7	江苏巨楷科技发展有限公司	ZAX-NP01201632010008-01	2016 年 10 月 19 日
8	江苏亚奥科技股份有限公司	ZAX-NP01201632010009-01	2016 年 10 月 19 日
9	南京深业智能化系统工程有限公司	ZAX-NP01201632010011-01	2016 年 10 月 19 日
10	江苏金伦明智智能科技有限公司	ZAX-NP01201632010012-01	2016 年 10 月 21 日
11	南京安通杰科技实业有限公司	ZAX-NP01201632010013-01	2016 年 10 月 21 日
12	国泰新点软件股份有限公司	ZAX-NP01201632010014-01	2016 年 10 月 21 日
13	江苏东方数码系统集成有限公司	ZAX-NP01201632010015-01	2016 年 11 月 1 日
14	江苏科安电子科技发展有限公司	ZAX-NP01201632010016-01	2016 年 11 月 1 日
15	南京深大工程技术有限公司	ZAX-NP01201632010017-01	2016 年 11 月 16 日
16	江苏达海智能系统股份有限公司	ZAX-NP01201632010018-01	2016 年 11 月 16 日

续表

序号	企业名称	证书编号	颁证日期
17	苏州天亿达科技有限公司	ZAX-NP01201632010019-01	2016 年 11 月 24 日
18	江苏东大金智信息系统有限公司	ZAX-NP01201632010020-01	2016 年 11 月 24 日
19	江苏南工科技集团有限公司	ZAX-NP01201632010021-01	2016 年 11 月 30 日
20	南京南大智慧城市规划设计股份有限公司	ZAX-NP01201632010022-01	2016 年 11 月 30 日
21	南京安银斯智能科技有限公司	ZAX-NP01201632010023-01	2016 年 11 月 30 日
22	同心智能科技有限公司	ZAX-NP01201632010024-01	2016 年 11 月 30 日
23	江苏长天智远交通科技有限公司	ZAX-NP01201632010025-01	2016 年 11 月 30 日
24	江苏安防科技有限公司	ZAX-NP01201632010026-01	2016 年 11 月 30 日
25	南京新索奇科技有限公司	ZAX-NP01201632010027-01	2016 年 11 月 30 日
26	多伦科技股份有限公司	ZAX-NP01201632010029-01	2016 年 11 月 30 日
27	连云港杰瑞电子有限公司	ZAX-NP01201632010030-01	2016 年 11 月 30 日
28	南京新世电科技开发有限公司	ZAX-NP01201632010031-01	2016 年 12 月 6 日
29	江苏尤特斯新技术有限公司	ZAX-NP01201632010032-01	2016 年 12 月 6 日
30	江苏开拓信息与系统有限公司	ZAX-NP01201632010033-01	2016 年 12 月 6 日
31	江苏承煦电气集团有限公司	ZAX-NP01201632010035-01	2016 年 12 月 16 日
32	江苏苏源高科技有限公司	ZAX-NP01201632010036-01	2016 年 12 月 16 日
33	扬州顺泰建设工程有限公司	ZAX-NP01201632010037-01	2016 年 12 月 16 日
34	中电鸿信信息科技有限公司	ZAX-NP01201632010038-01	2016 年 12 月 16 日
35	昆山市纵横智能科技有限公司	ZAX-NP01201632010039-01	2016 年 12 月 16 日
36	江苏奥都智能科技有限公司	ZAX-NP01201632010040-01	2016 年 12 月 16 日
37	南京市消防工程有限公司	ZAX-NP01201632010041-01	2016 年 12 月 16 日
38	南京恩博科技有限公司	ZAX-NP01201632010042-01	2016 年 12 月 16 日
39	江苏中铭慧业科技有限公司	ZAX-NP01201632010043-01	2016 年 12 月 27 日
40	南京天禹安信息技术有限公司	ZAX-NP01201632010044-01	2016 年 12 月 27 日
41	江苏泰宁建设工程科技股份有限公司	ZAX-NP01201632010046-01	2016 年 12 月 27 日
42	南京北路智控科技股份有限公司	ZAX-NP01201632010047-01	2016 年 12 月 27 日
43	江苏航天大为科技股份有限公司	ZAX-NP01201632010048-01	2016 年 12 月 27 日
44	江苏三棱智慧物联发展股份有限公司	ZAX-NP01201632010050-01	2016 年 12 月 27 日
45	江苏瀚天智能科技股份有限公司	ZAX-NP01201632010052-01	2016 年 12 月 27 日
46	中通服咨询设计研究院有限公司	ZAX-NP01201632010053-01	2016 年 12 月 30 日
47	江苏金陵科技集团有限公司	ZAX-NP01201632010054-01	2016 年 12 月 30 日
48	南京恒天伟智能技术有限公司	ZAX-NP01201632010055-01	2016 年 12 月 30 日

续表

序号	企业名称	证书编号	颁证日期
49	江苏信捷智能科技有限公司	ZAX-NP01201632010056-01	2016年12月30日
50	南京东大智能化系统有限公司	ZAX-NP01201632010057-01	2016年12月30日
51	昆山市慧谷信息工程有限公司	ZAX-NP01201632010058-01	2016年12月30日
52	江苏友上科技实业有限公司	ZAX-NP01201632010059-01	2016年12月30日
53	江苏仁安高新技术有限公司	ZAX-NP01201632010061-01	2016年12月30日
54	苏州市世跃智能科技有限公司	ZAX-NP01201632010062-01	2016年12月30日
55	远江信息技术有限公司	ZAX-NP01201632010063-01	2016年12月30日
56	苏州市东亚电脑监控工程有限公司	ZAX-NP01201632010064-01	2016年12月30日
57	南通五建智能工程有限公司	ZAX-NP01201732010067-01	2017年1月4日
58	江苏晓山信息产业股份有限公司	ZAX-NP01201732010065-01	2017年1月4日
59	江苏豪纬交通集团有限公司	ZAX-NP01201732010066-01	2017年1月4日
60	南京莱斯信息技术股份有限公司	ZAX-NP01201732010069-01	2017年1月16日
61	南京聚立科技股份有限公司	ZAX-NP01201732010070-01	2017年1月16日
62	南京南大四维科技发展有限公司	ZAX-NP01201732010071-01	2017年1月16日
63	南京熊猫信息产业有限公司	ZAX-NP01201732010072-01	2017年1月16日
64	南京科安电子有限公司	ZAX-NP01201732010073-01	2017年1月16日
65	江苏友信智能科技有限公司	ZAX-NP01201732010075-01	2017年1月24日
66	江苏景雄科技有限公司	ZAX-NP01201732010076-01	2017年1月24日
67	江苏凯成智能科技有限公司	ZAX-NP01201732010077-01	2017年1月24日
68	南京天溯自动化控制系统有限公司	ZAX-NP01201732010078-01	2017年1月24日
69	江苏富源信息技术有限公司	ZAX-NP01201732010080-01	2017年2月8日
70	扬州市鑫通交通器材集团有限公司	ZAX-NP01201732010081-01	2017年2月8日
71	神州交通工程集团有限公司	ZAX-NP01201732010082-01	2017年2月8日
72	江苏网信科技有限公司	ZAX-NP01201732010083-01	2017年2月8日
73	江苏国贸酝领智能科技股份有限公司	ZAX-NP01201732010084-01	2017年2月8日
74	江苏中科智能系统有限公司	ZAX-NP01201732010085-01	2017年2月8日
75	江苏万全科技有限公司	ZAX-NP01201732010086-01	2017年2月17日
76	江苏国瑞信安科技有限公司	ZAX-NP01201732010088-01	2017年3月1日
77	江苏鑫瑞德系统集成工程有限公司	ZAX-NP01201732010091-01	2017年3月13日
78	南京理工科技园股份有限公司	ZAX-NP01201732010093-01	2017年3月20日
79	中邮建技术有限公司	ZAX-NP01201732010094-01	2017年3月20日
80	江苏兴安建设集团有限公司	ZAX-NP01201732010095-01	2017年3月20日

续表

序号	企业名称	证书编号	颁证日期
81	苏州朗捷通智能科技有限公司	ZAX-NP01201732010096-01	2017 年 3 月 20 日
82	南京洛普股份有限公司	ZAX-NP01201732010097-01	2017 年 4 月 1 日
83	朗高科技有限公司	ZAX-NP01201732010099-01	2017 年 4 月 1 日
84	南京川航智能系统有限公司	ZAX-NP01201732010100-01	2017 年 4 月 17 日
85	江苏新和网络科技发展有限公司	ZAX-NP01201732010102-01	2017 年 4 月 17 日
86	南京银创电子有限责任公司	ZAX-NP01201732010103-01	2017 年 4 月 17 日
87	苏州市创美信息工程有限公司	ZAX-NP01201732010104-01	2017 年 4 月 17 日
88	江苏联峰金盾智能科技有限公司	ZAX-NP01201732010105-01	2017 年 4 月 17 日
89	江苏中盈高科智能信息股份有限公司	ZAX-NP01201732010106-01	2017 年 4 月 17 日
90	苏州朝阳智能科技股份有限公司	ZAX-NP01201732010107-01	2017 年 4 月 28 日
91	国电南瑞科技股份有限公司	ZAX-NP01201732010108-01	2017 年 5 月 4 日
92	南京蓝泰交通设施有限责任公司	ZAX-NP01201732010109-01	2017 年 5 月 26 日
93	徐州正通人工环境工程有限公司	ZAX-NP01201732010110-01	2017 年 5 月 26 日
94	江苏中科新瑞科技股份有限公司	ZAX-NP01201732010111-01	2017 年 5 月 26 日
95	苏州金螳螂怡和科技有限公司	ZAX-NP01201732010112-01	2017 年 5 月 26 日
96	南京科融数据系统股份有限公司	ZAX-NP01201732010113-01	2017 年 5 月 26 日
97	江苏省淮安市保安服务总公司	ZAX-NP01201732010115-01	2017 年 6 月 19 日
98	江苏云航信智能科技有限公司	ZAX-NP01201732010116-01	2017 年 6 月 19 日
99	南京创鸿景智能科技研究有限公司	ZAX-NP01201732010118-01	2017 年 6 月 19 日
100	江苏中智系统集成工程有限公司	ZAX-NP01201732010120-01	2017 年 6 月 19 日
101	南京乐蝠智能系统集成有限公司	ZAX-NP01201732010122-01	2017 年 6 月 19 日
102	浩鲸云计算科技股份有限公司	ZAX-NP01201732010123-01	2017 年 6 月 19 日
103	南京泽利建设工程有限公司	ZAX-NP01201732010117-01	2017 年 6 月 19 日
104	南京协成楼宇系统工程有限公司	ZAX-NP01201732010119-01	2017 年 6 月 19 日
105	国电南京自动化股份有限公司	ZAX-NP01201732010124-01	2017 年 6 月 29 日
106	苏州市太平洋智能化工程有限公司	ZAX-NP01201732010130	2017 年 7 月 13 日
107	江苏瀚远科技股份有限公司	ZAX-NP01201732010126-01	2017 年 7 月 13 日
108	江苏百瑞信息工程有限公司	ZAX-NP01201732010127-01	2017 年 7 月 13 日
109	江苏博思维光电集团有限公司	ZAX-NP01201732010128-01	2017 年 7 月 13 日
110	江苏卓茂智能科技有限公司	ZAX-NP01201732010129-01	2017 年 7 月 13 日
111	江苏亚太伟业智能科技有限公司	ZAX-NP01201732010131-01	2017 年 7 月 28 日
112	苏州金迪智能科技有限公司	ZAX-NP01201732010133-01	2017 年 7 月 28 日

续表

序号	企业名称	证书编号	颁证日期
113	中云智盟信息科技江苏有限公司	ZAX-NP01201732010134-01	2017年7月28日
114	南京恒特科技有限公司	ZAX-NP01201732010135-01	2017年8月15日
115	江苏环亚医用科技集团股份有限公司	ZAX-NP01201732010136-01	2017年8月15日
116	江苏中天科技工程有限公司	ZAX-NP01201732010137-01	2017年9月1日
117	苏州金沃智能技术有限公司	ZAX-NP01201732010138-01	2017年9月1日
118	南京和电科技有限公司	ZAX-NP01201732010139-01	2017年9月6日
119	南通天和电脑有限公司	ZAX-NP01201732010141-01	2017年9月18日
120	中安建设安装集团有限公司	ZAX-NP01201732010142-01	2017年9月29日
121	江苏永诚交通集团有限公司	ZAX-NP01201732010143-01	2017年9月29日
122	江苏现代照明集团有限公司	ZAX-NP01201732010144-01	2017年9月29日
123	江苏天泽智能科技有限公司	ZAX-NP01201732010145-01	2017年9月29日
124	苏州信颐系统集成有限公司	ZAX-NP01201732010146-01	2017年9月29日
125	苏州嘉璟智能科技有限公司	ZAX-NP01201732010147-01	2017年9月29日
126	江苏大美天第文化产业有限公司	ZAX-NP01201732010148-01	2017年9月29日
127	宜兴市天际交通科技有限公司	ZAX-NP01201732010149-01	2017年9月29日
128	南京卫视电子科技有限公司	ZAX-NP01201732010150-01	2017年10月16日
129	宝典电气集团有限公司	ZAX-NP01201732010151-01	2017年10月16日
130	江苏华邦智慧城市信息技术有限公司	ZAX-NP01201732010152-01	2017年10月16日
131	南通阿尔法机电有限公司	ZAX-NP01201732010156-01	2017年10月26日
132	江苏华亿信息技术股份有限公司	ZAX-NP01201732010158-01	2017年10月26日
133	江苏泽天智能科技有限公司	ZAX-NP01201732010159-01	2017年12月1日
134	南京广播电视系统集成有限公司	ZAX-NP01201732010160-01	2017年12月15日
135	安盾智慧建设昆山有限公司	ZAX-NP01201732010161-01	2017年12月15日
136	南京第五十五所技术开发有限公司	ZAX-NP01201832010163-01	2018年1月2日
137	苏州华启智能科技有限公司	ZAX-NP01201832010164-01	2018年1月15日
138	江苏方德信息技术有限公司	ZAX-NP01201832010165-01	2018年1月15日
139	江苏新亿迪智能科技有限公司	ZAX-NP01201832010167-01	2018年2月1日
140	南京华纳智能科技有限公司	ZAX-NP01201832010169-01	2018年2月1日
141	中国核工业华兴建设有限公司	ZAX-NP01201832010170-01	2018年2月1日
142	靖江市旭飞安防工程有限公司	ZAX-NP01201832010171-01	2018年2月1日
143	江苏菲利特照明集团有限公司	ZAX-NP01201832010176	2018年2月12日
144	江苏恒越智能系统集成有限公司	ZAX-NP01201832010175-01	2018年2月12日

续表

序号	企业名称	证书编号	颁证日期
145	江苏鼎驰电子科技有限公司	ZAX-NP01201832010177-01	2018 年 3 月 1 日
146	隆创信息有限公司	ZAX-NP01201832010178-01	2018 年 3 月 1 日
147	江苏三意楼宇科技股份有限公司	ZAX-NP01201832010182	2018 年 3 月 16 日
148	江苏天创科技有限公司	ZAX-NP01201832010181-01	2018 年 3 月 16 日
149	江苏锐丰智能科技股份有限公司	ZAX-NP01201832010183-01	2018 年 3 月 16 日
150	星科电气集团有限公司	ZAX-NP01201832010185-01	2018 年 4 月 28 日
151	齐丰科技股份有限公司	ZAX-NP01201832010186-01	2018 年 5 月 15 日
152	江苏三泰电子科技有限公司	ZAX-NP01201832010187-01	2018 年 5 月 15 日
153	宝德照明集团有限公司	ZAX-NP01201832010188	2018 年 5 月 31 日
154	南京感知信息技术有限公司	ZAX-NP01201832010189-01	2018 年 5 月 31 日
155	南京华埠科技系统工程有限公司	ZAX-NP01201832010190	2018 年 6 月 15 日
156	江苏赛鸥电气集团有限公司	ZAX-NP01201832010191	2018 年 6 月 15 日
157	江苏迦南智控技术有限公司	ZAX-NP01201832010194	2018 年 6 月 15 日
158	江苏盛泰科技集团有限公司	ZAX-NP01201832010196	2018 年 7 月 3 日
159	苏州科达科技股份有限公司	ZAX-NP01201832010197	2018 年 7 月 3 日
160	南通市中南建工设备安装有限公司	ZAX-NP01201832010198	2018 年 7 月 3 日
161	江苏南科迪智能化系统有限公司	ZAX-NP01201832010199	2018 年 7 月 3 日
162	江苏南大尚诚高科技实业有限公司	ZAX-NP01201832010200	2018 年 7 月 3 日
163	江苏通广智慧建设集团有限公司	ZAX-NP01201832010201	2018 年 7 月 3 日
164	江苏杰诚信息科技有限公司	ZAX-NP01201832010202	2018 年 7 月 3 日
165	江苏建铁信息技术有限公司	ZAX-NP01201832010203	2018 年 7 月 3 日
166	南京圣能达信息科技有限公司	ZAX-NP01201832010204	2018 年 7 月 3 日
167	无锡路通视信网络股份有限公司	ZAX-NP01201832010205	2018 年 7 月 16 日
168	兴泰照明集团有限公司	ZAX-NP01201832010206	2018 年 8 月 1 日
169	江苏亿通高科技股份有限公司	ZAX-NP01201832010209	2018 年 8 月 20 日
170	库柏裕华（常州）电子设备制造有限公司	ZAX-NP01201832010210	2018 年 9 月 3 日
171	江苏泰极信息工程有限公司	ZAX-NP01201832010211	2018 年 9 月 3 日
172	江苏海通交通集团有限公司	ZAX-NP01201832010213	2018 年 9 月 17 日
173	苏州科达系统集成有限公司	ZAX-NP01201832010212	2018 年 9 月 17 日
174	国电南瑞南京控制系统有限公司	ZAX-NP01201832010214	2018 年 9 月 30 日
175	苏州金脑袋智能系统工程有限公司	ZAX-NP01201832010215	2018 年 9 月 30 日
176	扬州兴龙电器有限公司	ZAX-NP01201832010217	2018 年 11 月 1 日

续表

序号	企业名称	证书编号	颁证日期
177	中国石化集团江苏石油勘探局有限公司	ZAX-NP01201832010218	2018 年 11 月 1 日
178	江苏瑞澜光电科技有限公司	ZAX-NP01201832010219	2018 年 11 月 30 日
179	江苏中软智能系统有限公司	ZAX-NP01201832010220	2018 年 11 月 30 日
180	苏州中亿丰科技有限公司	ZAX-NP01201832010221	2018 年 11 月 30 日
181	南京国创机电工程有限公司	ZAX-NP01202032010253	2019 年 1 月 31 日
182	南京百恩特自动化科技有限公司	ZAX-NP01201932010223	2019 年 2 月 15 日
183	江苏振邦智慧城市信息系统有限公司	ZAX-NP01201932010222	2019 年 2 月 15 日
184	江苏达科信息科技有限公司	ZAX-NP01201932010225	2019 年 3 月 15 日
185	南京普天通信股份有限公司	ZAX-NP01201932010226	2019 年 4 月 1 日
186	无锡简成道工程技术有限公司	ZAX-NP01201932010227	2019 年 4 月 30 日
187	中核华纬工程设计研究有限公司	ZAX-NP01201932010228	2019 年 4 月 30 日
188	南京南瑞继保工程技术有限公司	ZAX-NP01201932010229	2019 年 4 月 30 日
189	江苏北天科技有限公司	ZAX-NP01201932010230	2019 年 5 月 15 日
190	南京鸿兴达科技信息有限公司	ZAX-NP01201932010231	2019 年 6 月 17 日
191	南京凯迪智能工程有限公司	ZAX-NP01201932010232	2019 年 6 月 17 日
192	江苏中建智能工程有限公司	ZAX-NP01201932010234	2019 年 7 月 11 日
193	南京三宝科技股份有限公司	ZAX-NP01201932010233	2019 年 7 月 15 日
194	南京欣网通信科技股份有限公司	ZAX-NP01201932010235	2019 年 7 月 31 日
195	江苏联盟信息工程有限公司	ZAX-NP01201932010236	2019 年 7 月 31 日
196	南京城市交通科技开发有限公司	ZAX-NP01201932010237	2019 年 7 月 31 日
197	江苏联合交通技术股份有限公司	ZAX-NP01201932010238	2019 年 8 月 15 日
198	苏州市豪仕科技有限公司	ZAX-NP01201932010239	2019 年 8 月 30 日
199	柯利达信息技术有限公司	ZAX-NP01201932010240	2019 年 8 月 30 日
200	中通服网盈科技有限公司	ZAX-NP01201932010241	2019 年 9 月 16 日
201	普瑞达建设有限公司	ZAX-NP01201932010242	2019 年 9 月 16 日
202	江苏创威电子有限公司	ZAX-NP01201932010243	2019 年 9 月 29 日
203	南京嘉环科技股份有限公司	ZAX-NP01201932010245	2019 年 11 月 1 日
204	澳邦智能系统工程有限公司	ZAX-NP01201932010246	2019 年 11 月 1 日
205	天威虎建设股份有限公司	ZAX-NP01201932010248	2019 年 11 月 12 日
206	江苏移动信息系统集成有限公司	ZAX-NP01201932010247	2019 年 11 月 15 日
207	国信紫晶科技（江苏）有限公司	ZAX-NP01201932010249	2019 年 11 月 15 日
208	南京鸿鸣建设工程有限公司	ZAX-NP01201932010250	2019 年 12 月 16 日

续表

序号	企业名称	证书编号	颁证日期
209	苏州常安保安服务有限公司	ZAX-NP01201932010252	2019 年 12 月 30 日
210	南京补天科技实业有限公司	ZAX-NP01201932010251	2019 年 12 月 30 日
211	江苏海广科技有限公司	ZAX-NP01202032010254	2020 年 3 月 16 日
212	江苏海健智城科技有限公司	ZAX-NP01202032010255	2020 年 4 月 15 日
213	江苏中路交通发展有限公司	ZAX-NP01202032010256	2020 年 4 月 15 日
214	江苏鑫智诚科技有限公司	ZAX-NP01202032010257	2020 年 4 月 30 日
215	江苏尔讯智能科技股份有限公司	ZAX-NP01202032010258	2020 年 5 月 15 日
216	江苏荣达信息科技产业有限公司	ZAX-NP01202032010259	2020 年 5 月 15 日
217	香江系统工程有限公司	ZAX-NP01202032010260	2020 年 5 月 19 日
218	中国电子系统工程第二建设有限公司	ZAX-NP01202032010261	2020 年 6 月 30 日
219	盐城市睿通科技有限公司	ZAX-NP01202032010262	2020 年 6 月 30 日
220	南京捷途科技发展有限公司	ZAX-NP01202032010263	2020 年 7 月 16 日
221	新立讯科技股份有限公司	ZAX-NP01202032010264	2020 年 7 月 30 日
222	江苏东奇信息科技有限公司	ZAX-NP01202032010265	2020 年 7 月 30 日
223	南京云创大数据科技股份有限公司	ZAX-NP01202032010266	2020 年 8 月 17 日
224	南京业祥科技发展有限公司	ZAX-NP01202032010267	2020 年 8 月 17 日
225	江苏昆杰科技有限公司	ZAX-NP01202032010268	2020 年 8 月 17 日
226	江苏十方通信股份有限公司	ZAX-NP01202032010269	2020 年 8 月 17 日
227	江苏有线数据网络有限责任公司	ZAX-NP01202032010270	2020 年 8 月 17 日
228	江苏星瀚智慧信息科技有限公司	ZAX-NP01202032010271	2020 年 9 月 1 日
229	南京岳洲网络科技有限公司	ZAX-NP01202032010272	2020 年 9 月 16 日
230	南京凌云科技发展有限公司	ZAX-NP01202032010273	2020 年 9 月 28 日
231	华录易云科技有限公司	ZAX-NP01202032010274	2020 年 9 月 28 日
232	江苏若鸿智能科技有限公司	ZAX-NP01202032010275	2020 年 10 月 15 日
233	徐州通创智慧信息科技有限公司	ZAX-NP01202032010276	2020 年 10 月 30 日
234	金卯新能源集团有限公司	ZAX-NP01202032010277	2020 年 11 月 16 日
235	南京正驰科技发展有限公司	ZAX-NP01202032010278	2020 年 12 月 30 日
236	江苏德高智能系统工程有限公司	ZAX-NP01202032010279	2020 年 12 月 30 日

十、浙江（共 37 家）

序号	企业名称	证书编号	颁证日期
1	联通（浙江）产业互联网有限公司	ZAX-NP01202033000043	2020 年 4 月 15 日
2	航天科工广信智能技术有限公司	ZAX-NP01202033000048	2020 年 9 月 28 日
3	浙江正元智慧科技股份有限公司	ZAX-NP01201933000039	2019 年 8 月 30 日
4	银江股份有限公司	ZAX-NP01201633000002-01	2016 年 8 月 15 日
5	杭州海康威视系统技术有限公司	ZAX-NP01201633000003-01	2016 年 8 月 31 日
6	浙大网新系统工程有限公司	ZAX-NP01201633000004-01	2016 年 11 月 1 日
7	苏柏科技有限公司	ZAX-NP01201633000007-01	2016 年 12 月 30 日
8	杭州友华通信工程设计有限公司	ZAX-NP01201733000009-01	2017 年 2 月 8 日
9	浙江浙大中控信息技术有限公司	ZAX-NP01201733000012-01	2017 年 6 月 19 日
10	浙江大华系统工程有限公司	ZAX-NP01201733000013-01	2017 年 6 月 29 日
11	奥乐科技有限公司	ZAX-NP01201733000014-01	2017 年 7 月 13 日
12	英飞拓（杭州）信息系统技术有限公司	ZAX-NP01201733000016-01	2017 年 9 月 18 日
13	金程科技有限公司	ZAX-NP01201733000017-01	2017 年 9 月 29 日
14	浙江金卡实业有限公司	ZAX-NP01201733000018-01	2017 年 12 月 1 日
15	杭州青鸟电子有限公司	ZAX-NP01201833000019-01	2018 年 1 月 2 日
16	海峡创新互联网股份有限公司	ZAX-NP01201833000021-01	2018 年 1 月 15 日
17	浙江盈达科技发展有限公司	ZAX-NP01201833000022-01	2018 年 1 月 15 日
18	浙江省机电设计研究院有限公司	ZAX-NP01201833000025	2018 年 9 月 17 日
19	浙江海邦伟业智能科技股份有限公司	ZAX-NP01201833000026	2018 年 9 月 17 日
20	杭州智诺科技股份有限公司	ZAX-NP01201833000027	2018 年 11 月 30 日
21	浙江宇通信息技术工程有限公司	ZAX-NP01201833000028	2018 年 11 月 30 日
22	浙江万邦智能科技股份有限公司	ZAX-NP01201933000030	2019 年 1 月 15 日
23	华信咨询设计研究院有限公司	ZAX-NP01201933000032	2019 年 4 月 15 日
24	浙江德盛信息科技有限公司	ZAX-NP01201933000034	2019 年 5 月 15 日
25	浙江鸿远科技有限公司	ZAX-NP01201933000035	2019 年 7 月 15 日
26	杭州昊恒科技有限公司	ZAX-NP01201933000036	2019 年 7 月 15 日
27	中杭建设有限公司	ZAX-NP01201933000037	2019 年 8 月 15 日
28	浙江纳特智能网络工程有限公司	ZAX-NP01201933000038	2019 年 8 月 30 日
29	浙江力嘉电子科技有限公司	ZAX NP01201933000040	2019 年 10 月 15 日
30	浙江中维信息科技有限公司	ZAX-NP01201933000041	2019 年 11 月 15 日
31	杭州雄伟科技开发股份有限公司	ZAX-NP01202033000044	2020 年 4 月 30 日

续表

序号	企业名称	证书编号	颁证日期
32	浙江浣江传媒集团有限公司	ZAX-NP01202033000045	2020年6月15日
33	浙江亿视电子技术有限公司	ZAX-NP01202033000046	2020年6月15日
34	浙江大华安防联网运营服务有限公司	ZAX-NP01202033000047	2020年9月16日
35	中睿信数字技术有限公司	ZAX-NP01202033000049	2020年12月8日
36	首鼎科技股份有限公司	ZAX-NP01202033000050	2020年12月15日
37	杭州东南吉通网络有限公司	ZAX-NP01202033000051	2020年12月30日

十一、安徽（共10家）

序号	企业名称	证书编号	颁证日期
1	安徽省六桂智能化科技有限公司	ZAX-NP01202034000010	2020年10月15日
2	讯飞智元信息科技有限公司	ZAX-NP01201834000001	2018年11月30日
3	安徽省安泰科技股份有限公司	ZAX-NP01201934000002	2019年7月31日
4	安徽合宇天成建设工程有限公司	ZAX-NP01201934000003	2019年9月16日
5	合肥天睦科技有限公司	ZAX-NP01201934000004	2019年9月16日
6	合肥天正科技发展有限责任公司	ZAX-NP01201934000005	2019年11月1日
7	中徽建技术有限公司	ZAX-NP01201934000006	2019年11月29日
8	四创电子股份有限公司	ZAX-NP01202034000007	2020年4月1日
9	安徽京桥智能科技有限公司	ZAX-NP01202034000008	2020年5月29日
10	安徽安东博创信息科技有限公司	ZAX-NP01202034000011	2020年12月8日

十二、福建（共74家）

序号	企业名称	证书编号	颁证日期
1	罗普特科技集团股份有限公司	ZAX-NP01201635010001-01	2016年8月25日
2	厦门兴南洋信息技术有限公司	ZAX-NP01201635010002-01	2016年8月25日
3	中智（福建）科技有限公司	ZAX-NP01201635010003-01	2016年8月31日
4	南威软件股份有限公司	ZAX-NP01201635010004-01	2016年8月31日
5	万维智能科技有限公司	ZAX-NP01201635010005-01	2016年9月14日
6	福建人人共享安全服务有限公司	ZAX-NP01201635010006-01	2016年9月14日
7	冠林电子有限公司	ZAX-NP01201635010007-01	2016年9月14日
8	福建榕基软件股份有限公司	ZAX-NP01201635010008-01	2016年9月26日

续表

序号	企业名称	证书编号	颁证日期
9	厦门市展威科技有限公司	ZAX-NP01201635010009-01	2016年9月26日
10	福建奇新智能科技有限公司	ZAX-NP01201635010010-01	2016年9月26日
11	恒锋信息科技股份有限公司	ZAX-NP01201635010011-01	2016年9月26日
12	泽宇科技工程有限公司	ZAX-NP01201635010012-01	2016年10月12日
13	中邮科通信技术股份有限公司	ZAX-NP01201635010013-01	2016年10月12日
14	福建吉丽安防设备实业有限公司	ZAX-NP01201635010014-01	2016年11月1日
15	中鸿达信息科技有限公司	ZAX-NP01201635010015-01	2016年11月1日
16	福建省鸿官通信工程有限公司	ZAX-NP01201635010016-01	2016年11月1日
17	福建亿安智能技术有限公司	ZAX-NP01201635010017-01	2016年11月1日
18	厦门住安智能科技有限公司	ZAX-NP01201635010018-01	2016年11月16日
19	福建长城电子技术工程有限公司	ZAX-NP01201635010019-01	2016年11月16日
20	福建亚太工程有限公司	ZAX-NP01201635010020-01	2016年11月16日
21	福建省智宇系统工程有限公司	ZAX-NP01201635010021-01	2016年11月16日
22	福建省晋江市创和保安服务有限公司	ZAX-NP01201635010022-01	2016年11月16日
23	厦门兆翔智能科技有限公司	ZAX-NP01201635010024-01	2016年11月16日
24	福建省华大数码科技有限公司	ZAX-NP01201635010025-01	2016年11月24日
25	福建天马电子有限公司	ZAX-NP01201635010026-01	2016年11月24日
26	福建平安报警网络有限公司	ZAX-NP01201635010027-01	2016年11月24日
27	福州银安技术工程有限公司	ZAX-NP01201635010028-01	2016年11月24日
28	厦门柏事特信息科技有限公司	ZAX-NP01201635010029-01	2016年11月30日
29	福建奔特信息技术有限公司	ZAX-NP01201635010030-01	2016年11月30日
30	泉州市视达电子工程有限公司	ZAX-NP01201635010031-01	2016年11月30日
31	福建省智能科技有限公司	ZAX-NP01201635010036-01	2016年12月16日
32	福建省技防电子技术有限公司	ZAX-NP01201635010032-01	2016年12月16日
33	福州开发区鸿发光电子技术有限公司	ZAX-NP01201635010033-01	2016年12月16日
34	联誉信息股份有限公司	ZAX-NP01201635010034-01	2016年12月16日
35	厦门万安智能有限公司	ZAX-NP01201635010035-01	2016年12月16日
36	中智海峡科技有限公司	ZAX-NP01201635010037-01	2016年12月27日
37	福建易华录信息技术有限公司	ZAX-NP01201635010038-01	2016年12月27日
38	厦门纵横集团通信发展有限公司	ZAX-NP01201635010039-01	2016年12月27日
39	福建国通信息科技有限公司	ZAX-NP01201735010040-01	2017年1月16日
40	福建点景科技股份有限公司	ZAX-NP01201735010041-01	2017年1月16日

续表

序号	企业名称	证书编号	颁证日期
41	福建国智计算机系统工程有限公司	ZAX-NP01201735010042-01	2017 年 1 月 16 日
42	厦门鑫科安集团股份有限公司	ZAX-NP01201735010043-01	2017 年 1 月 16 日
43	厦门凯迪空间电子有限公司	ZAX-NP01201735010044-01	2017 年 1 月 24 日
44	福州立国安电子有限公司	ZAX-NP01201735010045-01	2017 年 1 月 24 日
45	福建省广电智能系统集成工贸有限公司	ZAX-NP01201735010046-01	2017 年 2 月 8 日
46	福建福光天维电子科技有限公司	ZAX-NP01201735010047-01	2017 年 2 月 8 日
47	福建天傲信息科技有限公司	ZAX-NP01201735010048-01	2017 年 2 月 17 日
48	泉州华通科贸有限公司	ZAX-NP01201735010049-01	2017 年 2 月 17 日
49	厦门路桥信息股份有限公司	ZAX-NP01201735010050-01	2017 年 4 月 17 日
50	福建东政智能科技有限公司	ZAX-NP01201735010051-01	2017 年 4 月 17 日
51	福州冠林智能系统集成有限公司	ZAX-NP01201735010053-01	2017 年 7 月 28 日
52	中海建安建设有限公司	ZAX-NP01201735010054-01	2017 年 7 月 28 日
53	泉州中誉光电有限公司	ZAX-NP01201735010055	2017 年 8 月 4 日
54	利亚德光电集团系统集成有限公司	ZAX-NP01201735010056-01	2017 年 8 月 4 日
55	福州石径信息技术有限公司	ZAX-NP01201735010057-01	2017 年 8 月 4 日
56	福建省东方四维科技有限公司	ZAX-NP01201735010059-01	2017 年 8 月 22 日
57	翼石电子股份有限公司	ZAX-NP01201735010061-01	2017 年 9 月 29 日
58	福州加百安电子有限公司	ZAX-NP01201735010062-01	2017 年 12 月 1 日
59	福建省新特建设工程有限公司	ZAX-NP01201835010064	2018 年 8 月 20 日
60	福建省凯特建设工程有限公司	ZAX-NP01201835010065	2018 年 9 月 3 日
61	福建元博信息科技有限公司	ZAX-NP01201835010066	2018 年 9 月 17 日
62	福建新宇电子有限公司	ZAX-NP01201835010067	2018 年 10 月 15 日
63	福建省一线网络技术有限公司	ZAX-NP01201835010068	2018 年 11 月 30 日
64	厦门华炀智慧城市建设有限公司	ZAX-NP01201935010069	2019 年 3 月 1 日
65	福建天一网通信工程有限公司	ZAX-NP01201935010070	2019 年 3 月 1 日
66	泉州智伟科技有限公司	ZAX-NP01201935010071	2019 年 4 月 30 日
67	福建省鑫通通信技术开发有限公司	ZAX-NP01201935010072	2019 年 4 月 30 日
68	厦门升光信息科技有限公司	ZAX-NP01201935010073	2019 年 8 月 15 日
69	福建创安智能系统有限公司	ZAX-NP01202035010074	2020 年 4 月 15 日
70	福建高能信息科技有限公司	ZAX-NP01202035010075	2020 年 5 月 15 日
71	漳州盈创信息科技有限公司	ZAX-NP01202035010076	2020 年 5 月 15 日
72	福建元信泰智能科技有限公司	ZAX-NP01202035010077	2020 年 5 月 29 日

续表

序号	企业名称	证书编号	颁证日期
73	厦门天图信息科技有限公司	ZAX-NP01202035010078	2020 年 7 月 30 日
74	福建省三杰特电子工程有限公司	ZAX-NP01202035010079	2020 年 8 月 17 日

十三、江西（共 2 家）

序号	企业名称	证书编号	颁证日期
1	思创数码科技股份有限公司	ZAX-NP01201836000001	2018 年 8 月 1 日
2	江西省华洪科技有限公司	ZAX-NP01201836000002	2018 年 11 月 30 日

十四、山东（共 17 家）

序号	企业名称	证书编号	颁证日期
1	天博电子信息科技有限公司	ZAX-NP01202037010015	2020 年 5 月 29 日
2	青岛海信网络科技股份有限公司	ZAX-NP01201637000001-01	2016 年 8 月 25 日
3	山东华网智能科技股份有限公司	ZAX-NP01201737000002-01	2017 年 1 月 16 日
4	山东弘阳集团有限公司	ZAX-NP01201737000003-01	2017 年 4 月 28 日
5	山东胜软科技股份有限公司	ZAX-NP01201737000005-01	2017 年 12 月 15 日
6	青岛浩海网络科技股份有限公司	ZAX-NP01201837010007	2018 年 9 月 17 日
7	山东海科信息技术有限公司	ZAX-NP01201837010008	2018 年 12 月 28 日
8	山东中苑电子技术有限公司	ZAX-NP01201937010009	2019 年 2 月 1 日
9	山东中移通信技术有限公司	ZAX-NP01201937010010	2019 年 2 月 15 日
10	山东冠勋电子科技有限公司	ZAX-NP01201937010011	2019 年 7 月 15 日
11	青岛亿联信息科技股份有限公司	ZAX-NP01201937010012	2019 年 7 月 15 日
12	威海北洋光电信息技术股份公司	ZAX-NP01201937010013	2019 年 12 月 30 日
13	山东中亚建设集团有限公司	ZAX-NP01201937010014	2019 年 12 月 30 日
14	华高数字科技有限公司	ZAX-NP01202037010016	2020 年 9 月 1 日
15	青岛文斯特网络科技有限公司	ZAX-NP01202037010017	2020 年 10 月 15 日
16	青岛正睿致霖电子工程有限公司	ZAX-NP01202037010018	2020 年 10 月 30 日
17	青岛和成实业有限公司	ZAX-NP01202037010019	2020 年 12 月 30 日

十五、河南（共57家）

序号	企业名称	证书编号	颁证日期
1	航天鸿图科技有限公司	ZAX-NP01201941010050	2019年11月29日
2	河南晟智科技有限公司	ZAX-NP01201741000002-01	2017年5月15日
3	河南海泰天成电子有限公司	ZAX-NP01201741000003-01	2017年5月15日
4	大博金科技发展有限公司	ZAX-NP01201741000004-01	2017年5月26日
5	河南长龙科技发展有限公司	ZAX-NP01201741000005-01	2017年10月16日
6	濮阳中原信息技术有限公司	ZAX-NP01201741000006-01	2017年10月16日
7	河南华安保全智能发展有限公司	ZAX-NP01201741000007-01	2017年10月26日
8	中电云科信息技术有限公司	ZAX-NP01201741000008-01	2017年10月26日
9	天筑科技股份有限公司	ZAX-NP01201741010009-01	2017年11月15日
10	中昶智能科技有限公司	ZAX-NP01201741010010-01	2017年12月1日
11	河南顺博建筑智能化工程有限公司	ZAX-NP01201741010011-01	2017年12月15日
12	河南省联侨科技发展有限公司	ZAX-NP01201741010012-01	2017年12月15日
13	郑州优美智能科技有限公司	ZAX-NP01201841010013-01	2018年1月2日
14	河南中裕广恒科技股份有限公司	ZAX-NP01201841010014-01	2018年3月16日
15	新乡市数网安防工程科技有限公司	ZAX-NP01201841010015-01	2018年3月16日
16	河南金鹏信息技术股份有限公司	ZAX-NP01201841010016-01	2018年3月16日
17	竹林松大科技股份有限公司	ZAX-NP01201841010017-01	2018年5月15日
18	河南宝汇实业有限公司	ZAX-NP01201841010018	2018年5月31日
19	中科广通科技集团有限公司	ZAX-NP01201841010020	2018年8月1日
20	河南帅澎信息科技有限公司	ZAX-NP01201841010021	2018年8月1日
21	河南华邦科技有限公司	ZAX-NP01201841010022	2018年8月20日
22	河南继元智能科技股份有限公司	ZAX-NP01201841010023	2018年8月20日
23	郑州银丰电子科技有限公司	ZAX-NP01201841010024	2018年8月20日
24	郑州顶泰科技有限公司	ZAX-NP01201841010025	2018年10月15日
25	和光海天信息技术股份有限公司	ZAX-NP01201841010026	2018年10月15日
26	郑州兰盾电子有限公司	ZAX-NP01201841010028	2018年11月1日
27	郑州日电华信息技术有限公司	ZAX-NP01201841010029	2018年11月1日
28	许昌许继昌南通信设备有限公司	ZAX-NP01201841010030	2018年11月1日
29	郑州铁路装备制造有限公司	ZAX-NP01201841010031	2018年11月30日
30	河南鑫隆智能科技有限公司	ZAX-NP01201941010032	2019年1月15日
31	开封亚太电子工程有限公司	ZAX-NP01201941010035	2019年2月15日

续表

序号	企业名称	证书编号	颁证日期
32	郑州捷维智能科技有限公司	ZAX-NP01201941010036	2019 年 2 月 15 日
33	河南天域信息网络技术有限公司	ZAX-NP01201941010037	2019 年 3 月 1 日
34	河南汇捷科技股份有限公司	ZAX-NP01201941010038	2019 年 3 月 15 日
35	河南大华安防科技股份有限公司	ZAX-NP01201941010039	2019 年 4 月 1 日
36	郑州江宏电子有限公司	ZAX-NP01201941010040	2019 年 4 月 30 日
37	中电科信息产业有限公司	ZAX-NP01201941010041	2019 年 5 月 15 日
38	河南省华科光电技术有限公司	ZAX-NP01201941010042	2019 年 5 月 31 日
39	郑州东盛电子科技有限公司	ZAX-NP01201941010043	2019 年 7 月 1 日
40	洛阳华谊信息技术公司	ZAX-NP01201941010044	2019 年 8 月 15 日
41	中国通信建设第四工程局有限公司	ZAX-NP01201941010045	2019 年 8 月 30 日
42	盈诚科技有限公司	ZAX-NP01201941010046	2019 年 11 月 1 日
43	河南万安智能科技有限公司	ZAX-NP01201941010047	2019 年 11 月 1 日
44	河南众诚信息科技股份有限公司	ZAX-NP01201941010048	2019 年 11 月 1 日
45	河南天汇金电子科技有限公司	ZAX-NP01201941010049	2019 年 11 月 15 日
46	郑州丰嘉科技有限公司	ZAX-NP01202041010051	2020 年 4 月 15 日
47	河南辉煌科技股份有限公司	ZAX-NP01202041010052	2020 年 5 月 29 日
48	河南华脉通信技术有限公司	ZAX-NP01202041010053	2020 年 6 月 15 日
49	河南银融安防设备有限公司	ZAX-NP01202041010054	2020 年 6 月 15 日
50	商丘广信电子科技有限公司	ZAX-NP01202041010055	2020 年 8 月 17 日
51	河南中光学集团有限公司	ZAX-NP01202041010056	2020 年 9 月 1 日
52	河南大立科技有限责任公司	ZAX-NP01202041010057	2020 年 9 月 16 日
53	河南银鑫电子科技有限公司	ZAX-NP01202041010058	2020 年 10 月 15 日
54	郑州正一实业有限公司	ZAX-NP01202041010059	2020 年 10 月 15 日
55	河南嘉轩信息工程有限公司	ZAX-NP01202041010060	2020 年 10 月 30 日
56	河南众联嘉德实业有限公司	ZAX-NP01202041010061	2020 年 11 月 16 日
57	河南巴洛克网络科技有限公司	ZAX-NP01202041010062	2020 年 12 月 15 日

十六、湖北（共 82 家）

序号	企业名称	证书编号	颁证日期
1	武汉广通系统工程有限公司	ZAX-NP01201942010095	2019 年 11 月 1 日
2	达明科技有限公司	ZAX-NP01201642010002-01	2016 年 11 月 1 日

续表

序号	企业名称	证书编号	颁证日期
3	安华智能股份公司	ZAX-NP01201642010003-01	2016 年 11 月 16 日
4	武汉中科通达高新技术股份有限公司	ZAX-NP01201642010004-01	2016 年 11 月 24 日
5	武汉众智数字技术有限公司	ZAX-NP01201642010006-01	2016 年 11 月 24 日
6	武汉海辰友邦科技发展有限公司	ZAX-NP01201642010007-01	2016 年 11 月 30 日
7	武汉市力飞科技发展有限公司	ZAX-NP01201642010008-01	2016 年 11 月 30 日
8	武汉中原之星智能科技有限责任公司	ZAX-NP01201642010009-01	2016 年 12 月 6 日
9	武汉烽火信息集成技术有限公司	ZAX-NP01201642010010-01	2016 年 12 月 16 日
10	光谷技术有限公司	ZAX-NP01201642010011-01	2016 年 12 月 16 日
11	中建三局智能技术有限公司	ZAX-NP01201642010013-01	2016 年 12 月 16 日
12	武汉理工光科股份有限公司	ZAX-NP01201642010014-01	2016 年 12 月 16 日
13	武汉瑞科兴业科技有限公司	ZAX-NP01201642010015-01	2016 年 12 月 16 日
14	中贝通信集团股份有限公司	ZAX-NP01201642010017-01	2016 年 12 月 27 日
15	武汉武钢绿色城市技术发展有限公司	ZAX-NP01201742010020-01	2017 年 1 月 4 日
16	湖北楚航电子科技有限公司	ZAX-NP01201742010021-01	2017 年 1 月 4 日
17	嘉杰科技有限公司	ZAX-NP01201742010023-01	2017 年 1 月 4 日
18	武汉华微科技有限责任公司	ZAX-NP01201742010026-01	2017 年 1 月 16 日
19	武汉腾创网络建设工程有限公司	ZAX-NP01201742010027-01	2017 年 3 月 1 日
20	武汉网信安全技术股份有限公司	ZAX-NP01201742010028-01	2017 年 3 月 1 日
21	武汉市霍克智能技术有限公司	ZAX-NP01201742010029-01	2017 年 3 月 1 日
22	武汉市武控系统工程有限公司	ZAX-NP01201742010030-01	2017 年 3 月 13 日
23	武汉奥星智能系统有限公司	ZAX-NP01201742010032-01	2017 年 3 月 13 日
24	武汉烽火技术服务有限公司	ZAX-NP01201742010036-01	2017 年 4 月 1 日
25	湖北融汇信息科技有限公司	ZAX-NP01201742010037-01	2017 年 4 月 1 日
26	湖北泰跃卫星技术发展股份有限公司	ZAX-NP01201742010038-01	2017 年 4 月 1 日
27	武汉市博海无线电有限公司	ZAX-NP01201742010039-01	2017 年 4 月 1 日
28	湖北中科网络科技股份有限公司	ZAX-NP01201742010041-01	2017 年 4 月 28 日
29	武汉迈力特通信有限公司	ZAX-NP01201742010043-01	2017 年 4 月 28 日
30	武汉深捷科技股份有限公司	ZAX-NP01201742010044-01	2017 年 5 月 15 日
31	中船重工（武汉）凌久高科有限公司	ZAX-NP01201742010045-01	2017 年 5 月 26 日
32	中铁十一局集团电务工程有限公司	ZAX-NP01201742010046-01	2017 年 5 月 26 日
33	湖北公众信息产业有限责任公司	ZAX-NP01201742010050-01	2017 年 6 月 29 日
34	武汉爱迪科技股份有限公司	ZAX-NP01201742010051-01	2017 年 7 月 13 日

续表

序号	企业名称	证书编号	颁证日期
35	景网技术有限公司	ZAX-NP01201742010052-01	2017 年 7 月 13 日
36	领航动力信息系统有限公司	ZAX-NP01201742010053-01	2017 年 7 月 13 日
37	中船重工纵横科技有限公司	ZAX-NP01201742010054-01	2017 年 7 月 13 日
38	武汉通联高新科技有限责任公司	ZAX-NP01201742010055-01	2017 年 8 月 22 日
39	达昌技术发展有限公司	ZAX-NP01201742010058	2017 年 9 月 18 日
40	武汉百捷集团系统集成有限公司	ZAX-NP01201742010057-01	2017 年 9 月 18 日
41	武汉虹信技术服务有限责任公司	ZAX-NP01201742010059-01	2017 年 10 月 16 日
42	武汉华风电子工程有限公司	ZAX-NP01201742010060-01	2017 年 10 月 16 日
43	湖北兆信信息工程有限公司	ZAX-NP01201742010061-01	2017 年 12 月 1 日
44	武汉博安联世科技服务有限公司	ZAX-NP01201842010062-01	2018 年 1 月 2 日
45	湖北金东建电子科技有限公司	ZAX-NP01201842010064-01	2018 年 4 月 1 日
46	湖北安视云科技有限公司	ZAX-NP01201842010065-01	2018 年 4 月 16 日
47	武汉菲旺软件技术有限责任公司	ZAX-NP01201842010066-01	2018 年 4 月 28 日
48	武汉微创光电股份有限公司	ZAX-NP01201842010070	2018 年 5 月 31 日
49	湖北华鹏智慧科技有限公司	ZAX-NP01201842010067-01	2018 年 5 月 31 日
50	湖北集防科技有限公司	ZAX-NP01201842010068-01	2018 年 5 月 31 日
51	武汉鑫丰易科技发展有限公司	ZAX-NP01201842010072	2018 年 7 月 3 日
52	湖北中恒健技术有限公司	ZAX-NP01201842010071-01	2018 年 7 月 3 日
53	湖北周全智能化系统工程有限公司	ZAX-NP01201842010073	2018 年 8 月 1 日
54	湖北晨智系统工程有限公司	ZAX-NP01201842010074	2018 年 8 月 1 日
55	十堰市创高科技有限公司	ZAX-NP01201842010077	2018 年 11 月 1 日
56	武汉菲奥达物联科技有限公司	ZAX-NP01201842010078	2018 年 11 月 1 日
57	武汉安博弘润科技服务有限公司	ZAX-NP01201842010080	2018 年 12 月 17 日
58	武汉悠锋科技有限公司	ZAX-NP01201942010082	2019 年 1 月 15 日
59	中国通信建设第三工程局有限公司	ZAX-NP01201942010083	2019 年 2 月 1 日
60	武汉霓盛智能科技有限公司	ZAX-NP01201942010084	2019 年 2 月 1 日
61	亚正科技股份公司	ZAX-NP01201942010085	2019 年 2 月 15 日
62	武汉湖滨电器有限公司	ZAX-NP01201942010087	2019 年 4 月 30 日
63	武汉瑞客特科技有限公司	ZAX-NP01201942010088	2019 年 5 月 31 日
64	湖北佳狮盾智能技术有限公司	ZAX-NP01201942010089	2019 年 6 月 17 日
65	湖北龙澳系统工程有限公司	ZAX-NP01201942010090	2019 年 8 月 15 日
66	湖北科器信息技术有限公司	ZAX-NP01201942010091	2019 年 8 月 15 日

续表

序号	企业名称	证书编号	颁证日期
67	中国船舶重工集团公司第七一九研究所	ZAX-NP01201942010093	2019 年 8 月 30 日
68	武汉兴得科技有限公司	ZAX-NP01201942010092	2019 年 8 月 30 日
69	毕昇云（武汉）信息技术有限公司	ZAX-NP01201942010094	2019 年 8 月 30 日
70	湖北盛世恒通通信集团有限公司	ZAX-NP01201942010096	2019 年 11 月 29 日
71	武汉三江航天网络通信有限公司	ZAX-NP01201942010097	2019 年 12 月 16 日
72	鸣飞伟业技术有限公司	ZAX-NP01201942010099	2019 年 12 月 30 日
73	武汉民大信息科技有限公司	ZAX-NP01202042010100	2020 年 5 月 15 日
74	武汉智网伟业科技有限公司	ZAX-NP01202042010102	2020 年 6 月 30 日
75	湖北鑫隆进电子有限公司	ZAX-NP01202042010103	2020 年 6 月 30 日
76	武汉凯亿达科技有限公司	ZAX-NP01202042010104	2020 年 7 月 16 日
77	武汉三泰金服安防工程有限公司	ZAX-NP01202042010105	2020 年 9 月 1 日
78	武汉万德智新科技股份有限公司	ZAX-NP01202042010106	2020 年 9 月 1 日
79	湖北锦程数字城市技术有限公司	ZAX-NP01202042010107	2020 年 9 月 28 日
80	湖北德源系统工程有限公司	ZAX-NP01202042010108	2020 年 10 月 30 日
81	武汉宏创兴恒技术工程有限公司	ZAX-NP01202042010109	2020 年 11 月 26 日
82	湖北金邦科技有限公司	ZAX-NP01202042010110	2020 年 12 月 15 日

十七、湖南（共 3 家）

序号	企业名称	证书编号	颁证日期
1	湖南华南光电科技股份有限公司	ZAX-NP01201843000001	2018 年 8 月 1 日
2	长沙威尔达科技开发有限公司	ZAX-NP01201943000002	2019 年 5 月 31 日
3	智慧眼科技股份有限公司	ZAX-NP01202043000003	2020 年 4 月 30 日

十八、广东（共 40 家）

序号	企业名称	证书编号	颁证日期
1	深圳市方度电子有限公司	ZAX-NP01201944010036	2019 年 8 月 15 日
2	浩云科技股份有限公司	ZAX-NP01201644000001-01	2016 年 7 月 28 日
3	深圳市盾牌安保科技有限公司	ZAX-NP01201644000003-01	2016 年 11 月 1 日
4	广东履安实业有限公司	ZAX-NP01201744000004-01	2017 年 1 月 16 日
5	高新兴科技集团股份有限公司	ZAX-NP01201744000007-01	2017 年 5 月 26 日

续表

序号	企业名称	证书编号	颁证日期
6	广东美电贝尔科技集团股份有限公司	ZAX-NP01201744000008-01	2017年6月19日
7	长园共创电力安全技术股份有限公司	ZAX-NP01201744000010-01	2017年10月16日
8	金鹏电子信息机器有限公司	ZAX-NP01201744000012-01	2017年10月26日
9	深圳力维智联技术有限公司	ZAX-NP01201744000013-01	2017年10月26日
10	深圳市麦驰物联股份有限公司	ZAX-NP01201844010014-01	2018年1月15日
11	深圳市旗云智能科技有限公司	ZAX-NP01201844010016-01	2018年2月12日
12	深圳新阳蓝光能源科技股份有限公司	ZAX-NP01201844010017-01	2018年4月16日
13	盛视科技股份有限公司	ZAX-NP01201844010020-01	2018年5月31日
14	中网道科技集团股份有限公司	ZAX-NP01201844010021-01	2018年6月15日
15	深圳市宇维视通科技有限公司	ZAX-NP01201844010023	2018年8月20日
16	深圳桑达电子设备有限公司	ZAX-NP01201844010024	2018年9月3日
17	深圳昌恩智能股份有限公司	ZAX-NP01201844010025	2018年9月3日
18	深圳市八方通达科技有限公司	ZAX-NP01201844010028	2018年10月15日
19	广州市高科通信技术股份有限公司	ZAX-NP01201844010029	2018年11月15日
20	深圳市天盈隆科技有限公司	ZAX-NP01201844010030	2018年11月27日
21	深圳市天地互通科技有限公司	ZAX-NP01201844010032	2018年12月14日
22	广东兆邦智能科技股份有限公司	ZAX-NP01201844010033	2018年12月17日
23	深圳市万佳安物联科技股份有限公司	ZAX-NP01201944010034	2019年4月1日
24	深圳市鑫源通电子有限公司	ZAX-NP01201944010035	2019年7月31日
25	深圳市天和时代电子设备有限公司	ZAX-NP01201944010037	2019年9月16日
26	深圳市天彦通信股份有限公司	ZAX-NP01201944010039	2019年10月15日
27	深圳市裕华盈峰科技有限公司	ZAX-NP01201944010042	2019年11月4日
28	深圳市和一实业有限公司	ZAX-NP01202044010043	2020年1月15日
29	熵基科技股份有限公司	ZAX-NP01202044010044	2020年2月3日
30	佛山市鼎垣工程有限公司	ZAX-NP01202044010045	2020年5月15日
31	珠海优特电力科技股份有限公司	ZAX-NP01202044010047	2020年6月30日
32	深圳市南方龙兴科技有限公司	ZAX-NP01202044010048	2020年7月16日
33	中筑天佑科技有限公司	ZAX-NP01202044010049	2020年7月30日
34	深圳市证通电子股份有限公司	ZAX-NP01202044010050	2020年10月15日
35	深圳市金晟安智能系统有限公司	ZAX-NP01202044010051	2020年11月16日
36	深圳市瑞沃物联科技有限公司	ZAX-NP01202044010052	2020年11月16日
37	深圳市乾力亨科技有限公司	ZAX-NP01202044010053	2020年11月16日

续表

序号	企业名称	证书编号	颁证日期
38	安盛信达科技股份公司	ZAX-NP01202044010054	2020年11月26日
39	深圳市华付信息技术有限公司	ZAX-NP01202044010055	2020年12月8日
40	深圳市华典装饰工程有限公司	ZAX-NP01202044010056	2020年12月30日

十九、广西（共33家）

序号	企业名称	证书编号	颁证日期
1	苏中达科智能工程有限公司	ZAX-NP01201645010001-01	2016年9月14日
2	广西联怡科技有限责任公司	ZAX-NP01201645010002-01	2016年9月14日
3	广西桂华网络安防工程有限公司	ZAX-NP01201645010003-01	2016年9月26日
4	广西思创电子有限公司	ZAX-NP01201645010004-01	2016年9月26日
5	广西桂荣电子科技有限公司	ZAX-NP01201645010006-01	2016年10月19日
6	鹏耀科技有限公司	ZAX-NP01201645010007-01	2016年11月1日
7	广西世纪立林科技有限公司	ZAX-NP01201645010008-01	2016年11月1日
8	广西智宇科技有限公司	ZAX-NP01201645010009-01	2016年11月1日
9	广西鑫闽网络科技工程有限公司	ZAX-NP01201645010011-01	2016年12月30日
10	广西内联网络系统有限责任公司	ZAX-NP01201745010012-01	2017年2月8日
11	广西佳宁智能科技有限公司	ZAX-NP01201745010013-01	2017年3月1日
12	广西网安科技有限公司	ZAX-NP01201745010015-01	2017年4月28日
13	桂林长海发展有限责任公司	ZAX-NP01201745010017-01	2017年5月15日
14	广西华业智能科技集团有限公司	ZAX-NP01201745010018-01	2017年5月26日
15	南宁市博捷安防电子有限公司	ZAX-NP01201745010021-01	2017年6月19日
16	广西巨拓电子科技有限公司	ZAX-NP01201745010022-01	2017年8月15日
17	广西交科集团有限公司	ZAX-NP01201745010023-01	2017年8月22日
18	润建股份有限公司	ZAX-NP01201745010024-01	2017年9月1日
19	广西海天电器有限责任公司	ZAX-NP01201745010026-01	2017年10月16日
20	南宁市福安正邦科贸有限公司	ZAX-NP01201745010027-01	2017年11月15日
21	广西天道信息技术有限公司	ZAX-NP01201745010028-01	2017年11月15日
22	广西新未来信息产业股份有限公司	ZAX-NP01201845010029-01	2018年1月2日
23	广西泰乐智能安防工程有限公司	ZAX-NP01201845010030-01	2018年1月15日
24	广西壮族自治区通信产业服务有限公司	ZAX-NP01201845010032-01	2018年4月28日
25	广西宏天威视科技有限公司	ZAX-NP01201845010033-01	2018年7月16日

续表

序号	企业名称	证书编号	颁证日期
26	广西冠林科技有限公司	ZAX-NP01201845010034	2018 年 9 月 17 日
27	广西森安科技有限公司	ZAX-NP01201945010035	2019 年 5 月 31 日
28	广西成吉思建筑智能工程有限公司	ZAX-NP01201945010036	2019 年 7 月 1 日
29	广西南宁天问科技有限责任公司	ZAX-NP01201945010037	2019 年 9 月 29 日
30	广西领视网络科技技术有限公司	ZAX-NP01202045010038	2020 年 4 月 30 日
31	广西广播电视信息网络股份有限公司	ZAX-NP01202045010039	2020 年 7 月 30 日
32	广西崇高电子科技有限公司	ZAX-NP01202045010040	2020 年 10 月 30 日
33	广西通信规划设计咨询有限公司	ZAX-NP01202045010041	2020 年 12 月 30 日

二十、重庆（共 2 家）

序号	企业名称	证书编号	颁证日期
1	重庆海康威视系统技术有限公司	ZAX-NP01201746000001-01	2017 年 6 月 29 日
2	高新兴讯美科技股份有限公司	ZAX-NP01201746000002-01	2017 年 6 月 29 日

二十一、四川（共 34 家）

序号	企业名称	证书编号	颁证日期
1	中科院成都信息技术股份有限公司	ZAX-NP01201851010016	2018 年 11 月 15 日
2	成都西物信安智能系统有限公司	ZAX-NP01201651000001-01	2016 年 8 月 15 日
3	四川君逸数码科技股份有限公司	ZAX-NP01201651000002-01	2016 年 9 月 14 日
4	成都华迈通信技术有限公司	ZAX-NP01201751000004-01	2017 年 1 月 24 日
5	汉隆科技股份有限公司	ZAX-NP01201751000005-01	2017 年 1 月 24 日
6	四川大宇信息系统股份有限公司	ZAX-NP01201751000006-01	2017 年 1 月 24 日
7	四川勇安智能科技有限公司	ZAX-NP01201751000007	2017 年 3 月 1 日
8	四川爱克迅安防消防工程有限公司	ZAX-NP01201751000009-01	2017 年 3 月 13 日
9	四川西南交大铁路发展股份有限公司	ZAX-NP01201751000010-01	2017 年 4 月 1 日
10	成都国科海博信息技术股份有限公司	ZAX-NP01201751000011-01	2017 年 10 月 26 日
11	成都理邦系统工程技术有限公司	ZAX-NP01201751000012-01	2017 年 10 月 26 日
12	佳缘科技股份有限公司	ZAX-NP01201851010013-01	2018 年 5 月 15 日
13	成都基业长青科技有限责任公司	ZAX-NP01201851010014-01	2018 年 5 月 31 日
14	四川新迎顺信息技术股份有限公司	ZAX-NP01201851010015	2018 年 11 月 1 日

续表

序号	企业名称	证书编号	颁证日期
15	四川格瑞特科技有限公司	ZAX-NP01201851010017	2018年11月30日
16	四川浩特通信有限公司	ZAX-NP01201851010018	2018年12月17日
17	四川长虹电子系统有限公司	ZAX-NP01201851010019	2018年12月17日
18	四川能士科技发展有限公司	ZAX-NP01201851010021	2018年12月28日
19	四川天翼网络服务有限公司	ZAX-NP01201951010022	2019年2月1日
20	四川珩睿智能科技有限公司	ZAX-NP01201951010023	2019年4月1日
21	成都格理特电子技术有限公司	ZAX-NP01201951010024	2019年4月30日
22	四川众智公路交通工程有限公司	ZAX-NP01201951010025	2019年7月31日
23	成都汉康信息产业有限公司	ZAX-NP01201951010026	2019年7月31日
24	四川中移通信技术工程有限公司	ZAX-NP01201951010027	2019年7月31日
25	四川智诚永信电子工程有限公司	ZAX-NP01201951010028	2019年8月30日
26	成都东瑞家茂信息工程有限公司	ZAX-NP01201951010029	2019年9月29日
27	四川德尔博睿科技股份有限公司	ZAX-NP01202051010031	2020年4月1日
28	中全通技术有限公司	ZAX-NP01202051010032	2020年4月1日
29	四川盛邦润达科技有限公司	ZAX-NP01202051010033	2020年4月1日
30	华雁智能科技（集团）股份有限公司	ZAX-NP01202051010034	2020年5月29日
31	成都市品立科技有限责任公司	ZAX-NP01202051010035	2020年8月17日
32	民航成都电子技术有限责任公司	ZAX-NP01202051010036	2020年9月1日
33	成都国恒信息安全技术有限责任公司	ZAX-NP01202051010037	2020年10月30日
34	成都卫士通信息安全技术有限公司	ZAX-NP01202051010038	2020年12月8日

二十二、贵州（共25家）

序号	企业名称	证书编号	颁证日期
1	信通达智能科技有限公司	ZAX-NP01201652010001-01	2016年9月14日
2	贵州华美达科技有限公司	ZAX-NP01201652010002-01	2016年10月12日
3	贵州思索电子有限公司	ZAX-NP01201652010003-01	2016年11月16日
4	中联创展信息技术股份有限公司	ZAX-NP01201652010005	2016年12月16日
5	贵州坤盾天成科技有限公司	ZAX-NP01201652010004-01	2016年12月16日
6	贵阳方舟科技股份有限公司	ZAX-NP01201652010006-01	2016年12月27日
7	贵州新泰安科技有限公司	ZAX-NP01201652010007-01	2016年12月30日
8	贵州申瓯通信电子科技有限公司	ZAX-NP01201752010008-01	2017年2月8日

续表

序号	企业名称	证书编号	颁证日期
9	贵州东冠科技有限公司	ZAX-NP01201752010009-01	2017 年 2 月 8 日
10	贵阳桑力电子实业有限公司	ZAX-NP01201752010010-01	2017 年 2 月 8 日
11	贵州华城楼宇科技有限公司	ZAX-NP01201752010011-01	2017 年 3 月 1 日
12	遵义汇峰智能系统有限责任公司	ZAX-NP01201752010012-01	2017 年 4 月 1 日
13	贵州正远达科技集团有限公司	ZAX-NP01201752010013-01	2017 年 4 月 17 日
14	贵阳金利沅科技有限公司	ZAX-NP01201752010017-01	2017 年 10 月 16 日
15	贵州建工集团第六建筑工程有限责任公司	ZAX-NP01201752010018-01	2017 年 10 月 26 日
16	贵州云达科技有限公司	ZAX-NP01201752010019-01	2017 年 11 月 15 日
17	贵州美视贝尔科技发展有限公司	ZAX-NP01201752010020-01	2017 年 11 月 15 日
18	贵州建工集团第十建筑工程有限公司	ZAX-NP01201752010021-01	2017 年 12 月 15 日
19	贵州盛泰隆科技有限公司	ZAX-NP01201852010022-01	2018 年 5 月 15 日
20	贵州天信仁和智能工程有限公司	ZAX-NP01201952010023	2019 年 5 月 23 日
21	贵州迅达信息产业发展有限公司	ZAX-NP01201952010024	2019 年 8 月 30 日
22	贵州鑫垚智能技术有限公司	ZAX-NP01201952010025	2019 年 10 月 15 日
23	贵州江南航天信息网络通信有限公司	ZAX-NP01202052010026	2020 年 5 月 15 日
24	贵州永光盛安防科技有限公司	ZAX-NP01202052010027	2020 年 8 月 17 日
25	贵州长信天鹰信息系统有限公司	ZAX-NP01202052010028	2020 年 9 月 16 日

二十三、云南（共 3 家）

序号	企业名称	证书编号	颁证日期
1	科海电子股份有限公司	ZAX-NP01201653000002-01	2016 年 9 月 14 日
2	盛云科技有限公司	ZAX-NP01201653000001-01	2016 年 7 月 28 日
3	云南金隆伟业科技有限公司	ZAX-NP01201653000003-01	2016 年 12 月 30 日

二十四、西藏（共 1 家）

序号	企业名称	证书编号	颁证日期
1	西藏中胜四创科技有限公司	ZAX-NP01201954000001	2019 年 4 月 15 日

二十五、陕西（共1家）

序号	企业名称	证书编号	颁证日期
1	中国通信建设第二工程局有限公司	ZAX-NP01201961000003	2019年10月30日

二十六、甘肃（共1家）

序号	企业名称	证书编号	颁证日期
1	兰州奥普信息技术有限公司	ZAX-NP01202062000001	2020年7月30日

二十七、宁夏（共1家）

序号	企业名称	证书编号	颁证日期
1	中科天际科技股份有限公司	ZAX-NP01201864000001	2018年8月20日

二十八、新疆（共2家）

序号	企业名称	证书编号	颁证日期
1	新疆万维网络工程有限公司	ZAX-NP01201865000001-01	2018年2月12日
2	新疆远东科技有限公司	ZAX-NP01202065000002	2020年1月15日

因篇幅所限，获得中国安全防范产品行业协会安防工程企业设计施工维护能力评价二、三级证书的企业名录，请查阅《中国安全防范行业年鉴》（2020版）网络版，或登录中国安全防范产品行业协会官网能评中心查询。

网络版网址：http://www. 21csp. com. cn/njcd/2020/

中安协官网能评中心：http://122. 112. 2. 213/QYZZCX/index. asp

后 记

《中国安全防范行业年鉴》是国内唯一一部由公安部科技信息化局指导、中国安全防范产品行业协会编制的安防行业权威出版物。

《中国安全防范行业年鉴》（2020 版）编写工作于 2020 年 12 月正式启动，经过信息采集、信息加工、版面设计、信息审核、排版校对、印刷发行历经半年多时间，于 2021 年 9 月正式出版发行。

在编写前期，由中国安全防范产品行业协会分管领导负责，组成编辑工作组。编辑工作组在完成初稿后，组织召开了编委会会议，调整并确定了《中国安全防范行业年鉴》（2020 版）的基本框架结构，使其总体编排更加合理、资讯内容更加丰富、信息检索更加便捷，力图使其成为中国安防行业从业单位和人员之间相互交流的平台、中国社会各界以及世界各国安防行业了解中国安防行业的窗口。

信息采集阶段，编辑工作组主要通过公安部科技信息化局向各地公安厅技防办采集政府管理部门相关信息；通过中国安全防范产品行业协会向标准、检测和认证等行业技术服务机构以及各地安防协会发函采集相关信息；摘选《中国安防》杂志优秀技术文章等多方面广泛征集本《年鉴》的资料和素材。

信息整理阶段，编辑工作组首先对所获得的全部资料进行了认真梳理和加工，并按照编辑方案进行编写，形成了《中国安全防范行业年鉴》（2020 版）编委会讨论稿。在此基础上，广泛征求各编委的修改意见和建议，并在采纳合理意见和建议的基础上，对讨论稿进行了修改和完善。

公安部科技信息化局、各省（区、市）公安厅技防管理部门、各地安防协会、全国安全防范报警系统标准化技术委员会等技术服务机构以及广大安防企业大力支持了《中国安全防范行业年鉴》（2020 版）的编写工作，并积极提供稿件和相关资料。

为本书提供稿件的单位如下：

技防管理机构

公安部科技信息化局安全技术防范与视频应用管理处
北京市公安局指挥部视频警务和安技防通信保障处
天津市公安局图像侦查和技防监管总队
河北省公安厅安全技术防范管理办公室
山西省公安厅治安管理总队安全技术防范支队
内蒙古自治区公安厅公共安全技术防范管理办公室
辽宁省公安厅技术防范办公室
吉林省公安厅图像侦查总队
黑龙江省公安厅科技信息化总队
上海市公安局安全技术防范办公室
江苏省公安厅科技处
浙江省公安厅科技信息化局
安徽省公安厅科技信息化处（信息中心）
福建省公安厅科技通信处
江西省公安厅安全技术防范管理办公室
山东省公安厅信息通信处
河南省公安厅科技处
湖北省公安厅安全技术防范管理办公室
湖南省公安厅科技信息化总队
广东省公安厅安全技术防范管理办公室
广西壮族自治区公安厅安全技术防范管理办公室
海南省公安厅安全技术防范管理办公室
重庆市公安局科技信息化处
贵州省公安厅安全技术防范管理办公室
云南省公安厅科技信息化处
西藏自治区公安厅科信总队科技科
陕西省公安厅安全技术防范管理办公室
甘肃省公安厅安全技术防范管理办公室
青海省公安厅安全技术防范管理办公室
宁夏回族自治区公安厅安全技术防范管理办公室
新疆维吾尔自治区公安厅科技信息化总队
新疆生产建设兵团公安局科技信息化总队

行业组织

中国安全防范产品行业协会
北京安全防范行业协会
石家庄市安全技术防范协会
秦皇岛市安全技术防范协会
内蒙古自治区公共安全技术防范行业协会
辽宁省社会公共安全产品行业协会
吉林省社会公共安全产品行业协会
黑龙江省安全防范产品行业协会
上海安全防范报警协会
南京安全技术防范行业协会
常州市安全技术防范行业协会
苏州市安全技术防范行业协会
南通安全防范协会
镇江市安全技术防范行业协会
张家港市安全技术防范协会
昆山市安全防范行业协会
浙江省安全技术防范行业协会
杭州市安全技术防范行业协会
宁波大榭开发区保险箱（柜）行业协会
安徽省安全技术防范行业协会
福建省公共安全防范行业协会
厦门市安全技术防范协会
三明市安全技术防范行业协会
江西省安全技术防范行业协会
南昌市安全技术防范协会
济南市社会公共安全防范协会
青岛市社会公共安全防范协会
郑州市公共安全防范行业协会
平顶山市公共安全技术防范行业协会
湖北省安全技术防范行业协会
武汉市安全技术防范行业协会
湖南省安全技术防范协会
广东省公共安全技术防范协会
广州市安全防范行业协会
深圳市安全防范行业协会
深圳市智慧安防行业协会
佛山市公共安全技术防范协会
东莞市公共安全技术防范协会
珠海市公共安全技术防范协会
广西安全技术防范行业协会
海南省智慧城市安防技术行业协会
重庆市公共安全技术防范协会
成都安全防范协会
贵州省安全技术防范行业协会
陕西省安全防范产品行业协会
甘肃省安全技术防范协会
青海省公共安全技术防范协会
新疆维吾尔自治区安全技术防范行业协会

技术服务机构

全国安全防范报警系统标准化技术委员会
全国安全防范报警系统标准化技术委员会实体防护设备分技术委员会
全国安全防范报警系统标准化技术委员会人体生物特征识别分技术委员会
全国警用装备标准化技术委员会
公安部社会公共安全应用基础标准化技术委员会
国家安全防范报警系统产品质量监督检验中心（北京）
国家安全防范报警系统产品质量监督检验中心（上海）
中国安全技术防范认证中心
公安部第三研究所认证中心
视频图像信息智能分析与共享应用技术国家工程实验室
中国人民公安大学安全防范技术与风险评估实验室
智能语音技术公安部重点实验室
北京安防视音频编解码技术产业联盟
中关村安防工程检测技术联盟
中关村中安公共安全视频智能应用技术联盟

以上单位通力协作，在《中国安全防范行业年鉴》（2020 版）的编写过程中发挥了重要作用并作出了积极贡献。在《中国安全防范行业年鉴》（2020 版）付梓之际，谨向所有关心、支持编写工作的领导、专家、机构、协会、企业及编写人员表示衷心的感谢并致以崇高的敬意。

《中国安全防范行业年鉴》（2020 版）编辑工作组
2021 年 9 月

中国安全防范行业年鉴

彩页目录 Contents

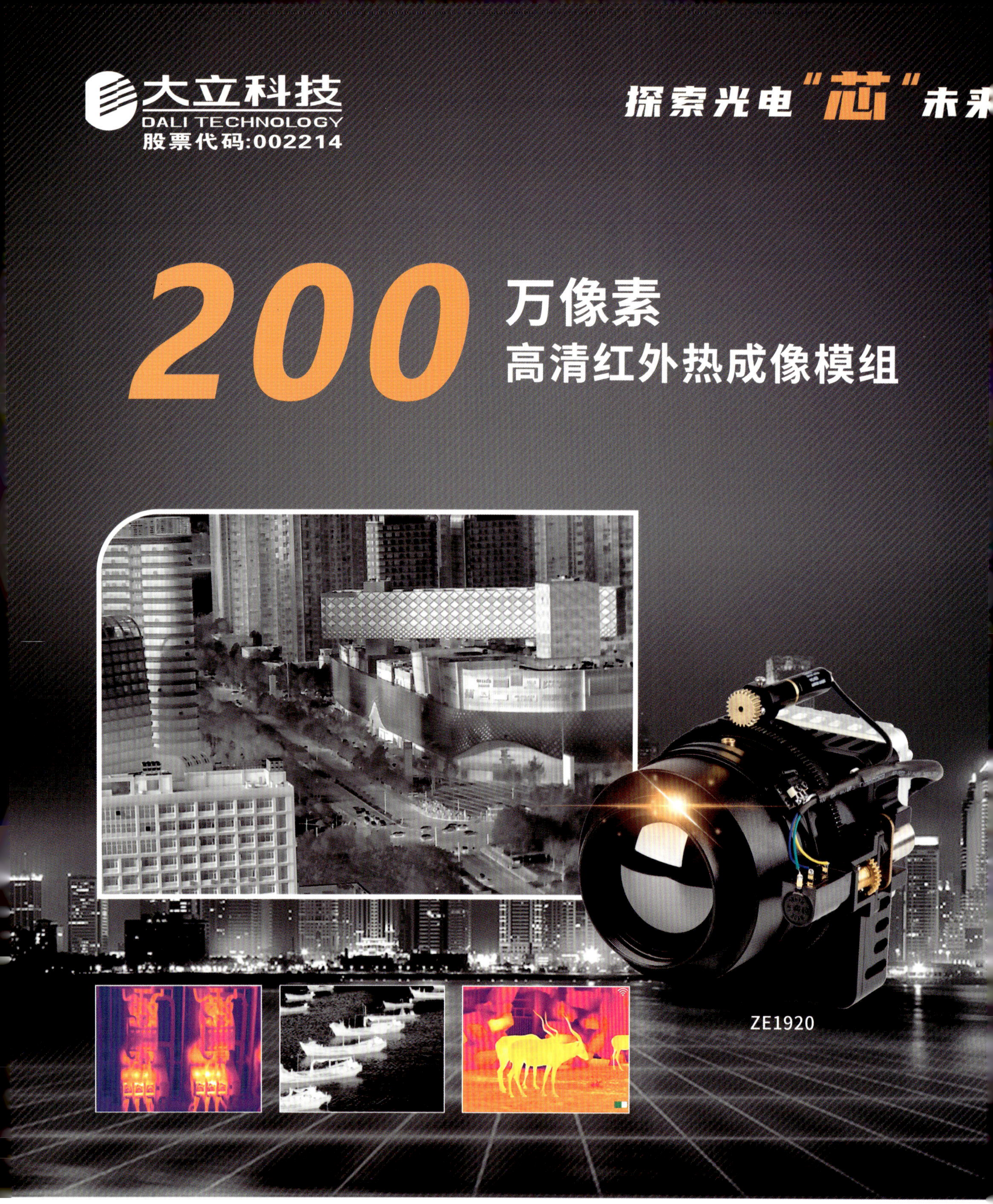

江苏顺达

江苏顺达警用装备制造有限公司

JIANGSU SHUNDA POLICE EQUIPMENT CO.,LTD

顺达警用装备

顺达 shunda ®

江苏顺达警用装备制造

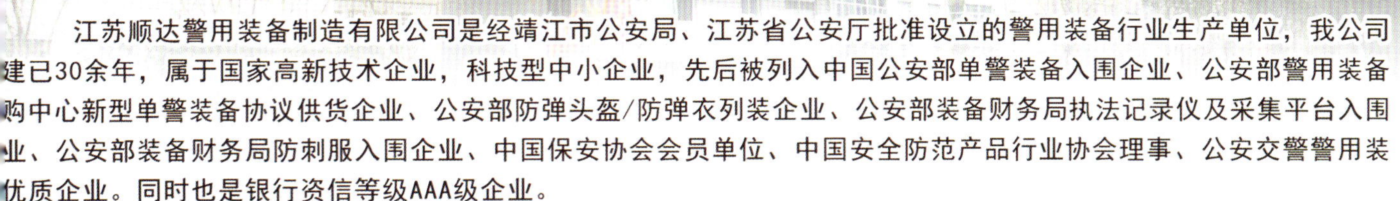

江苏顺达警用装备制造有限公司是经靖江市公安局、江苏省公安厅批准设立的警用装备行业生产单位，我公司建已30余年，属于国家高新技术企业，科技型中小企业，先后被列入中国公安部单警装备入围企业、公安部警用装备购中心新型单警装备协议供货企业、公安部防弹头盔/防弹衣列装企业、公安部装备财务局执法记录仪及采集平台入围业、公安部装备财务局防刺服入围企业、中国保安协会会员单位、中国安全防范产品行业协会理事、公安交警警用装优质企业。同时也是银行资信等级AAA级企业。

公司先后通过GJB9001C-2017国军标体系认证、知识产权管理体系认证、GB/T 19001-2016质量管理体系认证、境管理体系认证、职业健康安全管理体系认证，NECAS全国商品售后服务达标5星认证，产品责任险1000万。 生产制基地占地面积达48亩， 建筑面积3万多平方米。拥有加工中心、线切割、数控加工、电子装配、冲压液压、剪板折角、圆成型、橡塑制品、服装制作、箱包制作等多条生产线，主要生产：单警装备、军警装备、单兵装备、特警装备、反装备、防护装备、救生救援装备、警用防护器材、保安防护器材、 刑侦技术器材、刑侦现场勘查器材、警用保安服装各类制式服装、安检设备、照明器材、消防器材、道路交通管理器材等 。

公司注重加强产品研发力度，不断开发市场前沿产品，获得国家发明专利、实用新型专利、外观专利累计达300项。协助公安部研发的“单警装具”、“特警装具”、“防弹防刺服”、“反恐防暴”、“非致命性武器”、 “讯问”等产品，均达到了国内同行业的先进水平。

“品质、和谐、创新”是我们的经营理念，信誉、安全、准确、效率是我们的工作标尺，热情、好客、谦虚是我们工作作风。公司坚持“军民结合、寓军于民”的发展思路，坚持科学发展，开展科技创新，加强技术合作。欢迎领导、友莅临顺达指导工作。

产品展示

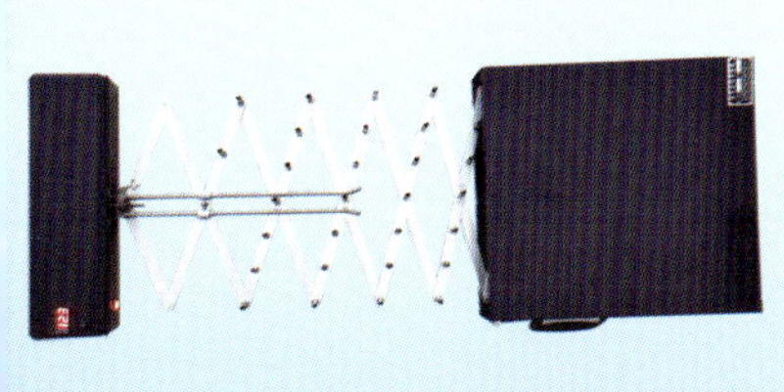

地　址：靖江经济开发区城南 园区兴业路11号

总经理：张翠金

电　话：0523-82055555 0523-82055558

手　机：15298532698 13852620081

官　网：www.jsshunda.cn

《安防工程企业设计施工维护能力证书》

获证企业展示

为推进安防行业自律机制建设，营造公平、有序、诚信的安防市场环境，引导安防工程企业规范经营，保证工程质量,提高服务水平，促进安防行业持续健康发展。中国安全防范产品行业协会于2016年6月起正式启动安防工程企业设计施工维护能力评价工作。

能力评价工作的开展得到了政府采购部门、招投标代理机构、建设方以及安防工程企业的认同与采信。安防工程企业积极参与该项工作，截止2020年年底，共有23个省、自治区、直辖市的3788家企业获得中国安全防范产品行业协会颁发的《安防工程企业设计施工维护能力证书》。

为更好地宣传这些获证的优秀安防工程企业，充分展示获证企业的综合实力与工程施工水平，自《中国安全防范行业年鉴》2016版开设“《安防工程企业设计施工维护能力证书》获证企业展示专栏”进行集中展示。

1、天津安装工程有限公司
2、北京易华录信息技术股份有限公司
3、联通（浙江）产业互联网有限公司
4、北京成国邦建设投资发展有限公司
5、中建电子信息技术有限公司
6、中建电子信息技术有限公司
7、北京商海文天科技发展有限公司
8、北京银信电子技术有限责任公司
9、中科院成都信息技术股份有限公司
10、北京飞利信电子技术有限公司
11、天津市宾士电子科技有限公司
12、中以联科电子安装工程（北京）有限公司
13、河南天豫通电子科技有限公司
14、中国通广电子有限公司
15、吉林省吉航智控通讯技术有限公司
16、北京世纪大恒电子技术有限公司
17、同方威视技术股份有限公司
18、北京中盾安民分析技术有限公司
19、江苏星湖科技有限公司
20、北京迈科电子系统有限公司
21、北京航天长峰科技工业集团有限公司
22、北京世纪瑞尔技术股份有限公司

中国安全防范产品行业协会

联通（浙江）产业互联网有限公司（产业互联网研究院），是联通数字科技有限公司的全资子公司，注册资金5000万元，由浙江联通属地化管理，是以知识型人才为主、轻资产运营的国有大型高新科技企业，是面向政企客户提供综合解决方案的运营服务提供商。

公司业务方向涉及云计算、大数据、物联网、人工智能、信息安全等技术专业，业务领域涵盖专业软件开发、系统集成、运营维护、服务外包、信息通信技术咨询等多种IT服务。公司具有7项专利，68项软著，27项重要资质（包括CMMI5、涉密集成乙级、信息安全服务、安防工程壹级、电子智能化贰级、ITSS 、ISO系列等）。

2020年，我司筹建及运营的信创适配实验室全面对外开放。实验室包括展示区、机房区、培训区、适配区、办公区五大区域，可为各行业客户和第三方软件厂商提供优质的信创生态环境和可靠的适配改造技术支撑服务，具体包括软硬件适配环境提供、产品测试、技术培训、应用软件适配改造、协同研发攻关等各项服务，并可出具各类软、硬件产品的适配测试报告。

产品能力体系

部分相关案例

数字政府省大数据局安全项目

台州温岭市医共体信息化项目

绍兴市越城区水利局基于自动机场的水利巡检服务项目

......

嘉兴智慧人大项目

浙江省大数据局XC云平台项目

龙港市“雪亮工程”（二期）建设项目

......

联通（浙江）产业互联网有限公司
地址：杭州市临平区南苑街道玩月街101号2幢19楼
网址：https://www.wochanye.com/

中建电子信息技术有限公司

中建电子是国内较早从事智能建筑领域的央企企业，1995年由中国建筑工程总公司投资组建。

中建电子作为有前瞻性的建筑智能化系统集成公司，主营业务除传统建筑智能化业务外，还涵盖了IDC数据中心、基础设施信息化建设等业务。并于近年在智慧城市建设、物联网数据采集、软件开发应用等领域逐步加大投入力度，取得显著进展。

中建电子已实现海内外一体化经营，在国内各主要中心城市设有分支机构，业务覆盖华北、华东、西南、西北、东北、华南地区；在海外成功拓展欧洲、美洲、非洲、中东等地区业务。

在智能化技术日新月异的今天，中建电子坚持与时俱进，不断适应行业的新变化、新需求，不仅以多元化的工程服务模式积极推进国家智能建筑产业进步，更大力开展技术研发，助力智能建筑行业、物联网、大数据等先进技术发展。

中建电子助力北大红楼焕发新光彩

一百年前，北大红楼何以能够开风气之先，成为传播马克思主义的最早基地？何以能够成为中国共产党诞生的“衣胞之地”和早期活动的重要场所？一群知识分子又何以能够掀起时代狂澜并最终挽救民族危亡？而在这场百年后的修缮中，中建电子为这座百年工程注入了新时代科技力量，全方位护航红色展馆，助力集中展示党的光辉历史和不朽业绩。今天，中建电子带领大家一览这座重焕时代风采的百年红楼。

北大红楼落成于1918年，建筑通体红砖砌筑，红瓦铺顶，砖木结构，平面呈工字形。楼内收藏大量的历史图片、珍贵文物、艺术作品等，这对楼内安防系统提出了更高的要求。

在整个建筑物内外遍布监控点，与新配置的安防综合管理平台相连，实现全楼覆盖，同时新配置门禁、入侵报警、有线对讲等系统，使整个安防体系更加完善，提高了安防管理能力，协助提升安保水平。

尤其是重要区域的视频监控部分，不单单采用图像采集的传统的视频监控方案，还加入了音频采集等方案，通过与报警系统、门禁系统等多系统联动，多维度、全方位体现科技安防的优越性。将各个安防子系统通过安防专网有机的组织在一起，形成一个高效、安全、便于管理的网络。门禁系统、客流统计摄像机，根据实时的建筑物内的人流统计，实时分层管理，精准控制管理各区域人员，为建筑管理提供科学有据的人员流量控制。

在“全方位护航”的背后，是项目团队的不懈努力与匠心坚守。改造任务重、时间紧，为保质保量完成任务，项目部全体人员在春节期间坚守一线加班加点抢工期，确保工程进度，最终提前20天完成全部施工任务。以专业和匠心投身品质工程建设中，以实际行动为红色教育贡献一份力量。

激荡百年，红楼见证了一个民族的“伟大觉醒”和“伟大开端”。中建电子以优质的管理服务完成履约，勇担社会责任，彰显国企担当，为红色文化永流传，贡献一份电子力量。

公司简介
Company profile

基础算法:视觉感知类算法

利用深度学习网络,实现物体检测、多目标跟踪、目标行为判断等算法,获取图像/视频中物体的位置和特征等质量高质量的抓拍图的能力。

全目标检测　全目标特征识别　行为分析

抓拍人脸、人体、机动车、非机动车(二轮车、三轮车)

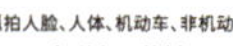

可识别1万多种车型、20多种属性、10多种重点车辆类型

通过分析人体的轨迹或者肢体动作,识别人的行为的技术

北京商海文天科技发展有限公司是商海科技有限公司旗下全资子公司,成立于2003年,是以IT信息技术咨询、系统集成、应用软件开发、网络运维服务、安全服务为核心,为企业提供IT整体解决方案的国家高新技术企业。用户遍布政府、公安、交通、金融、教育、医疗、应急等行业,特别在政府、公安、交通、医疗行业获得了客户的高度肯定。公司在机器视觉、知识图谱、大数据等相关技术领域拥有丰富的研发经验;本着产品实战化支撑的定位,结合需求在公共安全、交通及城市治理等领域打造了丰富的算法模型及业务模型。

解决方案
Solution

公安实战平台

实战平台以城市重点区域的视频为载体,打造出视频实景地图效果,实现重点区域的防控指挥作战业务,在视频数据信息上可以实现多源数据的聚合呈现、业务系统的集成调用。同时包括各类异常预警数据等信息实时全方位融合展示,分析区域态势,在事前防控预警、事中情报指挥、事后研判侦查。以直观、便捷的体验解决城市/区域的治安防控、反恐防恐、应急指挥、网格治理等多种应用场景下信息融合与协同问题,从整体上提升城市公共安全治安管理水平。

智能非现场执法

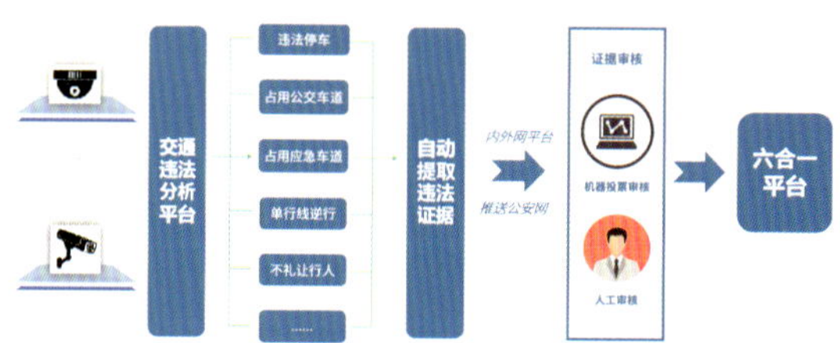

交通非现场执法系统是整合现有高清视频资源,依托视频结构化和AI智能技术,通过反向控制视频设备和数字化图像回滚技术,实现对违法停车、占用公交车道/应急车道、压实线等违法场景自动抓拍,实现对动、静态多种交通违法的自动研判,形成交通违法视频以及图片证据,纳入执法系统。

电话:15120016099

地址:北京市海淀区大柳树路富海中心3号楼11层

网址:huangronghua@shanghai-tech.cn

宾 士

不忘初心 砥砺前行

天津市宾士电子科技有限公司成立于1998年，是在天津市工商行政管理局注册、具有独立法人资格的经济实体。公司以安全防范工程，电子智能化工程为主业，利用计算机系统集成技术建立和扩展安全防范体系的服务型民营企业。

公司通过参与金融单位、企事业单位安防系统信息网络项目建设，为公司主营业务发展优势领域、树立企业品牌、积累项目资源起到了推进作用。在此基础上，为实现公司发展战略和经营目标，公司将坚持“区域扩张、行业拓展、服务延伸”的业务发展战略，加强自身技术实力，巩固行业市场地位。

我们的经营理念是：以冷静的思维分析市场；以新颖的产品影响市场；以先进的技术占领市场；以可靠的质量赢得市场；以良好的售后服务稳固市场。为客户提供优质、高效、技术先进的产品及安防系统。公司现在及未来在技术上仍然坚持“安全防范智能化、安防系统集成化、解决方案标准化、售后服务及时化”，力争成为天津市具有影响力的安全防范系统、信息集成系统领军企业，为天津市社会治安防范保驾护航，为国家的现代化建设做出更大的贡献！

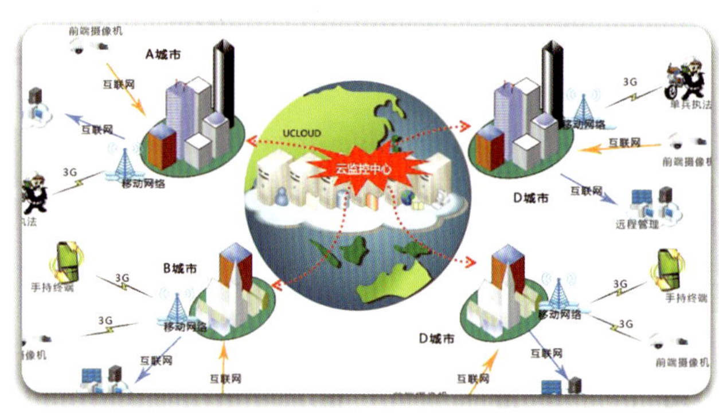

公司业绩

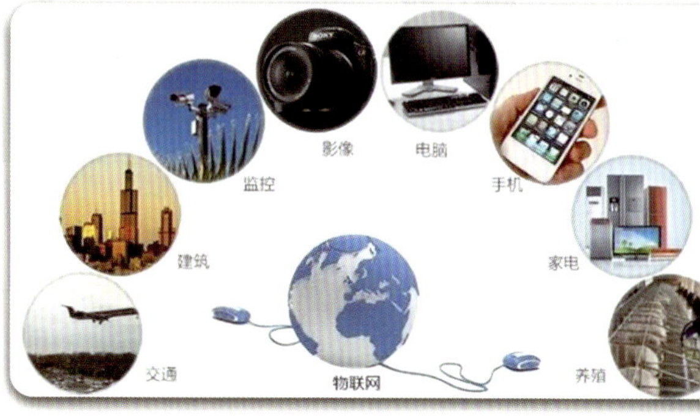

天津市西青区新技术产业园区华苑鑫茂科技园G-6-B1

联系方式：办公室电话：022-83710892

客服中心电话：022-23129000

联系人：郭玉柱　13821188141

DH世纪大恒
BJSJDH.com

北京世纪大恒公司简介

Introduction to Beijing Century Daheng Company

北京世纪大恒电子技术有限公司于1999年8月9日成立，注册资金2000万元人民币，为私营股份制企业。我公司是北京市从事安防行业的高新技术企业、北京市公共安全技术协会理事会员单位、北京市安全技术防范设施设计施工一级单位，是集产品开发、技术设计、系统集成、售后服务于一体的专业化公司，业务主要集中在门禁系统、监控系统、报警系统、楼宇对讲系统以及LED电子显示屏制造等范围，为客户提供全方位的优质服务。

我公司以“诚信、感恩、协作、共赢”的经营理念及优质的服务赢得客户的一致好评和认可。并与中国工商银行北京市分行、中国邮政储蓄银行北京分行、北京农商银行总行、上海银行北京分行、菜市口百货股份有限公司等客户建立了长期合作的关系，得到广泛认可。

公司对团队建设及整体管理极为重视，处于领导及其它重要岗位的职员都是具有很高专业水平的业内精英，公司已经获得ISO9001 质量管理体系认证证书，职业健康安全管理体系认证证书，环境管理体系认证证书，中国国家强制性产品认证证书等。

公司的经营宗旨是：技术是根本，信誉是生命！

NUCTECH,
CREATING A SAFER WORLD!

威视，让世界更安全

威视
NUCTECH

同方威视技术股份有限公司（简称“同方威视”）是全球优质的安全检查解决方案供应商。公司创建于1997年，源于清华大学。同方威视立足于自主创新，紧贴客户需求，为全球170个国家和地区的客户提供安检领域先进的创新技术、品质杰出的产品以及综合的安检解决方案和服务。

同方威视系列安检产品及服务已进入民航、海关、铁路、公路、城市轨道交通、邮政物流、公安司法、环保、核电、辐照质检、冶金、金融、重大活动赛事等众多领域，助力客户保护国境安全和人民生命财产安全，得到世界各国用户的广泛认可。威视已成为国际业界的知名度较高的品牌。

LS1516BA型
液体安全检查系统

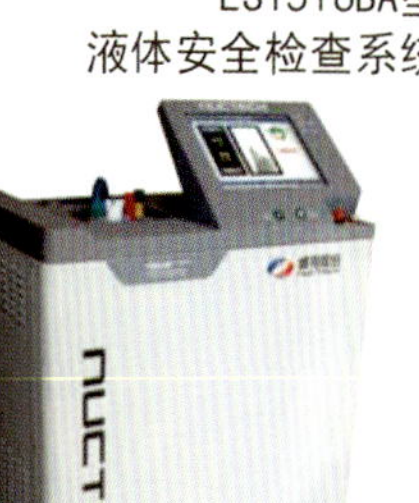

CX100100TI型
X射线检查系

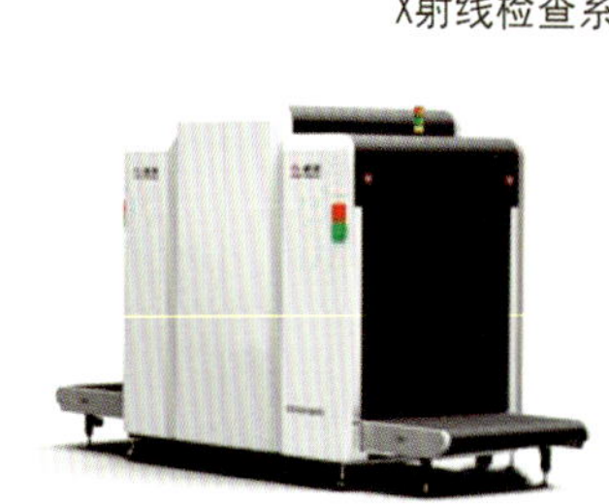

TR200DB型
台式痕量爆炸毒品探测仪

MW1000AA型
毫米波人体安全检查系

威视产品通过多项国际认证，包括民航 CAA 产品认证、欧盟 CE 产品认证、欧盟 ECAC 认证、加拿大 CSA 认证、美国 TSA 认证、俄罗斯 GOST 认证、西班牙 CIEMAT 认证、沙特 SASO 认证等。

威视为国内外大型活动提供全面的安全解决方案及服务，先后承担国内外大型赛会包括：2007 年巴西泛美运动会、2008 年北京奥运会、2009 年国庆 60 周年庆典、2010 年上海世博会、广州亚运会、2011 年深圳大运会、2013 年南京亚青会、博鳌亚洲论坛（2013-2015 年）、2014 年索契冬奥会、巴西足球世界杯、2015 年美洲首脑峰会、抗日战争胜利 79 周年阅兵、北京田径世锦赛、米兰世博会、2016 年巴西奥运会、杭州 G20 峰会、2017 年“一带一路”高峰论坛、埃斯塔纳世博会。

2016 年二十国集团中国峰会

同方威视技术股份有限公司

北京市海淀区双清路同方大厦2层　　电话: 8610-400-650-2909

网址: http://www.nuctech.com　　传真: 8610-62788896

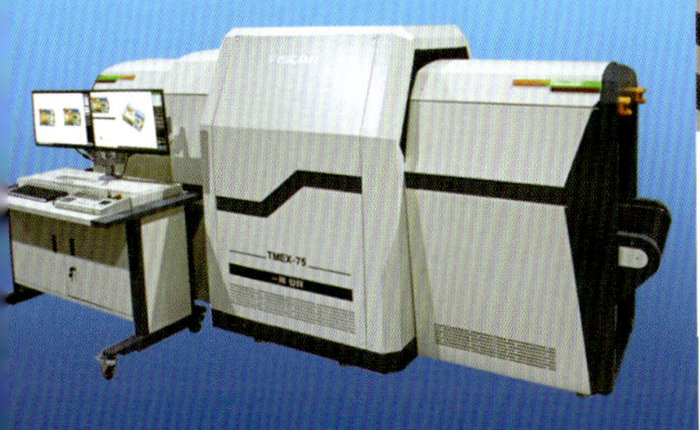

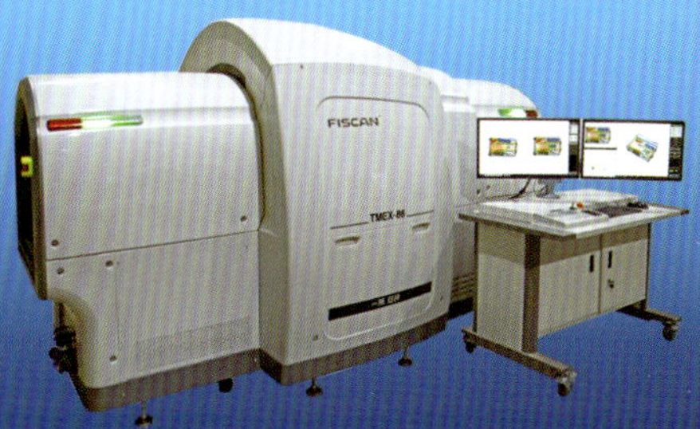

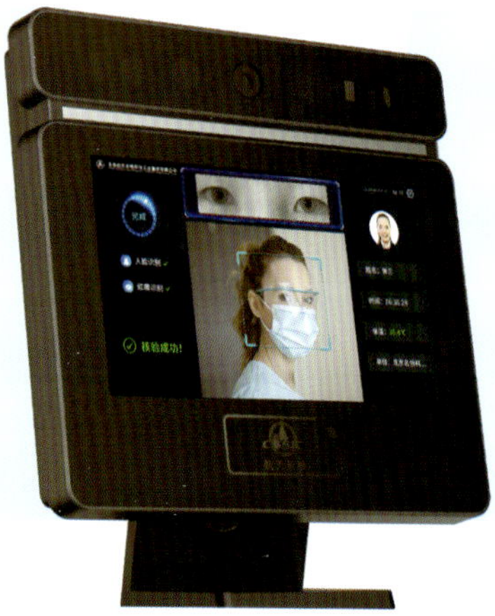

正元智慧

浙江正元智慧科技股份有限公司（股票代码：300645）创建于1994年，是国家重点高新技术企业、国家重点软件企业。公司在原有一卡通积淀的基础上，运用新一代AIoT（人工智能+大数据+区块链+云计算+物联网）数字技术，着力构建物联中台、业务中台、数据中台、算法中台，推出一体化智能化的协同融合服务平台，打造多技术融合、多主体协同、多场景应用的智慧校园全面解决方案，核心技术拓展到军警、企事业、社区等，形成智慧园区解决方案。同时不断满足创造客户需求，积极拓展运营服务和增值服务，实现线上线下、ToB/ToC服务一体化。

公司拥有自主软硬件产品300多种，软件著作权、专利300余项，通过CMMI5级评估，具有多项国家资质，曾获评“武警部队科技进步一等奖”、“国家金卡工程金蚂蚁奖”等荣誉。公司在全国各省市均设立子公司和办事处，为数千万大学生和企事业员工提供智慧化服务。

正元源于“正合奇胜，积贤培元”。公司坚持以军魂锻造执行力、以创新塑造竞争力，坚持“心怀客户、坦荡诚信、主动担当、求实创新、共创共享”的价值观，坚持“知识分子革命化，革命分子知识化”的育才理念，全面打造具有军人特质的企业文化。

公司以“让科技使工作生活更智慧”为使命，致力成为智慧校园服务新生态的引领者。

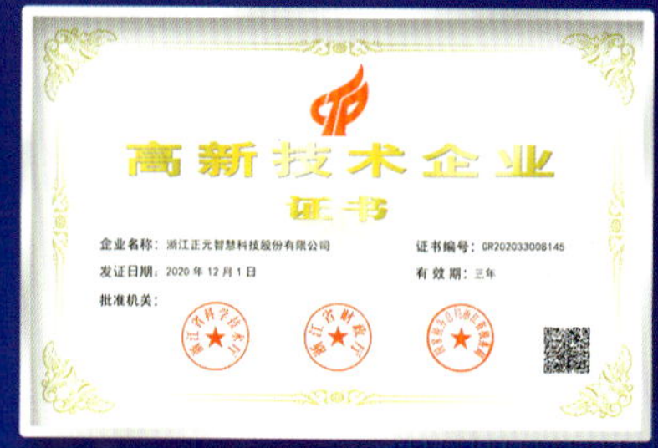

官网 www.hzsun.com

地址 杭州市余杭区舒心路359号正元智慧大厦

电话 0571-86177051

以协同智能专网云和安全服务化助推行业信息化发展

深信服视频专网安全方案架构

近年来，随着视频技术被广泛应用，由视频专网导致的安全事件也增多。深信服安全解决方案围绕“1 个安全管理中心，3 重安全保障能力——立体保护、可视可控、实战有效”的思路，构建整体视频网安全闭环体系。

方案设计

全面清查

针对视频资产全面探测，识别指纹并归档管理，建立入网审批机制

精准防控

初期自查脆弱性和外联行为，后期基于视频协议精细化防护

全网监测

全网在线状态监测、流量和行为分析，及时发现异常

联动处置

安全管理中心协同联动各组件、精准定位、快速处置

方案价值

体系化

方案从全局出发，安全能力完整覆盖前端接入、视频图像传输和视频分析系统，并形成全网联动的处置闭环。

合规性

方案基于国家网络安全相关标准，并参考视频监控安全相关标准与要求进行设计，确保安全建设成熟合规。

先进性

方案在满足视频监控网实际安全需求基础上，叠加“安全实时可视、威胁联动处置”两大能力，变被动防守为主动防御，实现安全效果可运营。

方寸微电子科技有限公司

方寸微电子科技有限公司2017年成立，总部位于济南，现已在北京、上海、深圳、青岛设有分公司和研发中心，作为网络安全SoC处理器的核心供应商，方寸产品已大量商用于各类信息安全终端。方寸微电子致力于国产高端密码处理器、高性能网络安全芯片、高速接口控制芯片的研发、设计和销售。方寸微电子在集成电路架构设计、安全密码算法、核心技术自主可控、大规模量产及品质管控等综合能力上具有国内较强的竞争优势，公司将持续为信创安全、工业、网络通信、汽车等重点领域提供完整的芯片级解决方案。

■ T620安全芯片

T620是由方寸微电子自主开发的新一代SoC存储安全芯片，具有功能丰富、性能强劲、功耗低、安全性高等特点，可广泛适用于安全U盘、按键U盘、加密移动硬盘等众多安全存储产品，也可以应用于USB3.0转SATA3.0、USB转SPI、USB转UART等接口领域产品。

该芯片集成高性能32位国产RISC CPU，可支持USB3.0、SATA3.0、eMMC5.1等多种超高速接口，并集成多种国密算法（如SM2、SM3、SM4），可满足信息安全领域存储类产品需求；同时该芯片也支持国际标准AES加密算法及ECC算法，可应用于全球通用安全存储市场。

该芯片提供完整的SDK供客户进行定制化开发，尤其针对典型应用场景提供了源码级方案支撑，可帮助客户缩短产品开发周期、降低整体开发成本，提升产品市场竞争力。

■ 安防监控安全解决方案

该方案基于方寸i560和T620安全芯片实现。依托于PKI认证体系及高速SM4对称算法，实现对监控系统设备身份识别、认证、数据链路加密传输等安全防护功能。前端摄像头采用i560安全芯片对设备证书进行保护，并利用SM4算法对采集的视频数据进行加密，实现数据链路加密传输。后端DVR或NVR设备则集成T620高速加密芯片，通过USB3.0高速数据接口及内部高速SM4算法，实现对多路高清视频码流实时解密传输，加解密数据吞吐率可达430Mbps。本方案采用的安全芯片均为国产内核，具备国密资质，安全级别高，同时提供芯片、COS及相应SDK，客户可基于标准接口开发文档，可以快速完成产品设计。

方案特点：完善的PKI体系COS　USB3.0接口　高速SM4算法

拓扑图：

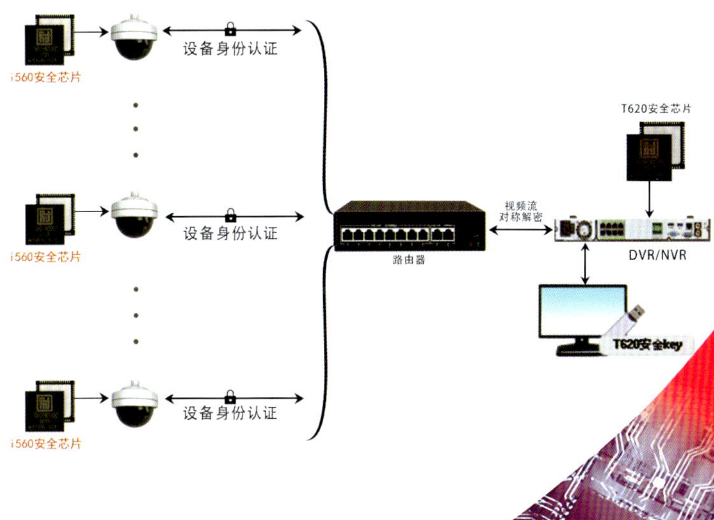

客服电话：400-605-3158
公司网址：www.tihchip.com
技术支持邮箱：support@tihchip.com
市场销售邮箱：sales@tihchip.com

旭飞安防

专业安防系统制造商

安防行业标准化建设的领跑者

企业简介

旭飞安防是中国安防产品行业协会副理事长单位、全国警用装备标委会委员单位、公安部首批新型单警装备生产资质企业，专业为公安、司法、军队等要害部门提供安防整体解决方案及相关安防产品。公司历年来，积累了国内外4000余家军警部门项目应用经验，技术上与东南大学等大专院校长期合作，拥有了一支专业齐全的技术开发及应用团队，先后发起或参与制定了《周界防范高压电网装置》、《公安监管场所装备建设和保障规范》、《公安监管场所监区门禁系统》、《监室门》、《看守所床具》、《电子脚扣》等十多个国家标准或行业标准，成为行业内引领相关产品装备建设标准化领跑者。近年来，在全国为智慧监所建设推出了技防物防全覆盖整体解决方案服务。

服务理念：精细增值、量身定做 主要产品如下：

技防类：安防整体设计方案；监所实战应用平台；监室信息交互终端等慧监管系列产品；AI人脸识别产品；门禁系统；智能周界高压电网；电子脚扣；融合雷达周界系统、监室安全警戒系统；离床预警系统等。

物防类：监室门、放风场门、通道门、监区大门、AB门、辊闸门等监所门系列产品；监所防悬挂系列产品；看守所床具、讯问椅；金属手铐、伸缩警棍、强光手电等新型单警装备，警用器材系列产品。

监所安防整体解决方案

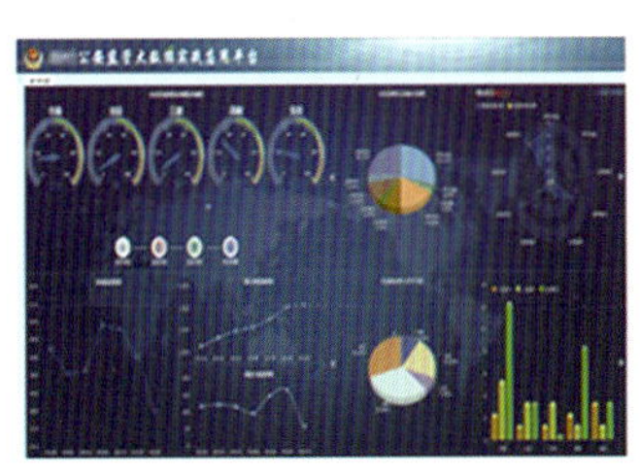

公安监所管理实战平台

监室安全警戒系统

智慧监管系列产品

监室门系列产品

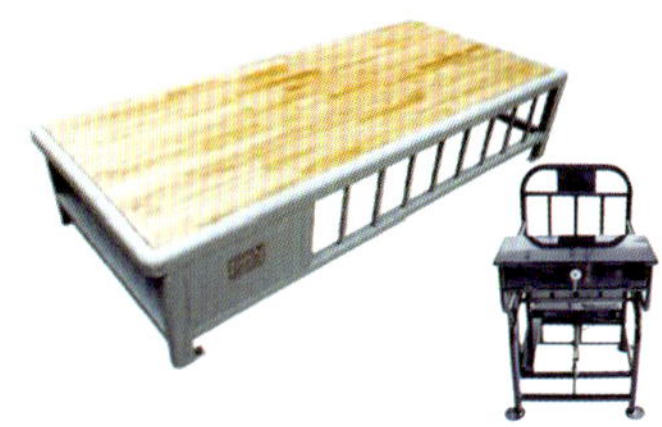

看守所床具及讯问椅

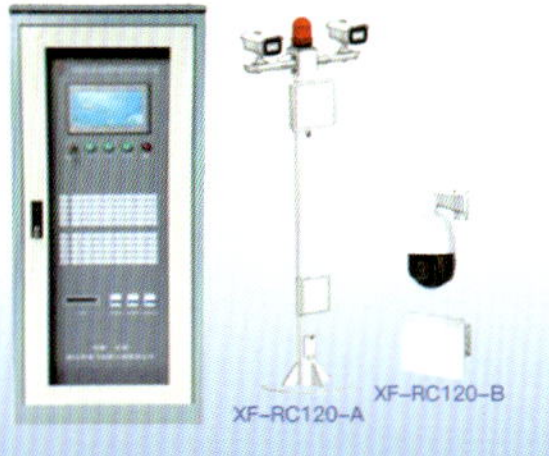

周界高压电网、周界融合雷达

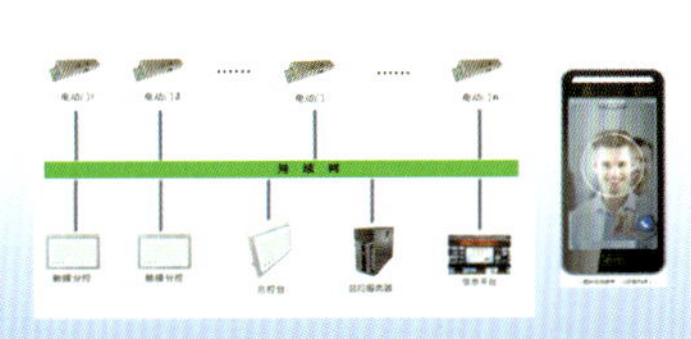

门禁管理及动态人脸识别系统

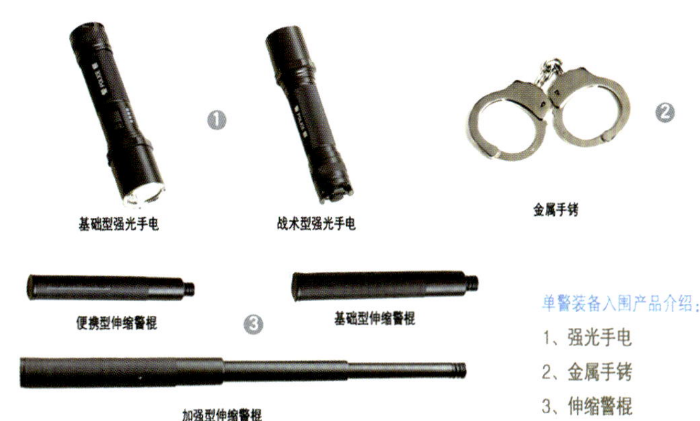

江苏旭飞安防技术有限公司

地址：江苏省靖江市城北工业园区长新路16号 邮编：214500

电话：0523/84803033 传真：0523-80716900

网址：www.jsxufei.com 邮箱：xufei@jsxufei.com

HIWING 航天海鹰

CASIC 中国航天科工

北京航星机器制造有限公司为中国航天科工集团有限公司第三研究院全资子公司，始创于1939年，历经80年历史沿革，公司基本形成了军、民、现代服务业协调发展的良好格局，成为具有较强综合实力、竞争力和抗风险能力的大型高科技企业。

公司依托军工光、机、电等多领域技术实力，近年来将安检装备产业定位为重点发展方向，积极打造新一代智能化安检产品和行业解决方案，致力于为客户提供高标准、全方位、高性能的物检、人检、车检、核生化爆毒、防疫消杀等领域的关键产品，为民航、海关、轨道交通、公检法司、重大会议、重要场所等领域提供安检整体解决方案。

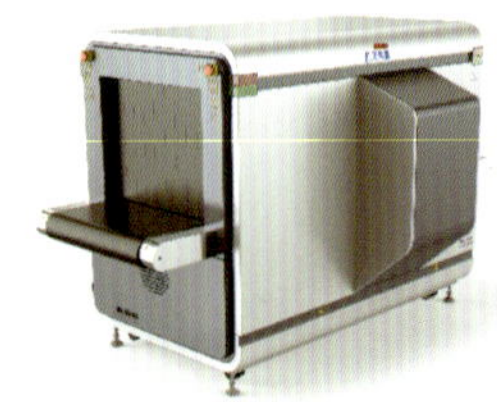

PS6550DA X射线检查系统

PS16580DDA X射线检查系统

PS100100DA X射线检查系统

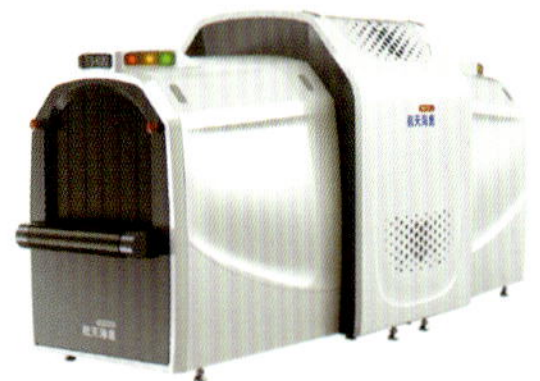

TS620 CT型物品检查系统

TS750 CT型物品检查系统

TS1000 CT型物品检查系统

智能判图系统：

★优化神经网络算法及系统整体架构
★20余种危险物品分类识别
★识别准确率超过90% 行业领先
★单张识图时间0.2s

危险品具体分类	
刀类	砍刀 菜刀 匕首 瑞士军刀 折叠刀 蝴蝶刀等
枪类	手枪 冲锋枪 步枪 气枪 散弹枪 各式仿真枪等
液体瓶类	饮料瓶 油瓶 液压气罐 保温杯 玻璃瓶等
工具类	扳手 铁锹 老虎钳 锤子等
其他	充电宝 电池 斧子 烟花爆竹 棍棒等

北京航星机器制造有限公司
地址：北京市东城区和平里东街11号
电话：010-88109999
www.bjhangxing.com